FERNANDO ARAMBURU wurde 1959 in San Sebastián im Baskenland geboren. Seit Mitte der achtziger Jahre lebt er in Hannover. Für seine Romane wurde er mit zahlreichen Preisen ausgezeichnet, u.a. dem Premio Vargas Llosa, dem Premio Biblioteca Breve, dem Premio Euskadi und zuletzt, für «Patria», mit dem Premio Nacional de la Crítica, dem Premio Nacional de Narrativa und dem Premio Strega Europeo.

WILLI ZURBRÜGGEN, geboren 1949 in Borghorst, Westfalen. Er übersetzte u.a. Antonio Muñoz Molina, Luis Sepúlveda und Rolando Villazón aus dem Spanischen. Ausgezeichnet mit dem Übersetzerpreis des spanischen Kulturministeriums und dem Jane Scatcherd-Preis.

«Fernando Aramburu fügt der langen Roadtrip-Literatur-Liste eine weitere feine, vergnüglich erzählte Geschichte hinzu.» NDR KULTUR

«Ein ziemlich treffendes, unterhaltsames Porträt unseres Landes und seiner Bewohner.» STERN

«Das Buch des gefeierten baskischen Autors beginnt harmlos, entpuppt sich aber als feines Sittengemälde.» SWR2

«Aramburu spielt mit der Komik, mit den Banalitäten und mit dem alltäglichen Unsinn. Dieses Buch ist mehr als nur doppelbödig.» ABENDZEITUNG MÜNCHEN

FERNANDO ARAMBURU

Reise mit Clara durch Deutschland

Roman

Aus dem Spanischen von Willi Zurbrüggen

Rowohlt Taschenbuch Verlag

Die Originalausgabe erschien 2010 unter dem Titel «Viaje con Clara por Alemania»
bei Tusquets Editores, S.A., Barcelona.

Veröffentlicht im Rowohlt Taschenbuch Verlag, Hamburg, Juni 2023

Die Übersetzung wurde gefördert durch das Programm zur Unterstützung
von Übersetzungen Acción Cultural Española, AC/E.
Covergestaltung: Cordula Schmidt Design, Hamburg,
nach einem Entwurf von Anzinger und Rasp, München
Coverabbildung: Mark Owen/plainpicture
Satz aus der Maiola
bei Pinkuin Satz und Datentechnik, Berlin
Druck und Bindung: GGP Media GmbH, Pößneck
ISBN 978-3-499-00496-4

Für die Hübsche

1

Nach dem Abendessen brachten wir *Goethe* zu Frau Kalthoff. Es hatte seit dem Morgen geregnet und jetzt erst aufgehört, was mich am Nachmittag davon befreit hatte, den Garten zu gießen. So gewann ich mehr Zeit, mich um die Koffer zu kümmern. Wir verschoben das Abendessen, bis wir mit dem Gepäck fertig waren, das Auto beladen und die Wohnung aufgeräumt hatten. Um neun blieb uns dann nur noch, den Hund in seine Unterkunft für die nächsten Monate zu bringen. Auf Claras Wunsch hin nahmen wir die Straßen am Ortsrand, wo wir mit *Goethe* üblicherweise Gassi gingen; er sollte nicht allzu früh Wind davon bekommen, dass wir auf seine Gesellschaft zu verzichten planten. Trotzdem schien er etwas zu ahnen, denn entgegen seiner verspielten Natur wich er uns den ganzen Weg nicht von der Seite und trottete mit hängenden Ohren, eingeklemmtem Schwanz und dem untröstlichen Ausdruck eines verlassenen Waisen in den Augen neben uns her. Unter unserem Regenschirm verstieg sich Clara zu einem Vortrag über die hellseherische Gabe von Hunden. Ich glaube, sie hielt ihn für sich in der Hoffnung, die eigenen Worte könnten ihr schlechtes

Gewissen lindern. Ich hingegen hatte den Eindruck, *Goethe* erinnere sich an die vorigen Male, die wir ihn in der Obhut von Frau Kalthoff zurückgelassen hatten, entweder weil wir ihn nicht mit in die Ferien nehmen konnten oder weil Clara zu einer Lesereise in Buchhandlungen oder Universitäten des Landes eingeladen worden war und ich sie, wie üblich, begleitete. Wir hegten nicht den geringsten Zweifel, dass Frau Kalthoff *Goethe* verwöhnte. Vielleicht kümmerte sie sich sogar besser um ihn als wir. Darum konnte ich mir überhaupt nicht erklären, warum unser Hund so offensichtlich traurig war; das ist er nämlich auch immer, wenn wir von unseren Reisen zurückkehren und ihn mit einem Leckerli als Geschenk wieder abholen und er, anstatt sich zu freuen, deutlich zu erkennen gibt, wie sehr es ihn schmerzt, sich von Frau Kalthoff trennen zu müssen. Vielleicht gehe ich aber auch fehl in meinen Vermutungen, da ich mich in Sachen Hundeseelen wenig auskenne, genauso übrigens wie in den menschlichen, falls es ein solches unsichtbares Organ tatsächlich geben sollte.

Frau Kalthoff, die in der Nähe der berühmten Mühle wohnt, kraulte *Goethe* gleich den Kopf, als wir eintrafen, und begrüßte ihn mit herzlichen Worten. *Goethe* leckte ihr die Hände und winselte dankbar, als wäre in seinen verängstigten Augen Frau Kalthoff die Scharfrichterin, die ihm das Leben schenkte. Clara und ich gingen nach wenigen Minuten. *Goethe* hatte sich da schon unter dem Wohnzimmertisch über die Scheibe Mortadella hergemacht, mit der seine Gastgeberin ihn beschenkt hatte. Er ließ uns ungerührt ziehen. Ich glaube, im letzten Moment warf er uns einen kurzen Seitenblick zu, als wünschte er uns eine Reise mit Regen und vielen Unannehmlichkeiten. In der Diele übergab Clara Frau Kalthoff die Schlüssel fürs Haus, für den Briefkasten und das Gartenhäuschen. Sie bat sie, einmal in der Woche die Pflanzen zu gießen, die im Gewächshaus etwas öfter, mit Ausnahme der Kakteen; regelmäßig den Briefkasten zu leeren und nachts immer eine Lampe brennen zu lassen, um Einbrecher zu täuschen. Clara und Frau

Kalthoff verabschiedeten sich, wie die Ortsansässigen das hier so taten, mit einem Händedruck, in dem man, selbst wenn man genau hinschaute, keine Spur der tiefen Freundschaft hätte herauslesen können, welche die beiden Frauen schon seit Jahren verband.

Auf dem Heimweg nahmen wir die Abkürzung über die Hauptstraße, die den Ort in zwei Hälften teilt, und Clara richtete ihren Blick auf ein paar blaue Löcher in der dunklen Wolkendecke am Horizont. Sie interpretierte sie sogleich als untrügliches Zeichen für kommendes gutes Wetter. Sie begründete ihre Vorhersage mit der Kenntnis, die sie von den Wetterbedingungen dieser Gegend zu haben behauptete, und fügte – wie um jeden Schatten meiner möglichen Skepsis von vornherein auszumerzen – mit erhobenem Zeigefinger hinzu, und was diese Kenntnis besage, bestätige ihr der weibliche Instinkt. Ich fragte sie, ob sie es nicht für einen allzu großen Zufall halte, dass das Ende des seit Mitte Juli anhaltenden Regenwetters auf den Tag unserer Abreise falle. Worauf sie antwortete, sie habe in sich ein ganz lebhaftes Gefühl, als würde, wenn wir morgen in aller Frühe aufbrächen, eine herrliche Sonne scheinen. Sie habe diese Szene unserer Abreise schon öfter in ihren Träumen gesehen. «Die Wärme», hörte ich sie – taub gegen das Prasseln des Regens auf ihrem Schirm – gedankenverloren sagen. Und die schwarzen Wolken über unseren Köpfen ignorierend, fuhr sie in ihrer phantastischen Beschreibung fort: wolkenloser Morgen; heller Sonnenschein, der sie zwingen würde, im Auto ihre Sonnenbrille aufzusetzen; eine Landschaft im klaren Licht. Sie behauptete, wenn ein Traum sich wiederhole, dann deswegen, weil er uns dringend eine Botschaft übermitteln wolle, darum habe sie diese Art von Träumen stets als unabweisliche Wahrheit betrachtet. Zur Stützung ihrer These führte sie Beispiele von traumhaften Prophezeiungen an, die sich im wirklichen Leben bestätigt hätten, wie die, mich kennengelernt zu haben. Ich verzichtete auf eine Antwort, da ich so eine Ahnung hatte, dass sie im Augenblick keinen großen Wert darauf legte.

Es heißt, ich sei Schnarcher. Ich kann das weder bestätigen noch leugnen, da ich nicht über die Fähigkeit verfüge, mir während des Schlafens zuzuhören. Clara hat es übernommen, mich täglich über diese physiologische Eigentümlichkeit meiner Person auf dem Laufenden zu halten. Manchmal wendet sie sich meiner atemtechnischen Serenaden wegen im Bett vorwurfsvoll von mir ab. Ich sage ihr, wenn ich sie vermeiden könnte, würde ich mich gern zur Verantwortung ziehen lassen. Eine andere Lösung bestände darin, in getrennten Zimmern zu schlafen, doch das will sie nicht. Sie sagt, allein im Bett fühle sie sich schutzlos. Soweit ich dahintergekommen bin, handelt es sich dabei um ein Angstgefühl, das sie schon seit ihrer Kindheit mit sich herumträgt. Ich weiß noch, dass in meiner Familie sehr viel geschnarcht wurde. Meinen Vater – Gott hab ihn selig – haben wir, als ich noch klein war, nachts durch die Wände sägen hören. Meine Mutter verfügte zwar nicht über die gleiche Lautstärke, wusste ihrem Mann aber durchaus Paroli zu bieten, und die Folge war, dass es, soweit ich mich erinnere, wegen des Schlafens nie zu Unstimmigkeiten zwischen ihnen kam. Das Problem besteht also nicht, wie Clara glaubt, darin, dass einer schnarcht, sondern darin, dass der andere es nicht tut. Schnarchten nämlich beide, müsste keiner finsteren Blicks, mit vorwurfsvollem Mund und geröteten Augen schlaflos auf den Morgen warten, vielmehr hätte das Paar gut geschlafen und geruht; in geräuschvoller Harmonie zwar, doch immerhin in Harmonie. Solche Gedanken gehen mir häufiger durch den Kopf, doch ziehe ich es vor, mit Clara nicht darüber zu reden, sondern darauf zu warten, dass sie irgendwann selbst zu schnarchen beginnt und sie dann nachvollziehen und verstehen kann.

Doch zum Thema. An dem für unsere Abreise vorgesehenen frühen Morgen klingelte der Wecker. Im Halbdunkel suchte ich nach Claras warmer, weicher Wange und drückte ihr einen Kuss darauf. Sie ließ mich machen. Solch offensichtliche Willfährigkeit weckte in mir eine zwischen Zweifel und Zuversicht schwankende

Hoffnung, sie möge mit einer gewissen, meinen Absichten in die Hände spielenden sinnlichen Neigung aufgewacht sein, aber nein. Diese Sanftmut und hingegossenen Glieder waren keine Anzeichen für das, was ich mir im ersten Moment eingebildet hatte, sondern eine direkte Folge großer Übermüdung. Mit kaum hörbarer Stimme, jedoch in offenkundig anklagendem Ton flüsterte sie mir ins Ohr, dass ich geschnarcht habe; konkret, mehr als gewöhnlich geschnarcht habe. Das nagende schlechte Gewissen bestärkte mich in meinem Wunsch, sie zu entschädigen. Unter solchen Umständen ist die Übernahme häuslicher Verrichtungen als Strafersatz in der Regel das probateste Mittel. Mit ihr kann man seelische Zerknirschung wie guten Willen beweisen. Es funktioniert immer. Clara hat diese, ich weiß nicht ob psychologische oder moralische, Eigenart von mir schon lange erkannt, und manchmal, wenn ich sie durch Taten oder mit Worten beleidigt habe, erspart sie sich – anstatt sich auf ein Wortgefecht mit mir einzulassen – Zeit, Verdruss und Unannehmlichkeiten dadurch, dass sie mich einfach darauf hinweist, wie wir uns schnellstmöglich wieder vertragen können. «Mäuschen», sagt sie dann, «schäl mir doch ein Dutzend Kartoffeln.» Wenn sie mir aus irgendeinem Grund keine Arbeit zuteilt, suche ich mir selbst eine aus, egal welche, da die Wirkung immer die gleiche ist.

Mit diesem Vorsatz stand ich also an dem Morgen auf und zog mich an. Clara blieb im Bett. Während ich in der Küche den Frühstücktisch richtete, hielt ich nach dem fahrenden Bäcker Ausschau. Der Bäcker kommt mit seinem Lieferwagen aus Schortens. Es gibt zwar eine Bäckerei und einen Lebensmittelladen im Ort, aber sie öffnen beide erst spät und liegen auch etwas weit von unserem Haus entfernt. Der Bäcker aus Schortens kündigt sich mit dem Bimmeln einer Glocke an, die er an seinem Fahrzeug angebracht hat. Die Glocke klingelt sehr zurückhaltend, sodass jeder, der Brot kaufen will, sie hört, und wer weiterschlafen will, nicht. Ich wollte ein paar Brötchen und ging nach draußen. Es war schon hell. Ein wahrer Wolkenbruch rauschte nieder, begleitet vom Prasseln auf der Erde zerplatzender Tropfen. Vor der Haustreppe hatte sich eine riesige Wasserpfütze gebildet. Unmöglich, darüber hinwegzuspringen. Ich musste wieder zurück und meine Pantoffeln gegen anderes Schuhwerk austauschen. Da vernahm ich aus dem Schlafzimmer Claras verschlafene Stimme, die fragte, wie spät es war. Meiner Antwort ging ein Blick in den wolkenverhangenen Himmel voraus. Unter anderen Umständen hätte ich mir vielleicht einen Scherz über prophezeiende Träume erlaubt, aber die uns bevorstehende Reise war für sie von großer Wichtigkeit, und mich durchzuckte ein Schauer von Bedauern. Auf dem Rasen wogte eine Nebeldecke, die in manchen Ecken des Gartens mit den Schatten der Sträucher verschmolz und sogar bis an die unteren Äste unserer beiden Apfelbäume reichte. Es roch nach Moos und feuchter Erde. Die Pflanzen hatten sich leicht auf die Seite gelegt, als wären sie vom Gewicht des vielen Regens bedrückt und melancholisch geworden. Wenigstens wehte kein Wind, und das war auch der einzige Trost, den ich Clara übermitteln konnte. Mit dem Gedanken, jede Enttäuschung so lange wie möglich von ihr fernzuhalten, tat ich, als hätte ich die Frage nicht gehört. Ich ging etwa zwanzig Schritte durch den Regen, damit sie mich nicht den Schirm aufspannen hörte. Meinen Morgengruß beantwortete der Bäcker mit einem Scherz über das Wetter. Ich warf einen Blick zu den Wolken hinauf, als rechnete ich mit der Möglichkeit, dass sich in zwei oder drei Minuten ein Wunder ereignete.

Das Wunder ereignete sich nicht. Es donnerte und regnete in Strömen, als wir uns kurz nach sieben Uhr morgens auf den Weg machten. Das war an einem Montag im Juli. Ich saß entsprechend unserer Abmachung, dass ich die ganze Zeit fahren würde, damit sie sich unterwegs Notizen für ihr Buch machen konnte, am Steuer. Die Scheibenwischer schienen in ihrem hektischen Hin und Her wie protestierend nein, nein, nein zu sagen. Ich denke heute ebenso wie damals, dass die Scheibenwischer genau das ausdrückten, was sowohl Clara als auch ich in jenen Momenten empfanden: nein zu den Wolken, nein zu dem Platzregen, nein zu den Pfützen auf dem Asphalt, nein und nochmals nein. Wozu noch überflüssige Bemerkungen bei der Beredsamkeit der Scheibenwischer? Infolgedessen fuhren wir schweigend. Wir konnten schon die ersten Häuser von Wilhelmshaven sehen, als Clara mit vor den Mund geschlagenen Händen die Frage einfiel, ob ich daran gedacht hätte, den Gasherd abzustellen. Worauf ich keine hundert Prozent sichere Antwort geben konnte, obwohl ich der Meinung war, ihn abgestellt zu haben, denn wie ich mich kenne, sagte ich, könne ich mir nicht vorstellen, so unvorsichtig gewesen zu sein, ihn nicht abzustellen. Mit gerunzelter Stirn fragte sie dann, mit wievielprozentiger Sicherheit ich das sagen könne. Wie sollte man so etwas messen? Sie insistierte: «Hundert, achtzig, siebzig Prozent?» Aufs Geratewohl schätzte ich zwischen fünfundachtzig und neunzig Prozent. Und erkannte sofort den Fehler, mich auf eine Antwort eingelassen zu haben. Aber es war schon zu spät. Clara entschied, auf der Stelle umzukehren. Wir kehrten um. Besser jetzt, dachte ich, als später, wenn wir schon sehr viel mehr Kilometer zurückgelegt hätten. Wie ich vermutet hatte, war der Gasherd abgestellt. Trotzdem hatte die überflüssige Rückkehr etwas Tröstliches für Clara. Denn während wir uns noch einmal vergewisserten, dass alle Elektrogeräte ausgestöpselt und alle Fenster fest verschlossen waren, hörte es auf zu regnen. Für Clara war das ein Grund zur Freude, so tief auch die schwarzen Wolken noch am Himmel hingen und abzusehen war, dass jederzeit ein neuer Regenschauer niedergehen konnte. Doch wie auch immer, die Scheibenwischer konnten wir abstellen. Wir waren gerade in die Hauptstraße eingebogen, als Clara sich zu mir drehte und mit sehr zufriedener Stimme sagte: «Habe ich dir nicht gesagt, dass meine Träume niemals irren? Habe ich dir nicht gesagt, dass es am Tag unserer Abreise nicht regnen wird?» Ich mag eine Menge Fehler haben, aber ich weiß, wann ich den Mund zu halten habe. Das tat ich, anstatt die Ungebührlichkeit zu begehen, Clara die detaillierte Vorhersage vom Vortag in Erinnerung zu rufen. Der zugezogene Himmel verhinderte, dass wir in der kompakten Wolkenmasse eine Öffnung entdecken konnten, durch die die Sonne hätte scheinen können, dieser helle Sonnenschein, der, wie sie behauptet hatte, sie dazu zwingen würde, im Auto die Sonnenbrille aufzusetzen. In einem Punkt musste ich Clara natürlich recht geben: Es regnete nicht. Und so behielt ich meine Gedanken für mich und freute mich mit ihr darüber, dass unser Abenteuer unter solch gutem Vorzeichen begonnen hatte.

In Claras Buch bleibt unsere Fahrt nach Wilhelmshaven unerwähnt. Diese und ähnliche Auslassungen sind der Tatsache geschuldet, dass sie sich weigerte, ihr Werk mit privaten Details zu belasten. Mehr als ein Mal hörte ich sie sagen, dass die Wahrheit an sich kein künstlerischer Wert sei. Die Wahrheit muss, wenn sie für die Kunst von Wert sein soll, mit Lügen gefüllt werden. Es könne sogar passieren, sagte sie, dass ein Werk misslinge, weil der Autor es nicht verstanden habe, seine Wahrheitsliebe zu bremsen. Außerdem, ließ sie mich wissen, habe der Verleger, der ihr dieses Buch in Auftrag gegeben hatte, vorgeschlagen, eine zwar detaillierte, aber auch unterhaltsame Erzählung ihrer persönlichen Eindrücke zu liefern; auf keinen Fall solle sie in Vertraulichkeiten schwelgen oder das Buch mit kulturell irrelevanten Bekenntnissen vollstopfen, die nur unnötige Seitenzahlen produzieren. Um nichts in der Welt wollte sie über Orte und Personen schreiben, die sie wie ihr Gesicht im Spiegel kannte. Sie sei nicht zu dieser Reise aufgebrochen, um persönliche Belanglosigkeiten zu referieren. Einmal, als wir über dieses Thema sprachen, sagte sie zu mir: «Hast du ein Glück! Da du dich nicht mit Literatur beschäftigst, könntest du, wenn du ein Buch schreiben wolltest, es ganz nach deinem Gutdünken tun, müsstest dich weder an Normen halten noch Geschmäcker berücksichtigen, noch dich dem Urteil dir völlig fremder Menschen beugen. Schreiben ist eine Form des sich Entblößens. Das Problem dabei ist, dass viele Autoren, die bereit sind, sich von der Verpackung zu trennen, nicht wissen, wo die Kleidung aufhört und die Haut beginnt. Also reißen sie sich alles herunter: die Kleidung, die Haut, das Fleisch. Ohne jede Scham stellen sie ihre schleimigen Organe zur Schau, ihre Knochen und ihre Nerven und noch mehr, falls es mehr gäbe. Das ist grauenvoll und geschmacklos, mein Mäuschen, ich werde das nicht tun. Du, indes, könntest das. Da niemand dich kennt und sich ein Bild von dir macht …!» Da kam mir eine Idee, und ich schlug ihr vor, beim Schreiben nicht sich selbst, sondern die anderen zu entblößen. Diesen Satz schrieb sie gleich in ihr Notizbuch. Ob sie ihn gut finde, fragte ich. Sie antwortete, solche Gedanken kämen in Interviews immer gut an.

Ihren Anweisungen folgend, fuhr ich zu der Schule in Wilhelmshaven, in der sie seit über zehn Jahren Englisch und Deutsch unterrichtet. Auf ihre Bitte hin parkte ich vor dem Haupteingang. Sowohl wegen der frühen Zeit als auch wegen der Schulferien lag der Komplex völlig verlassen da. Sechs oder sieben Krähen pickten auf dem Schulhof zwischen den Pfützen. Verhexte Lehrer? Das war nicht der Typ von Scherz, über den Clara lachen konnte, also verkniff ich ihn mir. Außerdem war bei unserer Ankunft keine einzige der Krähen zur Begrüßung gekommen, vielmehr flogen alle gleichzeitig davon, was nicht passiert wäre, wenn es sich um einen Schwarm gefiederter Berufskollegen gehandelt hätte. Clara wies mich an, den Motor abzustellen. Sie hatte das Seitenfenster heruntergedreht und ergötzte sich an der Betrachtung des Schulgebäudes. Schon als Kind hatte sie Lehrerin werden wollen. Dennoch gibt sie zu, dass die Arbeit ihr schon seit einiger Zeit die Gesundheit und die Nerven ruiniert. Das ist ihre Art, auszudrücken, dass sie unter Stress steht. Sie hat mich schon öfter zu Hause angerufen und mich gebeten, sie von der Schule abzuholen, weil sie Kopfschmerzen hat. Dann hole ich das Fahrrad aus dem Schuppen, radle, so schnell ich kann, nach Wilhelmshaven, und wir fahren in ihrem Auto zurück. Unterwegs legt sie den Kopf auf die Rückenlehne und beginnt, herzzerreißend zu schluchzen. Wüsste ich nicht, wo sie den Vormittag verbracht hat, würde ich denken, sie sei einer Bande gewissenloser Entführer in die Hände gefallen und misshandelt worden. Zu Hause angekommen, wirft sie den einen Schuh hier, den anderen dort von sich und legt sich angekleidet aufs Bett. Ich trage ihr die Aktentasche ins Schlafzimmer nach. Manchmal ist sie so schwer, dass ich sie frage, ob sie Steine hineingepackt hat. «Viel schlimmer als Steine», sagt sie. Es sind Schulhefte, die sie nach Feierabend korrigieren muss.

Während sie die Fassade des Schulgebäudes betrachtete, erschien ein engelhaftes Lächeln auf ihren Lippen. Ein derartiger Ausdruck erblüht nur selten in ihrem Gesicht. Ich verstand nicht ganz, wie ein Stück Funktionsarchitektur mit ihren langweiligen Fensterreihen, dem schmutzigen Putz und Graffiti auf dem unteren Teil der Wände bei einer ästhetisch so anspruchsvollen Person wie Clara derartiges Vergnügen und Behagen hervorrufen konnte. Ehrlich gesagt, hatte ich auch keine Ahnung, was wir beide an einem Ferientag um halb acht Uhr morgens auf diesem asphaltierten Schulhof zu suchen hatten. Ich wartete noch ein wenig, bevor ich mich in ihr Glück einzumischen wagte. «Psst», machte ich, bevor ich sie behutsam fragte, ob sie mir das, was sich gerade abspielte, bitte erklären könne. Sie schaute mich an, als wollte sie sagen: «Ah, du bist ja auch hier. Ich habe dich gar nicht kommen hören.» Sie fand zu ihrem Lächeln zurück, das für eine knappe Sekunde unterbrochen war, und zog mir recht zärtlich das Ohrläppchen lang. Ich kenne diese typische Handbewegung von ihr ziemlich gut; sie bedeutet so viel wie «ganz ruhig, Junge, eines Tages, wenn du groß bist, wirst du es schon verstehen». Sie erklärte mir, sie habe sich in Erfüllung eines alten, bisher geheim gehaltenen Versprechens zu ihrer Schule fahren lassen. Schon vor Monaten war ihr ein Sabbatjahr zugesprochen worden, und sie hatte sich vorgenommen, es vom ersten bis zum letzten Tag für ihr Buch zu nutzen. Was ich nicht wusste, war, dass sie, nachdem sie die schriftliche Bestätigung bekommen hatte, den Vorsatz fasste, am Tag der Abreise vor der Schule anzuhalten und das angenehme Gefühl auszukosten, ein ganzes Jahr lang nicht mehr unterrichten zu müssen. Immer wieder hatte sie dieses Versprechen erneuert, und wie es schien, hatte es ihr Trost gespendet und über den täglichen Stress in der Schule hinweggeholfen. Da Clara vom Wesen her zur Ernsthaftigkeit neigt, erschien mir diese Laune doppelt sympathisch. Ich strahlte sie genauso an wie sie mich, und sie belohnte mich dafür mit einem Kuss auf den Mund. Da auch überströmende Herzlichkeit kein Wesenszug von ihr ist, muss man wertzuschätzen wissen, was sie einem gibt. Sie war jetzt schier euphorisch. Plötzlich schüttelte sie auf eine komische Art die Hände. War das Flattern ein unbeholfener Versuch, sich in eine Krähe zu verwandeln? Mit vor Zufriedenheit leuchtendem Gesicht fragte sie mich, ob ich mir vorstellen könne, was es für sie bedeute, keine Hausaufgaben und Arbeiten mehr korrigieren zu müssen; nicht mehr bis Mitternacht oder ein Uhr nachts den Unterricht für lustlose Schüler vorbereiten zu müssen; nicht mehr die Inkompetenz des Direktors, die Boshaftigkeiten des Hausmeisters und die Intrigen einiger Kollegen ertragen zu müssen; nicht neben dem Unterricht an ebenso zähen wie nutzlosen Lehrerversammlungen teilnehmen zu müssen; sich nicht mehr mit Schülereltern auseinandersetzen zu müssen, für die alle Probleme der Menschheit gelöst wären, wenn Lehrer nicht so viele Ferien hätten; nicht mehr zu Unzeiten oder am Wochenende auf Anrufe antworten zu müssen wie: «Würde es Ihnen was ausmachen, wenn meine Tochter zum Montag das Gedicht von Schiller nicht oder nur die erste Strophe auswendig lernt? Wissen Sie, die Psychologin, zu der sie geht, ist nämlich der Meinung, dass wegen der Pubertät so ein Übermaß an Hausaufgaben sich negativ auf ihre Entwicklung auswirken könnte»; nicht mehr auf Exkursionen gehen zu müssen, bei denen sich die Schüler schon betrinken, noch bevor sie im Bus sind, weil sie noch auf die zwei, drei, vier oder fünf warten müssen, die immer zu spät kommen; nicht mehr während des Unterrichts die Klingeltöne von Mobiltelefonen hören zu müssen; nicht mehr Christians Provokationen, Jens' dauernde Witzeleien und Lukas' finstere Blicke ertragen zu müssen; keine schlechten Jungs im Grunde, die nach der Scheidung ihrer Eltern nur die Orientierung im Leben verloren haben; sich schließlich und endlich nicht mehr Johannas Frechheiten anhören zu müssen, die, weil sie die Tochter der Vizerektorin ist, nur so behutsam und diplomatisch gescholten werden darf, dass es sich anhört, als würde sie für ihr schlechtes Benehmen noch gelobt.

Mit dieser Litanei hatte sich Clara einen ersten Haufen Ärger und Frustration von der Seele laden können. Als sie damit fertig war, hatten sich ihre Gesichtszüge merklich aufgehellt. Ihre Augen wirkten jetzt blauer, größer, heiterer. Aus ihrem Gesicht waren die Anzeichen von Schlafmangel, die Sorgenfalten und die Angespanntheit wegen ihres unablässigen Ärgers in der Schule wie ausradiert. An ihrer Stelle breitete sich nun Anmut aus, die Frucht der Erleichterung, die sie jünger und schöner machte. Letzteres sagte ich ihr. Dafür bekam ich einen Kuss mit geschlossenen Augen, eine Umarmung und Streicheleinheiten im Nacken. Danach fragte ich sie, ob es nicht an der Zeit sei loszufahren. Sie wolle ihre Abschiedszeremonie, sagte sie, mit einem passenden Schlussakt beenden. Sie habe den starken Wunsch, ihrer Schule den ausgestreckten Mittelfinger zu zeigen. Ein Anflug von Scham bewog sie, mir diese perverse Tat, die zu begehen sie im Begriff stand, näher zu erläutern. Ihr Stinkefinger sollte ein symbolischer sein, da ihrer Meinung nach die anderen, die normalen also, die alle Welt kennt, nur von groben, ungeschliffenen Menschen gezeigt würden. Außerdem gab sie zu, um ihren guten Ruf zu fürchten, falls jemand, der sie kannte, sie dabei zufällig aus einem der Fenster beobachtete. Vermutlich befand sich kein Mensch in dem Gebäude. Trotzdem, man konnte nie wissen. Ihr Stinkefinger würde in Gestalt einiger Zeilen von Heinrich Heine daherkommen, die ihr für die Gelegenheit wie geschaffen schienen. Sie hatte sie extra dafür auswendig gelernt.

Ich warf wie unabsichtlich einen Blick auf meine Uhr. Aus Erfahrung weiß ich, dass dieser Trick bei vielen Menschen wirkt, ohne dass sie sich dessen bewusst werden; ein blitzartiger Reflex, der sie bewegt, ihre Erklärungen und Ausführungen zu unterbrechen oder wenigstens abzukürzen. Clara begann, in fröhlichem Ton Heines Verse aufzusagen. Bei einem Wort schien sie jedoch nicht sicher zu sein. Sie begann von neuem und stockte wieder an derselben Stelle. Da entnahm sie ihrer Handtasche ein kleines Reclamheft der *Harzreise*, das sie zusammen mit Goethes *Italienische Reise* und zwei oder drei ähnlichen Büchern für den Fall mitgenommen hatte, dass sie nach Inspiration suchte oder nach Zitaten für ihr eigenes Buch. Sie schlug es vorne auf und las in parodistischer Manier, das Lachen unterdrückend:

Lebet wohl, ihr glatten Säle!
Glatte Herren! Glatte Frauen!
Auf die Berge will ich steigen,
Lachend auf Euch niederschauen.

2

Die erste Etappe unserer Reise war ein Familienbesuch und wird deshalb in Claras Buch auch nicht erwähnt. Das hatte sie so beschlossen, schon bevor wir losgefahren waren. Da sie also offenbar nicht die Absicht hatte, sich über den Verlauf des ersten Tages näher auszulassen, schlug ich ihr am Vorabend vor, der Einfachheit halber die Autobahn zu nehmen, die über Oldenburg nach Bremen führt, und hinter Bremen die 27 direkt nach Cuxhaven, wo Tante Hildegard wohnt. Auf der Landkarte ist zu sehen, dass diese Strecke damals einen tiefen Bogen beschrieb, da der Tunnel unter der Weser noch nicht fertig war. Und da es, wie ich Clara erklärte, zwischen Bremen und der Wesermündung keine Brücken gab, war die von mir vorgeschlagene Strecke tatsächlich die schnellste und bequemste. Sie zuckte nur die Achseln. Ich sei der Fahrer, war alles, was sie darauf antwortete. Und so verließen wir am Morgen, nachdem die komische Vorstellung auf dem Schulhof beendet war, Wilhelmshaven in Richtung Autobahn. Bis nach Oldenburg ist es eine der am wenigsten befahrenen Strecken, die ich kenne. Und dann noch zu so früher Stunde und während der

Schulferien! Es herrschte so wenig Verkehr, dass wir streckenweise kein Auto vor uns und keines hinter uns sahen. Der Himmel war immer noch grau, der Asphalt feucht, aber es regnete nicht. Clara hatte ein Notizbuch auf dem Schoß liegen, einen Kugelschreiber in der Hand, den Blick auf die Landschaft gerichtet, und wartete auf eine Gelegenheit, sich Notizen zu machen. Sie sagte, über diese Gegend Deutschlands gedenke sie zwar nicht zu schreiben, wolle sich aber einen wachen Blick für Szenerien bewahren, die für ihr Buch nützlich sein könnten. Diese könne sie später an Stellen verwenden, die ihr am geeignetsten schienen. Ihre Haltung beschrieb sie mit einem für sie typischen Satz: «Ich bin ein Schwamm, den danach dürstet, sich mit Wirklichkeit vollzusaugen.» Manchmal liest sie solche Sätze in einem Buch, lässt sie aber so oft hören, dass sie darüber vergisst, dass sie nicht von ihr sind.

Die leere Autobahn ließ Zweifel in ihr aufkommen, ob wir die beste Strecke gewählt hatten. Autobahnen sahen für sie alle gleich aus. Kannte man eine, kannte man alle. Nur die Namen auf den Verkehrsschildern änderten sich. Zu der Unvorteilhaftigkeit des Eintönigen gesellte sich ihrer Meinung nach noch die der Schallmauern und -wälle, die den Autofahrern den Blick auf die Landschaft verstellten. Sollte sie etwa ein Buch über Straßenbegrenzungen schreiben? «Du könntest den Rastplätzen ein paar Absätze widmen», sagte ich. Sie warf mir vom Beifahrersitz einen finsteren Blick zu. Ich möge sie bitte ernst nehmen. Begreifen, dass es vom Erfolg ihres Buches abhänge, ob sie bis zur Pensionierung als Lehrerin arbeiten müsse. Um jeden Preis brauchte sie Abenteuer, Erlebnisse, Emotionen. Wie sollten wir auf der Autobahn, lamentierte sie, sehenswerte, malerische Dinge zu Gesicht bekommen, die typisch für einen Ort waren und nicht für alle gleich? Ich erinnerte sie daran, dass wir übereingekommen waren, auf einfachstem Weg nach Cuxhaven zu gelangen. Sie gab mir recht und schwieg; doch wie ich sie kenne, führte sie unseren Dialog in Gedanken weiter, wo sie mir aller Wahrscheinlichkeit nach Argumente unterschob, die sie leicht entkräften konnte und die für mich zu einer schmerzlichen dialektischen Niederlage führen mussten. Schon bald gelangte sie zu der Überzeugung, dass ihre Sichtweise in der stillen Diskussion obsiegt hatte. Und die Folge des Ganzen war, dass sie ungefähr auf der Höhe von Varel in nicht unbedingt gebieterischem Ton, aber doch so kurz angebunden, dass mir jede Widerrede im Moment deplatziert erschien, darum bat, bei nächster Gelegenheit die Autobahn zu verlassen. Sie erwartete meine Zustimmung, damit ihre Entscheidung gerechtfertigt wäre. Am Straßenrand hatte sie einen toten Vogel gesehen. Sie wusste nicht, was für ein Vogel es gewesen war. «Ein kleiner», sagte sie und hielt Daumen und Zeigefinger ein ungefähres Stück auseinander. Das war ihre ganze Erklärung. Ich bat sie, mir zu helfen, eine mehr oder weniger logische Verbindung zu erkennen zwischen einem toten Vogel am Straßenrand und ihrem Wunsch, auf Bundesstraßen nach Cuxhaven und mit der Fähre über die Weser zu fahren, was uns Zeit und Geld kosten würde. «Mäuschen», antwortete sie, «ich wäre dir dankbar, wenn du beim Sprechen die Augen auf der Straße halten würdest.» Ich wiederholte meinen Wunsch, ohne den Kopf zu drehen, obwohl wir auf der Hauptstraße von Varel vor einer roten Ampel standen. «Wenn es dir so wichtig ist», sagte sie, «möglichst schnell bei Tante Hildegard zu sein, dreh um und fahr wieder auf die Autobahn.» Die Ampel hatte auf Grün geschaltet. Die Bewegung von Autos in ein und dieselbe Richtung riss uns mit wie ein Stück Holz in der Strömung eines Flusses; ohne Möglichkeit, diesem Druck zu widerstehen. Ich antwortete Clara, es sei mir egal, welche Strecke wir führen. Letztlich sei es ihre Reise, ihr Buch, ihr Projekt. Sie bestimme die Strecke und die Halte. Zu der Zeit hatten wir Varel verlassen und fuhren auf der Landstraße, die am Rande des Jadebusens entlangführt.

Der Anblick des Vogels hatte Clara aufs äußerste beunruhigt. Nicht der Vogel selbst und auch nicht der Umstand, dass er tot gewesen war, sondern weil, wie sie es sah, das Schicksal sich des

Vogels bedient hatte, um uns eine Warnung zukommen zu lassen. Ich konnte nicht anders, als für einen Moment den Blick von der Fahrbahn zu nehmen und in ihrem Gesichtsausdruck zu lesen, ob sie diese nach Hexerei klingenden Worte wirklich ernst meinte. Sie musste mein Vorhaben erraten haben und lächelte. In dem Glauben, ihr Lächeln enthalte eine Einladung zum Blödeln, schlug ich vor, in einem Kapitel ihres zukünftigen Buches der Theorie nachzugehen, dass anscheinend das Schicksal sich neuerdings in Form von toten Vögeln äußere. Clara, so scharfsinnig sonst, erfasste die Ironie nicht; im Gegenteil, sie fand meinen Vorschlag ganz treffend und schrieb ihn gleich auf. Um ihr noch ein wenig nach dem Mund zu reden, fragte ich, worin die Warnung denn bestehe, die das Schicksal uns hatte zukommen lassen. Ihrer Meinung nach bedeutete der Vogel, dass wir auf derselben Straße fuhren wie der Tod, vielleicht nur wenige Minuten hinter ihm. «Und da du für meinen Geschmack viel zu schnell fährst, siehst du vielleicht auch ein, dass wir Gefahr laufen, ihn einzuholen.» Als hätte sie meine Gedanken erraten, fügte sie sogleich hinzu, es gehe nicht darum, recht oder unrecht zu haben oder um Aberglauben, sondern die Vorahnung, die ihr beim Anblick des toten Vogels gekommen sei, habe nur ihr Unbehagen verstärkt, weiter auf der Autobahn zu fahren. Sie drängte mich, ihr zu sagen, was ich an ihrer Stelle getan hätte. Ich sagte, was sie zweifellos zu hören wünschte. Zum Lohn zupfte sie mir zärtlich am Ohrläppchen; zum zweiten Mal an diesem Tag. Aus dem Augenwinkel sah ich, wie sie sich zufrieden in ihren Sitz schmiegte.

Zu unserer Linken weiteten sich die stillen Wasser des Meerbusens, der so grau war wie der Himmel. Der Frühnebel verwischte seine fernen Ufer, sodass die breite Ausbuchtung der See, ohne Horizont, ohne Ufer, ohne Schiffe in Sicht, einem über die Erde ausgegossenen Wolkenmeer glich. Näher bei konnte man eine Reihe Windräder erkennen, deren Flügel stillstanden, weil kein Wind wehte. Ein Dichter hätte der diesigen Landschaft lyrischen

Nutzen abringen können; doch wohl nur, wenn er das prosaische Detail der äolischen Maschinen weggelassen hätte. Ich interessierte mich mehr für den Straßenbelag, war ich doch überzeugt, dass wir über kurz oder lang auf ein weiteres überfahrenes Tier stoßen würden. Ich musste innerlich lächeln, als ich mir die hilfsbereite Argumentation der Frau Schriftstellerin vorstellte. Auf einer der vielen Geraden sah ich etwa hundert Meter vor uns auf der Gegenfahrbahn eine Krähe, die zum Frühstück an einem Fleischfetzen herumpickte. Victory! Mich überkam ein Hallelujahgefühl, und um das Stück noch besser auskosten zu können, verlangsamte ich unsere Fahrt. Kurz bevor wir die Stelle erreichten, flog die Krähe davon. Ich war versucht, neben der blutigen Masse anzuhalten, doch da ich im Rückspiegel ein Auto sah, das in geringer Entfernung hinter uns fuhr, entschied ich mich gegen diese Unvernünftigkeit. Clara schrieb in ihrem Notizbuch. «Hast du gesehen?», fragte ich sie. «Was?» «Den überfahrenen Igel. Ich glaube, der Tod ist auch von der Autobahn abgefahren und hat nur noch wenige Minuten Vorsprung. Das ist der Grund, warum ich langsamer fahre. Was meinst du, was sollen wir jetzt tun?» Diesmal entging Clara mein spöttischer Unterton nicht. Sie schaute mich empört an und warf mir vor, ihre bösen Vorahnungen wiederzubeleben, von denen sie sich gerade erst beruhigt hatte. Hatte ich ihr in den Tagen vor unserer Abreise nicht versprochen, alle Probleme, Arbeit und Sorgen unterwegs von ihr fernzuhalten? Hatte ich irgendein besonderes Interesse daran, sie nervös zu machen? War das etwa meine Art, ihr zu helfen? Einen Moment lang hatte ich das Gefühl, als würde das Lenkrad in meinen Händen größer werden und ich müsste den Hals recken, um die Straße noch sehen zu können. Mein Körper schrumpfte infolge der Kombination aus Klage, Vorwurf und Standpauke, die Clara mir verpasste. Ärgerlich über mich selbst, bat ich sie um Verzeihung. Ihre Miene hellte sich auf. Mit triumphierendem Lächeln sagte sie, schließlich und endlich habe der Igel ja auf der Gegenfahrbahn gelegen. Also hatte sie ihn doch gesehen! Der Tod fuhr nicht in unsere Richtung, daher gab es auch keinen Grund zur Sorge. Das schien mir ein unschlagbares Argument zu sein. Ich beglückwünschte sie dazu und erkannte damit meine Niederlage an. Eine gute Zahl von Kilometern weiter, schon auf der anderen Seite der Weser, kurz bevor wir wieder auf die Autobahn nach Cuxhaven kamen, fuhren wir durch ein kleines Dorf, dessen Namen ich nicht in Erinnerung behalten habe, als wir mitten auf der Straße den aufgeplatzten Balg einer Katze liegen sahen. Ich musste mir auf die Lippen beißen, um mir die Bemerkung zu verkneifen, die mir auf der Zunge lag. Clara warnte mich: «Sag lieber nichts.»

Vorher, noch auf Höhe des Jadebusens, hatte Clara einen ihrer Anfälle von Morgendepression bekommen. Morgens praktiziert Clara Niedergeschlagenheit, wie andere eine Joggingrunde durch den Park oder ihre tägliche Gymnastik machen. Ein vorbeifahrender Militärkonvoi hatte ihre Mutlosigkeit ausgelöst. Wir hatten gerade die Brücke über die Jade hinter uns, die man kaum einen Fluss nennen konnte. Etwas weiter kamen wir an die Abzweigung einer Nebenstraße. Ein paar Soldaten, die aus einem Geländewagen ausgestiegen waren, hielten direkt vor uns den Verkehr an, um eine lange Lastwagenkolonne vorbeizulassen. Auf den Ladeflächen saßen dicht gedrängt Soldaten mit Kampfuniform und Helmen. Sie hatten geschwärzte Gesichter, als wären sie mitten aus der Arbeit in einem Bergwerk heraus rekrutiert worden. Keine zwei- oder dreihundert Meter weiter bog der Konvoi nach rechts auf die Nebenstraße ab. Er war unseren Blicken gerade entschwunden, als ich Clara missbilligend den Kopf schütteln sah. Ich ahnte Grübelei, Verdruss, Probleme. Um zu vermeiden, dass aus dem Dampftopf ihrer Gedanken etwas überquoll und mich bespritzte, enthielt ich mich der Frage, was mit ihr sei. Die bei anderen Gelegenheiten ganz brauchbare Taktik konnte diesmal nicht verhindern, dass Clara über die für den literarischen Schaffensprozess ungünstige Zeit zu jammern begann, in die sie, wie sie sagte, hineingeboren sei. Ihrer Meinung nach lebten wir in einer Zeit, der es an Größe fehlte. In einer Zeit der Dicken und Faulen. Einer Schickimicki-Zeit. In einer solchen Zeit half es einem Schriftsteller wenig, wenn er mit Talent gesegnet war. Ihre Verbitterung besiegelte sie mit einem ihrer gewohnten Sprüche: «Wer kann mit schlechtem Mehl schon gutes Brot backen!» In der Folge erfuhr ich, dass das Mehl, mit dem Schriftsteller ihre Werke kneten, dadurch entsteht, dass die Realität und der historische Augenblick, in dem sie leben, zusammen gemahlen werden. Ihre – also unsere – Realität bezeichnete Clara als langweilig, trivial, glatt, fade, grau. «Oh ja, vor allem grau», sagte sie und schwenkte die Hände, was wahrscheinlich das Schwerwiegende der Aussage unterstreichen sollte. Ich merkte, wie sie sich erregte, und senkte meinen Blick auf die Tankanzeige, bereit, den Stand der Nadel mit meinem Geduldsvorrat gleichzusetzen. Der Tank war fast noch voll, und ich war mir nicht sicher, ob ich so viel Geduld aufbringen konnte, den Monolog zu ertragen, der sich neben mir ankündigte, besser gesagt, mit seinem neuen Adjektivhagel schon in vollem Gange war. «In Deutschland», fuhr die Frau Schriftstellerin in diesen oder ähnlichen Worten fort, «erleben wir die Tyrannei des Graus. Glaubst du, jemand protestiert oder lehnt sich dagegen auf? Niemand. Deutschland ist ein graues Land. Die Deutschen sind graue Leute. Ihre derzeitige Kultur ist grau. Ihre Politik: Grau; was die Farbe der Asche, des Staubes, des Verhärmten ist. Wohin du auch schaust, überall siehst du nur Grau in diesem Land, weil alles verschlissen, alt und verbraucht ist. Und schau dir das Land selbst an! Das sieht, verdammt noch mal, aus wie mit der Dampfwalze gemacht. Kein schneebedeckter Gipfel weit und breit als Symbol für was weiß ich. Ich kann es nicht wissen, denn schon als Kind war ich gezwungen, sehr weit zu fahren, wenn ich Höhe, Größe, Bemerkenswertes sehen wollte. Sieh dir die Landschaft an, Maus. Alles flach und langweilig wie seine Bewohner.» Jedes Mal, wenn sie das Wort Grau aussprach, senkte und hob Clara den Kopf, so wie die Pferde es machen. Ich beugte mich zur Windschutzscheibe vor und schaute mir die Wolken an. Ich sah, dass Clara recht hatte. «Du hast recht», sagte ich, um ihre Stimmung zu heben, indem ich zu dem meist unfehlbaren Mittel griff, mich ihrer Meinung anzuschließen. Der Himmel, der Straßenbelag, die Nebelfetzen im Geäst der Bäume, alles um uns herum war grau. Auch unser Auto war grau. Clara hatte diese Farbe vor knapp zwei Monaten gegen meinen Willen ausgewählt, denn ich war von Anfang an für ein schwarzes Modell derselben Marke. Ich sah mein Gesicht lieber in einer schwarzen Karosserie gespiegelt als in einer grauen. Wir konnten uns jedenfalls nicht einigen. Der Verkäufer betrachtete uns schon weit zurückgelehnt, als genieße er das Ehespektakel, das wir ihm boten. Clara bediente sich des alten Tricks, die Geduld zu verlieren. Sie zog mich am Arm in eine Ecke des Verkaufsraums und quetschte nahe an meinem Ohr die Worte hervor: «Mäuschen, wir kaufen das Auto doch nicht für ein Beerdigungsinstitut. Komm, sei lieb und hör auf, vor diesem Kerl da meine Nerven zu strapazieren.» So entschieden wir uns für die Farbe, die sie wollte. Ich war versucht, ihr das in Erinnerung zu rufen, als wir in Richtung Cuxhaven fuhren und sie ihre Tirade gegen das Grau der deutschen Wirklichkeit losließ; doch dann hielt ich es für gescheiter, den Mund zu halten, zum einen, weil ich nicht Gefahr laufen wollte, dass sie bis zum Abend weiterlamentierte, und zum Zweiten, weil, wenn man es recht bedachte, weder Schwarz noch Grau eine Farbe der Freude, des Glücks und der Zuversicht war.

Wir hatten mittlerweile die Weserfähre erreicht. In der Warteschlange waren wir die Ersten, da die Fähre gerade abgelegt hatte und wir uns nun in Geduld üben mussten. Es hatte wieder heftig zu regnen begonnen, sodass wir im Auto sitzen blieben. Ich war neugierig, zu erfahren, ob sie bei den Dicken und Faulen an mich gedacht hatte. Sie hörte nicht zu. Sie besitzt nämlich die Fähigkeit, Geräusche zu filtern, sodass sie selbst entscheidet, was ihr Gehör erreicht und was nicht. Taub für meine Frage, fuhr sie mit ihrer

Leier fort: «Und was war mit den Soldaten auf den Lastwagen, Maus? Aus welchem Krieg kamen sie? Aus keinem. In welchen Krieg zogen sie? In keinen. Siehst du, vor welche Herausforderung ich mich gestellt sehe? Ich soll ein interessantes Buch über ein Land und eine Zeit schreiben, die nichts zu bieten haben. Denk nur, was für ein Unterschied das ist, über die Ruhmestaten und Schändlichkeiten eines Weltkriegs mit seinen Schlachten, Bombenhageln und Zerstörungen zu schreiben, die ihren Eingang ins nationale Gedächtnis gefunden haben, oder, wie mir nichts anderes übrig bleibt, von Soldaten zu berichten, die ins Manöver fahren. Schon bevor ich die erste Zeile geschrieben habe, weiß ich, dass mein Buch dieser enormen Beschränkung unterliegt, und ich weiß auch, dass ich nichts daran ändern kann, sosehr ich mich ins Zeug lege, und ich weiß, dass mein Buch zum Scheitern verurteilt ist und ich wieder in die verdammte Schule zurückmuss, Hausaufgaben und Klassenarbeiten korrigieren und dauernd Kopfschmerzen haben.» Der Regen trommelte aufs Autodach. Ich versuchte vergebens, durch die regenverhangene Windschutzscheibe die Fähre irgendwo auf dem breiten Fluss zu entdecken. Wir konnten nicht einmal den Fluss sehen. Ich fragte Clara, ob sie zum Wohl der Literatur einen Krieg in Deutschland haben wolle. «Spinnst du?», empörte sie sich. Eine Weile schwieg sie und sagte dann, verhalten lächelnd: «Keinen Krieg; aber ein paar Erlebnisse auf dieser Reise kämen mir ganz gelegen, meinst du nicht, Maus?» Aus ihrer entspannten Miene, der faltengeglätteten Stirn und ihren glänzenden Augen schloss ich, dass sie die morgendliche Sitzung der Niedergeschlagenheit für beendet erklärte. Kurz darauf rief sie auf dem Mobiltelefon Tante Hildegard an, um ihr mitzuteilen, dass wir unterwegs waren. Danach sprach sie mit Frau Kalthoff, die sie beruhigte und ihr mitteilte, dass *Goethe* ganz entspannt auf seinem Lieblingsplatz im Wohnzimmer schlief.

3

Kaum waren wir in der Diele und die Haustür hinter uns noch nicht geschlossen, brach Tante Hildegard in bittere Tränen aus. Ich fand nicht einmal Zeit, sie zu begrüßen. Clara, die sie in die Arme genommen hatte, und ich warfen uns verstörte Blicke zu, da wir den Grund für diesen plötzlichen Kummer nicht verstanden. Mir kam es komisch vor, dass die Tante unsere Anwesenheit als belastend empfand, da sie uns doch erwartet und Clara sie von unterwegs sogar zweimal angerufen hatte; einmal, um ihr zu sagen, dass wir unterwegs waren, und dann, um ihr unsere ungefähre Ankunftszeit mitzuteilen. Nach dem ersten Gespräch beschlossen wir aufgrund ihrer Klagen über ich weiß nicht welches Obst man ihr verkauft hatte, ihr die Last zu ersparen, für uns zu kochen. Auf einem Rastplatz hielten wir an und verzehrten unter dem Dach eines öffentlichen Wartehäuschens unsere Brote und die schon gewaschenen und geviertelten Pfirsiche, die wir zu Hause eingepackt hatten. Später unternahmen wir aus dem gleichen Grund und bei besserem Wetter einen Spaziergang in der Umgebung des Cuxhavener Hafens, und gegen zwei oder halb drei waren wir bei ihr. Noch immer die Tante im Arm, machte Clara mir verstohlene Zeichen, bloß nicht das Geschenk aus der Tasche zu holen, als hätte es wirklich eines Hinweises bedurft, dass dies nicht der passende Moment war, einer alten Dame, die wie ein geohrfeigtes kleines Mädchen so laut schluchzte, dass sie kein Wort herausbekam, ein floristisches Gebinde (in Wahrheit ein Blumenstrauß in Zellophanverpackung mit gelbem Bändchen und kitschigen Tonfigürchen dekoriert, den wir bei der Einfahrt in der Stadt an einer Tankstelle gekauft hatten) in die Hand zu drücken.

Nach einer Weile stammelte sie endlich ein paar verständliche Worte. Denen konnten wir entnehmen, dass ihr Bruder, Claras Vater, die Schuld an ihrem Weinkrampf trug, da er sie schon so lange nicht mehr angerufen hatte, obwohl er doch wusste, dass sie letzten März auf dem rechten Auge am Grauen Star operiert worden war und mit dem linken nur noch Licht und verschwommene Schatten erkennen konnte. Hinterher hatte Tante Hildegard den Augenarzt gefragt, ob die Möglichkeit bestünde, dass sie blind werden könne. Woraufhin dieser ihr anscheinend die Ohren mit seinem Fachchinesisch verstopfte, das sie tief beunruhigte, obwohl sie nichts davon verstanden hatte. Und da sie von dem Augenarzt keine eindeutige Antwort bekommen hatte, lebte die Tante jetzt in der Sorge, demnächst mit Blindenstock und schwarzer Brille auf die Straße zu müssen. Erschüttert von dieser Überzeugung, hatte sie vor einigen Tagen einen Katalog für orthopädische Artikel durchgeblättert. Was sie auf keinen Fall wollte, war ein Blindenhund. Noch nie hatte sie Tiere im Haus geduldet und gedachte dies auch in Zukunft nicht zu tun, und wenn sie noch so blind wurde. Der Hauptgrund war, wenn ich das richtig verstand, dass sie überall ihre Haare ließen. Das hatte sie bei einer Bekannten in Cuxhaven erlebt. Sie verstand sich nach wie vor gut mit ihr, aber sie besuchte sie nicht mehr, weil sie sich davor ekelte, in Sesseln zu sitzen, die voller Hundehaare waren. Sie waren sogar auf dem Tisch, auf dem ihre Freundin die Tassen und Teelöffelchen platzierte. Außerdem war der Hund einer dieser unsympathischen Gesellen, die immer bellen, wenn es klingelt, und denen manchmal ein Sabberfaden aus dem Maul trieft. Nein, sie wollte keinen Hund bei sich haben und war uns daher auch dankbar, dass wir *Goethe* zu Hause gelassen hatten. Nachdem dieses Thema durch war, kam sie wieder auf ihren Bruder zu sprechen. Sie war der Meinung, er hätte sich in den vergangenen Monaten mehr für ihren Gesundheitszustand interessieren müssen, den sie schlicht als katastrophal bezeichnete, so wie sie, als er in Wilhelmshaven am Fuß operiert worden war, ihn sofort im Krankenhaus besucht hatte, obwohl sie damals kaum zum Schlafen kam wegen der Probleme, die einer ihrer Mieter ihr machte. Mein Schwiegervater hatte ihr beim letzten Telefonat offenbar versprochen, sie öfter mal anzurufen, doch seitdem waren schon Monate, oder vielleicht Wochen, vergangen. Ich weiß es nicht mehr, weil ich auch nicht so genau hingehört habe.

Clara kannte die Wehleidigkeit ihrer Tante seit Kinderzeiten; die Komische, wie ihre Mutter sie zu Lebzeiten immer genannt hatte. Die Tante und mein Schwiegervater sind die einzigen Überlebenden einer Familie, die die Hälfte ihrer Angehörigen im Krieg verloren hat. Claras Großvater starb in einer Straße in Wilhelmshaven bei einem Bombenangriff. Der Großmutter, die hinter ihm her zu einem Luftschutzkeller lief, trennte ein Bombensplitter die linke Hand ab. Bis zu ihrem Tod mit fast neunzig Jahren in einem Altenheim trug sie eine Prothese, die sie unter einem Handschuh versteckte. Die beiden älteren Brüder – die Zwillinge – wurden an die Ostfront nach Russland geschickt und kamen nie zurück. Von einem weiß man, dass er in der Nähe von Bobruisk gefallen ist. Der andere galt als vermisst, und als solcher wird sein Name neben dem seines Bruders und anderer Gefallener aus der Gegend auf einer Gedenktafel geführt, die auf dem Friedhof seiner Heimatstadt aufgestellt worden ist. Tante Hildegard vermutet, da sie schon als Kinder unzertrennlich waren, dass sie Seite an Seite gestorben sind.

Während unseres Spaziergangs in der Umgebung des Hafens, den wir unternahmen, bis wir bei der Tante vorstellig werden konnten, beschwor Clara mich, bei unserer Ankunft nicht den sympathischen Ehemann zu spielen und mich auf keinen Fall bei der Tante nach deren Befinden zu erkundigen. «Wenn du sie fragst», warnte sie mich, «glaubt sie, dass dich ihre Leiden wirklich interessieren. Dann kann es späte Nacht werden, und sie ist immer noch nicht damit fertig, uns zu erzählen, was sie alles erdulden muss, wie einsam sie ist und wie sie nicht mehr leben mag, obwohl es ihr eigentlich gut geht und sie auch keine Geldsorgen hat. Also, Mäuschen, wenn wir im Haus sind, sag ihr nur guten Tag und gib ihr, wenn du willst, einen Kuss. Ich spreche schon für uns beide.» Ich schlug vor, dass wir dem Jammern der Tante vielleicht zuvorkommen könnten, indem wir selbst über das schlechte Wetter, den schlechten Zustand der Straßen oder sonstige tatsächliche oder erfundene Dinge klagten, etwa dass Clara sich beim Aussteigen aus dem Auto den Knöchel verstaucht hätte. Wenn wir uns beim Klagen gegenseitig überböten, könnten wir Tante Hildegards Gejammer vielleicht neutralisieren oder wenigstens ausdünnen und abkürzen. Clara betrachtete mich mit ernstem Blick. «Weißt du», sagte sie, «manchmal glaube ich, dass du eine böse Ader hast.»

Inmitten der tränenreichen Szene gelang es mir, den Schlüssel zum Hoftor zu finden, der mit seinem beschrifteten Etikett an einer an die Wand genagelten Holzleiste mit Haken hing. Ich ging nach draußen, um unser Auto im Innenhof des Hauses zu parken, in dem die Tante, wie jeder andere Bewohner des Gebäudes, einen aufgemalten Parkplatz besitzt. In den zehn Minuten meiner Abwesenheit war es Clara gelungen, die alte Frau zu trösten, und als ich wieder in die Wohnung kam, fand ich die beiden angeregt plaudernd in der Küche. Vorher hatte ich mir die Schuhe ausgezogen und sie neben Claras auf eine Matte gestellt, die zu diesem Zweck in der Diele liegt. In Tante Hildegards Wohnung und auch in der von Frau Kalthoff ist es üblich, dass Besucher sich – wie in einer Moschee – am Eingang die Schuhe ausziehen und dann auf Strümpfen in der Wohnung herumlaufen, es sei denn, sie haben ihre eigenen Pantoffeln mitgebracht. Auf dem mit einem verschlissenen Wachstuch bedeckten Küchentisch sah man etliche Gläser unterschiedlicher Größe, die alle kopfüber auf dem Deckel standen, was offenbar für die Konservierung ihres Inhalts wichtig war. Ich erfuhr, dass Tante Hildegard bis kurz vor unserer Ankunft Johannisbeermarmelade eingekocht hatte. So begeistert, wie sie davon sprach, nahm ich an, dass Clara auf den alten Trick verfallen war, Interesse für dieses Thema zu heucheln, was der Tante Gelegenheit gegeben hatte, ihren Kummer zu vergessen und sich nun über die große Leidenschaft ihres Lebens – Küchenrezepte – zu verbreiten.

Unbemerkt von beiden, ging ich ins Wohnzimmer. Von dem großen Fenster aus sah man auf ein Hafenbecken, in dem die dort festgemachten Schiffe gewöhnlich einen dichten Wald von Masten bilden. Das mit dem Wald von Masten habe ich, ehrlich gesagt, einem kurzen Text von Clara entnommen, der vor einigen Jahren in ihrer Schulzeitung veröffentlicht wurde. Als ich ihr damals half, den Text am Computer ins Reine zu schreiben, empfahl ich ihr, diese Metapher zu streichen. Da sie ihrerseits in einem Roman einer von ihr geschätzten deutschen Autorin darauf gestoßen war, setzte sie sich gegen eine Streichung empört zur Wehr und fragte mich, für wen ich mich hielte, ihr Ratschläge über das Schreiben zu erteilen. Hielt ich mich etwa für berufen? Hatte ich schon mal ein Buch veröffentlicht? Aus Trotz war ich kurz versucht, sie an eine Rezension ihres ersten Romans in der *Frankfurter Allgemeinen Zeitung* zu erinnern; ich verbiss es mir jedoch, weil sie das schlimmer getroffen hätte als ein Schlag mit dem Hammer auf den Kopf. Ich bin immer noch der Meinung, dass die Metapher des Mastenwaldes ein Kitsch sondergleichen ist, den ich mir allerdings – im Unterschied zu Clara – durchaus leisten könnte. Denn die Schreibübungen, denen ich mich in meiner freien Zeit hingebe, damit mir die Muttersprache nicht einrostet, wer sollte sie lesen! Die Kritiker der Zeitungen, die Clara fürchtet wie giftige Skorpione, selbstverständlich nicht.

Hinter dem Hafenbecken sieht man Frachter und das eine oder andere Passagierschiff in entgegengesetzter Richtung die Elbemündung passieren, die vor Cuxhaven so breit ist, dass man nicht weiß, ob die bleigraue Fläche, die sich vor den Augen ausdehnt, Fluss oder Meer ist. Aus den Karten geht das nicht eindeutig hervor, und ich bin, ehrlich gesagt, wenig versucht, ans Ufer zu gehen und es am Geschmack des Wassers herauszufinden. Meistens fahren die Schiffe in großen Abständen vorbei, doch manchmal sieht man drei oder vier von ihnen hintereinander langsam und schwerfällig vorüberziehen und eine ganze Weile später im fernen Dunst verschwinden. In der Regel überholen kleine Schiffe die großen, jedoch nicht immer. Bojen mit roten und grünen Lichtern markieren ihnen den Weg. Manchmal sieht es aus, als würden zwei dieser Stahlkolosse frontal aufeinanderstoßen, und im letzten Moment erkennt man, dass sie auf parallelen Routen fahren. Einige fahren Elbe aufwärts Richtung Hamburger Hafen; andere streben aufs offene Meer, um unterschiedlichste Fracht bis an wer weiß welches Ende der Welt zu bringen. Tante Hildegard mag ihre Stimmungen haben; aber sie hat auch eine Fensteraussicht, für die es sich lohnt, sie hin und wieder zu besuchen.

Ihre Stimme im Flur riss mich aus meiner angenehmen Betrachtung. Ich hörte meinen Namen inmitten eines fragenden Wortschwalls und gleich darauf Claras kategorische Antwort: «Keinen Alkohol! Er muss noch fahren.» «Und Kaffee?» «Mach dir keine Mühe, Tante. Wir haben unterwegs schon welchen getrunken.» Gelogen. Als wir in Cuxhaven ankamen, blies ein kalter Wind, und ich schlug vor, uns in der Fußgängerzone in eine Cafeteria zu setzen. Clara hielt jedoch mit dem doppelten Argument dagegen, dass es sinnvoll sei, die Reisekosten niedrig zu halten, und dass

Tante Hildegard uns mit Sicherheit Kaffee und Kuchen aufdrängen werde, und wollte lieber, dass wir einen Spaziergang unternahmen. Um zwei Uhr saßen wir also im Wohnzimmer, und Tante Hildegard, die offenbar Mitleid mit mir hatte, weil ich an ihrem gastronomischen Geplauder nicht beteiligt war, bot mir an, den Fernseher einzuschalten. Nun gibt es montags am frühen Nachmittag, soweit ich weiß, keine Sendungen, die mich interessieren konnten. Da aber immer die Möglichkeit besteht, irgendwo auf ein Sportprogramm zu stoßen, schien mir die Idee der Tante gar nicht so verkehrt. Clara machte sie allerdings zunichte, indem sie meiner Antwort zuvorkam: «Tante Hildegard, wir sind doch nicht gekommen, um fernzusehen, sondern um dich zu besuchen.» Nachdem ihre Angebote eines nach dem anderen zurückgewiesen worden waren (wenn auch nicht von mir, der ich jedes einzelne gerne angenommen hätte), haderte die Tante wohl damit, mir nichts Gutes tun oder wenigstens irgendeine Art von Unterhaltung bieten zu können, während sie und Clara sich bestens unterhielten. Letzteres war mit Sicherheit der Grund, dass sie mich einlud, mir das Familienalbum anzusehen, wobei sie offenbar vergaß, dass sie es mir auch bei früheren Besuchen schon gezeigt hatte. Nichts behagte mir weniger, als mich wieder durch die vergilbten Seiten dieses Fotoalbums zu quälen. Bevor die Tante Zeit fand, es aus dem Wohnzimmerschrank zu holen, suchte ich daher nach passenden Worten, um mich diesem faden Zeitvertreib zu entziehen. Ich wollte schon den Mund aufmachen, da kreuzte ich zufällig Claras Blick. Sie hatte in einem Sessel der Sitzgruppe Platz genommen, und ihre strenge Miene ließ keinen Zweifel zu. Dies war die Stunde der Familienfotos.

Ich setzte mich aufs Sofa und warf einen raschen Blick auf die vom Fenster eingerahmten Wolken, gleichsam als stillen Abschied von ihnen. Und dann lag auch schon das Album mit den grünen Einbanddeckeln vor mir auf einem niederen Tischchen mit gläserner Tischplatte, das in der Mitte des Wohnzimmers stand, und gleich darauf die Seite mit den verblichenen Fotos der Zwillinge, Gefreite in einem Pionierbataillon, mit Tellermütze, Uniform und Rangabzeichen, und Tante Hildegard saß an meiner Seite und erzählte mir, als wäre es das erste Mal, die nur allzu bekannten Familiengeschichten. Auf den ersten Seiten gab es kein einziges Foto, auf dem nicht die Zwillinge in den verschiedenen Phasen ihres kurzen Lebens zu sehen waren, für sich oder in einer Gruppe, aber stets zusammen, einer an der Seite des anderen. Zwillinge in Kinderkleidung, Zwillinge in Konfirmationsanzügen, sportlich gekleidete Zwillinge, Zwillinge in Uniform. Auf allen Fotos, ob als Kinder oder als junge Männer, machten sie einen gesunden Eindruck mit kurzgeschnittenen Haaren und abstehenden Ohren. Kein Zweifel, dass sie nach so vielen Jahren immer noch einen bevorzugten Platz in Tante Hildegards Erinnerung einnahmen. Clara ist gleichfalls der Meinung, dass die Tante immer noch die gleiche glühende Bewunderung für ihre beiden älteren Brüder empfindet wie zu deren Lebzeiten, was an ihrer bebenden Stimme, den feierlichen Gesten und anderen Details zu erkennen ist, wenn sie von ihnen spricht. Ganz im Gegensatz zu meinem Schwiegervater, der, da er sechs Jahre alt war, als die Zwillinge an die Front mussten, sich nur durch das an sie erinnert, was seine Mutter und seine Schwester ihm erzählten. Ihn habe ich auch einmal sagen hören, dass die Zwillinge bestimmt zusammen begraben sind, da sie unzertrennlich waren.

Wie schon bei meinen früheren Besuchen fragte Tante Hildegard, nachdem sie das Denkmal «für die zur Ehre des geliebten Vaterlands Gefallenen» erwähnt hatte, unter deren Namen auch die ihrer Brüder (natürlich nebeneinander) in den Gedenkstein gemeißelt sind, ob meine Eltern und Großeltern auch die Geißel des Krieges zu spüren bekommen hätten. Ich beschloss, ihr eine knappe Erklärung über den letzten kriegerischen Konflikt anzubieten, der in meinem Land stattgefunden hatte, und mir dazu ein paar Schulerinnerungen zusammenzusuchen. Aus Erfahrung wusste ich, dass ich mich nicht in Einzelheiten ergehen musste. Selten habe ich mehr als drei Sätze an die Tante loswerden können. Entweder versteht sie mich nicht oder hört mir nicht zu, oder sie ist taub, oder ich spreche die Wörter in ihrer Sprache nicht so aus, wie das Gehör einer alten Dame es erfordert. Sei es, wie es sei, ich nehme es ihr nicht übel; ich halte den Mund und Punkt. Ich begann mit allgemeinen Worten über die Epoche zu sprechen, die ich zum Glück nicht selbst erleben musste. Kaum hatte ich den Mund aufgemacht, da schlug sie – ohne zu merken, dass ich mit meiner Erzählung begonnen hatte – die nächste Seite im Album auf und brachte angesichts der folgenden Fotos eine belanglose Anekdote über ihren Vater zu Gehör. Clara blätterte unterdessen ganz entspannt in der Fernsehzeitung, die bei der Tante immer aufgeschlagen auf dem Wohnzimmertisch liegt. Ich fand es ungerecht, dass sie mich mit den Erzählungen und dem Tratsch der Tante allein ließ. Mit einer Reihe von Mund- und Rachengeräuschen konnte ich unbemerkt ihre Aufmerksamkeit erregen, und kaum hatte sie mir das Gesicht zugewandt, traf sie mein messerscharfer Blick. Sie verstand die Botschaft sofort. Sie legte die Zeitschrift an ihren Platz zurück und kam mir zu Hilfe, indem sie der Tante vorschlug, mich allein im Album weiterblättern zu lassen und mit ihr in die Küche zu gehen, wo es noch ich weiß nicht welche komplizierten Krankenversicherungsformulare auszufüllen gebe. Beim Aufstehen bot die Tante mir an, ich könne mich vertrauensvoll an sie wenden, falls ich Fragen zu den Fotos hätte. «Du kannst gern in die Küche kommen und mich fragen», sagte sie. Clara ging hinter ihr, und auf ihren Lippen spielte ein schadenfrohes Lächeln. Sie besaß sogar die Dreistigkeit, vorzuschlagen, ich könne eventuelle Fragen ja aufschreiben. Ihre Tante, die von dem Spiel nichts mitbekam, antwortete ernst, das sei gar nicht nötig. Kaum waren die beiden aus dem Zimmer, schlich ich zum Barschrank, doch ein quietschendes Scharnier verriet mich. Sofort hörte ich Clara aus der Küche meinen Namen rufen. «Was ist passiert?», fragte die

Tante besorgt. Clara flüsterte ein paar gewiss beruhigende Worte, die ich nicht verstehen konnte. Und so blieb mir nichts anderes übrig, als mich wieder dem Fenster zuzuwenden, dem Wald von Schiffsmasten, den Möwen, den vorbeiziehenden Frachtern.

Etwas später setzte ich mich in einen Sessel vor dem ausgeschalteten Fernseher. Darüber an der Wand hing ein altes Foto im Silberrahmen, das Großvater Hubert zeigte, der im Krieg unter die Bomben gekommen war, und die Großmutter, beide noch in jungen Jahren. Er mit einer Leichenbittermiene, als hätte er nicht den Fotografen, sondern ein Erschießungskommando vor sich, den Kopf zwischen beiden Löffeln, wie der Volksmund in Deutschland zu groß geratene Ohren nennt; sie, noch im Besitz beider Hände, in einem bis zum Hals zugeknöpften schwarzen Kleid. In den Anblick des kantigen Kinns des Großvaters versunken, saß ich mit verschränkten Armen und auf die Brust gesunkenem Kopf vor dem Foto, weil ich nicht wollte, dass mich die Müdigkeit im Sofa übermannte und das Entschlummern mit dem Fotoalbum in Zusammenhang gebracht würde, das noch aufgeschlagen auf dem Tischchen lag. Sobald mir die Lider zufielen, betrat ich mit alten Freunden, die ich jahrelang nicht mehr gesehen hatte, eine Kneipe und genehmigte mir einen halben Liter Bier mit schöner Schaumkrone, die mir nach jedem Schluck einen weißen Schnurrbart machte. Das war damals mein am häufigsten wiederkehrender Traum. Ab und zu besucht er mich immer noch, und obwohl es sich um einen fröhlichen Traum handelt, macht er mich immer traurig. Während ich mir an jenem Nachmittag im Wohnzimmersessel ein Schläfchen gönnte, träumte ich ihn gerade ein weiteres Mal, als ich wieder wach gerüttelt wurde. Ich stürzte Hals über Kopf aus der Kneipe, oder die Kneipe aus mir, das weiß ich nicht mehr. Ich konnte mich nicht einmal von meinen Freunden verabschieden. Draußen stand Clara und hatte offenbar Dringendes mitzuteilen. Ob ich der Tante einen Gefallen tun könne. Die arme Frau sei völlig verzweifelt, weil soeben der Klempner angerufen und gesagt habe, er habe keine Zeit, einen verstopften Abfluss im Waschbecken eines ihrer Ferienhäuser in Duhnen frei zu machen. Am nächsten Morgen kämen die neuen Mieter, Kunden seit ewigen Zeiten, um ihren Jahresurlaub am Meer anzutreten. Tante Hildegard war unterdessen in der Tür erschienen, wo sie still und unbeweglich stand wie eine Gestalt auf einem Bild. Ihr Gesichtsausdruck war der der Heiligen Jungfrau Maria auf den klassischen Darstellungen der Kreuzabnahme Christi. Ähnliche Versionen habe ich im Wartezimmer meines Zahnarztes gesehen. Clara hatte mich grob aus meiner Siesta gerissen, ich wusste nicht, was ich sagen sollte, musste erst meine Gedanken ordnen. In meiner Konfusion fuhr ich mir mit der Hand über die Lippen, um mir den Schlaf aus dem Gesicht zu wischen. Claras Blick trieb mich zur einzigen Antwort, die sie gelten lassen würde. Tatsächlich hatte ich vor Jahren in unserer gemeinsamen Wohnung in Göttingen einmal einen Abfluss frei bekommen, indem ich mit der Spitze eines Regenschirms auf gut Glück darin herumgestochert hatte, bis der stinkende Klumpen, der den Abfluss verstopfte, durchgerutscht war. Danach drehte ich den Leitungshahn auf, damit der volle Wasserstrahl das Werk vollendete, was er nach dem fünfzehnten oder zwanzigsten Versuch auch tat. Weder Clara noch unsere Mitbewohnerin ertappten mich mit der Schirmspitze, und da ich keine Veranlassung sah, ihnen meine Arbeitsmethode zu enthüllen, stand ich bei ihnen fortan in dem nicht ganz unberechtigten Ruf, ein handwerklich begabter Mann zu sein.

Ein kleines Räuspern, das ich von mir gab, um den trockenen Mund für die Herstellung von Sprache vorzubereiten, genügte Clara als Antwort. Sich an Tante Hildegard wendend, sagte sie zu ihr, sie solle unbesorgt sein, in fünf Minuten wären wir auf dem Weg nach Duhnen. In einem Wimpernschlag war die Miene der schmerzensreichen Jungfrau aus dem Gesicht der Tante gewischt. «Dann kann ich mich jetzt umziehen?», fragte sie sicherheitshalber nach. Als wir allein waren, gab ich Clara zu bedenken, dass ich

a) kein Klempner bin, b) keinerlei Werkzeug habe, c) mich davor ekle, den Unrat fremder Menschen zu berühren, und d) vorsichtig geschätzt, mit siebenundneunzigprozentiger Sicherheit an der Aufgabe scheitern würde. Clara warf sich mir mit einem Ungestüm, einer schlüpfrigen Anschmiegsamkeit, einer körperlichen Gier an den Hals, die ich nicht einmal in ihren muntersten Zeiten erlebt hatte. Sie umschlang mich mit ihren weniger an amouröse Leidenschaft als ans tägliche Schleppen von Schulbüchern gewohnten Armen und bedeckte mein Gesicht mit spitzlippigem Picken, das ich nach einer Weile als Küssen erkannte. Sie küsste mich auch auf den Mund, vor allem, wenn ich ihn zu einer Antwort aufmachen wollte. «Versuche es doch wenigstens», sagte sie am Ende ihres Angriffs mit dem honigsüßen Schmollmund einer Frau, die genau weiß, dass sie ihr Ziel erreicht. «In Göttingen, in unserer Wohnung Obere-Maschstraße, weißt du noch?, da hast du den verstopften Abfluss repariert. Warum solltest du das jetzt nicht auch können?» Und als mit der Motivation fauler Schüler vertraute Lehrerin fügte sie hinzu: «Heute Abend will uns Tante Hildegard zum Essen in ein Restaurant einladen, in dem sehr guter Fisch serviert wird. Und du isst doch gerne Fisch, nicht? Ich könnte mir auch vorstellen, dass sie sich uns gegenüber als sehr großzügig erweist. Also trage doch ein bisschen dazu bei, sie glücklich zu machen.»

Bevor wir ins Auto stiegen, gingen wir in den Keller, um nach Werkzeug zu suchen. Clara blieb lieber draußen, weil sie fürchtete, die feuchte Luft könnte schädlich für ihre Lungen sein. «Und was ist mit meinen?», flüsterte ich ihr zu. Sie streichelte mir mit der Hand über den Kopf, als wäre ich *Goethe.* «Na komm, mach schon, lass die Tante nicht warten.» Im Keller gab es, gleich neben dem Eingang, einen geräumigen Stellplatz mit mehreren Waschmaschinen und klappbaren Wäscheständern und gegenüber einen etwas kleineren für Fahrräder. Danach kam ein Flur mit weißen Wänden und Türen an beiden Seiten. Tante Hildegard, die mir vorausging, bog um eine Ecke und blieb vor den Scherben einer Flasche stehen, die inmitten eines dunklen feuchten Flecks auf der Erde lagen. Sie schüttelte missbilligend den Kopf. «Herr Stucke», flüsterte sie nahe an meinem Ohr, als ginge mit ihren Worten eine Anklage einher, die man unmöglich in normaler Lautstärke formulieren konnte. Ich heuchelte ein bisschen solidarischen Unwillen, um mein völliges Desinteresse an der Sache zu kaschieren. Meinem Gesichtsausdruck durfte sie entnehmen, dass ich weiterer und größerer Vertraulichkeiten würdig war. Und so brachte sie ihre dritten Zähne noch einmal in die Nähe meines Ohrs und fügte in demselben geheimnisvollen Ton hinzu: «Alkoholiker.» Woraufhin ich mich – da sie während des Geflüsters stehen geblieben war – ihr zu versichern beeilte, dass ich den Kern der Sache begriffen hatte und Herrn Stucke – den ich überhaupt nicht kannte – denselben Widerwillen entgegenbrachte wie sie.

Jeder Mieter besitzt im Keller einen eigenen Verschlag. Ich begleitete sie bis zu ihrem. Als wir drinnen waren, schaute ich mich in dem Durcheinander als Erstes nach einem alten Regenschirm um, sah jedoch bald, dass ich mich mit einem gewöhnlichen Pümpel und einem Blechkasten würde begnügen müssen, die Tante Hildegard von einem an der Wand befestigten Regal genommen hatte. Drinnen gab es in all dem Gerümpel eine reichliche Auswahl an Werkzeug zu besichtigen, das meiste davon zwar angerostet, aber noch intakt. Sie fragte mich, ob ich auch Nägel bräuchte. Nägel, um einen Abfluss freizumachen? Ich drehte mich um und sah sie an, weil ich dachte, sie mache einen Scherz, erkannte jedoch mit einem Blick, dass sie es ernst meinte. Ich gab ihr zu verstehen, dass ein ausrangierter Regenschirm schon reichen würde. Wie gewöhnlich verstand sie mich nicht. Ich musste meine Bitte wiederholen. Sie verstand, dass ich einen Regenschirm wollte, um draußen nicht nass zu werden. Da sie mir nur ihren eigenen borgen könne, der darüber hinaus ein kleiner Damenschirm war, bot sie mir stattdessen einen Regenmantel mit Kapuze an, der mir aber, sagte sie, wahrscheinlich zu eng sein werde. Was sollte ich ihr weiter erklären, da sie doch nichts verstehen würde! Also nahm ich den verstaubten, rostfleckigen Werkzeugkasten, und wir gingen wieder nach draußen.

Gegen fünf Uhr nachmittags kamen wir in Duhnen an, einem Stadtteil von Cuxhaven am Strand, mit Hotels, Pensionen und Ferienwohnungen sowie Souvenirläden und Verkaufsständen mit gebackenem Fisch entlang der Hauptstraße. Der Stadtteil grenzt zwar ans Meer, doch das Meer sieht man nicht, da es von einem parallel zur Küste verlaufenden Deich verdeckt wird. Eine Schutzmaßnahme gegen die Jahrhundertfluten, welche die Nordsee alle wer weiß wie viele Jahre heimsuchen. Den mit Gras bewachsenen Deich erklimmt man über Treppen und Rampen, die angelegt worden sind, damit man an verschiedenen Stellen an den Strand gelangt. Der erstreckt sich bei Ebbe mehrere Kilometer seeeinwärts. Als bei Tante Hildegard einmal eine ihrer Ferienwohnungen frei war, verbrachte ich mit Clara einen Sommer in Duhnen, und wir fuhren mit dem Schiff zur Insel Neuwerk. Dort warteten wir die Ebbe ab und begaben uns aus einer Laune heraus, oder aus blanker Torheit, je nach dem, wie man es sehen wollte, auf den selbstmörderischen Fußmarsch zwölf oder dreizehn Kilometer bis zum Festland, bei dem unsere Füße in einem schlammigen, klebrigen, schwärzlichen Sand versanken, der mich in seiner Konsistenz an etwas erinnerte, das ich nicht zu benennen brauche. Der Deich ist nicht das Haupthindernis, wenn man an den Strand will, sondern eine Wegegebühr, die man zu bezahlen hat, wenn man sich nicht vorher im Tourismusbüro hat registrieren lassen, was auch Geld kostet. Nichts von alldem schien Clara ein paar Zeilen in ihrem Buch wert zu sein. Ich an ihrer Stelle hätte es erzählt; aber nun, sie ist die Schriftstellerin.

Tante Hildegard besitzt vier Häuser in Duhnen, die ihr zu einem guten Auskommen verhelfen. Die ersten beiden erbte sie von einem Ehemann, der beträchtlich älter war als sie und eineinhalb Jahre nach der Hochzeit an einem Herzanfall starb. Clara behauptet, der arme Mann habe wohl weder die Kraft noch die Ausdauer gehabt, um es mit Tante Hildegard unter einem Dach auszuhalten. Sie hatten sich zur Zeit des deutschen Wirtschaftswunders in Bremen kennengelernt, auf der Bremer Vulkan Werft, wo sie im Büro arbeitete und er der Leiter von ich weiß nicht welcher Abteilung war. Als Witwe ohne Kinder sah sich die Tante über Nacht bestens versorgt und zog nach Cuxhaven. Ihre Sekretärinnenstelle hatte sie schon vor der Heirat aufgegeben. Als Frau von mit an Geiz grenzender Sparsamkeit konnte sie sich aus den Mieteinnahmen der beiden Häuser bald ein drittes und später ein viertes kaufen, und mit diesen Einnahmequellen führt sie bis heute ein bequemes Leben. Sie reist nicht (noch nie im Leben war sie in Berlin und nur einmal, während eines Betriebsausflugs, im Ausland), ernährt sich vom Billigsten aus dem Supermarkt (beschwert sich hinterher aber über die schlechte Qualität der Produkte) und trägt nur heruntergesetzte Kleider, die sie allerdings recht stilvoll zu kombinieren versteht. Ihrer Nichte gegenüber lässt sie es an Großzügigkeit nicht fehlen, vielleicht weil sie eine Tochter in ihr sieht oder, wie Clara meint, weil die Sympathie, die sie für mich empfindet, sie freigebig macht. Einmal hat sie sie sogar in meinem Beisein dazu beglückwünscht, mich geheiratet zu haben.

Das Haus mit dem verstopften Abfluss liegt in einer Gasse, die parallel zur Hauptstraße von Duhnen verläuft, kurz vor dem Hallenbad. Vor dem Haus stiegen wir aus, und ich schämte mich mit dem angerosteten Werkzeugkasten und dem Pümpel in der Hand. Die Tante zeigte mir das Badezimmer, in dem die Arbeit auf mich wartete. Nachdem sie den Wasserhahn aufgedreht hatte, damit ich sah, wie langsam das Wasser ablief, ging sie zurück zum Auto und fuhr mit Clara zum Einkaufen und zu einem Eisdielenbesuch in die Innenstadt. Ich blieb mit dem verstopften Abfluss allein und fühlte mich wie ein Rekrut, der mit dem Entschärfen einer Mine betraut worden ist. Wie viele Menschen hatten sich ihre verdreckten Hände unter dieser Apparatur gewaschen? Wie oft war verspeichelte Zahnpasta in die glanzlose Keramik des Waschbeckens gespuckt worden? Welche stinkenden und faulenden Ablagerungen warteten in der Leitung nur darauf, mir auf Arme, Kleidung und vielleicht sogar ins Gesicht zu spritzen? Ich stellte den Werkzeugkasten auf dem Klodeckel ab. Der Abflussreiniger – der Pümpel – nutzte mir nichts, das merkte ich gleich, da die Saugglocke aus Gummi viel zu groß war, um die Abflussöffnung hermetisch abzuschließen. Also machte ich mich zuerst einmal daran herauszufinden, ob es in der Wohnung einen Barschrank gab. Ich fand keinen. Der Kühlschrank in der Küche war außer Betrieb und leer. Es gab eine Kaffeemaschine, aber keinen Kaffee. Wenigstens der Fernseher funktionierte. Wenn ich meine Aufgabe beizeiten löste, dachte ich, könnte ich mir vielleicht noch irgendeine Sendung ansehen. Mit diesem einzigen Anreiz machte ich mich an die Arbeit. Auf dem Weg ins Badezimmer zertrat ich einen Silberfisch. Ein anderer entwischte mir durch einen Spalt in der Bodenleiste. Zu Hause zerdrücke ich sie mit Klopapier, damit sie mir nicht an der Pantoffelsohle kleben bleiben; aber hier, was sollte ich machen!

Als Erstes führte ich, nachdem ich den Metallstöpsel herausgedreht hatte, der von der Sorte war, die man mittels eines Hebels hinter dem Wasserhahn hoch- und niederdrücken konnte, das Antennenkabel des Fernsehers in die Abflussöffnung ein. Es funktionierte, sogar so gut, dass ich mich zwei oder drei Sekunden lang als Erneuerer, ja als Revolutionär des Klempnerhandwerks sah. Aber der Trick klappte nicht. Das Kabel knickte, sobald ich den geringsten Druck ausübte. Ich befestigte es wieder an seinem Platz, nachdem ich es am Wohnzimmervorhang abgewischt hatte. Meine nächste Hoffnung war der Zweig von einem Strauch im Garten. Er drang problemlos bis auf den Grund des Siphons. Unglücklicherweise war der Stock nicht biegsam genug, um da unten die Kurve zu kriegen, und ein anderer, diesmal von einem Rosenstrauch, ebenso wenig. Mir blieb nichts anderes übrig, als mich der traditionellen Methode des Werkzeugs zu bedienen. In dem Durcheinander eiserner Gerätschaften fanden sich wenigstens sieben Schraubenschlüssel. Keiner davon passte für die Stellschrauben. Beim Engländer war das Gewinde blockiert. Ich versuchte, es zu lösen, und schürfte mir dabei die Haut am Daumen ab. Eine Kanonade von Flüchen im heimatlichen Idiom löste das Problem auch nicht. Als letzte Möglichkeit probierte ich es mit einem verstellbaren Maulschlüssel, mit dessen Backen ich die Schraubenmuttern greifen konnte. Mit beiden Händen versuchte ich, die erste zu drehen. Die Mutter bewegte sich keinen Millimeter, doch die ganze Rohrleitung mit all ihren zusammengesteckten Teilen glitt mit einem knirschenden Geräusch zur Seite, das eine Katastrophe ankündigte, wenn ich so weitermachen würde. Darum ging ich nun die zweite Schraube im Siphon an, die nach einigen Versuchen tatsächlich nachgab. Jetzt konnte ich die zwei Teile des Rohrs ein wenig auseinanderbiegen und so etwas wie eine schwarze haarige Wurst erkennen, die darin den Wasserdurchlauf blockierte. Zugleich stieg mir ein Übelkeit erregender Gestank in die Nase. Was tun? Ich schob die Spitze eines Schraubenziehers in den Rohrspalt, doch die Stange war zu dick und ließ sich nicht weiterschieben. Ich nahm einen anderen, damit passierte das Gleiche. Dann hatte ich die tolle Idee, es mit einem Messer zu versuchen. Ich fand ein passendes in einer Schublade in der Küche. Wahrscheinlich gibt es immer noch Mieter, die sich damit die Butter auf ihren Frühstückstoast streichen. Die schmale Schneide schnitt die Wurst ganz leicht in zwei Stücke. Einen Moment lang fühlte ich mich mehr als Chirurg denn als Klempner. Nun konnte ich die Rohre etwa zwei Fingerbreit auseinanderziehen und den Schmutz aus dem in die Wand führenden Stück entfernen, wozu ich einen Kaffeelöffel benutzte, den ich mir heute gern in der Hand eines Kinderarztes aus Essen oder der Besitzerin einer Parfümerie in Stuttgart vorstelle, die damit den Zucker in ihrer Kaffeetasse umrühren. Aus dem Siphon indessen bekam ich nicht viel heraus.

Mit dem Schraubenzieher stocherte ich so lange in der stinkenden Haarwurst herum, bis sie weich und locker wurde; dann schraubte ich die beiden Rohrstücke wieder zusammen, ohne die Manschette zu fest anzuziehen, falls ich sie später noch einmal lockern musste, und drehte den Wasserhahn voll auf. Anfangs blieb das Wasser im Becken stehen, doch dann, Halleluja, hörte man ein lautes Gurgeln und Blubbern in der Rohrleitung, und das Wasser floss zügig ab. Fast zwei Stunden konnte ich mich auf dem Wohnzimmersofa rekeln und fernsehen, bis ein Motorengeräusch die Rückkehr der beiden Frauen ankündigte. Ich lief rasch ins Badezimmer, wo immer noch das Werkzeug auf dem Boden herumlag, Messer und Kaffeelöffel ausgenommen. Ich erwartete die Frauen vor dem Waschbecken kniend und gab ihnen so zu verstehen, dass ich gerade erst mit der Arbeit fertig geworden war. «Du hast bis jetzt gearbeitet?» Eine Miene verletzter Würde war mein stiller Protest gegen diese so überflüssige Frage. Nebenbei zeigte ich die abgeschürfte Kuppe meines Daumens als Beweis dafür, wie hart die Arbeit gewesen war. Wortlos, ernst, feierlich, drehte ich den Wasserhahn auf. Es war, als könnte das Wasser gar nicht schnell genug unseren Blicken entschwinden. Die Tante kriegte sich vor Dankbarkeit gar nicht mehr ein. Clara stand vor Bewunderung wie versteinert.

Kurz vor acht nahmen wir an dem Tisch Platz, den Tante Hildegard telefonisch reserviert hatte. Wir waren zu Fuß gegangen, da das Restaurant ganz in der Nähe lag und es zu regnen aufgehört hatte. Der Tante gefiel die Platzierung des Tisches nicht; zu weit weg von den Fenstern und zu nah an dem Gang, auf dem die Kellner hin und her eilten. Ich kümmerte mich nicht um ihre Klagen und vertiefte mich in die Speisekarte. Die Gewissheit, nicht zahlen zu müssen, regte meinen Appetit an. Clara versuchte, dem Gespräch mit der Tante zu entgehen, indem sie mich fragte, ob ich schon etwas gefunden hatte, das mir zu munden versprach. Die düstere Wölbung ihrer Augenbrauen schien mich anzuflehen, meine Antwort möglichst ausführlich zu gestalten. Mir lief das Wasser im Mund zusammen, als ich die Liste all der Leckereien las; doch das begrenzte Ausmaß des menschlichen Magens zwingt zur Mäßigung. Ich entschied mich für Gericht Nr. 79. Clara suchte es in ihrer Speisekarte. Da sie sie, wie gewöhnlich, auf der Seite für Suppen und Gemüse aufgeschlagen hatte, musste sie blättern. Kaum hatte sie den Finger auf die von mir genannte Nummer gelegt und den Preis gelesen, verfinsterte sich ihre Miene. Bevor sie den Mund aufmachen konnte, zeigte ich ihr unterhalb der Tischplatte das Pflästerchen auf meiner Daumenkuppe. Ich sah sie die Bemerkung hinunterschlucken, die ihr auf der Zunge gelegen hatte. Tante Hildegard, die die ganze Zeit unverständlich vor sich hin gebrabbelt hatte, war unser Blickwechsel nicht unbemerkt geblieben, und sie wollte wissen, was ich gewählt hatte. Vergebens las ich mit lauter, deutlicher Stimme: «Gebackene Dorade mit Pilzsauce, Petersilienkartoffeln und Salat.» Sie wandte sich an Clara: «Was hat er gesagt?» Clara wiederholte meine Worte. Clara, die leiser gesprochen hatte als ich, verstand sie auf Anhieb. Die Tante verzog das Gesicht und warf der Dorade vor, viele Gräten zu enthalten. Und noch abwegiger fand sie es, im Sommer Pilze zu essen. In der Meinung, ihre Einwände könnten vielleicht mit dem Preis des von mir gewählten Gerichts zu tun haben, fragte ich sie, ob sie es für zu teuer halte. Ich war mir sicher, mich korrekt und verständlich ausgedrückt zu haben. Dennoch verlangte sie wieder nach den Dolmetscherdiensten ihrer Nichte. «Er fragt, ob du es für zu teuer hältst.» «Um Himmels willen, nein! Sag ihm bitte, dass er essen kann, was er will. Ich habe das nur wegen der Gräten gesagt und weil ich Angst habe, dass er wegen der Pilze diese Nacht nicht schlafen kann.»

Uns bediente ein südländisch aussehender junger Kellner, der mich in Richtung Küche zu einer Theke führte, auf der mehrere Behälter mit gehacktem Eis und verschiedenen Sorten rohen Fisches standen. Er zeigte mir den mit den Doraden, damit ich mir eine aussuchen konnte. Ich ließ mir mit der Wahl mehr Zeit als nötig, da ich hoffte, dass er hinterher dem Koch gut zuredete, sein Bestes zu geben, um einen anspruchsvollen Gast zufriedenzustellen. Von meiner Mutter hatte ich gelernt, dass man die Qualität eines Fisches an seinen Augen erkennt. Die sieben oder acht Doraden in dem Behälter sahen für mich alle gleich aus. Alle hatten die gleichen dummen Glotzaugen und die gleiche silberglänzende Haut. Mit aufgesetzter Kennermiene zeigte ich auf eine – weder die größte noch die kleinste des Sortiments – und sagte: «Die da.» Der Kellner beförderte sie sofort mit der Fischzange auf einen Teller. Ich fragte ihn in vertraulichem Ton, ob es möglich sei, den Fisch mit Knoblauch im Innern zuzubereiten. Ich betonte die Wichtigkeit, dass keine meiner Begleiterinnen von der Beifügung dieser Zutat etwas merken durfte. Der Kellner versicherte mir im gleichen raunenden Ton, da gäbe es keinerlei Probleme. Ich hätte ihn umarmen können, hielt mich jedoch zurück. Nun ja, bis zu einem gewissen Punkt hielt ich mich zurück, denn als wir auseinandergingen, gestattete ich mir einen freundschaftlichen Klaps auf seine Schulter, den er als guter Südländer ganz selbstverständlich hinnahm.

Etwas später brachte er uns das Abendessen auf einem Wägelchen an den Tisch. Die Hauptgerichte verbargen sich unter Speiseglocken, die ein Kollege ihm aufzudecken half, sodass den drei Gästen ein gleichzeitiges Überraschungserlebnis beschert wurde. Kaum hatten sie uns formvollendet einen guten Appetit gewünscht und sich zurückgezogen, beäugte die Tante das essbare Häufchen vor sich mit kritischem Blick. Unter missbilligendem Kopfschütteln und mit unglücklichem Gesichtsausdruck klagte sie, dass man ihr eine viel zu große Portion aufgetischt habe. Ich schloss ergeben die Augen, aber nicht die Ohren, denn unglücklicherweise beherrsche ich nicht die Kunst, sie willentlich zu verschließen; aber ich mache Fortschritte. Einen Moment lang saß ich mit über meinem Teller gebeugtem Oberkörper, vergaß die Welt und ihre Katastrophen, ließ das lästige Lamento der Tante an mir vorüberrauschen und genoss den köstlichen Dampf, der mir von der Dorade in die Nase stieg. Unauffällig warf ich einen Blick in die Füllung. Und da war sie, die verbotene Zutat, versteckt unter Rosmarinzweigen. Dennoch stand ich kurz davor, hörbar meine Enttäuschung zu bekunden. Entgegen meiner Erwartung nämlich hatte der Koch den Knoblauch nicht gehackt, sondern ein halbes Dutzend ganzer Zehen in die Dorade gestopft. Das führt sofort zu einer galligen Kalkulation. Wie sollte ich sie, ohne dass Clara, die mir keinen Meter entfernt gegenübersaß, etwas merkte, in den Mund bekommen? Trotz allem konnte die Unfähigkeit des Kochs, der dem Fisch diese Ausnahmefüllung beigegeben hatte, nichts an der Tatsache ändern, dass die Dorade auf dem Teller ein prächtiges Bild abgab. Die vom Grill gestreifte Haut zerging wie knuspriger Toast unter den Zähnen. Das Fleisch, das ich mal mit Zitrone, mal mit Salatöl beträufelte, löste sich wie von selbst von der Mittelgräte, gehorchte dem leichtesten Druck des Messers. Es war so weich, dass es im Mund zerging, ohne dass die Zähne bemüht werden mussten. Ich drückte es mit der Zunge gegen den Gaumen und quetschte ohne Hast bis auf den letzten Tropfen den balsamischen Saft heraus. Dann schluckte ich es hinunter und spülte mit Mineralwasser nach, damit der nächste Bissen genauso neu und köstlich schmecke. Den Salat und die gekochten Kartoffeln hob ich für den Schluss auf, da ihnen die Aufgabe zukam, die Wirkung einer heimlich gegessenen Knoblauchzehe zu mildern. Die übrigen versteckte ich unter einer Orangenscheibe, bis auf eine kleine, die ich problemlos im Fischkopf unterbringen konnte. Clara schaffte es nicht, ihr Gemüse aufzuessen. Und Tante Hildegard verkündete, kaum dass sie ihr Essen probiert hatte, es bekomme ihr nicht. Sie ließ sich eine Portion Polenta bringen, doch die schmeckte ihr auch nicht. Sie breitete ihre Serviette über den Teller, wie man das Antlitz eines Toten bedeckt, und langweilte uns wieder mit ihren Küchenrezepten. Als der Nachtisch bestellt wurde, war

Clara dagegen, dass ich sie und ihre Tante bei der Verkostung eines Magenbitters begleitete, da wir hinterher unsere Fahrt fortsetzen wollten. Ich entschädigte mich mit der Bestellung von drei mit heißer Kirschsoße übergossenen Kugeln Eis. Die Kugeln waren so groß, dass ich sie nie aufessen zu können glaubte. Nach der ersten war ich schon satt, doch ließ ich mir die anderen zwei noch Löffel für Löffel im Mund zergehen, entschlossen, damit die in meinem Magen ruhende Knoblauchzehe endgültig zu begraben. Ich verließ das Restaurant mit äußerst zufriedener Miene.

Es war schon dunkel, als wir uns in der Diele von Tante Hildegard verabschiedeten. Sowohl als wir uns umarmten als auch schon eine halbe Stunde vorher, auf der Fahrt von Duhnen nach Cuxhaven, zeigte sie sich lebhaft interessiert an der Frage, wie mir das Essen geschmeckt hatte. Beide Male antwortete ich, dass es mir sehr gut geschmeckt habe, und beide Male wandte die alte Dame das Gesicht von mir ab, um die Wiederholung meiner Worte aus dem Mund ihrer Nichte zu vernehmen. Sie dankte mir dreioder viermal dafür, den Abfluss repariert zu haben, das letzte Mal an der Haustür, wo ich ihr zum Abschluss unseres Besuchs ein freundliches Aufwiedersehen zuflüsterte, von dem ich wenig Hoffnung hatte, dass sie es verstand. Mich überraschte, dass sie es ohne Claras Vermittlung dennoch hörte. Sie folgte mir auf den Treppenabsatz nach draußen, und einen Moment lang dachte ich mit leisem Entsetzen, sie wolle mit uns nach Bremen fahren. Als ich schon die Treppe hinunterging, fragte sie noch einmal, ob mir das Essen geschmeckt habe. Ich tat, als hätte ich nichts gehört, und ging weiter die Treppe hinunter, ohne mich noch einmal umzudrehen. Ein Stockwerk tiefer hörte ich sie fragen: «Was hat er gesagt?» Und Clara schon mit hörbarer Resignation in der Stimme antworten: «Dass es ihm sehr geschmeckt hat.»

Unten am Hoftor winkte Tante Hildegard uns zum Abschied hinterher. Kaum hatten wir sie aus den Augen verloren, stieß Clara einen vernehmlichen Seufzer aus. «Sie ist ja eine Seele von

Mensch», sagte sie, «aber wie anstrengend!» Und fügte hinzu: «Dich betet sie an.» Ich gestattete mir eine kleine Ironie: «Das liegt sicher an der menschlichen Wärme unserer Dialoge.» Bald darauf erreichten wir die Autobahn. Die Nacht war sternenklar, und es war deutlich wärmer geworden. Es gab kaum Verkehr. Clara wühlte in ihren Taschen. Sie zeigte mir ein Kleid, das die Tante ihr am Nachmittag gekauft hatte. «Ich habe nicht vor, es anzuziehen», sagte sie. «So etwas steht mir überhaupt nicht, aber sie hat mich so bedrängt, und da sie es ja bezahlt hat ...» Ich erinnerte mich an einen weißen Umschlag, der, als wir nach dem Restaurant wieder im Haus waren, von der Hand der Tante in Claras Hand gewandert war, und ich fragte sie, wie viel Geld sie ihr gegeben hatte. «Reichlich», antwortete sie lächelnd. Ich sollte raten. Bei tausend Euro fing ich an und steigerte mich um jeweils tausend, bis ein Betrag erreicht war, der uns lange Zeit ein sorgloses Leben ermöglichen würde. Tief in der Nacht kamen wir in der Wohnung an, die Tante Hildegard uns in Bremen zur Verfügung gestellt hatte. Wir gingen gleich zu Bett, da Frau Schriftstellerin am nächsten Morgen mit ihrem Buch anfangen wollte. Als wir das Licht löschten, roch sie den Knoblauch, und die Nacht über schliefen wir Rücken an Rücken.

4

Es war noch dunkel, als ich sie nach ihren auf dem Boden verstreuten Kleidern tasten und aus dem Zimmer gehen hörte. Ich dachte: «Sicher träumt sie, zum Unterricht zu müssen; aber wenn sie Licht macht, wird sie ihren Irrtum erkennen und wieder ins Bett kommen.» Sekunden später hörte ich durch die Wand das unverwechselbare Plätschern ihres Urins, das auch zu Hause das erste morgendliche Geräusch ist, das an meine Ohren dringt. Zweifellos schlief ich wieder ein, denn das nächste Mal, als ich, aufgeschreckt von heftigem Schütteln, die Augenlider auseinanderbekam, sah ich schon das Morgenlicht durch die Ritzen der Jalousien fallen. Clara flüsterte mir etwas zu, als fürchte sie, mich aufzuwecken, obwohl das ja genau das war, was sie im Sinn hatte.

Ich ließ sie länger weiterschütteln, als nötig war, um ein lebendes Wesen aus dem Schlaf zu holen. In meinem gemütlichen Bett gedachte ich, so lange wie möglich zu widerstehen; aber auch, das gebe ich zu, weil ich es besonders genieße, wenn sie mich packt und walkt und schüttelt, weil sie etwas von mir will. Wäre es in Anbetracht der Tatsache, dass sie von Natur aus nicht dazu neigt, einen mit derartigen Übungen zu überschütten, nicht dumm von mir, solch seltene Gelegenheiten ungenutzt zu lassen, bei denen ein Anflug von Demut in ihren Mundwinkeln schimmert? Außerdem glaubte ich, in ihrem konfusen Geflüster das Unannehmlichkeiten ankündigende Wort «Katastrophe» herauszuhören, was mich nur darin bestärkte, weiterhin den Schlafenden zu spielen. Ich bin nicht sicher; aber dann war mir, als hätte sie mir in ihrer nervösen Erregung eine Ohrfeige gegeben. Das war der Augenblick, in dem ich, von ihrer Angst angesteckt, aus dem Schlaf hochfuhr.

Anscheinend funktionierte ihr Laptop nicht. «So ein Pech», sagte ich, «dass er ausgerechnet an dem Tag, an dem du ihn einweihen willst, den Geist aufgibt.» Sie hatte ihn am Donnerstag zuvor von einem Teil des Vorschusses erworben, den der Verlag ihr zahlte. Tatsächlich hatte ein Lehrerkollege – ein Informatikexperte, wie sie sagte – den Rechner in ihrem Namen für sie gekauft. Er war zu uns nach Hause gekommen, hatte ihn angeschlossen und ihr erklärt, wie man ihn benutzte. Von der Küche aus hörte ich ihn langsam und deutlich sprechen, als hätte er es mit einer Schülerin zu tun, von deren Intelligenz er nicht ganz überzeugt war. Und wirklich tut Clara, die sonst so aufgeweckt ist, sich mit technischen Dingen schwer. Samstagabend hatte ich den Rechner heimlich ausprobiert und keinerlei Schwierigkeiten damit gehabt. Daher wunderte ich mich, dass er von allein kaputtgegangen sein sollte. Ohne spöttisch klingen zu wollen, fragte ich Clara, ob sie daran gedacht habe, ihn ans Netz anzuschließen. Meine unschuldige Frage brachte sie auf die Palme. Schier außer sich, zerrte sie so heftig an meinem Pyjamaärmel, dass die Schulternaht riss. Es war noch keine sechs Uhr morgens.

Clara hatte den Rechner auf einen Schreibtisch im Nebenzimmer gestellt. Auf dem Bildschirm sah man rätselhaftes Zahlengewirr auf schwarzem Grund. Mit wissender Miene drückte ich irgendeine Taste in der Hoffnung, dass etwas geschah. Es wäre nicht das erste Mal, dass ich mit solchem Vorgehen wieder zur Startseite gekommen wäre, nachdem ich eine falsche Taste gedrückt hatte oder ein Problem aufgetreten war, das sämtliche Anwendungen blockierte. Nachdem die erste keine Wirkung gezeigt hatte, versuchte ich mein Glück mit der Eingabetaste und gleich danach mit drei oder vier anderen, ohne dass sich in der undurchdringlichen Nacht auf dem Bildschirm etwas bewegte. Clara fragte voller Ungeduld, ob ich mich anschicke, eine Sonate zu komponieren.

Ihrer Meinung nach hatte ein Virus den Rechner außer Gefecht gesetzt. Ich versuchte, ihr zu erklären, dass das unmöglich sei, da der Laptop auf ihren ausdrücklichen Wunsch hin und gegen den Rat ihres Lehrerkollegen über keinen Internetzugang verfüge. «Da hat kein Angriff stattgefunden», sagte ich. «Oder siehst du es irgendwo qualmen?» Ich ließ durchblicken, dass sie möglicherweise einen falschen Befehl eingegeben hatte. Damit sie sich in ihrem hilflosen Zorn nicht noch steigerte, fügte ich schnell hinzu, unbewusst natürlich. Sie steigerte sich noch. «Willst du mir jetzt die Schuld geben? Meinst du, ich weiß nicht, wie man einen Computer bedient?» Ich versuchte, Windows auf dem üblichen Weg zu verlassen, doch das System reagierte nicht; also startete ich den Rechner neu, und auf dem Bildschirm erschien wieder die Störmeldung. «Glaube bloß nicht», sagte sie, «dass dies hier so einfach zu reparieren ist wie ein verstopfter Abfluss.» Ich war kurz davor, sie zu bitten, mir Hammer und Meißel zu bringen, biss mir jedoch in letzter Sekunde auf die Zunge, da mir klar wurde, dass sie viel zu aufgebracht war, um jetzt noch eine Blödelei zu verkraften.

Zu diesem Zeitpunkt hatte ich schon bemerkt, dass eine der Meldungen im Informatik-Kauderwelsch des Bildschirms sich auf den DVD-Eingang bezog. Sofort erkannte ich den Grund für die Blockade. Es handelte sich nur um ein geringfügiges Problem, doch wie sollte ich es lösen, ohne mich vor Clara in eine peinliche Situation zu bringen? Ich musste unbedingt allein sein. Leider verfüge ich nicht über die Autorität, ihr einen Auftrag zu erteilen und sie fortzuschicken. Daher blieb mir nichts anderes übrig, als sie in ihrem Stolz zu verletzen, damit sie freiwillig auf meine Gesellschaft verzichtete. Ich schaute also zu ihr auf und sagte: «Kann sein, dass du dein Buch mit der Hand schreiben musst, so wie die Schriftsteller in früherer Zeit. Du wirst dann möglicherweise nicht in der vereinbarten Zeit damit fertig werden; auf jeden Fall aber schreibst du so eine handwerkliche Prosa.» Sie marschierte mit feuchten Augen in die Küche, um sich einen Tee zu machen, wie sie sagte, und über die Möglichkeit nachzudenken, wieder nach Hause zu fahren und das ganze Projekt abzusagen. Sie ging zum Auto hinunter, um Tee und Honig zu holen, da es in Tante Hildegards Wohnung keine Speisekammer gab und wir bei unserer nächtlichen Ankunft in Bremen weder Zeit noch Lust gehabt hatten, unser ganzes Gepäck mit nach oben zu nehmen. In der kurzen Zeit, die sie draußen war, hatte bei ihr ein bemerkenswerter Stimmungswandel stattgefunden, und kaum war sie wieder im Haus, sagte sie schon von der Diele aus in trotzigem Ton: «Sobald die Geschäfte aufmachen, kaufe ich mir einen neuen Computer.»

Kurz zuvor hatte ich, sobald ich allein war, die DVD meiner Geheimsammlung herausgenommen, die ich mir Samstagnacht zu verstimmter Stunde angeschaut hatte. Die Störmeldung verschwand auf der Stelle. Bei ihrer Rückkehr fand Clara mich in das Spiel *minesweeper* vertieft. Sie vertrieb mich just in dem Moment vom Schreibtischstuhl, als ich im Begriff stand, meine eigene Bestmarke auf dem Level für Fortgeschrittene zu schlagen. Sie behauptete, nicht mehr warten zu können und die erste Seite ihres Buches schreiben zu müssen. «Gern geschehen, meine Liebe», sagte ich zum Zeichen, dass ich ihren Dank akzeptierte, den sie mir nicht ausgesprochen hatte, dann ging ich wieder ins Bett.

Ich verbrachte zwei Stunden in angenehmem Halbschlaf, das Gesicht in dem Kopfkissen vergraben, dem Claras Geruch noch anhaftete. Ich mag Claras Körpergeruch. Ich bin überzeugt, dass ich ihn erkennen würde, wenn man mir eine Reihe von hundert oder zweihundert Frauen zum Beschnuppern hinstellte. Einmal habe ich von diesem Spiel geträumt. Jemand stellte mich vor jede dieser Frauen hin, ich roch an ihrem Haar, ihrem Hals und sagte: «Die ist es nicht. Diese auch nicht», und so weiter, bis meine Geruchsnerven jene Witterung aufnahmen, die mir so vertraut war. Da sagte ich lächelnd: «Die ist es.» Und so von meiner Gewissheit eingenommen, umarmte ich sie. Jemand nahm mir die Binde von den Augen, und da sah ich, dass ich eine fremde Frau in den Armen hielt, und daneben Clara mit finsterer Miene, als wollte sie sagen: «Darüber sprechen wir zu Hause noch.»

Ich glaube nicht, dass Claras Körpergeruch zu der Zeit, als ich mit ihr in einer WG in Göttingen wohnte, eine besondere Anziehungskraft auf mich ausübte, da es kein Geruch war, der einem die Sinne raubte oder einen um den Verstand brachte, falls es so etwas, außer in Kitschromanen, überhaupt gibt. Oder, um es anders auszudrücken: Ihr Geruch macht die Benutzung von Parfüm weder überflüssig noch notwendig. Für mich ist er eine bittersüße Ausdünstung, gemäßigt, ein wenig sinnlich auch (ich könnte ein Jahr lang in einem Koffer voller Adjektive kramen, ohne das richtige zu finden). Diese unsichtbare Hülle ihres Körpers ist genauso weit vom Duft wie vom Gestank entfernt, ohne dass je eines der beiden Extreme die Herrschaft übernimmt. Wegen seines unaufdringlichen Gehalts ist ihr Geruch nur von nahem spürbar, weshalb ich gerne die Vermutung hege, dass ihn außer mir niemand kennt.

Clara beseitigt ihn, indem sie jeden Tag duscht, egal ob an Werk- oder an Feiertagen. Bisher hat sie mir zwar noch nicht gestanden, dass es sich dabei um einen täglichen Ritus der Läuterung handelt, doch schließe ich es aus gewissen Anzeichen, von denen das auffälligste die Art ist, wie sie sich bewegt, wenn sie aus dem Bad kommt. Sie geht dann in ihr Zimmer, wo sie sich das Haar föhnt und sich anzieht. Sauber und noch nass, scheint sie die Scham – ich weiß nicht, ob sie echt oder gespielt ist – verloren zu haben, die sie manchmal zeigt, wenn sie nackt ins Bad geht. In diesen

Momenten will sie nicht angefasst werden, weil sie nicht nur kitzelig ist, sondern sich auch schmutzig fühlt. «Lass mich, ich habe keine Zeit», wehrt sie dann ab. Später, wenn sie geduscht hat, will sie sich auch nicht anfassen lassen, weil sie fürchtet, dass ich sie wieder schmutzig mache. Morgens gehört Clara daher der Kaste der Unberührbaren an. Manchmal sehe ich sie auch ihr Schamhaar mit dem Föhn trocknen. Ich spähe dabei nicht durchs Schlüsselloch. Sie hat mich selbst zu sich gerufen, um mir aufzutragen, was ich tagsüber zu erledigen habe. Während sie mich bittet, dieses oder jenes im Supermarkt einzukaufen oder mit *Goethe* zum Tierarzt nach Schortens zu gehen, sehe ich, wie selbstverständlich sie einen Fuß auf die Bettkante stellt und sich den Heißluftstrom zwischen die Beine bläst. Man könnte glauben, ihre Körperlichkeit wäre zusammen mit dem Schaum von Seife und Shampoo im Abfluss der Dusche verschwunden. Und da dort, wo kein Körper ist, auch die Scham keinen Platz hat, hat sie keine Hemmungen, ohne Kleider im Haus herumzulaufen und verzweifelt nach dem Ohrring zu suchen, der sich nicht zeigen will, nach einem einzelnen Strumpf oder dem BH, der nicht da ist, wo sie schwört, ihn hingelegt zu haben. Unter solchen Umständen an ihr zu schnuppern, ist für mich enttäuschend, da ihr jeden natürlichen Geruchs beraubter Körper nicht anders riecht als die Luft in einer Apotheke. Mir ist Clara schwitzend und etwas verdreckt lieber, als wenn sie eine Duftspur von Seife hinter sich herzieht.

Wenn sie aus der Schule nach Hause kommt, nehme ich befriedigt zur Kenntnis, dass ihr charakteristischer Geruch sich in ihren Kleidern abgesetzt hat. Im Lauf des Abends steigert er sich noch und erreicht seinen Höhepunkt zwischen Abendessen und frühem Morgen. Ihr Körper verströmt den Geruch maximaler Leiblichkeit kurz vor dem Schlafen, denn erst im Bett ist sie ganz Hitze und Ausdünstung und sinnliches Verlangen, das sie auch kennt, obwohl sie es oft verhehlt. Wenn der Tag endet, wird der Körper als Gesprächsthema entdeckt. Dann wirft sie mir einen mitleidheischenden Blick zu und erklärt mir, wie gut ihr jetzt eine Massage täte; berichtet mir zum wiederholten Mal von ihrem noch immer unerfüllten Wunsch, öfter schwimmen zu gehen oder Aerobic zu machen («aber wann nur, sag mir das, wann?»), und zählt ihre derzeitigen Wehwehchen auf, was sich anhört wie die Anrufungen einer Litanei. «Mir tut der ganze Rücken auf dieser Seite weh, ich glaube, ich bekomme meine Tage, das Atmen fällt mir schwer.» Je mehr sie klagt, desto mehr schwinden meine Aussichten auf Geschlechtsverkehr. Ans Kopfende unseres Bettes gelehnt, liest sie mit der Brille auf der Nase wie eine düster dreinblickende Lehrerin die Zeitung oder korrigiert ein paar Hefte, bevor sie das Licht löscht. Während ich warte, dass mich der Schlaf überkommt, tröste ich mich im Dunklen mit dem Einatmen ihres Geruchs, wie jemand, der einen guten Wein mit dem Geruchssinn zu verkosten sucht. Mit diesem angenehmen und vertrauten Geruch in der Nase fällt mir das Einschlafen leichter, und wenn sie mich mitten in der Nacht einmal mit einem Rippenstoß aufweckt, weil sie sich über mein Schnarchen ärgert, und mich auffordert, auf das Wohnzimmersofa umzuziehen, dann stehe ich erst auf, nachdem ich sie umarmt und ausgiebig gestreichelt habe, um einen reichlichen Vorrat ihres Geruchs in die Verbannung mitzunehmen.

Wo war ich stehen geblieben? Der Wecker auf der Kommode zeigte fünf vor acht. Durch die Ritzen der Jalousie drang so viel Licht ins Zimmer, dass sogar in den Ecken herumliegende Dinge deutlich erkennbar wurden. Ein Strahlenbündel, in dem zahllose Staubpartikel tanzten, zeichnete auf die dem Fenster gegenüberliegende Wand und einen Teil des Bodens Reihen von gleißenden Streifen. Wie ich unschwer erkannte, schien die Sonne an einem wolkenlosen Himmel. Umso besser, dachte ich in Erinnerung an das schlechte Wetter vom Vortag. Ich ahnte ja nicht, dass die angenehme Außentemperatur, die Sonne, die schon mit der südlichen Breiten eigenen Kraft herunterschien, und der blaue Himmel ohne jedes Wölkchen die ersten Vorboten einer Hitzewelle waren, unter der wir in jenem Sommer zu leiden hatten; dem stickigsten, den ich je erlebt habe, seit ich in Deutschland wohne.

Unvermittelt ging die Tür auf. Clara stand auf der Schwelle und schaute mit schwermütigem Blick auf mich hinunter. Sie biss sich auf die Unterlippe und war kurz davor, in Tränen auszubrechen. Wenn es einen Apparat gäbe wie den, der die Intensität von Erdstößen misst, mit dem man den Grad menschlicher Niedergeschlagenheit messen könnte, hätte ich geschworen, dass er bei Clara in diesem Moment gewaltig ausgeschlagen hätte. Ich setzte mich auf, wollte meine Bereitschaft deutlich machen, unverzüglich jede Art von Hausarbeit in Angriff zu nehmen. Ich hoffte, dadurch dem Vorwurf den Boden zu entziehen, ich gäbe mich, während sie sich bei der Arbeit an ihrem Buch die Finger wund tippte, unverhohlener Faulheit hin. Ich weiß nicht mehr, wie oft sie mich – vor und nachdem sie den Auftrag ihres Verlags angenommen hatte – versprechen ließ, dass ich ihr während der Reise helfe. Allein unter der Bedingung, dass ich sie unterstützte, war sie bereit, sich auf das Abenteuer einzulassen. «Wieder der Computer?», fragte ich aufrichtig besorgt. Als hätte sie auf ein Zeichen von mir gewartet, sich in Bewegung zu setzen, kam sie, kaum dass ich die Worte ausgesprochen hatte, zum Bett, ließ sich wortlos an meiner Seite niedersinken und schluchzte: «Ich habe noch nicht eine Zeile zu Papier gebracht», und dabei begann sie so haltlos zu weinen, dass ich glaubte, sogar die Möbel im Zimmer müsste es rühren.

Meine Versuche, sie zu trösten, waren vergebens. Voller Mitleid wollte ich ihr einen Arm um die Schultern legen. Clara wich zurück, wie man instinktiv vor einem gefährlichen Tier zurückweicht. Sobald ich die Lippen öffnete, um etwas Tröstendes zu sagen, entflammte ihr Weinen mit neuer Kraft. Sie nahm meine Hand, drückte sie mit einer bebenden Geste und gab mir, von Pathos überwältigt, zu verstehen, dass sie es vorzöge, wenn ich schwiege. Und ich hielt natürlich den Mund, um ihre Verbitterung nicht noch zu verschlimmern; auch wenn mich die Vorstellung verletzte, dass sie nur nichts von mir hören wollte, weil sie an meinen guten Absichten zweifelte. Deshalb versuchte ich immer mal wieder, ein Gespräch zu beginnen, doch sie ließ mich in keinem Fall zu Worte kommen. Es half nichts anderes, als darauf zu hoffen, dass sie sich von selbst wieder beruhigte. Als dies passierte, nachdem wir lange nebeneinandergelegen hatten, sie in Tränen aufgelöst, ich in der Betrachtung der in den Lichtritzen schwebenden Staubkörnchen versunken, begann sie, sich mit etwa den folgenden Worten Vorwürfe zu machen: «Wie blöd, wie blind muss ich gewesen sein, mir eine Aufgabe aufzuhalsen, der ich nicht gewachsen bin! Wieso habe ich das nicht gleich gemerkt? Heute kann ich mich nicht einmal darauf berufen, dass die Arbeit in der Schule mir keine Zeit dafür lässt. Was ist also los? Habe ich schlecht geschlafen? Nein. Habe ich Kopfschmerzen? Auch nicht. Wie kommt es dann, dass mir nach zwei Stunden nicht eine Zeile einfällt? Nicht eine einzige! Ich bin völlig erledigt. Ausgehöhlt. Ja, aus-ge-höhlt. Wer sagt mir denn, dass ich keinen Hirntumor habe? All die Migräne und die ganzen Tabletten, das kann ja kein gutes Ende nehmen. Bei mir sind so viele Hirnzellen zerstört, dass mein Intelligenzquotient steil nach unten geht. Hast du in letzter Zeit etwas Ungewöhnliches an mir bemerkt? Ach, was wirst du schon bemerken, du interessierst dich ja nur für deine Sachen! Sag lieber nichts. Ich glaube, dies ist nicht der richtige Zeitpunkt, mir zu widersprechen. *Unter dem Blauregen* habe ich in neun Monaten geschrieben, weißt du noch? An einem Sonntag habe ich sechs Seiten geschafft, die hinterher kaum überarbeitet werden mussten. Heute habe ich in zwei Stunden nicht einmal einen Satz zustande bekommen. Kannst du dir vorstellen, was das für mich bedeutet? Aus purer Verzweiflung habe ich meine Finger manchmal gezwungen, auf Tasten zu drücken. Was auf dem Bildschirm erschien, war so schlecht, dass ich es schleunigst wieder löschen musste, so erschrocken war ich über meine eigene Unfähigkeit. Und glaube nicht, dass ich übertreibe. Ich erreiche nicht einmal mehr das Aufsatzniveau meiner schlechtesten Schüler. Manchmal hatte ich das Gefühl, der Verleger stände unsichtbar hinter mir und schüttelte missbilligend den Kopf. Ich bin fest entschlossen, ihm die Vorschüsse zurückzuzahlen. Und Tante Hildegard werde ich den Umschlag zurückgeben, den sie uns gestern überreicht hat. Irgendwie werden wir das Jahr schon überstehen. Wenn nötig, fange ich wieder an zu übersetzen. Genau. Ich setze eine Annonce in die *Wilhelmshavener Zeitung* und biete meine Dienste als Übersetzerin an, und du kannst vielleicht was dazuverdienen, wenn du wieder Privatstunden gibst. Meinetwegen können wir das ganze Gepäck im Auto lassen und auf der Stelle wieder nach Hause fahren. Was hältst du davon?» Sie hatte nicht die Absicht, mir das Wort zu überlassen, und fuhr, ohne eine Antwort abzuwarten, fort: «Wenn du gesehen hättest, wie voller Zuversicht ich war, als ich aufgestanden bin! Früh aufstehen und nicht in die Schule zu müssen, sondern das arbeiten zu können, was mir die größte Freude macht, glaube mir, das ist für mich das Paradies. Zugegeben, das Computerproblem hat mich schier verrückt gemacht. Ich suche keine Ausrede. In mir ist eine große Leere, das ist alles. Vielleicht hat sich mein Talent mit dem letzten Buch erschöpft. Du weißt selbst, wie ich mich hineingekniet, nachts und an den Wochenenden geschrieben habe. Wann auch sonst? Die Schule fordert mich ununterbrochen und saugt jeden Tag den letzten Tropfen Energie aus mir heraus. Und schließlich der Tod meiner Mutter, der mir nicht aus dem Kopf geht; meine gesundheitlichen Probleme ... Alles das zieht mich nieder. Warum also weitermachen? Ich will nicht, dass du irgendwann sagst, ich jammere nur noch. Aber glaube mir, seit einiger Zeit denke ich ernsthaft darüber nach, es mit Antidepressiva zu versuchen. Selbst jetzt noch, egal, ob ich die Augen geschlossen oder offen habe, sehe ich nur den leeren Bildschirm vor mir. Er ist wie ein Spiegel, in dem man sich anschaut und nicht sieht. Ein Spiegel, in dem man gar nichts sieht. Kannst du dir vorstellen, was für ein grauenhaftes Gefühl das für einen Schriftsteller ist? Lass das Schreiben lieber bleiben. Stell dir vor, du willst etwas schreiben oder musst sogar etwas schreiben, weil du es versprochen hast, und zermarterst dir das Hirn, eine Stunde, zwei Stunden, und nichts fällt dir ein ...» «Das muss ein Gefühl sein, als wäre man verstopft», unterbrach ich sie. Was anderes fiel mir nicht ein. Ich wollte ihr nur zeigen, dass ich zuhörte. Clara betrachtete mich mit argwöhnischem Blick. Ich war klug genug, nicht zu grinsen. «Oh, du hörst mir ja zu», sagte sie kalt, Überraschung heuchelnd. «Danke, Maus. Ich dachte schon, du wärst eingeschlafen. Aber jetzt, da du es sagst, sollte ich vielleicht zur Apotheke gehen und mir ein Abführmittel holen. Obwohl, bei sachlicher Betrachtung kämst du bald zu dem Schluss, das Verstopfung ja heißt, dass etwas blockiert ist, aber früher oder später herauskommt; wenn das unter Umständen auch schmerzhaft sein kann. Unglücklicherweise bin ich nicht in dieser Situation. Ich bin schlimmer dran. In mir ist nichts, sodass auch das Abführmittel mir nicht helfen kann. Ich rede von einem geistigen Abführmittel, damit wir uns recht verstehen. Auch alle anderen Tricks, die ich ausprobiert habe, haben nicht funktioniert. Ich habe mindestens einen halben Liter Tee getrunken, damit mein Blutdruck steigt. Dann bin ich zum Auto runter und habe die Bücher geholt. Manchmal kommen einem ja Ideen, wenn man hier ein bisschen liest und dort ein bisschen.» «Na hör mal, du planst doch nicht etwa zu plagiieren?» Ich stellte die Frage mit empörter Stimme, getrieben allein von dem guten Willen, Clara zum Lachen zu bringen. Doch meine wohl allzu offensichtliche Verschmitztheit prallte an ihr ab. «Ich habe nur», fuhr sie ungerührt fort, «einen Blick in die *Italienische Reise* geworfen. Und ich kann nicht sagen, dass die Lektüre einzelner Absätze hier und da besonders anregend war. Im Gegenteil, ich habe gemerkt, dass die Wirkung des Tees dadurch nachgelassen hat. Goethe lähmt mich, hemmt meine geistige Aktivität; mit einem Wort, er wirkt einschläfernd auf mich. Ich empfinde tiefes Mitgefühl für alle Schüler, die ihn in der Schule lesen müssen. Leuten, die unter Schlaflosigkeit leiden, empfehle ich, jeden Abend im Bett ein paar Seiten Goethe zu lesen, bevor sie das Licht ausmachen. Das Positive an dem Leseexperiment war, dass ich jetzt genau weiß, was ich vermeiden muss. Nimm zur Kenntnis, Mäuschen, dass ich nicht beabsichtige, auf Bremens Bürgersteigen nach Mineralien Ausschau zu halten. Mein Buch, wenn ich es tatsächlich schreiben sollte, wird nicht mit einem langen Kapitel über den Fluss, die Bäume und die klimatischen Besonderheiten der Stadt beginnen. Es wird auch keine ausschweifende Beschreibung ihrer charakteristischen Gebäude oder der Kunstwerke geben, die ihre Museen beherbergen. Wozu auch? Damit die Kritiker mich hinterher als neunmalklug und langweilig bezeichnen? Ach, Mäuschen, sei lieb zu mir und hilf mir raus aus diesem Irrgarten, in dem ich mich verlaufen habe. Was würdest du an meiner Stelle tun?»

Ihre niedergeschlagene Miene entfesselte in mir einen wahren Sturm von Mitgefühl; und damit sie erkannte, dass mir ihr Kummer nicht gleichgültig war, streckte ich ihr meine Hände entgegen, als wollte ich alles Unheil, das in ihrem Körper steckte, an mich reißen. Mit ihrem gesunden Menschenverstand erkannte Clara meine Absicht sofort und kuschelte sich folgsam in meine Arme. Nachdem sie sich alles von der Seele gesprochen hatte, wirkte sie deutlich erleichtert. Sie war auf dem Höhepunkt ihres Geruchs, und ich begann, sie auf Hals und Mund zu küssen und ihr Galanterien ins Ohr zu flüstern, die sie mag, und ohne Zögern ihre Bluse aufzuknöpfen. Sie hielt zu diesem Zeitpunkt die Augen schon geschlossen und zeigte sich zu allem bereit, weshalb ich, angesichts der Umstände, meine Befriedigung mit einiger Hast vollzog.

Während das Pochen in meiner Brust allmählich zur Ruhe kam, antwortete ich Clara, dass mich weder ihr Mangel an Einfällen überrasche noch die Leere, die sie, wie sie sagte, am frühen Morgen in sich gespürt hatte. All das habe meiner Ansicht nach nichts mit ihrem Schreibtalent zu tun, dem ich daraufhin noch ein paar großkalibrige Komplimente widmete. Ihren Kopf unter meinem

Arm hervorstreckend, tat sie, als habe sie meine letzten Worte nicht verstanden; eine alte, harmlose List, sich die Schmeicheleien noch einmal sagen zu lassen. Ich tat ihr den Gefallen. «Aber was nutzt einem Talent», fügte ich hinzu, «wenn man es nicht ab und zu an der frischen Luft spazieren führt?» Sie warf mir vor, wie ein Prediger in Gleichnissen zu sprechen. «Nichts da mit Gleichnissen», erwiderte ich. «Wir sind gestern in Bremen angekommen. Es war schon spät in der Nacht. Wir sind gleich zu Bett gegangen, weil du heute früh aufstehen wolltest und weil wir todmüde waren. Du hast nicht einmal einen Blick aus dem Fenster geworfen. Kannst du mir sagen, über welche Eindrücke der Stadt du heute Morgen schreiben wolltest? Wenn du dir für deinen Reiseroman die Orte gar nicht ansehen musst, durch die wir unterwegs kommen, hätten wir auch zu Hause bleiben können.» Mit der Miene eines ungerecht behandelten Kindes gab sie mir recht. Aber warum war ich manchmal nur so schlecht, so streng und so grob mit ihr! Ich gab mich wieder der Betrachtung der im Licht schwebenden Staubkörnchen hin. Wenig später sah ich, dass Clara mit dem Kopf auf meiner Brust und einem Lächeln auf den Lippen eingeschlafen war. Eine halbe Stunde später wachte sie auf und war bester Laune. Sie bat mich, das Bett zu machen und das Zimmer zu lüften, während sie duschte, und ich solle mich anziehen, denn wir würden zum Frühstücken in die Stadt fahren.

5

Clara fühlte sich in Tante Hildegards Wohnung nicht wohl. Sie beschwerte sich über die feuchte Luft, die vom Fluss hereinkam. Darum fiel ihr das Atmen schwer, vor allem abends, wenn wir die Fenster öffneten, um die tagsüber in der Wohnung angestaute Hitze hinauszulassen. Ich argumentierte, dass ich an ihrer Stelle schlechte Luft und Schwitzen im Bett der Schweratmigkeit vorziehen würde. Sie ließ sich nicht überzeugen. Jeden Abend um die gleiche Zeit bestand sie darauf, die Zimmer zu lüften, da sie sonst die ganze Nacht nicht schlafen könne. Und genau das passierte, nachdem zusammen mit der frischen Luft die hungrigen, sirrenden Mücken hereingekommen waren, um sich an unserem Blut gütlich zu tun. Ich hütete mich jedoch davor, mir ihr zu streiten und damit ihren Kummer noch zu vergrößern.

Wenn der Tag zu Ende ging, trug die Abendluft einen dumpfen Geruch wie von schlammigem, stehendem Wasser heran. Ich denke, wenngleich ich mir nicht sicher bin, dass wegen der Dürrezeit und weil die Ebbe sich vielleicht bis nach Bremen auswirkt, die gewöhnlich unter Wasser liegenden Uferbereiche der Weser trocken lagen und darauf Organismen faulten, die ohne Wasser lebensunfähig sind und diesen üblen Geruch verströmen, der Clara solche Qualen bereitete. Sobald sie ihn wahrnahm, lief sie ins Bad und suchte den Salbutamol-Spray. Manchmal zeigten sich die Symptome auch erst am frühen Morgen, weshalb mir der Verdacht kam, dass der nahe Fluss nicht der einzige Grund für ihre Atembeschwerden war.

In der dritten oder vierten Nacht, in der ich wegen ihres Röchelns (und sie warf mir mein Schnarchen vor) nicht schlafen konnte, erwähnte ich die Möglichkeit, dass der alte Teppich im Flur und die beiden Bettvorleger vielleicht voll von diesen winzig kleinen Biestern waren, deren Name mir gerade nicht einfällt, die aber gut für ihre täglichen Asthmaanfälle verantwortlich sein könnten. «Na klar, wieso bin ich da nicht schon früher drauf gekommen!», rief sie wie vom Strahl der Erkenntnis getroffen, und ohne eine Sekunde zu zögern, bat sie mich nach Atem ringend, die muffigen Lappen gleich in den Keller zu bringen. Ich fand es nicht unangebracht, sie daran zu erinnern, dass a) der Fahrstuhl wegen Wartungsarbeiten außer Betrieb und es b) zwanzig nach drei Uhr morgens war; eine Zeit, die meiner bescheidenen Meinung nach nicht dazu einlud, schwere Gegenstände durch ein Mietshaus zu transportieren. «Bringst du sie jetzt runter, oder nicht?» Gibt es eine Situation, die geeigneter ist, eine Ehe zu beenden? Also zog ich mir einen gelben Morgenmantel von Tante Hildegard über den Pyjama. Ich war einfach zu müde, um über ein Eheultimatum nachzudenken, und weniger noch, mit Aussicht auf Erfolg Front dagegen zu machen. Ich hatte den Eindruck, der Spiegel des Kleiderschranks lachte mir ins Gesicht. Beim ersten Anzeichen von Widerspruch fiel mir Clara ins Wort: «Um diese Zeit sieht dich doch keiner. Wenn du dich beeilst, bist du in fünf Minuten wieder im Bett.»

Ohne anderen Anreiz als diese Hoffnung rollte ich den Teppich und die Bettvorleger zusammen und beförderte sie auf zwei Gängen in den Keller. Als ich, überzeugt, meine Arbeit getan zu haben, zum zweiten Mal aus dem Keller zurückkam, ließ Clara mich wissen, dass sie es für genauso geboten hielt, die beiden Wohnzimmersessel – große, hässliche, mit Samt bezogene Teile – sowie die Jalousien und Vorhänge ebenfalls hinunterzubringen. «Den Kleiderschrank auch?», fragte ich. Sie antwortete, ihre Gesundheit hinge davon ab, dass alles, worin sich Staub, Ungeziefer und Moder ansammeln könne, aus der Wohnung verschwinde. Das Atmen falle ihr schon leichter, seit die Bettvorleger nicht mehr da seien. Und jedes Mal, wenn sie mich vom Keller wieder herauf- und ins Zimmer kommen hörte, nannte sie mich mit honigsüßer Stimme Mäuschen und bekundete mir vom Bett aus ihren Dank. Völlig erschöpft und schweißüberströmt, stellte ich mir die Frage, ob es nicht klüger gewesen wäre, die Scheidung zu riskieren.

Auf Claras Rat hin hatte ich mir Sandalen mit Gummisohlen angezogen, damit ich auf der Treppe möglichst wenig Lärm machte. Dennoch fürchtete ich, einer der Mieter könnte einen leichten Schlaf haben und, alarmiert von dem dauernden Hin und Her auf der Treppe, die Polizei rufen und einen Dieb melden. Ich stellte mir vor, der Anrufer sei ein detailversessener Mensch und würde ins Telefon flüstern, der Dieb stehle nur alte, ausrangierte Sachen, was die Polizei dazu veranlassen könnte, wegen eines so ausgefallenen Einsatzes mit allen verfügbaren Fahrzeugen anzurücken. Ich sah mich schon mit Morgenmantel und Sandalen auf der Titelseite der *Bild*-Zeitung und neben meinem Foto in den üblichen Riesenbuchstaben die Schlagzeile:

ARMES DEUTSCHLAND
NICHT EINMAL DEIN MÜLL IST MEHR SICHER

Alle Vorsicht half mir wenig. Ich spüre die Unentschlossenheit in meinen Fingern, während ich diese Erinnerung aufschreibe, und wenngleich ich auch nicht schreibe, um gelesen zu werden, und daher unbekümmert sage, was ich denke, vernehme ich dennoch eine innere Stimme, die mir rät, mich anfleht, mir befiehlt, diese peinliche Episode aus meinem erinnerungsseligen Zeitvertreib herauszuhalten. Aber nun; da ich keine Leser befürchten muss, werde ich mir nicht gehorchen, und sei es um der Illusion willen, an meiner Erinnerung wieder etwas wettgemacht zu haben.

Mehr oder weniger passierte Folgendes. Es war fast vier Uhr morgens, und allein für das Abnehmen der Jalousien und Vorhänge hatte ich zwanzig Minuten benötigt, zu denen noch die Zeit hinzukam, die ich brauchte, um alles still und ordentlich in den Keller zu bringen. Als ich den zweiten Sessel nach unten transportierte, tat ich vor dem Treppenabsatz im ersten Stock einen Fehltritt. Das an meine Brust gedrückte Möbel hinderte mich, zu sehen, wohin ich meine Füße setzte. Vielleicht lag es an meinen zu meiner Festnahme abschweifenden Gedanken, dass ich eine Stufe übersah, jedenfalls verlor ich mit der Übersicht auch mein Gleichgewicht. Ich begann zu stolpern und wäre um ein Haar mit meiner Last auf die Nase gefallen. Nur durch ein heftiges Zurückwerfen der Schultern kam ich wieder ins Gleichgewicht; doch das Unheil wollte es, dass mir der Sessel dabei aus den Händen glitt und bei dem Versuch, ihn in der Luft festzuhalten, so zur Seite kippte, dass seine Rückenlehne, ding dong, genau auf eine Türklingel fiel.

Mein erster Gedanke war, wieder nach oben zu laufen und mich in der Wohnung zu verstecken. Ich erkannte jedoch gleich, dass so ein Unternehmen unlösbare Probleme mit sich brachte, da ich nicht darauf trainiert war, mit einem schweren Sessel im Arm treppauf zu fliehen, und wenn ich ihn einfach stehen ließ, konnte ich genauso gut meine Visitenkarte dazulegen. Tatsächlich jedoch bestand mein größter Wunsch in dem Moment nicht darin, von der Bildfläche zu verschwinden, sondern die sich ankündigende Szene in anderer Aufmachung durchzustehen. Leider war nicht genug Zeit, nach oben zu gehen und mich umzuziehen, da hinter der Wohnungstür bereits Schritte zu hören waren. Jemand kam knurrend über den Flur. Was mache ich? Was sage ich ihm? Wenn er mit einer Flinte in der Hand herauskommt, bin ich verloren. Bei dem Schreck, den er kriegt, wenn er um diese Zeit einen Typen in Sandalen, mit dem gelben Morgenmantel einer alten Frau bekleidet und einem schmuddeligen Sessel in den Armen vor seiner Wohnungstür sieht, ist es höchst unwahrscheinlich, dass er nicht sofort wild um sich schießt.

Ich bat um Entschuldigung, sobald ich sah, dass die Tür einen Spaltbreit geöffnet wurde. Ich vergaß auch nicht, den Nachbarn freundlich mit seinem Namen anzusprechen, den ich auf dem Klingelschild lesen konnte. Ich nahm an, dass dies eine vertrauliche Note in die Kommunikation bringen könnte, die angetan wäre, zur Beruhigung der Gemüter beizutragen. Vor mir erschien ein dunkelblauer Schlafanzug mit einem orangefarbenen Streifen auf der Brust. Unten endete er in grauen Hausschuhen aus rissigem Leder und oben in einem Altmännerkopf mit trüben Augen, klobiger Nase, eingesunkenen Wangen und wirren grauen Haaren. Herr Kranz hatte eine finstere Miene aufgesetzt, die ins Perplexe wechselte, sobald er meiner ansichtig wurde. Wir waren uns noch nie begegnet, und es schien mir der guten Erziehung geschuldet, mich vorzustellen, doch damit ihn mein Nachname nicht argwöhnisch machte, sagte ich nur, ich sei der neue Mieter der Wohnung im dritten Stock. Er schaute mich an, wie ich mir vorstellte, dass er auch in ein Terrarium hineinschauen würde. Obwohl ich mir vorstellen konnte, dass ihm bei meinem Aussehen nichts von dem, was ich ihm erzählte, auch nur halbwegs glaubwürdig vorkam, beschloss ich, bei der Wahrheit zu bleiben, und fügte bei jedem zweiten Satz hinzu: «Es ist mir wirklich sehr unangenehm, Herr Kranz.» Ich nehme an, dass er nicht überzeugt war, als er sich in seine Wohnung zurückzog. Clara erzählte ich nichts von dem Vorfall, als ich wieder oben war und sie mich fragte, warum das bloß so lange gedauert habe. In ihrer gesegneten Unwissenheit hielt sie es sogar für angebracht, sämtliche Laken und Decken, die Tante

Hildegard noch in ihren Schränken aufbewahrte, in den Keller hinunterzubringen. Bevor ich eine Antwort gab, war ich schon ins Bett geschlüpft. Bereits in Schlafstellung, sagte ich ihr, ich hätte mir entsetzlich den Zeh angestoßen und für diese Nacht sei es genug mit dem ganzen Rauf und Runter.

Am nächsten Nachmittag begegnete ich Herrn Kranz vor der Haustür. Er kam herein, und ich ging hinaus. Im ersten Moment nahm ich an, er würde mich nicht grüßen oder mir mit eisigen Worten zu verstehen geben, dass er mich gerade angezeigt habe wegen privater Ruhestörung, zu der das Tragen unziemlicher Kleidung erschwerend hinzukäme. Könnte aber auch sein, dass die unziemliche Kleidung der Grund für die Anzeige war und das Klingeln zu nächtlicher Unzeit erschwerend hinzukam. Ich war schon bereit, mich beim ersten Vorwurf, den er mir machen würde, wieder zu entschuldigen, doch stattdessen fragte er mich unversehens, welcher Nationalität ich sei. Mir lagen sofort drei oder vier Namen von Ländern auf der Zunge, die für die meisten Deutschen unverdächtig sind. Aber, sagte ich mir, was passiert, wenn der Alte das Land kennt, das ich ihm nenne, und mir weitere Fragen stellt, bis er herausfindet, dass ich nicht nur nachts wunderlich bekleidet herumlaufe, sondern auch noch ein Lügner bin? Weder sein Tonfall noch seine Miene deuteten darauf hin, dass er irgendwelche Hintergedanken hegte, sodass ich, um Zeit und Unannehmlichkeiten zu sparen, einfach die Wahrheit sagte. Ich erkannte leichte Missbilligung in der Art, wie er die Stirn runzelte, was er sogleich zu kaschieren suchte, indem er einen geläufigen Satz in meiner Muttersprache von sich gab; einen so abgeschmackten Satz, so falsch ausgesprochen und so wenig jeder grammatischen Regel entsprechend, dass ich spontan versucht war, auf Deutsch grausame Rache zu nehmen. Doch ich beherrschte mich. Ich war sogar so heuchlerisch, die inexistente Korrektheit seines Satzes zu loben. Und da ich schon dabei war, Herrn Kranz Honig um den Bart zu schmieren, fragte ich ihn, wo er meine Sprache studiert habe. Darauf antwortete er, wie ich schon vermutet hatte, dass er sie eigentlich nicht spreche, aber während eines Urlaubs vor vielen Jahren in einem Küstenort meines Landes ein halbes Dutzend Wörter aufgeschnappt und behalten habe. Noch nicht zufrieden mit seiner sprachlichen Aggression, fügte er hinzu und wackelte dabei auf so lächerliche und obszöne Weise mit den Hüften, dass ich ein paar Sekunden brauchte, bis ich begriff, dass er Tanzschritte imitierte: «Fiesta, fiesta, chicas, sí.» Ich musste sehr an mich halten, ihm keine Kopfnuss zu verpassen, und sah ihn dann mit diesem Hüftwackeln hinter der Tür verschwinden, das man nicht mit ansehen kann, ohne sich für die Menschheit in Grund und Boden zu schämen.

Tante Hildegards Wohnung gefiel mir ausgesprochen gut. Sie benutzte sie nur wenige Male im Jahr, und in der Regel nur, wenn sie wegen eines ihrer Gebrechen nach Bremen kam, da sie, seit sie sich einmal über einen Augenarzt in Cuxhaven geärgert hatte, von den Ärzten dieser Stadt nichts mehr wissen wollte. Die schlechte Meinung von einem hatte sie einfach auf alle übertragen. Von diesen seltenen Gelegenheiten abgesehen, stand die Wohnung leer, was ihrem Zustand zugutekam, und da sie erst vor zehn Jahren mit hochwertigen Materialien eingerichtet worden war, erschien sie uns bei unserem Einzug wie neu, obwohl die Tante sie mit Ausnahme von Bad und Küche in ein Sammellager von Möbeln und Accessoires verwandelt hatte, für die in ihren Mietshäusern kein Platz mehr gewesen war. Da ich befürchtete, die Frau Schriftstellerin könnte aufgrund ihrer Atemschwierigkeiten eine vorzeitige Abreise ins Auge fassen, hatte ich die Wohnung gleich nach unserer Ankunft einer gründlichen Reinigung unterzogen, der auch die verstecktesten Ecken und Winkel nicht entkamen. Ich hielt Clara über meine siegreichen Einsätze gegen den Staub auf dem Laufenden und übertrieb meine Kriegsberichterstattung nach Gutdünken, da mir zunehmend der Verdacht kam, die Asthmaattacken könnten zumindest teilweise ihrer Neigung entspringen,

Ängste und Phobien als körperliche Beschwerden auszugeben. Jeden Tag berichtete ich ihr beim Essen oder abends im Bett ausführlich – wenngleich nicht immer ganz wahrheitsgemäß –, wo ich überall mit Staubsauger und Wischmopp tätig gewesen war, was ihr zusammen mit dem gelegentlichen Inhalieren von Salbutamol nach einigen Tagen das Durchatmen erleichterte, sodass sie sich unbeschwert ihrem Buch widmen konnte.

Wir wohnten in einem bevorzugten Viertel, das für den Autoverkehr gesperrt war. Eine Fußgängerbrücke über die Weser erlaubte es uns, in weniger als fünf Minuten in der Altstadt zu sein. Die Gegend unterlag einer strengen Überwachung durch fest installierte Kameras überall. Versenkbare Barrieren regulierten den Fahrzeugverkehr beim Hinein- wie Hinausfahren, und Parken war – außer beim Be- oder Entladen – auf der Straße nicht erlaubt. Jeder Bewohner verfügte über einen Stellplatz in der Tiefgarage, in der unentwegt Musik zu hören war, weil das angeblich dazu beitrug, eine freundliche Atmosphäre zu schaffen. Ein Team von vier Hausmeistern sorgte dafür, dass jeder sich an die Regeln hielt.

Das Viertel heißt Teerhof in Anspielung an die Kalfaterer, die früher auf dieser schmalen Landzunge ihre Werkstätten hatten. Der Teerhof bildet eigentlich das Ende einer Flussinsel zwischen der Weser und einem Nebenarm namens Kleine Weser. An ihren Rändern reihen sich Backsteinhäuser, zwischen denen die Hauptstraße verläuft und eine Art Innenhof bildet, auf den sämtliche Hauseingänge gehen. Die Straße endet vor einem Museum für moderne Kunst. Ich habe es nie besucht, aber Clara war einmal da, wie jeder weiß, der ihr Buch gelesen hat. Was ihre Leser wahrscheinlich nicht wissen, ist, dass sie verärgert in die Wohnung zurückkehrte, obwohl sie letztlich literarischen Nutzen aus dem Besuch gezogen hat. Als ich sie mit finsterer Miene heimkommen sah, fragte ich besorgt, was passiert sei. Doch sie ging mit zusammengekniffenen Lippen in ihr Schreibzimmer, und nach eineinhalb Stunden kam sie heraus und zeigte mir die markige Frucht ihrer Verärgerung: drei vollgeschriebene Seiten, auf denen sie einem roten Sonnenschirm, der ungeöffnet an der Wand lehnte, jeden künstlerischen Wert absprach. Ihr Verleger fand die Passage wohl witzig, denn entgegen meiner Voraussage bestand er nicht darauf, sie zu streichen.

Doch zurück zum Thema, und mit diesem Absatz will ich die Erinnerungspartie für heute beenden. Das Beste an Tante Hildegards Wohnung, und was ich in so dankbarer Erinnerung habe, befand sich außerhalb ihrer vier Wände. Ich meine das Panorama, auf das man aus dem Fenster des Zimmers schaute, das wir als Schlafzimmer benutzten. Ich konnte mich gar nicht sattsehen daran, besonders abends, wenn die immer noch warme Sonne tief über den Häusern stand, die auf der anderen Flussseite die Schlachtestraße säumen. Eine Linie unterbrochener spitzer Dächer zeichnete sich gegen das erste Licht des neuen Tages ab. Weiter im Osten ragten die mit Grünspan überzogenen spitzen Türme des Doms in die Höhe. Das Haus, in dem wir wohnten, stand nur wenige Meter vom linken Weserufer entfernt. Vom Fenster aus konnte man mühelos Steinchen, oder was man sonst zur Hand hatte, ins Wasser werfen. Oft schlug ich die Zeit tot, indem ich, aufs Fensterbrett gelehnt, den Schiffen zuschaute, die in der einen oder anderen Richtung vorbeifuhren, mit Sand, Baumstämmen oder Schrott beladene Lastkähne, Ausflugsschiffe, von denen oft genug Stimmenfetzen des Touristenführers zu mir herüberhallten und im allgemeinen Verkehrslärm untergingen; Flussschiffe eben, die eine weiße Kielspur hinter sich herzogen, deren einsamer Steuermann manchmal auch Gesellschaft hatte und auf den Ruf eines Passanten von der Straße die Hand hob und zurückgrüßte. Am gegenüberliegenden Ufer gab es einen Anleger, an dem eine kleine Flotte festgemacht hatte. Unterschiedlichste Schiffe, unter denen der Nachbau einer hanseatischen Kogge bemerkenswert war, die ihren falschen hölzernen Schatten aufs trübe Wasser warf, und nicht weit davon entfernt, schräg gegenüber der kleinen Sankt Martini Kirche, ein Nachbau der Fregatte Admiral Nelsons als Restaurantschiff. Der Sommer, der Fluss, eine Promenade mit Bäumen, eine wohlhabende, friedliche Stadt: Die Tage unseres Aufenthalts in Bremen begannen für mich mit der täglichen Freude über diese Aussicht. Aus dem Fenster schauend, dankte ich dem Leben von ganzem Herzen für dieses Geschenk, das es mir jeden Morgen und jeden Abend machte, und das einfach nur dadurch, dass es mich (nicht immer, auch das muss gesagt werden, auf angenehmstem Wege) an dieses Fenster führte. Dort verbrachte ich lange Zeit mit aufs Fensterbrett aufgestützten Ellenbogen, ohne an etwas zu denken, frei von Wünschen, von Ehrgeiz und von Sorgen, ganz dem Genuss des Augenblicks hingegeben, was eine meiner Lieblingsbeschäftigungen ist, derweil Clara sich im Nebenzimmer abrackerte und stundenlang bei heruntergelassener Jalousie in die Tasten hämmerte.

6

Wir hatten vereinbart, dass ich jeden Morgen um neun Uhr das Frühstück fertig hatte. Gleich nach dem Aufstehen holte ich die Marmelade aus dem Kühlschrank, damit sie die Umgebungstemperatur annehmen konnte, und die Butter, damit sie streichfähig wurde. Auf den ersten Blick scheinen das Fragen von geringer Bedeutung zu sein, doch sie können leicht über den guten oder schlechten Anfang eines Ehealltags entscheiden. Sie stand früher auf als ich, schon beim ersten Licht des heraufziehenden Tages. Sie machte sich einen Tee – da sie ohne ihren morgendlichen Tee nicht lebensfähig ist, wie sie gerne wiederholt – und begab sich mit leerem Magen, barfuß und im Pyjama in ihr Arbeitszimmer. Ich hatte ihr mein Wort gegeben, sie nicht mit Lärm zu belästigen. Folglich sah ich davon ab, das Radio einzuschalten, schlich wie auf Katzenpfoten durch die Wohnung und handhabte Geschirr und Besteck und sonstige Küchenutensilien, als wären es Seifenblasen, die bei der geringsten Berührung platzen konnten.

Danach ging ich für Croissants und frische Brötchen zu einer Bäckerei fast am Ende der Alten Neustadt, wo sie ganz nach

Claras Geschmack gebacken wurden. Ich beabsichtige nicht, ihr die Schuld an meinem täglichen Fußmarsch zu geben, denn mir schmeckten die Brötchen und Croissants in dem Geschäft, wo man oft Schlange stehen musste, auch besser als die von anderswo. Auf dem Rückweg nahm ich eine andere Straße, um mir am Kiosk eines Türken die Zeitung zu kaufen. Der Türke war ein Mann um die fünfzig. In seinem ausgemergelten Gesicht gaben ihm die hervorquellenden Augen unter dichten schwarzen Augenbrauen ein finsteres Aussehen, das überhaupt nicht zu seinem sympathischen Wesen eines stets aufgekratzten und in seiner Zuvorkommenheit etwas öligen Verkäufers passte. Wenn er mich sah, veränderte sich seine Miene sofort, wurde gefällig und freundlich, und in einem Winkel seines Lächelns sah man einen Goldzahn blitzen.

Die Zeitung hätte ich zwar auch in der Bäckerei oder an anderen Stellen unterwegs bekommen können, doch ich kaufte sie am liebsten beim Türken, weil ich mich immer an einer Bemerkung übers Wetter erfreute, die er jedes Mal machte, nachdem er mich begrüßt hatte. Es war nicht der Satz an sich, der mich den Umweg zu ihm machen ließ, sondern ein Grammatikfehler, stets der gleiche, der ihm unterlief, wenn er die Hitzewelle erwähnte, unter der wir in diesem Sommer litten. Dieser kleine Fehler bescherte mir allmorgendlich ein kleines Glücksgefühl. Um den Türken darin zu bestärken, konnte ich nie der Versuchung widerstehen, den Fehler in seiner Gegenwart zu wiederholen, womit uns beiden aufs herrlichste gedient war: ihm, weil es ihn nur ein bisschen loses Mundwerk kostete, um mich zu einem Stammkunden zu machen; mir, weil er mir täglich eine kleine Freude bereitete. Ich muss gestehen, dass mir seine Grammatikschwäche zur lasterhaften Sucht wurde. Ich brauchte sie, ich suchte sie, ich tat alles, um sie hervorzulocken, wenn sich der Türke mehr Zeit als gewöhnlich nahm, um damit herauszurücken. Doch am Ende kam sie, sie kam jedes Mal, war immer schon da, schwebte in der Luft, damit ich sie hören, riechen und genussvoll abschmecken konnte, während sich ein Lächeln auf meine Lippen stahl, das ich, selbst wenn ich gewollt hätte, nicht hätte unterdrücken können.

Manchmal war nicht der Türke am Kiosk, sondern ein Mädchen von etwas über zwanzig Jahren, seine Tochter vielleicht, die ein Kopftuch trug und makelloses Deutsch sprach. In diesen Fällen war meine Enttäuschung so groß, dass ich am liebsten ohne Zeitung wieder gegangen wäre. Monate später, an einem unfreundlichen Herbsttag, spazierte ich mit Clara über die mit gelben Blättern übersäten Straßen eines Stadtteils von Berlin, und als wir an einem Kiosk vorbeikamen, musste ich an den Türken aus Bremen denken. Die Nostalgie ließ mich unwillkürlich seinen fehlerhaften Satz aussprechen, so wie man für sich etwas vor sich hin sagt. Clara korrigierte mich sofort und sah mich dabei an, als fühlte sie sich persönlich gekränkt.

Gegen Viertel vor neun kochte ich zwei Eier. Danach goss ich kochendes Wasser in die Teekanne und stellte eine Kerze in einem kristallenen Kerzenhalter, den ich im Wohnzimmerschrank gefunden hatte, in die Mitte des Tisches. Essen bei Kerzenlicht ist eine Gewohnheit, die ich in Deutschland angenommen habe, denn in meiner Heimat beschränkt sich, zumindest in der Gegend, in der ich aufgewachsen bin, der Gebrauch von Kerzen auf Stromausfälle, religiöse Feiern und Begräbnisse und natürlich auf Geburtstagstorten. Wenn Clara zur verabredeten Zeit noch nicht aus ihrem Zimmer gekommen war, hatte ich sie mit allem Nachdruck herauszuholen. Sie selbst hatte das wenige Tage nach unserer Ankunft in Bremen so entschieden. Ich brauchte mir ihre Gründe gar nicht zu Ende anzuhören, um ihren Vorschlag begeistert aufzunehmen. Clara wusste aus Erfahrung, dass ihr Blutdruck rapide abfallen konnte, wenn sie nicht rechtzeitig frühstückte. So begann es oft mit ihren Beschwerden, wobei sie während unserer Reise nicht halb so oft unter Kopfschmerzen litt, wie wenn sie zur Schule musste. Das Frühstück entspannte sie nicht nur, sondern erlaubte ihr auch, einen Schlussstrich unter ihr morgendliches Arbeiten zu setzen, was für sie immer eine Herausforderung war. Sie jeden Morgen Punkt neun von ihrem Schreibtisch loszureißen, war also Teil meiner täglichen Pflichten, die ich als Gehilfe der Frau Schriftstellerin eingegangen war. Und diese war mir die liebste. Unablässig schaute ich auf die Uhr in Erwartung des Augenblicks, Clara aus der Küche zurufen zu können, sie solle sofort zum Frühstück erscheinen.

Sie dagegen unternahm alles Erdenkliche, um Zeit zu gewinnen: Sie bat noch um eine Minute oder antwortete gar nicht oder murmelte mit versagender Stimme eine Entschuldigung, deren Bedeutung ich mir erst zusammenreimen musste. Die Offensichtlichkeit des lockenden Spiels ließ mich in Aktion treten. Ich hielt mich nicht damit auf, an ihre Tür zu klopfen, sondern stürmte, mir mit den Fäusten auf die Brust trommelnd, mit wildem Gebrüll oder irgendeiner anderen Afferei in ihr Zimmer, fest entschlossen, meine halbe Minute vollendeten Machismos voll auszukosten. Wenn sie Widerstand leistete, fiel ich rücksichtslos wie ein Straßenräuber über sie her, ohne ihr noch Zeit für einen Punkt am Ende des Satzes zu lassen, an dem sie gerade schrieb. Ob sie lachte oder protestierte, war mir egal. Hatte sie mich nicht versprechen lassen, dass ich sie um neun zu einer Pause zwänge? Mehr als ein Mal trug ich sie über meiner Schulter in die Küche. Dort hörten ihr Jammern und Schimpfen dann auf, wenn sie den gedeckten Frühstückstisch sah. Ich genoss es, ihr zuzusehen, wie sie sich an den zu ihrem Wohlbefinden angerichteten Gegenstände und Köstlichkeiten erfreute: Tante Hildegards Geschirr, das mehr als nur einen Antiquitätenhändler neidisch gemacht hätte; die Marmeladenschälchen, jedes mit einem eigenen Löffelchen; die gekochten Eier in den Eierbechern; die Schale mit Honig; die Karaffe mit Orangensaft; die Butter; die romantisch flackernde Kerzenflamme; der Brotkorb mit Brötchen und Croissants; der dampfende und duftende Tee; die sorgsam gefaltete Tageszeitung neben ihrem Teller. Jedes Detail war der Beweis meiner Absicht, ihr zu Gefallen zu sein; und diese Absicht wie auch das Bemühen, sie in tägliche Tat umzusetzen, mussten es ihr leicht machen, dafür Dank zu bekunden. Auf diese Weise zeigte ich ihr täglich meine Anerkennung für das, was sie tat, für ihre Arbeit, und ich glaube, das, was ich Anerkennung nenne, war ihr noch wichtiger als die großartigen Frühstücke, die ich jeden Morgen für sie richtete.

Wie in einem Ritual nahm Clara den Deckel von der Teekanne, hielt die Nase über der Öffnung und inhalierte ausgiebig wie eine anspruchsvolle Verkosterin den Dampf und fragte mich aus einem Argwohn heraus, der so alt wie unsere Beziehung ist, wie viele Minuten der Tee gezogen habe. Warum stellt sie nach all den Jahren immer noch dieselbe Frage, wenn sie doch weiß, dass ich nur die einzig zulässige Antwort gebe? Auch in dieser Frage bin ich ihr zu Willen. Manchmal indes ist man abgelenkt, verliert die Uhr aus dem Blick, und dann werden aus den drei Minuten der Rezeptur des guten Teetrinkers gerne mal fünf oder sechs, was letzten Endes aber folgenlos bleibt, da Clara es nicht merkt und meine Antwort immer die gleiche ist. In Bremen hatte sie, nachdem sie von der korrekten Zubereitung des Tees überzeugt war, sich angewöhnt, die Arme nach mir auszustrecken (dankbar, möchte ich glauben, jedenfalls mit einem Lächeln), mich damit auffordernd, meinen Kopf in ihre Hände zu legen, was sich manches Mal anfühlte, als würde eine Gottesanbeterin ihr Opfer in die Zange nehmen. Dann belohnte sie mich mit einem warmlippigen Kuss, nicht selten sogar mit zweien, und wenn sie mich wieder losließ, gab sie mir einen eher festen als sanften, dennoch liebevollen Klaps auf die Wange, der so viel bedeutete, wie dass das Reich des maskulinen Muskels an dieser Stelle endete, und damit gut, mein Mäuschen.

Während des Frühstücks füllte mich Clara mit Einzelheiten ihrer literarischen Arbeit ab. Manchmal war sie so von Zweifeln und Ängsten geplagt, wozu sie allerdings auch eine starke Neigung hatte, dass sie mir die neuen Stellen aus ihrem Buch vorlas, damit ich sie kommentierte, sie aber auch an meinem sich verändernden

Gesichtsausdruck ablesen konnte, ob sie die gewünschte Wirkung hervorriefen. Ich lauschte ihr mit einer Haltung kontinuierlicher Zustimmung, unbesehen davon, ob mir das, was sie mir vorlas, gefiel oder nicht; kurze Unterbrechungen beeilte ich mich mit schmeichelnden Worten zu füllen und schlug so taktvoll wie möglich Verbesserungen und Streichungen vor. Was die Qualität ihres Schreibens anging, zeigte sie sich gewöhnlich pessimistisch. Sie betrachtete sich als Schriftstellerin und nicht als Verfasserin von Reiseberichten. Deshalb verstand sie auch die Entscheidung des Verlags für sie nicht, es sei denn, dass sie zweite oder dritte Wahl gewesen war. Die Abgabefrist einzuhalten, zu der sie sich vertraglich verpflichtet hatte, erschien er ihr so gut wie unmöglich. Und zum Abschluss ihrer Hoffnungslosigkeit sagte sie Sätze wie: «Niemand wird mein Buch mögen, da bin ich mir sicher.» Nach und nach jedoch, wenn Honig, Marmelade und meine Huldigungen – manche davon von einem Kaliber, dass ich mich sie zu begründen gezwungen sah, damit sie glaubhaft wirkten – ihre liebliche Süße entfalteten, fand sie ganz oder teilweise zum Vertrauen in ihr Talent zurück und begab sich wieder in ihr Arbeitszimmer, um bis zum Mittagessen weiterzuschreiben.

Die Nachmittage hatte sie für Spaziergänge durch Bremen reserviert, entweder zusammen mit mir oder allein, auf denen sie Ausschau nach Orten, Typen und Ereignissen hielt, die für die Chronik ihrer Reise durch Deutschland von Interesse sein könnten. Ich war derweil damit beschäftigt, zu kochen, einzukaufen und zu putzen, und wurde oft genug – um nicht zu sagen täglich – losgeschickt, an bestimmten Stellen der Stadt Informationen zusammenzutragen oder zu fotografieren. Dazu hatten wir auf dem Wohnzimmertisch einen Stadtplan von Bremen ausgebreitet. Clara zeigte mit dem Finger auf die Orte, an die ich gehen sollte. Sie sagte, zum Beispiel: «Sieh mal, Maus, hier am Anfang der Einkaufsstraße steht die Skulpturengruppe, die wir vorige Tage gesehen haben. Weißt du noch? Die von dem Schweinehirten mit seinen Tieren. Würde es dir was ausmachen, heute da hinzugehen und die Schweine zu zählen? Ich muss das so schnell wie möglich wissen.» Oder sie schickte mich mit ähnlichen Aufträgen noch weiter fort, zum Bahnhof, in den Park, sogar zur Universitätsbibliothek, die draußen in der Pampa lag, wenngleich der Weg dorthin für mich weniger beschwerlich war als andere kürzere, weil ich dahin die Straßenbahn nehmen konnte.

Wesentlich unangenehmer war für mich die Hitzewelle, die bis weit in die zweite Augusthälfte anhielt. Ich hatte diese Hundstage in der prallen Sonne durchzustehen, da Claras Aufträge mich kreuz und quer durch die Stadt schickten. Viele Einwohner hatten einen geröteten Teint und ihre Haut einen etwas fettigen Glanz, da sie in der sommerlichen Hitze die Unmengen Butter und Weichkäse ausschwitzen, die sie zu sich nehmen, und einen Sonnenbrand bekommen, anstatt braun zu werden. In den Wallanlagen sah man Leute im Schatten der Bäume im Gras liegen und schlafen. Die umherschwirrenden Insekten waren in ihrem Element. Ich erinnere mich gut an die lästigen Fliegen und hungrigen Wespen, die auf den Terrassen der Bars und Eisdielen herumschwirrten, an all die undefinierbaren Viecher, die wer weiß woher kamen und jeden belästigten, der ihnen in die Quere kam. Die Erde glühte, der Asphalt kochte, und die Luft war klebrig von feuchter Hitze, die das Atmen erschwerte und die Schweißdrüsen zwang, unablässig Flüssigkeit abzusondern. An manchen Tagen zeigte das Thermometer 34 oder 35 Grad und mehr an, was in diesen Breiten nur schwer zu ertragen ist, schwerer noch als 40 Grad in südlichen Regionen. Die Sensationspresse kommentierte das Phänomen mit apokalyptischen Vokabeln. Ich teilte diesen übertriebenen Pessimismus überhaupt nicht; im Gegenteil, ich betrachtete es als Privileg, oder zumindest als eine Aufmerksamkeit des Schicksals, dass es nach Millionen von Jahren des Lebens auf der Erde mir und meiner Generation vergönnt war, das Ende der Welt zu erleben. Jeden Moment wurde das Abschmelzen der Polkappen und die darauffolgende Überschwemmung der Stadt erwartet. Die *Bild* brachte auf einer Titelseite die furchterregende Darstellung einer sechzig Meter hohen Flutwelle (oder fünfzig Meter, ich erinnere mich nicht mehr genau), die im Flachland von Niedersachsen unvorstellbare Schäden anrichtete, bevor sie gegen die über zweihundert Kilometer im Inland liegenden Berge des Harzes brandete. Mich überkam manchmal eine regelrechte Abschiedsstimmung, wenn ich, an meinem Stracciatella-Eis leckend, durch Bremen spazierte und mir vorstellte, wie sich demnächst Heringsschwärme auf dem Marktplatz tummelten, der jetzt noch von müßiggehenden Menschen bevölkert war, die keine Ahnung hatten von der Katastrophe, die sie in ihrer leichten Sommerkleidung, mit Sonnenbrillen und Sandalen, bald überraschen würde. Ich sah die Rathauskolonnaden schon als Refugium für allerlei Meeresgetier, das Rosettenfenster des Doms von Krebsen verstopft, die Rolandstatue von gemeinen Seerosen und Muscheln bedeckt, und ich sah Clara im Haus ihrer Tante bei heruntergelassenen Jalousien ein neues Kapitel ihres Buches beginnen, ohne von der Tragödie etwas mitzubekommen.

Nachfolgend will ich ein paar der Erledigungen und Gefälligkeiten auflisten, mit denen ich ihr damals zu Diensten war. Ich kann sie nicht alle aufführen, das würde zu lange dauern und auch langweilig werden; aber doch einige, die mir aus verschiedenen Gründen im Gedächtnis geblieben sind. Los geht's.

Während der ersten Tage unseres Aufenthalts in Bremen besuchten wir eines Nachmittags ein mit Sofas und Spiegeln ausgestattetes Lokal, das Café Tölke hieß, und in dem es neben dem üblichen Angebot auch Melange, Sachertorte und ähnliche Leckereien gab. Das Tölke befand sich in einem kleinen Haus mit weiß verputzter Fassade, zu dem wir gelangten, nachdem wir eine Weile im labyrinthischen Gassengewirr des Schnoorviertels umhergeirrt waren. Eigentlich suchten wir ein Teegeschäft, in dem wir zwei oder drei Jahre zuvor einmal gewesen waren. Nach einer längeren vergeblichen Suche stießen wir zufällig auf das Tölke und gingen hinein. Als wir Platz genommen hatten, bekam Clara Lust, sich Notizen über das Mobiliar und die Dekoration des Lokals zu machen sowie über einen Herrn mit weißen Koteletten und düsterer Ausstrahlung, der an einem Ecktisch saß und Zeitung las. Sie wies mich verstohlen auf ihn hin. Auf den ersten Blick kam er mir wie ein ganz gewöhnlicher Mann vor, doch Clara erschien er – aus Gründen, die sie mir nicht erklären konnte – über alle Maßen rätselhaft. «Wenn du etwas länger hinsiehst», flüsterte sie mir zu, «wirst du merken, dass er ab und zu von seiner Zeitung aufschaut und die Tür im Auge behält. Vielleicht wartet er auf seine Geliebte.» Da ich nicht zu romantischen Ausschmückungen neige, erlaubte ich mir, Zweifel am Wert dieser Vermutung anzumelden. Wie gewöhnlich, wenn es ihr an Beweisen und Argumenten mangelte, versuchte Clara auch diesmal, meine Ausdrucksmöglichkeiten zu beschränken: «Sprich nicht so laut, er kann dich hören.» Um sie zufriedenzustellen, änderte ich meine Stimmlage, aber nicht meine Ansicht. «Würde mich wundern», entgegnete ich, «wenn einer, der aussieht, als wenn er im Sarg wohnte, eine Geliebte hätte.» «Was weißt du denn schon!» Und dann stellte sich heraus, dass Frau Schriftstellerin, die professionelle Schreiberin, die von den Einkünften aus ihren Büchern einmal leben zu können hofft, Notizbuch und Kugelschreiber vergessen hatte. Sie streichelte meinen Handrücken – schlechtes Zeichen – und sagte in zuckersüßem Bettelton: «Mäuschen»; und da sie mich offenbar für einen willigen Mann hält, fügte sie nichts weiter hinzu, als dass ich mich bitte beeilen möge. Zur Wohnung und zurück brauchte ich etwa zwanzig Minuten. Schweißgebadet kam ich ins Tölke zurück. Der düstere Typ war mittlerweile verschwunden. Clara empfing mich mit vor Begeisterung geweiteten Augen. «Kurz nachdem du gegangen bist, hat sein Mobiltelefon geklingelt. Vor hier aus konnte ich nicht verstehen, was er gesagt hat. Das Gespräch hat höchstens fünfzehn Sekunden gedauert. Danach hat er die Rechnung verlangt und ist gegangen. Bestimmt hat er hinter der nächsten Straßenecke seine Freundin getroffen. Ich kenne doch die Männer!» Auf dem Tisch sah ich neben ihrer Tasse einen Kugelschreiber und ein vollgekritzeltes Blatt Papier liegen. Das hatte ihr während meiner Abwesenheit die Kellnerin gebracht.

Ein anderes Mal – wir waren wieder im selben Viertel unterwegs – blieben wir vor dem Schaufenster einer Buchhandlung stehen. Clara sah sich die Auslagen an, ich betrachtete die Straße, die Leute, die weißen Straßenbahnen. Da bat sie mich, hineinzugehen und festzustellen, ob eines ihrer Bücher in den Regalen stand. Ich schätzte die Zahl der Schritte ab, die nötig waren, um der Bitte nachzukommen. Ich kam auf ungefähr zehn, und nur zwei davon trennten uns von der Tür. Ohne jeden Hintergedanken fragte ich, warum sie nicht selbst ging. Da war sie beleidigt. «Bist du verrückt? Ich könnte da drinnen erkannt werden.» Ich verstand nicht gleich. Wie konnte ich sie auch verstehen, da ich sie doch während der ganzen Zeit unserer Ehe nie den Unbilden der Berühmtheit ausgesetzt gesehen habe. Ich konnte auch nicht glauben, dass sie hinter meinem Rücken berühmt geworden war. Das Einzige, was sie tunlichst zu meiden sucht, sind überlaufene Gegenden in Wilhelmshaven; aber nicht, weil sie fürchtet, von Bewunderern, Journalisten oder Paparazzi belagert zu werden, sondern weil es ihr unangenehm ist, auf der Straße jemandem aus ihrer Schule zu begegnen. Sie versteckt sich, nicht weil sie Schriftstellerin, sondern weil sie Lehrerin ist. «Was ist schlimm daran, wenn man dich erkennt?», fragte ich sie. Sie antwortete, sie würde sich zu Tode schämen, wenn Kritiker und Schriftstellerkollegen Wind davon bekämen, dass man sie in einer Buchhandlung beim Suchen nach ihren Büchern erwischt hatte; damit würde sie sich den Ruf einer Krämerseele einhandeln; würde zur Zielscheibe von Spott und Sarkasmus werden; sie wolle ihre Biographie nicht mit einem so hässlichen Fleck beschmutzen, und jetzt genug der Erklärungen, oder hatte ich mein Versprechen vergessen, sie während der Reise in allem zu unterstützen? Ich ging zu dem Regal, in dem alphabetisch geordnet eine mittelmäßige Auswahl von Romanen stand. Bevor ich es erreichte, wurde ich von einer jungen Verkäuferin abgefangen, die mir so diensteifrig entgegenkam, dass ich dachte, sie wolle mich anfallen. Nachdem ich mich von ihren guten Absichten überzeugt hatte, wünschte ich ihr einen guten Tag und drückte dann mein Interesse für die Schriftstellerin aus, deren Namen ich unter möglichst exakter Wahrung der deutschen Phonetik auszusprechen versuchte. «Äh, wie bitte?» Um die Kommunikation zu erleichtern, war ich versucht, ihr mit leiser Stimme die Wahrheit zu enthüllen: «Ich meine die Frau, die unter ihrem Ehenamen schreibt, es ist die da draußen, die so tut, als würde sie die Bücher im Schaufenster betrachten. Sehen Sie sie?» Da wir beide vor dem Regal standen, entschied ich mich, den Namen der Autorin zu buchstabieren. «Aus welchem Land kommt sie?», fragte die Verkäuferin. An diesem Punkt hielt ich es für angebracht, sie ein wenig zu verwirren. «Sie kommt aus Wilhelmshaven», sagte ich mit festem Blick in ihre Augen. Ich folgte ihr zu einem Tisch, auf dem ein Computer stand. Auf ihren mädchenhaften Lippen zeigte sich eine Spur von Überraschung, als sie auf dem Bildschirm den Namen las, den sie noch nie gehört hatte. Sie las mir Claras derzeit lieferbare Titel vor: die beiden Romane, die Fußnoten zu einem Fotoband und die phantastische Erzählung für Kinder, mit der sie den Kölner Preis gewonnen hatte. Sie könne mir jedes der Bücher besorgen, sagte sie, fürchte aber, dass sie erst in zwei oder drei Tagen geliefert würden. Ich antwortete, ich hätte am Nachmittag einen Flug nach New York gebucht. Eigentlich hätte ich Hamburg sagen wollen, um nicht angeberisch zu wirken; doch auf halber Lüge änderte ich meine Absicht, ich weiß nicht, warum, vielleicht um die Verkäuferin zu beeindrucken, die jedoch keine Miene verzog. Später wurde mir klar, dass ihr natürlicher Gesichtsausdruck mir auch viel lieber gewesen war als eine bewundernde Grimasse. Ich sah meine kleine Gestalt in ihren ruhigen Augen gespiegelt und fühlte mich zwei köstliche Sekunden lang als Mann mit einem aufregenden Leben, der sich auf der ganzen Welt so zu Hause fühlt wie andere in ihrem Wohnzimmer, der über die finanziellen Mittel verfügt, sich solche teuren Reisen leisten zu können. Ich erkannte, dass man in der Gutgläubigkeit seines Nächsten zu Land, zu Wasser und in der Luft verreisen kann und dabei noch den Vorteil hat, immer gleich an Ort und Stelle zu sein und nicht einmal bezahlen zu müssen, was auch der Grund dafür ist, dass ich dieses Transportmittel oft und gern benutze. Die Verkäuferin riss mich aus meinen Gedanken, indem sie mir einen Zettel hinhielt, auf dem sie zuvorkommenderweise die Adresse einer offenbar besser bestückten Buchhandlung notiert hatte. Ich bedankte mich für ihre Freundlichkeit und ging. Auf der Straße erwartete mich Claras verstimmter Blick. Mein langes Ausbleiben hatte sie zu dem Schluss kommen lassen, dass es in dem Laden keine Bücher von ihr gab. Ich weiß, wie sie in bestimmten enttäuschenden Situationen reagiert: Sie tut, als würde es ihr nichts ausmachen; sie lacht sogar, macht Witze, stellt ein aufgesetztes, plapperndes Glücksgefühl zur Schau, bis nach zehn, fünfzehn, zwanzig Minuten plötzlich ihr Ärger Oberhand gewinnt oder sie wegen einer Kleinigkeit, die nichts mit dem wahren Grund ihres Kummers zu tun hat, in Tränen ausbricht. Wir gingen die Straße hinauf in Richtung Dom. Ich musste zugeben, dass ich keines ihrer Bücher hatte finden können. In ihren Augen glaubte ich einen verräterischen Glanz zu erkennen, der mich anflehte: «Belüge mich!» Und da ich einen Hang zu Gefälligkeiten habe, erzählte ich ihr mit lächelnder Gelassenheit, dass die Verkäuferin vor zwei Tagen oder so ein Exemplar von *Unter dem Blauregen* verkauft hatte. «Hat sie dir gesagt, an wen?», unterbrach sie mich. «Ich habe sie gefragt, weil ich weiß, dass dich das interessiert. Eine junge Frau, wahrscheinlich eine Studentin, hat es gekauft.» Clara stieß einen resignierten Seufzer aus. «Ich werde nur von Frauen gelesen.» «Nun, wie es aussieht, bekommen sie bald neue Exemplare herein. Ich habe keines bestellt, da ich, wie du dir denken kannst, nicht die geeignetste Person bin, deine Bücher zu kaufen.» Dann beging ich den Fehler, ihr den Zettel zu zeigen, den die Verkäuferin mir gegeben hatte, was zur unmittelbaren Folge hatte, dass wir den geplanten Spaziergang abbrachen und uns unverzüglich zur genannten Buchhandlung begaben, in die ich wieder allein hineingehen musste. In die Buchabteilungen der Kaufhäuser Karstadt und Kaufhof gingen wir dann gemeinsam, da Clara der Meinung war, bei dem Publikumsandrang dort würde sie wohl kaum erkannt werden. Sie kam enttäuscht heraus und wollte beim nächsten Mal lieber wieder draußen auf mich warten, weil sie vielleicht gemerkt hatte, dass, wenn wir zusammen hineingingen, die Ergebnisse unserer Nachschau spürbar schlechter waren. Zu Hause, während ich das Abendessen zubereitete, suchte Clara auf den Gelben Seiten die Adressen Bremer Buchhandlungen heraus. Einige besuchte ich nicht, da sie sehr weit entfernt lagen, es draußen sehr heiß war und ich nicht den geringsten Zweifel an der Nutzlosigkeit dieser Unternehmungen hegte. Insgesamt besuchte ich mehrere, fand jedoch in keiner einzigen ein Buch von Clara, was ich ihr, um sie nicht noch mehr zu entmutigen, aber nie sagte. Um ihr eine Freude zu machen, brachte ich ihr eines Nachmittags ein Exemplar ihres ersten Romans mit, den ich mir in der Stadtbücherei ausgeliehen hatte. Sie war hochzufrieden. Nachts im Bett jedoch machte sie mir Vorwürfe: «Maus», sagte sie nicht ohne Strenge, «ist dir nicht in den Sinn gekommen, dass niemand anders das Buch lesen kann, solange du es hast? Morgen früh gehst du und bringst es zurück, ja?»

Bei anderer Gelegenheit bat sie mich, Fotos von einem der Türme von Sankt Petri zu schießen. Ich bezahlte einen Euro, um 265 Stufen hinaufzusteigen. Gezählt habe ich sie nicht. Selbst wenn ich gewollt hätte, hätte ich nicht den Atem dazu gehabt. Ich las die Zahl – um nicht zu sagen, die Warnung – auf einem Schild an der Tür zum Aufgang, und da ich mich in einer Kirche befand, schien es mir ein Gebot der Höflichkeit zu sein, an etwas zu glauben. Vom Turm aus hatte man einen weiten Blick. Die Fenster unserer Wohnung waren deutlich zu sehen. Die kompakte Masse der Häuser reichte bis zum Horizont, doch konnte man an manchen Stellen weit draußen schmale grüne Streifen flachen Landes erkennen. Die Passage über die Dächer von Bremen, die Clara ins erste Kapitel ihres Buches einfügte, ist nichts anderes als die detaillierte Beschreibung einer der vielen Fotografien, die ich vom Kirchturm aus gemacht habe. Zum Beweis möchte ich einen Satz von Seite acht zitieren, der da lautet: «Am Ende der steilen, gewundenen Treppe, die zu erklimmen wir uns nicht scheuten, da wir diesen ergötzlichen Ausblick, zu dem sie führt, so lange schon herbeigesehnt hatten, standen wir auf dem Gipfel der historischen Altstadt von Bremen, von dem aus der begeisterte Blick über die Dächer der Stadt schweift, die still zu unseren Füßen kauert wie ein gewaltiges Tier aus Häusern, das nur darauf wartet, auf Befehl seines Herrn aufzuspringen, loszulaufen und ausgelassen umherzutollen.» Als sie mir den Teil beim Frühstück vorlas, erinnerte ich sie daran, dass sie nie auf diesen Turm gestiegen war. Sie entgegnete, was im normalen Leben der Leute als Lüge gelte, sei in der Literatur eine natürliche Frucht der Imagination, ohne die Schriftsteller ihren Beruf nur schwerlich ausüben könnten. Oder glaubte ich etwa, unbedarft, wie ich in meinem Mangel an literarischer Erfahrung nun einmal sei, man müsse, um einen Kriminalroman schreiben zu können, vorher einen Mord begangen haben? «Du bist für mich auf den Turm gestiegen», sagte sie, «und das reicht.» «Ja», entgegnete ich, «aber ich habe nicht den geringsten Genuss empfunden da oben, und das hättest du wohl auch nicht bei dem kalten Wind, der da wehte. Ich war schweißnass, als ich oben ankam, und der Wind war frisch, trotz des heißen Tages; ich war mit einem Schlag in kaltem Schweiß gebadet. Wenn mich irgendwas begeistert hat da oben, dann die Tatsache, dass ich nicht gleich krank geworden bin.» Daraufhin verpasste sie mir einen ihrer Sätze, die mich manchmal für lange Zeit klitzeklein, mutlos und hilflos machen: «Es fehlt dir an Romantik, Maus; so erkennst du Schönheit nicht einmal, wenn du sie direkt vor dir siehst.» Danach traute ich mich nicht mehr, ihr kleinste Änderungen für ihren Satz vorzuschlagen, der so lang und gewunden war wie die Turmtreppe von Sankt Petri.

Auf der Suche nach geschichtlichen Daten schickte mich Clara oft in die Stadtbücherei, oder in die Unibibliothek, wenn sie in der Ersteren nicht fand, wonach sie suchte, oder wenn sie ihre Nachforschungen ausdehnen wollte. «Mäuschen», sagte sie dann, «versuche doch mal, ein Buch mit Fotos von den Zerstörungen der Stadt nach den Bombenangriffen von 44 aufzutreiben.» Oder auch: «Würde es dir was ausmachen, herauszufinden, in welchem Jahr die Rolandstatue aufgestellt worden ist?» Ich kam schnell dahinter, dass sich kleinere Aufgaben problemlos in einem Internetcafé lösen ließen, das ich zufällig in der Nähe der Hauptpost entdeckt hatte. Das verschaffte mir reichlich Zeit, mir in einer nahen Bar die letzten Etappen der Tour de France im Fernsehen anzuschauen. Diese nachmittäglichen Unterhaltungen verriet ich Clara weder, noch verschwieg ich sie ihr; Letzteres allerdings öfter als Ersteres, damit sie nicht auf den Gedanken kam, ich vertriebe mir die Zeit, während sie arbeitete. Sie sah mich rasch und freudig ihre Aufträge erledigen, und deshalb und auch, weil ich sie stets zu ihrer Zufriedenheit ausführte, ohne dass ich dafür auf meine kleinen Vergnügen verzichten musste, lebten wir bis auf wenige Ausnahmen die ganze Zeit in Bremen in schöner ehelicher Eintracht.

Meine Besuche der Stadtbücherei sind mir in lebhafter Erinnerung, denn als ich sie eines Nachmittags verließ und über die Straße Am Wall in Richtung Bar ging, in der ich mir gewöhnlich das Radrennen ansah, hatte ich einen Bamm-Moment und blieb mitten auf dem Gehweg wie angenagelt stehen. Es war nicht der einzige in diesem Jahr, auch nicht der längste oder intensivste, und dennoch dürfte ich ihn kaum jemals vergessen, da mit ihm etwas einherging, das mich in die Lage versetzte, diesem sporadischen und absolut wonnevollen Phänomen einen Namen zu geben. Nie zuvor war mir überhaupt der Gedanke gekommen, es auf einen Namen zu reduzieren; ich weiß nicht, ob wegen meiner Unbeholfenheit im Gebrauch oder wegen der Unzulänglichkeit der menschlichen Sprache, wenn es darum geht, subtile Dinge zu benennen, die noch nicht Geschichte oder Gewohnheit geworden sind und die die meisten Menschen gar nicht bemerken, weil sie keinen Namen dafür haben. Doch die Dinge, die einen Namen haben, existieren bereits, scheinbar zumindest, ohne dass es des Menschen bedarf; durch das Namenstörchen können wir in sie hineingehen und sie mehr oder weniger erklären und beschreiben. Also, ich hatte in der Stadtbücherei ein paar historische Daten über Erzbischof Adalbert zusammengetragen (die von Clara später, wie so häufig der Fall, in ihrem Buch nicht verwendet wurden). Ich ging Am Wall entlang und hatte Zeit im Überfluss, mir die härteste und daher interessanteste Etappe der Tour anzusehen, die damals jedoch immer derselbe Fahrer gewann. Der Himmel war blau, die Hitze erträglich, die Vögel kamen ihrer lyrischen Aufgabe nach, im Gezweig der Bäume zu zwitschern, und die Aussicht auf ein kühles Bier mit Schaumkrone und der Farbe von jungem Gold benetzte meinen Gaumen mit der Feuchtigkeit, die dem nahenden Genuss vorausgeht. Ich war ganz und gar von dem dankbaren, tiefen, lebendigen Gefühl erfüllt, keine Probleme, keine Schmerzen, keine undankbare Arbeit, kein schlechtes Gewissen zu haben, kurz, nichts von dem, was einen gewöhnlich beunruhigt oder beschwert, und auch nichts von dem, was, weil orgiastischer Exzess, die innere Anmut des Menschen zerstört. Ich war vollkommen sorglos. Beim Mittagessen hatte mir eine gutgelaunte Clara gegenübergesessen, die Verdauung hinterher war problemlos gewesen, und auf dem Weg zur Stadtbücherei hatte ich mir zwei Kugeln Stracciatella-Eis in der Waffel schmecken lassen. Außerdem hatte Clara für den Abend zwei Plätze für ein Konzert in der *Glocke* reserviert. Und mit einem Mal überkam mich fünf oder sechs Sekunden lang ein Gefühl vollkommenen Wohlbefindens. In dieser kurzen Zeit war mein Inneres im Gleichgewicht mit der Welt um mich herum. Ich hatte die flüchtige Gewissheit eines perfekten Augenblicks, in dem das Leben uns das Beste von sich zeigt, und zugleich fühlte ich mich, umgeben von den Lichtern und Schatten des Sommers, von seliger Unbeschwertheit erfüllt. Ich blieb abrupt stehen, um nicht unversehens aus dem kleinen Kreis hinauszutreten, in dem ich diesen einzigartigen Moment erlebte. Dieses plötzliche Innehalten – ich weiß nicht recht, ob ich es einer bewussten Entscheidung zuschreiben soll oder einem Gebot der Luft, deren unerwartete Dichte mich zur Reglosigkeit zwang und so den Zauber des Augenblicks aufrechterhielt – endete so abrupt, wie es eingetreten war, als eine junge Frau, die wohlgeformten Beine in Netzstrümpfe gezwängt, bamm, die Tür des Taxis zuschlug, aus dem sie gerade ausgestiegen war, und das nur wenige Schritte von mir entfernt gehalten hatte.

7

Bis August bekam Clara das Kapitel über Bremen, das am Anfang ihres Buches steht, nicht fertig. Ich mag die Natürlichkeit und Leichtigkeit, mit der ihre Sätze unter meinen Augen dahinfließen, als wären sie ohne jede Anstrengung geschrieben. Die Wahrheit ist, dass sie ihr Tränen, Schweiß, schlaflose Nächte und möglicherweise noch anderen Kummer bescherten, von dem ich, weil er sie tief drinnen quälte, keine Kenntnis habe. Ich versetze mich an ihre Stelle und denke, nie würde ich eine sichere Anstellung als Lehrer für einen Beruf aufgeben, der so viel Verunsicherung und Leiden und Frustration bereithält; der einem die Ruhe und, wenn man es recht bedenkt, die Freiheit raubt und im Allgemeinen einen Verdienst mit sich bringt, der kaum der Rede wert ist. Vielleicht verstehe ich Claras Antrieb nicht, weil ich, wie sie sagt, kein Künstler bin. «Aber ich mag die Kunst», antworte ich. «Du magst aber keine Opfer dafür bringen, Mäuschen», kontert sie, «und ohne Opfer und Ehrgeiz kann man kein künstlerisches Werk von Wert erschaffen.» Bisher habe ich ihr noch nicht verraten, dass ich auch schreibe, wenngleich ich kein Schriftsteller in dem Sinne bin, in dem sie das Schreiben versteht. Ich genieße es nicht, und ich leide nicht, wenn ich in meiner Freizeit schriftlich mit mir selber kommuniziere; manchmal, wie jetzt gerade, während das Gemüse auf dem Küchenherd brutzelt. Ich schreibe meine Erinnerungen an diese Reise auf; aber je nach Laune halte ich inne oder fahre ich fort, ohne dass mich jemals Angstgefühle oder Gewissensbisse plagen, unabhängig von Kritikern wie Lesern, von Abgabeterminen und Regeln, wenn nicht solchen, die ich unbewusst einhalte oder weil mir gerade danach ist. Möge die Literatur mir verzeihen, dass ich sie verlache.

Die schlimmsten Momente durchlebte Clara in der ersten Woche, weil sie da mit den Ergebnissen der zahllosen Stunden, die sie sich vor dem Computer abgeplagt hatte, überhaupt nicht zufrieden war. «Ich glaubte, Talent zu haben», hörte ich sie während einer ihrer üblichen Morgendepressionen sagen, «aber ich muss einsehen, dass das nicht stimmt.» Ich weiß, dass sie im Lauf der ersten zwei Wochen zwei komplette Versionen des Kapitels über Bremen gestrichen hat. Über dreißig im Papierkorb gelandete Seiten gingen der Endfassung voraus. Über zwanzig davon vernichtete sie eines Morgens in einem hysterischen Anfall, und den Rest, nachdem ich ihr – um ihre Stimmung zu heben – am Abend vorgeschlagen hatte, zusätzlich zu der Protagonistin ihres Buches eine Begleitfigur einzufügen. Das würde meiner Meinung nach der Reisenden erlauben, sich auszutauschen, Eindrücke zu teilen und – als Ergänzung zu ihrem eigenen – immer einen weiteren Gesichtspunkt in Reserve zu haben, was die ganze Geschichte unterhaltsamer machen würde. Reiste sie nicht in meiner Begleitung? Sie saß auf der Bettkante und schaute mich an, als sähe sie mich zum ersten Mal, seit wir losgefahren waren. «Man merkt, dass du keine schriftstellerische Erfahrung hast. Glaubst du, ich kann eine Schwierigkeit ausräumen, indem ich weitere aufhäufe? Deine Methode wäre also, um einen schweren Stein aufzuheben, einen anderen noch draufzulegen? Ich frage mich wirklich, warum ich dich mit meinen Problemen belästige.» Damit war das Gespräch beendet; am nächsten Morgen jedoch setzte sie – aus lauter Verzweiflung, nehme ich an – meinen Ratschlag in die Tat um, und das funktionierte so gut, dass sie mir beim Frühstück vorwarf, den Vorschlag hätte ich ihr auch schon früher machen können. Danach bat sie mich dringend, mich über den neuesten Stand ihres Buches stets auf dem Laufenden halten zu dürfen, damit ich ihr notfalls mit meinem Rat zur Seite stehen könne. «Na ja, da ich aber keine schriftstellerische Erfahrung habe», erwiderte ich, «ist meinen Ratschlägen vielleicht nicht unbedingt zu trauen.» «Ob ihnen zu trauen ist oder nicht, mein Mäuschen, das lass mich nur selbst entscheiden. Es reicht, wenn du mich ab und zu deine Meinung wissen lässt.» Nach dieser Absprache folgten geruhsamere Nächte für uns beide, und in manchen gab es sogar Gelegenheit, ein bisschen auf Tuchfühlung zu gehen, bevor das Licht gelöscht wurde.

Clara hatte mir versprochen, mich zum Essen einzuladen, wenn das Kapitel über Bremen fertiggestellt war. So wollte sie den ersten Erfolg ihrer Arbeit feiern und mir für die guten Dienste danken, die ich ihr geleistet hatte. Das Abendessen würde zugleich ein symbolischer Abschied von Bremen sein, da wir der Stadt sozusagen ihren literarischen Saft ausgepresst hatten. Nach kurzem Warten bekamen wir unten im Schüttinger einen Platz am Ende eines langen Tisches, an dem schon eine lärmende Gästeschar saß. Während des Abendessens beratschlagten wir die nächste Etappe unserer Reise. Es gab keine Orte, die wir besuchen mussten, weil der Verlag es forderte. Unser Plan war, spontan zu entscheiden, wohin wir fahren wollten, gerade wie es für das Buch am sinnvollsten wäre, was gleichbedeutend war mit keinen Plan zu haben.

Als Erstes hatten wir beim Abendessen im Schüttinger – bei dem ich das untergärige Bier genoss, das dort gebraut wird – die Idee, im Lauf dieser Woche nach Hamburg weiterzufahren und unterwegs einen Halt einzulegen, der Gelegenheit zu einer ländlichen Beschreibung oder Episode gäbe, da Clara – vernünftigerweise, wie ich meine – unbedingt vermeiden wollte, dass sich ihr Reisebuch auf Rundgänge durch deutsche Großstädte beschränkte, die aufgrund kommerzieller Gepflogenheiten damals alle gleich aussahen. Hamburg schien uns eine vernünftige Wahl zu sein, da es nah bei Bremen liegt. Der Stadt nicht wenigstens ein Kapitel zu widmen, hieße, die persönlichen Eindrücke der Autorin über den Norden Deutschlands unvollständig zu lassen. Clara brachte diese Gründe mit einem so offensichtlichen Mangel an Begeisterung vor, dass ich sie als versteckte Aufforderung interpretierte, ihr dieses Vorhaben für den Moment auszureden. «Nach Hamburg kommen wir auf jeden Fall», sagte ich, überzeugt, die Worte zu sprechen, die sie hören wollte. «Aber wenn ich ehrlich sein soll, halte ich es für nicht sehr vernünftig, uns bei dieser Hitze in ein neues Abenteuer zu stürzen. Du musst selbst wissen, ob es dir Spaß macht, bei diesen Temperaturen Tante Hildegards Wohnung zu putzen, das Auto zu beladen, uns wieder auf die Autobahn zu setzen, in Hamburg ein nicht zu teures Hotel ausfindig zu machen und dann in der Tageshitze in einer Stadt herumzulaufen, die man kaum kennt. Sind das die Opfer, die man bringen muss, um etwas von künstlerischem Wert zu erschaffen?» «Das, mein Mäuschen, und noch viel mehr; nur dass ich in diesem Fall keinen Grund sehe, der diese Mühen rechtfertigt. Was also schlägst du vor?»

Wir waren beide sicher, dass wir ein so bequemes Leben, wie wir es in Bremen hatten, nirgends sonst finden würden. Wir hatten Gefallen an der Stadt gefunden, wir genossen ihr kulturelles Angebot, besuchten (Clara öfter als ich) ihre Museen. An einem Sonntag machten wir einen Schiffsausflug nach Bremerhaven, worüber Clara in ihrem Buch Wunderdinge berichtet. An den Wochenenden gingen wir auf Flohmärkte, sowohl samstags auf den unserem Haus gegenüber auf der anderen Flussseite als auch sonntags auf einen hinter dem Bahnhof. Wir spazierten an den Ständen mit Antiquitäten und Trödel entlang, doch nicht, weil wir etwas kaufen wollten (obwohl wir hin und wieder dieser oder jener Kleinigkeit nicht widerstehen konnten), sondern weil wir uns an der Betrachtung kurioser Gegenstände erfreuten und diese ganz eigene Atmosphäre genossen, die dort herrscht. Ab unserer zweiten Woche in Bremen hatte Clara ihre anfängliche Krise überwunden, und ihr literarisches Schaffen begann, Früchte zu tragen. Sie kam mit ihrer Arbeit gut voran und gönnte sich ab und zu sogar eine kleine Auszeit, in der wir manchmal das Schwimmbad neben dem Fußballplatz besuchten. Dort machte sie sich handschriftliche Notizen, trank Limonade und sonnte sich auf ihrem Handtuch. Sie sah auch neuere Textstellen durch, ordnete ihre Notizen, die sie mit Pfeilen und Zahlen schematisierte, ohne sich von dem Lärm der Badenden, der herumrennenden Kinder und dem Besuch der einen oder anderen Wespe aus der Ruhe bringen zu lassen, sodass sie oft schon beim Sonnenbaden einen großen Teil der für den nächsten Vormittag geplanten Arbeit erledigte. In jenen unbekümmerten Tagen gelang es ihr, zwei Dinge von gleichwertigem Interesse in Einklang zu bringen: Schreiben und Sonnenbaden. Daran erinnerte ich sie im Schüttinger zum Abschluss einer gar nicht so kurzen Liste glücklicher Augenblicke, die ich zusammengestellt hatte, damit sie den Gedanken, sich davon verabschieden zu müssen, als schmerzlich empfände. Daraufhin hob sie ihr Glas mit Mineralwasser, prostete mir zu und gab mir so wortlos zu verstehen, dass sie ganz meiner Meinung war.

Auf meinen Vorschlag hin kamen wir überein, bis Ende August in Bremen zu bleiben, aus den genannten Gründen sowie aus dem entscheidendsten, dass wir in Tante Hildegards Wohnung Hotel- und Pensionskosten sparten. Wir zweifelten nicht daran, dass sich unsere Ausgaben beträchtlich erhöhen würden, wenn wir Bremen verließen, und obwohl wir über ausreichende Reserven verfügten, hatten wir uns vorgenommen, unsere Ausgaben im Blick zu behalten, für den Fall, dass unerwartete Kosten auf uns zukamen und weil, wie ich zu Clara sagte, es vielleicht auch über unsere Reise hinaus eine Zukunft gab. Gut gesättigt von dem Teller Pasta mit

Gemüse, den sie gegessen hatte, stimmte sie allem zu. Doch als wir das Schüttinger durch den Ausgang, der auf die Böttcherstraße führt, verließen, es war schon Nacht, überkamen sie neue Zweifel. Um nichts in der Welt konnte sie sich eine Unterbrechung ihrer Arbeit leisten. Von Urlaub gar nicht zu reden. «Vergiss nicht, dass ich einen Abgabetermin habe, Mäuschen, und bis zum Winter möchte ich so weit wie eben möglich kommen, damit ich dann in Ruhe alles zu Ende bringen kann.»

Nach dem Essen wollten wir eigentlich gleich nach Hause gehen, doch in der Böttcherstraße lockten mich die Lichter der Ständigen Vertretung, eine Art Themenkneipe, deren Wände vollgehängt sind mit Bildern von Politikern und anderen wichtigen Leuten, und ich versprach Clara, dass mir bei einem anregende Kölsch eine gute Strategie für ihr Buch einfallen würde, die uns außerdem noch Unbequemlichkeiten und Ausgaben ersparte. Natürlich hatte ich die Strategie schon im Kopf und sie nur noch nicht preisgegeben, weil ich glaubte, Clara wäre selbst schon darauf gekommen. Jedenfalls wartete ich bis zum zweiten Kölsch, um sie ihr darzulegen, und das bestellte ich nicht per Handzeichen oder Zuruf, sondern es wurde mir gebracht, weil ich mein leeres Glas nicht mit dem Bierdeckel abgedeckt hatte. Das ist so Brauch in den Lokalen dieses Namens, die es auch in anderen Städten des Landes gibt. Doch zum Thema. «Dass du das Kapitel über Bremen beendet hast», sagte ich, «heißt ja nicht, dass wir die kostenlose Wohnung aufgeben müssen. Wir machen sie zu unserem Hauptquartier, während du Deutschlands Norden literarisch durchforstest. Der Plan ist ganz einfach. Wir unternehmen Ausflüge dahin, wohin die Reisende deines Buches und ihr Begleiter fahren, du untersuchst diese Gegend, die nicht allzu weit entfernt liegen sollte, machst dir Notizen und fotografierst, dann fahren wir wieder zurück nach Bremen, und du schreibst. Wenn du mit einem Kapitel fertig bist, fahren wir aufs Neue los, du siehst dir die nächste Gegend an, und zum Schlafen sind wir wieder in der

Wohnung deiner Tante.» «Ah!», rief sie, ganz angetan von der Idee. «Wie Goethe, der auf den Vesuv gestiegen ist.» «Genau. Goethe stieg auf den Vesuv, und du steigst mit mir auf eine Gartenmauer oder auf einen Misthaufen, denn das dürften hier auf dem platten Land die höchsten Erhebungen sein. Und jetzt sage mir nicht, dass ich kein drittes Kölsch verdient habe!»

Am nächsten Tag unternahmen wir nach dem Essen den ersten dieser Tagesausflüge, die Clara einige Gewissensbisse bereiteten, da sie nicht mit dem vorgezeichneten Weg der Protagonisten ihres Buches übereinstimmten. Ich hatte das Auto kaum aus der Tiefgarage geholt, da begann sie sich schon Vorwürfe zu machen. Während wir durch Bremen in Richtung Autobahn fuhren, entspann sich eine Unterhaltung, an die ich mich natürlich nicht wörtlich erinnere, die aber mehr oder weniger folgendermaßen ging: «Wirst du jetzt plötzlich von deinem Realitätssinn eingeholt oder was?» Ich sagte das mit dem guten Vorsatz, sie zum Lachen zu bringen, was nicht immer einfach ist. «Schlimmer noch», wehrte sie ab. «Ich habe das Gefühl, meine Leser zu betrügen.» «Sei unbesorgt. Die Leser zahlen dafür, belogen zu werden. Und je schöner eine Lüge gestrickt ist, desto mehr wird sie gewürdigt. Der Einzige, der das Geheimnis deines Buches kennt, bin ich; also kannst du ganz beruhigt sein, denn im Moment habe ich noch nicht die Absicht, dich bei der Polizei anzuzeigen.» «Sehr witzig. Da, pass auf den Fahrradfahrer auf!» «Ich glaube, du hast das Gefühl von Betrug, weil du in der ersten Person schreibst. Du machst dir mit deinen eigenen Tricks etwas vor. Du vergisst, dass du nicht die Reisende deines Buches bist, bloß weil du dieselbe Reise unternimmst.» «Ich weiß nicht, Maus, ich weiß nicht. Wie ich dir schon gesagt habe: Ich will ein ehrliches Buch schreiben. Natürlich erfinde ich Episoden und Einzelheiten, aber die Gefühle müssen ganz meine sein.» «Ja, wie bei der Beschreibung des herrlichen Aufstiegs auf den Turm von Sankt Petri. Komische Art von Ehrlichkeit.» «Das ist was anderes.» «Natürliche Frucht der Imagination hast du diese von dir nie erlebte Erfahrung genannt. Ich glaube, ich werde dich doch anzeigen müssen.» «Du bist für mich auf den Turm gestiegen, und was du von da oben gesehen hast, habe ich danach auf den Fotos gesehen. Also geh mir nicht auf die Nerven und konzentrier dich auf den Verkehr, heute ist mir nämlich nicht nach Verkehrsunfall.»

Kurz darauf erreichten wir die Autobahn, die wir schnell wieder verließen, um auf der Bundesstraße weiter nach Worpswede zu fahren, dem Ziel unseres Ausflugs. Wir hatten den Ort am Morgen auf der Landkarte ausgesucht, weil er nur etwas mehr als zwanzig Kilometer von Bremen entfernt lag, noch in Niedersachsen, und bekannt wegen seines früheren Rufs als Künstlerkolonie, mit Gemäldegalerien, Läden und Cafés und allem, was literarisch daran zu verwerten war. Wir fuhren nicht direkt in den Ort hinein, sondern umrundeten ihn auf Nebenstraßen, damit Frau Schriftstellerin, die mit ihrem Notizbuch auf dem Schoß neben mir saß, sich einen bildlichen Eindruck von der Landschaft dieser Gegend machen konnte. «Hier könnte man in drei Tagen einen Flugplatz bauen, man bräuchte nur die Felder zu asphaltieren.» «Maus, ich wäre dir dankbar, wenn du mich mit deinen Bemerkungen verschonen würdest.» «Ich nehme doch an, du wirst ab und zu etwas Spaßiges in deinem Buch schreiben, oder? Armer Schriftsteller, der seine Leser nicht zum Lachen bringt.» «Maus!» «Was?» «Du lenkst mich ab.» Dabei fuhren wir durch eine endlos öde Moorlandschaft aus einer Zeit vor der Erfindung der Berge, hier und da von Birkenwäldchen unterbrochen, von Kuhweiden und einzelnen Gehöften, die wenigsten davon noch mit dem traditionellen Reetdach, weil, wie ein Ortsansässiger Clara später berichtete, die Hauseigentümer zu Dachziegeln übergegangen sind, um die hohen Beiträge der Feuerversicherungen zu sparen. Wir fuhren über mehrere Brücken, ob über Flüsse oder Kanäle, ist mir verborgen geblieben. Auf einer musste ich anhalten, weil Frau Schriftstellerin sich an einem Bild mit Booten, von Wind gekräuseltem

Wasser und Schilf am Ufer berauschen wollte. Das Gleiche musste ich ein paar Kilometer weiter an einem an der Bundesstraße gelegenen Fachwerkhaus tun, vor dem sehr malerisch ein Stapel Torf aufgeschichtet war. Clara stieg aus und brachte mir begeistert eines der Torfbriketts ans Auto, damit ich es mir aus der Nähe ansehen konnte. «Schau mal, Maus. Echter Torf. Darüber werde ich morgen etwas schreiben.» Wer ihr Buch gelesen hat, weiß, dass sie ihre Drohung wahr gemacht hat.

Clara war vor fünf oder sechs Jahren auf einem Ausflug mit ihrer Schulklasse schon einmal in Worpswede gewesen. Sie hatte nur noch eine verschwommene Erinnerung an den Ort, doch aufgefrischt durch eine Hinweistafel am Ortseingang, half sie uns, uns problemlos zurechtzufinden. Wir hatten das Auto an der Zufahrtsstraße stehen lassen und gingen eine kleine Anhöhe hinauf zu der Straße, auf der sich die wichtigsten Sehenswürdigkeiten befanden. Ich könnte den Namen der Straße herausfinden, möchte aber das Gemüse auf dem Herd nicht allein lassen. Wir waren gegen vier angekommen. Irgendwo außerhalb unseres Blickfelds läutete eine Kirchenglocke; ein offenbar romantisches Detail, das Clara sofort in ihr Notizbuch eintrug. Es war heiß, und der Wind, der hier ganz anständig blies, sorgte für ein ständiges Rauschen von wogendem Gezweig. Zwischen geduckten Häusern gab es viele alte Bäume, die sich über den Hang eines Hügels hinzogen, der das Bild des flachgebügelten Landes Lügen strafte. Am Himmel waren ein paar unschöne Wolken aufgezogen, jedoch vereinzelt nur und noch weit entfernt. Die Straße war bevölkert von Leuten mit Sonnenbrillen und Mützen, die festgehalten werden mussten, damit sie nicht fortgeweht wurden, von Männern fortgeschrittenen Alters in der Uniform des deutschen Urlaubers: kurze Hose, helle Socken und Sandalen.

Frau Schriftstellerin wandte sich gleich den Schaufenstern zu. «Ich dachte, wir wären zum Arbeiten hier.» «Und was glaubst du, was ich hier tue, Mäuschen? Zuerst einmal muss ich die Atmosphäre von Worpswede in mir aufnehmen, das Gefühl haben, hier zu sein, zu schauen, zu riechen, Dinge zu berühren ...» «Und zu shoppen.» Ich folgte ihr bis zu einer schmalen Passage, die in ein niedriges Backsteinhaus führte. Drinnen reihten sich zu beiden Seiten Antiquitätengeschäfte, Souvenirshops und Läden mit Kunsthandwerk sowie weitere, die ich nicht mehr sehen konnte, da ich auf der Straße geblieben war und dort auf Clara wartete, die ganz entspannt und neugierig an den Schaufenstern entlangflanierte, ab und zu stehen blieb und etwas in ihr Notizbuch schrieb. Unter all den Leuten, die hineingingen und herauskamen, fiel mir ein älteres Ehepaar auf. Der Mann hielt ein etwa vierzig Zentimeter langes holzgeschnitztes und mit Firnis überzogenes Kaninchen im Arm. Er trug es so behutsam, als wäre es ein Säugling; die niedliche Schnauze ruhte auf seiner Schulter, was irgendwie lustig aussah. Die Frau ließ – als sie offenen Mundes an mir vorbeiging – oberbissige Zähne sehen, passend zum hölzernen Tier. Clara hatte eines der Geschäfte betreten, und da sie nicht wieder herauskam, beschloss ich nach einigen Minuten, ein Stück auf dem Bürgersteig zu gehen und dann wieder umzukehren. Plötzlich verschwand die Sonne hinter dem Rand einer Wolke, und für kurze Augenblicke legte sich ein nichts Gutes verheißender Schatten über den Ort. Der Zufall führte mich zu einer nahegelegenen Chocolaterie, die sich mir schon durch ihr Aroma ankündigte. Mitten im Laden stand ein niedriger, mir nur bis zu den Knien reichender Tisch. Mein begehrlicher Blick glitt über die Tafeln selbstgemachter Schokolade, die darauf aufgereiht lagen, alle in Zellophanpapier verpackt, was sie doppelt appetitlich machte. Es gab welche mit Mandeln, mit Haselnüssen, mit Rosinen und auch in verschiedenen Farben: grün, rosa, weiß, orange, neben den normalen und den dunklen, deren bittersüßen Geschmack ich am liebsten mag. Ich war schon entschlossen, meine Geschmacksnerven zu strapazieren, doch da entdeckte ich auf dem Gehweg der gegenüberliegenden Straßenseite Clara, die nach mir Ausschau hielt.

Also begleitete ich sie zu einem Informationsstand, an dem sie sich mit Prospekten und Informationen eindeckte und sich lange mit einer Angestellten ungefähr ihren Alters unterhielt, die sie auf den neuesten Stand der Worpsweder Sehenswürdigkeiten brachte. Daraufhin sah Clara sich offenbar zu der Erklärung genötigt, der Grund für ihren Besuch des Ortes sei eigentlich kein touristischer, vielmehr plane sie, ein Buch zu schreiben, gab dann ein paar Details über ihr literarisches Vorhaben und über ihren Verleger preis, was zur unmittelbaren Folge hatte, dass die Angestellte immer dienstbeflissener und natürlich auch neugieriger wurde und in ihre Fragen Schmeicheleien einzuflechten begann. Wenn sie vor Publikum spricht, verengen sich Claras Augen, ihr Lächeln füllt sich mit weißen Zähnen, ihre Stimme wird ein wenig schrill und nasal. So zählte sie die Titel ihrer bislang veröffentlichen Bücher auf, welche ihre Gesprächspartnerin, die ihr am Rand der Verzückung lauschte, ja vielleicht kannte. Als mir klar wurde, dass keine der beiden eine Neigung zeigte, ihren Dialog bald zu beenden, ging ich nach draußen, um ein bisschen frische Luft zu schnappen. Der Himmel war mittlerweile mehr bewölkt als blau. Es war immer noch sehr heiß, wenn auch vielleicht nicht mehr ganz so wie vorher, als die Sonne noch schien. Etwa sechzig Meter entfernt sah ich den Typen mit dem Holzkaninchen und die Frau mit den vorstehenden Zähnen ein Café betreten. Ich ging ein Dutzend Schritte in die Richtung, wo die Straße abschüssig wird. Neben dem Bürgersteig sah ich dort junge Stechpalmenschöße aus der Erde wachsen. Ich war versucht, sie für unseren Garten mitzunehmen. So unauffällig wie möglich unternahm ich sogar einen Versuch, die zarten Pflänzchen auszureißen, und stellte fest, dass dies problemlos zu machen war; ich nahm jedoch Abstand davon, als ich an die Umständlichkeit dachte, während unserer Reise durch Deutschland immer einen Blumentopf mitzuschleppen.

Es war schon reichlich Zeit vergangen, als Clara mich vom Eingang des Informationshäuschens zu sich rief. «Maus», sagte sie, als ich bei ihr war, «ich habe eine Aufgabe für dich; aber lass uns irgendwohin gehen, wo es nicht so windig ist.» Wir gingen in eine nahegelegene Galerie, immer noch auf dieser Straße, deren Name mir nicht einfällt. Dort gab es eine Fotoausstellung über den Reaktorunfall von Tschernobyl, die Clara auf Empfehlung der Angestellten der Touristeninformation um nichts auf der Welt verpassen wollte. Außerdem wünschte sie, einen Blick auf die Gemäldesammlung ich weiß nicht mehr welchen Museums zu werfen und das Wohnhaus eines der Künstler zu besuchen, die sich Ende des 19. Jahrhunderts in Worpswede niedergelassen hatten. «Ich brauche mindestens eineinhalb oder zwei Stunden, und wenn du nichts dagegen hast, treffen wir uns danach am Auto. Bis dahin könntest du auf dem Friedhof etwas für mich erledigen. «Oh, gute Idee, ich hatte nämlich gerade daran gedacht, dir zum Geburtstag ein paar gekreuzte Knochen zu schenken.» Sie erwiderte, der Witz sei gut, viel lustiger als die meisten anderen meiner Witze, aber ich solle bitte Verständnis dafür haben, dass sie sich darüber erst kranklachen könne, wenn ihre Arbeit beendet sei. Sie drückte mir eine Skizze des Worpsweder Friedhofs in die Hand, die die Frau von der Information ihr aufgezeichnet hatte. «Du gehst hier hinein», sie sprach hastig, voller Begeisterung und Leidenschaft, die nur die Arbeit in ihr zu wecken vermag. «Das ist die Kirche. Du gehst links daran vorbei und folgst dem Weg, der mit diesem Pfeil bezeichnet ist, und hier, an diesem Punkt, findest du das Grab von Paula Modersohn-Becker.» «Und womit soll ich die Knochen ausgraben? Mit den Händen?» «Du brauchst bloß ein paar Fotos aus verschiedenen Blickwinkeln zu machen. Mich interessieren die Grabinschriften, der Grabschmuck, sofern es welchen gibt, und die Statue, die du zwar nicht kennst, die aber ziemlich berühmt ist. Was soll ich dir erklären! Geh einfach hin und fotografiere das Grab.» «Das ist schon alles?» «In fünf Minuten bist du damit fertig, Maus. Und bis wir uns treffen, machst du, wonach dir der Sinn steht. Falls ich um sieben nicht am Auto bin, dann warte, ich komme schon.» «Da bleibt mir ja reichlich Zeit, drei oder vier weitere Gräber zu schänden.» «Schon gut, schon gut; schände so viel du willst, aber vergiss das Fotografieren nicht.»

Sie blieb in der Ausstellung. Ich verließ sie und ging als Erstes natürlich in die Chocolaterie, wo ich die mit den verschiedensten Süßigkeiten überladene Theke erneut in Augenschein nahm. Ich bezahlte drei Euro und noch was für acht Pralinen, die ich sehr zögernd aussuchte, da jede Wahl ja den Verzicht auf andere beglückende Köstlichkeiten bedeutete. Der Verkäufer beriet mich, wenn ich Fragen stellte. Seiner Zuvorkommenheit merkte man an, dass er es gewohnt war, unentschlossene Kunden zu bedienen. Wohin ich meinen Blick richtete, tat er, hinter der Theke, das Gleiche, stets mit der Zange zur Hand, um die von mir erwählte Praline zu ergreifen und sie sorgsam in eine kleine Zellophantüte fallen zu lassen.

Von der Chocolaterie begab ich mich raschen Schritts zum Friedhof, damit meine Schokoladenschätze nicht in der Hitze schmolzen. Hinter dem Eingangstor fand ich mich an einem beschaulich schattigen Ort voller schlichter Grabsteine wieder, ohne den Prunk monumentaler Begräbnisstätten, wie man sie in meinem Land findet. Ein Ort, an dem Gartenkunst und Grabsymbolik in schlichtem Zusammenspiel eine zum Flanieren einladende Landschaft schufen, in der man den Blick schweifen lassen und sich, wenn man wollte, in Meditation üben konnte, frei von den makabren Marmormausoleen, die anderswo das Herz des Besuchers bei jedem Schritt erschrecken. Der Hauptweg führte nach einem kurzen Stück zur Kirche aus Backsteinmauern, die ich gemäß meiner Skizze umrundete. Auf dem ganzen Friedhof sah ich nur eine Frau in andächtiger Haltung vor einem etwas abseits gelegenen Grab. Zwischen den Füßen hielt sie eine Gießkanne, als wollte sie verhindern, dass der Wind sie davonwehte. Neben ihr lag ein Fahrrad auf der Erde. Ich weiß nicht mehr genau, wie spät es war; aber es dürfte so zwischen fünf und halb sechs gewesen sein. Die Wolken, die sich über dem Ort zusammengezogen hatten, schienen die Abenddämmerung beschleunigt zu haben. Der Himmel war von einem Dunkelgrau, in dem keine einzelnen Wolken mehr zu erkennen waren und an dessen Rand, über den Baumkronen, ein rosa leuchtender Streifen glomm. Aus der Ferne rollte erster Donner heran, als ich an einer frisch gemauerten oder erneuerten Zisterne vorbeikam. Die Öffnung war mit zwei gekreuzten Brettern abgedeckt. An vier Pfählen war rundherum ein rot-weißes Plastikband gespannt, damit – nehme ich an – kein Vorwitziger hineinzuspringen und unter Einsparung der Bestattungskosten ins Jenseits zu kommen versuchte. Mauerwerk und Mörtel waren neu und sehr sauber, der Boden aus Zement. Nicht schlecht, dachte ich. Und dann, als hätte ich mich in zwei Persönlichkeiten gespalten, ergänzte ich: Wirklich perfekt gemacht.

Das Grab von Paula Modersohn-Becker befand sich an der Hecke, die den Friedhof umgibt; so versteckt im Grün, dass ich es erst sah, als ich davorstand. Mehrere Natursteinplatten verteilt vor einer niedrigen Backsteinmauer, der man die Verwitterung der Jahre deutlich ansah. Darin eingelassen die der Malerin gewidmete Grabplatte, deren Schrift auf der vermoosten Oberfläche kaum zu lesen war. Die Mauer bildete den Sockel für eine Figur aus grauem Stein, die eine auf einer Grababdeckung ruhende Frau darstellte, im Schoß ein Kind mit übergroßem Kopf. Damals wusste ich so gut wie nichts von Paula Modersohn-Becker, und weniger noch von den anderen Personen, mit deren sterblichen Überresten sie ihr Grab teilt. An einem Nachmittag im Juli hatte ich einmal das ihr gewidmete Museum in der Böttcherstraße, in Bremen, besucht. Ich hatte es mit der gleichen Entschlossenheit betreten, mit der ein Atheist eine religiöse Feier besuchen würde. Bevor ich meinen Fuß hineinsetzte, schlug ich Clara vor, in der nur wenige Schritte entfernten Ständigen Vertretung auf sie zu warten, da könnte ich die Zeitung lesen, während sie sich nach Gutdünken die Bilder anschaute. Sie bräuchte mich an ihrer Seite, antwortete sie, um ihre Eindrücke mit meinen zu vergleichen. Worauf ich entgegnete, ich hätte eine viel zu trockene Kehle, um eine Meinung zu haben. Clara beharrte darauf, dass ich sie begleitete, versprach sogar mit säuselnder Stimme, mich hinterher zu einem Kölsch einzuladen, mein Mäuschen. Der lieben Gewohnheit wegen willigte ich ein. Vom Museumsbesuch blieb mir eine vage Erinnerung an Landschaften mit Birken und Porträts von Frauen und Mädchen in naivem Stil. Hitze und Durst im Verein mit einer eher verhaltenen Begeisterung für die Malerei von Paula Modersohn-Becker führten dazu, dass ich ihrer Kunst nicht die Aufmerksamkeit schenkte, die ihr vielleicht gebührt. Nach unserem Besuch in Worpswede las Clara ihre Biographie. Drei oder vier Tage lang brachte sie mir beim Frühstück und abends im Bett die herausragendsten Ereignisse im kurzen Leben der Malerin sowie die Bedeutung einiger auf den Fotos, die sie mich auf dem Friedhof zu machen beauftragt hatte, sichtbarer Details zur Kenntnis. Aus welchem Grund genau, ist mir verborgen geblieben, denn in ihrem Buch hat sie nichts davon erwähnt.

Von den Seiten der Mauer bis zu dem Sandweg, auf dem man zum Grab gelangt, wuchsen auf einer Seite Rhododendron und Heiliger Bambus auf der anderen, kompakt wie zwei Wände. Zwischen ihnen und der Mauer auf dem Grab gab es einen windgeschützten Platz mit den zuvor erwähnten Grabsteinen, von denen einer, wie ich bald sehen sollte, zum Grab von Paula Modersohn-Beckers Tochter gehörte. Auf dieser kleinen Freifläche stand eine einsame Vase mit welken Dahlien. Bevor ich hinging, fotografierte ich das Ensemble vom Weg aus und machte auch noch zwei oder drei Fotos von der Umgebung des Grabes. Da ich schon seit einer Weile einen Druck auf der Blase verspürte und weder Zeugen erblickte noch einen besseren Platz orten konnte, eilte ich den Dahlien zur Rettung; vermutlich jedoch zu spät, um sie wieder in Saft zu setzen und aufzurichten.

Da ich fürchtete, meine Pralinen könnten schmelzen, holte ich sie aus meinem Rucksack und stellte befriedigt fest, dass sie zwar weich geworden, aber noch in Form waren. Den Rucksack hängte ich mit einem seiner Riemen an die Hand der liegenden Frau, die zu Stein erstarrt den Rand ihres vom Körper geglittenen Gewandes festzuhalten suchte. Noch nie hatte ich entblößte Brüste auf einem Friedhof gesehen. Sie aus der Nähe betrachtend, steckte ich mir die erste Praline in den Mund, die die Form eines weißen, mit braunen Punkten gesprenkelten Schneckenhauses hatte. Ich wählte sie, weil sie zuoberst in der Zellophantüte lag. Ein paar Sekunden lang hielt ich sie mit zurückgezogener Zunge zwischen den Zähnen eingeklemmt, um das Lustgefühl ihres Geschmacks ein wenig hinauszuzögern. Meine Schneidezähne durchdrangen die von der Hitze aufgeweichte Oberfläche. Trotz fehlender Knusprigkeit konnte ich noch einen Rest ihrer ursprünglichen Konsistenz erspüren. Ihr Kern bestand aus einer Nuss, umgeben von Karamellcreme, die dickflüssiger und süßer war als die weiße Schokolade ringsum. Mit der Zunge pulte ich die Nuss heraus und schob die weiche Masse an den Gaumen, wobei die Nuss – ich weiß nicht, wie, da sich der Mund offenbar nicht an die Instruktionen des Gehirns hält – zu den Backenzähnen wanderte. Nachdem die Schokolade aufgelutscht war, kehrte die halbe Nuss zu den Schneidezähnen zurück, die sie rasch zu einem körnigen Brei zerknabberten, der ordentlich eingespeichelt in mein Inneres rutschte. Winzige Stückchen überlebten in den Zahnzwischenräumen.

Die zweite Praline – ebenfalls in Schneckenhausform – zeigte eine Oberfläche von zwei glänzenden Brauntönen. Auf den Rippenbögen spielte das nachmittägliche Dämmerlicht, changierte bei der kleinsten Bewegung, als führte die Praline ein Eigenleben. Ich hätte mich noch etwas länger mit diesen launigen Betrachtungen beschäftigt, während sich im Mund der Geschmack der vorherigen Süßigkeit verflüchtigte; aber meine Finger begannen, in die weiche Schokolade einzusinken, und ich musste meine schwelgerischen Wonnen wohl oder übel verkürzen. Ich ließ die Praline also ohne die destruktive Intervention der Zähne auf der Zunge zergehen, ließ die zähe Süße der klebrigen Masse gewissenhaft über alle Geschmacksknospen gleiten. Sie war etwas weniger zuckrig, eher süßsauer, was vielleicht an dem höheren Kakaogehalt sowie an einer Note von, ich weiß nicht, Zimt oder geröstetem Mais, auf jeden Fall aber Likör, in der Karamellfüllung lag. Am Ende blieb nur die halbe Nuss übrig, verängstigt und schutzlos angesichts der Doppelreihe ihres Exekutionskommandos. Sie bot ihm keinen Widerstand, und so schnell ihre Hinrichtung vonstattenging, bezweifle ich, dass sie überhaupt Zeit hatte, Schmerz zu empfinden. Ein Schluck Wasser wäre mir willkommen gewesen, um die hartnäckigen Nussstückchen aus den Zähnen zu spülen; aber darauf musste ich – den Mund voll süßen Dursts – noch ein Weilchen warten.

Ich machte derweil ein paar Nahaufnahmen von der Statue. Wäre sie im Jahre des Todes von Paula Modersohn-Becker errichtet worden, würde das steinerne Gesicht seit beinahe einem Jahrhundert gen Himmel schauen, hätten seine Augen genauso lange Sonnenschein, Regen und winterlichen Schnee in sich aufgenommen. Der steinernen Miene schrieb ich fälschlicherweise einen Ausdruck von Sinnlichkeit zu. Da der Gesichtsausdruck etwas von seufzender Ermattung hatte; ich weiß schon, was ich meine. Clara, die den Namen des Bildhauers kannte, befreite mich anderntags von meinem Irrtum. In Wirklichkeit war eine sterbende Mutter dargestellt; als Erinnerung daran, dass die Malerin im Alter von etwas über dreißig Jahren im Kindbett gestorben war. Diese enttäuschende Erklärung rechtfertigte auch die Gegenwart des sitzenden Kindes, dessen Haltung und körperliche Entwicklung mir für ein Neugeborenes unpassend erschien. Der Meißel des Bildhauers hatte ihm eine steinerne Kugel in die Hände gelegt. «Das ist kein Fußball, Mäuschen. Was bist du bloß für ein Beobachter!» Da erfuhr ich auch, dass Paula Modersohn-Becker gerne Kinder mit Orangen malte, die Statue fast zwölf Jahre nach ihrem Tod errichtet worden war und der Bildhauer sich im Lauf der Zeit dem

Nationalsozialismus zugewandt hatte. Es gibt nichts Besseres, als mit einer Lehrerin verheiratet zu sein, um ganz ohne Anstrengung Wissen zu erwerben; abgesehen, versteht sich, von der permanenten Anstrengung, die eine Ehe als solche mit sich bringt.

Als die neue Fotoserie im Kasten war, machte ich mich wieder über meine Pralinen her. Jetzt war eine mit Kokosraspel bedeckte Trüffel an der Reihe. Dieser Umstand erlaubte es mir, sie festzuhalten, ohne mir die Finger zu bekleckern. Woraus wohl die Füllung bestand? Der Verkäufer in der Chocolaterie hatte mir die Zutaten aller Pralinen genannt, von denen ich die Hälfte nur ihrer klangvollen Namen wegen gekauft hatte sowie wegen der exotischen Gaumenwonnen, die sie verhießen. Mein Gedächtnis ließ mich jedoch im Stich und schaffte es nicht mehr, jeder Praline die tatsächlichen Zutaten zuzuordnen. Ein leichter Druck mit den Zähnen reichte aus, um die kleine Kugel zu zerteilen, die ein Aroma verströmte, wie es mein Geruchssinn noch nie wahrgenommen hatte. Ich wollte mir den Inhalt nicht ansehen, sondern ihm lieber mit Hilfe der Zunge auf die Spur kommen. Eine köstliche Creme entfesselte in meinem Mund ein süßes Geschmacksgewitter, eine beinahe flüssige Köstlichkeit, vergleichbar mit manchen Arten von Honig. Beim Hinunterschlucken kam eine herbe Note hinzu, die meinen Durst noch steigerte. Der Donner entlud sich jetzt über Worpswede, und ich ließ ein quadratisches Stück dunkler Schokolade folgen. Auf seiner Oberseite begannen sich grüne Stückchen abzulösen, die nach zerhackter Pistazie aussahen. Zweimaliges Lecken schickte sie den letzten Kokosraspeln zu Hilfe, die sich zwischen den Zähnen verirrt hatten und den Weg hinaus nicht mehr fanden. Diese vierte Praline hatte einen Hauch von bitter auf einem Grund von kaum wahrnehmbarem Zimt und Pfefferminz. Ich wälzte sie im Mund herum und zwängte sie bei jeder Drehung unter der Zunge hindurch. Sie wurde immer kleiner, bis sie völlig geschmolzen war. Selbst aufgeweicht raute sie den Gaumen im Abgang mit einem Nachgeschmack von aromatischem Gewürz.

Meine Speicheldrüsen kamen ihrem Verflüssigungsauftrag kaum nach. Es war eine Art süßer Brei, mit dem ich mir mehr schlecht als recht den Mund befeuchtete und von festen Resten zu befreien suchte. Das Trockenheitsgefühl wurde so stark, dass ich, um sie hinunterzuschlucken, das Gesicht zur Eiche hinaufheben musste, deren Äste das Grab überschatteten.

Im Labyrinth der Friedhofswege fand ich nach kurzer Suche am Rand des Hauptweges einen Wasserhahn, an dem die Friedhofsbesucher offenbar ihre Eimer und Gießkannen füllten. Ob es Trinkwasser war, wusste ich nicht und spülte mir den Mund aus, ohne davon zu trinken. Nachdem der Durst gestillt war, das süßliche Brennen gelindert, das mir die Kehle raute, Geschmack und Nachgeschmack der Pralinen verdrängt, der jeder für sich zwar köstlich, maßlos gehäuft jedoch ekelhaft klebrig war, kehrte ich zum Grab von Paula Modersohn-Becker zurück, dessen liegender Statue ich den Rucksack mit meinen Habseligkeiten in Obhut gegeben hatte. Die Frau mit dem Fahrrad war nicht mehr da, wo ich sie gesehen hatte, als ich gekommen war. Ich war die einzige lebende Seele auf diesem Friedhof. Da ich nicht dazu neige, mich von düsteren atmosphärischen Erscheinungen erschrecken zu lassen, selbst wenn sie sich über einem Totenacker entladen, empfand ich ein wenig Mitleid mit dem so nutzlos wütenden Sturm und der ganzen Verschwendung von Blitz und Donner am Himmel.

Ein paar letzte Fotos machte ich noch: von der Steinmauer; den umherliegenden Steinplatten; den Pflanzen; der hohen Hecke, die den Friedhof wie eine Mauer umgab; dem Grabstein von Tille, der Tochter der Malerin, die über neunzig Jahre alt wurde, sowie von zwei anderen, die zwischen der Mauer und dem hinteren Ende der Rhododendren eingeklemmt lagen. (Über diese beiden möchte ich noch einige Zeilen schreiben, muss vorher aber noch den Topf vom Herd nehmen.) So. Ein schon sehr abgenutzter Grabstein gehörte, wie ich am nächsten Tag von Clara erfuhr, zum Grab der ersten Ehefrau des Mannes von Paula Modersohn-Becker, der ebenfalls Maler war; der zweite, der nicht so alt aussah, zu dem der Tochter der beiden. Die Grabsteine bildeten zusammen eine Art Stuhl ohne Füße; einer lag flach auf dem Boden, der andere stand wie eine Rückenlehne schräg dahinter. Jetzt seien wir mal ehrlich! Mir taten die Füße weh, bis zum Treffen mit Clara fehlte noch über eine Stunde, in diesem abgeschiedenen Eckchen war es fast windstill, die schwarzen Wolken schienen sich verziehen zu wollen, ohne ihre Wassermassen über dem Ort abzuladen ... welcher Mensch mit zwei Gramm Verstand im Hirn hätte sich da nicht wie ich entschieden, auf dem steinernen Sitz Platz zu nehmen – die Verstorbenen, die sich ja nicht dagegen wehren konnten, mögen es mir verzeihen – und sich friedlich entspannt dem Genuss der vier noch im Tütchen verbliebenen Pralinen hinzugeben?

Nachdem ich also den Fotoapparat im Rucksack verstaut hatte, platzierte ich meinen Allerwertesten auf dem harten kühlen Sitz und steckte mir im Schutz dieses anheimelnden Plätzchens einen Würfel in den Mund, der mit einer Art süßem grünen Mehl bestäubt war, das für den Lorbeergeschmack der Praline eigentlich nicht verantwortlich sein konnte. Nach dem Zerbrechen des dünnen Überzugs füllte sich mein Mund mit dem intensiven Aroma einer Füllung zwischen süß und bitter, einer glücklichen Verschmelzung von Gewürzstoffen mit pflanzlichem Nachgeschmack, trocken und wie kandiert, deren reine Köstlichkeit mich an den Rand eines Bamm-Moments brachte. Nachdem der Geschmackstumult abgeklungen war, hielt sich im Gaumen noch eine Nuance von Lorbeer, als hätte sie sich hinter den anderen verborgen wie ein tückisches Gift, das der Speisende erst bemerkt, wenn jede Rettung zu spät kommt. Zwei oder drei Minuten saß ich so, die Arme um meine Beine geschlungen, den Kopf zwischen den Knien, mit geschlossenen Augen und leeren Gedanken ganz in wonnigem Genuss versunken.

Die nächste Praline hieß «Venezuela mit Tonkabohne». Sie war eine der ersten gewesen, die ich – entzückt von dem Namen – in der Chocolaterie ausgesucht hatte. Sie war insgesamt hell, mit drei dunklen Streifen auf einem dicken Überzug, der sich trotz der drückenden Hitze noch fest anfühlte. Ich beknabberte sie langsam und kontrolliert, um nach und nach ihren Geschmack hervorzulocken. Sie enthielt eine schwarze, cremige Schokolade von eleganter, unaufdringlicher Süße, die sich von der feuchten Zunge mit zärtlichem Streicheln, das nichts von gierig vulgärem Lecken hatte, verflüssigen ließ. Es war eine Praline von großer Feinheit, seidig herausgeputzt, verschwiegen fast, eine weibliche Praline, eine kleine Frau, die im Mund zur Praline wurde, ihre erlesenen Schleier ablegte und ihren jungen Körper hingab, ohne einen Misston anklingen zu lassen, ohne sich zu zieren oder zu protestieren, und in ihrem Abgang eine träge Parfümspur hinterließ.

Ein stärker werdendes Rauschen in der Luft lenkte mich von meinen Gaumenfreuden ab. Der Wind schien für einen Moment innezuhalten. Und plötzlich ließen Regentropfen auf dem Weg runde Sandfontänen in die Höhe spritzen. Mein erster Gedanke war, mich in die Kirche zu retten. Aber wer garantierte mir, dass die Tür nicht verschlossen war? Ein jäher weißer Blitz fuhr in einer wütenden Sturmbö herab und ließ die Steine der Grabstätte für den Bruchteil einer Sekunde in Flammen stehen. Der krachende Donner warf mich schier um. Ich dachte, die Erde tue sich unter mir auf, und eine halbe Minute lang war ein Pfeifen in meinen Ohren. Mittlerweile hatte sich der Regen zu einem Wolkenbruch ausgewachsen, dessen Wassermassen prasselnd auf den Friedhofswegen zerplatzten. Ich hielt mir den Rucksack über den Kopf und kauerte mich, so gut es ging, auf meinem steinernen Sitz zusammen. Einige Minuten nach Ausbruch des Unwetters war ich bis auf eine Schulter und meine Schuhspitzen immer noch trocken. Das Laub der Eiche oben und das Blattwerk des Rhododendron wirkten als Filter, der den herabrauschenden Regen nur kraftlos auf meinen Rucksack tröpfeln ließ, während die Mauer neben mir die schräg hereinpeitschenden Böen abhielt.

Ich beschloss, in meinem prekären, für den Moment jedoch sicheren Unterschlupf zu verharren, so wie die Vögel sich in ähnlichen Situationen im Laub der Baumkronen verstecken. Unter meinem improvisierten Dach, das mir aufs Haupt drückte und mehr schlecht als recht den Regen vom Leib hielt, gelang es mir schließlich, mit der Pinzette zweier Finger die siebte Praline des Tages – die kleinste von allen – aus der Tüte zu fischen. Ich erinnerte mich, dass ich sie im Laden ausgewählt hatte, weil mir das gelbe Pulver ins Auge gefallen war, das fast ihre ganze Außenseite umhüllte. Das meiste davon befand sich jetzt auf dem Grund der Zellophantüte, zusammen mit den Krümeln der anderen Pralinen. Ich steckte mir das kleine hellgelbe Stückchen in den Mund. Ich schloss die Augen. Der Regen prasselte. Zwischen zwei Donnern nahm ich den aromatischen Geschmack von Basilikum wahr, der mir noch nie in Kombination mit Kakao begegnet war. Als nachfolgende Geschmackslinie darunter der Widerpart des Zuckers in erträglicher Menge. Die Kruste erforderte festes Kauen, da sie sich auf der Zunge zäh anfühlte, wie ein Karamellbonbon, das sich schwer nur durch Lutschen auflösen lässt. Der Geschmack der Füllung war zwar angenehm, aber undefinierbar, was wohl daran lag, dass mein von beginnender Übersättigung abgestumpfter Gaumen nicht mehr imstande war, mir präzisere Signale zu übermitteln. Ohne zu zögern, schluckte ich den Rest der Kaupaste hinunter, die mit jedem Bissen an den Zähnen haften blieb, als wollte sie sich hilfesuchend an ihnen festklammern. Ich sperrte den Mund weit auf und ließ mir ein dünnes Wasserrinnsal vom Rhododendronzweig hineinlaufen. Damit spülte ich mir den Mund aus und formte dann eine ausreichend dickflüssige Masse an Spucke, die ich über den Heiligen Bambus fliegen und so den Toten aus dem Nachbargrab glauben ließ, es regne Schokolade.

Danach legte ich mir mit feierlicher Geste die letzte Praline des Tages auf die Zunge. An einer Seite der Süßigkeit sah man in eleganter gelber Schönschrift mehrfach das Wort *Vanille* aufgeprägt.

Die Praline war von hellbrauner Farbe, strohgelb beinahe, bis auf die Unterseite, die etwas fester und dunkler war; eine kachelförmige Süßigkeit ohne Füllung, die den Zähnen zwar einigen Widerstand entgegensetzte, jedoch deutlich weniger rebellisch war als die vorherige. Sie ließ die Geschmäcker von Vanille und Bourbon ineinanderfließen, die nach einigem Lutschen von einer Mokkanote überdeckt wurden, obgleich ich mir nach der Verkostung von acht Pralinen über nichts mehr sicher sein konnte. Ihre köstliche poröse Weichheit machte sie zum genussvollen Lutschen geeigneter als zum Hineinbeißen mit den Zähnen. Und genauso genoss ich sie jetzt, unbeeindruckt von dem Regen, geduldig, träge, mit nassen Füßen in meinem tropfenden Refugium kauernd. Nach und nach bildete sich so eine süße Pfütze unter meiner Zunge, die ich einfach da beließ in der Hoffnung, die geschmacklichen Wonnen würden ganz von selbst einen unvergesslichen Bamm-Moment erzeugen. Es regnete jedoch weiterhin in Strömen, mein Durst wurde immer größer, die Inschrift auf dem Grabstein war mir – dem Jucken nach zu urteilen – sicher schon ins Sitzfleisch eingraviert; mit einem Wort, es sollte nicht sein. Weit entfernt von jeglicher Enttäuschung, nahm ich beim Hinunterschlucken voller Respekt Abschied von der Praline. Dabei übermittelte ich ihr herzliche Grüße meinerseits auch an ihre Kolleginnen. Ebenso erlesen und süffig, wie sie im Geschmack gewesen war, trat sie nun einen diskreten Rückzug an; süß, jedoch nicht widerlich süß, ohne unangenehmen Nachgeschmack und lästige Reste zwischen den Zähnen: der perfekte Ausklang für eine Zwischenmahlzeit mit hausgemachten Pralinen auf einem Dorffriedhof; ein Erlebnis, das ich meinem besten Freund empfehlen könnte.

So viel für heute, ich muss nämlich noch den Tisch decken. Ich saß ungefähr eine Dreiviertelstunde auf einer Bank in der Kirche und wartete, dass es aufklarte. In dieser Zeit sah ich keinen Menschen. Wie gewöhnlich ließ auch Gott sich in seinem eigenen Haus nicht blicken. Als ich den Friedhof verließ, zeigte sich der Himmel zwischen den Wolken mit hellen blauen Flecken. Regenpfützen auf dem Weg und eine mittelmäßige Feuchtigkeit, die, da es warm war, mich nicht besonders störten, waren der einzige Hinweis auf das soeben niedergegangene Unwetter. In einem Café neben einer Kunstgalerie, ganz in der Nähe des Parkplatzes, auf dem unser Auto stand, gönnte ich mir einen halben Liter kühlen, schaumgekrönten Weizenbiers, das ich mit genießerisch geschlossenen Augen in langen Schlucken trank. Ich war versucht, mir ein weiteres Glas einzuverleiben, doch da ich noch fahren musste, enthielt ich mich. Auf der Straße entfuhr mir ein lauter Rülpser, der den Einwohnern von Worpswede vielleicht in Erinnerung geblieben ist. Es war gleich sieben. Ich setzte mich ins Auto. Ich schaltete das Radio ein, ich schaltete es aus. Ich schaltete es wieder ein, schaltete es wieder aus. Ein älteres Ehepaar stieg in das Auto, das neben mir parkte. Ich erkannte den Überbiss. Das hölzerne Kaninchen sah ich nicht. Vielleicht hatten die beiden den Kauf bereut. Das passiert häufig. Du bringst etwas ins Geschäft zurück, und sie geben dir das Geld zurück; auf diese Weise kannst du einen begehrten Gegenstand eine ganze Weile gratis auf den Straßen einer Ortschaft spazieren tragen. Um fünf vor halb neun kam Clara mit einem Stapel Bücher, Prospekten und Postkarten mit Umschlägen im Arm. Sie setzte sich neben mich, versuchte, ihr schlechtes Gewissen mit einem länger als üblich dauernden Kuss zu überspielen, und bat mich für die Verspätung um Entschuldigung. «Welche Verspätung?», fragte ich ironisch. «Hatten wir nicht neun Uhr abgemacht?» Zweifellos um meinen Ärger abzuschwächen, steckte sie eine Hand in die Plastiktüte, die sie mitgebracht hatte, und mit den Worten: «Sieh mal, Maus, was ich dir mitgebracht habe, damit du siehst, dass ich auch an dich denke», zog sie eine in Zellophanpapier gehüllte Tafel Schokolade hervor und hielt sie mir hin. Wie sollte ich es ihr erklären? Was sollte ich ihr sagen? «Wenn wir an einem Friedhof vorbeikommen, halte ich an und esse sie», war alles, was mir einfiel. Sie verstand den Scherz nicht (konnte ihn nicht verstehen).

Danach zeigte sie mir, unter anderen Dingen, ihre kulturelle Ausbeute: eine Biographie von Paula Modersohn-Becker, erschienen im Rowohlt Verlag in seiner beliebten Reihe der rororo-Monographien. Auf dem Umschlag war die Malerin abgebildet. Ich konnte mir die Bemerkung: «Heiliger Himmel, ist die hässlich. Die hat mit der Frau auf dem Grabstein ja überhaupt keine Ähnlichkeit», nicht verkneifen. Claras Blick verfinsterte sich. Wir fuhren nach Bremen zurück und sprachen auf dem Rückweg kein Wort.

8

Auf der Schlachte gab es Musik, Straßenkünstler, Buden und Verkaufsstände für Essen und Trinken; kurz, lebhaftes Treiben am späten Nachmittag. Wir waren auf dem Weg nach Hause und bahnten uns langsam einen Weg durch die Menge. Die Straße war zwar eine Versuchung; aber wir hatten uns vorgenommen, zeitig zu Bett zu gehen, da wir am nächsten Morgen früh aufstehen wollten. Clara, die Zerstreuungen gewöhnlich zurückhaltend gegenübersteht, bekam plötzlich Lust auf ein Glas Wein, das sie auf einer Terrasse trinken wollte, in deren Nähe ein überdachter Anhänger stand, auf dem gerade eine sieben- oder achtköpfige Dixieland-Band spielte. Nicht im Traum kann ich mir Clara hemmungslos einem Laster nachgebend vorstellen; manchmal jedoch gibt sie Trieben nach, möglicherweise romantischer Natur, auf jeden Fall aber stärker als ihr Wille, und einer besteht darin, sich gern ein paar Schlucke Wein zu gönnen, wenn die sie umgebenden Umstände dazu angetan sind. Nehmen wir einen Spätnachmittag im Sommer, der Himmel ist blau, die Leute auf der Straße sind vergnügt und guter Dinge, und sie sehnt sich ebenfalls nach einer Portion dieses kollektiven Glücks. Da entschließt sie sich mit einem Mal zu einem vielleicht symbolischen Akt, der gar nicht so sehr darauf beruht, sich ein paar Schlucke Wein durch die Kehle rinnen zu lassen, als vielmehr darauf, vornehm und in gezierter Haltung das Glas vor die Augen zu halten und durch dessen Inhalt – wie durch eine Sonnenbrille – die Realität in anderen Farben zu sehen. Denn eines weiß ich bestimmt: Von Wein versteht Clara nichts. Ausgesuchte oder gewöhnliche, weiße oder rote, sie trinkt sie alle gleichermaßen. Nicht immer führt das Vergessen ihrer Vorsichtsmaßnahmen, die einige Spielarten von Vergnügen für sie unzugänglich machen, zu negativen Folgen für ihre Gesundheit. Gemeinerweise begünstigt das die sporadischen, stets jedoch verhängnisvollen Wiederholungen der Nachlässigkeit, die früher oder später ihren Tribut in Form von Leiden fordern. Andere Male hingegen führt ihre Unvernunft auf direktem Weg zum Schmerz. So passierte es ihr auf diesem sommerlichen Straßenfest auf der Schlachte.

Ihr als Glück verkleidetes Unglück wollte es, dass kurz nach unserer Ankunft ein Tisch auf der Terrasse frei wurde. Wir nahmen unter einem Sonnenschirm Platz. Der Trompeter, in den Sechzigern, der für die Band den Conférencier machte, erzählte zwischen den Musikstücken Witze, die die Leute zum Lachen brachten. Die Möwen flogen nahe am Flussufer in der Erwartung, dass eine großzügige Hand ihnen ein Stück Brot, Bratwurst oder sonstiges Essbares zuwarf, das auf der Promenade verkauft wurde. Die Hitze, die tagsüber extrem gewesen war, hatte gegen Abend abgenommen, und jetzt herrschte eine erträgliche Temperatur. Mit einem Wort: Man fühlte sich pudelwohl auf der Terrasse. Ehe wir es uns versahen, waren Minuten vergangen, und Clara, die nicht aufhörte, mit ihrer Fußspitze im Rhythmus der Musik zu wippen, hatte ihr zweites Glas Dornfelder geleert. Lachend erreichten wir unsere Wohnung. Zu Abend aßen wir kaum etwas. Mit glühenden Wangen und geweiteten Pupillen feierte Clara jeden meiner

Scherze mit herzlichem Lachen, was mir schon Sorgen zu machen begann. Kaum waren wir im Bett, schwang sie ein Bein auf meinen Bauch; ein Zeichen, das nicht ausdrücklich abgemacht war, doch so viel hieß wie: Maus, leg los! Wahrscheinlich denkt sie es in poesievolleren Worten, doch das Ergebnis ist dasselbe. Vermutlich erhöhte oder senkte die sexuelle Betätigung in Verbindung mit der Wirkung des Weins ihren Blutdruck. Ich kann es nicht genau sagen, denn beides passiert ihr regelmäßig, und außerdem bin ich gleich eingeschlafen. Jedenfalls hatte sie, wie sie mir, blass, mit umränderten Augen und dem grauen Gesicht der Übernächtigten, am anderen Morgen erzählte, die ganze Nacht wach gelegen. Nachdem sie den Dornfelder von sich gegeben hatte, lehnte sie eine Stunde lang am offenen Fenster und starrte auf den dunklen Fluss in der vergeblichen Hoffnung, die frische Morgenluft würde ihren Kopf frei machen. Mit vorwurfsvoll gerunzelter Stirn fügte sie noch an, ich hätte die ganze Nacht ununterbrochen geschnarcht.

Zum Frühstück, das schweigend stattfand, wollte Clara nichts essen. Sie begnügte sich mit einer Tasse Tee und einer dieser Schmerztabletten, die sie als leicht bezeichnet, was in ihrem Sprachgebrauch so viel wie nutzlos heißt. Zwischen den Schlucken schaute sie mich mit mutlosen, aller Hoffnung baren Blicken an, als wollte sie sagen: «Sieh nur, was du aus mir gemacht hast.» Aus dieser verborgenen Botschaft konnte man auch eine verborgene Warnung lesen: «Geh mir jetzt bloß nicht mit deinen Witzen auf den Geist!» Später, als ich den Tisch abräumte, hörte ich sie im Bad leise schluchzen. Anstatt mich ihren Tränen zu stellen, wartete ich lieber in der Tiefgarage auf sie. Ich ging nicht aus Feigheit oder weil mir ihr Unglück gleichgültig war, sondern wegen eines Problems, das wir Männer manchmal mit der Sprache haben. Mit einem Satz: Ich gebe zu, dass mir meine Unfähigkeit, Trost zu spenden, Unbehagen bereitet. Als Kind habe ich weder zu Hause noch in der Schule die Kunst des Tröstens gelernt. Eines Tages brach unter meinen Füßen das Dach einer Hütte ein. Ich war höchstens sieben Jahre alt. Mit einem blutenden Knie erschien ich an der Tür unserer am Stadtrand gelegenen Wohnung, halb blind vom Wasser in meinen Augen. Mein Vater hielt mich mit einer Handbewegung zurück. «Du kannst hereinkommen», sagte er zu mir, «wenn du aufhörst zu weinen.» Dabei galt mein Vater, im Vergleich zu den Vätern aller meiner Freunde, eher als gutherzig. Meine Mutter war da aus anderem Holz geschnitzt. Sie ist verständnisvoller, doch an jenem Tag, erinnere ich mich, befahl sie mir, ihr bloß nicht den Teppich vollzubluten, denn «das kriegt man ganz schlecht wieder raus». Heute noch bin ich, wenn ich mir weh tue, wütend auf mich, als wäre ich mein eigener Vater. Wenn Clara krank wird, kommt mir gar nicht in den Sinn, ärgerlich zu werden. Insgesamt jedenfalls finde ich so gut wie nie den richtigen Weg, ihr Leiden und ihre Schmerzen zu lindern, und manchmal macht sie mir mit versagender Stimme Vorwürfe, weil ich sie nicht in den Arm nehme oder ihr keine tröstenden Worte ins Ohr flüstere. In einer solchen Situation wird alles nur noch schlimmer, wenn ich es versuche, weil sie dann argwöhnt, dass mein verspäteter Mitleidsbeweis nicht aufrichtig gemeint sein könnte. Dann nennt sie mich hart und gefühllos und verhält sich, als wäre sie dreißig Jahre jünger, ruft wehmütig nach ihrer Mutter, sogar heute noch, wo sie doch schon tot ist. Nun, weitere Abschweifungen erspare ich mir, da ich weit davon entfernt bin, mich in psychologischen Dingen auch nur annähernd auszukennen, und außerdem wollte ich heute Morgen ganz andere Dinge niederschreiben.

Wir brachen eineinhalb Stunden später auf, als wir es tags zuvor abgemacht hatten. Ich hatte so lange im Auto auf sie gewartet, dass ich, als sie dann kam, die Zeitung so gut wie komplett ausgelesen hatte. Sie sah beklagenswert aus. Herr Kranz, dem sie in der Tiefgarage über den Weg lief, dachte bestimmt, der Tyrann von Ehemann hätte diesen Zustand zu verantworten, da er ihr weiß Gott wie übel mitgespielt hatte, was aus der Leidensmiene, den tränenverschmierten Augen und dem unsicheren Gang der armen Frau ja nicht schwer abzulesen war. Noch bevor sie sich zu mir ins Auto setzte, schlug ich ihr vor, die Reise zu verschieben. «In deinem Zustand», sagte ich, «solltest du lieber im Bett bleiben, glaube ich. Andernfalls wird der ganze Tag eine einzige Qual für dich.» «Der Tag wird, egal wo ich mich aufhalte, zur Qual für mich.» Nach diesen ihrem desolaten Zustand geschuldeten, knappen Worten nahm sie die Sonnenbrille aus dem Handschuhfach, setzte sie auf und bedeutete mir mit einem kurzen Wedeln der Hand, den Motor anzulassen. Als wir die Kaiser-Wilhelm-Brücke überquerten, bat sie mich mit gehauchter Stimme, langsam zu fahren. Wenn es ihr gelänge, während der Fahrt zu schlafen, könnte die Thomapyrin vielleicht wirken. Danach machte sie es sich wie zu einem Nickerchen auf dem Beifahrersitz bequem, und wir sprachen nicht mehr, bis wir in Hamburg waren.

Ihre Idee war es gewesen, auf die A7 auszuweichen und durch den Tunnel zu fahren, der die Elbe unterquert. Schon am Vortag, als wir mit der entfalteten Landkarte auf dem Tisch die Strecke für unseren Ausflug planten, hatte ich ihr erklärt, dass der Tunnel Teil einer Umgehungsstrecke war. «Der Ausgang befindet sich weit von der Innenstadt entfernt, und da morgen Werktag ist, würde es mich nicht wundern, wenn dort dichter Verkehr wäre.» Vor mehreren Jahren waren wir, auf dem Weg in die Herbstferien auf Sylt, schon einmal durch diesen Tunnel gefahren. Doch heute war es anders; heute wollte Clara sich alles genau ansehen, sich Notizen machen, fotografieren. Auf dem Gipfel ihrer Naivität (einer unerklärlichen, bei intelligenten Menschen jedoch keineswegs ungewöhnlichen Naivität) schlug sie vor, an der tiefsten Stelle des Tunnels anzuhalten, höchstens zwanzig Sekunden, Mäuschen, damit sie einen sinnlichen Eindruck von der Örtlichkeit bekäme; selbstverständlich nur, fuhr sie fort, als wäre sie die Statthalterin der Vernunft auf Erden, wenn kein Auto hinter uns sei. Vielleicht im Unwissen darüber, dass eine Landkarte eine verkleinerte Darstellung ist, legte sie eine Fingerspitze auf einen Punkt in der Nähe des Tunnelausgangs und führte sie in der Zeit, die man für zwei Wimpernschläge braucht, über Straßen, in denen es keinen Verkehr und schon gar keine Ampeln gab, und über ein paar Dächer hinweg zu dem Stadtteil, den wir uns als Ziel ausgeguckt hatten. Die Begeisterung beschleunigte ihr Sprechen, hob ihre Augenbrauen in die Höhe, ließ sie wieder Kind sein, und es fehlten nur noch Stunden, bis die zwei Gläser Dornfelder ihren Glückszustand zunichtemachten. «Wir können es gar nicht verfehlen, Maus. Wir verlassen die Autobahn an der Ausfahrt 29, oder besser an der 28. Dann fährst du diese lange Straße entlang, deren Namen du dir unbedingt einprägen musst, fährst hier durch Altona, dann da entlang, und schon sind wir am Rathausplatz.» «Wo uns die Stadtväter in festlicher Robe erwarten und uns einen Parkplatz freigehalten haben.» Jeder Versuch, sie zu überzeugen, war vergebens. Und am andern Morgen, als ich sie – ich weiß nicht, schlafend oder ohnmächtig oder sterbend – neben mir sitzen sah, erschien es mir grausam, sie ihrem Schlaf, ihrer Ohnmacht oder ihrem Dahinscheiden zu entreißen, um ihr – die Kräne des Hafens schon im Blick – eine Streckenänderung über die Köhlbrandbrücke vorzuschlagen, damit wir dem Verkehrsstau entgingen, in den wir gerade hineingerieten.

Es war halb elf, als wir in den Tunnel einfuhren. Der hatte in unserer Fahrtrichtung zwei Spuren: die rechte, die offensichtlich für den LKW-Verkehr bestimmt war, und die, in die ich mich eingefädelt hatte, weil ich sie für die schnellere hielt. Ja, ja. Kaum fuhren wir die Rampe hinunter, steckten wir im Stau. Wir standen. Clara erwachte und wurde sogleich von einer lebhaften Unruhe erfasst. «Sind wir schon an Ort und Stelle?» Ich war versucht, ihr zu antworten, an Ort und Stelle sei zwangsläufig da, wo der Mensch sich seit seiner Geburt gerade aufhalte; doch in Anbetracht ihrer Gemütsverfassung, die sie vermutlich nicht für Wortspielereien empfänglich machte, hielt ich mich zurück. «Warum hast du mich nicht geweckt? Hast du auf den Kilometerzähler geguckt, damit wir ungefähr wissen, wie lang der Tunnel ist?» «Ich wusste nicht, dass ich das hätte tun sollen.» Ihre Unruhe steigerte sich, als würde der Erfolg unserer Reise und sogar ihr ganzes literarisches Projekt allein von diesem Detail abhängen. So aufgeregt, wie sie sich in ihrem Sitz bewegte, nahm ich an, dass ihre Kopfschmerzen verflogen waren oder zumindest nachgelassen hatten. Ihre lebhafte Mimik und ihr verärgerter Blick bestätigten meine Annahme. Das Mitleid, das ich seit dem frühen Morgen für sie empfunden hatte, verflog, als ich mir anhören musste, wie sie mir mit nicht besonders scharfsinnigen Euphemismen Entschlussfreude und Reaktionsschnelle abzusprechen begann. Mit verletztem Stolz entgegnete ich: «Wozu auf den Kilometerzähler gucken? Am Eingang stand doch ein Schild, auf dem die Länge des Tunnels angegeben war. Oder darf ich keinen Verkehrsschildern mehr glauben?» In ihre verblüffte Miene stahl sich ein schuldbewusstes Lächeln. «Und was stand da?» Wir waren in einer langen Reihe stehender Autos eingeklemmt. «Was da stand, ist eines meiner Geheimnisse, die ich mit ins Grab nehmen werde.» Ihre Stimme nahm einen schmeichelnden Ton an: «Komm schon, Maus. Sei nicht so.» «Da stand 3,1 Kilometer.» Ich sah sie die Zahl in ihr auf den Knien liegendes Notizbuch eintragen. «Und was, wenn es gelogen ist? Die Kritiker werden die Unstimmigkeit herausfinden und sich über dich lustig machen.» Sie gab keine Antwort, schrieb aber hinter ihre Notiz in Klammern das Wort ‹nachprüfen›.

Wir kamen ein kurzes Stück weiter. Hielten wieder an. Eine Minute, noch eine. Und wieder ein Stück. Neun, zehn Meter. Clara machte sich schweigend Notizen. Ich vertrieb mir die Zeit damit, ihre weiße Hand zu betrachten, die schlanken, feingliedrigen Finger, die zart den Kugelschreiber hielten. Ich habe meine Frau nie so weit in Rage gebracht, dass sie mir eine Ohrfeige gegeben hätte. Bestände nicht die Gefahr, ein Exempel zu statuieren, würde ich einmal versuchen, sie so weit zu treiben; aber ich würde dazu einen Tag auswählen, an dem das Experiment nicht allzu sehr ihre Arbeit beeinträchtigte. Oder ihre Gesundheit, denn Clara neigt dazu, ihre Probleme, ihre Sorgen und Albträume sofort in eine Form von Schmerz umzuwandeln. Aber nehmen wir einmal an, dass sie aufgrund einer Reihe günstiger Umstände gerade dann die Nerven verliert, wenn eine meiner Wangen in unmittelbarer Nähe ihrer Hand eine erstaunliche Ähnlichkeit mit dem Fell einer Trommel angenommen hat. Nach der Ohrfeige würde ich mich natürlich sofort bemühen, Claras Ärger zu entschärfen. Zu diesem Zweck würde ich ihr ein Papier vorzeigen, auf dem ich zuvor ausführlich meine Absicht erläutert hätte, ergänzt selbstverständlich durch eine Bitte um Entschuldigung und einige Worte des Dankes sowie eine möglichst liebevolle Abschiedsfloskel. In dem Wissen, dass sie dieses Papier zerreißen würde, hätte ich noch eine oder zwei Kopien in der Tasche. Eine andere Vorgehensweise fällt mir nicht ein, um den Schaden kennenzulernen, den eine so kleine zarte Hand anrichten könnte; eine Hand, dazu geschaffen, Rosen zu beschneiden oder Schulhefte zu korrigieren. Sie würde wie ein Gefäß aus feinem Kristall in tausend Stücke zerbrechen, wenn sie mir eine kräftige Ohrfeige gäbe. Dasselbe hätte ich als Kind natürlich nicht über die schwielige Pranke meines Vaters, mit dem schwarzen Fingernagel, den er von einem Arbeitsunfall zurückbehalten hatte, gesagt. Mein Vater knackte Nüsse, indem er sie zwischen den Fingern zerdrückte. Und was für Fingern! Dick, kurz und behaart. Zum Glück neigte er nicht zu Gewalttätigkeit. Er hat mich nie geschlagen. Ich glaube, er hat es aus Furcht, mich umzubringen, nicht getan. Oder davor, dass seine Frau ihn ausschimpfte, wenn er meine Körpersäfte über die Wand verspritzt hätte.

Jedes Mal wenn Clara die Hand vom Heft nahm, konnte ich, da sie eine große deutliche Schrift hat, von meinem Platz aus leicht lesen, was sie schrieb: «gekachelte Wände, gelbe Lampen, Leuchtpfeile an der Decke». Ich stellte fest, dass das Radio im Tunnel funktionierte, und machte Clara darauf aufmerksam. Sie notierte es. Ich sagte ihr, dass trotz geschlossener Fenster durch irgendeine Ritze Abgasgeruch ins Auto käme. Auch das notierte sie. Dass ich einen zunehmenden Druck auf der Blase verspürte, sagte ich nicht, weil sie das möglicherweise auch notiert hätte. «Ich glaube, du machst dir unablässig Notizen, weil du dir im Grunde selbst misstraust.» Sie antwortete, ohne mir die Ehre ihres Blickes zu geben. «Du langweilst dich, nicht wahr? Und da dein Gehirn nicht fähig ist, dich mit unterhaltsamen Reflexionen zu versorgen, versuchst du, deine Langeweile zu bekämpfen, indem du dich mit mir anlegst. Dieser Stau, der dich bestimmt um den Verstand bringt, ist für mich ein Gottesgeschenk. Er gibt mir ein Thema und gestattet mir, ungestört das Innere des Tunnels zu betrachten. Wie sollte ich das tun, wenn wir hier durchrasen? Ich vertraue mir genauso wie ich mir nicht vertraue. Meine Arbeit verlangt einfach, dass ich alle möglichen Informationen sammle. Manche davon mögen überflüssig sein. Oder auch nicht, das kann man nie wissen. Vielleicht brauche ich sie dringend, wenn ich gar nicht mehr damit rechne, in einem Monat oder in einem Jahr. Und darum ist es ganz sinnvoll, sie in einem Notizbuch aufzuschreiben. Ich glaube, man muss nicht mal Schriftsteller sein, um so etwas Einfaches zu verstehen.» «Ich merke schon, deine Kopfschmerzen sind verschwunden.» «Nein, im Gegenteil. Sie sind immer noch da. Wenn du mich nicht daran erinnert hättest, hätte ich sie vielleicht für ein Weilchen vergessen können. Vielen Dank.»

Gegen Mitte des Tunnels setzten sich die Wagen vor uns wieder in Bewegung. Mit einem Mal waren beide Fahrbahnen völlig frei. Es hatte nicht einmal einen Verkehrsunfall gegeben, wie ich anfangs dachte, keine Straßenbauarbeiten, kein liegengebliebenes Auto, kein abgesprungenes Rad auf der Fahrbahn, nicht den typischen Selbstmordfahrradfahrer ... Nichts. Ich erinnerte mich, vor Jahren einmal in der Zeitung gelesen zu haben, dass die berühmten Staus im Elbtunnel zu den rätselhaftesten Attraktionen Hamburgs gehören. Unverbesserliche Gaffer strömen in den Tunnel, sobald im Radio von einem solchen Stau berichtet wird. Man weiß immer noch nicht, wie sie zustande kommen. Offenbar gibt es sogar Leute, die am Ende des Tunnels umdrehen und sich auf der entgegengesetzten Spur wieder hineinbegeben. Diese Staus widerlegen das Axiom von der Unmöglichkeit der Wirkung ohne Ursache. Ich jedenfalls habe nichts und niemanden gesehen, das oder der den Stau, in dem wir steckten, verursacht haben könnte. Für die etwas mehr als drei unterirdischen Kilometer haben wir über zwanzig Minuten gebraucht. Und das war erst der Anfang unserer Probleme an diesem Tag.

Als wir wieder ans Tageslicht kamen, stellte ich fest, dass wir nicht die erste Ausfahrt nehmen konnten, die den Anfang einer Strecke durch die Stadt bildete, die ich im Kopf hatte. Der Mittelstreifen hinderte mich daran. Ich nahm die zweite Ausfahrt und landete auf einer schmalen Straße in zwei Richtungen mit dichtem Verkehr. Ich musste mich für eine von zwei gleichwertigen Lösungen entscheiden: entweder Clara bitten, mich zu leiten, oder mich selbst verfahren. Kein Scherz. Selbst wenn sie auf dem Damm ist, kommen ihre Anweisungen zu spät oder sind ungenau, widersprüchlich, zögernd und nutzlos, es sei denn, das Ziel besteht darin, zufällig irgendwohin zu kommen, wo man nicht hinwollte. Ich schätzte, dass die durch ihr Kopfweh bedingte Langsamkeit im Zusammenspiel mit ihrer natürlichen sie an die zwei Minuten kosten würde, bis sie ihre Lesebrille gefunden, den komplizierten Falk-Plan entfaltet und sich nach allen Seiten umgeschaut hatte, um einen Straßennamen zu entdecken, den sie dann unmöglich auf dem Stadtplan finden würde, und das alles, während ich richtungslos durch eine unbekannte Stadt fahre, an meiner hinteren Stoßstange den üblichen Trottel, Blödmann, Idioten, der nicht aufhört zu hupen. Ich wäre beinahe auf einen Bürgersteig gefahren, um ihn vorbeizulassen. Aus einem Porsche mit Hamburger Kennzeichen hielt ein Typ in teurem Anzug den Mittelfinger nach draußen. Ich antwortete ihm nicht mit gleicher Geste, damit er meine Armbanduhr nicht sah, die nicht so groß, so glänzend und so teuer war wie seine. Stattdessen schickte ich ihm eine Reihe von Flüchen hinterher, die mir, wenn ich ehrlich sein soll, nicht die tiefe Befriedigung verschafften, die ich mir erhofft hatte, da die deutsche Sprache, im Vergleich zu meiner, keine große beleidigende Kraft entfaltet. Im Deutschen bringen wir einen Menschen, den wir beleidigen wollen, gewöhnlich mit Schmutz und Unrat in Verbindung, vornehmlich mit dem Darmausgang, auch mit Scheiße, einem Sack voll Dreck ... In meinem Land würde so etwas höchstens im Kindergarten Wirkung zeigen. Aber etwas fiel mir auf. Die Beleidigungen, die ich dem Typen im Porsche hinterherschickte, zwangen mich zu den gleichen Lippenbewegungen wie ihn, als er mir ich weiß nicht welche Nachricht übermittelte, die ich von Auto zu Auto natürlich nicht verstehen konnte. «Mit wem sprichst du?», fragte Clara aus ihrem Schmerz und ihrer Benommenheit und mit auf die Schulter gesunkenem Kopf. «Ich habe den Eindruck, dass die Leute in dieser Stadt ausgesprochen kommunikativ sind», antwortete ich ohne große Lust auf weitere Erklärungen.

An einer Tankstelle hielt ich an, um in Ruhe den Hamburger Stadtplan zu studieren. Clara nutzte den Stopp, um eine Buchsbaumhecke vor einer Mauer mit ihrem Erbrochenen zu düngen. «Mir ist ganz elend», sagte sie, als sie wieder im Auto saß. Ich schlug ihr vor, umzukehren und nach Bremen zurückzufahren. Sie seufzte. Das erschöpfte Ausstoßen von Luft erschien mir als Antwort unzureichend, weshalb ich noch einmal fragte: «Kehren wir um? Ja oder nein?» Mit einem Papiertaschentuch wedelnd, bedeutete sie mir, den Motor anzulassen und loszufahren. «Versuch, in die Innenstadt zu kommen, und bring mich irgendwohin, wo ich eine von den starken Pillen bekommen kann. Das ist meine letzte Hoffnung. Wenn die nicht wirkt, fahren wir zurück nach Hause.» Der Himmel war bewölkt, doch durch die Wolken konnte man den verschwommenen Kreis der Sonne sehen. Den nahm ich als Orientierungspunkt und fuhr auf nach Osten führenden Straßen. Clara weinte still an meiner Seite. Nach einer Weile entdeckte ich ein Schild, das den Hauptbahnhof anzeigte. Ich sagte es Clara in der Hoffnung, sie mit einer positiven Nachricht beglücken zu können. «Fahr langsam», antwortete sie. «Ich will nicht, dass mich jemand in diesem Zustand sieht.» Den Verkehrsschildern folgend, kamen wir in die Nähe des Bahnhofs. Neben einem Saturn-Fachgeschäft für Computer und Elektrogeräte sah ich ein Parkhochhaus und fuhr, ohne zu zögern, hinein, denn Clara brauchte dringend ihre Medizin. Bis ich einen Parkplatz fand, musste ich auf einer spiralförmigen Rampe sechs Stockwerke nach oben fahren.

Allein im Fahrstuhl, barg Clara ihren Kopf an meiner Brust. «Warum das alles mir? Was habe ich getan?», befragte sie in jämmerlichem Ton die Knöpfe meines Hemdes. Sie ist zwar nicht gläubig, hat aber wohl von den religiösen Praktiken ihrer Kindheit die Neigung beibehalten, Schmerz als Bestrafung zu sehen. Darum scheut sie sich auch nicht, Gott anzurufen, wenn ein Schmerz sie quält. Bekümmert streichelte ich ihren Nacken. «Lass mich heute nicht allein», flüsterte sie, «ich könnte ohnmächtig werden.» Im Geruch ihrer Haare nahm ich eine anomale Zutat wahr, die ihren gewöhnlichen Zauber zerbrach; etwas Laues wie vom Kopfkissen einer Kranken, ein morbider Schweißgeruch, wie durch langsames Köcheln unter der Kopfhaut entstanden, als wäre es der Geruch der Migräne. Der Fahrstuhl hielt im zweiten Stock des Kaufhauses, durch den man auf die Straße gelangte. Dort erwartete uns ein weiterer drückend heißer Tag. Wir hatten uns so mit der Hitze abgefunden, dass wir sie kaum noch erwähnten. Wir gingen langsam, den Rucksack voll mit meinen und Claras Sachen, den umständlichen Falk-Plan in der Hand, sie schlaff an meinem Arm, den Blick zu Boden gerichtet, bis wir die Mönckebergstraße erreichten, wo sie sich für die Schaufenster zu interessieren begann. Mit einem Mal sagte sie: «Warte hier auf mich», ließ meinen Arm los und ging in ein Teegeschäft, aus dem sie nach zwei oder drei Minuten mit einem Päckchen wieder herauskam. «Das habe ich mir jetzt verdient», sagte sie und klammerte sich wieder an meinen Arm. Wir gingen weiter die Mönckebergstraße hinunter bis zum Rathausplatz.

Gleich darauf entdeckten wir in einer Seitenstraße eine Apotheke. Sobald die Angestellte hörte, warum wir gekommen waren, bot sie Clara an, sich im hinteren Teil des Verkaufsraums auf ein Sofa zu legen. Clara lehnte das Angebot ab. Man brachte ihr einen Stuhl. Sie war zu kraftlos, ihn zurückzuweisen. Mit einem schwachen Flüstern bedankte sie sich für das Glas Wasser, um das sie gebeten hatte, um ihre Formigrantablette zu schlucken. Wir hatten die kleine blaue Schachtel in einer Rucksacktasche verstaut. Ich brauchte ungefähr zwanzig Sekunden, sie zu finden, und Clara ließ ein ungeduldiges Ächzen hören. Es war mir unbegreiflich, warum sie sich nicht auf dem Sofa hatte ausruhen wollen. Wie oft wohl habe ich sie sagen hören, dass die Medikamente bei ihr besser und schneller wirken, wenn sie sich hinlegt! Ich glaube, sie schämte sich, die Gastfreundschaft der Apothekerin anzunehmen, ohne sie etwas verdienen zu lassen, und wäre es nur eine Kleinigkeit. Nachdem sie die Tablette eingenommen hatte, kaufte sie eine Tüte Hustenbonbons, wie sie genauso gut eine Krücke oder eine Rolle Heftpflaster hätte kaufen können. Sie vermied es, mich anzusehen, woraus ich schloss, dass sie sich über ihr absurdes Verhalten durchaus im Klaren war. Und in einem Anfall von Solidarität folgte ich sogar ihrer Strategie. Beim Bezahlen der Hustenbonbons tat ich, als hätte ein Schild über der Theke, das auf einen neuen Nagellack gegen Fußnagelpilz hinwies, meine Aufmerksamkeit erregt. Die Apothekenhelferin informierte mich eingehend über die neue Behandlungsmethode. Am Ende gab sie mir einen Prospekt, auf dessen Innenseiten Füße abgebildet waren, die einem den Appetit rauben konnten. Auf der Straße warf ich ihn in den nächsten Papierkorb und erklärte, Claras erwartbarer Frage zuvorkommend, dass ich genauso wenig Fußpilz hätte wie sie Husten. Ich glaube, sie hörte mir gar nicht zu. In ihren Augen bemerkte ich eine trübe Starre, als weile sie gar nicht mehr richtig unter den Lebenden, und im Gesicht war sie kreidebleich geworden. Sie wolle sich irgendwo hinsetzen, stammelte sie, und auf die Wirkung der Formigrantablette warten. Ich musste mir auf die Zunge beißen, um ihr nicht das Apothekensofa in Erinnerung zu rufen. Sie an der Schulter stützend und mit einem Fuß die Tauben verscheuchend, die mir vor die Füße flatterten, überquerte ich mit ihr langsam den Rathausplatz. Unter den weißen Kolonnaden auf der anderen Seite des Kanals fanden wir einen Platz auf der Terrasse eines Cafés. Was wir den Rest des Tages erlebten, lasse ich für morgen, da meine Hand schon müde ist vom ganzen Schreiben.

9

ICH FÜRCHTE, CLARA empfand es als verletzend, dass ich mich in ihrer Gegenwart über ein Stück Nusstorte mit geschichteten Lagen, mit Marzipanüberzug und einer Sahnehaube hermachte, dazu noch eine aromatisch dampfende Tasse Kaffee, während sie mir gegenübersaß und den schmerzenden Kopf über ein trauriges, trostloses Glas Mineralwasser hängen ließ, das sie nur bestellt hatte, um den Schein zu wahren. Mit hängenden Lidern und reglos zusammengesunkenem Körper, der den Blick mehr als eines Vorübergehenden auf sich zog, machte sie mir plötzlich den Vorwurf, zugelassen zu haben, dass sie am Vortag die zwei Gläser Dornfelder getrunken hatte. Was hätte ich mit einer Antwort gewonnen? Durch die Streben des Geländers erblickte ich ein Schwanenpaar, das gewohnt würdevoll durch das stille, dunkle, fast schwarze Wasser glitt, welches das Weiß seines Gefieders noch hervorhob. Ganz schön viele schwammen auf dem kurzen Stück des Kanals, der durch ein System von Schleusen am Fließen gehindert wurde und eher einem Teich ähnelte. Ich erwartete jeden Moment meine Bestrafung. «Maus», sagte Clara in noch nicht strengem, doch schon recht bestimmtem Ton, «geh und mach ein paar Fotos von der Rathausfassade, vom See und von allem, was dir interessant erscheint. Sei unbesorgt wegen deines Kuchens, ich passe auf ihn auf.» Im Aufstehen zeigte ich mit drohendem Finger auf meine Tasse: «Kaffee, ich verbiete dir, kalt zu werden», und begab mich, mit der Kamera in der Hand und von der Last des Rucksacks befreit, zur nebenan liegenden Binnenalster. Nach zehn Minuten kam ich zurück. Ich sah auf den ersten Blick, dass die halbe Nuss auf dem Sahnehäubchen verschwunden war. Ostentativ suchte ich mit Blicken die umliegenden Säulen und Decken der Kolonnaden ab. Auch eine Ecke vom Kuchenstück fehlte. Außerdem hätte ich schwören können, dass ich den Kaffeelöffel auf der Untertasse abgelegt hatte und nicht auf dem Stück Kuchen. In Hamburg passieren eigenartige Dinge, die sich jeder rationalen Erklärung widersetzen. Um Clara nicht noch mehr zu belasten, sagte ich ihr nichts davon. «Na», fragte ich, «geht es dir wieder besser?» Sie ist eine geübte Themenwechslerin. «Du hast nicht vergessen, die Schwäne zu fotografieren, oder?» «Natürlich nicht. Wie könnte ich so etwas Wichtiges vergessen!» «Zahle schon mal, ich gehe noch eben zur Toilette.» Die Art, wie sie das Café betrat, berechtigte durchaus zu der Hoffnung, dass das Formigran seine heilende Wirkung getan hatte. Sobald ich allein war, holte ich den Fotoapparat hervor und schoss in aller Eile ein paar Fotos von den Schwänen.

Bis zum Mittagessen durchstreiften wir die Neustadt, das Stadtzentrum von Hamburg, erkundeten die Einkaufspassagen mit ihrem Luxus und ihrer bunten Werbung hinter den blitzblanken Schaufensterscheiben. Wir schauten uns in Modeboutiquen um und in Läden mit teuren Accessoires samt Aufpassern am Eingang in Anzug und Krawatte, betraten ein Geschäft mit Designermode, eine Apotheke und ich weiß nicht, was noch für Etablissements, und überall verwickelte Clara die Angestellten mit mehr oder minderem Erfolg in Gespräche, die darauf abzielten, Informationen für ihr literarisches Projekt zu ergattern. Oft musste ich wegen meines

Rucksacks draußen bleiben, der, neben dem Bekleidungssakrileg der Sandalen, kaum akzeptiert wird in all den betuchten Schichten vorbehaltenen Tempeln des Kommerzes. In einem Laden für Schreibbedarf verbot man mir, damit einzutreten. Die Frau Schriftstellerin tröstete mich, indem sie mir ins Ohr flüsterte: «Sei unbesorgt, Mäuschen. In meinem Buch werde ich dich rächen.» Um solche unerfreulichen Szenen künftig zu vermeiden, kamen wir überein, dass ich draußen wartete, während sie hineinging und mir später ihre Eindrücke diktierte, die ich möglichst vollständig in ihr Notizbuch übertrug, da sich Clara einer derartigen Aufgabe noch nicht gewachsen fühlte. In diesen Zwischenzeiten sollte ich Fassaden, das ganze städtische Mobiliar und Leute fotografieren. Ich erinnere mich an eine alte Bettlerin in der ABC-Straße, die mit einem Plastikbecher in der Hand auf der Erde saß. Mit gesenktem Blick hielt sie ihn den Fußgängern hin. Unter ihrem Kopftuch schauten ein paar weiße Haarsträhnen hervor. Möglicherweise war die Gegenwart der Armut dem Glanz eines nahen Schaufensters abträglich, in dem anmutige Puppen teure Unterwäsche trugen. Der Gegensatz konnte grotesker nicht sein. Wie der Zufall es wollte, kam ich gerade rechtzeitig, um die arme Frau zu fotografieren, als sie von einem Herrn und einer Dame, die zu diesem Zweck aus dem Geschäft gekommen waren, mit nicht schlechten, aber auch nicht mit feinen Manieren fortgeschickt wurde. Für dieses Foto war Clara mir dankbarer als für jedes andere, erlaubte es ihr doch, in einem ihrer Kapitel über Hamburg Gesellschaftskritik anzubringen. Was mich anging, fand ich in der Neustadt nichts angenehmer als den Sessel einer zweistöckigen Buchhandlung, in dem ich mich ausruhen konnte, während Frau Schriftstellerin in den Bücherregalen nach ihrem Namen suchte.

Unter der Markise einer Art schwimmenden Terrasse auf einem an der Kaimauer festgemachten Ponton bestellten wir jeder einen Salatteller. Clara, die kaum einen Bissen probierte, fand während des Essens zu ihrer gewohnten Gesprächigkeit zurück. Meine Aufmerksamkeit war weniger auf ihre Worte als auf meinen Teller gerichtet, den ich leer aß, und danach den ihren; dennoch sind mir einige Sätze ihres Monologs im Gedächtnis geblieben. «Was mein Körper mit mir macht, ist grausam», war einer davon, den ich leicht behalten konnte, da er zu den am häufigsten wiederholten ihres Klagerepertoires gehörte. Andere: «Denk daran, dass du zurückfahren musst. Wenn du dir noch ein Bier bestellst, fahre ich mit dem Zug nach Bremen.» «Das heißt also, du willst am Leben bleiben», versuchte ich zu scherzen. Darauf gab sie keine Antwort. Vier- oder fünfmal musste ich die Gabel beiseitelegen, um Einfälle zu notieren, die ihr spontan durch den Kopf gingen, und die sie zu vergessen fürchtete, wenn ich sie nicht gleich aufschrieb. Bei ausnahmslos allen fand sie eine Verbindung vom körperlichen Schmerzempfinden zur Literatur. Sie gestand mir, dass diese Gedanken nicht für ihr Reisebuch gedacht seien; höchstens, fügte sie hinzu, für einen eventuellen Roman, den sie einmal schreiben werde. Darin würden ihre Gedanken dann einer Romanfigur zugesprochen. Sie halte es nämlich für falsch, ihre persönlichen Probleme einfach so grob auf den Leser abzuladen, ohne ihnen die nötige Behandlung zukommen zu lassen, die Kunst aus ihnen mache. Sobald ich das Notizbuch aufschlug, bat sie mich, aus Sorge, es könne Flecken bekommen, meinen Teller zur Seite zu schieben. Sie selbst hatte, seit sie den ersten Spargel in den Mund gesteckt hatte, zwei kleine Fettflecke auf der Bluse. Ich dachte, der Ausflug nach Hamburg habe ihr schon genug Unannehmlichkeiten bereitet, und hielt daher den Mund.

Wieder unterwegs, verriet sie mir, dass ihr immer noch ein dumpfer Schmerz, halb verborgen hinter einem anhaltenden Gefühl von Übelkeit, zu schaffen mache. Sie hatte eine böse Vorahnung. Entgegen meinem Rat beharrte sie darauf, das für diesen Tag ins Auge gefasste Pensum um jeden Preis zu erledigen. Wenig später erreichten wir Sankt Michaelis, von dessen Turm aus – dem berühmten Michel – wir Panoramaaufnahmen von der

Stadt machen wollten. Wir zahlten drei Euro Eintritt für jeden, und nachdem wir mehrere Stufen erklommen hatten, gelangten wir auf einen Treppenabsatz, wo eine lange Menschenschlange auf das Betreten des Fahrstuhls wartete. Ab und zu machten sich einige Wagemutige – allein oder in einer Gruppe – zu Fuß auf den Weg die über vierhundert Stufen nach oben. Clara setzte sich auf eine Bank an der Wand. Sie hielt die Augen geschlossen, als wäre sie nicht mehr ganz bei sich, und blinzelte hin und wieder, um sich meines Platzes in der Schlange zu vergewissern. Einmal bemerkte sie dabei ein kleines Mädchen, das sie neugierig aus der Nähe betrachtete. Da rang sie ihren Gesichtszügen die Andeutung eines Lächelns ab. Bemüht, ihr zu helfen, holte ich ihre Sonnenbrille aus dem Rucksack, ging zu ihr und gab sie ihr. Sie antwortete mit einem bejahenden Kopfnicken. Mit der aufgesetzten Brille war ihr Leiden nicht mehr ganz so aufsehenerregend.

Langsam kam ich voran, bis ich zu den zehn Personen gehörte, die als Nächstes den Fahrstuhl betreten durften. Ich machte mich bei Clara mit einem Pfiff bemerkbar; zwei Noten, mit denen wir uns in bestimmten Situationen diskret verständigen. Mit sichtbarer Anstrengung bahnte sie sich einen Weg durch die Wartenden, bis sie an meiner Seite war. Kurz darauf drängten wir uns mit acht Unbekannten im Fahrstuhl zusammen, der aus achteckigen Metallwänden bestand und bei der Fahrt nach oben ebenso befremdliche wie besorgniserregende Geräusche von sich gab. Clara lehnte ihren Kopf an meine Brust. «Schreibe ins Notizbuch, was du willst», wisperte sie, «mich kannst du für heute vergessen.» Ich streichelte ihren Nacken, bis wir oben waren.

Ein konstanter Wind oben auf dem Michel machte die schwüle Hitze erträglich. Ich schätze, dass knapp hundert Personen die ausgedehnte urbane Landschaft durch die Metallstreben des Sicherheitsgitters betrachteten. Nach Süden hin verschwamm der Horizont in einer konfusen glänzenden Nebelmasse, die in den Augen schmerzte; auf der gegenüberliegenden Seite, jenseits des grauen Flecks der Außenalster, konnte man in der Ferne, schon an der Grenze zu Schleswig-Holstein, deutlich einen grünen Waldstreifen erkennen. Und da kein Mensch meine Aufzeichnungen je lesen wird, sehe ich nicht ein, warum ich mich in meiner Einsamkeit an die Regeln des guten Benimms halten sollte, die mich daran hindern, mich selbst für meine fotografischen Fähigkeiten zu loben. Clara hatte sich auf einer schmalen Spindeltreppe niedergelassen, die in der Turmmitte nach oben führte, deren Zugang aber durch ein Gitter versperrt wurde. Wir waren noch nicht lange oben, da ertönten über unseren Köpfen die beiden Glockenschläge für zwei Uhr nachmittags. Innerhalb von zehn Minuten schoss ich eine wundervolle Fotoserie. Dazu bediente ich mich eines Tricks. Nachdem ich den Auslöser betätigt hatte, bewegte ich mich einen Meter im Uhrzeigersinn; ohne die Haltung der Kamera zu verändern, machte ich das nächste Foto, und immer so weiter, es sei denn, eine Säule stand im Weg, bis ich eine komplette Umdrehung vollzogen hatte. Clara, den Kopf in den Händen vergraben, bekam davon nichts mit. Ebenso wenig davon, dass ich am nächsten Tag in Bremen den Chip zum Entwickeln brachte. In Tante Hildegards Wohnung bastelte ich dann aus Karton einen Zylinder, in dessen Innenseite ich vorher mit überlappenden Kanten die Fotos geklebt hatte, die ich vom Michel aus aufgenommen hatte. Auf diese Weise konnte ich eine Gesamtansicht von Hamburg zusammenstellen, so wie sie ein Betrachter hatte, der oben auf dem Turm eine komplette Runde drehte. Der Fluss, beispielsweise, mit seinen Schiffen und den mit Kränen gespickten Kais war mir sensationell gut gelungen. Clara kam aus ihrem Arbeitszimmer, und ich bat sie, einen Blick in das Kartonrondell zu werfen. «Maus, ich habe vier Stunden ohne Pause gearbeitet. Glaubst du, mir ist jetzt nach Spielen zumute?» Sie kam zurück, als ich ihr sagte: «Was du gestern verpasst hast, weil es dir so schlecht ging, kannst du jetzt hier drinnen sehen.» Es war eine Sternstunde in unserer Ehe, an die Clara sich nach all der Zeit noch immer dankbar erinnert. Ihre

Leser werden nie erfahren, dass die Frau Schriftstellerin bei der Abfassung des Kapitels *Hamburg aus der Höhe* den Kopf im Fotorondell stecken und den Laptop auf dem Schoß liegen hatte. Als ich sie in dieser Haltung arbeiten sah, war ich versucht, Hilfe bei einem Psychiater anzufordern; doch dann fiel mir ein, dass ich das runde Ding selbst fabriziert hatte, und ich verzichtete aus Angst, für diese Verrücktheit ebenfalls zur Verantwortung gezogen zu werden.

Wir verließen den Michel auf verschiedenen Wegen. Clara fuhr mit dem Aufzug, wenn man das Weg nennen kann, und ich stieg, Notizen machend, die endlose Treppe hinunter. Als wir uns trennten, zeigte Clara deutliche Symptome taumelnder Unsicherheit. Sie schwankte beim Gehen, hatte einen einfältigen Ausdruck im Gesicht und wäre beinahe umgefallen, als ich sie losließ. Ich will mich über ihren Zustand nicht lustig machen; aber ich glaube, wenn ich die Leute auf dem Turm befragt hätte, ob sie meine Frau für betrunken hielten, hätten sich einige Dutzend Arme gehoben.

Durch eine Gittertür betrat man den ersten Treppenabschnitt. Ich erwartete, düstere Ecken vorzufinden, jahrhundertealte Quadersteine, Mauernischen mit Spinnweben und Totenschädeln; doch die Sankt Michaeliskirche hat offenbar eine unausrottbare Neigung zu Brandkatastrophen, denn auf allen Stockwerken sprangen einem trotz des ganzen Staubs, Schmutzes und des wenigen Lichts, das durch die Fenster hereinfiel, die gar nicht so alten Renovierungsarbeiten ins Auge. Allein schon die Treppenstufen aus Metall, hässlich wie nur was, mit einer strukturierten Oberfläche wie auf Bauarbeitergerüsten. Ebenfalls aus Metall waren die Trägerbalken und grünen Querstreben auf den dämmerigen Etagen, deren Funktion mir verborgen geblieben ist. Ab und zu kamen mir Besucher mit verzerrten Gesichtern entgegen, die keuchend die steilen Treppen hinaufstiegen. Einige fragten mich, wie viel noch fehle, bis man oben ankomme. Die erste meiner Antworten war aufrichtig. Doch dann dachte ich: Was haben die davon, freiwillig solche Mühen auf sich zu nehmen? Aus Lust und Laune und weil ich an meine arme Frau denken musste, die schon so lange unfreiwillig litt, gab ich künftigen Fragern unsinnige Auskünfte, verkürzte oder verlängerte willkürlich die Entfernung, die sie von der Turmspitze trennte. Kurz vor dem Absatz, auf dem mehrere Glocken hingen, kam mir eine Gruppe von sechs oder sieben Mädchen entgegen. Zwei davon trugen Miniröcke. Ich blieb auf dem Treppenabsatz stehen, um den flatternden Schwarm blanker Freude und Jugend vorbeizulassen. Als sie die nächste Treppe in Angriff nahmen, erblickte ich unter den zwei Miniröcken feste straffe Oberschenkel und dazwischen den Bruchteil einer Sekunde lang zwei blütenweiße Stückchen Stoff. Meiner Meinung nach war das eine interessante Beobachtung, die sich in Claras intellektueller Weltanschauung allerdings wohl schwer unterbringen lassen würde, also verzichtete ich darauf, sie zu notieren. Aus Rücksichtnahme für ihr Leiden notierte ich auch nicht den Satz, der unter vielen anderen anonymen in Reichweite der Treppe an die Wand gekritzelt war und der meine Aufmerksamkeit erregte, weil er in meiner Muttersprache geschrieben war: «¡Que vida tan deliciosa!» Ich beschränkte mich darauf, die Erklärungen auf den verschiedenen Informationstafeln abzuschreiben, die sich auf den Mechanismus der Kirchturmuhr bezogen, auf den Trompeter, der zweimal am Tag sein Instrument in die vier Himmelsrichtungen bläst, auf Gewicht und Geschichte der Glocken sowie weitere Kleinigkeiten, an die ich mich nicht mehr erinnere. Unten bat Clara mich, kurz in die Krypta hinunterzugehen und die Grabplatte von Carl Philipp Emanuel Bach zu fotografieren.

Dann standen wir wieder in der Hitze der Straße. Ganz in der Nähe, an der Seite der Kirche, gab es einen Getränkekiosk. Ich holte Clara ein Fläschchen Mineralwasser, aus dem sie nur einen kleinen Schluck nahm, um die zweite Formigran des Tages hinunterzuschlucken. Sie streckte sich auf einem Mäuerchen aus, nahm meinen Oberschenkel als Kopfkissen und sagte, wenn sich das Kopfweh nicht in einer halben Stunde verzogen hätte, führen wir zurück nach Bremen. «Warum fahren wir nicht gleich?» «Eine halbe Stunde, Maus. Das ist alles, worum ich dich bitte.» Mit der größten Zärtlichkeit, die mir zur Verfügung steht, streichelte ich ihre Stirn, die Schläfen, die Nasenwurzel, und ich glaube, sie schlief dabei ein. Um mir die Zeit zu verkürzen, beobachtete ich die menschliche Fauna, die aus der Kirche kam oder hineinging. Nie werde ich es müde, die Gesichter der Menschen und ihre Kleidung zu betrachten. Seit meinen Kindertagen bieten sie mir zuverlässigste Unterhaltung. Ich zweifle nicht, dass viele Fußgänger am liebsten umkehren und meinen Blicken entschwinden würden, wenn sie die Gedanken lesen könnten, die mir bei ihrem Anblick kommen; die aberwitzigen und oft genug monströsen Geschichten, die ich ihnen zuschreibe; die gnadenlosen Bezeichnungen, die ich für ihre äußere Erscheinung finde. Zum Glück, sage ich mir manchmal, kann niemand sehen, was ich denke.

Wir hatten etwa vierzig Minuten auf dem Mäuerchen verbracht, als Clara Anstalten machte aufzustehen. Ich musste ihr helfen. «Frag mich nicht, wie es mir geht», sagte sie mit einem Stimmchen, das aus den Nasenlöchern zu kommen schien. Die Frisur zerzaust, eine Wange ganz gerötet, die Bluse voller Falten und völlig verschwitzt; wenn ihr jetzt jemand einen Spiegel vorgehalten hätte, hätte sie laut aufgeschrien. «Warum siehst du mich so an? Ich muss furchtbar aussehen. Fehlt bloß noch, dass einer meiner Schüler hier vorbeikommt.» Um sie zu trösten, hätte ich beinahe gesagt, die Jugend von heute liebe Zombie-Filme; doch dann hielt ich den Mund, weil mir der Verdacht kam, dass Clara dies – nach allem, was sie heute durchgemacht hatte – falsch auffassen könnte. Stattdessen schlug ich vor, dass wir entweder mit einem Taxi zum Parkhaus führen oder sie in einer Kirchenbank warten sollte, bis ich das Auto geholt hatte. «Bring mich zum Hafen», sagte sie mit einer so ruhigen Entschlossenheit und einem ich weiß nicht was von hartlippiger Tragik in der Stimme, wie ein Selbstmörder im

Augenblick seines letzten Entschlusses, dass ich wie versteinert stand. «Wir halten uns an den Plan», sagte sie, wobei sie sich an meinen Arm klammerte. «Und du weißt ja, frag mich nicht vor morgen früh danach, wie es mir geht.»

Durch schmale Straßen, für die wir keinen Stadtplan brauchten, gelangten wir zur Promenade, die am Flussufer entlangführt. Außer an die Landungsbrücken in St. Pauli erinnere ich mich heute an keinen Namen im Hafen mehr, auch nicht an die der berühmten, dem Publikum zugänglichen Segelschiffe, in denen man sich sogar eine Kabine mieten und so romantisch wie vorhersehbar unbequem übernachten kann, da diese Schiffe gleichermaßen Museum wie Hotel sind; jedenfalls ist das die Information, die ich habe. Natürlich erinnere ich mich an das herrliche Panorama, das sich den Besuchern auf dem verkehrsfreien Hafengelände bietet. Ohne diese Flusslandschaft verlöre die Stadt Hamburg drei Viertel ihres Zaubers. Denn – ohne die Einwohner beleidigen zu wollen – der Rest der Stadt, mit Ausnahme vielleicht der Seen, ist zwar nicht schlecht, sieht aber so aus wie überall, wo die Gewohnheit der Menschen vom Konsumgüterangebot bestimmt wird. Auch die über das Stadtbild verstreuten protzigen Villen sagen mir nichts. Nichts die Luxusläden, in denen einer, der die Sachen einer Schriftstellerin im Rucksack über der Schulter trägt, angesehen wird wie eine Ratte, die aus der Kanalisation gekrochen kommt. (Das ist heftig; aber so ist es mir aus der Feder geflossen, und so lasse ich es.) Gern hingegen denke ich immer noch an die Molen mit ihren dort festgemachten Kuttern, Ausflugsdampfern und den Yachten, zu denen ich zwar auch keinen Zutritt habe, die mich aber wenigstens nicht mit einem Zaun aus Lanzenspitzen abschrecken und dem gepflegten Garten dahinter, den ein zähnefletschender Dobermann bewacht.

Hinter den Schiffen erstreckte sich die Elbe breit und gelassen und von einem verwaschenen Grau, das dem des zunehmend bewölkten Nachmittags entsprach. Oder, besser gesagt, einer der

Arme, in die sich die Elbe teilt, bevor sie die Stadt erreicht. Ich war nicht der Einzige, der sich von dem großartigen Fluss gefangen nehmen ließ. Clara forderte mich unentwegt auf, Fotos zu schießen. Alle paar Meter trafen wir auf Männer mit leutseligen Gesichtern, die lautstark Hafenrundfahrten anboten. Einige waren wie Seeleute gekleidet: weißes Hemd mit goldenen Knöpfen, blaue Hose, dazu die typische Mütze, und alle oder fast alle unterhielten die vorüberziehenden Besucher mit ihrem speziellen Repertoire an flotten Sprüchen. Wir gingen auf ein Schiff, das demnächst ablegte und das aufgrund seiner Größe und seines soliden Aussehens (im Vergleich zu anderen wenig vertrauenerweckenden Booten, die Frau Schriftstellerin ein paar Minuten zuvor verworfen hatte) eine ruhige Rundfahrt versprach. Nachdem wir zehn Euro pro Kopf bezahlt hatten, stiegen wir eine steile Leiter zum Oberdeck hinauf und setzten uns an einen Tisch an der Reling. Das Schiff war in kürzester Zeit voll, und wir mussten den Tisch mit einer Dame und einem Herrn teilen, einem Ehepaar, nahm ich an, denn obwohl sie zusammen gekommen waren, sprachen sie die ganze Zeit kein Wort miteinander. Das Schiff hieß *Concordia*. Der Name ist mir im Gedächtnis geblieben, weil ich mich an einen Witz erinnerte, den ich nach der Exkursion über unsere Zufallsbekannten gemacht hatte. Vor dem Ablegen kam eine Kellnerin mit Block und Kugelschreiber, und die beiden bestellten nichts. Mir brannte die Kehle vor Durst, und ich bestellte ein Bier. Clara, die auch nichts trinken wollte, fügte schnell alkoholfrei hinzu, woraus die anderen in der Tiefe ihres Schweigens schließen durften, dass auch wir ein Ehepaar waren.

Vom Nebentisch wehte der Geruch von Zigarettenrauch zu uns herüber. Wir sahen die zwischen zwei schmale Finger mit leuchtend rot lackierten Nägeln geklemmte Zigarette; und neben den Fingern ergossen sich lange blonde Locken über einen schlanken Rücken. Die Frau an unserem Tisch tippte der jungen Raucherin leicht auf die Schulter. Diese – Sonnenbrille, Lippen so rot wie die

Fingernägel – warf erschrocken den Kopf herum. Ihr Gesicht verzog sich zu einer verächtlichen Grimasse, als sie sich ermahnt sah, und ich glaube, dass sie sogar im Begriff stand, eine ungebührliche Antwort zu geben; doch dann kam sie wohl zu der Überzeugung, dass ihre Gegenspielerin keine Worte wert war, nahm wortlos ihre alte Haltung ein und die Zigarette in die andere Hand. Etwas enttäuscht schrieb ich in Claras Notizbuch: «Beinahe Damenringen auf dem Schiff.» Ich hatte große Lust, die beiden Frauen zu bitten, sich ein hitziges Wortgefecht zu liefern. Stand mir, nachdem ich zehn Euro berappt hatte, nicht ein bisschen Spektakel zu? Stattdessen tutete die Sirene. Das Schiff setzte sich in Bewegung und stieß eine stinkende Qualmwolke über seine Passagiere aus. Die junge Raucherin warf einen Seitenblick zu unserem Tisch, als wollte sie sagen: «Das stört euch Scheißspießer aber nicht, was?», oder eine andere Nettigkeit dieser Art. Zugegeben, die Kleine war hübsch. Selbst das ärgerlich verzogene Gesicht konnte ihrer jugendlichen Schönheit nichts anhaben; und das will was heißen, denn so weit ich sehe, ist es nur wenigen Sterblichen vergönnt, Zorn und Zauber in Einklang zu bringen. Vielleicht gibt es eine ästhetische Gerechtigkeit, die dafür sorgte, dass sie durch ihr attraktives Äußeres den misslungenen Disput gewann. Wäre an ihrer Stelle eine alte Vettel mit verfilztem Haar die Raucherin gewesen, hätte die durch ihren Zigarettenrauch verursachte Belästigung eine unerträgliche Aggression dargestellt, und ich hätte mich in dem Fall selbst gezwungen gesehen einzugreifen.

Clara bekam von der Szene eigentlich nichts mit. «So eine Dreistigkeit!», hatte sie gemurmelt, als ihr der Zigarettenrauch in die Nase stieg. Danach hatte sie ihren Kopf auf meine Schulter gelegt und sich darauf eingerichtet, die Rundfahrt mit geschlossenen Augen hinter sich zu bringen, und während sie noch dabei war, der Welt und ihren Bewohnern zu entsagen, nahm sie mir das Versprechen ab, während der Exkursion alles zu fotografieren und in ihr Notizbuch einzutragen, was von Interesse sein könnte. «Je mehr, desto besser. Denk daran, du bist jetzt meine Augen und meine Hände.» Zum Glück nicht dein Kopf, dachte ich. Das Schiff steuerte in die Fahrrinne. Ohne zu schaukeln, glitt es durchs stille Wasser. Ein Reiseführer, der in der Mitte des Oberdecks saß, gab durch ein Mikrophon Erklärungen ab. «Zweitgrößter Containerhafen Europas nach Rotterdam.» «Soll ich das aufschreiben?» «Schreib, was du willst, Maus. Hauptsache, du lässt mich ausruhen.» Wir überholten ein Schiff, das in Aufbau und Dekor eine Imitation der alten Mississippi-Dampfer war, die wie weiße Häuser aussahen, mit Dachterrasse und umlaufenden Balkonen und einem großen Schaufelrad am Heck. Der Reiseführer mokierte sich über den anachronistischen Kasten. Die Leute waren zum Lachen aufgelegt. «Seien Sie unbesorgt. Wir haben drei Rettungsringe an Bord. Einen für den Kapitän, einen für mich und den dritten für die Dame meiner Wahl.» «Muss ich jeden Quatsch aufschreiben?» Clara gab keine Antwort. Ich nehme an, sie schickte leise Stoßgebete an ihre letzte Formigran-Tablette. Als ich mein alkoholfreies Bier bekam, merkte ich, dass ihr Kopf leicht in die Höhe ruckte; doch gleich darauf, nachdem Gewissheit herrschte, sank er wieder in seine Ruhestellung zurück.

Der Fischmarkt glitt vorbei, und der Reiseführer machte ein paar Scherze auf Kosten der «Damen des horizontalen Gewerbes», die sich allabendlich dort herumtreiben, um auf die Schnelle ins Geschäft zu kommen, von dem sie leben. In einiger Entfernung erblickten wir ein neues Bürogebäude von ungewöhnlicher Bauweise; die Büros darin kosteten «nur fünfzehn Euro», sagte der Reiseführer, ließ zwei oder drei Sekunden verstreichen und beendete seinen Spott mit: «pro Quadratzentimeter. Nehmen Sie die Gelegenheit wahr.» Wir ließen auch einen schmalen Streifen Strand hinter uns, der an diesem bewölkten Nachmittag nur wenig besucht war, und dann drehten wir hinüber zum anderen Ufer, wo ein Labyrinth von Hafenbecken, Ladekais, Deichen und Kanälen beginnt. In der Mitte des Flussbettes näherte sich vom Meer her ein gewaltiger Frachtdampfer, davor die winzige Silhouette eines Schleppers. Ich schrieb und fotografierte und fand kaum Zeit, mich an der Umgebung zu erfreuen. «Unsere Möwen sind in der ganzen Welt für ihre außergewöhnliche Zuvorkommenheit bekannt. Ohne dass man sie bitten muss, hinterlassen sie ihre Visitenkarte diskret auf Jackenkragen und Blusen.» Manchmal stellte der Reiseführer seine Späße hintan und ließ Lokalstolz durchklingen. So rühmte er das saubere Wasser der Elbe, die vielen Fischarten, die es darin gab, und die Zahl der Brücken in Hamburg, die Amsterdam oder Venedig auch gerne hätten. Alle Augenblicke fuhr die *Concordia* an etwas vorbei, das entweder das größte in Europa oder das größte oder zweitgrößte auf der Welt war. Auf den Kais stapelten sich Container in allen Farben bis zu vier, fünf und ich weiß nicht wie vielen Stockwerken hoch. Manchmal vernahm man ein metallisches Krachen, wenn sie in den Frachträumen oder an Deck der Schiffe aufeinandergesetzt wurden, an deren Rümpfen, so wie auch an vielen Containern selbst, chinesische Schriftzeichen zu sehen waren. Ein Seemann mit asiatischen Gesichtszügen winkte uns aus einem Fenster zu. Ganz plötzlich überfiel mich ein unerklärliches Gefühl von Einsamkeit. Später erfuhren wir von unserem Reiseführer, dass die Besatzungen nicht an Land gingen, da das Laden und Entladen so schnell wie möglich vonstattengehen muss wegen der exorbitanten Liegegebühren im Hamburger Hafen. Sagte er vierzigtausend Euro pro Tag? Ich erinnere mich nicht mehr. Jedenfalls suchen die Prostituierten die Kojen der Seeleute auf, nicht umgekehrt. Neben einem Schrotthaufen machten zwei Hafenarbeiter mit Helm und Overall, die Ellenbogen auf ein Geländer gestützt, offensichtlich Pause. «Wie Sie sehen», sagte unser Reiseführer, «ruht sich der eine aus, und der andere hilft ihm dabei.» Ich weiß nicht, warum, aber das war der einzige von all seinen Sprüchen, den ich witzig fand. «Worüber lachst du?», fragte Clara, ohne ihre schläfrige Haltung zu verändern. Eigentlich war mein Lachen nur ein leichtes Beben in den

Schultern gewesen, doch sie merkte es. «Ich glaube, das Bier ist mir nicht bekommen. Ich fange an, jeden Blödsinn witzig zu finden. Ehrlich, ich hätte eines mit Alkohol bestellen sollen.»

Nun begann Clara, sich mühevoll aufzurichten, bis sie sich ganz allein auf ihrem Stuhl halten konnte. Sie schaute sich langsam um, warf einen Blick zum Himmel und auf das stehende Wasser, als erstaune es sie, dass die Welt nach ihrem entkräfteten Dahindämmern immer noch existierte, und dann fragte sie mit den Lippen an meinem Ohr, wie lange die Fahrt noch dauere. «Es wird mir allmählich zu lang», sagte sie. «Wenn du willst, gehe ich zum Kapitän und bitte ihn, etwas schneller zu fahren.» Unsere schweigsamen Tischnachbarn – sichtlich bemüht, unserer Unterhaltung zu folgen – deuteten gleichzeitig ein Schmunzeln an, das, als sie sich wieder ansahen, schlagartig erlosch. Die *Concordia* fuhr jetzt in einen Kanal ein, der in den Wasserarm mündete, von dem aus wir losgefahren waren. Dahinter erblickte man die Turmspitzen von Hamburg: die des Michel, den wir am frühen Nachmittag bestiegen hatten; die schwarze Spitze des Kirchturms in Ruinen, dessen Name mir momentan entfallen ist, sowie den einen oder anderen mit Grünspan bezogenen Turm. Zu unserer Rechten (ist das backbord oder steuerbord? Das lerne ich nie, und mich jetzt auf die Suche nach einem Wörterbuch zu machen und dafür die Küche zu verlassen, habe ich keine Lust) erhoben sich die Lagerhäuser der Speicherstadt. «Da drinnen», scherzte der Reiseführer, «werden die Bananen gelagert und von Hand krumm gebogen.» An den umliegenden Tischen erklang Gelächter. «Hast du das aufgeschrieben, Maus?» Ein wenig ungläubig fragte ich mich, ob man aus ganz gewöhnlichen, verstaubten Lagerhäusern tatsächlich literarischen Nutzen ziehen konnte, und zielte mit der Kamera darauf. Claras Kopf verdeckte mir einen Teil der Sicht. Und sie verstand meine Absicht falsch. «Lass dir bloß nicht einfallen, mich in diesem Zustand zu fotografieren!» Sie sprach mit zusammengebissenen Zähnen, was ein untrügliches Zeichen dafür ist, dass ihr körperlicher Zustand sich so weit gebessert hatte, dass er ihr schon wieder kleine Unmutsbekundungen gestattete. «Würdest du ein wenig zur Seite gehen? Du sitzt genau vor der Linse.» Sie gehorchte so schnell, wie mein Vater sich gewünscht hätte, dass mein Bruder und ich ihm gehorchten. Ich schoss das Foto und wollte dem Herrn mir gegenüber ein vertrauliches Zwinkern schenken; aber er sah mich nicht an, und so wurde daraus nichts.

Die *Concordia* legte dort an den Landungsbrücken an, wo wir eine Stunde zuvor eingestiegen waren. «Vergessen Sie Ihre Kinder nicht. Zu Hause habe ich noch zwei vom letzten Mal.» Die Gäste quittierten den letzten Scherz der Rundfahrt mit gutwilligem Applaus. Der Reiseführer bedankte sich für den «freundlichen Krach». Wir standen auf. Clara wechselte ein paar Worte mit der Dame, die an unserem Tisch gesessen hatte. Ich schaute ihren Mann an für den Fall, dass er es für angebracht hielte, sich zu verabschieden. Er schaute mich aus vermutlich dem gleichen Grund an, doch dann sagten wir nichts und haben uns auch nie wiedergesehen. Ich saß jetzt allein am Tisch und verstaute Notizbuch und Fotoapparat im Rucksack. «Komm jetzt», sagte Clara, die schon in der Schlange der von Bord Gehenden stand. Unten an der Gangway hing eine Matrosenmütze, in der eine Handvoll Münzen glänzten. Ich ging daran vorbei. «Hast du kein Trinkgeld gegeben?» Mehr als nach einer Lektion in gutem Benehmen war mir in dem Moment nach einem kalten Bier. Ich rechtfertigte mich: «Ich dachte, das hättest du schon getan.» «Ich?» «Du bist vor mir an der Mütze vorbeigegangen.» «Maus, ich bitte dich. Nun geh schon und wirf eine Münze hinein.» Ich fragte, ob fünfzig Cents ihrer Meinung nach reichten. «Ich weiß nicht. Nimm einen Euro, doch wenn du siehst, dass die Leute weniger reingetan haben, tu es auch.» «Was denn jetzt, Euros oder Cents?» «Okay, lass es. Sind sowieso alle schon gegangen.» Wir gaben nichts und gelangten Arm in Arm zur U-Bahn-Haltestelle.

Nachdem wir schon mehrere Stationen weit gefahren waren,

stellten wir (stellte ich) fest, dass wir in die falsche Richtung fuhren. Wir mussten wieder zurück. «Wieder ein Problem», lamentierte Clara. «Als hätte ich mit dieser Stadt noch eine Rechnung offen. Niemand ahnt im Entferntesten, was ich heute durchgemacht habe. Und glaub bloß nicht ... Wenigstens geht es mir ein bisschen besser als vor der letzten Tablette. Ich werde mich bei der Arbeit erholen. Du kannst mir glauben, Maus. Ich werde stark sein und über Hamburg meine besten Seiten schreiben; die intensivsten und gefühlvollsten Zeilen, die mir je von der Hand gegangen sind. Glaubst du, ich schaffe das?» Ich hatte mich in den Plan mit den einzelnen Haltestellen vertieft, da ich keine Lust hatte, mich noch einmal zu verfahren. Bis zum Hauptbahnhof war es nicht mehr weit. «Sag mir, dass ich es schaffe. Sag's mir schon, Mäuschen.» Ich tat ihr den Gefallen und fügte hinzu: «An der nächsten Haltestelle müssen wir aussteigen.» «Das heißt, du glaubst nicht, dass ich es schaffe.» «Selbstverständlich schaffst du es.» «Schaffe ich was?» «Na, das, was du gesagt hast.» «Der Mann, der einer Frau zuhört, muss wirklich noch erfunden werden.» «Was meinst du?», fragte ich, das Spiel weitertreibend. Ein leichter Nieselregen hatte eingesetzt, doch gar kein Regen, sagt man, sei in Hamburg eher selten. Wir fuhren in den zweiten Stock des Saturn, wo sich der Kassenautomat des Parkhauses befand. Ich steckte den Parkschein in den Schlitz. Wir waren etwas über acht Stunden in Hamburg gewesen. Als auf dem Bildschirm der Betrag angezeigt wurde, den wir zu bezahlen hatten, entfuhr mir ein Ruf ungläubiger Entrüstung. «Maus, bitte. Mach mir vor all den Leuten hier keinen Skandal. Bezahle, und dann fahren wir. Alles, was ich will, ist, dass dieser fürchterliche Tag so schnell wie möglich ein Ende findet.» Ich bat sie, diese Ausbeutung in ihrem Buch anzuprangern; doch vermutlich muss wohl auch die Frau, die einem Mann zuhört, erst noch erfunden werden.

10

Überrascht stellte ich fest, dass ich allein im Bett lag. Ich konnte kaum glauben, dass Clara zur gewohnten Zeit aufgestanden und voller Energie an ihre Arbeit gegangen war. Ich stellte mir vor, wie sie nach einer schlaflosen Nacht infolge des leidvollen Ausflugs vom Vortag traurig zusammengesunken vor einer Tasse Tee saß. Gewiss würde sie mir, sobald sie mich sähe, ihren emotionalen Zusammenbruch vorführen. Um mich dem tränenreichen Jammern so spät wie möglich auszusetzen, blieb ich bei weit offenem Fenster noch lange im Bett liegen und betrachtete die Wolken. Gegen halb neun stand ich auf, um frische Brötchen zu holen und mich an der verunglückten Grammatik des Türken zu erfreuen. Als ich über den Flur ging, bemerkte ich Licht in Claras Arbeitszimmer. Das Ohr an die Tür gepresst, vernahm ich das charakteristische Geräusch ihrer über die Computertastatur fliegenden Finger. Schrieb sie ihr Testament? Ich öffnete die Tür ganz behutsam, um sie nicht zu erschrecken. Ich sah sie mit krummem Rücken am Ecktisch sitzen, die Nase nur eine Handbreit vom Bildschirm entfernt, und eifrig wie immer an ihrem Buch arbeiten. Meine Anwesenheit kündigte ich mit einem leichten Räuspern an. «Hallo», sagte ich, «und was ist mit dem Kater?» Sie antwortete, ohne mich anzusehen: «Es geht, Maus.» Ich schluckte die tröstlichen Worte, die ich mir zurechtgelegt hatte, hinunter. Dabei hatte ich mir solche Mühe gegeben, sie mir auszudenken. «Ich brauche nicht einmal die Notizen, die du für mich gemacht hast. Mit den Geräuschen von unterwegs, ein paar Umrissen, die ich gesehen habe, wenn die Migräne mir ein Blinzeln erlaubte, und all den Gerüchen, die ich in mir aufgenommen habe, kann ich locker ein oder zwei Seiten über Hamburg schreiben. Wie findest du das? Ach, übrigens, Tante Hildegard hat angerufen. Um sieben Uhr morgens! Sie hat die ganze Nacht nicht schlafen können. Sie fürchtet, blind zu werden; sie fühlt sich so einsam. Sie musste mir wohl einfach ein bisschen die Ohren vollheulen, weißt du. Ich habe ihr gar nicht erzählt, wie sehr ich gestern gelitten habe. Ich glaube auch nicht, dass sie das überhaupt interessiert. Um sie aufzuheitern, habe ich ihr versprochen, dass du ihr einen kleinen Gefallen tust, oder, Mäuschen?» «Was für einen Gefallen? Clara, was du da sagst, stinkt Meilen gegen den Wind nach Arbeit.» Im boshaften Schwung ihres Lächelns las ich die Bestätigung meiner schlimmsten Befürchtungen. «Ich erzähle es dir besser beim Frühstück.» «Warum erzählst du es mir nicht gleich?» «Mit leerem Magen würdest du es nicht verkraften. Es ist richtig brutal, aber du musst es tun; ja, mein süßes Mäuschen? Vergiss nicht, dass wir viel Geld sparen, indem wir diese Wohnung benutzen dürfen.»

Ich war unterwegs, um mir meine morgendliche Glücksdosis zu holen, bevor ich mich den anstehenden Ärgernissen stellte, die das Schicksal – unter tätiger Mithilfe Claras – für mich bereithielt. Dies schien einer der Tage zu sein, die mit drohendem Finger auf dich zeigen und dir zurufen: «He, du, erledige heute dieses Schlamassel, räume jenen Stress aus dem Weg und ertrage gefälligst den ganzen Frust, der dich erwartet.» Schon mit dem Türken ging es los. Zum ersten Mal, seit ich die Zeitung bei ihm kaufte, beging er nicht den gewohnten Grammatikfehler. Zwar musste ich ihm auch früher gelegentlich dialektische Fallen stellen – in die er, mitteilsam, wie er war, leicht hineintappte –, um ihm auf die Sprünge zu helfen. Diesmal jedoch war es aufgrund des spürbaren Temperatursturzes unmöglich, ihn zu seinem gewohnten Kommentar über die Hitze zu bewegen. War er dem versteckten Ulk etwa auf die Spur gekommen, den ich jeden Morgen auf seine Kosten trieb? Er redete – mit unmöglicher Aussprache zwar – von den Wolken (was interessierten mich Wolken!) und beging dabei einen anderen, nicht weniger gravierenden Grammatikfehler als den, der mich so beglückte; aber es war nicht dasselbe. Enttäuscht fasste ich die Möglichkeit ins Auge, meine Zeitung künftig in der Bäckerei zu kaufen, bis zur nächsten Hitzewelle jedenfalls. Als ich in die Wohnung zurückkam, hatte Clara den Frühstückstisch gedeckt und zwei Eier gekocht, was eigentlich in meine Zuständigkeit fiel. Der Tee war auf dem Punkt, und eine Kerze brannte. «Darf man erfahren, in was du mich da wieder hineingeritten hast?», fragte ich ohne Umschweife.

Kurzum, wir wohnten seit etwas über einem Monat in Tante Hildegards Wohnung und hatten damit eine Unterkunft, die nicht nur komfortabel und bloß einen Steinwurf von der Bremer Innenstadt entfernt, sondern darüber hinaus auch noch gratis war. Clara hatte schon öfter den Wunsch geäußert, unserer Wohltäterin eine Geste der Dankbarkeit zu zeigen. Bei einem dieser Male hatte ich geglaubt, in ihrer Art des Sprechens das leise Zittern eines schlechten Gewissens wahrzunehmen, und dem entgegengehalten, dass es in meiner Heimat ganz normal sei, sich gegenseitig auszunutzen, besonders innerhalb der Familie. Darauf bekam ich die übliche Antwort, wir seien aber nicht in meiner Heimat. Ich deutete das Waschen meiner Hände in Unschuld an, um Clara zu verstehen zu geben, dass ich das Thema nicht zu vertiefen gedachte, erinnerte sie jedoch daran, dass meine Wenigkeit ihren Teil des Danks mit der verstopften Leitung in Duhnen schon abgearbeitet hatte, während sie, die geliebte Nichte, ihren Teil noch schuldig geblieben war. In diesem Augenblick erkannte ich nicht, dass ich eine Unvorsichtigkeit beging. Ich hatte Claras Gedanken nämlich in eine Richtung gelenkt, die sehr unvorteilhaft für mich war. Die Tante würde sich mehr als entschädigt fühlen, wenn wir ihr die Behebung eines Schadens meldeten, den wir in der Wohnung entdeckt hätten. Nach Claras Logik würden wir auf diese Weise zeigen, dass uns die Instandhaltung der Wohnung am Herzen lag, was der Eigentümerin, die keinen Handwerker bezahlen müsste, darüber hinaus einen ordentlichen Batzen Euros ersparte. «Mit denen sie», fügte ich hinzu, «viele Einmachgläser und Obst für Marmelade kaufen könnte. Du hast nur eine Kleinigkeit vergessen; und zwar die, dass es leider in dieser Wohnung keine Schäden gibt. Was ein Jammer ist, denn ich brenne regelrecht darauf, ein paar Stunden meines Lebens mit Arbeiten und der Suche nach Werkzeugen zu vergeuden, die es hier nicht gibt. Ich bin sogar bereit, irgendwas kaputt zu machen, um es hinterher reparieren zu können. Soll ich dem Kühlschrank vielleicht ein paar Schläge mit dem Hammer verpassen?»

Clara, die gerne täglich duscht, fand im Bad, wonach sie suchte. Oberhalb der Fliesen sowie in einem Winkel an der Decke sah man ein paar unbedeutende Risse, die aller Wahrscheinlichkeit nach aus den Anfangstagen der Wohnung stammten, als die frisch verputzten Wände noch nicht ganz getrocknet waren. Das sagte ich Clara, die von ihrer Entdeckung so begeistert war, dass sie mir gar nicht zuhörte. Über der Duschkabine hatte sie auch noch zwei schwarze Flecken entdeckt. Ich schaute sie mir an. Sie waren so unscheinbar, dass man sie kaum erkennen konnte. Clara hatte keine Zweifel, dass es sich um Pilzbefall handelte. Wer garantierte ihr, dass sie nicht der Grund für die Atemprobleme waren, die ihr seit kurzem zu schaffen machten? Ihrer Meinung nach mussten sofort Maßnahmen ergriffen werden, um einer Plage zuvorzukommen, derentwegen im schlimmsten Fall das ganze Haus abgerissen werden müsste. Ich schaute ihr tief in die schreckgeweiteten Augen, wartete einige Sekunden und sagte: «Sei ganz unbesorgt. In Deutschland geht man solche Sachen verantwortungsbewusst an. Bevor sie hier Häuser abreißen, lassen sie erst die Bewohner nach draußen.» Dann kam der Tag, an dem frühmorgens Tante Hildegard anrief. Clara kam gerade aus der Dusche, als der Wecker klingelte, den ich nicht hörte. Ich nehme an, dass sie in dem Moment noch an die Risse und Flecken im Bad dachte, und um vor der Tante gut dazustehen, ihr den Vorschlag machte, dass ich, das heißt, damit kein Zweifel aufkommt, ich, der ich in meinem ganzen Leben keinen einzigen Beruf erlernt habe, das Bad tapeziere. Die Alte war natürlich entzückt. Sie bot sogar an, für die Materialkosten aufzukommen, was Clara rundweg ablehnte mit der Begründung, es sei wirklich an der Zeit, dass wir uns für ihre Großzügigkeit erkenntlich zeigten.

An diesem Vormittag riss ich die Tapete von der Wand. Nicht, dass ich es nicht abwarten konnte, mit der verhassten Arbeit anzufangen. Meine Begeisterung dafür lag eher im eisigen Bereich kurz vor dem Gefrierpunkt. Rein aus Neugier versuchte ich, mit zwei Fingern ein Stück Tapete anzuheben und brauchte dann etwa fünf Minuten, bis ich sie von allen Wänden heruntergerissen hatte. Nun gab es – ob ich wollte oder nicht – kein Zurück mehr. Die Tapete war grobfaserig und körnig und von einer Schicht weißer Farbe bedeckt. Sie ließ sich so leicht ablösen, dass ich sie, außer bei einem Stück um die Deckenlampe herum, nicht einmal einweichen musste. In einer Ecke gab es ein Loch in der Wand, in das ich beinahe meine Faust hineinstecken konnte. Hatte die Tante da einen Schatz versteckt? Eine Socke voller Markstücke? Ihre geheimen Marmeladenrezepte? Das war aber nicht der einzige Hinweis auf handwerkliche Pfuscharbeit. Der Verputz machte deutlich, dass die Maurer – aus eigener Unfähigkeit oder von einem betrügerischen Vorarbeiter angestiftet – viel zu viel Sand in den Zement gemischt hatten. Ich hätte in kurzer Zeit mit dem Fingernagel ein

Guckloch zur Straße kratzen können. Als ich die Lampe mit einem Schraubenzieher, den ich mir von Herrn Kranz ausgeliehen hatte, von der Decke abschraubte, fielen mir Mörtelbrocken auf den Kopf, gefolgt von einem Sandregen, der mich kurzzeitig erblinden ließ. Die einzige Lösung war, die Löcher mit Gips zu verschließen. Zurückhaltend geschätzt, erwarteten mich in dem verdammten Badezimmer an die drei Stunden Plackerei, ohne Bezahlung.

Nachmittags ging ich mit Clara eine gleichartige Tapete kaufen. Vor dem Verkäufer behauptete sie, eine Rolle sei zu wenig. Ich zuckte die Achseln: «Gut, kauf ein Dutzend; aber ich versichere dir, dass eine Rolle reicht.» Ich gewann, und wir kauften eine. Und Farbe? Clara fiel ein, dass wir in unserem Keller noch einen mehr als halb vollen Eimer stehen hatten, der nach dem Tapezieren der Küche im April übrig geblieben war. «Und wer holt den?», fragte ich. Ich verfüge nicht über die Fähigkeit, ohne Hilfe eines Spiegels meinen Gesichtsausdruck zu sehen; aber ich könnte schwören, dass er in diesem Augenblick finster war. «Maus», sagte sie in einem irritierend mütterlichen Tonfall, und ich schenkte dem Verkäufer ein munteres Lächeln, das ihm sagte, meine Frau nenne mich so, weil sie mich anbetete, «du brauchst doch auch den Tapeziertisch und was noch alles dazu gehört und die Stehleiter.» «Aber morgen soll ich dich doch nach Hamburg fahren», wandte ich ein. «Ja, aber bis sechs oder sieben haben wir Zeit.» Der Verkäufer betrachtete uns mit unbewegter Miene, schaute dem jeweils Sprechenden ins Gesicht, so wie ein Zuschauer beim Tennis den Ball verfolgt. Warum sprang er mir, von einem natürlichen Impuls männlicher Solidarität getrieben, nicht bei? Erkannte er nicht, dass einer der Seinen unter Druck geraten war? Auf der Straße sagte ich zu Clara: «Der Verkäufer hat mir überhaupt nicht gefallen.» «Er hat nicht viel gesprochen, oder?» «Er hatte das Gesicht eines Verräters, findest du nicht?» «Kannst du das präzisieren?» «Es ist so ein Männergefühl. Ich bezweifle, dass du das verstehen kannst.»

Am Samstag machte ich mich nach dem Frühstück auf den Weg ins Dorf, nicht ohne vorher die Fotos abzuholen, mit denen ich das gestern beschriebene Rundumpanorama fabriziert hatte. Auf der Autobahn war auf der Höhe von Oldenburg ein Viehtransporter umgekippt. Die einzige freie Fahrspur wurde von einem Streifenwagen mit blinkendem Blaulicht versperrt. Im Stau feststeckend, gesellte ich mich zu einer Gruppe Neugieriger, die vom Randstreifen aus zuschaute, wie Feuerwehrleute tote Schweine von der Fahrbahn räumten. Über die Witze, die ein rotgesichtiger Bayer unablässig riss, mussten wir alle lachen. Nicht, weil er so unwiderstehlich geistreich war, denn im Grunde gab er nur Torheiten von sich; aber man musste schon zugeben, dass der Akzent, der seine Herkunft verriet, zusammen mit dem grimassierenden Mienenspiel und dem gezwirbelten weißen Schnauzbart jede seiner Albernheiten zu einem Lacher machten. Der Fahrer des Lastwagens wurde in einem Helikopter fortgebracht; Vorteil, der Spezies Mensch anzugehören.

So kam es, dass ich mit dreiviertelstündiger Verspätung bei Frau Kalthoff klingelte. Kaum sah sie mich, entschuldigte sie sich schon, dass sie noch keine Zeit gefunden hatte, unseren Rasen zu mähen. Das lag ihr anscheinend so auf der Seele, als wäre uns dadurch ein großer Schaden entstanden. Ich versuchte, sie zu beruhigen, indem ich sie an den Grund meines Besuchs erinnerte, den wir ihr jedoch telefonisch schon am Vortag mitgeteilt hatten, damit sie nicht glaubte, ich käme, um zu kontrollieren. Unter dem Wohnzimmertisch kauerte *Goethe* und schaute mich gelangweilt an. Clara wollte, dass ich ihr nach meiner Rückkehr erzählte, wie der Hund mich empfangen hatte. Sie prophezeite, dass er mir die Vorderpfoten auf den Schoß legen und mich hemmungslos ablecken würde. Tatsächlich rührte er sich bei meiner Ankunft nicht vom Fleck. Ich musste mich zu ihm hinunterbeugen und ihm das Leckerli vors Maul halten, das Clara mir für ihn mitgegeben hatte. Er beschnüffelte es mit sichtlichem Argwohn. Schließlich nahm er es lustlos zwischen die Zähne, und als ich mich aufrichtete, ließ er es schon wieder auf den Teppich fallen. Ich indes nahm die Linsensuppe mit Heißwurststücken, die Frau Kalthoff mir anbot, freudig an. Zum Nachtisch gab es selbstgemachte Himbeertorte, mit Himbeeren aus ihrem Garten. Ich lobte sie so überschwänglich, dass ich sie ganz aufessen musste. Nach dem Essen ging ich mit *Goethe* Gassi, da Clara mich morgens mehrfach darum gebeten hatte. Ich gedachte, mit dem Tier den üblichen Weg zu gehen, schnellen Schritts vielleicht, weil mich der Stau einiges an Zeit gekostet hatte; doch als wir draußen waren, wirkte der Hund so schlaff und hinfällig, dass ich an der nächsten Straßenecke kehrtmachte und ihn wieder zu Frau Kalthoff zurückbrachte. Als wir uns verabschiedeten, gab sie mir einen Packen Briefe mit, die sie uns nach Bremen hatte nachschicken wollen, und bat mich, auf keinen Fall unseren Rasen zu mähen, das werde sie nachmittags um drei machen, wenn die zwei Stunden gesetzlich verordneter Mittagsruhe vorbei seien. *Goethe* winkte ich einen Abschiedsgruß zu. Er reagierte unter dem Tisch mit einem lustlosen Schwanzwedeln. Immerhin.

Entgegen meinen von Frau Kalthoff geschürten Befürchtungen sah unser Garten ganz annehmbar aus. Hier und da gab es zwar ungepflegte Stellen, doch nichts von Bedeutung; insgesamt hatte ich an seinem Anblick nichts auszusetzen. In den Rosensträuchern hingen ein paar gelbe, mit dunklen Punkten gesprenkelte Blätter, wahrscheinlich die Folge einer Pilzerkrankung, die wir niemand anlasten konnten, da dieses Problem schon vor unserer Abreise bestanden hatte. Unter den Apfelbäumen war das Gras ziemlich lang und mit faulenden Äpfeln übersät, an denen Wespen herumkrabbelten und Nacktschnecken sich gütlich taten. Ansonsten war der Garten eine Augenweide. Mit reichlich Gießen hatte Frau Kalthoff ihn die Hitzewelle gut überstehen lassen. Leuchtendes Grün und zahlreiche Blumen waren der Beweis. Die Ecke mit den Gladiolen war ein Farbenmeer, obwohl die Zeit ihrer Hochblüte schon dem Ende zuging. Die Sonnenblumen am Rande der Rabatten hatten eine ungewöhnliche Höhe erreicht. Ihre Blüten waren prallvoll mit Kernen, die von den Vögeln bald restlos aufgepickt sein würden. Claras Wünsche bedienend, die ich mir auf einem Zettel notiert hatte, schnitt ich eine besonders prächtige Sonnenblume, einige Rosmarinzweige und ein halbes Dutzend weißer Rosen, wickelte ein paar Vanilleblumen, deren Duft, wie Clara sagte, sie auf der Reise am meisten vermisste, in ein Küchentuch und füllte zuletzt – obwohl es nicht auf der Liste stand – ein Körbchen mit Äpfeln, was seine Zeit dauerte, da es nicht so einfach war, einen Apfel ohne Wurm zu finden.

Dann suchte ich das Zeug zusammen, das man zum Tapezieren und Anstreichen braucht und das wir im Gartenhäuschen aufbewahrten. Als ich die schwere Brettertür aufwuchtete, schlug mir ein Übelkeit erregender Gestank entgegen. Mir Mund und Nase bedeckend, brauchte ich eine ganze Weile, bis ich die Ursache des Gestanks gefunden hatte. Unter einem Haufen Gerümpel entdeckte ich zwei tote Ratten. Ich könnte jetzt eine detaillierte Beschreibung ihrer verwesten Leiber liefern, aus denen eine fettartige Flüssigkeit ausgetreten war, die dunkle Flecken auf dem Boden hinterlassen hatten; doch ich glaube, ich sehe davon lieber ab, da mir sonst mein Milchkaffee und Croissant, denen ich beim Schreiben dieser Zeilen zuspreche, übel aufstoßen könnten. Da ich feststellte, dass sich in dem Plastikröhrchen keine Rattengiftkapseln mehr befanden, füllte ich, bevor ich ging, welche hinein und passte dabei auf, dass ich sie nicht berührte. Im Haus war alles in Ordnung. Ich legte mich zu einem Schläfchen aufs Sofa und ließ mich vom eintönigen Ticktack unserer Wanduhr einlullen, deren Gewichte ich aufgezogen hatte, damit sie wieder ging. Kaum hatte ich die Augen geschlossen, schlug sie zwölf Mal. Mitternacht natürlich. Oder Silvesternacht, wie ich will. Schließlich bin ich der Herr der Uhr, und damit gehört mir auch deren Zeit. (Der Satz klingt zwar ein wenig anmaßend; aber wen kümmert's, mich liest ja doch niemand.) Es war das Telefon. «Maus, das hat aber lange gedauert! Was hast du denn gemacht?» Sie bat mich, ihr ein paar Kleidungsstücke mitzubringen sowie ihr Bildwörterbuch und das Buch mit den neuen deutschen Rechtschreibregeln, die damals in den Medien für reichlich Polemik sorgten und die zu befolgen nicht wenige Schriftsteller und Dozenten sich weigerten. «Brauchst du noch lange, Maus? Das Hotel in Hamburg hat mir schon die Reservierung bestätigt, und ich habe mir gedacht, dass wir vielleicht früher als geplant hinfahren können, wenn du nichts dagegen hast.» Ich sagte ihr, sie solle sich keine Sorgen machen, ich sei schon so gut wie unterwegs. «Und *Goethe*? Er hat sich doch sicher gefreut, als er dich gesehen hat.» «Eine Seele von Hund. Die menschliche Sprache reicht nicht aus, um zu beschreiben, was für einen Empfang er mir bereitet hat.» Bevor ich ins Auto stieg, warf ich einen Blick auf die Briefe, falls einer für mich dabei war. Auf einem der Umschläge erkannte ich die Schrift meines Bruders und war einigermaßen überrascht, denn er hatte mir schon seit zwei oder drei Jahren nicht mehr geschrieben. Er teilte mir mit, dass er über die finanziellen Mittel verfüge, einen Verlag zu gründen, und wollte von mir wissen, ob ich für ihn deutsche Bücher übersetzen könne. Welche Art von Büchern erwähnte er nicht. Auch von eventuellen Honoraren war keine Rede.

Gegen sieben Uhr abends fuhren wir in die Tiefgarage des Hotels. Ich weiß nicht mehr, ob ich bereits erwähnte, dass Samstag war. Diesmal machten wir alles richtig. Das war auch nicht schwer. Wir brauchten nur meinen Anweisungen zu folgen. Clara hatte die weise Entscheidung getroffen, weder Migräne zu haben noch sich in die Routenplanung einzumischen. Bevor wir losfuhren, vergewisserte ich mich, dass sie keine Kopfschmerzen hatte. «Denn wenn doch», sagte ich so streng, dass mich ein Schauer der Befriedigung durchlief, «wirst du dir einen anderen Chauffeur suchen müssen.» Im gleichen Ton bat ich sie dann, mir auf dem Stadtplan von Hamburg die genaue Stelle zu zeigen, zu der ich fahren musste. «Nicht woher, sondern wohin», betonte ich, um Missverständnisse von vornherein auszuschließen. «Alles andere kannst du mir überlassen.» Meine Strenge war ebenso aufgesetzt wie ihre Fügsamkeit. Alle Reisevorbereitungen waren getroffen, und Clara putzte sich noch die Zähne, wobei sie mir mit dem Mund voller Zahnpasta aus dem Badezimmer zurief: «Mäuschen, du bist heute so energisch, so durchsetzungsstark, eine richtige Persönlichkeit!» Auch schriftlich neigt sie zur Häufung von Attributen. «So gefällst du mir. Könntest du schon meinen Koffer hinuntertragen? Ich bin gleich so weit.»

Es gab billigere Hotels in Hamburg, aber sie hatte das Ibis gewählt, weil es direkt am Hauptbahnhof lag. Vom Zimmerfenster aus, das auf einen Hinterhof ging, konnte man den oberen Teil der Hamburger Kunsthalle sehen, in der gerade ich weiß nicht mehr welche Gemäldesammlung ausgestellt war, die sie am nächsten Tag besichtigen wollte. Ebenfalls nicht weit vom Hotel entfernt lag das Literaturhaus, untergebracht in einem herrlichen weißen Gebäude im englischen Stil am Ufer der Außenalster. Claras sonntäglicher Plan sah einen Spaziergang um den See vor, der in der Cafeteria des Literaturhauses enden sollte. Jahre zuvor hatte Clara in einem der Säle ihre erste öffentliche Lesung außerhalb Wilhelmshavens gehalten, bei der (außer mir) achtzehn Personen anwesend waren, was durchaus schlechter hätte sein können. Die Frau Schriftstellerin trug an jenem Tag ein blutrotes Kleid, das in meinen Augen die Wirkung einer frischen Fleischwunde hervorrief. Das sagte ich ihr. Weil sie grade damit beschäftigt war, die Begrüßungsworte ans Publikum zu üben, die sie auswendig zu lernen pflegt, obwohl sie später am Mikrophon so tut, als würde sie improvisieren, verstand sie die Anspielung nicht. «Du willst mich noch nervöser machen, als ich schon bin, stimmt's?» Sie machte ein dramatisches Gesicht. «Denk nur, in einer halben Stunde lese ich einen eigenen Text in denselben Räumen und unter demselben Dach wie Günter Grass, Umberto Eco, die Oates und so viele andere große Schriftsteller.

Ich setze meinen Hintern vielleicht auf denselben Stuhl, auf den sie ihren schon platziert haben. Kannst du dir vorstellen, was das für mich bedeutet? Ich stehe vor einer Sternstunde meiner literarischen Laufbahn, und du solltest mit aller Kraft – übermenschlicher Kraft, wenn nötig – versuchen, sie mir nicht mit Blödeleien zu verderben.» Das rote Kleid hatte sie mehr gekostet, als man ihr für die Lesung bezahlt hatte. Danach hat sie es nie wieder angezogen. Als sie sich damit verkleidet auf den Fotos sah, die ich auf ihr Bitten hin auf den Eingangsstufen und im Buchladen des Literaturhauses von ihr gemacht hatte, konnte sie nur ausrufen: «Mein Gott, wie peinlich!» Sie warf mir vor, sie nicht daran gehindert zu haben, ausstaffiert wie ein Papagei dort aufgetreten zu sein. Ich weiß auch noch, dass mein Applaus am Ende der Lesung so schallend war, dass einige Zuhörer sich zu mir umdrehten. Und mir lagen fünf Worte auf der Zunge: «Ja, ich bin der Ehemann.» Am liebsten wäre ich vor ihnen allen auf die Knie gefallen. «Bitte, applaudiert lauter, denn ich bin es, der hinterher ihren Frust ertragen muss.» Während des Abendessens im Speisesaal des Literaturhauses wirkte sie ganz zufrieden. Wie gewöhnlich bekleckerte sie sich mit einem Tropfen Soße, und der Fleck sah für mich aus wie die Spitze ihrer Brust. Ich sagte aber nichts, weil ich nicht wollte, dass ihr Gesicht die Farbe ihres Kleides annahm. Wir gingen zu Fuß ins Hotel zurück, und über uns stand ein voller Mond, den wir im stillen Wasser des Sees noch einmal sahen. Obwohl es schon dunkel geworden war, begegneten wir alle paar Meter einem Mann oder einer Frau, die mit Trainingsanzug und Kopfhörern Aerobic machten. Clara war stolz, zum ersten Mal im Leben Bücher für Fremde signiert zu haben und nicht wie bislang nur für Kollegen, Nachbarn oder Verwandte. Viele waren es nicht gewesen, sechs, alles Frauen; aber für Clara war es ein hoffnungsvoller Beginn. «Hast du gezählt, wie viele Zuhörer da waren?» «Mich mitgerechnet siebenundzwanzig.» «Von meinem Tisch aus habe ich nur achtzehn besetzte Stühle gesehen.» «Beiderseits der Bühne, hinter den Lautsprechern, standen noch einige Leute. Ich glaube, von deinem Platz aus konntest du die nicht sehen.»

Mit Muße vor den Bildern in der Kunsthalle zu flanieren oder im Literaturhaus einen Cappuccino zu trinken, war nicht der Hauptgrund gewesen, dass Clara für eine Nacht ein Hotelzimmer reserviert hatte. Sonntagmorgens um fünf öffnet der Fischmarkt unten am Fluss, und da wollte sie mit ihrem Notizbuch und Fotoapparat schon da sein. Wir kannten den Fischmarkt von einem Besuch, den wir Monate vor unserer Hochzeit dorthin gemacht hatten. Ein Kommilitone hatte ihn uns als pittoreske Örtlichkeit empfohlen, als wir ihm von unserer Absicht erzählten, am Samstagabend in Hamburg ein Musical zu besuchen. Wir übernachteten in einer preisgünstigen Pension in Ohlsdorf, nicht weit vom Friedhof, mit Dusche am Ende des Flurs. So um halb acht am nächsten Morgen nahmen wir die U-Bahn und stiegen in der Nähe des Fischmarktes aus. Trotz Regen und einem überaus unangenehmen böigen Wind hatten sich dort viele Leute eingefunden. Bevor man hinkam, hörte man schon die Rufe der Verkäufer. In einem dichten Gedränge von Menschen und Regenschirmen schlenderten wir von Stand zu Stand und lauschten vergnügt den Flausen und Scherzen des gemütlichen Bananen-Willi (den wir auch schon mehrmals in Göttingen gesehen hatten, wo er ebenfalls Bananen verkaufte) und eines witzigen Typen mit weißer Schürze, der lauthals geräucherte Aale anpries, wie auch all den anderen Marktschreiern, die mit pfiffigen Späßen um die Gunst der Käufer buhlten.

Unser Freund hatte uns ja schon im Voraus davon erzählt. Als wir aus der U-Bahn stiegen, sagte ich daher zu Clara: «Auf der ganzen Welt bringt mich keiner zum Lachen, wenn ich nicht will. Du wirst schon sehen.» Wenig später erreichten wir den Fischmarkt. Am Eingang stand damals ein Lastwagenanhänger, auf dem ein schielender Herr mit holländischem Akzent Federbetten, Kopfkissen, Bettbezüge und dergleichen verkaufte. Wir blieben bei ihm stehen, und beim ersten Schwachsinn, den er von sich gab, prustete ich schon los. Wir gingen weiter, und keine halbe Minute später lachte ich schon wieder, weil ich an die verdrehten Augen des Holländers denken musste. Clara zog mich peinlich berührt am Ärmel. «Hast du nicht gerade noch gesagt, keiner bringt dich zum Lachen, wenn du nicht willst?» Worauf ich nach der Sekunde, die ich brauchte, um mich wieder zu fassen, antwortete: «Aber ich will ja.» In diesen Augenblicken war mir, als würde ich von einem wärmenden Glücksgefühl durchflutet. Es war so schön, in Begleitung meiner blonden Freundin, in dieser Stadt am breiten Fluss im strömenden Regen zu lachen, dass ich glaubte, jeden Moment besinnungslos umzufallen. Und als uns später in der Fischhalle eine Dame mit nicht ganz geradem Blick entgegenkam, flüsterte ich Clara zu: «Sieh mal, eine Holländerin.» Da ließ Clara sich von meiner Fröhlichkeit anstecken und musste sich mir inmitten all der Leute an den Hals werfen und mit der Hand den Mund zuhalten, um mich zum Schweigen zu bringen, da sie fürchtete, bei einem weiteren Lachanfall könne ihr passieren, was ihr schon öfter passiert war: dass ihre Blase schwach wird; was, wie ich ihr sagte, als sie mir diese persönliche Eigenart zum ersten Mal gestand, nicht das größte Problem ist, das ein Körper verursachen kann.

Bis zum Ende liefen wir mit einem Lächeln im Gesicht über den Markt. Ich weiß noch, dass wir kurz vor Schluss, als an den meisten Ständen die Waren schon zu lachhaften Preisen verhökert wurden, zum Anleger von Altona kamen, wo man Fisch direkt vom Schiff kaufen konnte. Ein freigiebiger Fischer mit buschigen weißen Augenbrauen und einer Schiffermütze auf dem Kopf warf uns eine Flunder zu, die Clara nicht aufzufangen gelang und die einen feuchten Fleck auf ihrem Mantel hinterließ. Daraufhin reichte uns der Fischer – als Geste der Entschuldigung – eine Plastiktüte voller Fische herauf. Als wir außer Sichtweite waren, überlegten wir, ob wir sie in einen Abfallkorb werfen oder dem ersten Bettler schenken sollten, dem wir begegneten. Ich schlug spaßeshalber vor, sie roh zu verzehren. Am Ende gaben wir sie unseren Pensionswirten, die sie erfreut annahmen, unsere Hoffnung, dafür einen Rabatt auf den Übernachtungspreis zu bekommen, allerdings enttäuschten. Clara berichtete über die Episode mit der fliegenden Flunder, als wäre sie während der Reise passiert, von der ihr Buch handelt.

Nachdem wir unser Hotelzimmer bezogen hatten, begaben wir uns auf einer Route, die uns die Empfangsdame des Hotels auf einem Stadtplan eingezeichnet hatte, zur Ständigen Vertretung an einem der Kanäle zwischen Alster und Elbe. Ich freute mich, auf der Speisekarte eine Gericht mit Namen «Himmel und Erde» zu finden, das ich schon ein paarmal in der Bremer Niederlassung gegessen hatte. Es besteht aus gebratener Blutwurst mit Zwiebeln auf Kartoffelpüree und Apfelkompott. Es hat einen anhaltenden Nachgeschmack, das ist das Unangenehme daran. Die Möglichkeit, ihn mit reichlich Kölsch abzumildern, besteht zwar, bleibt mir aber verwehrt, wenn ich später noch Auto fahren muss und Clara ein Auge auf mich hat. Nach dem Essen gingen wir zum Hotel zurück, was eine beträchtliche Strecke ist, und pausierten mit einem Eis auf der Terrasse des Arkaden-Cafés, wo es der Frau Schriftstellerin vor Tagen so schlecht gegangen war. Es dämmerte, der Abend war lau, der Himmel wolkenlos, und unter uns, auf dem Wasser verteilt, schwammen die Schwäne. Gegen zehn verabschiedeten wir uns voneinander in der Hotelgarage. Unglücklicherweise verströmte mein Atem immer noch den säuerlichen Geruch von «Himmel und Erde», was meiner Meinung nach Clara davon abhielt, mich zu ein paar Minuten auf ihrer Matratze einzuladen. «Fahr lieber los, Mäuschen, damit du morgen früh ausgeruht bist. Die Tante wird glücklich sein, wenn du ihr Bad neu tapezierst. Und du weißt ja, wenn sie glücklich ist, ist sie auch dankbar. Holst du mich morgen am Bahnhof ab?» Ich steckte eine Hand in den Ausschnitt ihrer Bluse. «Hast du schon mal von Vergewaltigung in der Ehe gehört?» «Maus», antwortete sie ungerührt, «hast du schon mal von Überwachungskameras in Tiefgaragen gehört?» Ich zog meine Hand zurück, als wäre ihre warme Brust elektrisch geladen.

Nach einem Kuss zum Abschied tat ich meine Vermutung kund, dass sie mich sicher beneide, denn während sie den ganzen Sonntag unterwegs sei, um sich kulturell und touristisch interessante Dinge anzusehen und Frühstück und Mittagessen à la carte einzunehmen, werde ich mir bombig die Zeit damit vertreiben, die Decke des Badezimmers mit Papierbahnen zu bekleben. Ich ließ sie lächelnd stehen und ging ... Wohin? Nach Bremen selbstverständlich nicht. Die Antwort, morgen. Für heute habe ich genug geschrieben.

11

Es war eine sternenklare Nacht, voller warmer Gerüche, mit einsamen Straßenlaternen auf den Bürgersteigen, wie sie der Schriftsteller Wolfgang Borchert gern in seinen Erzählungen und Gedichten über Hamburg heraufbeschwor, die uns die Lehrerin des Deutschkurses in Göttingen durchackern ließ. Eine ideale Nacht, um das Angeln am Elbufer einmal ernst zu nehmen oder einen gut gemeinten Mord zu begehen. Doch da ich weder ein Angler noch ein Mörder bin, zumindest noch nie die Notwendigkeit empfunden habe, einer zu sein, und da mir an diesem Samstagabend auch nicht danach war, mich mit einer Tüte Popcorn in ein Kino zu setzen oder auf einem Friedhof Pralinen zu lutschen, kam ich auf die Idee, mir fremde weibliche Genitalien anzusehen, ohne dabei Körperteile von geringerer gynäkologischer Bedeutung zu verschmähen. Kaum hatte ich die Tiefgarage des Hotels verlassen, legte ich mir, angeregt von einem angenehmen Prickeln hinter den Ohren, einen Plan zurecht. Dieses Symptom ist, wenn ich jetzt so darüber nachdenke, in letzter Zeit immer seltener bei mir aufgetreten. Ich bemerke es nur, wenn mich ein berauschendes Freiheitsgefühl überkommt. Und an jenem Abend in Hamburg war das Prickeln so stark, dass es mich ganz kirre machte. Ich fuhr die Straße hinunter und dachte einen Moment lang sogar daran, Gas zu geben und mit dem Wagen in die Alster zu rasen; nicht weil ich lebensmüde war, im Gegenteil, um übermütigen Gebrauch von der grenzenlosen Entscheidungsfreiheit zu machen, die mich so in Erregung versetzte. Am Ende beging ich keinen Selbstmord, weil ich nicht nass werden wollte.

Die Erfahrung hatte mich gelehrt, dass man, um nackte Weiblichkeit zu sehen, dahin gehen muss, wo nackte Frauen sind. Darum hielt ich Ausschau nach Schildern, auf denen – mit dem entsprechenden Richtungspfeil versehen – MUSCHIS 1 km oder dergleichen stand. Da Hamburg in dieser Hinsicht eine Stadt mit defizitärer Beschilderung ist, folgte ich den Hinweisschildern nach Sankt Pauli, wo die Zurschaustellung und Vermietung weiblicher Genitalien eine lange Tradition hat. Dazu möchte ich klarstellen, dass ich keine sexuellen Absichten verfolgte. Und es sollte klar sein (mir klar sein, wem sonst?), dass ich hier keine Beichte ablege; ich lege nur Wert auf Genauigkeit. Mein Vorhaben war streng anthropologisch motiviert, wenn auch – um bei der Wahrheit zu bleiben – nicht ausschließlich. Das heißt, besagtes Vorhaben (zweifellos ein Urtrieb) entsprang einer alten Neigung von mir, andere Menschen aus der Nähe kennenzulernen, was sich in meinem Fall bereits vor der Pubertät, als ich gerade fünf Jahre alt war, zeigte. Da schlich ich eines Nachts in das Zimmer meiner Schwester, die beim Schlafen ein Nachthemd mit nichts darunter trug, und ohne dass sie etwas merkte, nahm ich eine visuelle Untersuchung ihres Unterleibs mit Hilfe eines Leuchtkugelschreibers vor, den sie in einem Kästchen mit Schulutensilien aufbewahrte. Viel konnte ich damit nicht erkennen. Trotzdem musste ich mich mit dem kleinen phosphoreszierenden Leuchtkreis zufriedengeben, denn wenn ich die Nachttischlampe angeknipst hätte, wäre meine Schwester von dem Knipsgeräusch vielleicht aufgewacht. Und so entdeckte ich, dass meine Schwester zwischen den Beinen eine Spalte hatte, aus der es leicht nach verdorbenem Fisch roch. Erst später wurde mir klar, dass dies nichts war, was im Krankenhaus genäht werden musste, so wie bei mir einmal ein aufgerissenes Knie; wenn man weiß, was ich meine.

Sobald ich Clara aus den Augen verloren hatte, fuhr ich in Richtung Reeperbahn und der sonstigen Orte, an denen man für die Sünde bezahlen muss. Ob Urtrieb oder nicht, ich wäre auf jeden Fall gefahren, denn es war Samstag, ich hatte ein paar Scheine in der Brieftasche, und ich war allein. Im Labyrinth der Straßen zwischen Hafen und Reeperbahn musste ich lange nach einem Parkplatz suchen. Ich wollte schon in einen anderen Stadtteil fahren, da entdeckte ich am Rand eines kleinen Platzes eine Parkmöglichkeit für drei oder vier Autos. Es war wie eine Fata Morgana. Nachdem ich mich vergewissert hatte, dass es nirgends Park- oder Halteverbotsschilder gab, parkte ich das Auto am Bordsteinrand. Da bemerkte ich eine Gruppe junger Leute, etwa zwanzig, von denen einige auf einer Bank saßen, andere im Gras lagen, die meisten von ihnen schwarz gekleidet. Im Licht einer Straßenlaterne glitzerten Ketten, Stacheln und anderer Metallschmuck an rebellischem Leder. Allein durch seine Gegenwart gelang es diesem unästhetischen Haufen, alle moralischen Werte der bürgerlichen Gesellschaft in einem Umkreis von wenigstens fünfzig Metern ad absurdum zu führen. Ich habe mitten in einer Utopie geparkt, dachte ich bei mir; aber auf mich könnt ihr nicht zählen, Jungs, denn ab einem gewissen Alter gibt man eine lächerliche Figur ab, wenn man als Gefährder der öffentlichen Ordnung auftreten will. Die revolutionäre Fackel hochzuhalten, wenn man die dreißig hinter sich hat, ist reiner Konservatismus. Es ist armselig und lächerlich, auf jugendlichem Eifern zu beharren, wenn sich bereits Haarausfall, dritte Zähne, Hämorrhoiden und andere Wehwehchen ankündigen, die unseren weiteren Alltag bestimmen werden. Ob man mit dreißig die Früchte seiner ideologischen

Ernte eingefahren hat oder nicht; auf jeden Fall sollte man sein Feld dann so weit bestellt haben, dass die nächste Generation es nach eigenem Gutdünken beackern kann. Die Hersteller von Sofas und Fernsehgeräten wissen, wie das geht.

Als ich diesen Gedanken nachhing, ging ein hochgewachsener dünner Junge mit einem Irokesenschnitt, der mir auch hätte gefallen können, an meinem Auto vorbei in Richtung der Gruppe. Einen Moment lang stellte ich mir vor, er sei mein Sohn und ich würde das Seitenfenster herunterdrehen und in einem Ton, wie er unter verständnisvollen Familienmitgliedern üblich ist, zu ihm sagen: «Hey, Johannes, die schöne Sommernacht genießen?» «Ja, Papa, ich hänge hier mit ein paar Freunden herum.» «Hast du auch deine warme Milch getrunken?» «Na klar, Papa, die vergesse ich doch nicht.» Der Junge ging Hand in Hand mit einem Mädchen im Minirock und schwarzen, an mehreren Stellen zerrissenen Strümpfen, durch die Flecken blasser Haut hervorschienen. Die eine Hälfte ihres Kopfes war kahl rasiert und die andere mit, ich weiß nicht, roten oder orangefarbenen Strähnen bedeckt. Um den Hals trug sie eine Art ledernes Collier mit Dornen. Mit einem Mal ahnte ich, dass diese jungen Leute, die zwischen herumliegenden Bierflaschen und gelangweilt blickenden Hunden unter einer Laterne zusammenhockten, der Grund für die vielen freien Parkplätze waren. Diese Vermutung brachte mich davon ab, den Motor abzustellen. Das Auto schien mich in seiner Sprache von Brummen und Vibrieren anzuflehen, es bitte nicht dieser Bande von Systemverweigerern auszuliefern. «Nur mit der Ruhe», antwortete ich ihm und legte den Rückwärtsgang ein. Ungefähr eine Viertelstunde kurvte ich durch die Straßen von St. Pauli, bis ich schließlich, direkt hinter dem Hotel Hafen Hamburg, ein Auto aus einer Reihe geparkter Wagen ausscheren sah und schnell seinen Platz einnahm.

Kurz danach, in der Davidstraße, raste eine Ambulanz in Richtung Reeperbahn und hinterließ auf der überfüllten Straße eine jaulende Sirenenspur. Auf dem Bürgersteig stand ein Betrunkener mit einer Flasche in der Hand und hieb sich die andere Handkante in die Ellenbeuge, als der Wagen vorbeifuhr. Dann nahm er lachend einen Schluck aus der Flasche. Vor einer türkischen Bar zerstreute sich gerade eine Ansammlung von Menschen, die Zeugen von ich weiß nicht welchem Vorfall gewesen waren. Ich wollte schon fragen; aber ich war noch nie ein Freund davon, mir Filme erzählen zu lassen. Mir reichte es schon, einen umgekippten Stuhl zu sehen und von ein paar Typen, die auf der Straße ihre Ansichten zum Besten gaben, das Wort «Messer» aufzuschnappen, um mir die ganze Geschichte zusammenreimen zu können. Ein Stück weiter, an der roten Absperrung der Herbertstraße, wurde ich von einer Dame des horizontalen Gewerbes hart angegangen. «Willst du ficken?» Ich brauchte zwei oder drei Sekunden, um zu realisieren, dass ihr rohes Auftreten nicht das Präludium für einen Überfall war. In demselben kratzigen Ton, der für eine Frauenstimme viel zu tief war, hätte sie sagen können: «Kohle her oder ich leg dich um.» Eine weitere Sekunde benötigte ich, um eine Art dunklen Schorf, der sich von ihrem Rücken zur Schulter und bis an den Hals hochzog, als tätowierten Drachen zu identifizieren. Ich stand kurz davor, ihr auf respektvollste Weise meine Zweifel an der Rechtmäßigkeit und Richtigkeit ihrer Frage kundzutun. Doch angesichts ihrer Arbeitszeiten sah ich davon ab, sie in eine Diskussion über bestimmte linguistische Nuancen zu verwickeln, da ich es auch nicht mögen würde, wenn sie zu mir nach Hause käme und mir, während ich Zwiebeln schälte oder den Rasen mähte, von ihrer letzten gut bezahlten Fellatio erzählte. Hätte in jener Nacht vor dem Eingang der Herbertstraße aber ein solches Gespräch stattgefunden (das möglicherweise für beide Teile aufschlussreich gewesen wäre), hätte ich argumentiert, dass ihre Frage nicht mit einem einfachen Ja oder Nein beantwortet werden könne, da sie viel zu vage sei. Zum einen ist es schon eine ungewöhnliche Hypothese, dass ein Mann bei klarem Verstand und selbst bei einem

Mangel an klarem Verstand seinen testikulären Vorrat nicht gern in eine adäquate Vertiefung ergießen würde. Frau Prostituierte, ich habe die menschliche Natur nicht erfunden, sehen Sie mich nicht so an! Soweit ich weiß, habe ich nie einen Moralkodex unterschrieben, und mit meinen Mitmenschen kann ich auch friedlich zusammenleben, ohne dass mir von Menschen oder Kirchen gemachte Strafen drohen. Mich zu fragen, ob ich ficken will, ist so, als würden Sie mich fragen, ob ich atmen will. Verstehen Sie bitte; es gibt lebenswichtige Funktionen, die nicht vom Gehirn gesteuert werden. So wie ich atme, schwitze, Speichel produziere, ejakuliere ich auch; und bitte, zwingen Sie mich nicht, hier auf offener Straße jede einzelne meiner Körperausscheidungen zur Sprache zu bringen. Bei allem Respekt, Frau Prostituierte, Sie hätten mich fragen müssen, ob ich mit Ihnen ficken will, oder mit dir, wenn in St. Pauli das Duzen üblich ist. Verstehen Sie?

Leider kam ein solches Gespräch nicht zustande. Mit sichtlicher Ungeduld sog die Vertreterin des horizontalen Gewerbes an ihrer Zigarette. Ich schätzte sie auf höchstens fünfundzwanzig, und der rauen Haut ihres dünnen Halses, ihrem bleichen Gesicht und anderen Merkmalen ihres mageren Körpers nach zu urteilen, hatte sie eine lange Suchtkarriere hinter sich. In ihren Pupillen brannte eine kalte Härte, die von den dicken Lidstrichen noch verstärkt wurde. Sie starrte mir in die Augen, als wollte sie dahinter meine Gedanken und Absichten lesen. Wahrscheinlich hatte sie mich von Anfang an einer bestimmten Kategorie von Männern zugeschlagen, die in ihr Berufsschema passten: der der Zögernden, Unterwürfigen, Naiven, die brav herausrücken, was immer nötig ist, um zu einem schnellen Koitus auf schmutzigen, mit Geschlechtskrankheiten infizierten Laken zu kommen. Ich wurde sie auf eine Weise los, die sie, schätze ich, am wenigsten erwartet hatte. Mit professioneller Sachlichkeit sagte ich: «Fünfzig Euro. Extras extra. Anal mache ich nicht.» Ich bemerkte ein kurzes verunsichertes Zucken ihrer aufdringlich geschminkten Lippen. Sie fand vermutlich keinen logischen Zusammenhang zwischen meiner kaltblütigen Bemerkung und dem Bild, das sie sich von mir gemacht hatte. Zweifellos um sicherzugehen, fragte sie: «Ich soll dich bezahlen?» Sie war alles andere als kräftig gebaut; aber ich hatte schon als Junge gelernt, dass man sich vor einer weiblichen Faust in Acht nehmen muss. Zwei Meter entfernt beobachtete uns ihre Nachbarin in der langen Reihe von Frauen aus den Augenwinkeln und spielte – oder tat so – mit ihrem Mobiltelefon. Ich hatte das ungute Gefühl, dass es auf diesem Nuttensteig ein Kommunikationssystem gab, eine Praktik von Abwehr und Angriff, wahrscheinlich unterstützt von in Autos oder hinter Gardinen lauernden Zuhältern, die jederzeit eingreifen konnten. Mit gezwungenem Lächeln ließ ich die Verwünschungen der verärgerten Frau über mich ergehen. Das übliche: Arschloch, Drecksau. Kleine verbale Schmutzspritzer in der Nacht. Ich wollte sie mit gespielter Strenge fragen, ob sie schon brav ihre warme Milch getrunken hatte; doch da zeigte sie mir bereits ihre Schulter mit dem monströsen Drachen und stellte sich schroff einem älteren Mann in den Weg.

Ich beschloss, meine anthropologischen Forschungen gleich nebenan in der Herbertstraße fortzusetzen. An beiden Enden von übermannshohen Metallwänden abgetrennt, wirkt die berühmte, sechzig oder siebzig Meter lange Gasse wie ein nachbarschaftlicher Hinterhof. Ich bin mir der Ungenauigkeit meiner Angabe bewusst und bedauere sie. Was hätte es mich schon gekostet, an jenem Abend ein Bandmaß mitzubringen! Mit der selbstlosen Hilfe irgendeiner Prostituierten oder eines freundlichen Puffbesuchers, die mir ein Ende des Maßbandes festgehalten hätten, derweil ich es über das Kopfsteinpflaster zog, hätte ich die Herbertstraße von einem Ende zum anderen genau ausmessen können. Ich gebe zu, als Forscher habe ich meine Defizite. Um auf die Absperrwände zurückzukommen: Vor kurzem las ich, die Idee zu ihrer Aufstellung stamme aus der Nazizeit. Und die Nazis haben, wie man weiß, alle Schlachten und Kriege verloren. Zu Ehren der Prostituierten muss aber auch erwähnt werden, dass sie die Ersten waren, die ihnen auf ganzer Linie eine Niederlage beigebracht haben. Meiner Meinung nach würde dieses Detail in den Geschichtsbüchern nicht fehlen, wenn sie mit einer eigenen Abordnung an den Konferenzen der Sieger in Jalta und später in Potsdam hätten teilnehmen dürfen. Auf den offiziellen Fotos vermisse ich immer noch den Anblick einer Frau mit tiefem Dekolleté und hochhackigen Schuhen zwischen Roosevelt, Churchill und Stalin, oder zwischen Letzterem und Truman und diesem Briten, dessen Namen ich immer wieder vergesse. Es ist bewiesene Tatsache, dass dem Verbot des horizontalen Gewerbes innerhalb der Grenzen des Dritten Reiches kein Erfolg beschieden war. Die Maßnahme konnte wahrscheinlich deswegen nicht gedeihen, weil die für ihre Durchführung Verantwortlichen nicht mit der nötigen Überzeugung zu Werke gingen. In St. Pauli haben sie, um den Schein zu wahren, die Damen des horizontalen Gewerbes in eine Straße gesperrt, wo sie dann im Schutz der Absperrungen selber sorglos vögeln und das Scheitern ihres repressiven Tuns mit dem geläufigen Argument bemänteln konnten, das deutsche Volk, das sich im unablässigen Kampf gegen den Bolschewismus, den Judaismus und die korrupten Demokratien aufgerieben habe, brauche seine Zerstreuung.

Da ich heute viel Zeit habe, meine Erinnerungen an die Reise mit Clara aufzuschreiben, die nach Wilhelmshaven gefahren ist, wo sie den Tag mit ihrem Vater verbringen will, werde ich mir bei der Beschreibung der Absperrungen der Herbertstraße keinerlei Beschränkung auferlegen. Das ist der Vorteil, wenn man nicht für ein Publikum schreibt; man kann sich über Nichtigkeiten auslassen, ohne Gefahr zu laufen, als Trottel hingestellt zu werden. Eigentlich erinnere ich mich, wenn ich jetzt darüber nachdenke, nur an die Absperrung der Davidstraße, das ist nämlich die einzige, durch die ich jemals gegangen bin. Für das Thema, das ich hier behandeln will, taugt wahrscheinlich aber auch die andere.

Da ich nicht die Absicht hege, noch einmal dorthin zurückzukehren, gebe ich mich mit den Informationen zufrieden, die mir die ... wie heißt sie? Erinnerung zur Verfügung stellt. Nach der tiefschürfenden Unterhaltung mit der Dame des horizontalen Gewerbes, die so freundlich war, sich für meinen sexuellen Appetit zu interessieren (was mir nicht jeden Tag passiert, schon gar nicht in dem Dorf, in dem ich wohne), begab ich mich zum Eingang der Herbertstraße. An beiden Seiten der Absperrung kann man auf großen Schildern lesen – einmal auf Englisch, einmal auf Deutsch –, dass der Zutritt für Jugendliche unter achtzehn und – zu meinem großen Erstaunen – für Frauen verboten ist. Von der Sinnlosigkeit dieses Satzes war ich sofort unangenehm berührt. Immer noch ging mir die ungenaue Frage im Kopf herum, die mir die Vertreterin des horizontalen Gewerbes gestellt hatte und die völlig entschuldbar war, weil für die korrekte Ausübung des Hurenberufs ja keine akademische Bildung vonnöten ist, da sah ich mich schon dem nächsten, diesmal der Nachlässigkeit städtischer Angestellter zuzuschreibenden Fall von Sprachverhunzung gegenüber. Eines möchte ich klarstellen. Nichts liegt meinen Absichten und Neigungen ferner, als mich als Sprachpolizist zu betätigen. Die Reinheit der Sprache ist mir völlig egal; angefangen bei meiner Muttersprache, der ich mich nur in meinen Schriften bediene, bis zum Deutschen, das heutzutage so voller Anglizismen ist, dass ich mich frage, warum ich den Umweg gemacht habe, sie zu lernen, wäre doch, wenn ich mich mit Deutschen verständigen wollte, Englisch der kürzere Weg gewesen. Mich ärgert nur, dass man mir eine schwammige Botschaft hinwirft, wie einem Hund einen Stock, damit er ihn zurückholt, als wollte man mir sagen: Na los, entziffere sie; eine Botschaft, die man neu zusammensetzen und justieren und sogar im Geiste vervollständigen muss, damit man sie so versteht, wie man sie gleich hätte verstehen können, wenn der, der sie formuliert hat, sich die Mühe gemacht hätte, sich präzise auszudrücken. Dieser Vorwurf richtet sich gegen keine konkrete Person, es sei denn natürlich, sie hat ein entsprechendes Amt inne oder trägt eine bestimmte öffentliche Verantwortung. Meinetwegen können die Leute sich ausdrücken, wie sie wollen. Mein Vater, zum Beispiel, hat willentlich sein ganzes Leben an der Grenze zur Sprachlosigkeit verbracht, was ihn aber nie daran gehindert hat, sich exakt auszudrücken. Ich will rasch ein Beispiel nennen, um diesen Exkurs zu Ende zu bringen. Beim Abendessen am Küchentisch sagte mein Vater manchmal mit zusammengebissenen Zähnen, und es klang eher wie ein Ächzen: «Gott!» Nur das: «Gott!» Aber wir alle verstanden ihn vollkommen. Ein Wort und eine Geste reichten ihm, um zu sagen, mein verdammter Rücken tut mir wieder weh, ich bin müde, diese Scheißsuppe ist versalzen, und um des lieben Haussegens willen soll mir bloß keiner querkommen.

Zurück zum Thema. Was erwartet ein Mann in der Hamburger Herbertstraße? Ich brauchte keine Umfrage abzuhalten, um das zweifellos Offensichtliche zu erkennen, dass nämlich jeder, der hierherkam, genau das suchte, was die Verbotsschilder am Eingang ihm vorenthalten wollten: Frauen. Genanntes Verbot ist – abgesehen von dem, was die Minderjährigen betrifft – offenbar ein Trick, der neugierige oder eifersüchtige Frauen fernhalten soll, die untreue Ehemänner verfolgen oder auf andere Weise den Arbeitsfrieden stören. Der Eintritt in die Gasse wird nicht von dem typischen Muskelmann vor Diskotheken bewacht, der bestimmt, wer reindarf und wer nicht. Hier kommt jeder rein. Es heißt allerdings, dass die in der Herbertstraße beheimateten Damen Spanner und schräge Kunden mit wassergefüllten Kondomen bewerfen, was mir nicht passierte, obwohl ich den rein wissenschaftlichen Charakter meines Besuchs immer wieder deutlich gemacht habe. So wissenschaftlich, dass ich meine Forschung am liebsten abgebrochen hätte und nach Bremen zurückgefahren wäre, weil ich über den missverständlichen Sprachgebrauch auf den Schildern an der Sperrwand so erbost war. Ich stellte mir vor, dass ich am nächsten

Tag mit Pinsel und einem Eimer Farbe bewaffnet zurückkäme und der Ungenauigkeit ein Ende machte, indem ich in meiner schönsten Schrift am Ende der Zeilen

ZUTRITT
FÜR
JUGENDLICHE
UNTER
18
UND
FRAUEN
VERBOTEN
DIE KEINE PROSTITUIERTEN SIND

schrieb.

Ich ging hinein. Da standen die Damen halbnackt, wie zum Verkauf bestimmte Ware in ihren beleuchteten Schaufenstern, einige saßen auf Hockern. Mein erster Eindruck war jedoch, dass ich mich in einen Aquarienpark verirrt hatte, in dem Nixen ausgestellt und angeboten wurden. Du gehst vorbei, und sie lächeln dich an oder rufen dich mit einer kleinen Kopfbewegung, mit lockender Verführermiene oder mit spielerisch herbeiwinkendem Zeigefinger zu sich heran, wenn sie nicht gleich das Fenster öffnen und dich unmissverständlich auffordern, näher zu kommen. Fast am Ende der Straße rief eine mir zu: «Komm her!» Mein Herz begann zu rasen, weil ich dachte, es sei Clara, die einzige Person, die normalerweise in diesem Ton zu mir spricht. Dann fragte sie: «Na, junger Mann, bist du in Stimmung?» Zum dritten Mal in wenigen Minuten musste ich einen Angriff auf die sprachliche Präzision erleben. In Stimmung wofür? Diese Schaufensterbewohnerin unterschied sich von den übrigen durch ihre äußere Aufmachung. Die anderen trugen Bikinis, Spitzenunterwäsche, minimale Textilien in bunten Farben, unter denen die letzten Reste verweigerter anatomischer Blöße hervorlugten. Sie aber war von oben bis unten in schwarzes Leder gekleidet, mit einem Jäckchen, das über der Brust mit Schnüren zusammengehalten wurde. Schwarze Schaftstiefel reichten bis zu den Knien. Das glatte schwarze Haar war straff zurückgekämmt und hinten zu einem Pferdeschwanz zusammengebunden. Dem Aussehen nach gehörte sie zu denen, die einen für Geld auspeitschen; eine lockere Tätigkeit, die ich bei einigen Menschen, die mir stets einfallen, unentgeltlich ausüben würde. Im Gegensatz dazu ist die Lust daran, mir Schmerzen zufügen, mich beschimpfen und erniedrigen zu lassen, nichts, was mich anzieht. Der im Schaufenster sagte ich, es tue mir wirklich leid, aber ich könne nicht zu ihr kommen, da ich auf der Suche nach Vanessa sei, und fragte sie, ob sie vielleicht wisse, wo ich sie fände. «Keine Ahnung», antwortete sie. «Die einzige Vanessa, die ich kenne, hat hier noch nie gearbeitet.» Das Scheingefecht amüsierte mich, sodass ich es noch ein wenig in die Länge zog. «Sie trägt das Haar so wie du. Sie ist Russin.» Sie schüttelte streng den Kopf. «Junger Mann, wir sind hier über zweihundert in der Herbertstraße. Glaubst du, ich kenne alle? Schau dich mal weiter hinten um. Wenn du deine Vanessa nicht findest, ich bin hier. Was ist mit euch Kerlen bloß los? Ihr seid heute alle so lustlos.» Ohne einen Cent auszugeben, amüsierte ich mich hier ganz prächtig. «Na gut», sagte ich mit niedergeschlagener Miene, «ich seh mal nach und komme vielleicht zurück.»

Dann war ich wieder draußen. Auf dem linken Bürgersteig der Davidstraße standen bis zum Burger King, mit dem Rücken zur Wand, über zwanzig Damen. Die wenigen Männer, die an ihnen vorbeischlenderten, wurden von jeder einzelnen angesprochen und am Weitergehen gehindert. Ihr Kundenfang war von der verzweifelten Aggressivität hungriger Raubtiere, die dazu führte, dass viele Männer auf die andere Straßenseite wechselten. Ich auch; um mich nicht der unverschämten Anmache des schamlosen Weibervolks auszusetzen, ging ich auf dem anderen Bürgersteig, der, frei von Nuttengezeter, zum Polizeirevier Davidwache führte. Ich ging in Richtung Reeperbahn, die «die sündige Meile» genannt wird, und fand mich in einer gemütlich dahinschlendernden Menschenmenge wieder. Von der anderen Straßenseite schrie man uns zu: «Kommt her, ihr Feiglinge!» Links und rechts blinkten Leuchtreklamen. Draußen vor den Bars war kein Sitzplatz mehr frei. Vor den Variétés standen lange Schlangen von Wartenden. Ich blieb einen Moment stehen und beobachtete einen abgerissenen Typen ungefähr meinen Alters, der um ein paar an einem Laternenpfahl lehnende Fahrräder stolpernde Runden drehte. Mit zu Boden gerichtetem Blick und unter ständigem Kopfnicken sagte er für sich, doch so laut, dass man ihn im Umkreis von einigen Metern verstehen konnte, immer wieder: «Warum?» Das war alles. Jeder Frage folgte ein drei- oder viersekündiges grummelndes Schweigen, dann wiederholte er im gleichen Ton: «Warum?» Vor der Tür einer Striptease-Bar lauschte eine Gruppe Touristen den Ausführungen eines Fremdenführers. Im Vorbeigehen spitzte ich die Ohren: «... mafiöse Strukturen, auch wenn Sie nichts davon bemerken.» Etwas weiter hockten sechs oder sieben Penner auf der Erde an der Wand, umgeben von Flaschen, Abfall und Ausgespucktem. Ihre aufgedunsenen Gesichter, ins Nichts gerichteten Blicke und dümmlichen Gesichter waren Ausdruck der Verwüstungen des Alkohols. Neben ihnen stand eine Frau und schrie einen der Betrunkenen an: «Nach Hause brauchst du nicht mehr zu kommen!» Ich war unendlich dankbar, dass an diesem Abend doch noch ein Mund eine klare und eindeutige Ansage formulierte. Danach ging ich in einen der vielen Sexshops, in der Hoffnung, ein Geschenk für Clara zu finden, die im September Geburtstag hat. Je mehr der ausgestellten Artikel ich befingerte, desto angebrachter wollte es mir erscheinen, ihr eine Teekanne zu schenken. Wie würde sie reagieren, wenn ich ihr – beispielsweise – einen künstlichen Penis überreichen würde, schön verpackt natürlich in Geschenkpapier und mit einer hübschen Schleife obendrauf? Problematisch dabei wäre für mich nicht, dass sie ihn mir an den Kopf werfen würde, sondern dass sie ihn dankbar annehmen könnte. Ich schämte mich, eifersüchtig auf eine Apparatur aus Latex mit venöser Oberfläche und regulierbarer Geschwindigkeit zu sein, und verließ den Laden, ohne etwas gekauft zu haben. Weiter unten begegnete ich einem Transvestiten, der lächelnd und mit übertriebenem Hüftschwung auf den Spott und die Pfiffe einer Horde biertrinkender Engländer reagierte. Ich war nahe genug, um zu hören, wie er «Arschlöscher» sagte. An die Engländer erinnere ich mich, weil ich ihnen eine halbe Stunde später wiederbegegnen sollte.

Ich bog in die Seitenstraße ein, die Große Freiheit genannt wird. Auf den ersten Blick schien sie mir günstige Bedingungen für Forschungen aufzuweisen, wie ich sie durchzuführen gedachte. Genau benennen könnte ich diese Bedingungen nicht. Vielleicht war es nur die Eingebung eines Abenteurers, der den Sand eines Bachbettes siebt und tatsächlich ein Goldklümpchen findet. Ein Instinkt, eine innere Stimme, ein wegweisender Engel flüsterte mir, dass es in einem der Erotik-Lokale, die sich auf der Großen Freiheit aneinanderreihten, exzellente weibliche Genitale zu sehen gab. Bei anderen Gelegenheiten beobachte ich Nasen oder Kinne, die ich überall finden kann, ohne dafür bezahlen zu müssen, dann bin ich auch schneller fertig. Die Beobachtung weiblicher Scham kann – aus Gründen, die keiner Erklärung bedürfen – nur unter gewissen methodologischen Schwierigkeiten stattfinden, daher praktiziere ich sie auch nicht so häufig. Und ebenfalls habe ich mir deswegen angewöhnt, die wenigen Gelegenheiten, die sich bieten, nicht ungenutzt zu lassen. Während ich unter den die Straße überspannenden Leuchtreklamen der Großen Freiheit dahinspazierte, gab mir die Gewissheit Mut, nahe an meinem Ziel zu sein. Vor den Türen der Lokale standen Herren in Anzügen, die die Vorübergehenden animierten, einzutreten und sich die Shows anzusehen. Wer stehen blieb, dem wurden wahre Wunderdinge erzählt, die man erleben konnte, sobald man durch die von den Herren bewachte Tür ging. Mein Misstrauen riet mir, gebührenden Abstand zu wahren. Und in mir vernahm ich eine Stimme, die sagte: Achte auf dein Geld, vergiss die Shows und das Amüsement, du bist zum Arbeiten hier. Die Straße war kurz. Bald war ich an ihrem Ende angelangt, wo die bunt blinkenden Lichter plötzlich aufhörten. Linker Hand gewahrte ich im Dunkel die Umrisse einer Kirche. Ich bezweifle, dass es da Muschis gibt, dachte ich. Und da ich nicht den geringsten Wunsch verspürte, mir Gewissheit zu verschaffen, machte ich so schnell kehrt wie jemand, der vor einem jähen Abgrund steht.

Als ich zurückging, bemerkte ich, dass ungefähr in der Mitte der Großen Freiheit vor einer kleinen Kneipe mehrere Leute von einem der langen Tische aufstanden, die auf dem Bürgersteig aufgestellt waren. Ohne zu zögern, ging ich hin und setzte mich, sobald er frei wurde, auf einen Platz an der Wand. Von dort aus konnte ich wunderbar die Straße überblicken, während ich mir die Kehle durchspülte, weil mir immer noch «Himmel und Erde» aus der Ständigen Vertretung aufstießen. Gleich darauf kamen andere und setzten sich an den Tisch, und ich dachte mir, wenn ich die Ohren spitze, erfahre ich aus deren Gesprächen vielleicht etwas Interessantes über die Lokale auf der Großen Freiheit. Ich bestellte mir ein Weizen, das in einem Halbliterglas serviert wurde, das oben breiter war als unten. Das kühle Bier mit seiner Schaumkrone schmeckte himmlisch. Völlig selbstvergessen und glücklich schnalzte ich mit der Zunge, was die beiden Männer um die dreißig, die neben mir und mir gegenüber saßen, wohl lustig fanden. Nach ein paar scherzhaften Bemerkungen stießen wir mit unseren Gläsern an und unterhielten uns ganz ungezwungen. Schon nach wenigen Worten stellte ich fest, dass sie nicht nur nette Kerle waren, sondern sich auch im Kiez gut auskannten. Von ihnen erfuhr ich, dass im Safari, dem nächstgelegenen Lokal, auf der Bühne richtig gefickt wurde. Ich weiß nicht mehr, ob sie sagten, der Eintritt koste fünf Euro; es war jedenfalls so wenig, dass mir unwillkürlich die

Beine zu zittern begannen. Dieses befremdliche, aber sehr angenehme Erschauern dauerte so lange, bis sie hinzufügten, dass ein Glas Mineralwasser im Safari fünfundzwanzig Euro kostete; mehr oder weniger so viel wie dreieinhalb Liter des köstlichen Biers, das vor mir stand. Sobald ich dies ausgerechnet hatte, erlosch für mich die Leuchtreklame des Safari-Elefanten über der Straße. «Der Trick», sagte einer meiner Tischgenossen, «wenn man das so nennen will, denn jeder, der ein solches Lokal betritt, sollte wissen, was ihn erwartet, liegt im Verzehr.» Dann verrieten sie mir den Kniff mit der Flasche Champagner für hundertzwanzig oder mehr Euro, die sie dir in ich weiß nicht welchen Spelunken auf der Reeperbahn abknöpfen, bestellt von einem Mädchen, dem du leichtsinnigerweise erlaubt hast, sich zu dir zu setzen. Und die Flasche bezahlst du, da kannst du sicher sein, es sei denn, du möchtest die Nacht in einer chirurgischen Ambulanz verbringen. In einem Nebenzimmer haben sie sogar einen Geldautomaten für den Fall, dass du knapp bei Kasse bist. «Wollt ihr mir etwa Angst einjagen?», fragte ich, und sie lachten, als wäre das mit der Gewalt, die sie mir geschildert hatten, nur halb so wild.

Ihr bevorzugtes Lokal war das Dollhouse, vor dessen Tür sich gerade eine Menge Leute drängte, die drauf warteten, eingelassen zu werden. Sie erzählten mir von Feierstimmung in einer Art Diskothekenatmosphäre; von Frauen, die in Käfigen erotische Tänze aufführten; von irgendwelchen Dollars aus Plexiglas für einen Euro das Stück, die man den Tänzerinnen in die Tangas steckt oder ihnen direkt an die Haut klebt, nachdem man den Chip mit der Zunge befeuchtet hat; von dem Motto des Lokals: ansehen, nicht anfassen; von der chirurgischen Perfektion der nackten Körper und dieses und jenes noch, und beinahe hatten sie mich schon überzeugt, als der links von mir etwas sagte, das mir die Lust aufs Dollhouse schlagartig nahm. Dass nämlich die Tänzerinnen, nachdem sie das letzte Stück Kleidung abgelegt hatten, ihre Scham offenbar mit den Händen bedeckten. Mir war sogleich klar, dass ein derartiger Betrug für meine anthropologischen Beobachtungen ein unüberwindliches Hindernis darstellte. Da ich aber irgendwie Zutrauen zu den beiden Fremden gefasst hatte, berichtete ich ihnen freimütig – allerdings mit gedämpfter Stimme –, was ich auf der Großen Freiheit zu finden hoffte. «In dem Fall musst du zu Susis Bar», antwortete einer der beiden, ohne zu zögern. Der Wirt hatte angefangen, Flaschen und Gläser vom Tisch abzuräumen. «Bei Susi ziehen die Mädchen doch alles aus, oder?» Ein dicker Typ mit rosigem Stiernacken beugte sich vom Nebentisch herüber: «Alles, bis auf die Schuhe.» Seine Kumpel am Tisch brachen in Gelächter aus. «Der Eintritt bei Susi ist heftig», sagte der neben mir. «Siebenundzwanzig oder achtundzwanzig Euro, ich bin nicht sicher, aber inbegriffen sind zwei Getränke.» «Nur eines, soviel ich weiß», widersprach der andere sofort. Ich war nicht sonderlich erbaut, meine privaten Pläne zum Thema einer öffentlichen Debatte gemacht zu sehen. Darum trank ich mein Bier aus und verabschiedete mich von meinen Gesprächspartnern, die friedlich weiterdiskutierten, ob Susis Kunden ein oder zwei Getränke für ihren Eintrittspreis bekamen. Ich werde das gleich selbst herausfinden, sagte ich zu mir.

Susis Show Bar befand sich am Anfang der Großen Freiheit, an der Ecke zur Reeperbahn. Oben an der Fassade war eine Leuchtreklame angebracht, in der eine Frau mit hochgerecktem Bein an der Stange für erotischen Tanz das i im Namen ersetzte. Draußen vor den Stufen bemühte sich ein elegant gekleideter Herr zwischen fünfzig und sechzig um Kundschaft. Ich näherte mich ihm so weit, dass er mich ansprach, und nahm zufrieden zur Kenntnis, dass er sich eines freundschaftlichen Tons bediente. Ich sagte ihm, ich wisse aus zuverlässiger Quelle, was der Eintritt ins Lokal koste, und legte ihm dar, was auszugeben ich maximal bereit sei; da erschlaffte seine freundliche Miene zu einer ungläubigen, schmerzlich berührten Grimasse. Achtundzwanzig Euro für zwei Getränke, das erschien ihm doch etwas wenig. Und als fürchte er, mich möglicherweise verärgert zu haben, fügte er mit den erlesenen Manieren eines Mannes, der den höflichen Umgang gewohnt ist, hinzu, für dreißig Euro könne er mir ein Bier und einen Schnaps anbieten. Wie ich ihn so geschmeidig daherreden hörte, empfand ich einen leichten Stich reinen Vergnügens. Wie wohl jeder von uns habe ich unterschiedlichste – darunter auch ungewöhnliche – Erfahrungen gemacht, doch noch nie im Leben war ich in so eine Art von Feilschen hineingeraten; ein Feilschen, das, wenn es nach mir gegangen wäre, die halbe Nacht hätte andauern können. Jetzt war es an mir, das Wort zu ergreifen, und ich sagte ihm, alkoholische Getränke kämen für mich nicht in Frage, da ich später noch Auto fahren müsse. Die Worte blieben mir beinahe im Halse stecken, und überrascht, beinahe beschämt, wurde mir der Wahrheitsgehalt meiner Aussage klar. Was tue ich hier, dachte ich, gebe dem Türsteher einer Striptease-Show Vertraulichkeiten preis? Ich hege die Vermutung, dass der Herr mein plötzliches Schweigen als Ultimatum auffasste. Jedenfalls schien er sichtlich interessiert, mich bei der Stange zu halten, denn er legte mir eine Hand auf die Schulter und nannte mit einladender Geste einen neuen Preis von fünfundzwanzig Euro, eine Coca-Cola inbegriffen. Bevor ich mich einverstanden erklärte, warf ich einen Blick auf meine Armbanduhr. Nicht dass mich die Uhrzeit interessierte; bei dem Licht konnte ich nicht einmal die Zeiger erkennen. Aber ich weiß, dass diese Geste zwischen zwei Gesprächspartnern unverzüglich eine hierarchische Ungleichheit heraufbeschwört. Wer auf die Uhr schaut, hat vermutlich noch etwas vor, eine Verabredung, eine wichtige Tätigkeit, während dem anderen wohl oder übel die Rolle des Nichtsnutzes zufällt, des Lästigen, der nur aufhält und stört. Er versuchte mir dann auch gleich den Mund wässrig zu machen, indem er mir von der Nummer vorschwärmte, die zwei höchst attraktive Mädchen soeben auf der Bühne von Susis Show aufführten. Ich hätte ihn an mich drücken können. Ein neues Angebot von dreiundzwanzig Euro akzeptierend, folgte ich ihm durch eine Tür mit dickem Vorhang ins Innere des Lokals. Er selbst servierte mir beflissen die Coca-Cola, die ich mit winzigen Schlucken und in Abständen, in großen Abständen, zu trinken gedachte, damit sie möglichst lange hielt.

Links vom Eingang gab es einen mittelgroßen Raum, in dem sich die Bar befand. Dahinter residierte eine Dame von gedrungener Statur, beträchtlicher Oberweite und etwa dem gleichen Alter wie der Herr an der Tür. Ich gewann den Eindruck, dass diese Dame mit dem unverwechselbaren Gebaren einer Chefin, Eigentümerin, Regentin, die Susi sein musste, die dem Etablissement den Namen gab. Mit Sicherheit werde ich es wohl nie wissen, aber es interessiert mich auch nicht weiter.

Gleich bei meiner Ankunft war um sie her ein Gewusel von Gesten und Anweisungen, die, wie ich bald feststellte, dem Verhalten einiger Kunden galten, über die ich mich später noch auslassen werde. Ich wandte mich, ohne zu zögern, nach rechts. Der Raum dort war in ein rötliches Halbdunkel getaucht, und auf einem Podest in der Mitte tanzte und entkleidete sich ein Mädchen im Rhythmus der Musik. Das Podest diente als Bühne. Der Form und ihrem Durchmesser nach ähnelte es den Kreisen für Kugelstoßer, wie man sie auf Sportplätzen findet. Der Unterschied bestand darin, dass es sich drehte, was mir im ersten Moment gar nicht aufgefallen war, und auch darin, dass die Tänzerinnen es zwar als Basis benutzten, aber nicht, um vier Kilo schwere Metallkugeln zu werfen, sondern mit der geschmeidigen und anmutigen Kraft ihrer schlanken Arme Slips und BHs herumschleuderten; was in gewisser Weise zwar auch sportlich war, jedoch kaum Chancen hatte, so viel ist mir klar, einmal olympische Disziplin zu werden. In einem Kreis um die Bühne standen mehrere Reihen gepolsterte und – wie im Übrigen das gesamte Mobiliar des Lokals – mit rotem Samt bezogene Sessel. Dahinter gab es zwei Reihen langer, im Halbrund aufgestellter Bänke mit Rückenlehnen. Die Halbkreise wurden durch ein Treppchen getrennt, das mit wenigen

Stufen zur nächsten, etwas höher gelegenen Reihe führte, in der ich mir einen Platz suchte. Die Bühne lag jetzt drei oder vier Meter von mir entfernt. An der Wand links von mir hing ein großer, ganz von Glühbirnen umrandeter Spiegel. In einer Ecke rechts von der Bühne saß ein junger Mann vor einem Computer und sorgte für die Musik, richtete die Scheinwerfer aus, bat per Mikrophon um großen Applaus für die Tänzerin, die gerade ihre Vorstellung beendet hatte, und kündigte die nächste an. Im Hintergrund sah man mehrere kurze Reihen von Sesseln neben dem Gang, der zu den Toiletten führte. Wahrscheinlich habe ich eine Menge Details vergessen; doch glaube ich, dass das Innere von Susis Show-Bar im Großen und Ganzen so aussieht, wie ich es beschrieben habe. Eine Fotografie hätte mich natürlich aller Zweifel entheben und mir die ausführliche Beschreibung ersparen können.

Anfangs empfand ich es als ganz angenehm, mich in Gesellschaft von fünfzehn oder zwanzig Personen zu befinden, die auf den Sesseln lümmelten. Ich dachte mir, im Schutz einer solchen Männerhorde würde meine Anwesenheit nicht groß auffallen, was eine Zeitlang auch so war. Alle Sessel um das Tanzpodest herum waren besetzt, die restlichen Besucher verteilten sich auf den Bänken, die mit Slips und BHs bekleideten Stripperinnen flachsten mit den einen oder anderen, was in Susis Bar ganz üblich zu sein schien. Mit der Zungenspitze nippte ich einen ersten Tropfen meiner Cola. Sekunden später entledigte sich die derzeitige Tänzerin – wobei sie die Beine reckte und streckte – ihres Tangas und verschwand im Licht blendend aufflammender Scheinwerfer so schnell von der Bühne, dass ich ihre Scham nicht sehen konnte. Hier muss man besser aufpassen als in einem Schützengraben, sagte ich mir. Ich nahm wieder ein Schlückchen von meiner Cola, das sich auch ein Schmetterling hätte einverleiben können. Ich hatte den Eindruck, die Tänzerin sei auf irgendwie unnatürliche Weise von der Bühne verschwunden. Im Klartext: von der Bühne geflohen. Etwas ging vor – ich wusste nur noch nicht, was –, das die erotische Illusion, die man in einer solchen Atmosphäre erwartet, störte und zunichtemachte. Ich saß noch keine Minute, da bestätigte sich mein Verdacht.

Auf der Verlängerung meiner Bank, jenseits des Treppchens, stülpte sich einer, der entfernt wie ein Mensch aussah, plötzlich einen Champagnerkübel über den Kopf. Zwei Exemplare derselben Spezies, die neben ihm saßen, lachten und krakeelten, und einer von ihnen sprang auf und trommelte auf dem Champagnerkübel herum. Auf der gegenüberliegenden Bank hielt sich ein Dritter die Hände wie einen Trichter vor den Mund und rief irgendwas herüber, das die neben ihm Sitzenden zum Lachen brachte. Mir wurde klar, dass sich da eine ganze Gruppe amüsierte. Die von drüben riefen denen auf meiner Seite etwas zu, woraus man nur schließen konnte, dass sie alle Kumpel waren. Ich wandte den Blick von der Tänzerin und nahm die Kerle näher in Augenschein, wobei mir auffiel, dass sie Englisch redeten. Wegen der Musik hatte ich das vorher nicht wahrgenommen. In der Folge sah ich in das Gesicht von einem, der unentwegt Lärm machte und sich auf seinem Sessel vor der Bühne ausgesprochen kindisch gebärdete, und da erkannte ich, dass dies die Engländer waren, die vor einer halben Stunde hinter dem Transvestiten hergepfiffen hatten. Die Engländer waren – man möge mir die Redundanz nachsehen – besoffen. Die Alkoholmenge, die sie intus hatten, teilte sie in zwei deutlich unterscheidbare Gruppen: die der schreienden Radaubrüder, die keine Ruhe geben konnten, und die der Benommenen, die nicht einmal in Gegenwart eines schönen nackten Mädchens die Augen offen halten konnten. Mir war es jetzt nicht mehr möglich, mich mit ganzer Aufmerksamkeit den nackten Körpern zu widmen, die sich auf der Drehbühne abwechselten, vor der sich ein halbes Dutzend Kinder von etwas über dreißig Jahren wie Halbstarke aufführten. Einer bückte sich, um der Tänzerin zwischen die Beine zu linsen, ein anderer formte mit den Händen voluminöse Brüste in der Luft, und weiter drüben heizte einer den ganzen Budenzauber mit irgendwelchen Unverschämtheiten an, während hier und da einige der Show den Rücken kehrten, sich lachend unterhielten und mit ihren Bierflaschen anstießen. Hinter mir stritt sich einer mit der Chefin des Lokals, die ich mit vergeblicher Strenge sagen hörte: «*You have to pay here.*» Der Engländer weigerte sich, bis ein Landsmann versöhnlich eingriff. Der zahlte die Rechnung, direkt neben mir rülpste einer, die anderen stimmten ein Lied an, und kurz darauf verließ die lärmende Truppe das Lokal.

Bei dem Klamauk, den die Engländer veranstalteten, während sie zum Ausgang schlurften, musste die Show unterbrochen werden. Ich nutzte die Gelegenheit für einen Gang zur Toilette, wo ich in einem Urinal in Form eines offenen Mundes Wasser ließ. Als ich zurückging, begann eine neue Vorstellung. Ich nahm mein Glas Cola und setzte mich in die vordere Bankreihe, etwa zwei Meter von der Nische des Ton- und Lichtmeisters entfernt. Die Sessel um das Podest herum waren jetzt leer. Wenn ich der Tänzerin durch die Beine schaute, konnte ich im gegenüberliegenden Spiegel mein Gesicht sehen. An die genaue Zahl der nach dem Abgang der Engländer verbliebenen Zuschauer kann ich mich leicht erinnern: mich eingerechnet waren es drei. Die beiden anderen saßen auf verschiedenen Bänken in der Nähe des Gangs. Ich schätze, dass jeder von ihnen doppelt so alt war wie ich. Außer dem Alter hatten sie die wenigen Haare auf dem Kopf gemeinsam, das runzelige Gesicht und den wehmütigen Funken in den müden Augen, wenn sie ihren Blick auf die anmutigen jungen Frauenkörper richteten, obwohl ich zugeben muss, dass ich Letzteres vielleicht ganz unbewusst hinzugedichtet habe. Einer der beiden, der eine graue Strickjacke trug, stand jetzt auf und näherte sich der Bühne. Ich konnte nicht sehen, ob er auch Pantoffeln trug, aber gewundert hätte es mich nicht. Sein aufgeregt hüpfender Schritt verriet, wie waghalsig er sich dabei vorkam. Im Licht der blinkenden Scheinwerfer schimmerte ein Zwanzigeuroschein, der zwischen zwei mageren Fingern klemmte. Die Tänzerin erkannte sogleich, was der Alte vorhatte, hörte auf, die Hüften kreisen zu lassen, und zog das Gummi ihres Tanga nach vorn, damit er wie ein alter Lustgreis seine Spende in die improvisierte Spardose stecken konnte. Da hat er ja was, dachte ich, womit er morgen im Speisesaal des Altenheims angeben kann. In diesem Augenblick setzte sich eine der Tänzerinnen zu mir, und ich könnte mir vorstellen, dass sie dazu vertraglich verpflichtet sind. Da ich kein Freund unmöglicher Träume bin und außerdem fürchtete, die Zuneigung und die nackten Beine des Mädchens könnten zu einem Trick gehören, der mich zur Bestellung eines teuren Verzehrs bewegen sollte, sagte ich ihr, wie schon eine Weile zuvor zu einer Berufsgenossin, sie solle es nicht persönlich nehmen, aber ich bliebe lieber allein. Ohne ihr Lächeln zu schmälern – es im Gegenteil sogar noch in die Breite ziehend –, versicherte sie, das verstehe sie, und als sie sich erhob, gab sie mir einen freundschaftlichen Klaps aufs Knie, als wollte sie sagen: guter Junge, oder: endlich mal ein vernünftiger Typ, oder: wurde auch Zeit, dass mir ein weiterer nach Alkohol (oder, schlimmer noch, nach «Himmel und Erde») stinkender Möchtegernfreier erspart bleibt. Danach suchte niemand mehr meine Nähe.

Nach einer neuen Runde lesbischer Pantomime stieg die Tänzerin auf das Podest, die sich kurz vorher zu mir gesetzt hatte. Sie wurde mit dem vermutlichen Künstlernamen Tania oder Angelique oder Ähnlichem angekündigt. Nicht an den Namen, aber an sie erinnere ich mich, weil sie jedes Mal, wenn ihr Gesicht in mein Blickfeld geriet, mich anlächelte oder eine anzügliche Bewegung improvisierte, während sie, wenn die Showbühne sie zu den – Pardon – Tattergreisen drehte, sich in dem Wandspiegel betrachtete, als tanzte sie nur für sich, was ich auch bei den vorherigen Tänzerinnen beobachtet hatte, die wahrscheinlich nur die unangenehme Gegenwart der Engländer vergessen wollten. Sie begann ihre Show damit, dass sie ihre kastanienbraune Mähne, die sich in langen Locken über ihre Schultern ergoss, durch die Luft peitschte. Mich irritierte ein spaßiger Gruß, den der DJ übers Mikrophon zu ihr schickte, und zwar so sehr, dass ich versucht war, ihm oder seiner Chefin zu erklären, dass Erotik, Poesie und überhaupt Äußerungen, denen ein Hauch von Inbrunst innewohnt, durch triviales Lachen nur beschädigt werden und dass ich das nicht sage, weil Lachen mir zuwider ist. Ich lache gern. Wahrscheinlich ist Lachen das, was ich im Leben am liebsten tue. Sogar auf dem Sterbebett hätte ich gern den Mut, einen letzten Lacher loszulassen. Aber Obacht; manchmal weiß ich auch andere, weniger laute, aber genauso erregende Empfindungen zu schätzen. Den Rausch der Ekstase, zum Beispiel. Die warme, feierliche Intensität langsamer Lust. Mich in einem Kino- oder Theatersaal zu Tränen rühren zu lassen. In einem Moment gemeinsamer Intimität die Augen zu schließen. Still ein schönes Bild zu betrachten, eine schöne Landschaft, einen schönen Körper.

Zum Glück ging die Show ohne weitere Störung vonstatten. Das Mädchen (zweiundzwanzig, dreiundzwanzig Jahre?) warf mir vom erhöhten Podest aus einen dieser durchdringenden Frauenblicke zu, die alles Mögliche bedeuten können, außer Gleichgültigkeit. Ich tanze, ich ziehe mich aus, und da bist du. Bei diesem Gedanken zog ich blitzschnell meine Zunge aus der Coca-Cola, die längst nicht mehr so prickelnd wie am Anfang war, und gab der Tänzerin mit einer leichten Kopfbewegung zu verstehen, dass mich die Botschaft ihrer Augen erreicht und sie mir gefallen hatte, wenngleich ich nicht die leiseste Ahnung hatte, worin diese Botschaft bestand. Zum ersten Mal, seit ich das Lokal betreten hatte, kam ich zu der Überzeugung, dass hier endlich die richtigen Bedingungen für eine zufriedenstellende, nüchterne, wissenschaftliche Beobachtung gegeben waren. Das einzig Störende waren die rot und blau zuckenden Scheinwerferlichter, die einige anatomische Details der Tänzerin verschummerten. Dem Typen am Mischpult gab ich ein Zeichen, als wollte ich mir Zeige- und Mittelfinger in die Augen stoßen, und er verstand. Ich dankte ihm mit erhobenem Daumen für die Freundlichkeit, noch zwei weiße Scheinwerferlichter auf die Bühne zu richten. Die Tänzerin gewann dadurch an Präsenz, an Ausdruck, an Weiblichkeit, und ihre Kolleginnen applaudierten und feuerten sie an. Alles an ihr war schlanke, vom Zahn der Zeit noch unberührte Jugend. Sie hatte ein hübsches Gesicht, sympathisch und voller Anmut. Ich könnte bis morgen hier sitzen und Seite um Seite mit Komplimenten für sie füllen, ohne genug zu bekommen, und das nicht nur wegen des zufälligen Umstands, dass sie von der Natur mit einem angenehmen Äußeren beschenkt worden war, sondern auch und vor allem wegen der Unbefangenheit, der Leichtigkeit und der verführerischen Eleganz, mit der sie sich auf dem kleinen Podest rekelte. Nicht ein Hauch kalter Routine ging von ihr aus. In einem beständigen Ausdruck ehrlicher Freude hielt sie die Lippen halb geöffnet, und zwischen ihnen schimmerte das betörende Weiß ihrer Zähne. Ihre Lider bewegte sie mit natürlichem Charme. Ihre Augen strahlten vor Vergnügen, und dann wieder schauten sie verträumt, verloren in einer Landschaft, einer Vision, einer Wirklichkeit, zu der keiner der Anwesenden Zugang hatte. Ihr dezent geschminktes Gesicht war frei von jenem Ausdruck geheuchelter Lüsternheit, den sie in der vorherigen Show aufgesetzt hatte, als sie von der Horde Engländer umringt war.

Ich bemerkte, dass ich selbst zu einem Problem für die akzeptable Weiterführung meiner Beobachtungen wurde. Meine Bewunderung hatte mich unerwartet ins Grenzgebiet erotischen Verlangens abgedrängt – mit dem damit einhergehenden Schwund von Verstandestätigkeit. Ich weiß nicht, wie es anderen geht; aber mir fällt es schwer, mich mehr als rein manuellen Tätigkeiten zu widmen, wenn ich eine Erektion habe. Rasche Abhilfe war vonnöten. Da ich kein besseres Gegenmittel zur Hand hatte, versuchte ich, mich den Stricken der Wollust zu entwinden, indem ich zuerst einen großen Schluck von meiner Coca-Cola nahm und dann einen der im Glas schwimmenden Eiswürfel lutschte. Ein paar Löffel Tütensuppe wären vielleicht wirksamer gewesen. Oder eine

Portion gebratener Champignons vom Vortag. Die unsinnigen Gedanken und die Kälte des Eises brachten mir meinen klaren Verstand zurück. Nachdem ich den Sinn für die Wirklichkeit wiedergefunden hatte, richtete ich mich auf und war entschlossen, zuzuschauen, ohne zu fühlen. Weiß man, was gemeint ist? Zuschauen mit objektivem, gleichgültigem, entmenschlichtem Blick. Die Taktik erwies sich als richtig. Ungerührt schaute ich zu (so wie ich jetzt beim Schreiben den Toaster oder die Kaffeekanne anschaue), wie das Licht der Scheinwerfer über die sanft gebräunte Haut der Tänzerin glitt, ihre Gliedmaßen umschmeichelte oder wie blinkende Spots über die Gelenke zuckten, die für die Bewegungen der Tänzerin verantwortlich waren. Die Tänzerin war nur in ihrer Reizwäsche aufs Podium gestiegen. Die jugendlich straffen Brüste, die ohne plastische Tricks auskamen, steckten in einem schwarzen BH mit einer Borte aus silbriger Spitze und einem ebenfalls silbernen Schleifchen in der Mitte. Der schwarze Tanga mit einem Faltenröckchen darüber war hinten nicht mehr als ein Bändchen zwischen den Pobacken. Außerdem trug sie hochhackige Schuhe mit spiralförmig bis über die Knöchel reichenden Schnüren und um den schlanken Hals ein mit Perlen besetztes schwarzes Band.

Man musste annehmen, dass die Natur, die insgesamt so viele schaurige Gestalten hervorbringt, sich bei der Schaffung dieses Frauenkörpers besonders ins Zeug gelegt hatte. Außer wohlgeformten Körperproportionen, die so aufeinander abgestimmt waren, dass ein Menschenwesen von ungewöhnlicher Schönheit entstand, hatte sie es darüber hinaus mit einer lebenssprühenden Vitalität ausgestattet, die jeden bezauberte. Diese Vitalität zeigte sich auf denkbar eleganteste Weise in den verschiedenen Tanzfiguren, in weichen, bizarren Schlangenbewegungen, im Kreisen und Zucken, im Zeigen und Verbergen, im Schwung ihrer Lockenpracht, in den erstarrten Posen. Ich sehe sie jetzt vor mir, als sie noch keines ihrer Kleidungsstücke abgelegt hatte, das Kinn hoch erhoben, sodass sich der mit dem Perlenband umkränzte Hals hingebungsvoll streckte. Der halb geöffnete Mund ist – je nach wann und wie – die Vulva des Gesichts, mit der uns die Frauen manchmal mehr sagen, als sie aussprechen. Eine Hand lag auf ihrer Hüfte; die andere spreizte sich auf dem Oberschenkel, als wollten die langen, weiß lackierten Fingernägel aus welchem Grund auch immer die Haut aufkratzen, wobei der schlanke gebogene Daumen den Genitalbereich streifte und auf ihn zeigte, jawohl, er streifte ihn, und er zeigte darauf, Letzteres möglicherweise wie unbeabsichtigt, was meiner Aufmerksamkeit trotzdem nicht entging, wie auch ein Niesen oder jede andere auffällige Körperreaktion mir nicht entgangen wäre, denn für einige Dinge mag ich blind oder zu blöd sein, für die, die mir wirklich wichtig sind, aber nicht.

Nun begann das zweite der beiden Musikstücke, die jeden Auftritt untermalten, und die Tänzerin beugte sich, die Beine auseinandergestellt, weit nach vorn und führte ihre Hände zum Rücken. In dieser Haltung löste sie blitzschnell den Verschluss ihres BHs, warf den Oberkörper hoch und richtete sich wieder auf, den herabgleitenden BH fest an die Brust gedrückt. In dieser Haltung vorgeblicher Schamhaftigkeit schritt sie einmal das komplette Bühnenrund ab und spielte die Komödie so gut, dass es tatsächlich aussah, als brächte das Bestreben, die kleinen Brüste bedeckt zu halten, ihre Schritte aus dem Takt der Musik. Einen Moment lang glaubte ich, sie würde den beiden Alten eher als mir die Ehre erweisen, ihre Brüste zu zeigen. Was mich überhaupt nicht gestört hätte. Ehrlich. Ich hätte meine Zustimmung sogar hörbar kundgetan. Ich bin so einer, der in Bussen oder Straßenbahnen aufsteht und einer Schwangeren, einer Mutter mit Kind, Alten oder Leuten mit Krücken seinen Platz anbietet. Die Tänzerin wählte eine salomonische Lösung und warf den BH fort, als sie den Gang, der zu den Toiletten führte, vor sich hatte, sodass ich eine und die gegenüber die andere Brust im Profil sehen konnten. Sie ließ den BH auch nicht mit nachlässiger Geste fallen, wie ihre Kolleginnen das taten und wie sie es bei ihrem vorigen Auftritt getan hatte, als sie von den Engländern umringt gewesen war, sondern warf ihn energisch von sich, über die Drehbühne hinaus, wie jemand, der sich eines lästigen Kleidungsstücks entledigt. Ich war versucht, in den Applaus und die Juhuus ihrer Kolleginnen einzustimmen.

Ich stelle fest: Brüste, zwei, eine links, eine rechts. Metaphorischer Inkontinenz werde ich mich verweigern, dieses Laster entspricht nicht meinem Temperament. Es waren zwei Brüste und nicht zwei Äpfel oder baumelnde Birnen. Jung und straff waren sie, keine von Adern durchzogenen Titten; die eines Mädchens, nicht einer schwangeren Frau. Brüste, wie man sie heutzutage im Kino, in Illustrierten, in der Fernsehwerbung sieht. Man erregt sich ja längst nicht mehr beim Anblick zweier fleischlicher, von rosigen oder braunen Knoten gekrönter Erhebungen. Brüste, als gehörten sie gar nicht mehr zu weiblicher Nacktheit. Durch das Brechen aller möglichen Tabus sind wir in Europa mit der äußeren Erscheinung des menschlichen Körpers so vertraut geworden, dass er keinerlei Zauber mehr birgt. Man sieht Brüste, Ellenbögen und Hälse, dann sieht man Straßenlaternen, Eisenbahnen oder Pferde, setzt ungerührt seinen Weg fort, und die Welt dreht sich weiter. Ich habe den Eindruck, dass man im heutigen Westeuropa einem Gynäkologen über die Schulter schauen muss, wenn man weibliche Intimität sehen will. Als wäre die Nacktheit ein See, der bis auf einen letzten Rest in der Genitalsenke langsam ausgetrocknet ist. Es kommt noch dahin, dass Neugierige sich um Operationstische drängen, um beim Anblick aufgeschnittener Leiber jene alten Empfindungen wiederzubeleben, die das Verbotene, das Sündige, das Heimliche auslöst, das unsere Vorfahren geängstigt oder in Erregung versetzt hat. Wie auch immer; ich hatte Susis Bar nicht aufgesucht, um Brüste zu betrachten. Andererseits wäre es unhöflich gewesen, sie jetzt, da sie mir dargeboten wurden, unbeachtet zu lassen, zumal die Tänzerin, als sie direkt vor mir stand, die Arme in die Höhe reckte, um sie voll zur Geltung zu bringen; eine freundliche Geste ganz offensichtlich, der kavaliersmäßig

Anerkennung zu zollen ich für angebracht hielt. Nur ein leichtes Kopfnicken, nichts Übertriebenes.

Ihre Hände, die gerade noch verloren in den Locken ihrer Mähne gewühlt hatten, umspielten jetzt zärtlich den schlanken Hals und verbargen sich ein paar Sekunden lang im Nacken, bevor sie an beiden Seiten des Körpers hinunterglitten und dessen Rundungen lustvoll nachzeichneten. Ich darf nicht vergessen, aufzuschreiben, dass die Tänzerin zu diesem Zeitpunkt eine Miene inneren Seufzens aufgesetzt hatte, wie Menschen es tun, wenn sie eine heilende Wunde haben, die zu jucken beginnt. Man kann sich das vielleicht vorstellen. Diese Miene hatte eine etwas verunstaltende Wirkung, was für eine hübsche und sympathische junge Frau nur ein vorübergehendes Phänomen ist, das keine größeren Konsequenzen nach sich zieht. Diese mimischen Verunstaltungen waren, wie ich argwöhne, ein professioneller Kniff, mit dem sie den beiden Alten und mir zu verstehen geben wollte, das sie innerlich vor Lüsternheit glühte; dass sie – von einer unwiderstehlichen Sinnlichkeit ergriffen – unmöglich irgendeinen Anschein wahren oder auf die choreographischen Erfordernisse ihrer Arbeit achten noch diese Grimassen einer sich vor Leidenschaft verzehrenden Frau unterdrücken konnte. Die nachlassende professionelle Qualität ihrer Vorstellung aufgrund enthemmter sexueller Erregung war gut gespielt, und sie hatte ihre Achseln rasiert.

Ihre Hände schlängelten sich zum Bauch entlang bis unter den Nabel, wo sie ein beunruhigendes Gewimmel von Fingern und Fingernägeln bildeten. Mit einer jähen Drehung beider Handgelenke richtete sie die jetzt abgespreizten Daumen auf den oberen Rand des Tangaröckchens, als hätte man sie aufgrund kameradschaftlicher Abstimmung zu einem Raubzug ausgeschickt. Sie waren schon unter das Gummi gehakt, als die Tänzerin mir den Rücken zukehrte. Damit hatte ich sie aus dem Blick verloren, doch das nur für kurze Zeit, denn wenn sie den Kopf zur Seite neigte, konnte ich sie ungehindert im Spiegel gegenüber betrachten. Dabei sah ich auch mein Gesicht und grüßte mich. Ich mag mich ja. Aus den Lautsprechern erklang ein zur Atmosphäre passendes Instrumentalstück mit dominantem Klavier in dezenter Begleitung von Bass und den Besen des Schlagzeugers. Der sanfte Rhythmus umwob die Show mit einem Flair von angenehmer, harmonischer Intimität. All das schien mir mit einem Mal zunichtegemacht, als plötzlich rotes Scheinwerferlicht aufflammte. Ich fuhr herum und warf einen besorgten Blick zu dem Typen mit der Musik, der jedoch nichts zu bemerken schien und nur mit seinen Tasten und Knöpfen beschäftigt war. Das rote Licht legte sich wie Patina auf die Haut der Tänzerin. Zum Glück wurde es wegen seiner geringen Leuchtkraft vom weißen Scheinwerferlicht leicht überdeckt, sodass ihre Schönheit jetzt wie in einer Glocke aus unwahrscheinlich farbigem Lichterglanz erstrahlte.

Nun ließ die Tänzerin rhythmisch ihre Pobacken schwingen, was zu interessanten Lichtreflexen führte. Während die erhobene Pobacke rot aufzuglühen schien, verblasste das weiße Licht auf der glatten Rundung der anderen, und so ging es abwechselnd, als spielten die beiden untereinander ein munteres Signallampenspiel. Dieses Blinken beleuchteter Haut hörte auf, als die Tänzerin mit gespreizten Beinen innehielt und sich weit nach vorne beugte. Da sah man zwischen den Pobacken deutlich den schwarzen Streifen Stoff mit silbernem Spitzenbesatz, der Rosette und Genital bedeckte. Ich weiß, wovon ich schreibe; ich befand mich in eineinhalb Meter Entfernung direkt dahinter. Mit dem Aufrichten ihres Körpers unterbrach die Tänzerin die Drehung, die sie auf dem Podest vollführte, was die beiden Alten durchaus als Unhöflichkeit hätten auffassen können. Sie standen aber nicht auf und protestierten, denn das war gar nicht nötig. Hatte ich mich nicht vor einer Minute ebenfalls mit der Rückansicht der Tänzerin begnügen müssen? Ich konnte nicht sagen, ob sie mich ansah und mir zulächelte, denn meine Aufmerksamkeit war ganz vom Spiel ihrer Daumen in Anspruch genommen, die sich im Innern des Tanga von der Bauchmitte nach außen bewegten und gleich wieder zum Zentrum zurückkehrten und bei diesem Kommen und Gehen wie unbeabsichtigt den Ansatz des Schambeins sehen ließen. Plötzlich schob sich eine Hüfte zur Seite, und um das Gleichgewicht des Körpers wiederherzustellen, stellte sich das gegenüberliegende Bein weiter nach außen. Dann ging alles so schnell, dass ein Blinzeln mir beinahe diesen absoluten Höhepunkt der Show geraubt hätte. Die Beine weit auseinandergestellt, entledigte sich die Tänzerin mit einer blitzschnellen Bewegung ihres Tangas, und im selben Moment erlosch eines der weißen Scheinwerferlichter. Ich bezweifle, dass der Typ am Pult sich das getraut hätte, wenn die Engländer noch im Lokal gewesen wären. Der Tanga mit seinem Röckchen flog durch die Luft. Zum Glück war der andere Scheinwerfer noch an. Und da war – das dunkle Dreieck des Schamhaars teilend – der vertikale Spalt, den ich als Kind heimlich bei meiner Schwester gesehen und geglaubt hatte, dass man ihn den Mädchen grausamerweise bei der Geburt beibringt, wenn man ihnen gewaltsam die Beine trennt, weshalb ich mich freute, ein Junge zu sein. Ich konnte nicht anders, als mich für den ausgezeichneten Ausgang meiner Beobachtungen zu beglückwünschen. Sollte es diese stille Befriedigung sein, die ein alter Freund von mir, ein Hobbyornithologe, empfand, wenn er auf Berge stieg, sein Leben über Abgründen riskierte und ein Vermögen für Reisen ausgab, deren einziger Zweck es war, in seinem Fernglas den flüchtigen Anblick einer seltenen Vogelart, eines Raubvogels, eines von ihm mit unerschöpflicher Geduld gesuchten, ich weiß nicht welchen Rabens zu erhaschen? Ich belächelte ihn manchmal, genau wie die anderen, und lachte, wenn wir beisammensaßen und irgendein Schlaumeier ihn fragte, ob er auch Küken in Hühnerfarmen besuche, oder ihm einen liederlich aus einer Serviette gefalteten Vogel auf den Kopf setzte und sagte: «Guck mal, ein Strauß, der fliegt.» Er ertrug unser Gelächter, ohne sich darüber aufzuregen, lächelnd sogar, weil er vielleicht wusste, dass er aus diesen Späßen stets als Sieger hervorging. Am Ende schaute er uns mit seinen gütigen Augen an und sagte mit sanfter Stimme, als müsse er sich entschuldigen: «Wenn ich den gesuchten Vogel finde, bin ich einfach glücklich.» Was sollten wir darauf antworten? Dass er sich irrte? Dass er in Wirklichkeit ein armer Spinner war? Dann gab ihm einer im Namen aller einen freundschaftlichen Klaps auf die Schulter, der besagte, dass wir ihn nicht böswillig ausgelacht hatten, und daraufhin wandten wir uns dem unerschöpflichen Thema Fußball zu oder, im Sommer, dem Radsport.

In Susis Bar erinnerte ich mich an diesen Freund (den ich seit mindestens fünfzehn Jahren nicht mehr gesehen habe), weil auch ich in gewisser Weise meinen gesuchten Vogel gefunden hatte, nur mit Haaren anstatt mit Federn. Im Angesicht der nackten Frau erfüllte es mich mit großer Zufriedenheit, mein Ziel erreicht zu haben. Einen Moment lang spürte ich schwache Anzeichen eines Bamm-Moments, der sich aus den verschiedensten Gründen aber nicht entfaltete. Hier die wichtigsten: das rote Scheinwerferlicht, das mich wahnsinnig machte; der entmutigende Anblick des Alters in den Sesseln mir gegenüber; das lauwarme Getränk und natürlich auch die dreiundzwanzig Euro Eintritt, die ich aus der Reisekasse genommen hatte; eine Ausgabe, die mir zwar keine großen, aber doch anhaltende Gewissensbisse machte. Die Tänzerin, die nur ihre hochhackigen Schuhe und das Perlenhalsband trug, führte die Show noch eine halbe Minute fort. Die erotische Spannung, der Zauber und das Versprechen baldiger Nacktheit waren verflogen, so wie es Naturgesetz des Horizonts ist zu verschwinden, sobald man ihn erreicht hat. Nun ohne jede Versteckmöglichkeit, bewegte sich die Vaginaspalte von einer Seite zur anderen, vielleicht so wie die Vögel meines Freundes, die ihre im dichten Laub der Baumkronen oder in unzugänglichem Gelände versteckten Nester aufgeben mussten und ziellos hin und her fliegen, ohne im Tageslicht oft ihre trostlose Hässlichkeit verbergen zu können. Ich sage, sie bewegte sich, weil ich nicht zu behaupten wage, dass Vaginen tanzen, obwohl nicht zu leugnen ist, dass sie sich aufgrund ihrer weichen Beschaffenheit ein wenig öffnen und verschieben, sich in die Länge und wieder zusammenziehen und es manchmal gar so aussieht, als wären sie für Musik nicht ganz unempfänglich, wenn die benachbarten Gliedmaßen einen Teil ihrer Bewegung an sie weitergeben. Aber ich bin mir da keineswegs sicher, und ich kenne auch niemand, der meine diesbezüglichen Zweifel ausräumen könnte.

Ich komme allmählich zum Ende, da ich merke, dass mir die Hand vom vielen Schreiben einschläft; außerdem geht der Nachmittag dem Ende entgegen und ich vermute, dass Frau Schriftstellerin jeden Moment nach Hause kommt. Die nächste Tänzerin stand jetzt auf dem Podest. Ich hatte sie vorher schon zwei Mal gesehen: einmal allein und einmal im Duo mit einer Kollegin bei der lesbischen Nummer. Die Musik hatte zwar gewechselt, aber ihre etwas mechanische Art und Weise, Arme und Hüften zu bewegen und dem Publikum die Brust entgegenzustrecken, war dieselbe. Ein wenig gelangweilt betrachtete ich die beiden Alten, wie sie so förmlich und friedlich in ihren Sesseln saßen. An was mochten sie denken, wenn sie überhaupt an etwas dachten? Plötzlich kam mir der Gedanke, dass sie vielleicht schon als junge Burschen in Susis Bar gegangen und darin bei immer wiederkehrenden Striptease-Shows alt geworden waren. Ich fasste mir an die Stirn. Zum Glück fühlte sie sich noch nicht welk und faltig an. Ich schaute auf die Uhr. Der Tag war noch nicht zu Ende, noch blieb mir Zeit, noch konnte ich mich vor frühzeitiger Vergreisung in Sicherheit bringen. Ich stellte das Glas mit einem Rest Cola darin auf die Erde und verließ das Lokal. Als ich auf die Reeperbahn einbog, kamen mir drei stattliche Damen mit schlaffen Gesichtern entgegen, die auf Taillen verzichteten, auf die sechzig zugingen und angezogen waren. Meine Augen hatten sich an den Anblick der nackten Körper junger Frauen gewöhnt; wen wundert es da, dass ich ungläubig diesen drei Walküren nachstarrte. Sind nicht vielleicht die ganz normalen Leute das eigentliche Spektakel im Leben? Was für ein altmodisches Nasenfahrrad die eine trug! Die andere war klein wie eine Zwergin! Ein Stück weiter sah ich wieder den Typen, der die am Laternenpfahl angelehnten Fahrräder umkreiste und warum, warum, warum brabbelte. In der Davidstraße nahm ich den dem Nuttensteig gegenüberliegenden Gehweg und betrat eine schmierige Kneipe, in der ich ein Astra-Bier in mich hineinschüttete, das angenehm bitter schmeckte und mir den süßlichen Nachgeschmack der Coca-Cola aus dem Mund spülte. Es war schon nach ein Uhr nachts, als ich die Wohnung in Bremen betrat. Beim Zähneputzen wurde mir klar, dass ich mit dem Kopf voller Hintern, Titten und Muschis keinen Schlaf finden würde. Ich richtete meinen Blick auf die Badezimmerdecke und schätzte sie auf eine Fläche von etwa sechs Quadratmeter. Im Flur stand das ganze Zeug, das ich zum Tapezieren und Anstreichen brauchte. Ich fragte: «Was ist, Jungs, habt ihr Lust auf *action*?» Da niemand antwortete, ging ich umstandslos an die Arbeit und versuchte, dabei möglichst wenig Lärm zu machen. Noch vor dem Morgengrauen war die Decke tapeziert und gestrichen. Mit einem Gefühl großer Zufriedenheit ging ich ins Bett und schlief wahrscheinlich auf der Stelle ein. Ich erinnere mich, dass ich von meinem Freund, dem Ornithologen, träumte. Am nächsten Tag stand ich um drei oder halb vier Uhr nachmittags auf.

12

Anfang September teilten wir Tante Hildegard mit, dass wir unsere Reise jetzt fortsetzen wollten. In der Küche ein Croissant kauend, hörte ich, was Clara ihr am Telefon erzählte. «Die Wohnung gefällt uns ausgesprochen gut. Aber du musst verstehen, wir haben noch einen langen Weg vor uns.» Die Alte ist flexibel wie ein Grabstein, hört schlecht und versteht noch weniger. In Claras Stimme bemerkte ich die angespannte Bedachtsamkeit, der sie sich bedient, wenn sie sich zusammenreißen muss, um nicht die Geduld zu verlieren. «Der Blick auf den Fluss ist herrlich; aber wir müssen jetzt weiter. Mein Buch verlangt es so.» Ich hatte dem Türken heute Morgen eine neue Chance gegeben. «Wie, welches Buch?» Die letzte. Und er hatte sie vertan. «Ich habe dir doch schon erzählt, dass ich ein Buch über eine Reise schreibe.» Bis zur nächsten Hitzewelle in einem oder zwei oder mehr Jahren wird er seinen grammatikalischen Fehler, der – zumindest ein paar Sekunden lang – einen bewunderten Mann aus ihm machte, wohl nicht wiederholen. «Ferien? Nein, nein, das ganze Jahr.» Ich würde dann längst nicht mehr in Bremen sein. «Glaubst du denn, ein

Buch zu schreiben, ist keine Arbeit?» Unser täglicher Gedankenaustausch über das Wetter war vorbei. Diesen kleinen Nachteil hat das Leben: Es geht dahin und endet. «Sollen wir dir die Schlüssel nach Cuxhaven bringen, oder sie lieber Herrn Kranz geben?» Hinterher erfuhr ich, dass die Tante gesagt hatte, das sei nicht nötig, sie müsse ohnehin nach Bremen und dort einige Dinge erledigen. Ihren Besuch hatte sie für den nächsten Tag angekündigt. Schon am frühen Vormittag holte ich den Teppich, die Matten und alle anderen Sachen, die ich gleich nach unserer Ankunft in den Keller getragen hatte, wieder nach oben. Diesmal war der Transport nicht so beschwerlich, da der Fahrstuhl funktionierte. Tante Hildegard kam am frühen Nachmittag mit dem Zug an und nahm dann die Straßenbahn, weil es sie schmerzt, ein Taxi zu bezahlen, obwohl sie was anderes behauptet, und brachte uns als Geschenk zwei Gläser Marmelade mit. Clara und ich hielten jeder eines in der Hand, während wir uns die langatmigen Erklärungen zum Herstellungsprozess besagten Produkts anhörten. Ich warf Clara einen flehenden Blick zu, damit sie dem unerträglichen Geschwätz ein Ende bereitete. Meinen Augenkontakt richtig deutend, fragte sie die Tante unversehens, wie ihre Fahrt hierher gewesen sei. Die Alte verstand nicht sofort, und das reichte schon, dass sie den Faden verlor, den Blick irritiert zur Decke hob und mich sogleich dafür lobte, wie gut ich die Diele tapeziert hatte. Sie war offensichtlich erfreut, und daher verstand ich nicht, dass Clara ihr diese Freude nahm, indem sie erklärte, ich hätte meine Arbeit doch im Badezimmer verrichtet. Wäre es nicht menschlicher, jemand die Illusion zu erhalten, an der er sich erfreut, selbst wenn sie erschwindelt ist? So blieb der Tante nichts anderes übrig, als ins Bad zu marschieren und sich mein Werk anzusehen. Und nachdem ihre Nichte sie in diese lächerliche Situation gebracht hatte, was sollte sie da sagen? Ich bin sicher, dass sie, bloß um der Situation zu entkommen, meine Arbeit sogar gelobt hätte, wenn ich die Decke mit Zeitungen tapeziert hätte. Mit ihren schlechten Augen sah sie zum

Glück nicht, dass die Tapeten an mehreren Stellen nicht ganz perfekt verklebt waren. Aber mal ehrlich. Wer würde optimale Ergebnisse von einem erwarten, der unter den psychologischen Nachwirkungen der Betrachtung einer überdurchschnittlichen Anzahl weiblicher Schamteile gearbeitet hat? Vielleicht hätte die Alte in ihrem winzigen Körper noch ein paar Milligramm Verständnis gehabt und eine solche Entschuldigung angenommen; nicht jedoch Clara, die neben ihr stand. Ich hielt daher den Mund und fand mich damit ab, dass die eine nun die gleiche Kritik äußerte wie die andere ein paar Tage zuvor. Clara erklärte ihrer Tante, in welch schlechtem Zustand die alte Tapete gewesen sei. Die Tante schaute unter zustimmendem Nicken nach oben, ohne etwas zu sehen und wohl auch zu riechen, denn kurz zuvor hatte ich noch … (doch davon schreibe ich jetzt nicht; ich merke nämlich, dass ich mich vom Thema entferne). Kurz gesagt, ich brauchte mich meiner Nachlässigkeit wegen nicht zu entschuldigen. Die Decke, die Wolke, der weiße Fleck, der vermutlich alles war, was Tante Hildegard über ihrem Kopf ausmachen konnte, erfüllte sie mit solchem Vergnügen, dass sie eine Stunde später noch in jeder Gesprächspause versicherte, dass ich besser als jeder Maler tapeziere und anstreiche. Denn die, sagte sie, schrieben nur überhöhte Rechnungen, hielten sich nicht an vereinbarte Termine und hinterließen immer ihren Dreck. Sie bräuchte den ganzen Tag, um all das Unheil aufzuzählen, das Handwerker in ihren Mietshäusern und ihrer Cuxhavener Wohnung angerichtet hätten. Clara setzte noch eins drauf und sagte, mit dem Kinn auf mich deutend: «Aber du weißt ja, wenn du irgendetwas auszubessern hast, brauchst du ihn nur anzurufen.»

Abends lud uns Tante Hildegard zum Essen in ein Restaurant im Schnoorviertel ein. Als wir ankamen, gab es keinen freien Tisch. Da der Chef die Alte kannte, ließ er uns von ich weiß nicht wo einen Tisch bringen. Es war eher ein Nachttisch mit Platz für zwei Gedecke und die unvermeidliche Kerze in der Mitte. Wir saßen zwar beengt (und ich mit der harten Spitze eines Philodendronblattes im Nacken), konnten aber ohne weitere Zwischenfälle unser Abendessen einnehmen. Später, im Bett, gestand ich Clara, wie wenig begeistert ich davon war, für längere Zeit mit ihrer Tante unter einem Dach leben zu müssen. «Nicht so laut, Maus, sie kann dich ja hören.» Flüsternd teilte ich ihr mit, dass dies nicht der richtige Moment sei, um vom Thema abzulenken. Ohne ihr Zeit für eine Antwort zu lassen, entfaltete ich eine Deutschlandkarte auf unseren Beinen. Ich schlug vor, vielleicht sagte ich es auch fordernd (das weiß ich jetzt nicht mehr), dass wir am andern Morgen ohne Frühstück abreisen und uns unterwegs überlegen sollten, wohin wir fahren wollten. «Kannst du Tante Hildegard nicht ausstehen, oder was?» «Ganz im Gegenteil. Ich liebe sie und will deshalb von ihr fort, damit der zu enge Umgang mit ihr nicht die Liebe zerstört, die ich für sie empfinde.» «Denk daran, was sie alles für uns getan hat.» «Wir könnten uns auch maskieren», sagte ich, «die Tante schweigend in den Keller schaffen, damit sie unsere Stimmen nicht erkennt, sie mit einer Kette an die Waschmaschine fesseln und nach ein paar Tagen kommen und so tun, als hätten wir sie zufällig gefunden und befreit.» «Du bist ein schlechter Mensch, weißt du das? Manchmal glaube ich, dass du diese brutalen Dinge, die du sagst, ernst meinst.» Dann erfuhr ich, dass mein Fluchtplan undurchführbar war, weil Clara mit ihrer Tante in der Altstadt einkaufen gehen wollte. Da ich argwöhnte, sie könnten mich als Gepäckträger missbrauchen wollen, sagte ich schnell, dass ich nicht mitkäme. «Wir wollen auch gar nicht, dass uns ein Mann begleitet, der imstande ist, Angehörige an eine Waschmaschine zu ketten.» «Ich bitte um Verzeihung. Ich wollte keinesfalls, dass die Waschmaschine irgendwelchen Schaden nimmt.»

Um elf Uhr vormittags verließen Tante und Nichte die Wohnung. Gegen sechs Uhr abends kehrten sie mit Tüten und Päckchen beladen zurück. Hinter der Jalousie verborgen, sah ich sie über den Zebrastreifen herankommen. Ich bin für Chancengleichheit und für gleiche Rechte zwischen Männern und Frauen und umgekehrt; deswegen ging ich ihnen auch nicht entgegen, doch als ich ihnen die Tür aufmachte, brach der Kavalier in mir durch: «Warum habt ihr mich nicht angerufen, dann wäre ich runtergekommen und hätte euch tragen geholfen!» Woraufhin Clara mit boshaftem Lächeln erwiderte: «Wir wollten, dass du noch bei Kräften bist, wenn du das Abendessen machst.» Hinterher im Wohnzimmer bestand sie darauf, mir zu zeigen, was die Tante ihr alles gekauft hatte: ein Jackett, zwei Hosen, einen Pyjama, Winterschuhe, ein Moleskine-Notizbuch und ich weiß nicht was noch alles, und ich sollte alles anschauen und ihnen sagen, ob es mir gefiel, was es, da die Alte dabeisaß, natürlich tat; obwohl mir bei dem Anblick des Jacketts mit den Raglanärmeln und des gelben Pyjamas mit dem Paillettenstreifen über der Brust mehr die Augen schmerzten, als wenn ich mit einem Vergrößerungsglas in die Sonne sehen würde. Als wir allein in unserem Zimmer waren, sagte ich Clara, was ich in Wirklichkeit davon hielt, und auf den Pyjama des Grauens deutend: «Sag mir bitte Bescheid, wenn du den anzuziehen gedenkst. In der Nacht werde ich in der Küche schlafen oder draußen, wenn es sein muss.» «Maus, denkst du denn, mir gefällt er? Aber wenn Tante Hildegard sich etwas in den Kopf gesetzt hat ... Dabei war der Pyjama ganz schön teuer, von dem Jackett ganz zu schweigen. Aber sie hat darauf bestanden, die Sachen zu kaufen. Was sollte ich denn tun? Mit ihr schimpfen?» Mit geheimnisvoll umflorter Stimme verriet mir Clara dann, dass die Tante ihr nachmittags, im Café Knigge, bei Tee und Gebäck einen Umschlag mit fünftausend Euro über die Tischdecke geschoben habe. «Als vorgezogenes Geburtstagsgeschenk, und damit es dir an nichts fehlt», habe sie gesagt, «aber erzähl bitte keinem was davon.» «Auch mir nicht?» «Dir natürlich, Maus. Sei kein Dummkopf.»

Nach dem Abendessen bewog uns die Aussicht auf einen Abend ohne Fernseher dazu, allein mit dem niemals endenden Gejammer von Tante Hildegard, früher als gewohnt zu Bett zu gehen.

Jeder mit seinem Kopfkissen im Rücken, saßen wir im Bett, als es noch gar nicht richtig Nacht war. Keiner von uns war müde. Ich hob heimlich witternd die Nase auf der Suche nach diesen Duftstoffen, die, wie ich einmal in der Zeitschrift GEO gelesen habe, Frauen verströmen, wenn sie paarungsbereit sind. «Da wir schon über Pyjamas reden; deiner scheint mir auch ein bisschen defizitär.» Sie bohrte mit dem Fingernagel in eine Stelle, an der durch eine eingerissene Naht tatsächlich ein ordentliches Stück Schulter zu sehen war. «Entschuldige, aber wenn du es wegen dieses Loches sagst, darf ich dich daran erinnern, dass du es selbst reingemacht hast.» Kurz darauf tönte durch die nächtlich stille Wohnung das Rauschen der abgezogenen Toilette. «Deine Tante hat geschissen.» «Es ist ihre Wohnung.» «Es ekelt mich, meinen Hintern dahin setzen zu müssen, wo sie ihren hingesetzt hat. Vielleicht hat sie Durchfall und steckt uns mit irgendeiner Krankheit an. Würde es dir was ausmachen nachzusehen, ob sie die Klobürste benutzt hat?» «Warum gehst du nicht selbst, wenn dich das so interessiert?» «Himmelherrgott, Clara, sie ist deine Tante.» Anstatt mir Duftstoffe in die Nase schweben zu lassen, blätterte Frau Schriftstellerin in ihrem Notizbüchlein. Es war ein Oktavheft mit festem Umschlag mit dem Bild eines Schneckenhauses darauf; seiner Größe wegen ein ideales Heft für die Handtasche und um in der Öffentlichkeit darin zu schreiben, ohne große Aufmerksamkeit zu erregen, aber eindeutig unzureichend, wenn darin eine Menge Information untergebracht werden sollte. Darum hatte sie das schwarze Moleskine-Notizbuch gekauft, das die Tante ihr bezahlt hatte. Sie löste die Plastikverpackung ab und entfernte den orangefarbenen Papierstreifen, auf dem zu lesen stand: «Das legendäre Notizbuch von Hemingway, Picasso und Chatwin.» «Wie seltsam, da fehlt dein Name.» «Lach du nur, Mäuschen, aber eines Tages kommt für mich der Erfolg, und dann sprechen wir uns wieder.» Sowohl das Moleskine-Heft als auch das mit dem Schneckenhaus hatten liniertes Papier. Beide waren mit einem Gummiband zu schließen. Mir gefiel das kleine besser. «Ich werde beide benutzen. Das eine, wenn ich auf die Schnelle etwas notieren muss, und das Schwarze für anstehende Fragen und all die Informationen, die ich in Zukunft noch brauchen werde. Und apropos Zukunft, mein liebes Mäuschen: Würdest du mir einen Gefallen tun? Du siehst doch dieses Sternchen.» Sie hielt mir eine Seite des Schneckenhaushefts vor die Augen. «Also, damit werde ich all die Notizen markieren, die du mir morgen oder übermorgen, wann du gerade Zeit hast, in das Moleskine-Heft übertragen sollst.» «In Ordnung, das wird dich aber drei Mal Sex kosten. Wir leben im Zeitalter bezahlter Arbeit, Puppe. Das ist dir sicher schon aufgefallen.» «Maus, ich meine es ernst.» «Ich auch. Und du wirst jetzt nicht anfangen zu feilschen, eh? Wann gedenkst du die erste Rate zu zahlen?»

In der Folge benutzte ich ein weniger kommerzielles Vokabular, durchsetzt mit akustischen Eintrübungen, die dem Gegenstand meines Verlangens die Vermutung nahelegen sollten, in meinem Innern könne es eine leidende Seele geben; eine Seele, einen Geist, ein immaterielles Gut, das Mitleid verdiente und sich danach verzehrte, seiner physischen Hülle ein paar lustvolle Augenblicke zu verschaffen. Das Vorhaben scheiterte daran, dass Frau Schriftstellerin an nichts anderes denken wollte als an ihr Buch. «Wir könnten uns irgendeinen Ort an der Küste ansehen oder sogar auf die Insel Rügen fahren, entweder über Lübeck oder nach einem Schwenk durch die Lüneburger Heide. Was würdest du tun, Maus?» «Ich? Ich tue, was du anordnest. Wenn du willst, fahre ich bis nach Warschau.» Dabei spielte ich mit dem Gedanken, in die Küche zu gehen und mir die Schürze umzubinden, da ich festgestellt habe, dass ich mit umgebundener Küchenschürze automatisch Claras Zuneigung und Zärtlichkeit auf mich ziehe. Auch gefalle ich ihr, wenn ich in einer Hand den Wischmopp halte und in der anderen den Henkel eines Eimers voll Wasser; doch mit diesen Hilfsmitteln in Händen ins Bett zu steigen, barg Schwierigkeiten, die den Erfolg meiner Absichten deutlich verringern würden. Natürlich weiß ich, dass andere es vorziehen, das weibliche Eis mit Hilfe von Geschenken, Blumensträußen und dergleichen Dingen zum Schmelzen zu bringen. Mir jedoch blieb – in Anbetracht der Örtlichkeit und der Uhrzeit – nur die Küchenschürze, die gar nicht zu verachten ist. Im ersten Moment verführt sie zum Lachen, doch dann weckt sie Mitleid. Und im Mitleid sah ich meine letzte Hoffnung, die Gattin zur barmherzigen Leihgabe ihres Körpers für meine Triebabfuhr zu bewegen, die ich natürlich kurz halten würde, um ihr möglichst wenig lästig zu fallen. Es war die Anwesenheit von Tante Hildegard in der Wohnung, die mich vom Gang zur Küche abhielt. Ich schauderte schon, wenn ich mir vorstellte, was sie denken würde, wenn sie mich mit zerrissenem Pyjama und karierter Küchenschürze ins Schlafzimmer gehen sähe. Würde sie glauben, in einer solchen Aufmachung ins Bett zu gehen, sei in meiner Heimat üblich? Hatte sie mich an dem Tag, an dem wir uns vorgestellt wurden, nicht unerwartet gefragt, ob es da, wo ich herkäme, auch Restaurants gäbe? Ich will nicht abstreiten, dass sie Stücke auf mich hält, wie Clara versichert; trotzdem hege ich den Verdacht, dass sie – unbewusst vielleicht – nach all den Jahren immer noch einen Rest von Höhlenmensch in mir vermutet.

Ich blieb also im Bett; zum einen aus den soeben angeführten Gründen und zum anderen, weil die Verhandlungen um sexuelle Zuwendung überraschenderweise eine für mich günstige Richtung nahmen. Der im Fensterrechteck hängende Mond verlieh der ehelichen Szenerie eine romantische Note. Und Clara ist ausgesprochen empfänglich für solche Details. Ein Vogel, der sich auf dem Fensterbrett die Flügel putzt; Schneeflocken an der Fensterscheibe; der schon erwähnte Mond über den Dächern; ein dekoratives Element dieser Art reicht manchmal schon aus, damit Frau Schriftstellerin mit offenen Augen zu träumen beginnt, sich rundum wohlfühlt und Zärtlichkeiten fordert. Sie legte die Notizhefte auf dem Nachttisch ab, kuschelte sich an mich und legte den Kopf auf meine Brust, warf eins ihrer Beine über meine und erging sich in Erinnerungen an unsere Liebesnächte in Göttingen, «Weißt du noch, Mäuschen?» Im Winter sind wir, um Heizkosten zu sparen, auch immer schon früh zu Bett gegangen, das nicht mehr war als eine auf dem Boden liegende Matratze. Und wie damals begann Claras Hand, den Teil meines Körpers zu untersuchen, den ich mir am liebsten untersuchen lasse. Im gedämpften Licht der Nachttischlampe sah ich, dass sie die Augen geschlossen hatte, weil es ihr so vielleicht leichter fiel zu glauben, sie hielte den jungen Mann im Arm, der ich einmal war, was ja schon eine – wenn auch verzeihliche – Form von Untreue ist. Sie war jetzt mehr als zur Paarung bereit, als etwas geschah, das immer in schlechten Filmen passiert: Das Telefon klingelte. Für einen Moment erstarrten wir in unserer Umarmung. Dann vernahmen wir auf der anderen Seite der Wand das Wispern der alten Dame und kurz darauf das Klopfen ihrer Fingerknöchel an unserer Tür. «Clara, Clara», flüsterte sie vom Flur her, «dein Vater fragt, ob du vergessen hast, Kevin zum Geburtstag zu gratulieren. Er sagt, Gudrun sei beleidigt deswegen.» Clara sprang aus dem Bett, war ganz außer sich und sagte: «Meine Uhr. Wo hast du meine Uhr hingelegt? Zehn nach neun. Es ist noch nicht zu spät.» Weiter vor sich hin brabbelnd, stürzte sie aus dem Zimmer, ich blieb allein zurück und gab dem Mond ein Zeichen, dass er aus dem Fensterrahmen verschwinden könne, da ich seine Dienste in dieser Nacht wohl nicht mehr brauchen würde. Kurz darauf kehrte Clara zurück. Sie ließ sich wie ein Sack voll Kummer aufs Bett fallen. «Das Meer kannst du vergessen, Maus. Ich hab den Geburtstag des Jungen völlig aus den Augen verloren. Herausgeredet habe ich mich damit, dass wir ihm sein Geschenk morgen persönlich übergeben wollen.» «Ja, aber deine Schwester wohnt in Hannover, und soviel ich weiß, liegt Hannover viele Kilometer von der Küste entfernt. Oder haben sie die Stadt verlegt?» «Ich habe Gudrun von meinem Buchprojekt erzählt, und sie hat mir ihre Wohnung angeboten. Es ist nur für ein paar Tage, Maus. Unterwegs kaufen wir ein Geschenk für den Jungen. Denk dir etwas aus, das ihm gefallen könnte, sei so gut. Ich kann im Moment gar nicht mehr denken.» Sie löschte das Licht. Der Mond war aus dem Fenster verschwunden. Das tiefe Dunkelblau des Himmels wurde zu schwarzer Nacht. Wir lagen nebeneinander im Bett, und an ihrem stoßweisen Atmen merkte ich, dass Clara weinte. Ich sagte nichts, weil ich in solchen Situationen nicht weiß, was ich sagen soll. Ich zog sie an mich, und sie wühlte sich willig in meine Umarmung. Sie durchnässte meine Pyjamabrust mit ihren Tränen. Dann schliefen wir ein.

13

GUDRUN WOHNTE DAMALS in der Podbielskistraße 294. Ich habe es ihr nie übelgenommen, dass sie ihrer Schwester einmal vorgeworfen hat, einen Ausländer zu heiraten. Wir hatten uns noch nie gesehen, als sie bei einem Familienessen, an dem ich nicht teilnahm, diese Worte sprach, die Clara nie vergessen und im Grunde ihres Herzens wohl auch nicht verzeihen kann. In Gegenwart der Eltern erlaubte sie sich ein paar verletzende Scherze über die voraussichtliche Dauer unserer kürzlich verkündeten Heirat. Meine Schwiegereltern sagten nichts dazu, weil sie wohl der Meinung waren, ihre älteste Tochter liege nicht so falsch mit ihrer Vermutung. Clara hatte damals ihr Studium noch nicht beendet, und ich war ein dreiundzwanzigjähriger Stipendiat ohne Aussicht auf Arbeit und ohne Aufenthaltserlaubnis über meine Zeit an der Uni hinaus, aber mit langen schwarzen Locken, die, wie meine zukünftigen deutschen Verwandten einmal durchblicken ließen, Clara – blond, schulterlanges glattes Haar wie Gudrun – das Gehirn vernebelt hatten.

Bei Form und Farbe des Haars beginnt und endet die Ähnlichkeit der beiden Schwestern. Clara hat ein entzückendes Gesicht, sosehr sie auch der feministischen Gewohnheit erliegt, dies im Spiegel zu verleugnen, während Gudrun – bei allem Respekt – der Beschreibung nahekommt, die Goethe in *Dichtung und Wahrheit* für seine Schwester Cornelia findet. Nicht einmal, wenn sie lächelt, wird – wie bei unvorteilhaften Physiognomien häufig der Fall –, die Hässlichkeit ihres Gesichts mit den Glupschaugen, dem spitzen Kinn, den schlaffen Wangen und dem schmallippigen Mund gemildert, da dann wie eine Wand aus weißen Tasten das künstliche Gebiss sichtbar wird. Wären wir vertrauter miteinander gewesen, hätte ich ihr unbedingt empfohlen, Gefühle von Glück und Freude nur verbal auszudrücken. Nachdem ich sie zum ersten Mal gesehen hatte, konnte ich nicht umhin, Clara hinterher zu sagen: «Du wärst mir lieber zahnlos und würdest mich beim Sprechen mit Speichel besprühen, als wenn du dir so eine Kloschüssel in den Mund setzen ließest wie deine Schwester.» Schon als Kind war Gudrun die Vernünftige und Clara die Widerspenstige und Unberechenbare. Bis zu Kevins Geburt hatte Gudrun ihre Vernunft ausschließlich dazu benutzt, das Leben von seiner lächelnden Seite zu sehen. Als eine Frau mit beschaulich bürgerlichen Ansprüchen hatte sie Ingo ganz in Weiß in der St. Stephanus Kirche in Schortens geheiratet, der Heimatstadt des Gemahls. Auf Fotos habe ich sie bei der Hochzeitsfeier mit ihrem Schwiegervater tanzen sehen. Ihrem Ehemann schenkte sie zwei Kinder, wie es im Volksmund heißt. Sie fand eine gute Stellung in der Buchhaltung der Keksfabrik Bahlsen. Im Sommer fuhren die vier an Urlaubsorte wie Mallorca oder Kreta und einmal sogar nach Disneyland in Florida, und zu Weihnachten stellten sie einen Christbaum mit Weihnachtskugeln und Lametta im Wohnzimmer auf. Sie gingen regelmäßig in die Kirche, ließen beide Kinder taufen und wählten CDU.

Clara, zwei Jahre jünger, ist aus anderem Holz geschnitzt. Ich weiß noch, wie ihre verstorbene Mutter, halb im Scherz, halb im Ernst, ihr all die Ärgernisse und Enttäuschungen vorwarf, die sie der Familie in jungen Jahren bereitet hatte. Der guten Frau war nie in den Sinn gekommen, dass es einen verborgenen Grund für das Verhalten geben könnte, mit dem die jüngere Tochter sogar schon vor der Pubertät den häuslichen Frieden durcheinanderwirbelte. Und tatsächlich gab es einen Grund für ihre Widerspenstigkeit, ihre Aufsässigkeit, ihre Wutanfälle und unbesiegbare Halsstarrigkeit. Während Gudrun ein sogenanntes Kind der Liebe war, kam Clara als Frucht eines schlechten Coitus interruptus zur Welt. Der Stachel des Argwohns, von ihren Eltern nicht voll und ganz geliebt zu werden, hat nie aufgehört, sie zu schmerzen. Noch heute schiebt sie ihren Hang zu Migräne dem Abtreibungsversuch zu, mit dem die Mutter ihre Geburt hintertreiben wollte. Auf der anderen Seite kann man nur schwer glauben, dass eine Mutter ihrer acht- oder neunjährigen Tochter solche peinlichen Intimitäten enthüllt. Clara interpretiert es als eine Form von Strafe. Der logische Schluss war jedenfalls, dass alles einfacher gewesen wäre, wenn es sie nicht gäbe. Und mein einfältiger Schwiegervater verkündete bei jeder Gelegenheit, dass er lieber einen Sohn gehabt hätte. Später kamen dann die kränkenden Vergleiche. Brachte Gudrun gute Schulnoten nach Hause (und das tat sie immer), waren alle stolz, und es wurde gefeiert; wenn Clara (die eher zu mittelmäßigen Ergebnissen neigte) gute Noten brachte, waren die Glückwünsche stets von erleichterten Mienen begleitet. Diese Familiengeschichten habe ich von Clara unzählige Male gehört. «Ich hatte keine leichte Kindheit, Maus. Ich glaubte immer, den anderen ein Hindernis zu sein, wie als wir das Schiff nach Helgoland nicht kriegten, den Weihnachtsmarkt nicht besuchen oder sonst irgendwohin gehen konnten, weil ich solche Kopfschmerzen hatte. Und meine Mutter kam in mein Zimmer, stand im Dunkeln neben meinem Bett und fragte: Hast du wirklich Kopfschmerzen? Ich weiß nicht, ob du mich verstehst. Meine Eltern waren gute Menschen; aber ich hatte immer den Eindruck, dass etwas nicht stimmte, dass, sobald sie mich sahen, das Lächeln aus ihrem Gesicht verschwand.»

Ihr Vater, einer der friedlichsten Menschen, die das Erdenrund je bewohnt haben, hatte es sich zur Aufgabe gemacht, jedes Sehr Gut und jedes Diktat mit null Fehlern mit einer Zwei-Euro-Münze zu belohnen. Gudruns Sparbüchse war bald gefüllt, und Clara, von der man hätte annehmen können, dass der schwesterliche Reichtum ihr als Ansporn diente, schloss sich im Bad ein und weinte vor Neid. Das siebte Schuljahr musste sie zu ihrer großen Verzweiflung wiederholen, da sie ihr ganzes Talent dafür eingesetzt hatte, in allen Prüfungsarbeiten Fünfen und Sechsen zu schreiben. In ihrer Jugend musste mein Schwiegervater sie manchmal nachts aus Bars und Diskotheken in Wilhelmshaven holen, und einmal verbrachte sie mit Freunden ein paar Tage auf Wangerooge, ohne zu Hause Bescheid zu geben. Das Abitur schaffte sie mit einer beschämenden Note von 3,3 (Gudrun mit einer glorreichen 1,7). Mit neunzehn begann sie eine Lehre in der Commerzbank von Varel, die sie eines Tages abbrach, weil sie, wie sie sagte, die Welt sehen wollte. Aus demselben Grund beendete sie eine Beziehung zu einem Jungen, der sie anbetete. Zum Entsetzen der Familie lebte sie so gut wie ohne Geld fünf Monate in Neuseeland, wohnte in einer Scheune bei Weinbauern, nicht weit von der Hawke Bay entfernt, hatte den Körper voller roter Flecken, die unerträglich juckten, litt unter Durchfall und an Migräneattacken, die sie wegen fehlender Medikamente in ihrer ganzen schmerzhaften Brutalität durchstehen musste. Nichts von alldem hielt sie ab, das Abenteuer in dankbarer Erinnerung zu halten. Sie verbesserte ihr Englisch, hörte auf zu rauchen, entdeckte das kreative Potenzial der Einsamkeit, indem sie dichtete und Tagebuch schrieb, dessen spätere Überarbeitung in einen Roman mündete, der nie veröffentlicht wurde. Eines Morgens – die Sonne hob sich gerade über den Horizont – beschloss sie, ihr Leben positiv zu gestalten, egal wie, aber positiv. Mit den Füßen im Meer sagte sie sich: «Ich weiß jetzt, wer ich bin und was ich will. Es ist Zeit zurückzukehren.» Nach ihrer Rückkehr schrieb sie sich an der Universität von Göttingen ein. Ihre Eltern fürchteten, es sei wieder einer ihrer kurzlebigen Einfälle. Trotzdem unterstützten sie sie finanziell in der Hoffnung, dass sie den Rest ihrer Tage nicht am anderen Ende der Welt verbringe. In Göttingen ließ sie sich mit einem ausländischen Studenten ein, der dort Deutschunterricht nahm und den sie an einem regnerischen Dienstag auf dem Standesamt der Stadt im Beisein von einem Dutzend Bekannten heiratete, die als Trauzeugen und Reiswerfer fungierten, ohne weitere Hochzeitsfeier, ohne Verwandtschaft, ohne Flitterwochen, dafür mit einer Migräne, die sie von der Pizzeria, in der das Ereignis gefeiert wurde, den kürzesten Weg ins Bett zu nehmen zwang. Sechzehn Jahre sind seitdem vergangen, und Clarita und ich – jetzt ohne lange Locken – sind immer noch zusammen, wohnen in einem Häuschen mit Garten und sind in dieser ganzen Zeit nie auf die Idee gekommen, einen Weihnachtsbaum im Wohnzimmer aufzustellen oder einen Adventskranz aufzuhängen. Sollte das das Geheimnis unserer anhaltenden Beziehung sein?

Zurück zu Gudrun, an die mich schriftlich zu erinnern ich mir heute Morgen eigentlich vorgenommen hatte. Sie brauchte eine Weile, bis sie begriff, dass ich für Clara keine Gefahr darstellte. Die Jahre vergingen, unsere unvermeidliche Scheidung wurde nicht vollzogen, und ihre jüngere Schwester lebte nicht nur immer noch ohne gebrochene Knochen und blau geschlagene Augen, sondern erlaubte sich sogar, mir im Beisein ihrer Familie Anweisungen zu erteilen; eine Respektlosigkeit, die mich über alle Maßen amüsiert, wenn ich sehe, wie dies die anderen quält. Gudrun gewöhnte sich daran, mir mit einem Lächeln zu begegnen. Ich würde es allerdings nicht wagen, dasselbe oder das Gegenteil von Ingo zu behaupten, einem zwei Meter großen Friesen mit einem Gesicht so lahm wie sein Verstand, mit dem ich einmal – bevor ich ihn für immer aus den Augen verloren habe – einen Dialog führte, an den ich mich nicht nur seiner Kürze wegen wortwörtlich erinnere, sondern auch, weil es der einzige war, den ich allein mit ihm jemals geführt habe. Wir waren im Haus meiner Schwiegereltern zu einem Familienessen verabredet und hatten gerade unsere Autos (seines natürlich größer und PS-stärker als unseres) vor der Tür geparkt. Ingo, der im lokalen Sprachgebrauch bewanderter ist als ich, ergriff als Erster das Wort. «Hallo», sagte er. Er ist zwar wortkarg, drückt sich aber klar aus. Ich hatte keine Probleme, ihn zu verstehen. «Hallo», sagte ich auch. «Wie geht's?» «Gut, und dir?» «Gut.» Eine Pause von sechs oder sieben Sekunden trat ein, dann sagte er: «Was für ein Regen!» «Ja.» Ich war versucht, ihn zu fragen, ob er der Autor des Handbuchs sei, mit dem ich vor Jahren meine ersten Worte Deutsch gelernt hatte, denn in dem hatte auf einer der ersten Seiten ein fast identischer Dialog wie der unsere gestanden; doch dann verkniff ich mir die Frage, weil ich fürchtete, das Essen könnte kalt werden, während er sich seine Antwort überlegte. Gudrun und ich sprachen im Verlauf unserer sporadischen Begegnungen bei Familientreffen etwas mehr miteinander, und am Ende kam sogar der Tag, an dem wir uns beim Begrüßen und Verabschieden nicht mehr die Hand gaben und ich – nachdem ich die Angelegenheit privatim mit Clara besprochen hatte – dazu überging, ihr zwar nicht innig, aber doch ganz ungezwungen die schlaffen Hängebacken zu küssen.

Hätte ich zur Zeit unserer Reise eine Liste meiner von Missgeschicken heimgesuchten Bekannten erstellen sollen, stünde Gudruns Name mit gutem Recht an erster Stelle. Und in der Podbi zu wohnen, wie die Hannoveraner diese laute, verkehrsreiche und anscheinend auch längste Straße der Stadt nennen, ist eines der zahllosen Unglücke, die der armen Frau zugestoßen sind. Auf der Autobahn in Richtung Hannover erzählte mir Clara ununterbrochen von Gudrun. Die lange Rivalität zwischen den beiden Schwestern während ihrer Kinder- und Jugendzeit hatte sich zu einem tiefen Gefühl des Mitleids der Jüngeren für die Ältere gewandelt. «Du weißt ja, Maus, was das Leben auf der einen Seite gibt, nimmt es auf der anderen.» Angehalten, bei hundertvierzig Stundenkilometern im Auto zu philosophieren, sagte ich: «Ja, und am Ende nimmt es einem alles.» Ich fügte hinzu, das sei mein voller Ernst. Dass dies ein heikles Thema ist, ist mir bewusst. «Gut, aber wenn wir bei ihr sind, hoffe ich, dass du auf deine Witze und Wortspielereien verzichtest. Versprich mir, Maus, dass du dich von deiner besten Seite zeigst.» «Ich verspreche es, wenn du mir versprichst, dass du mich nicht vor den Verwandten herumkommandierst (tu dies, tu das).» «Hältst du mich für autoritär?» «Und du mich für einen Clown?» «Ach, Maus, ich weiß schon, wo es dich zwickt. Aber ich schwöre dir, dass wir nach zwei oder drei Tagen wieder fahren, spätestens nach einer Woche.» «Oder nach einem Monat», sagte ich mit einer Ahnung, dass es Oktober werden könnte und wir immer noch in Hannover wären, was dann auch der Fall war.

Auf der Autobahn kamen uns all die Pilgerfahrten in Erinnerung, die meine Schwiegereltern, Ingos Eltern und Geschwister, Freunde aus Schottens und Wilhelmshaven, wir und seltener auch Tante Hildegard manchmal unternahmen, um das Glück meiner Schwäger aus der Nähe zu betrachten. «Clara», protestierte ich, als wir noch in Göttingen wohnten, «wir gehen nicht mehr spazieren, weil du dich auf deine Prüfungen vorbereiten musst, und jetzt kommst du mir damit.» «Ach, Mäuschen, du hast ja recht; aber wenn wir nicht fahren, denken sie und die ganze Verwandtschaft, dass wir neidisch auf sie sind. Ich lerne im Zug.» Hin und wieder hatten Gudrun und Ingo nämlich ein glückliches Ereignis zu vermelden. Ich meine damit nicht, dass sie ab und zu im Lotto gewannen oder regelmäßig irgendwelche großartigen Leistungen vollbrachten. Sie waren Menschen, die sich ganz und gar der Routine verschrieben hatten. Neuheiten und Risiken weckten in ihnen ein angeborenes Misstrauen. Ich habe das am eigenen Leib zu spüren bekommen. Sie akzeptierten mich erst, nachdem sie mich drei- oder viermal gesehen hatten, und das nicht wegen meiner Qualitäten, falls man mir welche zuschreiben kann, sondern weil sie sich schon ein bisschen an meine Gegenwart gewöhnt hatten.

Manchmal gelang ihnen etwas, das man als Erfolg im Leben

bezeichnen kann. Diese Erfolge bestärkten sie offenbar darin, ein beispielhaftes Leben zu führen. Und das bedeutete, dass sie, obwohl direkte Nutznießer, nichts als rein privates Ereignis betrachteten. Es galt im Familienverband ein ungeschriebenes Gesetz, welches, obzwar von niemand je verkündet, deswegen jedoch nicht weniger wirksam war und besagte, dass es nicht ausreiche, ihnen per Brief oder Telefon zu gratulieren; nein, man musste an einem bestimmten Tag zu einer bestimmten Uhrzeit in Hannover erscheinen und sich anlässlich ihres häuslichen Glücks mit einem zum Anlass passenden Geschenk zu einer Familienfeier versammeln. Und alle kamen lächelnd, scherzend, huldigend zu jedem angesagten Ereignis. Gudrun ist bei Bahlsen befördert worden; alle nach Hannover, und meine Schwiegermutter überglücklich, weil sie in der Stadt geboren wurde und der Überzeugung anhing, dass die Erfolge ihrer älteren Tochter sie für deren durch den Krieg beschädigte Kindheit entschädigten. Gudrun hat ein Mädchen zur Welt gebracht; alle nach Hannover, um an der Wiege die kleine Jennifer zu bewundern, deren Großvater väterlicherseits verkündete, ohne dass es rätselhafterweise zu kollektivem Weinen und Wehklagen kam, die Kleine ähnele ganz der Mutter. Gudrun und Ingo hatten eine Wohnung in der Nähe des Kanals gekauft («mit einem Darlehen von der Bank, eh?, glaubt bloß nicht ...», sagten sie, wie um den mittelmäßigen Schaumwein und den billigen Aufschnitt zu rechtfertigen, den sie uns stets auftischten); alle nach Hannover, um Mortadella und Essiggurken aus der Dose zu essen und vom Balkon aus die langsam vorbeiziehenden Schiffe zu betrachten. Gudrun hatte einen Jungen zur Welt gebracht; alle nach Hannover, um Kevin kennenzulernen, den neuen Kronprinzen, und den komischen Meinungsverschiedenheiten der beiden Großväter in Fragen der Ähnlichkeit zu lauschen, anstatt die Tatsache zu feiern, dass er nicht nach der Mutter gekommen war. Und der Junge, so kräftig, so hübsch, so blond. Zwei oder drei Jahre vergingen, ohne dass uns die versiegenden Nachrichten von Gudruns und Ingos Eheglück auffielen, auf die wir auch nicht direkt warteten (sie selbst gratulierten Clara gar nicht oder nur mit großer Verspätung, als sie ihr Studium abschloss oder mit überragenden Noten das Lehramtspraktikum übersprang und sofort eine Lehrerinnenstelle in Wilhelmshaven bekam). Und eines Tages erfuhren wir dann von meiner Schwiegermutter, dass mit dem Jungen etwas nicht in Ordnung war. Anfangs glaubten seine Eltern, dass ein von der Kinderärztin nicht erkanntes Hörproblem der Grund dafür war, dass Kevin nicht sprechen lernte. Ein Facharzt stellte jedoch fest, dass sein Gehör völlig intakt war. Als Gudrun ihm sagte, im Alter des Jungen habe ihre ältere Tochter bereits gesungen und gesprochen und herumgetobt, antwortete ihr der Arzt leutselig, die körperliche und geistige Entwicklung verlaufe bei Kindern unterschiedlich und generell sei es so, dass sich Jungen etwas mehr Zeit nähmen, um heranzuwachsen, dass ein Einstein auch nicht in zwei Tagen entstehe, und im Übrigen, meine Dame, gibt es auch stille und zurückhaltende Menschen, die auf die Universität gehen, und so weiter und so weiter. Mütterliche Intuition jedoch ließ Gudrun anderes vermuten. Auf den Rat einer Arbeitskollegin hin versuchte sie es mit einem Logopäden. Danach mit einem anderen Kinderarzt, wovon Clara und ich nichts mitbekamen, bis bei einem Sonntagsbesuch bei meinen Schwiegereltern in Wilhelmshaven hinter vorgehaltener Hand, obwohl niemand am Tisch saß, der sich hätte beleidigt fühlen können, das Wort ausgesprochen wurde, welches das seltsame Verhalten des Jungen erklärte. Kevin litt an Autismus. Ich sehe noch den schmerzlichen Ausdruck im Gesicht meiner Schwiegermutter vor mir, als sie sagte: «Sie sind am Boden zerstört.» Die Diagnose wurde später korrigiert, als der Junge aufs Gymnasium kam. Da hieß es, er leide am Asperger Syndrom, erschwert durch eine gravierende Einschränkung seiner intellektuellen Entwicklung.

Seitdem wurden die Feiern, bei denen die ganze Familie zusammenkam, seltener. Schämten sich mein Schwager und meine

Schwägerin für ihren Sohn? Mehrere Jahre lang trafen wir uns nur noch zu Weihnachten im Haus meiner Schwiegereltern, gelegentlich zu einem unvermeidlichen Anlass. Gudrun gab Clara am Telefon lange Erklärungen ab, wahrscheinlich, um Fragen und Nachforschungen von Kevin fernzuhalten, auf jeden Fall aber, damit das Thema nicht zur Sprache kommen musste, wenn wir uns gelegentlich trafen. Mit dem Jungen sprachen wir in einem sanften, liebevollen Ton und taten, als käme uns nichts an ihm seltsam vor. Auf seinen kindlichen Lippen und in seinen unsteten Augen stand stets ein leises Lächeln. Er vermittelte einem den Eindruck, sich über etwas zu amüsieren, das außer ihm niemand kannte. Später erfuhren wir, dass sein Gesicht eines anderen Ausdrucks gar nicht fähig war. Wir sahen Kevin uns auf dem Bürgersteig entgegenkommen, allein, ein Eis schleckend, und mit demselben Lächeln, demselben Blick wie am Tag zuvor und am Tag davor und an jedem Tag. Trotz seiner Zurückgebliebenheit konnte man kurze, rudimentäre Fragen und Antworten mit ihm wechseln, sodass man auf Familientreffen nicht peinlich berührt sein musste. Aus sich heraus sprach er kaum, doch wenn man auf eines der wenigen Themen kam, von denen er sichtlich besessen war, konnte er sich mit mehreren gar nicht einmal schlecht formulierten Sätzen zu Wort melden.

Zwischen unseren Treffen verging meist geraume Zeit, in der wir nur wenige, meist widersprüchliche Nachrichten von ihnen erhielten. Meine Schwiegermutter hielt uns über das Unglück ihrer Ältesten auf dem Laufenden: «Der Junge macht ihnen das Leben so schwer.» Etwas später: «Jennifer ist in psychologischer Behandlung.» Noch etwas später: «Gudrun arbeitet nicht mehr und kümmert sich nur noch um ihre Kinder.» Und so tröpfelten die Nachrichten von Missgeschicken und weiterem Unheil über die Jahre herein: Die Ehe ist am Ende. Gudrun vermutet eine andere Frau in Ingos Leben. Sie können die Darlehensraten für die Eigentumswohnung nicht mehr aufbringen. Gudrun hat eine Wohnung in der Podbielskistraße gemietet. Das ist zwar keine bevorzugte Wohngegend, aber die Miete ist bezahlbar, und ihr Büro und die Schule der Kinder sind in der Nähe. Ingo ist aus Hannover fortgezogen. Ingo zahlt Gudrun den gesetzlich festgelegten Unterhalt. Ingos Firma ist in Konkurs gegangen. Gudrun arbeitet wieder bei Bahlsen, allerdings in einer schlechter bezahlten Stellung als vorher; aber sie lässt sich nicht unterkriegen. Und eines Sonntags im Januar des Jahres, in dem Clara und ich unsere Reise durch Deutschland antraten: «Morgen fahre ich zu Gudrun und wohne bei ihr. Ich habe ihr versprochen, ihr unter die Arme zu greifen. Der Armen steht das Wasser bis zum Hals. An den Wochenenden komme ich nach Wilhelmshaven zurück. Und dem da», mit Blick auf ihren Mann, «lasse ich Essen im Kühlschrank.» Es war das letzte Mal, dass wir meine Schwiegermutter lebend sahen.

14

Zuerst klingelten wir ein paarmal an der Haustür. Danach gingen wir, als ein Nachbar das Haus verließ, zur Wohnung hinauf und klingelten dort mehrmals. Claras Gesicht nahm – ich weiß nicht, ob vor Ungläubigkeit oder Enttäuschung – einen beunruhigenden Ausdruck an. Wir wussten, dass Gudrun erst nachmittags um vier von der Arbeit kam, hatten aber, wie es am Telefon vereinbart worden war, darauf vertraut, dass bei unserer Ankunft eines der Kinder zu Hause sein würde. Unser letzter Hoffnungsvorrat schwand dahin, während unsere Blicke auf das Fensterchen in der Wohnungstür geheftet waren. Hinter dem geriffelten Glas deutete nichts darauf hin, dass sich jemand in der Wohnung befand. Jedes Klingeln war ein hämisches Gelächter der Tür darüber, dass ich zwei schwere Koffer in den dritten Stock hinaufgeschleppt hatte. Mit dem Mund am Fensterchen versuchte ich es in einem drohenden Polizistenton: «Mach die Tür auf, Kevin, wir wissen, dass du da bist.» Clara zerrte an meinem Arm. Ich streckte spontan die Hände vor, falls ich ihre Augäpfel auffangen müsste, damit sie nicht auf den Boden prallten, denn sie funkelten mich so zornig an, dass ich fürchtete, sie könnten aus ihren Höhlen springen. «Die Nachbarn hören dich doch.» Gelassen, versöhnlich, flüsterte ich zurück: «Nur Geduld. Der Junge öffnet sicher, sobald er mit Masturbieren fertig ist.» Und Clara, anstatt auf das, was ich für einen guten Witz hielt – nicht nur, weil ich ihn gemacht hatte –, mit einem wohlwollenden Lächeln zu reagieren, wie es jeder vernünftige Mensch getan hätte, stürmte wortlos, aber ein wütendes Getrappel auf den Holzstufen hinterlassend, die Treppe hinunter. *Das* hatte die Bezeichnung skandalös verdient. Allein vor der Wohnungstür, spürte ich meine schlimmsten Vorahnungen Wirklichkeit werden. Wenn wir uns schon stritten, bevor wir die Verwandten überhaupt gesehen hatten, in welchen Abgrund von Unheil würden wir stürzen, wenn wir erst mit ihnen zusammen wären?

Ich erreichte Clara auf der Straße. «Hier warte ich nicht», sagte sie mit bekümmerter Miene, dem Haus, in dem Anfang des Jahres ihre Mutter gestorben war, den Rücken kehrend. Außerdem näherte sich gerade eine Straßenbahn mit ihrer Ladung schlechter Erinnerungen. Wir kamen rasch überein, dass ich die Koffer ins Auto brächte und wir danach, um die Zeit totzuschlagen und diesem unheilvollen Ort zu entkommen, einen Spaziergang in der näheren Umgebung unternähmen. Wir trafen uns auf einem Stück der Podbi mit Autohäusern auf beiden Seiten. Gemächlich schlenderten wir zur Noltemeyerbrücke, deren Mitte zugleich eine Straßenbahnhaltestelle ist. Am Anfang der Brücke führt ein gepflasterter Weg nach unten zu einem Pfad, der sich am Ufer des Kanals entlangzieht. Wir waren noch nicht am Wasser, da erging Clara sich bereits in einem düsteren Monolog. Mich beachtete sie so wenig wie ihren Schatten. Ich machte die Probe, blieb ein paar Schritte zurück, und sie redete weiter, ohne anzuhalten oder sich umzudrehen. Ich kann nicht exakt wiedergeben, was sie sagte, weil sie eine ganze Menge sagte und ich nicht das Gedächtnis eines Schriftstellers habe, aber ich weiß noch, dass sie mehr oder weniger dies von sich gab: «Nicht eine Zeile schreibe ich über Hannover. Ich hasse die Stadt nicht, nein. Aber sobald ich ihren Namen erwähne, muss ich an den Sarg meiner Mutter denken. Nach dem, was passiert ist, kann ich nicht nur nicht glücklich sein, sondern mich nicht einmal heimisch oder wohlfühlen an einem Ort, der für mich wie mit einem Fluch behaftet ist. Früher war es für mich eine ganz gewöhnliche graue Stadt ohne jeden Zauber, da kann sie sich noch so anstrengen. Sagst du München, Berlin, Dresden, Hamburg, und sagst du danach Hannover, klingt das, als hätte man auf der Lyra eine schlaffe Saite erwischt. Pling, pling ...! pom! Wir sind nicht mal eine halbe Stunde hier, und schon kriege ich Atemnot, und wenn ich nur die grauen Dächer sehe, könnte ich heulen.»

Der blaue Himmel spiegelte sich in den stillen Wassern des Kanals. In der Nähe des Uferschilfs dümpelten ein paar schläfrige Enten. Auf der gegenüberliegenden Seite stand eine Windmühle mit großen weißen Flügeln und mit Schieferplatten verkleideten Wänden. Die Amseln hüpften vom Weg, wenn sie uns herankommen sahen, und kamen zurück, sobald wir vorbeigegangen waren. Hier und da pickten Stare und die eine oder andere Krähe im Gras der Böschung, und obwohl ich mich an diesem Morgen lieber in einer Gegend ohne Verwandte aufgehalten hätte, erlag ich immer mehr dem Zauber dieser Landschaft. «Morgen feiern wir Kevins Geburtstag, und sobald es nicht mehr als Unhöflichkeit aufgefasst werden kann, verabschieden wir uns. Das sind zwei, drei Tage, wenn es hoch kommt, bis Sonntag. Ich werde in der Zeit noch einmal alles durchlesen, was ich geschrieben habe, Korrekturen einfügen und meditieren. Wenn ich wieder mit der Arbeit beginne, werde ich von der Abfahrt aus Hamburg in Richtung Osten berichten, und kein Mensch wird erfahren, weil es ja wohl auch keinen interessiert, dass ich während unserer Reise in einem Ort namens Hannover war.»

Wir kamen unter einer anderen Brücke durch, kehrten um und gingen zur Podbi zurück. Irgendwann schenkte ich Claras Klageliedern keine Aufmerksamkeit mehr und gab mich vergangenen Eindrücken und Erinnerungen an die Stadt hin. Eine kurzzeitige Liebe auf rein koitaler Basis hatte mich, kurz nachdem ich mich in Deutschland niedergelassen hatte und Clara noch nicht kannte, eines schönen Tages im Spätherbst nach Hannover geführt. Das Mädchen studierte Medizin in Göttingen. Ihre Eltern besaßen eine Villa in einer bevorzugten Wohngegend am Zoo. Sie fuhr zu Besuch hin und fragte mich, ob ich Lust hätte, sie zu begleiten. Die Villa und den Garten ringsum, mit mächtigen alten Bäumen, bekam ich nur von der Straße aus durch die Gitterstäbe der Umzäunung zu sehen. Als wir aus dem Zug stiegen, informierte mich das Mädchen, Marianne, dass sie im Lindenviertel das Zimmer eines Freundes, der sich für einige Zeit im Ausland befand, für mich organisiert hatte. Und in diesem mit Plakaten und Flugblättern der extremen Linken tapezierten Loch schwitzten meine Freundin und ich uns fünf oder sechs Nachmittage lang unsere Liebe aus dem Leib.

Damals gab es noch beide Deutschlands, und Hannover lag durch historische Willkür am Rand von einem, was gleichbedeutend war mit am Arsch der westlichen Welt oder der freien Welt, wie man in jener Zeit sagte. Dahinter erstreckte sich das undurchdringliche Schweigen des sogenannten Eisernen Vorhangs, der über endlose Wälder und Felder hin den Strich eines siegreichen Bleistifts auf einer Landkarte wiedergab. Ohne die Hetze und die kulturelle Vielfalt, die offenen Städten eigen ist, ohne diese grenzstädtische Lebendigkeit (obwohl es in der Nähe einer Grenze lag und Landeshauptstadt war), hatte sich Hannover mit seinem Schicksal als Endstation abgefunden. Noch in den achtziger Jahren, vor der Wiedervereinigung, war Hannover der Name eines Abstellgleises.

Wie immer, wenn ich in eine mir unbekannte Stadt komme, war auch hier die Versuchung groß, mich gedankenverloren durch die Straßen treiben zu lassen. Meine lustvolle Sexualpartnerin hatte es nicht für nötig befunden, mich ihrer Familie vorzustellen. Und so verbrachte ich die langen Stunden vom frühen Morgen bis zum späten Nachmittag, wenn wir uns trafen, um die Bettfedern quietschen zu lassen, mit der preiswerten Übung einsamer Spaziergänge durch die Stadt. Einer allgemeinen Gepflogenheit entsprechend, wollte ich anhand von Hausfassaden, Denkmälern und alten Ornamenten einen Eindruck vom historischen Prestige der Stadt gewinnen. Als Erstes stellte ich fest, dass im Äußeren von Hannover kein Alter erkennbar war. Vergebens suchte ich nach Zeugnissen früherer Epochen. Wohl gab es, wie ich auf langen Wanderungen feststellen konnte, ein halbes Dutzend verstreuter Ruinen, die zur Erinnerung und Warnung kommender Generationen sorgsam gepflegt wurden: ein paar frei stehende Mauern ohne Dach, gestützt von Balken und Eisenkonstruktionen, jede mit einer erklärenden Plakette und ihrer eigenen Umgebung von städtebaulicher Hässlichkeit aus den fünfziger und sechziger Jahren des 20. Jahrhunderts. Die Bombardements der Alliierten im Zweiten Weltkrieg hatten die Stadt dem Erdboden gleichgemacht. Im Frühjahr 1945 war Hannover ein einziges großes Trümmerfeld. Übrig geblieben war nur der Ortsname, eine tragisch dürftige Zahl altehrwürdiger Fassaden sowie eine Hunger leidende Einwohnerschaft von Witwen und ledigen Frauen, die sich daranmachten, Steine von den Straßen zu räumen und unverzüglich den Wiederaufbau in Angriff zu nehmen. In der Eingangshalle des Rathauses steht ein Architekturmodell, das dem schaudernden Besucher zeigt, was die Stadt einmal war und nie mehr sein wird. Ein winziges Flämmchen von Lokalstolz wurde jahrzehntelang von dem riesigen Messegelände und der weltbekannten Hannover Messe am Flackern gehalten sowie durch den ehrenvollen Ruf, die Stadt zu sein, in der das reinste Hochdeutsch gesprochen wird. Dauerhaftere Nachteile, wie seine geographische Lage fern von Bergen, großen Flüssen und dem blauen Meer, trägt Hannover mit Fassung. Manche Einwohner behaupten, das flache Land um Hannover sei in früheren geologischen Zeitaltern einmal Meeresgrund gewesen, und zeigen zum Beweis versteinerte Muscheln vor. Heutzutage besteht der einzige aquatische Trost der Hannoveraner in Bootsfahrten auf einem bescheidenen Gewässer, dem Maschsee, der für fremde Zungen schwer auszusprechen ist. Er ist ein künstlicher See, angelegt von den Nazis, die Hunderte von männlichen Einwohnern mit Hacke und Schaufel ein großes Loch ausheben ließen und dadurch die Arbeitslosenstatistik schönten. Von diesem Wüten ist in heutiger Zeit – zum Glück – nur der aggressive Hochmut der Schwäne übrig geblieben.

Im Zuge der Wiedervereinigung hat sich Hannover schnell verändert. Mit einem Mal war die Stadt nicht mehr Zonenrandgebiet. Gleichsam über Nacht wurde ihr die zentrale geographische Lage zurückgegeben, die sie früher gehabt hatte. Ich habe gelesen, dass die Weltausstellung des Jahres 2000 neue und gewagte Architektur hervorgebracht hat, die dem Blick des Besuchers immer wieder erfreuliche und unerwartete Ansichten bietet. Die Modernität indes hat Hannover nicht seiner menschlichen Dimension beraubt. Heute sind die Straßen der Stadt voller Menschen aller Farben und fremden Aussehens. Dort reihen sich ein paar von Türken mit dichten Schnauzbärten geführte Gemüseläden; an der Straßenecke singt eine rothaarige Frau auf Russisch; ein Turban überquert die Straße; vier oder fünf Indios aus den Anden musizieren vor dem Eingang eines Kaufhauses auf traditionellen Instrumenten. Hannover gleicht heute einem ausgelassenen Kind, ist eine Kind-Stadt, wiedererstanden aus der Asche, an die sie nicht erinnert werden will, die sie nicht mehr grau macht, verweht (hoffentlich für immer) vom unaufhörlichen Wind der Geschichte.

Um Viertel vor zwei klingelten wir wieder an der Haustür. Mich quälte ein Gefühl von innerer Leere, weltweit auch als Hunger bekannt. Und ich beging die typische Unvernunft, ehrlich zu sein. «Dann geh doch», erwiderte Clara, übellaunig auf das Schaufenster einer Bäckerei weisend, «und kauf dir ein Brötchen.» «Ich hatte eher an ein Filetsteak mit Bratkartoffeln und gebackenen Champignons, mit Senfsoße und einem Glas Wein gedacht. Na ja, zwei.» Im Grunde war es ein Selbstgespräch, denn kaum hatte ich das Wort «Filetsteak» ausgesprochen, kehrte mir Clara ostentativ den Rücken zu. Ich hatte den Eindruck, sie drückte jetzt genauso wütend auf den Klingelknopf, wie sie mir einen Finger ins Auge drücken würde. «Du denkst immer nur an dich», schimpfte sie. Der Hunger, diese extreme Form von Egoismus, wenn man Clara glauben darf, trieb mir streitsüchtige Hormone in die Blutbahn, sodass Jennifer uns um Viertel nach zwei streitend vor der Haustür überraschte. Sie lehnte ihr Fahrrad an die Hauswand und reichte uns wortlos die Hand. Clara musste in ihrem erhitzten Gesicht ein Eckchen für ein bemühtes Lächeln freimachen. Sie ist eine schlechte Schauspielerin. Auf ihrem Gesicht zeigte sich ein so unwahrscheinliches, so urkomisches Mienenspiel, dass ich beinahe laut losgelacht hätte, als ich die Hand der Nichte schüttelte.

Wir hatten Jennifer seit der Beerdigung meiner Schwiegermutter nicht mehr gesehen. Im Verlauf von acht Monaten hatte sie so zugenommen, dass ich sie zuerst kaum erkannte. Das stets schmale Gesicht mit den ausgeprägten Wangenknochen und dem straffen Kinn war so aufgedunsen, dass die Lippen nach innen in den Mund gedrückt wurden und ihre Mimik sich auf ein schwammiges, fast ausdrucksloses Mondgesicht reduzierte. Es schmerzt mich, dies zu schreiben; aber ich habe die Wirklichkeit nicht erfunden. Und Wirklichkeit ist, dass dort, wo vorher ein Hals war, kein Schwanenhals, ich will mir nicht poetische Übertreibung nachsagen lassen (auf jeden Fall aber ein wohlgeformter schlanker Hals), jetzt ein gut genährtes Doppelkinn hing. Noch beeindruckender fand ich ihre Hosenbeine, die Oberschenkel und Waden wie eine Wurstpelle umschlossen, die jeden Moment zu platzen drohte. Ein jammervoller Anblick. Als ich sie mit der Unbeholfenheit der Dicken vom Rad steigen sah, fragte ich mich unwillkürlich: «Ist sie das wirklich?» Und wenn ich den nur schlecht verhohlenen Schreckensausdruck in Claras Gesicht richtig deutete, stellte sie sich die gleiche Frage. Zu viel Schminke im Gesicht verschlimmerte das Aussehen des Mädchens noch. Die natürliche Glätte ihrer Stirn und ihrer Wangen verschwand unter einer teigigen Schicht. Die blasse Haut wurde durch schwarz umschattete Augen noch betont. Zudem hatte sie so viel Wimperntusche benutzt, dass die Härchen ihrer Wimpern dick wie Spaghetti zusammenklebten. Vervollständigt wurde diese Hässlichkeit – die, wenn man Jennifers schwierigen Charakter kannte, vermutlich auf dem Wunsch beruhte, gegen den Geschmack und die Meinung der Mutter zu revoltieren – durch das weißblond gefärbte kurze Haar mit roten Strähnen an den Seiten. Dazu hatte sie noch einen Nasenflügel perforiert und mit einer kleinen Metallkugel verschönt, von der wir eine ähnliche später in ihrer Zunge entdeckten. Als ich kurz ihre schlaffe Hand hielt, deren Druck so innig wie der einer Stoffpuppe war, las ich über ihre Schulter hinweg in Claras Augen die deutliche Bitte, das Mädchen nicht mit einer anzüglichen Bemerkung zu verunsichern.

Jennifer ging uns wortlos auf der Treppe voran. Wortlos schloss sie die Wohnungstür auf. Ihre Turnschuhe schleuderte sie in eine Ecke zu einem wirren Haufen anderer Schuhe, dann ließ sie uns in der Diele stehen und ging in ihr Zimmer, aus dem sie erst wieder herauskommen sollte, als zwei Stunden später ihre Mutter erschien. Sie wirkte auf mich zutiefst unglücklich, doch sagte ich nichts. Ich folgte Clara nur in dem Ritual, das ich so verabscheue, mir in einer fremden Wohnung die Schuhe auszuziehen. Unsere Hausschuhe befanden sich mit dem anderen Gepäck im Kofferraum unseres Autos, und so blieb mir nichts übrig, als in Socken auf dem Linoleumfußboden zu gehen. Clara, die offene Slipper trug, ging barfuß. Nach wenigen Schritten bemerkte ich Staubflusen an meinen Socken. Ich zeigte sie Clara. Welch glorreiche Zeiten, als ihre Schwester bei Familientreffen mit ihrer Sauberkeit und Ordnungsliebe prahlte und damit, dass sie ihren Kindern jeden Abend vor dem Einschlafen aus der Bibel vorlas! Ihre Religiosität führte sie nämlich auch als Beispiel für ein geordnetes Leben an, dessen sicherer Lohn einen im Jenseits erwartete. Clara schaute ihre Fußsohlen an. Man sah dunkle Spuren. Ohne uns verständigen zu müssen, zogen wir unsere Schuhe an. Clara trat zu mir und gab mir einen saftigen Kuss auf den Mund. Wir waren wieder Freunde. Aber misstrauisch, wie ich bin, griff ich ihr in die Bluse und nahm eine Brust in die Hand, und da sie sich nicht dagegen wehrte, wusste ich, dass die Versöhnung echt war. Clara flüsterte mir zu: «Maus, wenn wir hier raus sind und Hannover weit hinter uns liegt, kannst du alle deine Bonmots loswerden, die du willst; aber bis dahin, kein Wort. Versprichst du mir das?» Ich beugte mich zu ihr hinunter und sagte: «Mir steigt ein Duft wie von frisch gebackenem Brot in die Nase.»

Der Geruch führte uns in die Küche. Im Backofen bräunte eine Pizza *Funghi* der Marke Dr. Oetker. Wer immer sie dort hineingelegt hatte, hatte den Karton und die Plastikverpackung auf dem Küchentisch liegen lassen. Ich sah, dass der Temperaturregler auf neunzig Grad stand. Bei diesem Hitzegrad würde die Pizza nicht einmal in einer Stunde fertig sein. «Mäuschen, ich glaube, du kannst nach unten gehen und das Geburtstagsgeschenk holen. Und die Koffer könntest du gleich mitbringen.» Als ich zurückkam, saß Kevin am Küchentisch und kaute, tief über seinen Teller gebeugt, an einem halbgaren Stück Pizza. Ich begrüßte ihn, und er sah mich, wie üblich, nicht einmal an. Ich frage mich, wie er uns überhaupt erkennt, da er uns doch nie ins Gesicht schaut. Vielleicht erkennt er uns an der Stimme. «Ich habe solchen Hunger», sagte ich, «gibst du mir ein Stück Pizza ab?» Er schüttelte energisch den Kopf. «Ich dachte, wir wären Freunde.» Ich wartete vergebens auf eine Antwort, eine Geste, ein Zeichen, dass er mich verstanden hatte. «Ich gebe dir zwei Euro für die halbe Pizza.» Wieder schüttelte er den Kopf. «Drei.» Hinter seinem Rücken gab Clara mir Zeichen, dass ich den Mund halten sollte.

Dann standen wir eine ganze Weile sprachlos in der Küche und schauten zu, wie die Pizza nach und nach in Kevins Mund verschwand. Als er zu Ende gegessen hatte, beglückwünschten wir ihn zu seinem Geburtstag, ohne ihm die Hand zu geben oder ihn in den Arm zu nehmen, da man uns gesagt hatte, dass er es nicht mag, wenn man ihn anfasst. Clara überreichte ihm einen Briefumschlag mit fünfzig Euro und eine Postkarte, auf die wir am Morgen ein paar liebevolle Worte geschrieben hatten. Überzeugt davon, ihm eine Freude zu machen, packte ich einen Fan-Schal von Werder Bremen vor ihm aus. «Gefällt er dir?» Achselzucken. Kurz darauf nahm er das Geld und ging, das Kinn immer noch auf die Brust gesenkt, in sein Zimmer.

Die Lebensmittelknappheit im Kühlschrank erinnerte mich an die Erzählungen aus der deutschen Nachkriegszeit, die ich öfter von meinen Schwiegereltern und manchmal auch von Tante Hildegard gehört hatte. «Ich habe den Eindruck», sagte ich, «dass du deine Schwester nicht von unserer – vielleicht verwerflichen – Gewohnheit unterrichtet hast, täglich zu Abend zu essen.» In einem der Gemüsefächer klemmte apathisch ein einsamer Blumenkohl. Im anderen schlummerten mit getrocknetem Lehm beschmutzte runzelige Möhren neben neun oder zehn gelblichen Rosenkohlröschen. In einem Fach darüber sah ich ein Stück Brie-Käse, an dem mit einem Zahnstocher ein Zettel befestigt war, auf dem die mit Kugelschreiber geschriebene Nachricht stand: «Eigentum von Jennifer». Viel mehr enthielt der Kühlschrank nicht: einen Teller mit gekochten Kartoffeln; ein Glas, in dem sich noch ein knapper Fingerbreit Erdbeermarmelade befand; eine so gut wie leere Milchtüte; insgesamt ein halbes Dutzend Lebensmittel, die mir trotz meines Hungers wenig verlockend aussahen. Ich machte Clara auf den Käse mit Eigentumsvermerk aufmerksam. «Ich will keine Probleme», sagte sie. «Fasse am besten gar nichts an.» Daraufhin schlug ich vor, uns auf die Suche nach Lebensmittelmarken zu machen oder uns ein paar Sandwiches aus den neben der Kaffeemaschine liegenden, in Plastik verpackten Weißbrotscheiben, rohem Rosenkohl und Bratkartoffeln mit Ketchup zu machen, denn eine Ketchupflasche – mit abgelaufenem Verfallsdatum natürlich – lag auch noch im Kühlschrank. Ich war der Meinung, wir sollten die Umstände nicht als Unannehmlichkeit bewerten, «da wir ja nicht zu unserem Vergnügen hierhergekommen sind». «Glaube mir, Mäuschen, ich verstehe dich; aber ich kann dir nicht helfen. Anstatt mit zynischen Worten an meinen Nerven zu zerren, könntest du einfach nach unten gehen und dir einen Laden suchen, in dem du dir den Bauch vollschlagen kannst.» Eine halbe Stunde später bemächtigte sich meiner dieselbe geheimnisvolle Kraft, die die Bewohner dieser Wohnung bewog, sich hinter zugesperrten Türen zu verschanzen. Hinter Claras Rücken stibitzte ich eine von zwei Bananen mit schwärzlicher Schale, die auf dem Fensterbrett lagen, und verschwand unter dem Vorwand eines körperlichen Bedürfnisses damit im Bad. Ich war so hungrig, dass mein Magen die halb zerkauten Bananenstücke in sich hineinsaugte und ihnen gar keine Chance gab, mir ein Geschmackserlebnis zu verschaffen. Die Schale warf ich in die Kloschüssel und zog ab. Das Wasser rauschte, nahm die Schale aber nicht mit. Ich wiederholte den Vorgang zwei- oder dreimal, doch erst mit Hilfe eines Besenstiels gelang es mir, die Schale im Abfluss verschwinden zu lassen.

Später am Nachmittag kam ein Karton mit Lebensmitteln in die Wohnung. Erst auf den zweiten Blick erkannte ich, dass sich dahinter eine Person befand. Gudrun begrüßte uns mit Wangenküssen und herzlichem Gestikulieren, das mir an ihr neu zu sein schien. Nach einem flüchtigen Blick auf unsere Füße billigte sie, dass wir die Schuhe anbehalten hatten, denn – «Ihr müsst schon entschuldigen, aber ihr wisst ja, was für ein stressiges Leben ich führe» – sie hatte noch keine Zeit gehabt, die Böden zu wischen. Ich war angenehm überrascht von ihrem horizontalen Du zu Du, ganz ohne die kalte Distanziertheit und Förmlichkeit derer, die sich über andere erhaben fühlt, weswegen mir diese Frau früher so unsympathisch gewesen war. Zu viele Missgeschicke hatten sie wahrscheinlich zu einer einfachen und ehrlichen Art zurückfinden lassen, die in der Zeit, als ich sie kennenlernte, undenkbar gewesen war und die jetzt nicht den geringsten Ansatz mehr zeigte, glücklicher erscheinen zu wollen, als sie war. Noch keine Minute im Haus, begann sie schon schlecht über den Vater ihrer Kinder zu sprechen. Ingo war für sie ein Feigling, der «vor seinen familiären Pflichten davongelaufen ist und mich mit allen Problemen alleingelassen hat». Danach belegte sie alle männlichen Wesen mit nicht gerade schmeichelhaften Bezeichnungen, von denen sie mich mit einem Lächeln ihres lippenlosen Mundes jedoch ausnahm, sobald sie meine Anwesenheit bemerkte. «Du kannst dich wirklich nicht beklagen, Clara, über den Mann, den der liebe Gott dir gegeben hat.» «Na ja, insgesamt benimmt sich meine süße Maus ganz anständig.» Bei diesen Worten gab Clara mir einen sanften Klaps auf den Hinterkopf, der neben seiner schmerzlosen scherzhaften Bedeutung auch in dem Sinne von «Bilde dir bloß nichts ein, mein Junge» oder einem anderen Ähnlichen interpretiert werden konnte. «Darf ich auch etwas sagen?», warf ich ein. Woraufhin Clara mich anfuhr: «Dies ist ein Frauengespräch, falls du es noch nicht bemerkt hast.» «Aber Schwesterherz, lass ihn doch sprechen.» Daraufhin fragte ich Gudrun, mit Blick auf den Karton voller Lebensmittel, ob sie nicht ein paar Kekse, eine Pflaume oder sonst eine Kleinigkeit zu essen mitgebracht habe. Ich wollte nicht unhöflich erscheinen und versuchte, den Grund meiner Frage zu erklären, doch Clara protestierte in einer Weise, dass ich nicht zu Worte kam. Schließlich erfuhren wir, dass Kevins Geburtstag um sieben Uhr in einem italienischen Restaurant gefeiert werden sollte, das am Ende der Podbi in Richtung Innenstadt lag. «Maus, erzähle mir nicht, dass du nicht noch zwei Stunden warten kannst.» Gudrun war allerdings so einsichtig, ihrem hungrigen Schwager zwei Scheiben Roggenbrot mit Wurst und Käse zuzugestehen, die sie im Supermarkt gekauft hatte. Und dann schmierte sie die Brote und servierte sie mir vor den finsteren Blicken Claras, die mir, als die beiden Frauen die Küche verließen, einen weiteren, diesmal deutlich heftigeren, Klaps auf den Hinterkopf gab.

Der bescheidene Imbiss mundete mir vorzüglich. Das flockige und immer noch warme Brot roch frisch gebacken. Im Mund spürte ich jedes Mal ein trockenes, köstliches Knacken, sobald ich auf die Kruste biss. Und nicht nur der Gaumen, sondern der ganze Körper mit seinem Geflecht von inneren Organen nahm die nahrhaften Brocken aufgeregt in sich auf. Die ersten Bissen waren zwangsläufig bestialisch gierig, nur darauf aus, ein seit langen Stunden angeregtes Bedürfnis zu befriedigen; doch nach dem dritten oder vierten konnte ich die Gefräßigkeit auf Abstand halten und begann, kleinere Stücke abzubeißen und ohne Hast genüsslich zu kauen. Ich ließ mir Zeit, damit bei meinem Sieg über den Hunger der Geschmack nicht zu kurz kam. Ich habe nie daran geglaubt, dass Glück mit Übersättigung zu erreichen ist. Viel lieber sind mir die guten Gefühle, die sich einstellen, wenn ein Schmerz überwunden, eine Spannung abgebaut ist oder man Mühen und Beschwerden hinter sich gelassen hat. Darum sind körperliches Wohlbefinden und geistige Gesundheit die einzigen Utopien, die ich heute anerkenne.

Während ich in angenehmer weiblicher Abwesenheit meine Mahlzeit zu mir nahm, blätterte ich in einer Zeitung vom Vortag, die ich auf einem Küchenstuhl gefunden hatte. Ich stieß auf ein Interview mit dem Hannoveraner Bürgermeister, dessen Namen ich vergessen habe. Ein Sozialdemokrat mit Glatze und dem Lächeln eines gutmütigen Großvaters, der das Amt seit einunddreißig Jahren innehatte und es, wenn ich mich nicht irre, noch ein paar weitere Jahre ausüben sollte. Man hörte Gudrun durch eine geschlossene Tür mit ihrer Tochter streiten. Die Tochter schrie genauso laut wie ihre Mutter, und ich spülte meinen letzten Bissen Wurstbrot mit einem Schluck Wasser hinunter. Clara kam auf Zehenspitzen in die Küche und stürzte sich sofort wie ein Raubvogel auf die zweite Hälfte meines frugalen Mahls. Im Handstreich brachte sie das Käsebrot in ihre Gewalt, und als ich mich zu ihr umdrehte, hatte sie schon dreimal gierig abgebissen, wie es einer studierten Bürgerstochter mit pädagogischer Verantwortung und schriftstellerischen Ambitionen eigentlich nicht ansteht. Fehlte nur noch, dass sie mir jetzt vorwarf, es sei keine Butter auf dem Brot, das möge sie ja gar nicht. «Maus, ich sterbe vor Hunger.» Im Ton eines strengen Vaters ermahnte ich sie, nicht mit vollem Mund zu sprechen. «Entschuldige.» Und um wieder als zivilisiertes Wesen eingestuft zu werden, das nur eine Sekunde lang in animalische Tollheit verfallen war, gab sie mir das Käsebrot mit dem unverwechselbaren Abdruck ihrer Zähne zurück. Ich fragte sie, ob Gudrun und Jennifer Gehörprobleme hatten. «Sie streiten über die Zimmerverteilung. Gudrun überlässt uns ihr Bett und zieht in das Zimmer ihrer Tochter. Jennifer hat einen Wutanfall bekommen, als sie das hörte. Sie besteht darauf, bei einer Freundin zu übernachten, solange wir hier sind.» «Und hast du sie nicht damit beruhigt, dass wir morgen früh schon wieder abreisen?» «Ach, Maus, noch ist gar nicht klar, wann wir abreisen. Außerdem», sie warf einen Blick zur Tür, um sich zu vergewissern, dass niemand sie hörte, «hat Gudrun mir zugeflüstert, dass Jennifer sich bestimmt über etwas anderes ärgert. Eifersucht. Du weißt schon, ihr Bruder ist Geburtstagskind. Vielleicht hätten wir dem Mädchen auch ein Geschenk mitbringen sollen.» «Noch einen Schal von Werder Bremen?» «Sie hat eine fürchterliche Laune. Sie sagt, sie will heute Abend nicht mit ins Restaurant gehen.»

Wenig später erfuhr ich, dass es noch ein Problem gab. «Mäuschen, könntest du Kevin nicht bei den Hausaufgaben helfen? Allein kann er sie nicht machen, und Gudrun, die ihm jeden Tag dabei hilft … du siehst ja, was sie um die Ohren hat. Ich kann mir nicht vorstellen, dass die Hausaufgaben des Jungen schwierig sind. Gudrun sagt, er soll die Lösungen allein finden, und nur wenn er nicht weiterkommt oder unkonzentriert wird, gibst du ihm Hilfestellung. Ich hänge derweil unsere Kleider in den Schrank und mache das Zimmer für die Nacht fertig.» Den Mund voll Brot, gab ich ihr durch Zeichen zu verstehen, dass ich erst zu Ende essen wolle, woraufhin sie, die Küche schon verlassend, antwortete: «Gut, aber lass dir nicht zu viel Zeit, denn um sieben geht es zum Abendessen ins Restaurant.» Ich aß die andere schwarze Banane, die unter Äpfeln verborgen in der Schale auf dem Fensterbrett gestanden hatte, und niemand sah mich dabei. Mein Hunger war gestillt, ich wand mir den Schal, den Kevin über der Rückenlehne eines Stuhls hatte hängen lassen, um den Hals und ging zu seinem Zimmer. Ich wollte schon an die Tür klopfen, als mir einfiel, dass Gudruns und Jennifers Geschrei genug Lärm machte und der Junge mein Klopfen falsch auffassen könnte, sodass ich der Einfachheit halber, ohne um Erlaubnis zu bitten, eintrat.

Auf der Stelle erkannte ich, welch ein Fehler es gewesen war, Kevin einen Werder-Bremen-Schal zu schenken. Das ganze Zimmer war mit Hannover-96-Motiven dekoriert. Ich erinnere mich an die Bettdecke, das Kopfkissen, einen Bettvorleger, einen Lampenschirm auf dem Nachttisch, Plakate mit Fotografien und Zeichnungen, ein Trikot mit dem Namen Altin Lala, einen Wimpel und natürlich einen Schal, der über der Tür drapiert war. Er saß breitbeinig im Bett und schaute fern. «Kevin», sagte ich, «du bist ein Fan von Hannover 96, stimmt's?» Er nickte, ohne den Blick von der Mattscheibe zu nehmen. Um ihm eine Freude zu machen, nahm ich mir den Schal vom Hals, den wir ihm als Geschenk mitgebracht hatten. Ich wusste, dass er mich sah, obwohl sein Blick in eine andere Richtung ging. In dieser Gewissheit warf ich den Schal durch die offene Tür in den Flur und sagte: «Scheiß Werder Bremen», obwohl Werder mein Lieblingsbundesligaverein war, ist und wohl immer sein wird. Der Junge zeigte diesen Ansatz eines Lächelns, der ihm dann stundenlang wie eingefroren auf den Lippen steht. Ich schlug ihm vor, ob wir nicht zusammen die Hausaufgaben machen sollten. Das Problem dabei war, dass er mir nicht sagen konnte, worin sie bestanden. Weder ich mit bestem Willen, danach seine Mutter und schließlich Clara, die sich dazu extra ihre Lehrerinnenbrille aufsetzte, vermochten das Gekritzel der bis zum nächsten Tag zu erledigenden Hausaufgaben zu entziffern. Es half nichts, man würde seine Klassenlehrerin anrufen müssen. Sobald wir wieder allein waren, schlug ich Kevin vor, die Hausaufgaben möglichst schnell hinter uns zu bringen, damit wir dann eine Partie Fußball auf einem Videospiel spielen konnten, das in Sichtweite lag. Insgesamt waren es fünf Bruchrechenaufgaben. «Kannst du die lösen?», fragte ich. Er zuckte die Schultern. Ich betrachtete seine starre Miene, seinen niedergeschlagenen Blick, sein penetrantes Lächeln, einen roten Pickel auf seinem Kinn. «Na gut, gib mir deinen Schreiber und bereite du das Spiel vor.» Es stand 2:2 Gleichstand, als die Tür aufgerissen wurde. Gudrun bekundete ihr Erstaunen darüber, wie schnell wir mit der Arbeit fertig geworden waren. Es gab keinen Tag, wie sie sagte, an dem sie ihrem Sohn nicht ein oder zwei Stunden bei den Hausaufgaben helfen musste. Hinter ihr vernahm ich Claras Stimme: «Wenn meine Maus es sich vornimmt, kann er eine richtig gute Hilfe sein.» Woraufhin ich, um jeden möglichen Verdacht auszuräumen, hinzufügte, dass wir Männer eben eine eigene Art zu kommunizieren haben. Kaum hatte ich das gesagt, spürte ich Kevins Finger, der in meinen Arm stach. Als ich mich zu ihm umdrehte, sagte er mit seiner ernsten, monotonen Stimme: «3:2.» Auf dem Bildschirm warfen sich die Spieler seines Vereins aufeinander und bildeten einen jubelnden Haufen strampelnder Leiber. «Kevin, sei ehrlich. War das Tor auch kein Abseits?» Unfähig, zu erkennen, dass ich einen Scherz gemacht hatte, schüttelte er energisch den Kopf.

15

Gestern rang mir Clara das Versprechen ab, die Gartenlaube anzustreichen, sodass ich heute nicht viel Zeit zum Schreiben habe. Ich will nur mit knappen Worten ein paar Erinnerungen festhalten. Die ersten Tage in der Wohnung meiner Schwägerin waren unerträglich. Der ständige Streit zwischen Mutter und Tochter, die ungemütliche Wohnung, der Straßenlärm und alle möglichen anderen Probleme brachten mich beinahe so weit, in unser Dorf zurückzufahren, zum gemütlichen Alleinsein mit *Goethe*, meinem Fernseher und meinen Pflanzen, bis Clara mir die genaue Stunde, Minute und Sekunde mitteilen würde, zu der sie die Reise fortzusetzen gedachte. Aber sie brauchte das Auto für Ausflüge in die Umgebung, um in ihrem Buch Anekdoten erzählen zu können und dafür passende Örtlichkeiten zu finden. Wenn wir abends zu Bett gegangen waren, und morgens, während wir den schrillen Stimmen unserer Verwandtschaft lauschten, legte sie mir ein Bein über den Bauch und bat mich flüsternd um Geduld.

Die ersten drei Nächte schliefen wir beengt in Gudruns schmalem Bett, was gewisse erotische Vorteile mit sich brachte, da wir unsere Körper aneinanderpressen mussten, um nicht aus dem Bett zu fallen. Es verging kein Morgen, an dem Gudrun nicht, bevor sie zur Arbeit ging, an die Tür klopfte und hereinkam, um etwas zu suchen, das sie, wie sie sagte, am Vortag vergessen hatte, aus dem Zimmer zu holen. Sie fand uns zwar immer vollständig zugedeckt, doch ich halte es für unwahrscheinlich, dass eine Frau ihres Alters und ihrer Erfahrung nicht damit rechnen sollte, ihre Schwester und mich unter der Decke bei sexueller Aktivität zu überraschen. Beim ersten Mal hielt ich es für Zufall; beim zweiten auch noch, obwohl mich schon ein Verdacht beschlich; beim dritten Mal hatte ich keinen Zweifel mehr, dass sie aus reiner Neugier und mit Absicht allmorgendlich ins Zimmer kam und zu allem Überfluss mit einer so offensichtlich aufgesetzten Munterkeit drauflosplapperte, die uns jedes Mal den schönen Morgen verdarb. Clara, die eigentlich nicht zu Scherzen neigt, flüsterte mir bei einem dieser Besuche zu: «Sie fürchtet wohl, dass wir ihre Sprungfedermatratze überstrapazieren.» Ich schwor, falls sich innerhalb von vierundzwanzig Stunden nichts änderte, würde ich in den nächsten Zug nach Wilhelmshaven steigen. Selbstverständlich änderte sich nichts; aber es regnete, und so blieb ich in Hannover. Na ja, deswegen und weil ich zu faul war, mir behutsame Worte zurechtzulegen, die meine überstürzte Abreise hätten rechtfertigen können.

Am Morgen des fünften Tages geschah etwas, das unser Zusammenleben in der Wohnung bekömmlicher machte. Es war Samstag, darum brauchte Gudrun nicht zur Arbeit zu gehen und Jennifer nicht zur Schule. Wohl hingegen Kevin, der zur Zeit unseres Besuchs die Waldorfschule von Bothfeld besuchte, wo er in die *Kleine Klasse* ging, die dem siebten Schuljahr entsprach. Der Euphemismus bezeichnet eine (wie der Name schon sagt) zahlenmäßig reduzierte Gruppe von Schülern mit besonderem Unterstützungsbedarf. In der Waldorfschule gab es jeden zweiten Samstag morgens ein paar Stunden Unterricht, wie viele genau, weiß ich nicht, es ist für das, was ich erzählen will, auch ohne Belang. Anscheinend bekam man für eine bestimmte Anzahl dieser Extrastunden die Berechtigung für eine Woche Winterferien. Möglicherweise stimmt das alles nicht ganz genau, aber was soll's. Jedenfalls holte der Junge sein Fahrrad aus dem Keller und fuhr wie gewöhnlich allein zur Schule, da man ihn für alt genug hielt, den Schulweg ohne Begleitung zurückzulegen. Kevin fiel es schwer, sich in der Stadt zurechtzufinden, es sei denn, er kannte den Weg auswendig. Fünf oder vielleicht zehn Minuten, nachdem er sich mit kaum vernehmbarem Murmeln von uns verabschiedet hatte, kam er wieder zurück. Ich saß mit Gudrun und Clara in der Küche beim Frühstück, als wir hörten, wie die Tür geöffnet wurde. Gudrun sprang sofort auf. «Warum bist du schon wieder zurück?», fragte sie in der Diele, unseren Blicken bereits entzogen. In überbetont deklamierendem Ton antwortete Kevin:

O schaurig ist's übers Moor zu gehn
Wenn es wimmelt vom Heiderauche.

Ich wäre fast mit einem Lacher herausgeplatzt, weil ich dachte, der Junge mache sich in überstrapazierter Weise über seine Mutter lustig. Ich hielt mich jedoch zurück, als ich Claras erstauntes Gesicht sah. Als Deutschlehrerin liebte sie die Klassiker und flüsterte mir über den Tisch hinweg zu: «Annette von Droste-Hülshoff.» Von der hatte ich zwar noch nie eine Zeile gelesen, ihr Abbild war mir indes vertraut, da es die alten grünen Zwanzigmarkscheine schmückte.

Kevin war wie jeden Tag die Podbi hinuntergefahren. An der Krankenhauskreuzung hätte er links abbiegen müssen, doch die Straße samt Fahrradspur war wegen eines Verkehrsunfalls gesperrt. Als wenig später Frau Schriftstellerin mit ihrer Kamera dort eintraf, sah sie zwei ineinander verkeilte Autos und ein Motorrad, das auf den Straßenbahnschienen lag, zwei Krankenwagen, Blaulichter, Sanitäter, einen Verkehrsstau bis zur Noltemeyerbrücke und natürlich die unvermeidlichen Grüppchen von Neugierigen. (Eine Beschreibung dieser Szenerie, die sie in Berlin ansiedelte und die ohne weitere Erklärung mit den beiden Droste-Hülshoff-Zeilen überschrieben war, findet sich in Kapitel vierundzwanzig ihres Buches.) Als der Junge das sah, bog er nicht etwa eine Straße früher ab, sondern kehrte nach Hause zurück. Mit Hilfe des Gedichtzitats versuchte er, seiner Mutter zu erklären, was passiert war. Zuerst war ich darüber völlig perplex, doch dann erfuhr ich, dass Kevin – in dem Bemühen, sich verständlich zu machen – häufig auswendig gelernte Verse oder Sätze aus Schulbüchern oder Zeichentrickfilmen aufsagte, aus kurzen Theaterstücken, die unter seiner bescheidenen Mitwirkung in der Aula-Turnhalle der Waldorfschule aufgeführt wurden, aus Liedtexten oder aus Gebeten zitierte. Aus seiner Sicht hatte man ihm den Weg versperrt, seinen Weg, den seiner Logik nach einzig erlaubten Weg, und es war ihm nicht in den Sinn gekommen, dass er auch einen anderen Weg hätte nehmen können. Ich bot an, mit ihm zusammen zu fahren, wenn man mir den Weg erklärte und mir ein Fahrrad zur Verfügung stellte. Gudrun gab mir ihres. Dann zeigte sie mir anhand einer einfachen Skizze, wie wir den Verkehrsunfall umfahren konnten. Allerdings, erklärte sie mir, sei sie nicht überzeugt, dass Kevin meine Begleitung akzeptieren würde. Sie fragte ihn. Der Junge verzog keine Miene und gab keine Antwort. Daraufhin fragte ich ihn, und er sagte sichtbar zufrieden ja.

Obwohl wir uns beeilten, kamen wir zwanzig Minuten zu spät zum Unterricht. Seine Lehrerin, eine füllige Frau um die vierzig, öffnete die Tür. Als sie mich an der Seite ihres Schülers erblickte, traten ein Lächeln und ein überraschter Ausdruck in ihr Gesicht; von Ersterem wohl aber mehr, als hätte ein rascher Blick genügt zu erkennen, wer ich war. Trotzdem fragte sie Kevin pädagogisch behutsam, wer ihn da begleite. Der Junge zögerte nicht mit der Antwort, ich sei Onkel Maus. Sicher hatte er in den vergangenen

Tagen öfter gehört, dass Clara mir diesen Namen gab. Wer weiß, ob aus Sympathie, aus reiner Nachahmung oder aus einem anderen mir unersichtlichen Grund, jedenfalls zog er ihn ab jetzt meinem richtigen Namen vor. Die blauen Augen der Lehrerin verengten sich, und mit boshaftem Lächeln fragte sie: «Ist das Ihr Name?» Auf dem Flur roch es nach Holz. In einer Ecke, ein Stück entfernt, sah man einen gewaltigen, aus rohem Stein gehauenen Kopf. Hinter der Lehrerin hatte sich der Lärm von unbeaufsichtigten Schulkindern erhoben. Ich schaute Kevin an. Der Junge hielt seinen Blick unverwandt auf den unteren Teil meines Gesichts gerichtet. Mit einem Mal fühlte ich in meiner Brust ein heißes Gefühl der Zuneigung zu ihm aufwallen. «Maus, das ist mein Name; und ich freue mich, Sie kennenzulernen», sagte ich und streckte ihr die Hand hin, die sie – immer noch lächelnd – ergriff. Danach nannte sie mir ihren Namen, den ich natürlich nicht behalten habe. Nachdem sie Kevin ins Klassenzimmer eingelassen hatte, schloss sie die Tür und ließ mich mit der monströsen Skulptur, die keine Augen und eine gewaltige Nase hatte, allein.

Mehr oder weniger zur selben Zeit in der Wohnung ließ Gudrun den Stolz der letzten Tage hinter sich und gestattete Clara, ihr eine Spülmaschine zu kaufen. Das Teil kostete fast fünfhundert Euro, die Tante Hildegards Umschlag entnommen wurden. Die alte Maschine in der Wohnung war ein ratternder Kasten, von dem das Beste, was man von ihm sagen konnte, war, dass er ekelhafte weiße Flecken auf den Gläsern hinterließ. Als wollte sie, dass sich unser Magen gänzlich umdrehte, erzählte Gudrun, dass es vor Jahren, als ihre Ehe mit Ingo noch funktionierte, eine Zeit gegeben habe, in der Kevin mit Vorliebe in die Spülmaschine pinkelte. Dieses Wissen bestärkte uns darin, sie sofort durch eine neue zu ersetzen. Clara bemühte sich, den Kauf nicht als einen Akt der Wohltätigkeit erscheinen zu lassen. Am Abend zuvor, im Bett, hatte ich ihr vorgeschlagen, ihre Idee das nächste Mal so zu formulieren, dass sie für ihre Schwester nicht erniedrigend wirkte. Ich war bei der Szene nicht dabei; aber wie ich später erfuhr, hatte Gudrun nichts dabei gefunden zu argumentieren, Claras Großzügigkeit entspreche nur ihrer eigenen, mit der sie uns gratis bei sich wohnen ließ. Mitzuerleben, welche Sympathie ihr Sohn für mich empfand, hatte jedenfalls dazu beigetragen, dass Gudrun ihre Eifersucht überwinden konnte, die sie uns gegenüber bis dahin offenbar empfunden hatte. «So etwas», bekannte sie, «hat es weder bei seinem Vater noch bei sonst einem Menschen jemals gegeben.»

Die neue Spülmaschine wurde eines Morgens gebracht, als Gudrun im Büro war. Clara ließ den Installateur nicht einen Moment allein und bedrängte ihn mit einem Schwall von Fragen über Einzelteile und Bedienung der Maschine. Danach sah ich sie – mit dieser ausgesuchten Schönschrift, mit der sie ihre Bücher signiert – ihre Unterschrift ans Ende der Rechnung setzen. Als wir allein waren, sagte ich: «Ein großer Triumph für dich, stimmt's?» Zuerst tat sie, als verstände sie nicht, und versuchte sogar, das Thema zu wechseln; doch ich gab ihr zu verstehen, dass ich nicht lockerlassen würde, bevor ich eine aufrichtige Antwort bekäme. «In Ordnung, Mäuschen. Aber es ist kein Triumph über meine Schwester. Es ist ein Gefühl der Befriedigung, etwas Gutes getan zu haben, das das Leben meiner Angehörigen ein wenig erleichtert.» Clara war mit Gudrun und Jennifer ins nächste Geschäft gegangen, um die Maschine auszusuchen. Nachmittags nahm sie ihre Nichte mit in die Stadt und kaufte ihr Kleidung und Kosmetik; sie aßen Kuchen und unterhielten sich lange, und es schien, als hätten sie sich gut vertragen, denn als die beiden abends heimkamen, machte Jennifer zum ersten Mal seit unserer Ankunft ein entspanntes und sogar fröhliches Gesicht.

Ich verbrachte den Nachmittag mit dem häuslichsten Jungen, den ich je kennengelernt habe. Wir spielten in seinem Zimmer, sprachen kaum ein Wort, verstanden uns aber prächtig. (Wenn nichts dazwischenkommt, werde ich morgen eingehender über ihn schreiben.) Zu dem Zweck, möglichst viel Zeit für unser Spiel zu haben, machte ich die Hausaufgaben für ihn, da er darin sehr langsam war. Zwar verstand er ansatzweise die Grundbegriffe der Arithmetik, las aber sehr schlecht. Nachdem ich die Aufgaben auf Zetteln gelöst hatte, übertrug er die Rechenvorgänge und deren Lösungen, genauso wie ein paar geometrische Figuren, die ich an den Rand gekritzelt hatte, in sein Schulheft. Das alles nahm viel Zeit in Anspruch, da er zwischendurch gern Buntstifte auf seinem Schreibtisch hintereinander in eine Reihe legte. Gegen Abend schauten wir uns im Fernsehen die Fußballergebnisse des Tages an, wobei zum glücklichen Abschluss eines erfolgreichen Tages Hannover 96 gegen alle Voraussagen in Berlin 3:2 gewann, und das nach einem Rückstand von 0:2. Kevin und ich feierten den Sieg, indem wir uns zwei oder drei Sekunden lang anlächelten. Werder Bremen, der in jener Saison Meister wurde, gewann nur knapp. Ich tat, als würde mich das Ergebnis nicht interessieren.

Zum Abendessen vertilgten wir zu fünft einträchtig jeder eine Pizza der Marke Dr. Oetker, die der Häufigkeit und Menge ihres Verzehrs nach zu urteilen das Grundnahrungsmittel in diesem Haushalt war. Die beiden Frauen und das Mädchen machten sich einen Spaß daraus, mich Onkel Maus zu nennen, nachdem sie gehört hatten, dass Kevin mich so nannte. Eigentlich gingen sie mir damit zwar auf die Nerven, aber ich machte gute Miene zum bösen Spiel, weil ich endlich ein Abendessen ohne Streit und Geschrei genießen konnte. Dann passierte etwas, das alle zum Lachen brachte: Ohne ersichtlichen Grund (und natürlich ohne jede böse Absicht, denn Kevin war so harmlos wie ein Vergissmeinnicht) griff sich der Junge ein Stück von meiner Pizza und biss davon ab. Gudrun wollte schon in ihren alten Fehler verfallen, ihn anzuschreien, als sie sah, dass ich meine Hand ausstreckte und ein Stück der Pizza mit Champignons von Kevin an mich nahm, der das natürlich ebenso ungerührt über sich ergehen ließ, wie ich es getan hatte. Die Frauen philosophierten in belustigtem Ton über die mutmaßlich primitive Natur der

Männer, ohne dass Kevin und ich die Trivialitäten, mit denen das plappernde Weibervolk uns lächerlich machte, auch nur mit einem Wimpernzucken kommentierten; Kevin vermutlich, weil er es nicht verstand, und ich, weil ich es nicht verstehen wollte. Die weibischen Sticheleien kratzten mich überhaupt nicht, sosehr sie sich auch auf mich einschossen. Angesteckt wahrscheinlich von der allgemeinen Fröhlichkeit, fragte ich – zum einen um meiner Schwägerin eine Freude zu machen, und zum anderen, weil mir der Junge ans Herz gewachsen war –, ob ich nicht auf dem Klappsofa in Kevins Zimmer schlafen könne. Gudrun fragte ihren Sohn, ob ihm der Vorschlag gefalle. Als einzige Antwort schob der sich mit seinen fettigen Fingern ein ganzes Pizzastück in den Mund. Als ich ihm dieselbe Frage stellte, hielt er den Kopf zwar gesenkt, schlug aber vor Vergnügen mit beiden Händen auf den Tisch. Daraufhin beschlossen Gudrun und Clara, zusammen zu schlafen, wie sie es als Kinder zu Hause in Wilhelmshaven manchmal getan hatten, und in der dicken Schicht Schminke in Jennifers Gesicht tat sich ein lächelnder Riss auf, weil sie endlich wieder ihr Zimmer für sich hatte. Von diesem Samstag bis zu dem Tag im Oktober, an dem wir schweren Herzens aus Hannover abreisten, herrschte in der Wohnung eine Atmosphäre der Eintracht, unterbrochen von sporadischen Meinungsverschiedenheiten wegen Kleinigkeiten zwischen Mutter und Tochter, beide nicht nur von starkem, sondern auch gegensätzlichem Charakter. Trotzdem habe ich den Eindruck, dass Claras und meine Anwesenheit in der Wohnung um einiges dazu beigetragen hat, die Gemüter ihrer Bewohner zu befrieden, und ich kann mich nicht erinnern, dass es während des Monats, den wir bei ihnen wohnten, jemals eine Auseinandersetzung mit Gebrüll, Schimpfen und Türenschlagen gab wie so oft zu Beginn unseres Aufenthalts bei ihnen.

Das Abendessen ging zu Ende, als mir mit einem Mal klar wurde, dass von Clara getrennt zu schlafen das Ende der herrlichen Phase sexueller Aktivität bedeutete, die wir bisher gehabt hatten. An diesem Punkt bemerkten die Schwestern meine nachdenklich verdüsterte Stirn und versuchten, von Neugier geplagt, meine Gedanken zu ergründen. Ich hatte nichts Eiligeres zu tun, als ihre Aufmerksamkeit abzulenken, und sagte das Erste, das mir in den Sinn kam, und das war, dass ich Bauchschmerzen hatte. «Sicher Blähungen», stichelte Clara, und Gudrun – das hässliche Gesicht vor Freude gerötet – gluckste: «Lass die bloß nicht in meiner Küche raus.» Beide Frauen und meine Nichte brachen in gleichzeitiges Gelächter aus, das mir Zahnplomben und rosa zuckende Zungen zeigte. Um das äffische Bild aus dem Blick zu bekommen, schaute ich mit würdevoll unbewegtem Gesicht zu Kevin, was das respektlose Weibervolk nur zu noch lauterem Lachen animierte. Der Junge kaute selbstvergessen an seiner Pizza. Wir anderen hatten unser Essen schon beendet, doch er saß immer noch wie wiederkäuend über seinen Teller gebeugt. Dabei stellte er fest, dass sein Glas leer war, woraufhin er umstandslos zu meinem griff, das noch halbvoll war, und meine Limonade mit größter Selbstverständlichkeit austrank. Noch lange danach klingelte mir das Gelächter der drei Verrückten im Ohr.

16

Oft sassen wir stundenlang in seinem Zimmer und spielten mit zwei Fußballern aus Plastik, einem Tor aus demselben Material und einem Ball, der von seiner Größe, seiner leicht durchscheinenden Farbe, seiner vieleckigen Form und dem klappernden Geräusch, das er auf der Tischplatte machte, einem Stück Kandiszucker glich. Der Figur des Torschützen ragte ein Draht aus dem Kopf mit einer Art Knopf am oberen Ende, auf den man drücken und damit ein Bein so kraftvoll in Bewegung setzen konnte, dass der Ball, wenn man wollte, bis ans andere Ende des Zimmers flog. Der Torwart, der die Hände über den Kopf gestreckt hielt, war mit einem an seinen Fußknöcheln befestigten langen Draht, der durch das Tornetz führte, an ein Kästchen hinter dem Tor verbunden, auf dem man mit Hilfe zweier Knöpfe den Torwart nach links und rechts zur Seite kippen konnte. Der Torschütze trug ein gelbes Trikot und der Torwart ein grünes, dazu eine ebenfalls grüne Mütze. Die Hosen beider Spieler waren schwarz. Ihre Figurengesichter waren ausdruckslos, genau wie unsere während der meisten Zeit, die das Spiel dauerte.

Anfangs wechselten Kevin und ich regelmäßig die Positionen, bis ich bemerkte, dass der Junge lieber den Torschützen spielte. Er hat mir seine Vorliebe nie mitgeteilt; aber mir fiel auf, dass, wenn er die Figur mit dem gelben Trikot spielte, sein Gesicht manchmal freudig aufleuchtete, während sein Interesse, wenn er mit dem Torwart an der Reihe war, sichtbar erlahmte. Ich hingegen langweilte mich als Torschütze, da es kinderleicht war, dem Jungen die Bälle ins Tor zu schießen. Nicht einmal wenn ich ihm zurief, dass jetzt der Schuss kam, reagierte er rechtzeitig. Oft reagierte er überhaupt nicht. Auch als Torschütze war er nicht gerade ein Ausbund an Geschicklichkeit; doch wenigstens bestand da die Möglichkeit, dass er hin und wieder einen Zufallstreffer landete. Oft schlug er so heftig auf den Knopf, dass der Ball übers Tor hinausflog. Ein paarmal gelang es mir sogar, ihn mit dem Mund aufzufangen. Dann tat ich so, als hätte ich ihn verschluckt, griff mir daraufhin hinten an die Hose und zeigte ihn wieder vor, als hätte ich ihn mir aus dem Hinterteil gezogen. Für Kevin, der unfähig war, Bedeutungen jenseits des Offensichtlichen zu erkennen, schien dies das Normalste der Welt zu sein. Weder lächelte er, noch ließ er auf sonst eine Weise erkennen, dass er den Spaß verstanden hatte, wenn ich den mir aus den Därmen hervorgezogenen Ball in seine Handfläche legte.

Ich brauchte mehrere Tage, um die Erklärung für eine Eigenart von ihm zu finden, die mich schon länger beschäftigte. Mir war aufgefallen, dass er den Blick gewöhnlich wie fasziniert auf das Tor gerichtet hielt. Den Ball ließ er dabei völlig außer Acht. Oft legte er ihn nicht einmal direkt vor den Fuß des Torschützen. Sein richtungsloses Schießen war für den Fortgang des Spiels desaströs. Dennoch schien ihm sein dauerndes Verlieren den Spaß am Spiel nicht im Geringsten zu verderben. Alle paar Minuten musste er den Ball vom Boden aufheben, sogar von unter dem Bett, «denn du glaubst ja wohl nicht», sagte ich zu ihm, «dass Onkel Maus, in seinem Alter, sich dafür bückt». Wiederholt versuchte ich, ihm klarzumachen, wie wichtig es war, die wahrscheinliche Richtung des Balls vorherzusehen. Allerdings nie in mahnendem Ton. Auch vermied ich es, ihn wie seine Mutter mit Anweisungen und Forderungen zu traktieren, die ihn nur nervös machten. Ich bemühte mich, ihn mit freundlichen Worten zu überzeugen und nie einen Vorwurf anklingen zu lassen. Meistens hörte er auf mich; doch es verging kaum eine halbe Minute, und Kevin hielt seine staunenden Augen wieder starr auf das Plastiktor gerichtet. Es ist sehr schwer, das instinktive Verhalten eines Menschen zu korrigieren, eines jeden Menschen, ob er nun an einer neurologischen Störung leidet oder nicht. Sodass ich mich schließlich entschied, den Jungen einfach in Ruhe zu lassen, was seine Probleme zwar nicht aus der Welt schaffen, sie aber auch nicht verschlimmern würde.

Hin und wieder gelang Kevin – entweder aus Glück oder weil ich den Torwart absichtlich in die falsche Richtung kippte – ein Tor. Ich beglückwünschte ihn, aber er blieb gänzlich unbeeindruckt und hielt den Blick weiterhin starr aufs Tor gerichtet, als erwarte er, dass es sich verforme oder in die Luft springe oder explodiere oder was weiß ich. Daraus schloss ich, dass das freudige Zucken auf seinem Gesicht in keinerlei Beziehung zu den Toren stand, die er schoss. Plötzlich erschauerte er, sein Gesicht verzerrte sich, die Hände flatterten, und er stieß ein grollendes Uuuuuuh aus, dessen Sinn mir verschlossen blieb, obwohl ich vermutete, dass es einen gab. Ein paar Sekunden später wurde Kevin wieder apathisch, die Lider wurden schwer, seine Kinderlippen zeigten keine Regung mehr, und in seinem Gesicht war nicht die Andeutung der soeben gezeigten Begeisterung zu sehen.

Dann begann ich, meine Aufmerksamkeit mehr auf den Jungen als auf das Spiel zu richten. Zu dem Zeitpunkt hatten wir schon aufgehört, Punkte zu zählen, falls er sie überhaupt je gezählt hatte. Ich begann, ohne ersichtlichen Grund das Tor zu versetzen: ein Stückchen nach vorn, ein bisschen nach hinten, zur Seite, zur anderen Seite. Jedes Mal folgte Kevins Blick meinen Handbewegungen katzenhaft schnell, was sehr verwunderlich war, da er gewöhnlich eher langsame Reflexe zeigte. Im Verlauf meiner weiteren Beobachtungen fiel mir auf, dass seine sporadischen Begeisterungsschübe immer dann eintraten, wenn der Ball einen Torpfosten oder die Latte traf. Mit unermüdlicher Ausdauer suchte er nach diesen Momenten im Spiel während all der langen Stunden, die wir jeder unsere Plastikfiguren bewegten. Auf nichts anderes hoffte er, woraus ich schloss, dass mein Neffe auch die Tore als Fehlschläge betrachtete.

Mit Hilfe des Zufalls kam ich irgendwann darauf, was die sporadischen Uuuuuuuhs bedeuteten, die der Junge mit sichtbarem Vergnügen ausstieß. Nach der anfänglichen Verwunderung darüber hatte ich eigentlich keine weiteren Beobachtungen mehr anstellen wollen, da ich überzeugt war, dass es nichts zu beobachten gab. Das heisere Stimmgeräusch schien mir nur ein irrationales Additiv seiner Freude zu sein, genauso wie die Verzerrung des Gesichts, die Grimassen, mit denen er lautlos seine Art von Lächeln formte, oder seine durch die Luft fuchtelnden Hände; alles Gesten und Bewegungen, die der Kontrolle des Verstandes leicht entgleiten und der allgemeinen Neigung der Spezies Mensch entgegenkommen, in aufwallenden Glücksmomenten den Affen rauszulassen, der in jedem wohnt. Es war nicht in unserem Spielzimmer, wo mir auffiel, dass der Junge seine Schüsse aus der Sicht der Zuschauer bewertete. Ich wäre nie auf die Idee gekommen, auch nur den leisesten Zweifel daran zu hegen, dass, wenn mein Torwart einen Ball gehalten hatte, das Verdienst daran ausschließlich mir zukam. Kevin hingegen identifizierte sich überhaupt nicht mit seinem Spieler. Als ich ihn eines Nachmittags fragte, wie sein Torschütze hieß, und – um ihm zu helfen – ein paar Namen von Hannover-96-Spielern nannte, konnte er mir keine Antwort geben. Ich hatte da einfach noch nicht begriffen, dass der Junge überzeugt war, Zuschauer bei dem Spiel zu sein, das er selbst spielte. Na ja, ich glaube, wenn man einem Psychologen diese Zeilen zu lesen gäbe, bräuchte er eine Menge Beruhigungspillen, um aus dem Lachen herauszukommen. Aber egal, ich weiß, was ich meine, und das reicht mir.

Dass mein Neffe sich als Publikum sah, wenn wir auf dem Tisch in seinem Zimmer Tipp-Kick spielten, entdeckte ich auf dem Rang des Fußballstadions, in das wir an einem Samstag – schon weit in der zweiten Septemberhälfte – gingen, um uns das Bundesligaspiel zwischen Hannover 96 und Borussia Mönchengladbach anzusehen. Ich hatte Claras Einverständnis bekommen, aus unserem Reisebudget zwei Eintrittskarten zu erstehen, die uns berechtigten, auf zwei der bequemsten Plätze im damals noch im Bau befindlichen Stadion Platz zu nehmen. So gedachten wir das unpassende Geburtstagsgeschenk zu ersetzen, das wir aus Bremen mitgebracht hatten. Auf Anraten Gudruns verschonten wir Kevin mit diesbezüglichen Erklärungen, die nur das stille Lächeln hätten stören können, mit dem er die Idee begrüßt hatte, ein richtiges Spiel der «Roten» – wie die Spieler von Hannover 96 in der Lokalpresse genannt werden – zu sehen. Jedenfalls, was ich sagen will, ist, dass Kevins und mein Arm sich während des Spiels ständig berührten, sodass ich eine gewisse Schlaffheit und fehlende Körperspannung bei ihm wahrnehmen konnte, die von der Ausdruckslosigkeit in seinem Gesicht noch bestätigt wurde. Als die Spieler einliefen, stieß ich ihm sanft in die Rippen, um das freudige Gefühl mit ihm zu teilen, und sagte: «Gut, nicht?» «Ja», antwortete er, ohne von seinen Knien aufzusehen. Später merkte ich, dass er das Spiel aus den Augenwinkeln verfolgte. Ob er sich durch die lärmende Menge ringsum eingeschüchtert fühlte? Ich nahm mir vor, das Stadion beim geringsten Anzeichen, dass der Junge sich unwohl fühlte, zu verlassen. Um mich seiner Stimmung zu vergewissern, fragte ich alle fünf oder sechs Minuten: «Alles in Ordnung?» Und er bejahte immer so eintönig, dass ich unmöglich Freude oder Leid heraushören konnte.

Auf dem Rasen kam es unterdessen zu einer ersten gefährlichen Situation, die der gegnerische Torwart nur mit Mühe meisterte. Tausende Münder wurden in einem kollektiven Schrei aufgerissen. Als wieder Ruhe eingekehrt war, höre ich neben mir eine kaum vernehmbare Stimme «Uuuuuuuh» murmeln. Heute denke ich, dass, wäre mir das Geräusch nicht so vertraut gewesen, ich es wahrscheinlich überhört hätte. Ich sah Kevin an und begann langsam zu begreifen. Kurz darauf erbebte das Stadion unter einstimmigem Protestgeschrei wegen eines vom Schiedsrichter nicht erkannten Fouls. Und wieder reagierte der Junge – wie ein verspätetes Echo – auf seine Weise. Und als eine gute Viertelstunde später die Nummer 9 der «Roten» das erste Tor erzielte und die Zuschauer in donnernden Jubel ausbrachen, zweifelte ich nicht, dass mein Neffe dem allgemeinen Lärm sein kleines verspätetes Gemurmel hinzufügte. «Toll, was?» «Ja.»

Am nächsten Tag hoffte ich auf nichts anderes, als dass der vielflächige Ball einen Pfosten oder die Latte traf. Und als es nach zahllosen Fehlschüssen endlich gelang, bekam ich zeitgleich mit meinem Neffen dieses Jubelimitat hin: «Uuuuuuuh.» Etwa eine Drittelsekunde fühlte ich mich in den Himmel gehoben und brutal in die Kindheit zurückversetzt. Ein Strom von Euphorie durchzuckte jedes meiner Organe. Ich stand kurz davor, einen Freudenschrei auszustoßen; doch der Erwachsene, der ich bin oder notgedrungen sein muss, versiegelte rechtzeitig meine Kehle, sodass sich weder mein Neffe erschrecken, noch die alarmierte Frauenschaft ins Zimmer stürzen musste. Ab dann häuften sich unsere simultanen «Uuuhs». Offenbar ermunterte Kevin die Vorstellung, das Toreschießen fände vor Publikum statt, was ihn, glaube ich, unser Spiel und meine Anwesenheit noch mehr genießen ließ. Clara, die mir eines Morgens beim Frühstück vorwarf, ich schenke ihr zu wenig Aufmerksamkeit, scherzte ab und zu gern, dass ich vor lauter Spielen mit Figürchen – wie sie das abschätzig nannte – Gefahr liefe, ein Kindskopf zu werden. Eines

Nachmittags, als ich gerade von der Toilette kam und wir uns im Flur begegneten, fragte sie mich spöttisch, ob ich jetzt auch mit Autismus infiziert sei. Ich wollte sie schon beruhigen, doch ihr dreistes Lächeln ärgerte mich, sodass ich nur den Blick senkte und ohne ein Wort in Kevins Zimmer ging.

Jeden Tag versuchten die beiden Schwestern, mir zu entlocken, was sie das Geheimnis meines guten Verhältnisses zu Kevin nannten, und vor allem Gudrun nervte mich mit ihrer unangenehmen Art, einen pathetischen Ton anzuschlagen, sobald es um ihren Sohn ging. «Ich weiß nicht, was ich richtig mache», antwortete ich, «außer, dass ich um jeden Preis vermeide, ihn aufzuregen.» Clara vertrat die These, ich würde in den Augen des Jungen ganz unbewusst eine positive Vaterrolle einnehmen. Nur aus diesem Grund dulde mich mein Neffe in seiner Nähe, obwohl mir praktisch «jede pädagogische Ausbildung fehle, um eine solche Rolle mit Aussicht auf Erfolg auszufüllen». Gudrun schloss sich Claras Meinung sofort an, um sich dann in eines ihrer Lieblingsthemen zu verbeißen, welches da war, mit tödlichem Hass und Widerwillen über Ingo herzuziehen.

Kevin war mit seinen dreizehn Jahren ein sanftmütiger Junge mit einer Neigung zu jäher Erregung, die sich mit der Zeit zu der – nach Claras Worten – «schwierigen heutigen Situation» ausgewachsen hat. In jenen Tagen unserer Reise durch Deutschland konnte ich feststellen, dass das Zusammensein mit ihm einfacher wurde und sogar angenehm werden konnte, wenn man es dabei beließ, ihn zufriedenzulassen, was ich mir im Grunde auch von meinen Mitmenschen wünschen würde. Also verzichtete ich darauf, ihn zurechtzuweisen, ihm meinen Willen aufzuzwingen, ihm Befehle zu erteilen oder ihn – wie seine Mutter – den lieben Tag lang mit Klagen und Vorwürfen zu traktieren. Ich ging dabei nicht nach einem didaktischen Plan vor. Ich hatte einfach meinen Spaß daran, mit ihm zu spielen, und das schien bei dem Jungen ein Gefühl von Einvernehmen und Wohlbefinden hervorzurufen.

Ich habe den Eindruck, dass uns eine Vorliebe für stilles Genießen verband. Clara und Gudrun hatten unrecht, wenn sie annahmen, ich spiele nur mit Plastikfußballern, um das Vertrauen und vielleicht die Zuneigung des Jungen zu gewinnen. Ich hatte bei dem Spiel keinerlei paternalistische Ambitionen. Ich spielte um des Spiels willen. Das mit Plastikfußballern und auch andere. Und ich spielte es gern; schon am frühen Nachmittag begann ich, auf die Uhr zu schauen, und wartete darauf, dass mein Neffe nach Hause kam. Wir verbrachten viele Stunden miteinander und fühlten uns dabei wohl, obwohl wir kaum miteinander sprachen. Unsere Unterhaltungen – gewöhnlich in Form von Frage-Antwort – waren nur kurze Unterbrechungen langer Zeiten des Schweigens. Schweigen bereitete mir kein Unbehagen und meinem Neffen, seiner stets entspannten Miene nach, auch nicht. Ich glaube, er empfand einen instinktiven Widerwillen gegen Neuheiten und Veränderungen. Es machte ihn wahnsinnig, wenn jemand seine Sachen durcheinanderbrachte, weswegen es uns auch wie ein Wunder vorkam, dass er mir erlaubte, in seinem Zimmer zu schlafen. Einmal brachte ich ihm aus Versehen seine Ordnung von zehn oder zwölf Würfeln durcheinander, die er alle mit den fünf Augen nach oben in eine Reihe gelegt hatte. Er stellte sie mit allen Anzeichen starker Gemütserregung sofort wieder her. Ich merkte mir das gut, um so einen Fehler in Zukunft nicht noch einmal zu begehen.

Bestimmte Verhaltensweisen von Kevin nachzumachen und seine Angewohnheiten zu übernehmen, erleichterte unser Zusammensein ebenfalls. So vermied ich es möglichst, ihm direkt in die Augen zu sehen. Während des Monats, den ich bei ihm zu Hause war, gewöhnte ich mir an, so mit ihm zu sprechen, wie er mit mir sprach: den Blick zu Boden oder schräg auf seinen Mund oder seine Brust gerichtet. Wenn er von der Schule kam und seine Mutter und seine Tante sich auf ihn stürzten, um ihn auf die Wange zu küssen, sah ich oft, dass er sich versteifte, errötete und den Hals ablehnend zur Seite streckte. Die Szene brachte mich jedes Mal auf die Palme, da dem Jungen Körperkontakt doch ganz offensichtlich unangenehm war. Gudrun dagegen war überzeugt, dass diese künstlichen (und meiner Meinung nach gewalttätigen) Zärtlichkeitsbekundungen, die sie gleich darauf mit ihrer Ungeduld und ihrem Geschimpfe wieder zunichtemachte, das Selbstbewusstsein ihres Sohnes stärkten. «Ja, ich weiß», sagte sie auf meine Vorhaltungen hin, «dass er es nicht mag, berührt zu werden; aber es ist so wichtig, dass er sich akzeptiert fühlt.» Ich nahm ihn weder in den Arm, noch gab ich ihm die Hand, wenn er kam. Wortlos zogen wir zwei uns in sein Zimmer zurück, in dem – frei von weiblichen Stimmen – eine friedvolle Stimmung herrschte. Die Hausaufgaben erledigten wir in kürzester Zeit, da weiterhin meistens ich sie machte, und dann widmeten wir uns umstandslos unserem Spiel, das nicht mehr darin bestand, so viele Tore wie möglich zu schießen, sondern möglichst Situationen herbeizuführen, in denen wir im Duett unsere Uuuuhs zu Gehör bringen konnten. Jedes Mal, wenn sich ein Grund zum Feiern fand, hielt ich Kevin die offene Hand hin, falls er sanft mit seiner Faust einschlagen wollte, wie ich einmal morgens gesehen hatte, dass ein paar gleichaltrige Jungen ihn so auf dem Schulhof begrüßten. Wir brauchten uns über dieses Kumpelritual, dem er sich bereitwillig hingab, nicht groß zu einigen, denn entweder war es nicht neu für ihn, oder er schlug ein, weil es ihm Spaß machte.

Die Nächte ..., oh, diese quälenden Nächte auf dem unbequemen Sofa, das für meine Füße nicht lang genug war. Ich brauche bloß daran zu denken, gleich fühle ich mich wieder todmüde. Kevin schlief nur wenig, und ich hütete mich, mich in sein nächtliches Wachen voller Geräusche, Gemurmel und irgendwelchem Tun einzumischen. Halbblind vor Übermüdung, sah ich ihn zu unmöglicher Zeit aus dem Bett steigen, das Licht und den Fernseher einschalten oder um ein auf den Boden deponiertes Kissen herumlaufen, wobei er unverständliches Gebrabbel von sich gab und vergnügt mit den Händen wedelte. Was er da tat, hatte nichts mit dem mechanischen Schreiten von Schlafwandlern zu tun. Er wirkte vielmehr wach und ganz vergnügt bei seinem unablässigen Hin und Her. Wegen irgendeiner Besonderheit seines Stoffwechsels kam er mit drei oder vier Stunden Schlaf aus, wenngleich er mich manchmal, an Wochenenden vor allem, sechs oder sieben Stunden schlafen ließ. Natürlich bestand auch die Möglichkeit (und in diesem Punkt müsste ich Clara recht geben), dass ihn mein Schnarchen am Schlafen hinderte und er nicht mit offenen Augen im Bett liegen bleiben wollte. Dann lief er rund ums Kissen herum, ging in die Küche und kam mit einem Stück Eis zurück, das er von der Wand des Gefrierfachs abgebrochen hatte und wie ein Eis am Stiel lutschte, wühlte in Schubladen, flüsterte ein Uuuuuh, wenn er sah, dass ich wach lag, um mich zum Tipp-Kick zu bewegen, oder er legte ein Video mit dem Film *Das Dschungelbuch* ein, den er immer wieder zu einer bestimmten Stelle zurückspulte, um sich eine Musiksequenz anzuhören, die offenbar das Einzige war, was ihn an dem Film interessierte. Manchmal sahen wir uns diese Stelle fünf-, sechs- oder siebenmal hintereinander an, lutschten dabei gelegentlich unser Stück Eis, und zu einem bestimmten Zeitpunkt sagte ich: «Gleich ist das Lied zu Ende, dann kannst du zurückspulen.» Er richtete die Fernbedienung auf den Fernseher und sagte: «Ja.» Meistens jedoch drehte ich mich zur Wand, stellte mich schlafend und ließ ihn gewähren, denn ich wusste ja, dass ich am Vormittag, wenn die gesamte Verwandtschaft aus dem Haus war, den verlorenen Schlaf nachholen konnte, wenn auch nicht immer. Clara war zu dieser Zeit in der Stadt unterwegs oder fuhr in umliegende Dörfer, um sich literarische Anregungen zu holen. Wenn sie meine von Schlaflosigkeit umschatteten Augen sah, wusste sie, dass sie auf meine Begleitung verzichten musste. Ich wartete dann auf diesen köstlichen Moment, in dem ihre auf der Treppe verklingenden Schritte mir verrieten, dass ich ganz allein in der Wohnung war. Dann schlief ich sorglos bis zwölf oder eins in Kevins Bett auf der mit dem Emblem von Hannover 96 bedruckten

Matratze und überstand so halbwegs unbeschadet die qualvollen Nächte mit meinem Neffen.

An einem Samstag dieses Monats September begleitete ich ihn zu einer Exkursion auf der Böhme, die ich in bester Erinnerung habe. Das Vergnügen, die Eindrücke dieses großartigen Abenteuers in allen Einzelheiten auszubreiten, werde ich mir nicht versagen, denn heute habe ich ausreichend Zeit, viele Seiten vollzuschreiben. Clara besucht mit ihren Schülern den Vogelpark in Walsrode, und ich bezweifle, dass sie vor sieben oder acht abends zurückkommen wird. Das Mittagessen steht fertig, und die Gartenlaube überzustreichen, wird höchstens eine halbe Stunde dauern. Von Gudrun erfuhren wir, dass der Vater eines Mitschülers von Kevin, anscheinend Mitglied eines der vielen Ruderclubs, die es in Deutschland gibt, einen Transport von ich weiß nicht wie vielen Kanus organisiert hatte, genug jedenfalls für die vierzehn Schüler der Klasse sowie für deren erwachsene Begleiter und die Klassenlehrerin. Gudrun erzählte, im vergangenen Jahr habe sie an einer ähnlichen Exkursion teilgenommen und sowohl sie als auch Kevin seien begeistert gewesen. Doch dieses Mal, gestand sie uns und senkte die Stimme, damit ihr Sohn sie nicht hörte, fühle sie sich nicht imstande, stundenlang zu paddeln und am Ende des Tages den Muskelkater zu ertragen. Aus ihren Worten hörte ich eine verschleierte Aufforderung heraus, einer von uns möge sich anbieten, ihren Platz einzunehmen. Im Geiste sah ich mich auf einem Fluss in der Lüneburger Heide paddeln; der Gedanke gefiel mir, und daher erbot ich mich, am kommenden Samstag mit Kevin zusammen Kanu zu fahren. «Ach, du weißt nicht, was für einen Gefallen du mir damit tun würdest», sagte Gudrun, sichtlich erfreut, «dann könnte ich nämlich mit Clara und Jennifer zum Einkaufen nach Celle fahren, was ich eigentlich viel lieber täte.» Wir riefen den Jungen, um uns zu vergewissern, dass er einen Begleiterwechsel nicht übel nähme. Als er in die Küche kam, boxte Kevin mir willig mit der Faust in meine Handfläche, ohne mich dabei anzusehen. Danach antwortete er, ohne zu zögern – so wie ich es erwartet hatte und alle Übrigen erhofften –, dass er am liebsten mit Onkel Maus im Kanu fahre.

Am Abend vor der Exkursion spielte ich meinem Neffen einen Streich, von dem zum Glück weder er noch die Frauen etwas merkten. Da ich schon im Kindesalter angefangen habe, in fremden Schubladen zu wühlen, hatte ich das Röhrchen mit Gudruns Schlaftabletten bald gefunden. Ich hatte sie wiederholt sagen hören, dass sie ohne ihre Tabletten zur Schlaflosigkeit verdammt sei. Als ich mich unbeobachtet fühlte, ging ich direkt an ihr Nachtschränkchen, und da waren sie. Ich nahm eine und verwahrte sie in einer Schachtel Pfefferminzbonbons. Als wir abends zu Bett gingen, steckte ich mir ein Bonbon in den Mund, sodass Kevin es sah. Ich fragte ihn, ob er auch eines wolle. Der Junge ist verrückt nach Süßem. Ganz gebannt von der falschen Leckerei, legte er sich die Schlaftablette auf die Zunge, und nach ein paar schnellen Schmatzern schluckte er sie völlig unbeeindruckt hinunter. «Magst du noch eins?» Diesmal gab ich ihm ein richtiges Pfefferminzbonbon. Er lutschte es und schluckte es, ohne mit der Wimper zu zucken, als hätte er keinen Unterschied zum vorigen bemerkt. In dieser Nacht schliefen wir gut.

Am Samstagmorgen war es bewölkt. Nach dem Frühstück packten wir einen Rucksack mit Verpflegung, Getränken und Ersatzkleidung; Letztere in Plastikbeuteln, darauf hatte Clara bestanden, die ja in Unwettervorhersagen Expertin ist. Es war noch keine neun Uhr, als Kevin und ich uns vor der Waldorfschule zu den anderen Teilnehmern der Exkursion gesellten. Von ferne erkannte ich die untersetzte Silhouette der Klassenlehrerin. Wir hatten uns schon ein paarmal begrüßt, wenn ich trotz meiner Morgenmüdigkeit Kevin mit dem Fahrrad zur Schule begleitete und ihn in seinem Klassenzimmer, das sich in einer Art Holzhütte befand, ablieferte. Die ganze Schule bestand aus mehreren solcher Bauwerke. Zwei oder drei standen jeweils zusammen, von den anderen durch Wege und Rasenflächen getrennt, was der Anlage das heimelige Flair einer Künstlersiedlung verlieh. Ich ging geradewegs auf die Lehrerin zu. Die anderen Personen waren eine Ansammlung neuer Gesichter für mich. Seit ich auf dem Parkplatz aus dem Auto gestiegen war, ließen sie mich nicht aus den Augen. Ich bin daran gewöhnt. Wie viele Jahre versuche ich schon, mich in die deutsche Gesellschaft zu integrieren! Als wir uns die Hand gaben, begrüßte mich die Lehrerin in fragendem Ton mit Kevins Nachnamen, und da ich keine Anstalten machte, sie zu korrigieren, stellte sie mich damit den Umstehenden vor. Dennoch glaubte ich auf ihren lächelnden Lippen die boshafte Frage zu lesen: «Oder möchten Sie lieber, dass wir Herr Maus zu Ihnen sagen?» Bei allem Respekt, es gab auch noch eine dritte Möglichkeit: nämlich der Gruppe Umstehender meinen richtigen Namen zu nennen; doch schnell wurde mir klar, dass von allen verfügbaren Optionen diese die größte Verwirrung stiften würde. Und ich hätte die Lehrerin bloßgestellt. Darüber hinaus hätte ich mich gezwungen gesehen, mit allen möglichen biographischen Einzelheiten den Ursprung meines Namens zu erklären und damit noch exotischer für all jene zu machen, die – selbst wenn sie guten Willens wären – ihn nie und nimmer richtig aussprechen könnten. Um jeden Ärger zu vermeiden, sagte ich nichts. Bis zum Ende der Exkursion war ich Herr Hoppe. Natürlich kam keiner der Anwesenden auf die Idee, mich für Ingo zu halten. Durch die engen Beziehungen der Eltern von Waldorfschülern untereinander ist man mit den familiären Angelegenheiten der anderen vertraut. «Man hat keine Geheimnisse», erzählte uns Gudrun einmal. «Es ist wie eine Sekte; aber mein Sohn ist dort in guten Händen, frei von dem Stigma, eine Sonderschule zu besuchen.» Ich stellte mich also als Kevins Onkel vor; hauptsächlich um mir selbst zu bestätigen, dass meine Anwesenheit unter diesem guten Dutzend fremder Menschen gerechtfertigt war. Einer fragte mich, ob Gudrun krank sei. «Nein, nein», sagte ich und versuchte, mir meine Verwirrung nicht anmerken zu lassen, «sie hat nur einen unverhofften Termin wahrnehmen müssen.» Meine unbeholfene Antwort, mit der ich mir weitere Fragen vom Hals halten wollte, stachelte nur die Neugier jener an, die mir zuhörten. Schon kam eine weitere Frage seitlich von mir. «Muss Frau Hoppe denn heute, am Samstag, ins Büro?» Ich konnte nicht einmal feststellen, wer mir die Frage gestellt hatte, denn noch bevor ich mich umdrehen konnte, sagte eine andere Stimme in unverwechselbar spöttischem Ton: «Vielleicht haben die Chinesen der Firma Bahlsen ein Kaufangebot gemacht, und jetzt müssen das ganze Wochenende über Kekse gebacken werden. So etwas hört man heutzutage ja immer wieder.» Ich versuchte, das Gespräch auf ein Terrain zu lenken, auf dem jeder Versuch, anderntags in Gegenwart von Gudrun den Wahrheitsgehalt meiner Aussage zu überprüfen, fruchtlos bleiben musste, und erfand zu diesem Zweck eine kurze triviale Geschichte von einem Grundstücksverkauf, für den ihre Schwester, meine Gemahlin, Frau Hoppes Rat benötigte. Jemand wusste von einer ähnlichen Angelegenheit in seinem Bekanntenkreis zu berichten. Ich sah, dass dem Mann das Thema weiter im Kopf herumging, und damit er sich nicht davon ablenken ließ, stellte ich ihm irgendeine nebensächliche Frage dazu, sodass er sich weiter ausgiebig über seine Trivialitäten auslassen konnte.

Zur verabredeten Zeit des Aufbruchs fehlten noch einige Personen, und so mussten wir warten. Einer, der Sandalen und graue Socken trug, lobte plötzlich mein gutes Deutsch. Andere in der Nähe bestätigten ihn. Ich war schon versucht, zu antworten, dass sie es aber auch gut sprachen. Der mit den Sandalen fragte mich nach meinem Herkunftsland. Ich dachte bei mir: «Wenn sie mich ohne weiteres Herr Hoppe nennen und ich der deutschen Grammatik unentwegt meinen Respekt erweise, wo ist dann das Problem?» Clara behauptet, dass ich die deutschen Wörter, jedes für sich, zwar ausspreche wie ein in Niedersachsen geborener Deutscher, man aber an der Art, wie ich die Sätze moduliere, den Ausländer erkennt. Mein Akzent und mein Aussehen verraten mich. Sie sagt auch, dass ich mich nicht normgerecht ausdrücke, weil ich oft unübliche Redewendungen und Begriffe verwende, die mir aus den Büchern der deutschen Klassiker, die ich als junger Mensch gelesen habe, in Erinnerung geblieben sind. Unsere Nachbarin, Frau Kalthoff, hat mir einmal gesagt, sie habe in Wilhelmshaven ein Theaterstück von Friedrich Schiller gesehen, und einiges von dem, was dort auf der Bühne deklamiert worden sei, habe sie an meine Art zu sprechen erinnert. Da wir ein Vertrauensverhältnis zueinander haben, fragte ich sie, ob das als Lob gemeint sei, und sie bejahte.

Den Ärger verbergend, den es mir bereitet, meine persönlichen Daten vor Fremden auszubreiten, verriet ich der Horde Eingeborener den Namen des Landes, in dem ich geboren bin. Auf dem Gesicht des Sandalenträgers zeigten sich zugleich Überraschung und Enttäuschung. Vielleicht hatte er eine andere Antwort erwartet; ich weiß nicht, eine, die nicht nur seine Vorahnung bestätigt, sondern ihm mit ein paar Gemeinplätzen auch noch einen Spaß auf meine Kosten erlaubt hätte. Ich war versucht, mir einen Großvater mit Namen, meinetwegen, Klaus Hoppe anzudichten, der ein grausamer Nazi gewesen und kurz vor der Kapitulation ins Ausland geflohen war; doch dann sah ich Kevin mit anderen Jungen seines Alters in der Nähe stehen, stellte mir vor, welche Miene Clara aufsetzen würde, wenn sie mich derartigen Unfug verzapfen hörte, und schwieg. Sein Leben lang schweigt man aus Zurückhaltung, aus Feigheit, aus Diplomatie. Jemand versuchte, eine offenbar kulturelle Verbindung zwischen meinen Landsleuten und dem Rudersport herbeizufabulieren, was dem mit den Sandalen Gelegenheit gab, mich nach den Flüssen meines Landes zu fragen. Ich hätte ihm beinahe geantwortet, im Gegensatz zu den deutschen Flüssen, die alle von makellosem Aussehen seien und wegen ihrer guten Wasserqualität in der ganzen Welt bewundert würden, flössen die in meinem Land wegen der Korruption der

Regierenden vom Meer in die Berge. Schließlich speiste ich ihn mit ein paar vagen Bemerkungen ab, die ihn zu einem witzlosen Wortspiel inspirierten, was einige der Umstehenden nicht daran hinderte, in lautes Gelächter auszubrechen.

Kurz darauf näherte sich ein Mann zwischen vierzig und fünfzig, von dem ich später erfuhr, dass er ein Lehrer der Schule war. Er schob seine Weinnase in die Gruppe der Ausflügler und teilte uns mit boshaftem Lächeln, in dem sich diabolisches Vergnügen spiegelte, mit, dass es zu dieser Jahreszeit verboten sei, die Böhme mit Kanus zu befahren. Wir wussten nicht, was wir sagen sollten, und schauten uns verdattert an. Der uns diese unheilvolle Mitteilung gemacht hatte, ging seiner Wege, drehte sich nach einigen Schritten um und sagte mit stichelndem Unterton: «Außerdem gibt es bald Regen.» Bevor wir ihn aus den Augen verloren, drehte er sich noch zweimal um und ließ uns jedes Mal sein boshaft elfenbeinernes Lächeln sehen. «Ist der blöd, oder was?», wisperte eine Stimme hinter mir. Die Lehrerin verdrehte die Augen und beruhigte uns mit der Erklärung, im September sei das Paddeln auf der Böhme nicht verboten, jedenfalls nicht auf dem von uns geplanten Teilstück.

Es war bereits nach halb zehn, als die Karawane sich mit mehr als halbstündiger Verspätung in Bewegung setzte. Kurz zuvor waren der Transporter mit den Kanus und eine erste, auf zwei Kleinbusse verteilte Gruppe losgefahren. Als Treffpunkt war ein Parkplatz in Bad Fallingbostel vereinbart. Von dort würden wir mit den Kleinbussen zum Ausgangspunkt unserer Exkursion am flussaufwärtigen Ende eines Örtchens namens Dorfmark gebracht. Ich hatte nichts dagegen, dass, als ich den Wagen schon angelassen hatte, noch zwei Mädchen aus Kevins Klasse und der Vater von einer der beiden zustiegen, ein Typ etwa meines Alters, der ungewöhnlich schnell sprach. Bei bestimmten Konsonanten schob er die Lippen vor, wie man es von Schimpansen kennt, weshalb er mir gleich sympathisch war. Tatsächlich ließ mich sein erster Anblick schon an einen Primaten denken. Die breiten Schultern, die durch seine gedrungene Figur noch betont wurden, der gewölbte Rücken und die behaarten Hände und Unterarme waren der fraglose Beweis für seine äffische Abstammung. Ich brauchte etwa eine Minute, bis ich seinen hervorsprudelnden Worten einen Sinn entnehmen konnte. Bis dahin verstand ich nichts anderes als das Wort «Scheiße», das ihm recht oft über die Lippen kam, weshalb ich im ersten Moment dachte, dass es sich dabei um eine akustische Merkwürdigkeit seiner Atmung handelte. Er und seine Tochter waren die Letzten, die an der Waldorfschule eintrafen. Als er zu meiner Rechten Platz genommen hatte und sich auf dem Sitz wand, als hätte er noch nie einen Sicherheitsgurt angelegt, beklagte er sich die ganze Zeit: «Auf dem Zettel meiner Tochter stand halb zehn, da kann man mir sagen, was man will. Scheißorganisation!» Ich nahm an, er meinte den Zettel, den jeder Schüler nach Hause gebracht hatte, auf den die Lehrerin deutlich neun Uhr geschrieben und um pünktliches Erscheinen gebeten hatte.

Er stellte sich mir als Hans Peter vor, fügte jedoch leutselig hinzu, seine Freunde nennten ihn Furzi, was die kumpelige Abkürzung von Furzkanone sei. Schon etwas boshaft, aber doch in ernsthaftem und korrektem Ton fragte ich, wie ich ihn während unseres Ausflugs nennen solle. Sofort drehte er sich zu seiner Tochter um. «Rebecca, sag dem Kollegen hier, wie ich heiße.» Eine Kleinmädchenstimme hinter mir antwortete ohne jeden spaßigen Unterton: «Furzi.» Dann richtete Furzi die gleiche Frage an Kevin, der still zwischen den beiden Mädchen saß. «Das wird nicht klappen», dachte ich. «So leicht ist mein Neffe nicht zu dressieren, Schimpanse.» Im selben Augenblick hörte ich Kevin ungerührt den lächerlichen Spitznamen aussprechen. Furzi sah mich triumphierend an, als fordere er mich heraus, ihm weitere Beweise abzuverlangen. Er war zweifellos stolz auf seinen Necknamen. «Was soll ich tun?», dachte ich. «Schmeiße ich ihn aus dem Auto, oder kaufe ich ihm im ersten Supermarkt, an dem wir vorbeikommen, ein paar Bananen?» Dann streckte er mir die Hand hin, wobei es ihn wenig oder gar nicht kümmerte, dass ich die Hände am Lenkrad hatte, und bot mir das Du an. Danach fragte er mich respektlos wie ein alter Kumpel: «Bist du der Neue von Gudrun?» «Nein, wir sind verschwägert.» «Na, ich hab meine jetzige Lebensabschnittspartnerin ja im Internet kennengelernt. Und die Mutter meiner Tochter ... Rebecca, ist deine Mutter immer noch mit diesem Wärter aus der Klapsmühle von Ilten zusammen?» «Nein, sie hat einen anderen. Einen ekelhaften Typen, der seine Haare in der Dusche lässt.»

Ein paar Straßen weiter nahm Furzi seine Wollmütze ab, mit der er sich den Kopf warm gehalten hatte. Mein Blick fiel auf eine Narbe, die sich wie eine Schnittwunde quer über seinen rasierten Nacken zog. Man konnte noch deutlich die Einstiche der Naht an den Rändern eines langen dunkelroten Wundschorfs erkennen. Ich fragte mich, ob der arme Kerl der erste Mensch war, der die Guillotine überlebt hatte. Noch bevor ich die Frage stellen konnte, sagte er: «Die totale Katastrophe. Als sie mir die Fotos von dem Auto gezeigt haben, konnte ich nicht glauben, dass ich lebend aus dem Schrotthaufen herausgekommen war. Jetzt muss ich mit der Scheißstraßenbahn fahren. Einen neuen Wagen kann ich mir nicht leisten, nicht mal einen gebrauchten. Erst mal muss ich meine Finanzen in Ordnung bringen, und zweitens hat mir der Arzt verboten, zu fahren, solange ich noch diese Scheißschwindelanfälle habe.» Er schilderte mir den Unfall in allen seinen schrecklichen Einzelheiten, wobei er die Hände bewegte, als säße er noch am Steuer. «Der Lastwagenfahrer war ein Scheißpolacke, der seine Karre wahrscheinlich voll mit in Deutschland geklautem Zeugs hatte, nicht umsonst heißt es ja: Heute gestohlen, morgen in Polen, den Spruch kennst du, oder?, und hat wahrscheinlich geschlafen, weil von denen ja auch keiner die Ruhezeiten einhält ... Jedenfalls sah ich schon im Rückspiegel, dass er nicht bremste ... nicht bremste ... und er hat nicht gebremst. Zwei Tage später bin ich in einem Krankenhaus in Bielefeld aufgewacht, den Kopf verbunden wie eine Mumie.» Wir befanden uns jetzt auf einer Landstraße, die aus Hannover hinausführte. Vor einer roten Ampel musste ich halten und verlor den blauen Wagen der Lehrerin aus den Augen. «Sag mal, du bist nicht zufällig Pole, oder? Ich meine, im Prinzip hab ich nichts gegen Polen oder so, verstehst du?» «Keine Sorge, Furzi, ich habe noch nie einen Schritt nach Polen hineingetan.» «Na, du machst mir so einen nachdenklichen Eindruck, da hab ich gedacht, du ärgerst dich vielleicht über etwas, das ich gesagt hab.» «Nein, ich mache mir nur Sorgen, dass ich mich verfahre.» Furzi wirkte erleichtert und sagte, da brauche ich mir keine Sorgen zu machen, er kenne den Weg. Nach einem Stück, das er eine Abkürzung nannte, erreichten wir die Autobahn, und als wir schon auf der Höhe des Flughafens waren, sah ich, wie ihm der Kopf auf die Brust sank, als hätte er einen Schlaganfall erlitten. In Wirklichkeit war er nur eingeschlafen und machte mir den Anblick seiner abscheulichen Narbe zum Geschenk. Auf dem Rücksitz tuschelten die beiden Mädchen miteinander und kicherten. Kevin verharrte wie gewöhnlich in undurchdringlichem Autismus. Ein Verkehrsschild mit Kilometerangaben bis Bremen und Hamburg zeigte mir, dass wir auf dem richtigen Weg waren. Kurz vor der Abbiegung zur A7 in Richtung Norden erblickte ich ungefähr dreihundert Meter vor mir das Auto des Mannes mit Socken und Sandalen. In angemessenem Abstand folgte ich ihm bis zum Parkplatz in Bad Fallingbostel, den wir gegen zehn Uhr zwanzig erreichten. Nicht der kleinste blaue Aufriss zeigte sich am Himmel, doch die Temperatur war angenehm, kein Lüftchen wehte, und es sah nicht aus, als wollte es regnen.

In dem von der Mutter eines Schülers gesteuerten Kleinbus fuhren wir nach Dorfmark. Furzi saß auf dem Beifahrersitz und erzählte auf der sechs oder sieben Kilometer langen Strecke der Frau und damit auch allen anderen Insassen die Geschichte seiner «Scheißnarbe». Mit dem Wunsch, möglichst weit von ihm entfernt zu sitzen, hatte ich mit Kevin auf der hintersten Bank Platz genommen und konnte dort anhand des Gelächters und der Bemerkungen der anderen feststellen, dass Furzi von keinem ernst genommen wurde. Einige waren unverhohlen respektlos. «Furzi, du Lügner, du bist doch sicher betrunken gefahren, so wie immer.» Und ein anderer, noch rücksichtsloser: «Ich glaube, die Wunde hat dir der polnische Fahrer beigebracht, als du bewusstlos warst. Hast du nicht gemerkt, wie er dir mit einem Beil den Kopf gespalten hat, um dir dein außergewöhnliches Gehirn zu stehlen? Was meinst du, Rebecca?» Und das Mädchen, vom Sitz vor uns aus: «Ich? Furzi hat doch nie ein Gehirn gehabt. Wie sollte man es stehlen können?» Darüber mussten wir alle lachen. «Rebecca, präziser hätte es niemand ausdrücken können», kicherte einer, und keiner lachte über die Antwort des Mädchens lauter als sein Vater.

Die ganze Gruppe traf sich am Ortsrand von Dorfmark auf einer Wiese, die an einer Biegung der Böhme lag. Das klare Wasser stand wegen des heißen Sommers sehr niedrig und hier, wo unsere Paddeltour beginnen sollte, so still, als hätte es das Fließen vergessen. Alle acht oder neun Meter ließen Bäume an den Ufern ihre Zweige ins Wasser hängen. Als wir ankamen, waren die zwei- und dreisitzigen Kanus bereits abgeladen. Sie lagen durcheinander auf der Wiese, bereit, ins Wasser gelassen zu werden. Die Schüler stritten schon mit Paddeln in den Händen lauthals um die Verteilung: städtischen Lärm gewohnte Paddel-Neulinge. Die Lehrerin rief sie zur Ordnung, und ein hilfsbereiter Vater unterstützte sie mit einem disziplinarischen Donnerwetter, das die letzten Vögel dieses paradiesischen Fleckchens Erde erschreckt davonflattern ließ.

Als das erste Kanu über eine kleine Rampe mit einer hölzernen Plattform am Ende zu Wasser gelassen wurde, gab der Sandalenmann die Losung aus, die Schüler sollten von ihren Begleitern getrennt in andere Boote steigen, damit, sagte er: «das Miteinander untereinander gestärkt wird.» Die Initiative wurde einstimmig angenommen. Furzi ging mit gutem Beispiel voran. «Los, Rebecca, mach, dass du wegkommst!» Die Aussicht, ein paar Stunden Flussabenteuer auf engstem Raum mit Fremden zu teilen, endlose Trivialitäten auszutauschen oder mit einem Trottel wie Furzi in einem Boot zu sitzen oder mit einem, der mich nach meinem Privatleben ausfragte, oder einem, der Vorurteile gegen Ausländer hatte, wenn nicht gar mit zwei ausgelassen lärmenden Schülern, erfüllte mich mit Besorgnis. Mit flehendem Blick suchte ich die Lehrerin unter den beieinanderstehenden Ausflüglern, damit sie mir das ersparte, was ich als aufgezwungene Quälerei empfand, sosehr ein Mann mit Socken in Sandalen es auch als Pädagogik und gute Absicht verstanden wissen wollte. Die Lehrerin jedoch, die etwas abseits stand und sich im Schatten eines Strauches mit der Frau unterhielt, die uns von Fallingbostel hierhergebracht hatte, bemerkte meine Unruhe nicht. «Warte hier auf mich», flüsterte ich Kevin zu. Die ersten bemannten Kanus trieben bereits auf dem Wasser. Mit jedem, das sich flussabwärts entfernte, verminderte sich der Radau auf der Wiese, und Erde, Luft und Bäume fanden nach und nach wieder zu natürlicher Stille. Nachdem ich einen Bogen geschlagen hatte, um nicht angesprochen zu werden, trat ich wie zufällig an die Lehrerin heran und sagte ihr, ohne mich um die Gegenwart der anderen Frau zu kümmern, von der ich wusste, dass sie für den Personentransport von einem Ort zum anderen zuständig war und uns nicht weiter begleiten würde, dass ich nicht als Vater eines Schülers an der Exkursion teilnehme und daher keinen Sinn darin sähe, nicht mit meinem Neffen in einem Kanu zu fahren. «Glauben Sie mir, Frau … (mir fällt jetzt ihr Name nicht ein, aber ich spüre noch die Gemütserregung, die mich überfiel, als ich das Wort an sie richtete), ich habe bisher nicht viel Gelegenheit gehabt, ein paar freie Stunden ganz allein mit Kevin zu verbringen.» Die Lehrerin verstand meine Besorgnis auf Anhieb und ließ mich dies mit einer freundlichen Handbewegung wissen, der sich die Frau in ihrer Begleitung anschloss. In vertraulichem Ton sagte sie: «Machen Sie sich keine Sorgen, Herr Hoppe. Lassen Sie erst einmal alle losfahren.» Also blieb ich bei den beiden Frauen stehen, versteckte mich gewissermaßen hinter ihnen und mischte mich nicht in ihr Gespräch über Schulangelegenheiten ein. Eine Viertelstunde später, als Furzi und der Sandalenträger sowie die meisten anderen Erwachsenen und Schüler schon den Fluss mit ihren Paddeln misshandelten und mit ihrem Geschrei alle Tiere in der Nähe verscheuchten, gab ich Kevin ein Zeichen, mir zum Anlegesteg zu folgen, wo wir ohne Probleme – er vorne und ich hinten – eines der letzten Kanus bestiegen.

Es war viele Jahre her, dass ich in einem Boot gesessen hatte. In meinem Heimatland war ich mit Freunden oft zum Fischen aufs Meer hinausgefahren, stets in Sichtweite der Küste. Wir fuhren im Boot meines Bruders, das einen Außenbordmotor hatte, oder in Booten von anderen, die mit langen schweren Rudern und nicht mit Paddeln bewegt wurden, wie Kevin und ich sie hatten, und die in einem Flüsschen mit wenig Wasser auch leichter zu handhaben waren. Wenngleich man Rudern und Paddeln im Lauf der Jahre auch nicht verlernt, muss ich doch zugeben, dass ich wegen mangelnder Praxis anfangs ein paar Fehler machte. Nicht der geringste von ihnen bestand darin, dass es mir nach etwa zwanzig zurückgelegten Metern nicht gelang, dem unverhofft energischen Lospaddeln meines Neffen rechtzeitig gegenzusteuern, sodass wir hinter der ersten Flusskrümmung mit der Kanuspitze ans Ufer stießen. Wir verzettelten uns aber nicht wie einige vor uns in lautstarkes Gezänk, sondern ich stieß das Paddel ohne Diskussion tief in den sandigen Untergrund und konnte das Kanu zurück in die Strömung ziehen, brachte es auf Kurs, und weiter ging's. Ich hatte mir fest vorgenommen, Kevin nicht mit Anweisungen und Belehrungen zu belasten. Mir war lieber, dass der Junge die Fahrt genoss, wie es ihm gerade gefiel, und ich auf dem hinteren Sitz das Kanu lenkte, obwohl es uns nie gelang, gleichmäßig zu paddeln und wir oft genug im Zickzack die stillen Wasser kreuzten.

Bald lag Dorfmark hinter uns. Nachdem wir etwa einen Kilometer unvermeidlich in der Nähe anderer gefahren waren, drang unser Kanu in eine bewaldete Flusslandschaft voller einsamer, schattiger Ecken ein, die manchmal aussah, als hätte keines Menschen Fuß sie je betreten. Die Bäume streckten ihre Zweige über unseren Köpfen aus, bildeten hier und dort ein Dach aus grünen Blättern, das die Wasseroberfläche verdunkelte. Manchmal, wenn die vor uns um eine Biegung fuhren und die hinter uns noch nicht herangekommen waren, befanden Kevin und ich uns für kurze Zeit ganz allein inmitten einer großartigen stillen Natur, in der nur der Gesang der Vögel zu hören war, das leichte Klatschen der Paddel, wenn sie ins Wasser tauchten, vielleicht noch das ferne Geräusch eines fahrenden Autos, das uns die Zerbrechlichkeit und Kurzlebigkeit der irdischen Paradiese in Erinnerung brachte. Ab und zu hörte ich auf zu paddeln, füllte mir die Lungen mit der herrlich reinen Luft und hielt sekundenlang den Atem an, tastete nach der Möglichkeit, vielleicht einen Bamm-Moment heraufzubeschwören. Aber nichts, kein noch so winziger Hinweis ließ Hoffnung aufkommen, wie sehr meine Umgebung auch mit idealen Bedingungen zu locken schien. Kevin saß vor mir und sprach kein Wort. Ich brauchte also bloß die Augen zu schließen, um mir vorstellen zu können, ich säße ganz allein im Kanu. Leider trieben unvermutete wilde Paddelschläge meines Neffen immer wieder Breschen in mein Wohlbefinden, zumindest bis sich nach etwa einer halben Stunde Erschöpfung in seinen Armen bemerkbar machte. Ich machte ihm deswegen keine Vorwürfe. Offensichtlich hatte er einen Riesenspaß daran, die stille Wasserfläche des Flusses aufzuwühlen. Er war fasziniert von den Spritzern, den schäumenden Wellen und Strudeln, die er mit seinem Paddel hervorrufen konnte. Wirklich wissen konnte nur er es; doch dass ihn der Anblick des immer wieder in die Strömung stoßenden Paddels glücklich machte, daran besteht für mich kein Zweifel. Man brauchte nur zu sehen, wie seine Schultern vor Lachen zuckten, und zu hören, wie er dabei vor sich hin brabbelte, was ich von meiner Position aus aber nicht verstehen konnte.

Es wäre schäbig, jetzt meine Frustration über den armen Kevin abzuladen. Denn was konnte er dafür, dass er auf seine Weise erreicht hatte, was ich auf meine vergeblich zu erreichen suchte? Auf den ersten Blick lud die Umgebung zu Kontemplation und zum Schweifenlassen der Gedanken ein; der Fluss als solcher barg nicht die geringste Gefahr; ich hatte keine Schmerzen und keine Sorgen. Und trotzdem waren die äußeren Elemente und mein Inneres nicht imstande, sich harmonisch zu vereinen. Warum nicht? Nun, zuerst einmal, weil es in der Einsamkeit ringsum nicht einsam war. Auf dem ersten Kilometer unseres Bootsausflugs fuhren die Kanus dicht an dicht. Zum Glück zog sich die lange Linie später weit auseinander, und man konnte sich einreden, nicht zu der plappernden Kolonne paddelnder Spießer zu gehören. Gerade am Anfang kam es zu einer Reihe von Vorfällen, wie sie lächerlicher kaum sein konnten, sodass ich irgendwann mit strengem Blick auf die Vegetation die Frage stellte: «Natur, welchen Grund hattest du, eine so dämliche Spezies hervorzubringen?»

Mir kommt dabei die Gestalt eines vielleicht sechzigjährigen Mannes in Erinnerung, der kurz hinter Dorfmark in der Haltung eines Goldwäschers den Grund des Flusses absuchte. Er trug Bermudas, die den Blick auf zwei dürre Waden freigaben. Ich mache niemanden für seine Hässlichkeit verantwortlich, es sei denn, er führt sie öffentlich vor. Krampfadern dick wie Regenwürmer zogen sich darüber hin. Ich weiß, dass das, was ich hier schreibe, so ziemlich das Gegenteil von poetischer Schönheit ist; aber weder habe ich die Wirklichkeit erfunden, noch schreibe ich meine Erinnerungen, wie Clara ihre Fiktionen, um mit künstlerischer Virtuosität fremde Geschmäcker zu bedienen. Eher treibt mich der unbedingte Wunsch, absolut frei meine Worte zu wählen. Etwas hinter dem mit Badeshorts bekleideten Herrn, der neben einem zweisitzigen Kanu im Ufersand hockte, saß eine Frau, die, der mürrischen Miene nach zu urteilen, seine Gattin sein musste. Die beiden gehörten nicht zur Waldorfgruppe. Einige von uns fragten den Mann im Vorbeifahren, ob sie ihm helfen könnten. Auch ich bot ihm meine Hilfe an, ohne zu wissen, worin sein Problem bestand. Erst dann sah ich, dass dem Mann die Brille ins Wasser gefallen war. Beide lächelten mir zu, und ich könnte schwören, dass er es in ehrlicher Dankbarkeit tat, und sie, um ihre Beschämung und ihren Ärger zu überspielen. Hinter uns hörte ich ihre zänkische Stimme: «Helmut, kannst du mir bitte erklären, warum du so ungeschickt bist?»

Ein Stück weiter stießen wir hinter einer Biegung auf einen Stau von quer im Fluss liegenden Kanus, alle aus unserer Gruppe, die uns Nachkommenden die Weiterfahrt versperrten. Mehrere Schüler waren dabei, Furzis Tochter und eine andere Schülerin nass zu spritzen. Die beiden wehrten sich unter Lachen und Kreischen und schaufelten mit ihren Paddeln Wasser nach allen Seiten. Furzi saß mittendrin fest, und man hörte ihn immer wieder sein Lieblingswort rufen, während andere Erwachsene die Jungen erfolglos aufforderten, mit der Spritzerei aufzuhören. Einer der Erwachsenen und der Junge, der mit ihm im Boot saß, paddelten rückwärts, um dem allgemeinen Geplansche zu entkommen. Dadurch wurde am Rand der ineinander verkeilten Kanus eine Fahrrinne frei. Sofort tauchte ich mein Paddel ins Wasser, um so schnell wie möglich die Öffnung zu erreichen, durch die wir das lärmende Hindernis umfahren konnten. Das Manöver blieb nicht unbemerkt. «Kevin haut ab!» Keine Sekunde nach diesem Schrei flog ein flirrender Wasserschwall auf uns zu. Wir hatten noch Glück. Ein paar Spritzer hinterließen feuchte Flecken auf Kevins Hemd, die der Junge gar nicht zur Kenntnis nahm. Ich bekam vielleicht ein halbes Dutzend Tropfen ab. Der Rest der Wasserladung flog über unsere Köpfe. Bevor der nächste Regen auf uns niedergehen konnte, hatten wir den Tumult hinter uns gelassen, wurden aber von drei oder vier Kanus eingeholt, darunter auch Furzis, die sich ein Rennen lieferten. Die Schnellsten riefen uns zu, dass wir aus dem Weg gehen sollten. Ich hatte den Eindruck, dass sich Erwachsene und Schüler mit demselben kindischen Eifer ins Zeug legten. Alle waren durchnässt, und einige paddelten unter heftigem Keuchen.

Wir hatten noch ein ordentliches Stück Fluss vor uns, und es war ratsam, seine Kräfte einzuteilen. Ich schlug Kevin vor, nur so schnell zu paddeln, wie es uns Spaß machte. Genau das taten wir die ganze Zeit und hingen unseren Gedanken nach. «Deine Tante Clara hat recht», sagte ich nach einer langen Zeit des Schweigens, «du steckst mich mit deinem Autismus an.» Er gab keine Antwort. Wahrscheinlich hatte er mir gar nicht zugehört. Ein Stück weiter geriet unser Kanu plötzlich in eine Rinne, deren kräuselndes Wasser uns fünfzehn oder zwanzig Meter vorwärtsriss, ohne dass wir paddeln mussten. Am Ende beruhigte sich die Strömung im Schatten einer Reihe von Birken. In dem Dämmerlicht erkannte ich eine kreisrunde helle Fläche, durch die ein dunkler Querstrich lief, sodass sie von weitem aussah wie eine gesichtslose Fratze. Es war die Narbe in Furzis Nacken. Da stand er und schrie seine beiden jungen Begleiter an, alle drei bis zu den Hüften im Wasser, tropfnass und gestikulierend, gaben sie sich gegenseitig die Schuld, dass ihr Kanu gekentert war, weshalb sie es jetzt umgedreht hielten und das Wasser hinauslaufen ließen. Noch bevor wir sie erreichten, kletterten sie wieder in ihr Boot und paddelten mit aller Kraft drauflos, als wollten sie die Regatta fortsetzen. In kürzester Zeit waren sie unseren Blicken entschwunden.

Wir waren etwa eine Stunde unterwegs, als wir durch einen hohen Pinienwald kamen. Lange her, dass ich auf den Bamm-Moment verzichtet hatte, dem ich am Morgen naiverweise bestimmt zu sein glaubte, ich weiß nicht, weil alles so grün oder das Wasser so klar war oder so. Aber ich selbst, das wurde mir jetzt klar, hatte diese Chance, falls sie jemals bestanden hatte, dadurch vertan, dass ich sie erzwingen wollte. Bamm-Momente waren wie Seifenblasen. Lässt man sie auf seine Handfläche sinken, bleiben sie vielleicht für kurze Zeit intakt; versucht man aber, sie in der Luft zu ergreifen, platzen sie sofort. Zwar waren wir nicht mehr gezwungen, die Schönheit der Natur mit lärmenden Zeitgenossen zu teilen, dennoch würde ich vergebens darauf warten, dass der Tag mir eine Bö, einen Hauch, eine Andeutung von Erfüllung schenkte, denn nach so langer Zeit in unbequemer Sitzhaltung machte sich ein leichter Schmerz in meinen Oberschenkeln bemerkbar, wo, meiner Schwägerin zufolge, für jeden, der das Paddeln nicht gewohnt ist, der Muskelkater zuerst spürbar wird.

Bei alldem wurde über unseren Köpfen, hoch über den Bäumen eine Art von Flüstern hörbar, wurde immer lauter und hüllte uns ein, als wäre die Luft mit akustischer Materie angefüllt. Durch die Baumstämme hindurch war ein Maisfeld zu sehen, dessen Grün hinter einem Vorhang aus feinem Dunst zusehends verblasste. Da draußen entlud sich ein Wolkenbruch, vor dem wir im Moment noch durch die dichten Baumkronen geschützt waren. Ich sagte zu Kevin: «Lass uns langsamer paddeln. Wenn wir Glück haben, hat es zu regnen aufgehört, wenn wir das Waldstück verlassen.» Doch der Baumbestand endete, und vor uns brodelte das Wasser des Flusses unter dem herabpeitschenden Regen. Ich war versucht, meinem Neffen vorzuschlagen, an Land zu gehen. Wenn es schlimmer würde, könnten wir das Kanu umdrehen und als Dach benutzen. Es würde lächerlich aussehen; aber wir mussten uns ja nicht zeigen. Ich verwarf den Gedanken, als ich etwa achtzig Meter vor uns eine Holzbrücke entdeckte, die einen Feldweg über den Fluss führte. Am Ufer warteten wir ein paar Minuten auf moosigem Gestein, dass der Regen nachließ. In der Zeit kamen mehrere Kanus vorbei, die nicht alle zur Waldorfgruppe gehörten. Bald beobachtete ich, dass sich weiter draußen das Wasser des Flusses geglättet hatte. Das war das Zeichen, meinem Neffen zuzurufen, jetzt mit aller Kraft loszupaddeln. Und der Junge, der damals (heute, soweit ich weiß, nicht mehr) noch folgsam wie ein braver Haushund war, fing sofort an, sein Paddel wild und unkoordiniert, doch nicht gänzlich unwirksam ins Wasser zu stoßen, sodass wir uns, kurz bevor der nächste Wolkenbruch niederging, unter die Brücke retten konnten. Einzelne Kanus mit durchnässten Leuten kamen vorbei. Einige – mit dem unvermeidlichen Tropfen unter der Nase – grüßten uns und machten Witze und fuhren weiter, da sie so nass waren, dass das Unterstellen sich nicht mehr lohnte. Auch das Kanu der Lehrerin mit einem Mädchen und der Mutter – nehme ich an – eines Schülers kam vorbei. «Haben Sie etwa Angst vor Regen, Herr Hoppe?» «Natürlich!», rief ich. Und in gewohnt spöttischem Ton antwortete die Lehrerin, als sie unter der Brücke durch war: «Ich darf Sie daran erinnern, dass Sie in Deutschland sind. Wenn Sie darauf warten, dass die Sonne herauskommt, müssen Sie unter dieser Brücke möglicherweise Weihnachten feiern.» Während die drei flussabwärts verschwanden, hörte ich noch ihr Lachen, das bald im Rauschen des Regens unterging. Kevin und ich warteten noch ungefähr zwanzig Minuten auf Weihnachten, denn so lange brauchten die Wolken, um sich auszuregnen. Bis dahin waren sämtliche Waldorf-Kanus vorbeigefahren, und wir waren somit die Letzten. Während wir warteten, aßen wir belegte Brote und tranken von dem, was wir im Rucksack mitgenommen hatten. Danach – wir waren noch einigermaßen trocken – setzten wir unsere Fahrt in aller Ruhe fort.

Nach und nach kamen auch die Vögel wieder aus ihren Verstecken. An den Ufern der Böhme erstreckte sich die Landschaft wie frisch gewaschen. Der Glanz ihres tropfenden Grüns wurde durch das kompakte Grau des Himmels gedämpft. Die Temperatur war angenehm. Ich schätze, dass man noch zwei oder drei Grad zu den einundzwanzig dazuzählen konnte, die der Radiosprecher in den Zehnuhrnachrichten angekündigt hatte. Weder vor noch hinter uns war irgendein Kanu zu sehen. Mit Ausnahme gelegentlichen Vogelgezwitschers hörte man nur das leise Gurgeln, mit dem unsere Paddel in das glasklare Wasser eintauchten. Einmal vernahm ich das auf ein gleichmäßiges Rauschen reduzierte Brausen des Verkehrs auf der wohl nicht sehr weit entfernten Autobahn, die sich vielleicht gleich hinter der Wand hoch aufragender Bäume befand. Wir paddelten schweigsam, bis wir zu einer Wiese kamen, die ihr Ufer so weit ins Wasser schob, dass sich eine Art Flussenge bildete, durch die das Wasser deutlich schneller floss. Und ungefähr in der Mitte lag ein umgefallener Baumstamm quer über der Fahrrinne. Ich manövrierte so, dass wir seitlich an ihn herankamen und mein Neffe sich nicht verletzte. Die Strömung drückte uns zwar gegen den Stamm, aber wir hielten die Paddel dagegen und hielten uns so etwa einen halben Meter auf Distanz. Ich bat Kevin, sich nach hinten zu beugen und sich auf den Rücken zu legen. Er begriff nicht gleich, was ich meinte. Als er es schließlich tat, glitt sein Körper unter dem Stamm hindurch, der sich nun zwischen uns befand. Und im selben Moment merkte ich, dass meine Idee nicht so gut gewesen war. Ich weiß nicht, ob die Strömung hinter dem Baumstamm stärker war oder ob Kevin wieder zu paddeln begann, sobald er den Weg frei vor sich sah, jedenfalls machte das Kanu einen Satz nach vorn, auf den ich nicht vorbereitet war. Meine Brust wirkte als unfreiwillige Bremse, als sie gegen den Stamm prallte. Ich kippte nach hinten, genau wie mein Neffe; nur wurde ich mir zu spät des nicht zu unterschätzenden Umstands bewusst, dass der Junge kleiner, schlanker und gelenkiger war als ich. Mein Hals klemmte zwischen dem Kanu und der rauen Rinde des Baumstamms fest. Vielleicht liegt es an meiner unzureichenden Erziehung, aber ich verabscheue absurde Unfälle, über die sich die Chirurgen im Krankenhaus lustig machen und sich das Maul zerreißen, während der blöde Patient in Narkose liegt. Und bei so einer Nummer dann abzukratzen ..., einen schlimmeren Albtraum kann ich mir nicht vorstellen. Aber was ich sagen wollte: Ich stand schon im Begriff, Kevin zuzurufen, er solle aufhören zu paddeln. Aber dann fürchtete ich, er könne mich nicht verstehen und vielleicht erschrecken, sodass er das Gegenteil von dem täte, was angebracht war. Also versuchte ich, das Kanu mit dem gegen den Baumstamm gedrückten Paddel zurückzuschieben. Sobald ich aus meiner beklemmenden Lage befreit war, forderte ich Kevin auf, ans Ufer zu springen. Vorher warf er sein Paddel auf die Wiese, um eine unnötige Last loszuwerden, was mir genau die richtige Art zu sein schien, meinen Worten Folge zu leisten. Ich paddelte rückwärts, bis das Kanu wieder ganz unter dem Baum hervorkam. Danach konnten wir beide es mühelos ans Ufer ziehen, wo wir auf dem morastigen Boden die Fußspuren der vielen anderen sahen, die uns vorausgegangen waren.

Die Spuren führten zur Wiese hinauf und um die in den Himmel ragenden Wurzeln des umgestürzten Baums herum. Kevin schlug plötzlich eine andere Richtung ein und ging auf eine fahlweiße Kuh zu, die etwa dreißig Meter entfernt mit schläfrigen Augen wiederkäuend im Gras stand. Es gab noch sechs weitere, ähnlich aussehende Kühe auf der Weide, doch die, die Kevins Aufmerksamkeit erregte hatte, stand dem Ufer am nächsten. Ich dachte: «Er wird versuchen, sie mit der üblichen Faszination von Stadtkindern, die nicht an Tiere gewöhnt sind, zu streicheln, und beim Abendessen wird er voller Begeisterung seiner Mutter, seiner Schwester und seiner Tante davon erzählen.» Ich stellte mich unterdessen hinter einen Strauch und ließ mein Wasser ab. Wieder auf der Wiese, sah ich Kevin in einer Haltung neben der Kuh stehen, als würde er ihre Flanke küssen. Vielleicht aber, dachte ich, roch er auch bloß an ihr, weil es Leuten mit Autismus, mit Asperger Syndrom oder was immer der Junge hat – denn eine eindeutige Aussage in dieser Hinsicht ist mir nie zu Ohren gekommen – einfach nur Spaß macht, unerwartete Dinge zu tun. Die Kuh stand da mit mahlendem Kiefer, gänzlich unbeeindruckt von der Anwesenheit meines Neffen, dessen Ankunft sie nicht mehr gekümmert hatte, als wenn sich eine Fliege auf ihren Rücken gesetzt hätte. Ab und zu warf sie lustlos den Schwanz durch die Luft. Dann stand sie wieder wie ein Denkmal der Willenlosigkeit, der Sanftmut und Resignation auf der Weide. Sie zeigte auch nicht das geringste Zeichen von

Unruhe, als ich durch das nasse Gras zu Kevin stapfte, um unsere Weiterfahrt zu besprechen. Ihre Beine waren lehmverschmiert, aber sonst war das Fell vom Regen sauber gewaschen, aus dem Maul troff grünlicher Schaum, und in einem Ohr klemmte eine Erkennungsmarke.

Ich muss zugeben, dass auch mich der Anblick des schönen Tiers im ersten Moment gefangen nahm, und das nicht, weil es dort, wo ich wohne, solche nicht gibt (obwohl ich eines in dieser Farbe überhaupt noch nicht gesehen habe). Wann hat unsereiner, der nicht jeden Tag im Stall verbringt, schon mal Gelegenheit, ausgiebig eine Kuh zu streicheln? Eine ganze, still wie ein Denkmal dastehende sanftmütige Kuh! Damit beschäftigt, ihr den Bauch zu streicheln, achtete ich nicht darauf, was Kevin an meiner Seite tat, und erst als ich mich ihm zuwandte, um ihm zu erklären, welche Probleme wir unserer Gruppe machten, wenn wir viel zu spät in Fallingbostel einträfen, sah ich, dass der Junge das Fell der Kuh ableckte, langsam, mit lang herausgestreckter Zunge, geschlossenen Augen und einem Ausdruck sichtlichen Entzückens im Gesicht. Ich glaube, er hat nicht einmal gemerkt, dass ich gekommen war. Ich verhielt mich still, um ihn nicht zu erschrecken, aber auch, weil mir klar war, dass ich ihn, wenn ich ihn ansprach, abrupt aus seinem Glückszustand reißen würde. Ich vergewisserte mich, dass keine Leute in der Nähe waren, bevor ich meine Nase dem Kuhfell näherte. Was mochte mein Neffe empfinden, wenn er daran leckte? Ich nahm den warmen feuchten Geruch in mich auf, der mir aus ihrem Fell in die Nase stieg. Es war kein lieblicher Duft, aber auch kein Gestank. Dann drückte ich meine Nase an ihren Hals. «Hier», dachte ich bei mir, «könnte sich ein Glücksmoment verbergen, aber ich kann ihn nicht finden. Vielleicht ist er Autisten vorbehalten. So eine Ungerechtigkeit!» Gleich darauf trafen sich unsere Blicke. «Schönes Tier, nicht?» «Ja.» Ich konnte mir nicht verkneifen, ihn zu fragen: «Wonach schmeckt es?» Seine Antwort kam ohne Zögern: «Nach Weiß.» Ich warf einen Blick zurück zum

Fluss. Neben dem umgestürzten Baum lag einsam unser Kanu. Man hörte keine Stimmen, und man sah keine Menschen. «Und, lässt du Onkel Maus auch einmal probieren?» Der Junge nickte.

Um der Bescheidenheit Genüge zu tun, muss ich gestehen, dass ich keinerlei Erfahrung im Ablecken von Kühen habe. Ich weiß auch nicht, ob man sich dafür schämen muss. Zu meiner Entschuldigung werde ich anführen, dass es in den Lehrplänen meines Heimatlandes nicht für nötig gehalten wird, Schulkindern derartige Kenntnisse zu vermitteln. Das Einzige, an dem ich mit Hingabe geleckt habe, seit ich in Deutschland bin, ist Stracciatella-Eis, das mir in der Regel ohne Haare serviert wird. Einige Male (früher häufiger als heute) habe ich meine Zunge im blonden Urwald meiner Frau zum Einsatz gebracht, aber es ist nicht dasselbe; das äußere Gefühl ist zwar ähnlich, der Geschmack jedoch auf keinen Fall. Ohne mich als Experten für irgendwas aufschwingen zu wollen, bin ich mir dessen auch heute noch absolut sicher. Hinsichtlich der Hygiene stellte ich dankbar fest, dass die vorangegangenen Regenschauer die Kuh gründlich abgewaschen hatten, zumindest jene Körperteile, die wir für unsere Zungenübungen ausgesucht hatten. Trotzdem gab es für mich einen Grund zur Beunruhigung, und das war, als ich mich, den Mund schon dicht vor dem Fell, daran erinnerte, in einem Buch oder einer Zeitschrift gelesen zu haben, dass eine bestimmte Sorte Fliegen ihre Eier im Fell von Kühen ablegt, damit diese, wenn sie versuchen, mit ihrer rauen Zunge gegen das Jucken anzulecken, die Eier schlucken und im Innern ihres langen gewundenen Verdauungstrakts ausbrüten. Ich fürchtete also, mit den Eingeweiden voller Würmer nach Hannover zurückzukehren, was mich vor ein Dilemma stellte, da ich andererseits die Einladung meines Neffen zum Gastschmaus nicht ausschlagen wollte. Daher beschloss ich, meinen Vorsatz zwar durchzuführen, aber Vorsorge zu treffen. Die bestand zuerst darin, dass ich die Stelle am Hals, die ich zu lecken gedachte und wo das Fell auch weicher und glänzender aussah, mit dem Fingernagel sauber kratzte. Dann näherte ich vorsichtig meine Zunge, bis ich die Haare an ihr spürte. Aber keinerlei Geschmack. Höchstens das Häutchen der Enttäuschung zwischen den Zähnen. Ich warf Kevin einen vorwurfsvollen Blick zu. Und wieder sah ich ihn mit leckender Zunge in so konzentrierter Naschhaftigkeit dem Genuss hingegeben, dass es mich rührte. Junge, hast du ein Glück!, dachte ich. Dann traute ich mich mehr, hielt den Atem an, damit der Geruch des nassen Tiers nicht meinen Geschmack beeinflusste, und spürte auf der Zunge ein warmes Gefühl von harten glatten Haaren, die kratzig waren, wenn ich von unten nach oben leckte, und zwar immer noch hart, aber weniger kratzig, wenn ich in die entgegengesetzte Richtung leckte. So standen wir – mein Neffe da und ich hier – mehrere Minuten und leckten still an der Kuh, ohne andere Zeugen, möchte ich glauben, als die übrigen sechs Kühe, die – starr vor Staunen und Neid vielleicht – auf der Wiese weideten. «Du hast recht», sagte ich zu Kevin, «die Kuh schmeckt nach Weiß. Ich würde ja auch die anderen noch ablecken, aber ich schwöre dir, ich bin satt. Ich kann nicht mehr, ehrlich. Ich gehe jetzt zum Boot zurück.» Er folgte mir schweigend mit speicheltropfendem Kinn.

Ein Erlebnis noch, dann höre ich auf zu schreiben, denn ich habe das Gefühl, Frau Lehrerin könnte jeden Moment kommen. Wir hatten die Kuh aus den Augen verloren und paddelten schon etwa eine halbe Stunde allein auf dem Fluss, als wir am rechten Ufer der Böhme auf einer Wiese einen Campingplatz sahen. Wir wollten schon vorbeifahren, als wir von einer überdachten Terrasse unsere Namen rufen hörten. Die ganze Waldorf-Gruppe hatte sich dort eingefunden, um sich umzuziehen, sich auszuruhen und zu Mittag zu essen. Zwei Jungen halfen uns, das Kanu ans Ufer zu tragen, wo schon alle anderen lagen. Auf dem Weg zur Terrasse hatte ich den Eindruck, einige streng blickende Gesichter zu sehen. Hatten welche aus der Gruppe sich über uns geärgert, weil sie wegen Kevin und mir hatten warten müssen? Es stellte sich heraus, dass Furzi beim Paddeln übel geworden war und sie ihn zum Campingplatz hatten tragen müssen. Als wir ankamen, lag er – zugedeckt mit mehreren Anoraks – lang ausgestreckt auf einer der Bänke. Ich fragte, wie es ihm ging. Er fühlte sich besser, aber er zitterte noch immer. Er sah blass und entkräftet aus. Wie ich hörte, war die Frau mit dem Kleinbus unterwegs, um ihn und seine Tochter Rebecca abzuholen. Als er mich sah, schob er seine Schimpansenlippen vor und sagte: «So eine Scheiße, Hoppe, jetzt musst du ohne mich nach Hannover zurückfahren.» Ich hätte es dabei belassen können, aber wahrscheinlich hatte die Respektlosigkeit der anderen auf mich abgefärbt. Ich erinnere mich nicht an die genauen Worte, aber ich sagte so etwas wie, es tue mir leid, dass ich ohne seine Gegenwart auskommen müsse. Hinter uns an der Wand stand die Lehrerin, und ich glaube, ich sah ein Lächeln auf ihren Lippen.

17

Was kümmerte mich der Schriftsteller Arno Schmidt? Was kümmerte mich überhaupt das Privatleben irgendeines Schriftstellers? Eines Tages, lange bevor wir zu unserer Reise durch Deutschland aufbrachen, sagte ich zu Clara, Schriftsteller seien nur das äußere, unbrauchbare Gehäuse ihrer Werke. Sie nahm meine Bemerkung sofort persönlich: «Das heißt, du betrachtest mich als unbrauchbares Gehäuse.» Wir standen an einem Sonntag bei uns zu Hause in der Küche, sie hatte eine Schürze umgebunden und schnitt eine gekochte Rübe in Scheiben. Wenn ich einlenkte, dann nicht aus Angst vor dem Messer, mit dem sie herumfuchtelte, sondern weil ich meine Argumente für viel schwächer hielt als die Überzeugungskraft des dem Backofen entströmenden Dufts von Gnocchi in Tomatensoße, über denen langsam eine mit Oregano und Brotraspeln bestreute Mozzarellakruste bräunte. Claras Gnocchi waren mir lieber, als im Recht zu sein; doch im Grunde war und bin ich immer noch der Meinung, sobald ein Buch veröffentlicht ist, braucht es den Autor nicht mehr. Der Autor ist die äußere Hülle, Abfall, zähes Anhängsel. Clara hingegen verehrt berühmte Schriftsteller. Sie besucht deren Gräber, liest ihre Biographien, ist hingerissen von Gegenständen, die ihnen gehört haben: ein handgeschriebenes Manuskriptblatt, ein Füllfederhalter, ein Hut ... Plunder, in meinen Augen, der nichts mit dem literarischen Wert ihrer Bücher zu tun hat. «Ich bin davon ergriffen. Was soll ich sagen?» «Wärst du auch von dem Kot eines Klassikers ergriffen? Sagen wir, von einem in Formalin eingelegten Exkrement Bertolt Brechts, mit Echtheitszertifikat.» «Ach, Mäuschen», antwortete sie mit dieser betonten Lässigkeit, dem Berufstrick der Lehrer, mit dem sie vor den Provokationen aufsässiger Schüler ihr Gesicht zu wahren suchen, «so eine Hinterlassenschaft brauche ich wirklich nicht. Ich wüsste gar nicht, wo ich sie lassen sollte. In der Vitrine im Wohnzimmer? Außerdem würden wir sie gegen Diebstahl versichern müssen, was Kosten verursacht. Ich kann mir eher vorstellen, dass so etwas auf einer öffentlichen Versteigerung seinen Platz findet. Hat nicht John Lennon sein Haar versteigern lassen?» Ich erwartete, dass sie ihre Rede wie gewohnt mit einem boshaften Nadelstich beenden würde. Und genau das tat sie. «Um die Bieter richtig in Stimmung zu bringen, müsste man ihnen die Kacke eines wirklich großen Künstlers zu Gebote stellen. Denkst du vielleicht daran, dass man sich für deine interessieren könnte, Mäuschen, mein ironischer Liebling? In letzter Zeit lässt du nämlich öfter den Klodeckel offen stehen. Du glaubst doch nicht, dass man sich hier in der Gegend deine Produktion zukünftiger Antiquitäten ansehen möchte, oder?»

Ich hatte schlicht keine Lust, mir Arno Schmidts Haus anzusehen. Dazu musste man nach Bargfeld fahren, einem verlassenen Kaff am südlichen Ende der Lüneburger Heide, wo dieser Autor, der nie der Versuchung erlag zu lächeln, zwanzig Jahre lang der strengen Disziplin nachging, sich für genial zu halten. Aus der Podbielskistraße drang der übliche Verkehrslärm von Werktagen bis hinauf in die Wohnung. Es war ein Montag der Bagger, der Presslufthämmer und des unablässig vorbeirauschenden Verkehrs.

Ich hatte mich gerade auf dem Bett meines Neffen ausgestreckt, nachdem ich in der Nacht kaum ein Auge zugetan hatte. Gegen zwei Uhr morgens blinzelte ich in das helle Licht der Lampe, die angeknipst worden war. Verschwommen sah ich Kevin im Zimmer seine Runden drehen, dabei ließ er die Hände flattern und gab einen monotonen, rätselhaften Summton von sich. Später, ich weiß nicht genau, wann, hörte ich ihn geräuschvoll an einem Stück Eis lutschen. Um Viertel nach vier schaltete er den Fernseher ein und hörte sich zwanzig Minuten lang das immer gleiche Musikstück aus dem *Dschungelbuch* an. Die ersten Strahlen der aufgehenden Sonne erwischten mich sterbensmüde. Ich spürte immer noch den Muskelkater von unserer Kanutour, und Clara lag mir an der Zimmertür mit ihrem Drängen und Bitten im Ohr. Dass sie die Wohnung verließ, bekam ich gar nicht mit. Als sie nachmittags zurückkam, erfuhr ich, dass sie sich weit hinter Celle verfahren hatte. Sie hat es nicht mir berichtet (mit mir wollte sie nicht sprechen), sondern ihrer Schwester und Jennifer in der Küche, und ich hatte vom Zimmer meines Neffen aus durch die angelehnte Tür mit angehört, wie sie sich über ihre ebenso ungeschickten wie verzeihlichen Fahrmanöver ausließ. Sie gestand, dass sie erst spät bemerkt habe, dass sie in die falsche Richtung fuhr. War sie nicht auf den Gedanken gekommen, die detaillierte Straßenkarte, die wir im Handschuhfach aufbewahrten, zu Rate zu ziehen? Vielleicht hatte sie es auch nur nicht geschafft, sie auseinanderzufalten. Oder sie hatte sie auf dem Kopf gehalten, als sie einen Blick darauf warf. Zwischen Clara und mir habe ich mir Witze über Frauen und Landkarten streng verboten, denn in ihrem Fall sind das keine Witze. Schließlich war Frau Schriftstellerin, die sich damit auskannte, Bilder, Symbole, Metaphern zu erschaffen, auf die fabelhafte Idee gekommen, anzuhalten und nach dem Weg zu fragen. Ein Bauer erklärte ihr, sie sei fünfzehn Kilometer zu weit gefahren, die Abfahrt nach Bargfeld liege längst hinter ihr. Sie müsse also zurückfahren und in einem Ort namens Eldingen rechts abbiegen. Das tat die Ärmste, doch das Unglück wollte es, dass in Eldingen zwei Straßen nach rechts abbogen und zwei oder drei nach links. Welcher blöde Spaßvogel hatte sie dahin gesetzt? Sie wählte zwar die richtige Seite, aber selbstverständlich die falsche Straße, sodass sie nach einer Fahrt durch herrliche Wälder, Heide und Moore in einem Dorf landete, in dem vor Jahren über hundert Menschen bei einem berühmten Eisenbahnunglück ums Leben gekommen waren. Wieder zurück nach Eldingen und wieder fragen. Mittlerweile durften sich die Einwohner an das Gesicht der Fahrerin gewöhnt haben, die an einem Vormittag drei Mal aus verschiedenen Richtungen ins Dorf gefahren kam. Würde mich nicht wundern, wenn die ersten argwöhnischen Gesichter hinter den Fenstern aufgetaucht wären. Ein wortkarger Mann streckte nur den Arm aus. Als Clara in die Richtung schaute, stellte sie fest (ob sie um ein Maßband gebeten hatte?), dass sie zehn Meter von dem Verkehrsschild entfernt hielt, das auf ihr Ziel hinwies. Von Hannover bis Bargfeld braucht man, wenn man gemütlich fährt, alle Verkehrsampeln und Geschwindigkeitsbeschränkungen in Betracht zieht sowie die Tatsache, dass man durch Celle fahren muss, na, sagen wir, eine Dreiviertelstunde. Clara brauchte mit allem Hin- und Herfahren, Anhalten und Fragen fast eineinhalb Stunden. Aber damit war es noch nicht getan. In Bargfeld stellte sie fest, dass das Haus, in dem die Arno Schmidt Stiftung untergebracht ist, geschlossen war. Sie klingelte, vergebens; sie fragte einen Nachbarn, vergebens. Doch da dieser mühevollen Reise etwas Positives abgerungen werden musste, entdeckte sie auf einer neben der Tür angebrachten Informationstafel eine Telefonnummer, die sie gleich in ihr Moleskinebüchlein eintrug. Auf dem Heimweg nach Hannover begannen sich Kopfschmerzen bemerkbar zu machen. Auf der Bundesstraße 3 geriet sie bei der Abfahrt nach Celle in eine Radarkontrolle. Frau Kalthoff schickte uns Wochen später den Strafzettel nach. Und dann hatte Clara die Stirn, mir in Anwesenheit von Gudrun und Jennifer die Schuld an all diesen Unbilden zu geben, die ihrer Meinung nach hätten vermieden werden können, wenn ich sie auf der Fahrt begleitet hätte.

Mit Hilfe der Telefonnummer, die sie sich notiert hatte, konnte sie noch am selben Nachmittag mit einer gewissen Frau Fischer von der Arno Schmidt Stiftung sprechen. Als Frau Fischer erfuhr, wer Clara war und was sie vorhatte, bot sie ihr sehr freundlich an, sie in zwei Tagen um halb zwölf Uhr vormittags durch das Haus des Schriftstellers zu führen. «Und wenn du nicht mitkommen willst, bleibst du eben da», warf sie mir am Vorabend in Gegenwart der Verwandtschaft an den Kopf. Sie war immer noch böse mit mir. «Ist mir schon klar, dass du lieber im Bett liegst, als dir etwas Kultur angedeihen zu lassen.» Um die Wahrheit zu schreiben, hatte sie damit nicht unrecht, denn ich bezweifelte stark, dass mir die Kultur den Schlaf zuführen könnte, den mein Körper morgens so dringend benötigte. Und da ich ahnte, dass Clara weniger daran gelegen war, ihrer Schwester und Nichte verborgene Charakterzüge von mir zu enthüllen, als mich vor ihnen zu demütigen, fühlte ich mich in meinem Stolz verletzt, versuchte, mich mit Zynismus zu heilen, und antwortete, zuerst müsse ich meinen morgigen Terminplan konsultieren. Ich wandte mich an Kevin, der neben mir sein Abendessen verschlang. «Morgen haben wir doch Uuuuuuh, nicht?» Der Junge nickte. «Tut mir leid, Clara, morgen Nachmittag habe ich eine sportliche Herausforderung zu meistern, für die ich mindestens bis Mittag schlafen muss.» Der Tag kam, Gudrun und die Kinder waren zu Büro und Schule aufgebrochen, da riss Clara die Tür des Zimmers auf, in dem ich von einer Nacht Ruhe zu finden suchte, in der ich so gut wie nicht geschlafen hatte. «Sag mir ins Gesicht, dass du nicht mit mir nach Bargfeld fährst.» Ich musste nicht so tun, als hätte mich ihr scharfer Ton aus dem Schlaf gerissen. Ich wollte ihr schon vorwerfen, dass sie mir keinen guten Morgen gewünscht hatte, als mir klarwurde, dass jede Sekunde Konversation eine Sekunde weniger

Schlaf bedeutete, und so begnügte ich mich mit einem knappen «Ich fahre nicht mit», ohne mich dabei zu ihr umzudrehen. In meinem Rücken machte sich eine angespannte Stille breit; aber ich wusste, dass Clara das Zimmer nicht eher verlassen würde, als bis sie mich dahin gebracht hatte, dass ich mich über mich selbst ärgerte. «Du bist ein Fachmann darin, mich fertigzumachen, falls du es noch nicht gewusst hast.» Danach schwieg sie wieder, als wartete sie, welche Wirkung ihre Worte auf mich haben würden. Ich hielt die Augen geschlossen und dachte: Dreh dich nicht um, sieh sie nicht an. Sie muss lernen, dass, wenn du eine Entscheidung getroffen hast, nichts und niemand dich umstimmen kann. Und dann hörte ich: «Ich gehe jetzt runter zum Auto und rühre mich dort nicht von der Stelle, bis du da bist. Und wenn ich den ganzen Tag da stehen bleiben muss, bleibe ich da stehen. Und wenn ich Migräne kriege, bist du mit deiner Bösartigkeit schuld. Und wenn Frau Fischer vergeblich auf uns wartet, auch.» Kurz darauf hörte ich, wie wütend die Wohnungstür zugeschlagen wurde.

Ich zog mich absichtlich ganz gemächlich an, was dennoch nichts anderes war als der Versuch, in der Niederlage einen Hauch von Würde zu wahren. Ich verfuhr mich nicht, ich ging in keine Radarfalle, und ich kam in der vorgesehenen Zeit in Bargfeld an. Bin ich eigentlich blöd?, dachte ich, als wir den Ort vor uns sahen. Ich hätte so tun können, als wäre ich auf der Karte mit den Straßen durcheinandergekommen, und Clara so absurd weit in die falsche Richtung fahren können, dass es unsinnig gewesen wäre, die Fahrt fortzusetzen, und wir unverzüglich nach Hannover zurückgefahren wären. Ich hatte auf dem ganzen Weg kein Wort gesprochen. Der Grund: Meine innere Stimme war viel zu sehr damit beschäftigt, mich selbst zu verfluchen. Frau Schriftstellerin gab ein paar Gemeinplätze über das Wetter und ihr gesundheitliches Befinden von sich, die als Versöhnungsversuch gelten konnten. Sie gingen bei mir zum einen Ohr rein und zum anderen wieder hinaus, und Clara beließ es dabei. An einer roten Ampel auf der langen Geraden vor Celle ließ ich das Kinn auf die Brust sinken und tat, als hätte mich die Müdigkeit übermannt, so wie es Furzi am Samstag zuvor auf dem Beifahrersitz passiert war. Ich gab einen unnatürlichen Schnarchlaut von mir, um Claras Aufmerksamkeit zu wecken, die, entweder blind für meine Pantomime oder das Spiel mitspielend, denn blöd ist sie nicht, mich am Arm schüttelte. Unter schläfrig schweren Augenlidern schaute ich auf meinen Ärmel, wie um festzustellen, ob er zerrissen oder beschmutzt worden war. Es war der Gedanke an Furzi, der mich daran hinderte, Clara zu fragen, ob in irgendeiner Biographie etwas davon stand, dass Arno Schmidt ein Furzer war. Letzten Endes stellte ich die Frage nicht, weil ich keine launige Unterhaltung entstehen lassen wollte, die mich dazu hätte bewegen können, unter für mich ungünstigen Bedingungen Frieden zu schließen, denn es war ja keine Einigung möglich, die mich unverzüglich in mein Bett zurückgebracht hätte. Vor der nächsten Ampel wiederholte ich das Spiel. Aus purer Provokation hielt ich das Kinn so lange auf die Brust gedrückt, bis die Ampel grün wurde. Clara tat nichts, aber der Fahrer hinter uns drückte derart auf die Hupe, dass ich zusammenschreckte, als wäre ich tatsächlich eingeschlafen.

In Bargfeld zeigte Clara mir die Stelle am Lattenzaun vor dem Eingang der Arno Schmidt Stiftung, wo ich halten sollte. Das einstöckige Haus mit der von Efeu überrankten Backsteinfassade befand sich ziemlich am Ende einer leicht abschüssigen Straße. «Setz nicht so ein Gesicht auf. Tu mir den Gefallen.» «Ein anderes habe ich nicht», brummelte ich und drehte mich um, betrachtete missmutig die Bäume ringsum, die hüpfenden Dohlen, die rustikalen Häuser, kurz, den ganzen nach Kuhfladen riechenden Ort, der mir überhaupt nichts sagte. Das Dorf liegt in einem Naturpark. Mich interessierte das nicht. Im Augenblick interessierte mich nur, dass Clara sich mit ihrem Notizbuch und ihrem verbindlichen Lächeln so bald wie möglich ins Haus des toten Schriftstellers verzog und ich im Auto eine Mütze voll Schlaf nehmen konnte, den ich so bitter nötig hatte. Die Arme vor der Brust verschränkt, schloss ich die Augen. Und dann stieg mir ein Parfümduft in die Nase, den ich nur zu gut kannte. Gleich darauf spürte ich zwei warme Lippen meine Wange streifen und hörte eine honigsüße Stimme in mein Ohr flüstern: «Mäuschen.» Innerlich stieß ich eine Reihe von Flüchen in meiner Muttersprache aus. Wieder einen Ehekrach verloren. Ich ziehe es tausend Mal vor, mit einem Mann zu streiten. Da weiß man, woran man ist, und die Taktik ist simpel: Wer stärker reinhaut, mit Worten oder Taten, gewinnt. Aber bei einer Frau, die dich küsst und dir Zärtlichkeiten ins Ohr flüstert: Welche Taktik soll man da anwenden? Sie noch stärker küssen? Da sie auf dem Beifahrersitz kniete, konnte man im Ausschnitt ihrer Bluse den Büstenhalter sehen. Ich steckte die Hand in den Spalt zwischen ihren Brüsten und dachte, dass sie, empört über das unfeine Betatschen, sich aus dem Auto zurückziehen würde. «Man kann uns sehen», war jedoch alles, was sie sagte, und das mit einem unangenehm triumphierenden Unterton. «Clara», entgegnete ich, unbeirrt weiter ihre Brust knetend, «ich stehe im Begriff, dich vor der Stiftung dieses Typen, Günter Grass oder wie der heißt, zu vergewaltigen. Ist dir das egal?» «Maus, wenn es mir egal wäre, wäre es ja keine Vergewaltigung.» «Du glaubst, ich mache Spaß, nicht wahr?» «Ich glaube nur, dass es fünf vor halb zwölf ist und Frau Fischer uns erwartet.» «Dich erwartet.» «Uns beide, Maus, ich beabsichtige nicht, dieses Haus allein zu betreten.» Ich drückte noch ein letztes Mal ihre weichen warmen Brüste, bevor ich aus dem Auto stieg und dabei den unwiderstehlichen Wunsch verspürte, Arno Schmidts Haus und das ganze Dorf anzuzünden. Wie behaglich war es doch heute Morgen im Bett gewesen ...

Es ärgert mich, mich zu ärgern. Nichts ärgert mich mehr, als verärgert zu sein. Wenn ich mich ärgere, muss ich mich also zweimal ärgern, und das ärgert mich auch wieder. Gewöhnlich überkommt mich der Ärger als Kettenreaktion. Daher versuche ich, den ersten zu vermeiden, denn der zieht alle anderen nach sich. Lasse ich zu, dass sie sich anhäufen, ist es danach sehr beschwerlich, sie wieder loszuwerden. Ich kenne mich gut genug, um ohne einen Schatten von Unschlüssigkeit behaupten zu können, dass ich nicht dazu neige, laut zu werden, zu drohen oder zu schimpfen, was zum Teil daran liegt, dass es einfach nicht meiner Art entspricht, zum Teil aber auch an den Schwierigkeiten, in einer Sprache wütend zu werden, die man erst als Erwachsener gelernt hat. Wenn ich mich ärgere, werde ich meistens still. Diese Neigung (deren Ursprung vermutlich in meiner Kindheit liegt, da zu Hause allein mein Vater das Vorrecht besaß, zornig zu werden) ist bei mir noch ausgeprägter geworden, seit ich in Deutschland lebe. Die Folge davon ist, dass mein Sozialverhalten deutlich an Qualität verliert; womit ich sagen will, dass ich, wenn ich mich ärgere, mein Gegenüber damit aus der Fassung zu bringen suche, dass ich mich ungerührt und gelassen gebe, auch wenn in mir ein Vulkan brodelt. Ein Beispiel dafür ist das, was mir an diesem Tag in Bargfeld passierte. Ich war so verärgert, dass ich mit derselben Begeisterung aus dem Auto stieg, mit der ein zum Tode Verurteilter aufs Schafott steigt. Ich folgte Clara so erledigt und so übermüdet zur Tür der Arno Schmidt Stiftung, dass mich jedes Blinzeln schmerzte. Als ich den Fuß auf die erste der vier oder fünf Treppenstufen setzte, die zum Eingang des Hauses führen, zischte Clara mich an, ich solle Anstand bewahren. Erst da merkte ich, dass ich die Musik aus dem *Dschungelbuch* pfiff, mit der mein Neffe sich mitten in der Nacht die Zeit vertrieben hatte. Ding dong, machte die Klingel. «Ich wette um fünf Euro, dass Frau Fischer eine Dicke mit Doppelkinn ist.» «Bitte, Maus!» Ich hatte Clara einen Schrecken eingejagt, und das war mein erstes angenehmes Erlebnis an diesem Morgen. Ich gebe es zu: In diesem Moment war ich von bösartiger Lust erfüllt.

Ein Herr um die siebzig öffnete die Tür. Er trug ein geblümtes Hemd, eine Halskette, ungewöhnlich schwarzes und voluminöses Haar für sein Alter, und seine Haut war tief gebräunt wie aus dem Toaster. Er streckte uns die Hand hin und nannte uns seinen

Namen. Mit derselben Haltung hätte er uns auch einen Verdienstorden vor die Nase halten können. Sonst sagte er nichts. Allein sein Name war offenbar der schlüssige Beweis für seine Bedeutung. Ich habe mir natürlich nicht gemerkt, wie er hieß. Klar, ich könnte den Namen mühelos herausfinden; aber ich fürchte, heute ist nicht der Tag, an dem ich mich darum reiße, in Claras Bibliothek herumzustöbern. Ich weiß es, weil eine Fotografie des Typen, die Clara mir einige Tage nach unseren Besuch in Bargfeld zeigte, in der Arno-Schmidt-Monographie aus dem Rowohlt Verlag zu sehen ist. Ich glaube, er war Experte für den Genannten, außerdem Schriftsteller und Übersetzer. Warum also vor zwei Fremden die gewiss lange Liste seiner Verdienste herunterleiern, wenn der Name vielleicht schon alles sagte? Clara nannte als höfliche Erwiderung und wohl auch, um sich nicht in untere Ränge abschieben zu lassen, ebenfalls ihren Namen, dem sie – als Etikett gewissermaßen – jenen schmückenden Zusatz beifügte, der ihr stets ein wenig pathetisch über die Lippen kam: «Schriftstellerin.» Dann drehte sie sich um, zeigte mit dem Finger auf mich und sagte: «Mein Mann», so wie sie «Mein Chauffeur» hätte sagen können oder «Dieser Herr rubbelt mir abends vor dem Fernseher die Füße warm». Ich fühlte mich so gedemütigt, dass ich um ein Haar in das erbärmliche Jaulen eines Welpen verfallen wäre. Meine Erschöpfung war wie weggeblasen.

Nachdem wir uns vorgestellt hatten, folgten wir Toastgesicht durch das Erdgeschoss – das Haus bestand nur aus diesem – in den hinteren Teil, wo eine Terrasse in den Garten überleitete. Dort saß ein Herr in fortgeschrittenem Alter mit Krawatte, glänzender Glatze, Schnurrbart und Ziegenbärtchen im Schatten einer Hecke auf einem Stuhl. «Frau Fischer ist ein Mann», flüsterte ich Clara ins Ohr, die sich umwandte und mir einen ebenso erschrockenen wie vorwurfsvollen Blick zuwarf. Auf der Terrasse verlegte ich mich darauf, all das zu hassen, womit die Natur meine Sinne zu betören suchte, als wäre ich ein typischer Tourist ohne jeden blassen Schimmer, der sich mit dem erstbesten Kitsch zufriedengibt. Alles stieß mich ab: die mir ins Gesicht scheinende Sonne, die Landluft ohne Autoabgase, das abscheuliche Gezwitscher der Vögel, das in mir den starken Wunsch aufkommen ließ, mich zu Weihnachten mit einer Vogelflinte beschenken zu lassen, die kitschbunten Schmetterlinge, die in niedriger Höhe über der Erde taumelten und mir Hoffnung machten, im Laufe des Tages einige von ihnen zertreten zu können. Ganz meinen köstlichen Hassgefühlen hingegeben, hörte ich nicht hin, als Toastgesicht den Namen des Glatzköpfigen nannte. Wohl aber, als dieser hinzufügte, er sei der Übersetzer des Werkes von Arno Schmidt ins amerikanische Englisch. Er begrüßte uns im Sitzen mit einem leichten Kopfnicken nach Art bedeutender historischer Persönlichkeiten, was möglicherweise daran lag, dass der dicke Stoß DIN-A4-Blätter auf seinem Schoß ihn am Aufstehen hinderte, möglicherweise aber auch daran, dass er es für überflüssig hielt, so zu tun, als sehe er in uns mehr als Vertreter einer minderwertigen Kultur. Neben ihm, auf einem anderen Stuhl, ruhte ein ähnlich dicker Papierstoß, bedruckt in drei Spalten, die beiden äußeren schmaler als die mittlere. Toastgesicht half dem Glatzkopf, Arno Schmidts Wälzer zu entziffern. Wir hätten ihnen gnadenlos auf die Nerven gehen können, doch Clara bestand darauf, uns ans andere Ende der Terrasse zu begeben und dort auf Frau Fischer zu warten. Ich hörte den Glatzkopf fragen: «Soll ich *Baum* schreiben?», und Toastgesicht antworten, «Lassen Sie mal sehen», und nach kurzem Zögern, «Ja, sicher, schreiben Sie *Baum.*»

Keine fünf Minuten später betrat eine gutaussehende schlanke Frau mittleren Alters die Terrasse, die mit klappernden Stöckelschuhen auf uns zusteuerte und sich dafür entschuldigte, dass sie uns hatte warten lassen. Sie trug ein schlichtes, aber elegantes Kostüm mit grauer Jacke, das ihr im Verein mit dem halblangen glatten Haar und der randlosen Brille mit ovalen Gläsern ein distinguiertes intellektuelles Aussehen verlieh. Clara beeilte sich, der «kleinen Verspätung» keinerlei Bedeutung beizumessen. Ohne mich in das Gespräch einmischen zu müssen, gelang es mir, die Wirkung ihrer Worte zu hintertreiben. Zu diesem Zweck beging ich die Unhöflichkeit, einen flüchtigen Blick auf meine Armbanduhr zu werfen. Die Geste war vorwurfsvoll genug, als dass Frau Fischer sie hätte übergehen können. Mit besorgter Miene, die ihr ohnehin schon attraktives Gesicht noch verschönte, und in einem Ton bedauernder Zuvorkommenheit erklärte sie, gerade erst aus ich weiß nicht welchem Dorf nach Bargfeld zurückgekommen zu sein. Ausflüchte, war ich schon versucht zu sagen, weil ich mich ärgerte, dass sie weder dick war noch ein Doppelkinn hatte. Claras Lächeln riss ihren Mund bis zu den Ohrläppchen auf, sodass sie Gefahr lief, ihre Ohrringe zu verschlucken. Die beiden Frauen gaben sich auf diese förmliche Weise die Hand, wie sie hier im Land üblich ist. Bevor ich mich wieder auf den Rang eines Ehemanns degradiert sah, beschloss ich, mich selbst vorzustellen. Also trat ich vor und gab Frau Fischer zwei Küsse, denen auszuweichen sie keine Möglichkeit hatte. Ich musste mich ein wenig recken, da sie einige Zentimeter größer war als ich. Trotzdem erwischte ich sie voll auf beiden Wangen. Frau Fischer wich vor meiner Innigkeitsbezeugung keineswegs zurück, sondern öffnete im Gegenteil die rot geschminkten Lippen ein wenig, um in Form von weißen Zähnen ein zustimmendes Lächeln anzudeuten, ungefähr so, wie wenn unsere Nachbarn im Dorf – halb ergeben, halb erheitert – zuließen, dass *Goethe* ihnen die Hand leckte, wenn er sie auf der Straße erkannte. Sie roch großartig, die Frau Fischer, und Clara versuchte mit aufgerissenen Augen und entgleistem Lächeln, um jeden Preis natürlich zu wirken.

Von der Terrasse aus gingen wir am Rand des Gartens entlang zu dem Haus, in dem Arno Schmidt gewohnt hatte. Es sah aus wie die Häuser, die ich aus Kindermärchen in Erinnerung hatte: klein und aus Holz. Klein heißt in diesem Fall sehr klein, um es mal so zu sagen. Ein Häuschen, eine Hütte, mit Bäumen ringsum, die

Wände mit vertikalen, grau gestrichenen Brettern verkleidet. Das Satteldach mit dem Kamin in der Mitte hatte über dem Eingang eine Verlängerung, die einer kleinen Veranda Schatten spendete. Frau Fischer, aus der mittlerweile Susanne geworden war, öffnete die Tür und bat uns einzutreten. Clara handelte bereits einen Besuch mit ihrer Schulklasse bei ihr aus. Es ist mir unbegreiflich. Einerseits behauptet sie, ihr größter Wunsch im Leben sei es, ihren Beruf – Grund für Migräne, schlaflose Nächte und Stress – für immer aufzugeben, und bei nächster Gelegenheit plant sie voller Begeisterung künftige Klassenfahrten. «Schulklassen kommen oft hierher», bestätigte Susanne. «Wir bitten um rechtzeitige Anmeldung und Angabe, wie viele Personen die Besuchergruppe umfasst.» Ich stand schon im Begriff, einzuwenden, dass es sich nicht um Personen, sondern um Schüler im Alter von vierzehn bis sechzehn Jahren handelte; doch ich biss mir auf die Lippen, damit Clara mir hinterher nicht vorwerfen konnte, ich hätte mich in Dinge eingemischt, die mich nichts angingen.

Wir betraten eine Diele, in der eine Lederjacke von Arno Schmidt und noch andere Sachen von ihm hingen, an die ich mich nicht erinnere. Vielleicht noch ein Handstock, ich bin nicht sicher. Im Haus, alles aus Holz, gab es eine Menge Ecken und schattige Winkel, was mir einen Moment lang das Gefühl vermittelte, mich im Bauch einer Karavelle aufzuhalten. In der abgestandenen Luft hing ein warmer Geruch von altem Gebälk und alten Büchern, mit denen die Regale überall vollgestopft waren. Im Vorbeigehen sah ich ein paar Buchrücken: Karl May, deutsche Klassiker, Literatur in englischer Sprache. Keine Spur von zeitgenössischen deutschen Autoren; allerdings habe ich mir die Bibliothek auch nicht genauer angesehen. Es gab ein oberes Stockwerk, in dem während der letzten Jahre ihrer schwierigen Ehe die Gattin-Sekretärin-Bedienstete des düsteren Autors ihr eigenes Leben geführt hatte. Ein paar Tage später las Clara mir eine Passage aus Arno Schmidts biographischer Erzählung vor, in der eheliche Vorfälle zur Sprache kamen.

«Was die arme Frau durchmachen musste», sagte ich, ganz solidarischer Kavalier, einfühlsam, voller Verständnis für das weibliche Geschlecht, und sie antwortete mit einem Blick, der töten konnte: «Wem sagst du das, Mäuschen.» Nun, zu dem genannten Stockwerk führte eine steile Treppe empor. Clara steckte den Kopf durch die Klapptür. Ich blieb unten stehen und wartete, dass Susanne, die einen zur Jacke (und ich weiß nicht, ob mit Absicht auch zum Haus) passenden grauen Rock trug, mir vorausging, was mir erlaubt hätte, einen etwas tieferen Einblick in ihre Person zu erlangen. Susanne stieg nicht hinauf, ich auch nicht.

Zu dritt betraten wir die Küche, die so geräumig war wie die Abstellkammer bei uns zu Hause. Mir kam der Gedanke, Susanne um eine Tasse Kaffee zu bitten, doch gleich darauf wurde mir klar, dass Speisekammer, Küchengerät, Wasserhahn und das Wasser selbst, falls es welches gab, Museumsstücke waren. Auf einem Wandbord über dem Spülbecken standen Putzmittel, alltägliche Gegenstände, in den Rang von Devotionalien erhoben; und an der Wand, neben dem Fenster, ein Abreißkalender mit dem Blatt – daran erinnere ich mich genau – vom 31. Mai 1979, dem Tag, an dem Arno Schmidt eine Gehirnblutung erlitt, die ihn von der Welt erlösen sollte, der er so geringe Wertschätzung entgegenbrachte. Am Ende sahen wir den Arbeitsplatz, ganz hinten im Haus, an dem der Schriftsteller die letzten einundzwanzig Jahre seines Lebens damit verbracht hatte, eine Reihe von immer abstruseren Werken zu fabrizieren. Lange Reihen in Leder gebundener Bücher bedeckten die Wände. Auf dem Schreibtisch stand – für immer verstummt – die Schreibmaschine, auf einer deren Tasten vielleicht heute noch unerkannt ein Fingerabdruck dessen überdauert, der mich ansieht, wenn ich mich im Spiegel betrachte. Verschiedene persönliche Gegenstände des Schriftstellers lagen in trügerischer Unordnung und frei von Staub auf der breiten Schreibtischplatte aus rötlichem Holz verteilt. Ich erinnere mich an ein Thermometer von zweifelhafter literarischer Verwendung, ein Keramikbehältnis, das Filzschreiber und Bleistifte enthielt, eine Brille mit großen Gläsern und dicker Umrandung neben einem Radioapparat und neben der Schreibmaschine ein Vergrößerungsglas, als hätte es der Schriftsteller vor ein paar Minuten noch benutzt. All diese Dinge gab es da und noch mehr, an die ich mich nicht erinnere. Plötzlich klingelte Susannes Mobiltelefon in ihrer Jackentasche. Sie unterbrach daraufhin ihre Erklärungen, denen Clara mit einer Miene glücklichen Staunens gefolgt war, um den Anruf anzunehmen. Dazu kehrte sie uns diskret den Rücken zu. Ich nahm die Gelegenheit wahr und setzte mir die Brille auf, die neben der Schreibmaschine lag. Der gute Arno musste blind wie ein Maulwurf gewesen sein. Das ganze Zimmer versank in einem Halbdunkel, in dem Bücherregale, Mobiliar und Dekoration ohne feste Konturen und mit verlaufenden Farben sich wie undeutliche Schatten verwanden und aneinanderschmiegten. Und vor mir bewegte sich etwas. Undefinierbare Umrisse dehnten sich und zogen sich zusammen, öffneten und schlossen sich in stummer Eindringlichkeit. Vielleicht, denke ich heute, sprechen so die Toten zu uns, von der dunklen Seite der Welt hysterisch gestikulierend, ohne dass wir sie hören können. Ich glaubte, ein auf- und zuklappendes Auge zu sehen, blondes Haar wie in einem Eisblock gefangen, ein Loch mit Lippen. Als ich mir die Brille auf die Nase schob, sah ich über dem Rand, dass Clara mir wild grimassierend bedeutete, den heiligen Gegenstand an seinen Platz zurückzulegen. Ob ihres auffälligen Benehmens schüttelte ich tadelnd den Kopf. Wie ich ihr später im Auto erklärte: Welcher Arno-Schmidt-Verehrer würde nicht Geld dafür bezahlen, um das zu tun, was ich getan hatte; sich dem Genie auf anfassbare Weise so nahe zu fühlen; die Wirklichkeit vier oder fünf Sekunden lang so zu sehen, wie er sie gesehen hat! Außerdem stimmte es gar nicht, dass, wie sie behauptete, Susanne Fischer mich mit der Brille auf der Nase überrascht hatte. Selbst wenn! Na und? Hatte ich sie etwa kaputt gemacht? Ich hatte sie mir aufgesetzt, mehr nicht. «Du bist ungerecht», sagte ich auf dem

Rückweg nach Hannover. «Du holst mich aus dem Bett, damit ich ein kulturelles Ereignis mit dir teile. So weit, so gut. Ich beginne, Interesse zu zeigen, trete in Aktion, ergreife Initiative, und was tust du? Machst mir Stress deswegen.»

Das mit der Brille war nicht der einzige Grund für ihre Verärgerung. Es gab einige Gründe. Ihrer Meinung nach – und die hat sich seitdem nicht geändert – habe ich mich an dem Tag in Bargfeld wie ein Kind aufgeführt. Hat sie sich in ihrer romantischen Verzückung etwa als vernunftbegabter Mensch erwiesen? Denn sie wird ja wohl nicht leugnen, dass sie glücklich wie ein unbedarftes kleines Mädchen zwischen dem ganzen musealen Zeug des Misanthropen herumgelaufen ist und sich offenen Mundes Details aus seinem Privatleben angehört hat. Ich frage mich, wozu man wissen muss, dass der Typ herzkrank war und sich mit Medikamenten und Alkohol abgefüllt hat. Ich fürchte, Clara hat nicht erkannt, wie gefährlich es ist, sich mit Oberflächlichkeit abzufinden. Als ich dies einmal andeutete, erwiderte sie: «Es ist mein Recht, trivial zu sein. Ich glaube nicht, dass ich damit jemandem schade.» Wir befanden uns wieder auf der Terrasse des Schriftstellerhäuschens, und Susanne stand im Begriff, die Tür abzuschließen, als Clara bemerkte oder es ihr entfuhr: «Das Dorf, in dem ich wohne, ist nicht viel größer als dies.» Woraufhin ich sagte oder es mir entfuhr: «Willst du die weibliche Arno Schmidt werden?» Die beiden Frauen nahmen meine Anspielung mit fröhlicher Miene entgegen. Claras Lächeln indes wirkte etwas angespannt, für Außenstehende vielleicht gar nicht erkennbar, wohl aber für mich. Ich erriet gleich den dumpfen Zorn, der sich hinter ihren Lippen zusammenzog.

Wir begaben uns zu einem Haus ganz in der Nähe, das aus weniger entflammbarem Material bestand. Arno Schmidt hatte es in seinen letzten Jahren mit der finanziellen Hilfe eines Mäzens errichten lassen. Der Schriftsteller hatte offenbar ein sicheres Depot für seine Bücher gebraucht, weil er fürchtete, in seinem Haus könnten sie einem Brand zum Opfer fallen. Während Clara noch bewundernde Rufe angesichts eines Stapels großformatiger Manuskriptblätter hören ließ, betätigte ich, klingeling, die Klingel eines Tandems, das an einer Art langgestreckter Kommode lehnte, in der Briefe, Skizzen und dergleichen Dinge aufbewahrt wurden. Beide Frauen wandten gleichzeitig den Blick von den wertvollen Dokumenten und richteten ihn auf mich; nachsichtig lächelnd die eine, mit Augen, die einen Tiger in die Flucht geschlagen hätten, die andere. «Klingt gut», sagte ich lässig, was ich für den richtigen Tonfall hielt, um der Frau Schriftstellerin zu verdeutlichen, dass sich Bewunderung auch mit Selbstbewusstsein verträgt.

Wieder draußen, mündete das Gespräch zwischen Clara und Susanne in einen freundlichen Abschied. «Das war ausgesprochen interessant.» «Ich würde mich freuen, Schülern aus Wilhelmshaven das Haus zu zeigen.» Vom anderen Ende des Gartens drangen die gedämpften Stimmen von Toastgesicht und dem kahlköpfigen Übersetzer zu uns, die hinter der Hecke in ihre Arbeit vertieft waren. Wir folgten Susanne und blieben vor einem unbehauenen grauen Stein stehen, der bis zur Hälfte eingegraben im Gras lag. Wegen seiner fast planen Oberfläche und seiner Größe hielt ich ihn auf den ersten Blick für eine natürliche Sitzgelegenheit, etwas zu niedrig für meinen Geschmack, auf der sich, nahm ich an, der Schriftsteller bei gutem Wetter niederließ, um ländliche Abenddämmerungen mit Goldrand zu betrachten. Daneben standen in schattigem Halbkreis Wacholderbäume. Ich war kurz versucht, auf den Stein zu steigen. Dreißig Zentimeter höher, dachte ich, könnte ich vielleicht das weite Weideland überblicken, das sich bis zur dunkelgrünen Linie eines Waldes am Horizont erstreckte. Ich konnte mich gerade noch zurückhalten, als ich unsere Führerin mit bewegter Stimme sagen hörte: «Hier liegt er begraben.» Die Vorstellung, dass ich im Begriff gewesen war, auf einen Grabstein zu steigen, verursachte mir einen lustvollen Schauder. Clara dürfte inzwischen klar geworden sein, welch großen Fehler sie begangen hatte, mich an diesem Tag aus dem Bett zu scheuchen. In einem verzweifelten Versuch, das Unvermeidliche zu vermeiden, drehte sie sich zu mir um; doch zu spät, mein Mund sprach bereits, sagte in demselben Ton, in dem ich vorhin die Fahrradklingel gelobt hatte: «Einen Hund, den wir hatten, haben wir auch im Garten begraben.» Meine Worte schienen Susanne glauben zu lassen, ich hätte sie nicht verstanden. Ernster Miene stellte sie klar: «Hier ist die Urne mit Arno Schmidts Asche begraben.» Wir allerdings hatten *Schiller* nicht eingeäschert. Ich weiß noch, dass ich ihn nachts um eins unter dem Rhododendron begraben habe, in der Hoffnung, nicht von einem zufälligen Zeugen angezeigt zu werden. Aber ich wollte Susanne nicht mit Anekdoten aus unserer Nachbarschaft langweilen. Clara, die weder öffentlich noch privatim zu Umarmungen neigt, kam zu mir ans andere Ende des Steins und legte mir zärtlich einen Arm um die Schulter. Mir vorgeblich den Hinterkopf kraulend, derweil sie unerwartete Kenntnisse in Sachen Wacholderbäume zum Vorschein brachte, riss sie mich an den Haaren, dass ich glaubte, ein Stückchen Haut müsse an ihren Fingernägeln hängen geblieben sein.

18

In Hannover gibt es nicht weit von der Podbielskistraße entfernt einen Wald mit vielen verschlungenen Wegen, endlos vielen Buchen und so dicken Schnecken mit weißen Gehäusen, wie ich sie in meinem Land nie gesehen habe. Der Wald heißt Eilenriede und damit genug der Touristenprosa, denn was ich eigentlich erzählen will, ist, dass ich am Nachmittag dorthin ging, nachdem wir aus Bargfeld zurückgekommen waren. Ich beschloss, die Wohnung zu verlassen, als ich hörte, dass Kevin so viele Hausaufgaben aufhatte, dass er fürs Tipp-Kick keine Zeit mehr haben würde; aber auch, und das war vielleicht der triftigere Grund, weil mir die Aussicht unerträglich war, mich stundenlang vor Claras beleidigtem Schweigen und harten Blicken zu verstecken.

Ich ging also in den Stadtwald. In dem Wegelabyrinth, das mich dort erwartete, fand ich alsbald eine Holzbank im Schatten der Bäume. Es war still, angenehm warm, und der Gesang der städtischen Vögel sagte mir weit mehr zu als das mittägliche Gezwitscher der gefiederten Freunde vom Land. Ich machte die Bank zum Bett und schlief, die Hände im Nacken gefaltet, beim Zählen der im

Laubdach sichtbaren Flecken blauen Himmels bald ein. Wäre ich Romanschriftsteller, würde ich an dieser Stelle einen sogenannten erotischen Traum erfinden. In Wahrheit aber träumte ich gar nicht. Während der Dreiviertelstunde, die ich nicht mehr ganz bei mir und in der Welt war, konnte ich einiges von der Müdigkeit ablegen, die sich in mir angesammelt hatte. Gerne hätte ich bis zum Abend weitergeschlafen, wurde jedoch von einer jungen Frau in Sportkleidung und mit Stöpseln in den Ohren geweckt, die an mir vorbeilief und Aerobic praktizierte. Ihr Lauf wurde von rhythmischem Atmen begleitet, das so lieblich, zart und weiblich klang, dass sich meine Gedanken mit lustvollen Phantasien füllten. Ich konnte nicht anders, als im Wald einen weiteren Baum wachsen zu lassen, womit an Schlaf nicht mehr zu denken war.

Gegen zwei Uhr hatte ich die Wohnung verlassen, ohne Clara zu sagen, wohin ich ging. Aus dem Augenwinkel sah ich sie mit vor Ärger rauchendem Kopf in der Küche sitzen. Ich verabschiedete mich nicht einmal. Das ist eine Ehekriegstaktik, die mich nie im Stich gelassen hat; zum einen, weil ich bei verbalen Auseinandersetzungen immer den Kürzeren ziehe, und zum zweiten, weil meine Flucht vom Schlachtfeld – eine Handlung, die meiner Meinung nach leicht nachvollziehbar ist – bei Clara Verunsicherung, Beunruhigung, Zweifel und auch Ängste hervorruft, die sich aus einem Verlassenheitsgefühl herleiten, von dem sie bei solchen Gelegenheiten stets ergriffen wird. Außerdem gebe ich ihr, wenn ich mich ihrer Gegenwart entziehe, zu verstehen, dass ich der Beleidigte, der stark Beleidigte, der zutiefst Verletzte bin. Dann kochen in ihrem Gehirn düstere Vorahnungen hoch. Sie stellt sich vor, dass ich mit meinem männlichen Kummer bis in die Vororte laufe, wo ich verbrecherischen Banden in die Hände fallen könnte; dass ich zum Flughafen renne und die erste Maschine in mein Heimatland nehme; hält es für möglich, dass ich mich im Zorn vor eine Straßenbahn werfe; sieht mich betrunken, von einer Horde Nazis attackiert, in Handschellen auf einem Polizeirevier oder, am schlimmsten, zufrieden grinsend in den Armen einer anderen Frau. Sie hält das Alleinsein nicht aus. Mich macht ihr leidendes, tränenseliges Reden fertig.

Wieder wach, beschloss ich, erst so spät zur Wohnung zurückzugehen, dass Clara bis zum letzten Moment im Unklaren darüber bleiben musste, ob ich abends mit ihr in die Oper ging, wie wir es vor einer Woche vereinbart hatten. Ich kenne sie gut genug, um zu wissen, dass sie nie allein zu so einer Veranstaltung gehen würde. Eher entspräche es ihrem Charakter, die teuren Eintrittskarten vor den Augen unserer Verwandten und mit tragischer Geste in den Müll zu werfen. Ich erhoffte mir, in der gewonnenen Zeit ein paar dunkle Punkte unserer Zwietracht klären zu können, denn während der Siesta auf der Bank hatte ich die Gründe für meinen Ärger vergessen, und andere, auf die ich durch angestrengtes Nachdenken gekommen war, erschienen mir eines Mannes meines Alters unwürdig. Es ist eine meiner Unzulänglichkeiten, dass ich mich mit Clara zanke und nach ein paar Stunden schon nicht mehr genau weiß, warum. Nach einem erholsamen Nickerchen auf der Bank im Wald wieder gutgelaunt vor sie hinzutreten, konnte provokant wirken und eventuell kontraproduktiv sein, sagte ich mir. Schlimmer noch, ich würde wie ein Sack vor ihr stehen, in den sie alle Vorwürfe abladen könnte, die sie im Laufe des Nachmittags zweifellos zusammengetragen hätte, und dazu noch weitere, die ihr einfallen würden, wenn sie mich so ausgeruht und heiter sähe. Darum beschloss ich, gerade so rechtzeitig zurückzukommen, dass ich mich für die Oper fein machen und dabei die Versöhnung ins Werk setzen konnte.

Ich wusste gar nicht genau, in welche Richtung ich ging, bis ich zu der Mauer am Zooparkplatz kam. Gern hätte ich meine Überlegungen mit einem kühlen Bier aufgefrischt, doch da nirgends eine Gaststätte zu sehen war, machte ich mich auf den Heimweg inmitten einer beachtlichen Zahl von Radfahrern, Rollschuhläufern und Menschen mit Hunden oder Hunden mit Menschen, die auf dem asphaltierten Weg neben der Straße, die den Wald durchquert, unterwegs waren. Sobald ich die ersten Schritte in Richtung Wohnung ging, begann mich das schlechte Gewissen zu quälen. Der Gedanke, mich bis Claras Geburtstag in zwei Tagen nicht wieder mit ihr versöhnt zu haben, tobte sich unbeherrscht und wütend in mir aus. Ich neige nicht dazu, mich selbst zu beschimpfen, aber in diesen Momenten konnte ich nicht anders, als hart mit mir ins Gericht zu gehen. Ich belegte mich mit den schlimmsten Schimpfwörtern angesichts eines Pärchens, Junge und Mädchen – sein Anblick eine Anklage –, das händchenhaltend auf Rollschuhen an mir vorbeizog und eine Leuchtspur lachender Jugend und Unbekümmertheit hinterließ. Ich schwöre dir, Clara, in diesen Momenten wäre ich mit dir noch einmal nach Bargfeld gefahren, hätte den Besuch in Arno Schmidts Haus ernst genommen und dir deine launenhaftesten Wünsche erfüllt. Ich schaute mich um und sah die herrliche Natur, von deren Schönheit und Harmonie ich mich ausgeschlossen fühlte. Der blaue Himmel; der Wald, den man, so wie er war, ins Paradies hätte verpflanzen können; der sanfte Wind, der die oberen Zweige wiegte; friedfertige Menschen überall; hier und da ein vereinzelter Schmetterling zwischen den Sträuchern ... das alles (daran hegte ich nicht den geringsten Zweifel) hatte ich nicht verdient. Zwei Fahrradfahrer, die kurz hintereinander klingelten, damit ich ihnen aus dem Weg ging, verfestigten meine Überzeugung, in dieser Landschaft ein Eindringling zu sein. Nach dem wohltuenden Schläfchen auf der Bank überwältigte mich jetzt das Bewusstsein meiner Schlechtigkeit. Nur ein pazifistischer Wesenszug in mir hielt mich davon ab, mich an Ort und Stelle zu kasteien. Stattdessen beschleunigte ich meine Schritte, um meine Frau so schnell wie möglich um Verzeihung zu bitten, auf Knien, falls nötig.

Im Verlauf meiner Erinnerungen komme ich jetzt zu der Episode, die ich wohl nie vergessen werde und bei mir die Fensterszene nenne. Ich werde nur die unerlässlichen Einzelheiten berichten, denn ich habe sie mir in langen Selbstgesprächen schon oft erzählt. Kurz nach fünf traf ich in der Wohnung ein. Die Oper begann um halb acht. Weder in der Küche noch in einem der Zimmer fand ich die Adressatin meiner Reue, wohl aber auf dem Telefontischchen einen Zettel mit der anonymen Nachricht: «Wenn du nicht kommst, verkaufe ich die andere Eintrittskarte.» Ich drehte den Zettel um, falls auf der Rückseite stand: «Kuss, Mäuschen», oder sonst eine Zärtlichkeit; aber nein. Jahre zuvor hatte ich mit Clara in Wilhelmshaven eine Aufführung von *La Traviata* besucht, und da zu meinem Abendessen auch zwei rohe Knoblauchzehen gehört hatten, suchte sich eine junge Dame mit empfindlicher Nase, die neben mir gesessen hatte, nach der Pause einen anderen Sitzplatz, da sie sich von meinem Geruch offenbar belästigt fühlte, werden doch die Ausdünstungen gewisser Lebensmittel über die Poren der Haut ausgeschwitzt. Seitdem lege ich – auch auf Claras Drängen – Wert auf Körperpflege, bevor ich öffentliche Veranstaltungen besuche. Deswegen ging ich, obwohl ich im Lauf des Tages nichts Anrüchiges gegessen hatte, mittags allerdings dem Kuhfladengeruch auf dem Land ausgesetzt gewesen war, als Nächstes unter die Dusche. Zuvor musste ich aus dem Ablauf aber ein Büschel Haare herausklauben, die von Jennifer stammten, wie man aus der Haarfarbe leicht schließen konnte. Den lichtdurchlässigen Duschvorhang hatte ich zugezogen, damit der Fliesenboden nicht nass wurde, und gerade begonnen, mich einzuseifen, als die Tür aufging – die sich nicht verriegeln ließ (weshalb ich von Anfang an meine größeren Geschäfte nur in Abwesenheit der Verwandtschaft verrichtete) – und ich Gudruns Stimme mit einem schrillen Timbre von Überraschung sagen hörte: «Ach, du bist hier? Entschuldigung.»

Ich neige zu der Annahme, dass Wiederholung den Zufall ausschließt. Und dies war das dritte oder vierte Mal, dass meine Schwägerin ins Badezimmer platzte, als ich nackt unter der Dusche stand. Weder Clara noch mir war verborgen geblieben, dass sie in letzter Zeit erotisiert wirkte. Vielleicht hat es ein paar Tage gedauert, bis wir uns dieser Eigenart bewusst geworden sind, da ihr Mangel an physischer Attraktivität durch den Einsatz von Schminke kaum variierte. Einmal hörten wir Jennifer empört rufen, sie habe unerlaubt ihren Lippenstift benutzt. Und tatsächlich, Gudrun schminkte sich die Lippen sogar nach der Arbeit. Ebenfalls fiel uns auf, dass sie Rouge auflegte und sich Lidstriche zog, was sie vorher nie getan hatte, jedenfalls nicht auf so auffällige Weise. Mehr als ein Mal sahen wir sie mit ihren baumelnden Brüsten und cellulitischen Oberschenkeln in Unterwäsche durch die Wohnung laufen. Prinzipiell machte es uns nichts aus, da es ja ihre Wohnung war, in der wir alle sehr vertraut miteinander umgingen. Auch Jennifer stand ihr in Ungezwungenheit in nichts nach. Oft genug, wenn sie von ihrem Zimmer ins Bad und umgekehrt ging, stellte sie schamlos ihr schwabbelndes bleiches Fleisch zur Schau, ohne sich jedoch – im Gegensatz zu ihrer Mutter – kokett umzudrehen, um zu sehen, ob wir ihr hinterherschauten. Und was Kevin betraf: Der Junge wusste gar nicht, was Schamgefühl war.

Nach der Dusche stand ich mit Gudrun etwa fünf Minuten an einem der Fenster, die auf die Podbielskistraße gingen. An einer Seite hing ein Spiegel, vor dem ich mir die Krawatte zu binden versuchte. Um Clara eine Freude zu machen, hatte ich für die Oper einen Anzug angezogen. Der Krawattenknoten machte mir Schwierigkeiten, weil mir die Praxis fehlte, da ich mich schon lange nicht mehr in Schale geworfen hatte und weil ich ihn nach dem gescheiterten ersten Versuch neu zu binden versuchte, ohne ihn vorher ganz aufgebunden zu haben. Gudrun, die hereingekommen war, um mich zu fragen, wo ihre Schwester war, sah die verdrehte Krawatte und kam sofort, um sie mir zu richten. Während sie an meinem Hals herumfummelte, versuchte ich, ihrem nahen Blick auszuweichen, und schaute durchs Fenster auf die Straße hinunter, ohne etwas Bestimmtes ins Auge zu fassen: glänzende Straßenbahnschienen, die Mütze eines Passanten, irgendein Reklameschild. Gudrun interpretierte meinen Blick aber wohl anders, schaute in die gleiche Richtung und sagte plötzlich mit tränenerstickter Stimme: «Da unten ist Mutter verunglückt.»

Ich sah sofort, wie sich ein schwarzer Abgrund vor mir auftat. Ich weiß, dass das eine abgegriffene Metapher ist, aber wie kann ich präziser das sichere Gefühl beschreiben, mich in höchster Gefahr zu befinden? Ich wusste natürlich, wo und unter welchen Umständen meine Schwiegermutter Anfang des Jahres ihr Leben verloren hatte. Womit ich nicht behaupten will, die genaue Stelle zu kennen, an der sie von der Straßenbahn überfahren wurde. Anzunehmen ist jedoch, dass sich das Unglück in jenem Bereich ereignete, den ich in diesem Moment überschauen konnte, denn ich wusste, dass Gudrun den Unfall vom Fenster aus gesehen hatte, vielleicht nicht von diesem Fenster, sondern von einem im Nebenzimmer. Das dürfte keinen großen Unterschied machen. Als wir in Bremen den Entschluss fassten, einige Zeit bei ihrer Schwester und deren Kindern in Hannover zu wohnen, hatten Clara und ich uns darauf geeinigt, den Unfall dort nicht zur Sprache zu bringen. Später habe ich die beiden Schwestern zwei- oder dreimal ganz natürlich über ihre Mutter sprechen hören, wobei allerdings das tragische Ende nicht erwähnt wurde, so als gäbe es eine stillschweigende Übereinkunft, ein für beide so äußerst schmerzhaftes Thema nicht zu berühren.

Die Stimme der Eingebung flüsterte mir ins Ohr, dass meine Schwägerin um jeden Preis in meiner Gegenwart Tränen vergießen wollte und die traurige Erinnerung an ihre Mutter ihr daher wie gerufen kam. Weinen ist eine Form wie jede andere, sich zu entblößen. Man muss nicht unbedingt länger mit einer Frau zusammengelebt haben, um zu wissen, dass weibliche Tränen oft eine verschlüsselte Botschaft befördern. Bei Gudrun war mir das auf Anhieb klar. Es war etwas ganz anderes als herkömmliches Leid, das in ihren Augen glänzte. Etwas, das, ohne dass ich es hätte benennen können, schon auf mich einzuwirken begann. Beinahe augenblicklich war ohne mein Zutun eine Intimität zwischen uns entstanden, die mich immer noch frösteln lässt, wenn ich daran denke. Ich fühlte mich unmissverständlich aufgefordert, ihr verständnisvoll, liebevoll, mit einem Wort, menschlich, zu begegnen, wenn ich in Zukunft nicht für vollkommen herzlos gehalten werden wollte. Was tun? Eine einfache Geste der Zuneigung könnte ungerechtfertigte Illusionen in ihr wecken und mich in Gefahr bringen, den fatalen Schritt zu tun, der mich vom Abgrund trennte. Ein Erkenntnisblitz rettete mich: Vorsicht! Diese geschiedene Frau braucht dringend einen Mann, und du bist einer, frisch geduscht sogar. Ich klammerte mich an das Thema der toten Mutter, das ich für das passendste hielt, um aufkommende Wollust abzukühlen. «Sie hatte Kevin dabei, nicht?» Gudrun wusste natürlich, dass ich über die Einzelheiten des Unfalls informiert war. Sie selbst hatte uns bei der Beerdigung darüber berichtet. Wiederholt hatte sie die Befürchtung geäußert, ihr Sohn könne ein Trauma erlitten haben. Dort mit ihr am Fenster kam mir der Gedanke, das Gespräch in diese Richtung zu lenken. Ich hatte das Gefühl, wenn ich Familienmitglieder ins Spiel brächte, wäre ich mit meiner Schwägerin nicht mehr so allein. «Der Junge», antwortete sie, «hat es ganz gut überwunden. Ich hingegen kriege dieses Bild nicht aus dem Kopf. Es gibt kaum eine Nacht, in der ich meine Mutter mit ihrem schwarzen Mantel nicht unter der Straßenbahn verschwinden sehe.» Einen starken Widerwillen überwindend, wischte ich ihr mit dem Knöchel meines Zeigefingers eine Träne von der Wange. Kaum spürte sie den Hautkontakt, warf sie sich mir an den Hals. Ich erstarrte aus Furcht, sie könnte mir mit ihrem Lippenstift das Hemd beschmutzen. Ihrem blonden Haar, das mein Gesicht streifte, entströmte ein undefinierbarer Geruch, der nicht besonders aufdringlich war, mich aber dennoch abstieß. Ich sagte ein paar tröstende Worte, die so falsch und klebrig klangen, dass sie denken musste, ich mache mich über sie lustig. Sie löste sich von mir und trat einen Schritt zurück, wie von jähem Misstrauen erfasst. Mehrere Sekunden sah sie mich mit ihren tränenumflorten Augen forschend an, und nach und nach formten ihre Lippen ein wehmütiges Lächeln, bevor sie die Fensterepisode mit einem Satz beendete, der mich sprachlos machte: «Ich bete jeden Tag zu Gott, dass du meine Schwester glücklich machst.» Dann flüchtete sie in ihr Zimmer und hat bis zum Tag unserer Abreise aus Hannover das Bad nicht mehr betreten, wenn ich duschte.

Ich sah Clara, bevor sie mich sah, still auf der Treppe des Opernhauses stehen, während die Leute um sie her dem Eingang zustrebten. Von ferne wirkte sie auf mich wie eine hilflose Frau mit ihrer lächerlichen neuen Handtasche, die ihr ganzer Stolz war, wie sie vor einigen Tagen gesagt hatte, ihren angespannten Schultern und der Habachtstellung der Füße, wie eine brave Angestellte, die auf Anweisungen wartet. Der Inbegriff der Anständigkeit. Ein aufrechtes, stilles Persönchen, passend zu den über dem Eingang aufgereihten Statuen, wenn die kitschige weiße Handtasche nicht gewesen wäre. Ich betrachtete sie voller Zärtlichkeit vom gegenüberliegenden Bürgersteig aus. Sie schaute auf ihre Armbanduhr, und ich könnte schwören, dass sie sich unsicher war, ob ich kommen würde. In diesem Augenblick wäre es mir nicht einmal mit Hilfe eines Mikroskops möglich gewesen, in meinen Gefühlen die Grenze zwischen Mitleid und Liebe zu bestimmen. Ich schritt ihr entgegen und tat so, als würde ich sie nicht sehen. «Zuerst bringe ich sie zum Lachen, auch gegen ihren Willen, und dann werde ich sie, meinem Äußeren entsprechend, galant wie ein feiner Herr um Verzeihung bitten.» Das war die mutmaßlich unfehlbare Taktik, die uns zur Versöhnung führen würde. Ich brauchte gar nicht aufzusehen, um erraten zu können, dass sie meine Kleidung einer strengen Prüfung unterzog. Sie musste wohl ihre Zustimmung gefunden haben, denn als ich auf Rufnähe heran war, verlor sie kein Wort über mein Aussehen. Noch bis einen Meter vor ihr konnte ich mein Lachen zurückhalten und so tun, als sähe ich sie nicht. Im Vorbeigehen streifte ich leicht ihre Schulter. Hinter mir vernahm ich eine Salve strenger Wörter: «Ich hoffe, du hast nicht wieder Knoblauch gegessen.» Das war zwar nicht das, was man gewöhnlich unter Begrüßung versteht, aber es befreite mich von der unbequemen Notwendigkeit, als Erster sprechen zu müssen. Auf der dritten oder vierten Stufe drehte ich mich um. «Ach, da bist du. Ich habe dich gar nicht gesehen.» Der Ärger in ihrem Gesicht entstellte sie. In diesem Augenblick wäre es leichter gewesen, den Treppenstufen ein Lächeln zu entlocken. «Wo willst du hin?», fragte sie mit zusammengebissenen Zähnen. «Glaubst du, sie lassen dich ohne Eintrittskarte rein?» Sie kam direkt auf mich zu. Ich dachte, nach allem würde sie mir einen Kuss nicht verweigern, mir, ihrem Ehemann von so vielen Jahren; doch sie hielt ihr Gesicht nur an meinen Jackenaufschlag, um daran zu riechen. Das fand ich so beleidigend, dass ich mir auf die Zunge beißen musste, um nicht der Versuchung zu erliegen, ihr ins Gesicht zu sagen, was ich von ihrer Handtasche hielt. Ich weiß noch, dass ich mir die Taschen nach Papier und Kugelschreiber abtastete, da es mir ganz nützlich erschien, so eine Beleidigung, wie Clara sie mir zugefügt hatte, schriftlich festzuhalten. Ich hatte das Gefühl, es müsse eine lange Zeit vergehen, bevor wir wieder das Wort aneinander richteten. Also lief ich Gefahr, dass ich bis dahin den Grund meines neuen Ärgers vergessen hatte, was sich indes vermeiden ließe, wenn ich ihn aufgeschrieben hätte. Dass ich keinen Kugelschreiber bei mir hatte, gab mir das Gefühl, unbewaffnet zu sein. Immer wieder begehe ich den Fehler, ungerüstet in einen Ehekrieg zu ziehen. Vielleicht ist das der Grund, dass ich sie alle oder fast alle verliere.

Die Liebe zu Clara, die ich im Lauf des Tages wiedergefunden hatte und die durch diese Mischung aus Mitleid und Zärtlichkeit noch angefacht wurde, als ich sie vor der Oper auf mich warten sah, zerplatzte vor meinen Augen wie eine Seifenblase in der Luft. Mir ist schon bewusst, dass diese Art von Vergleichen schriftstellerischer Unsinn sind; zu meiner Entlastung möchte ich aber anführen, dass meine Schreibhand sich heute Morgen unbeholfener anfühlt als gewöhnlich, was schon was heißen will. Also: wie eine Seifenblase; so lasse ich es, weil ich es so empfinde. In diesem Moment entfachte Clara in mir eine Wut, die an Hass grenzte. Nicht, dass ich ihr gewünscht hätte, dass sie die Treppe hinunterstürzt und sich ein Bein bricht (sagen wir, den Oberschenkelknochen, der meines Wissens besonders schwer heilen soll). Nein, das natürlich nicht; aber irgendwas in der Richtung ... Außerdem könnte ich mir vorstellen, dass mein Gesundheitszustand in ihren Gedanken nicht minderen Gefahren ausgesetzt war.

Das nachfolgende Scharmützel bescherte ihr einen vorübergehenden Sieg. Anstatt mir meine Eintrittskarte auszuhändigen, reichte sie der jungen Dame an der Tür beide zusammen. Mit diesem Trick degradierte sie mich zu einem bloßen Begleiter, wies mir in den Augen eines jeden, der uns beobachtete, die Stellung eines Abhängigen zu. Sie betrat als Erste das Foyer voller herausgeputzter Menschen, obwohl es Ausnahmen gab, und ihr Anhang oder Gefolgsmann, jedenfalls das Subjekt einer niedrigeren Kategorie, das ich für sie darstellte, hinterher. Auch diese zweite Erniedrigung hätte ich vermerkt, wenn ich etwas zu schreiben zur Hand gehabt hätte. Hatte ich aber nicht, und so musste ich mich mit einer kleinen Racheaktion begnügen. Und die bestand darin, dass ich vergaß, ein Programmheft zu kaufen, was normalerweise meine Aufgabe ist, wenn wir solche Veranstaltungen besuchen. Ich bekam es so hin, dass Clara es erst merkte, nachdem wir unsere Plätze in der siebten Reihe Mitte eingenommen hatten, die wir nur erreichten, wenn die zwischen dem Mittelgang und diesen Plätzen sitzenden Zuschauer aufstanden, sodass wir uns durch die entstandene schmale Gasse quetschen konnten. Clara warf einen flüchtigen Blick auf meine leeren Hände; da wir aber nicht miteinander sprachen, blieben ihr alle Vorwürfe und Beschuldigungen wahrscheinlich im Halse stecken. Sie knurrte irgendetwas zwischen zusammengebissenen Zähnen, nichts von Belang, ein leises Gemurmel, von dem ich selbst mit gespitzten Ohren nichts verstanden hätte.

Kurze Zeit später stand sie auf, um das fehlende Programmheft zu kaufen, wieder unter dem gleichen Ritual von Entschuldigungen und Dankesbekundungen an die Leute, die ihretwegen aufstehen und sie vorbeilassen mussten. Während Claras Abwesenheit ertönte die letzte Glocke. Die Vorstellung, dass sie verschlossene Saaltüren vorfände und bis zur Pause draußen warten müsste, erfüllte mich mit einem erregenden Schauder. Ich liebe die Niederlagen, die sie sich selbst beibringt, ohne dass ich etwas dazutun muss. Dann kann sie mir nämlich nicht vorwerfen, dass ich grausam zu ihr bin, oder mir sagen, dass sie es nicht verdient, so behandelt zu werden, wie ich sie behandle. Aber sie kam rechtzeitig zurück mit ihrem Programmheft in der Hand, ihrer weißen Handtasche und dem entschuldigenden Lächeln eines Menschen, der weiß, dass sein Kommen und Gehen lästig ist. Ich sah, dass einige von denen, die wieder aufstehen mussten, spaßhafte Bemerkungen machten, als Clara sich an ihnen vorbeiquetschte; ein Verhalten, das wohl der Tatsache geschuldet war, dass zwischen Menschen, die sich öfter begegnen, schnell ein gewisses Vertrauensverhältnis entsteht. Ich sah aber auch deutliche Anzeichen von Verärgerung auf den Mienen eines jungen Pärchens, besonders des Mädchens, das die Augen verdrehte, als sie Clara herankommen sah. Wieder an ihrem Platz, setzte sie ihre Lesebrille auf und begann, im Programmheft zu lesen. Über die ersten Zeilen kam sie nicht hinaus, da es dunkel wurde im Saal. Wenige Sekunden später streckte der Dirigent seinen Kopf über den Rand des Orchestergrabens und bedankte sich für den Willkommensapplaus.

Aus Besprechungen in der Presse wussten wir schon, dass wir für eine, ich weiß nicht, mutige oder gewagte, auf jeden Fall aber ungewöhnliche und nach Meinung einiger – zu denen ich nicht gehöre – sogar skandalöse Aufführung von *La Traviata* bezahlt hatten. Calixto Bieito, der Regisseur, stand in dem Ruf eines Provokateurs. Soviel wir wussten, wäre dies nicht das erste Mal, dass er einer Verdioper sein eigenwilliges ästhetisches Siegel aufdrückte. Anscheinend hatte er sich sogar schon einmal an Mozart vergangen. Wir lasen, dass seine Aufführungen in der Regel Empörung und lautstarken Protest entfesselten, was mich mit der großen Hoffnung erfüllte, mich auf Kosten des Publikums amüsieren zu können. Als sich nach der Ouvertüre der Vorhang hob und ich die russische Sängerin in der Rolle der Violetta leicht bekleidet wie eine Vertreterin des horizontalen Gewerbes auf der Bühne sah, lehnte ich mich entspannt zurück, um die körperlichen Reize der Heldin auf mich wirken zu lassen, obwohl ich das ungute Gefühl hatte, für die Art Spektakel, die uns geboten wurde, störe Verdis Musik ein wenig. Um vom Bühnengeschehen nichts zu verpassen, ließ ich die unter der Saaldecke angebrachte Anzeige mit der in Leuchtschrift darüberlaufenden Übersetzung des italienischen Textes von Anfang an unbeachtet. Ich erinnere mich an ein paar lächerliche Szenen von einer Komik, die vermutlich nicht genau der vom Regisseur intendierten entsprach. Beispielsweise eine ausdrückliche erotische Szene mit der Russin und dem Bariton Alfredos Vater, die während eines plumpen Koitus so melodramatisch singen und grimassieren, dass aus dem Publikum lautes Gelächter und ein paar Buhrufe zu hören sind. An diesem Punkt kreuzten sich kurz unsere Blicke und es war, als wollte Clara mir zu verstehen geben, dass sich so etwas wie auf der Bühne zwischen uns wer weiß wie viele Monate, eventuell sogar Jahre, nicht mehr abspielen würde. In ihren Augen lag die ganze Härte eines unwiderruflichen Verdikts. Um ihr zu verstehen zu geben, dass ich mich davon nicht einschüchtern ließ, hätte ich ihr am liebsten zugezischt: «Der Körper der Russin gefällt mir. Ich würde sogar dafür bezahlen.» «Zuerst würdest du singen lernen müssen», wäre vermutlich ihre Antwort. «Dann suche ich mir eben andere Betten.» «Das wäre auch das Beste für dich, denn meines, wenn es nach mir geht, wird ab heute für dich eine trostlose Wüste sein.» «Pah, solange ich zwei gesunde Hände habe, macht mir das nichts.» «Ah, du sprichst von Masturbation, nur zu, na los.» «Jetzt, hier, vor allen Leuten?» Ich hielt lieber den Mund, da dieses imaginäre Gespräch mich zu sehr von den Körperverrenkungen ablenkte, die die Russin an einer aufragenden Stange absolvierte.

Der Regisseur hatte Flora, die im Original-Libretto Violettas Freundin war, und die Dienerin Annina in eine Person zusammengefasst. Ein guter Trick, um am Honorar zu sparen, und aus der Figur hatte er eine Lesbierin gemacht, die ihrer Herrin als Kupplerin diente. Clara konnte ihren Unmut über die plumpe Sexualisierung der Oper nicht verbergen. Mir taten nur die Schauspieler leid, die ihre stimmlichen Fähigkeiten in lachhaftem Gebaren und lächerlicher Positur zum Ausdruck bringen mussten. Und leid, sehr leid, tat mir auch Verdi, obwohl ich ihn persönlich nicht gekannt habe. Das Publikum ärgerte weniger die Zurschaustellung weiblicher Nacktheit auf der Bühne und das wiederholte Aufeinanderliegen von Schauspielkörpern als die billigen Veränderungen und unablässigen Eingriffe in die Handlung des Werkes, die für einige Zuschauer absolut inakzeptabel wurden, als, nachdem Violetta von der Tuberkulose hingerafft ward, nach Calixto Bieitos Willen diese Flora-Annina und Alfredo fröhlich nach Rio de Janeiro abschwirrten. Das hatte im Parkett und auf den Rängen Pfiffe und Buhrufe zur Folge. Inmitten dieses Tumults war eben noch der Klingelton eines Mobiltelefons zu hören, und zugleich sah man im Lichtschein, der aus dem Foyer hereinfiel, eine Reihe von Personen den Saal vorzeitig verlassen.

Für Clara und mich hatte diese einzigartige Version von *La Traviata* günstige Folgen. Darum erschien es mir völlig korrekt, dem Regisseur am Ende der Vorstellung – die mir, wenn die Wahrheit aufs Papier soll, nicht gefallen hat – mit wohlmeinendem Applaus zu danken. Bei manchen Szenen nämlich, die uns beiden unangenehm waren, hatte Clara mir flüchtige Blicke zugeworfen, als wolle sie sich meiner Meinung vergewissern, und einmal, ich weiß nicht mehr, ob im Ernst oder im Scherz, imitierte ich ihre missbilligende Miene, was, glaube ich, der Moment war, in dem sich unsere Versöhnung einzufädeln begann. In der Pause ließ sie sich schon zu einem verschlungenen, mit dicken Salzkörnern bestreuten Stück Brot einladen, das hier Brezel genannt wird, und jeder aß die seine in standhaftem Schweigen. Später, bei der Ballszene in Floras Palast, trug eine als spanischer Torero verkleidete Komparsin einen gewaltigen Gummipenis über die Bühne. Clara und ich schauten uns dabei an und schmunzelten, und ich glaubte plötzlich so etwas wie milde Gewogenheit in ihrer Miene und eine traurige Freude oder freudige Traurigkeit in ihrem Blick wahrzunehmen, obwohl das alles auch Einbildung sein mochte. Jedenfalls streichelte ich unwillkürlich ihre Hand, die sie vielleicht zu diesem Zweck auf die Armlehne gelegt hatte, woraufhin sie ihren Kopf an meine Schulter lehnte, und ganz ohne Worte und so schnell und auf so natürliche Weise, wie man es sich nur vorstellen kann, herrschte wieder Eintracht zwischen uns. Wir wurden noch lange gequält, und ich wäre beinahe eingeschlafen. Beim musikalischen Präludium zum dritten Akt weckte mich Clara und fragte mich flüsternd mit ihren Lippen an meinem Ohr, ob ich sie noch liebe. Ich bejahte natürlich umgehend und fügte hinzu: «Manchmal bin ich eben blöd.» «Was hast du gesagt, Mäuschen?» Schlau, wie sie war, vermute ich, dass sie sich schwerhörig stellte, um noch einmal in den Genuss meiner Selbstbeschimpfung zu kommen. «Dass ich blöd bin», wiederholte ich. «Da hast du recht», verkündete sie in triumphierendem Ton und setzte sich wieder aufrecht in ihren Sessel, als verfolge sie plötzlich voller Interesse das Geschehen auf der Bühne.

19

NACH DER OPER begaben wir uns, teils per Straßenbahn, teils zu Fuß, zu einer Kneipe namens Plümecke, wo wir früher schon einmal gewesen waren. Zu Beginn unseres Aufenthalts in Hannover waren wir durch einen lobenden Zeitungsartikel auf sie aufmerksam geworden und hatten sie, trotz der schlechten Luft drinnen, in guter Erinnerung behalten. Das Rauchverbot in Lokalen dieser Art war damals noch nicht in Kraft. Mir kam es, wie ich zu Clara sagte, wie Verschwendung vor, dass einige sich Zigaretten anzündeten, da sie dieselbe Wirkung erzielt hätten, wenn sie nur die dicken Qualmwolken eingeatmet hätten, die durch die Kneipe zogen. Hier bedienten mehrere nicht mehr ganz junge Frauen, schlagfertig und witzig, die die Gäste grundsätzlich duzten. Die wenigsten von ihnen waren unter dreißig. Hatte man den Eingangsvorhang durchschritten, fühlte man sich um mehrere Jahrzehnte in der Zeit zurückversetzt. Das Lokal war immer noch im Stil von früher eingerichtet, mit massiven Holzstühlen und großen Tischen für mehrere Personen ohne Tischdecken darauf, mit Bildern und Plakaten aus alten Zeiten und mit schmiedeeisernen Lampen, die an

Ketten von der holzgetäfelten Decke hingen. Ganz das Gegenteil eines modernen, eleganten Feinschmeckerlokals, war es dennoch – oder vielleicht gerade deswegen – stets proppenvoll. Im Plümecke gab es keine Musik, und ich glaube auch nicht, dass ein noch so feines Gehör sie in diesem Stimmenlärm wahrgenommen hätte. Sich in diesem Trubel zu unterhalten, war manchmal schwierig, wenn man nicht die Köpfe zusammensteckte oder schreien wollte.

Das Plümecke hatte auch eine einfache, preisgünstige Küche und bot die typische landesübliche Kost. An unserem Tisch bediente eine Dame mit Igelhaarschnitt. Genau wie ihre Kolleginnen hatte sie ein Geschick, ihre Gäste mit Späßen und Wortspielen zum Lachen zu bringen. Im Plümecke zu Abend zu essen, hatte etwas von häuslicher Vertrautheit, die Clara sehr mochte, weil sie Kindheitserinnerungen an ihr Zuhause wachrief, und ich mochte sie auch, weil ich dort gut satt wurde. Was die Scherze der Kellnerinnen angeht, fällt mir einer ein, dessen Opfer ich bei unserem ersten Besuch war. Wir waren zu einer lärmenden, aber netten Gruppe junger Leute gesetzt worden, die uns sogleich an ihrem Tisch willkommen hieß. Sobald du im Plümecke irgendwo Platz genommen hattest, wurdest du angesprochen oder herzlich eingeladen, mit den Umsitzenden anzustoßen. Die Bedienung kam, notierte sich Claras Bestellung und schaute dann zu mir. In einer Vorahnung, dass sie mich bei dem Gelächter und Stimmenlärm ringsum nicht verstehen oder falsch verstehen und mir dann etwas bringen würde, das ich nicht mochte, bestellte ich einen Hackbraten und zeigte zum Ausgleich eventueller aussprachlicher Defizite seine Form mit erhobenen Händen an, indem ich die Kuppen von Zeigefingern und Daumen aneinanderlegte. Normal, oder? Während die Bedienung die Bestellung notierte, fragte sie mit Spott in der Stimme – den ich erst später erkannte, als Clara mir die Einzelheiten erklärte –, ob ich einen ovalen Hackbraten wolle. Ich verstand sie zwar nicht, zeigte mich aber, weil ich umständliche Erklärungen vermeiden wollte, einverstanden. Hinterher sagte

Clara, sie habe sich nicht einmischen wollen, weil sie gedacht habe, ich sei es, der sich einen Spaß erlaube. Nach fünf oder zehn Minuten kam die Dame mit einem Teller in jeder Hand aus der Küche und fragte mit einem Blick auf alle und keinen und in einer Lautstärke, die ich ihr in ihrem Alter gar nicht zugetraut hätte, für wen der ovale Hackbraten sei. Das brachte die angeheiterten Spaßvögel am Tisch zum Lachen. Einer von ihnen trieb den Scherz noch ein Stück weiter und bestellte eine eckige Bratwurst. Er gab sogar ihre genauen Maße in Zentimetern an, woraufhin das Gelächter neben uns noch lauter wurde. Und ich stimmte, obwohl es ein falsches Gelächter war, mit ein. Solche Sachen passieren.

Wie beim ersten Mal mussten wir auch diesmal in der Nähe der Bar neben einer Vitrine mit Sportpokalen mehrere Minuten warten, bis die Kellnerin uns an einem der Tische einen freien Platz anwies. Weder die große Gästeschar, die sich täglich im Plümecke einfindet (ausgenommen am Wochenende, da bleibt die Kneipe geschlossen), noch die seit unserem letzten Besuch verstrichene Zeit konnten verhindern, dass die Kellnerin mich wiedererkannte. Sie ließ sich nichts anmerken, bis wir unsere Bestellung aufgaben. Da sagte sie mit der größten Natürlichkeit der Welt, sie sei sich nicht sicher, glaube aber, die Köchin sagen gehört zu haben, dass die Hackbraten heute ganz besonders oval seien. Ich war so freundlich, ihren Scherz zu belächeln. Dennoch wollte ich im Plümecke nicht als der Spinner in Erinnerung bleiben, der geometrisches Essen bestellt, weshalb ich diesmal eine Currywurst mit Pommes und Mayonnaise verlangte, wonach mir eigentlich gar nicht der Sinn stand. Im Grunde war es mir aber egal, womit ich meinen Hunger stillte. Seit dem unzureichenden und angespannten Mittagessen hatte ich nichts im Magen als die Brezel aus der Oper.

An jenem Abend im Plümecke hatten Clara und ich uns darauf geeinigt, dass es an der Zeit war, ein Datum für die Fortsetzung unserer Reise durch Deutschland ins Auge zu fassen. Mehrmals hatte sie mir mit melancholischen Fingern den Nacken gekrault, und erstmals nach langen Tagen suchten ihre Lippen die meinen, ohne dass sie (ausgerechnet sie, die eher zurückhaltend ist) sich um die Dutzenden Augen in unserer nächsten Umgebung kümmerte. In einem traurig zärtlichen Ton sagte sie Dinge wie: «Maus, es ist langsam an der Zeit, dass ich eine neue Seite meines Buches aufschlage. Mit dem Durchsehen des bereits Geschriebenen komme ich nicht richtig voran. In der Wohnung meiner Schwester kann ich mich einfach nicht konzentrieren, bei all den Problemen da und dem Telefon, das dauernd klingelt, und so unbequem, wie es da ist, du verstehst mich doch. Und das Schlimmste, das, was mich am Boden zerstört, ist, dass wir uns gegenseitig auf die Nerven gehen, uns um Kleinigkeiten streiten bei den seltenen Gelegenheiten, in denen wir allein sind, das darf doch nicht sein, Mäuschen. Weißt du noch, wie oft wir uns geschworen haben, nie so zu enden, wie diese Ehepaare, die in einem permanenten Kriegszustand leben? Nie werde ich das Geschrei der Nachbarn vor deren Scheidung vergessen. Nur um das nicht mit anhören zu müssen, sind wir nicht mehr in den Garten gegangen. Und dabei muss ich auch an meine Eltern denken, die wie Kinder einander stets widersprechen mussten. Eine solche Art des Zusammenlebens macht mich nur traurig. Bist du nicht meiner Ansicht?» Die Frage überraschte mich mit dem Mund voller Essen. Ich antwortete mit heftigem Kopfnicken, und Clara machte im gleichen schmerzlichen Tonfall lange weiter, vergaß darüber ihre Frühlingsrolle und das Glas Mineralwasser, aus dem nach und nach die prickelnden Bläschen verschwanden.

Zum Abendessen trank ich zwei Weizenbier, jedes Glas ein halber Liter, wie es Brauch ist. Als Nachtisch bestellte ich mir ein drittes, weil ich gerne pinkeln gehe. Bei den ersten Schlucken kitzelte mich die Schaumkrone an der Nasenspitze. Mit dem Bier sackte nicht nur das Essen leichter, sondern es füllte meinen Gaumen auch mit einer trüben, schweren, leicht süßen Frische und mit einem angenehmen Nachgeschmack von geröstetem Getreide. Aus meinem Körper war jede Spur von Müdigkeit gewichen. Hunger und Durst waren überwunden. In diesem Moment war ich ganz eins mit mir und hingegeben an den Frieden einer unverfälschten, sorglosen Sattheit. Ich schloss die Augen (Clara merkte nicht, dass sie monologisierte) und versuchte, meine körperlichen Empfindungen aufzuzählen. Nichts. Ich verspürte nichts als Zufriedenheit darüber, mich für ein körperloses Wesen zu halten, frei von Bedürfnissen, Schmerzen und Ärgernissen. Es war zu heiß und zu verqualmt und zu laut im Plümecke, sonst hätte ich einen Bamm-Moment erleben können; aber trotzdem war ich froh, mit meiner zärtlichen Frau, die angefangen hatte, all ihr Ungemach aufzuzählen und zu analysieren, und unter Fremden mit von Alkohol und Glück geröteten Wangen an diesem Ort zu sein. «Mäuschen, woran denkst du?» Wie jemand, der unerwartet aus dem Schlaf gerissen wird und sich in der Wirklichkeit seiner Umgebung zurechtfinden muss, erkannte ich, dass der Halunke von meinem Gehirn nichts anderes getan hatte, als erotische Gedanken zu erzeugen, während ich aß und trank. Mit einem Wort, ich kriegte die russische Sängerin nicht mehr aus dem Kopf. In verstörender Deutlichkeit sah ich sie mit entblößten Brüsten und in einladenden Positionen Verdi-Arien intonieren. «Ich spüre hier», sagte ich, ohne nachzudenken und mit der Hand am unteren Bauch, «eine gewisse sexuelle Erregung.» Clara schaute sich um, ob uns jemand hören konnte. Ihre Pupillen waren plötzlich geweitet. «Das habe ich dir gerade zu sagen versucht.» «Wie? Hast du auch Lust, es zu treiben?» «Nein.» «Ach, nein?» «Ja, nein, Maus, lass dir doch erklären ...» Meine Blase drängte mich wieder in Richtung Toilette. Ich stand auf und suchte vergebens den Blick der russischen Sängerin unter den Gästen des Plümecke. «Wo willst du hin?» Ich beugte mich zu Claras Ohr hinunter, um ihr mit der gebotenen Diskretion zu antworten: «Dahin, wo ich es mit mir selbst treiben kann. Keine Sorge, ich bin gleich zurück.»

Was sie mir erklären wollte, war, dass wir uns ihrer Meinung nach, da wir seit unserer Ankunft in Hannover so gut wie nie miteinander allein gewesen waren, auseinandergelebt hatten, reizbar, misstrauisch, unzufrieden geworden waren und uns gegenseitig für die Entfremdung verantwortlich machten, die eigentlich den Umständen geschuldet war, denen sie ebenfalls die Schuld dafür zuschrieb, dass mangelnde Gefühlswärme und Gesprächsbereitschaft uns so weit auseinandergebracht hatten. Sie gestand sogar, dass sie nachts mein Schnarchen vermisste. Ich war versucht, auf ihre Schmeichelei einzugehen und ihr anzubieten, mein Schnarchen auf Band aufzunehmen. Stattdessen ließ ich sie wissen, dass ich am meisten das Schlafen vermisste. «Mäuschen, wir müssen etwas unternehmen. Zum Beispiel, dieser Stadt Lebewohl sagen.» «Aber wir müssen unsere Verwandten darauf vorbereiten, sonst glauben sie noch, dass wir vor ihnen davonlaufen, was ja auch stimmt.» So beschlossen wir, maximal noch eine Woche in Hannover zu bleiben. Die Zeit sollte reichen, den Eindruck zu vermeiden, dass wir aus der Wohnung meiner Schwägerin flohen, und auch, damit Clara uns alle am Samstag nach ihrem Geburtstag zu einer Kuchenrunde in der Holländischen Kakao-Stube einladen konnte. Ich erklärte mich einverstanden, konnte aber nicht umhin anzumerken, dass mich die Trennung von meinem Neffen schmerzen würde, da ich ihn mittlerweile ins Herz geschlossen hatte. Das Gleiche sagte Clara von ihrer Nichte, zu der sie in den vergangenen Wochen ein enges Verhältnis entwickelt hatte.

Da ich nicht Auto fahren musste, bestellte ich ein viertes Bier, denn ich hielt es für unentschuldbar, unsere wiedergefundene Harmonie nicht zu feiern. Später machte ich halb im Scherz, halb im Ernst den Vorschlag, an Claras Geburtstag in die Stadt zu fahren, in der wir uns kennengelernt und geheiratet hatten, nur wir zwei allein, damit wir ein paar intime Stunden außerhalb des Verwandtentrubels finden konnten. Ich erfand sogar einen Namen für diesen Ausflug. Mit dem Zeigefinger schrieb ich ihn in die rauchgeschwängerte Luft: *Eine Liebesreise.* Und Clara hielt Göttingen für den idealen Ort, um ihren Reisebericht fortzusetzen.

Ich hatte mich offenbar nicht deutlich ausgedrückt. Wie konnten wir beide allein sein, wenn die Literatur mit von der Partie war? Aus Angst, dass sie auf besagtem Ausflug mehr mit ihrem Notizbuch beschäftigt sein könnte als mit erinnerungsvollen Örtlichkeiten und den Anfängen unserer Liebe, wies ich sie darauf hin, dass, wenn ich richtig informiert war, der letzte Plan ihres Buchprojekts vorsah, von Bremen über Hamburg zu irgendeinem Ort an der Ostsee zu reisen. Man musste keine Landkarte zu Rate ziehen, um zu erkennen, dass Göttingen weitab von dieser Strecke lag. Claras Mimik geriet in lebhafte Bewegung, als sie antwortete, eine Schriftstellerin mit ihrer Erfahrung werde schon Mittel und Wege finden, um einen solchen Umweg wahrscheinlich aussehen zu lassen. Beispielsweise könne sie in einem der vorhergehenden Kapitel eine entsprechende Bemerkung einfließen lassen und die Seiten über Göttingen am Ende des Besuchs in Berlin einfügen. «Wie gut du wieder zu mir bist, Mäuschen!», sagte sie entzückt. Ich nehme an, als Belohnung für die Idee mit dem Abstecher nach Göttingen, küsste sie mich so heftig auf den Mund, wie ich es lange nicht mehr gewohnt war. Sie beschloss die Leidenschaftsoffensive mit einem liebevollen Klaps auf die Wange und zuckersüßen Worten, die sie, kaum ausgesprochen, sogleich auf der Rückseite des Bierdeckels notierte, für den Fall, dass sie sich später vielleicht literarisch verwerten ließen. Dann brachte sie, um mir eine Freude zu machen, noch einen Satz in meiner Muttersprache zustande, fehlerhaft natürlich, wenngleich nicht so sehr, dass man hinter der verhunzten Grammatik und defizitären Aussprache nicht noch einen zärtlichen Anklang hätte heraushören können. Danach – sie hatte da bereits jede Kontrolle über ihr Tun verloren – hob sie die Hand, um zur Feier des Anlasses noch ein Glas Mineralwasser zu bestellen; das zweite des Abends. «Übertreibst du es nicht mit dem Trinken?», fragte ich tadelnd.

Gegen elf standen wir vor der Podbi Nr. 294, und während Clara unter dem trüben Licht der Eingangslampe in ihrer kitschigen

Handtasche nach dem Schlüssel suchte, fragte ich beunruhigt, ob sie schon zu Bett zu gehen gedenke. «Sind wir erst in der Wohnung, können wir nicht ... Du weißt, was ich meine? Der Stadtwald ist ganz in der Nähe.» «Morgen, Maus. Mein Körper muss jetzt ruhen.» «Früher warst du romantischer, will mir scheinen. Nachts draußen in der freien Natur, der Wind streicht durch die Bäume, diese nordischen Sachen, die haben dir doch immer gefallen.» «Glaub mir, ich kann nicht mehr.» «Du musst ja nichts tun. Ich kümmere mich um alles.» «Ich war mir sicher, dass du es dir auf der Toilette im Plümecke besorgt hast und für heute befriedigt bist.» «Es sind nur ein paar Minuten bis zum Wald. Steige auf meinen Rücken, ich trage dich hin. Wenn du schnell fertig werden willst, können wir uns auch in eine Ecke hinter ein paar Mülltonnen stellen. Auf dieser Straße gibt's genug davon.» «Morgen, Mäuschen, wenn Gudrun und die Kinder aus dem Haus sind. Versprochen.» Dann traten wir ein, gingen die Treppe hinauf, und vor der Tür gab sie mir einen Kuss auf die Wange, wie eine Mutter ihrem Kind. Die Wohnung lag dunkel und still, es roch nach abgestandenem Pfannenfett, jeder ging zum Schlafen in ein anderes Zimmer, ich mit der Russin und Clara mit ihrem Buch, und später, viel später, nach Mitternacht, stellte Kevin den Fernseher an und schlenkerte im Takt seiner Lieblingsfilmmusik mit den Händen; in dieser Nacht träumte ich, dass ich ihn umbrachte.

Am frühen Morgen. Der Frau Schriftstellerin schmerzte der Kopf. Ich saß auf ihrer Bettkante und tröstete sie mit Worten, die ihr Linderung verschaffen sollten; aber auch, damit sie später nicht in Versuchung geriet, mich als herzlos hinzustellen. Und da ich es für eine geeignete Gelegenheit hielt, erinnerte ich sie auch gleich an ihr Versprechen vom Vortag. Sie erinnerte sich nicht, und ich musste ihr Gedächtnis auffrischen. Da sie antwortete, nicht in der Stimmung für Späße zu sein, fragte ich, ob sie es darauf anlege, einen Beischlafbettler aus mir zu machen. Woraufhin sie mich mit kläglicher Stimme bat, ihr eine Tasse Tee zu bringen. Als ich ihr die Tasse auf den Nachttisch stellte, fragte sie wie üblich, ob ich den Teebeutel drei Minuten im heißen Wasser gelassen hätte. «Wäre dir wirklich so elend zumute», sagte ich, «würdest du es dir ersparen, mir diese Frage zu stellen.» Sogleich füllten sich ihre Augen mit Tränen. Sie wollte nicht, dass ich sie weinen sah. Sie verbarg ihr Gesicht im Kopfkissen, begann zu wimmern. «Warum das mir?», stammelte sie wie im Delirium. Ich streichelte ihre Schulter und stellte dabei Berechnungen über die annähernde Zahl von Orgasmen an, die täglich auf der Erde erreicht werden. Wie viele Tankwagen könnten wohl mit dem Sperma gefüllt werden, das alle Männer im Lauf von vierundzwanzig Stunden produzieren? Das Einzige, was ich sicher wusste, war, dass im See der Sekrete mein bescheidener Beitrag wieder einmal fehlen würde. Doch ein Lichtlein der Hoffnung schien für mich auf, als Clara mich bat, ihre Schachtel Formigran zu suchen und ihr zu bringen. Sie wisse nicht, sagte sie, wo sie sie hingelegt habe. Ich suchte überall: in ihrer geschmacklosen Handtasche, im Kleiderschrank, sogar in den überquellenden Schubladen ihrer Schwester. Da sie offenbar nicht auffindbar war, bot ich an, auf schnellstem Wege eine Apotheke aufzusuchen. Eine halbe Stunde später nahm sie ihre Tablette mit einem Schluck Wasser. Sie bat darum, im Dunkeln allein zu sein. Ich warf mich aufs Bett meines Neffen und wartete, dass die Medizin ihre Wirkung tat, spitzte die Ohren, ob aus dem Ehebett vielversprechende Äußerungen kamen. Ich hatte nichts anderes zu tun, als an die Decke zu starren, und stellte mir vor, wie ich mich mit meinem männlichen Beitrag in der hohlen Hand zu einer Reihe von Tankwagen begab, die vor einer Fabrik geparkt waren. Einer, der mir entgegenkam und sich mit einer Papierserviette die Hände abwischte, sagte, ich müsse mich beeilen, die Einfüllstutzen der Tankwagen würden bereits geschlossen. Der Konvoi stand im Begriff loszufahren. Ich rannte, so schnell meine Beine mich trugen. Meine Hand hielt ich geschlossen, jedoch nicht so fest, dass der empfindliche Inhalt Schaden nehmen konnte. Mit diesen

Phantasien im Kopf, an deren Ausgang ich mich nicht erinnere, sank ich in einen tiefen Schlaf. Als ich erwachte – es war schon nach Mittag –, war Jennifer aus der Schule zurück und saß mit Clara am Küchentisch, wo sich beide angeregt unterhielten. Wie es aussah, hatte Frau Schriftstellerin ebenfalls geschlafen, eine Stunde oder eineinhalb, und nach der Tablette und dem Ausruhen nun keine Schmerzen mehr. Mit boshaftem Lächeln fragte sie: «Wo bist du gewesen, Mäuschen? Ich war heute Vormittag so allein.» Ich weiß nicht, warum meine Nichte ebenfalls lächelte. Zwischen den beiden schien es eine Einigkeit von Meinungen und Geschmäckern zu geben. Mit eisigem Blick antwortete ich: «Ich habe geschlafen und musste dabei ein Geschäft mit Lastwagenfahrern zum Abschluss bringen.» Tante und Nichte äußerten daraufhin den Verdacht, dass männliche Träume keine großen intellektuellen Ansprüche stellten. Ihrer Meinung nach (die auf verlässlichen, wenngleich von mir ungeahnten Kenntnissen beruhte) träumten Männer von Kindesbeinen an nur von sportlichen Höchstleistungen, Rennwagen und dergleichen. «Gut möglich», gab ich, ohne eine Miene zu verziehen, zu, «in meinem Fall handelte es sich um Tankwagen, die mit milchiger Flüssigkeit gefüllt waren.»

Dem, was ich heute geschrieben habe, kann ich nur wenig hinzufügen, denn in Kürze erwartet Clara und mich ein Besuch bei den Ostermanns mit langweiligen Bratkartoffeln, langweiliger Diavorführung und langweiligen Gesprächen mit langweiligen Leuten. Um also den gegenwärtigen Teil meiner Erinnerung zu Ende zu bringen, bleibt mir nur noch, zu berichten, dass Clara meinen Tiefschlaf dazu nutzte, den nächsten Tagesausflug ohne mich zu planen. «Danke, dass du mich gefragt hast.» «Mäuschen, du weißt doch, dass ich Geburtstag habe, und an einem solchen Tag wirst du mir doch nichts abschlagen, oder?» Sie hatte mit ihrer alten Kommilitonin Irmgard telefoniert, die sie schon lange nicht mehr gesehen hatte. Sie versorgte mich mit ausführlichen biographischen Informationen über sie, während ich meinen

Hunger mit skandinavischen Keksen zu stillen suchte, die ich in Kaffee eintunkte. Irmgard hatte einen Mann, einen siebenjährigen Sohn und ein Eigenheim in der Nähe des Neuen Rathauses. «Du hast dich doch wohl nicht mit ihr an dem Tag verabredet, an dem du und ich nach Göttingen fahren wollten?» «Warte, lass dir erklären.» Mit einem Wort: Am Vormittag würden wir nach Göttingen fahren. Dort hatte Clara telefonisch einen Tisch für zwei Personen in einem italienischen Restaurant in der Groner Straße reserviert, und dort würden wir mit Freunden unseren Hochzeitstag feiern. Hinterher könnten wir durch die Stadt bummeln und ganz unseren nostalgischen Gefühlen nachgehen. Um sechs Uhr abends würden wir bei Irmgard klingeln, zu Abend essen und die Nacht in ihrem Haus verbringen. Als ich den Mund aufmachen wollte, beschleunigte Clara ihre Wörterproduktion, um mich nicht zu Wort kommen zu lassen. «Unterbrich mich nicht», sagte sie, «ich bin noch nicht fertig. Das Beste kommt jetzt erst. Ja, ja, Mäuschen. Du hast fest geschlafen und von Lastwagenfahrern geträumt, während ich telefoniert und Verabredungen getroffen habe.» Tatsache war, dass Frau Schriftstellerin für zwei Tage später am frühen Nachmittag eine Führung durch ein Bergwerk in der Nähe von Goslar verabredet hatte. Irmgard, Goslar, ein Bergwerk: Mir war, als hätte ich mich in einen noch aberwitzigeren Traum als den mit den Tankwagen verirrt. «Um ehrlich zu sein», fuhr sie mit vor Begeisterung geweiteten Augen fort, «war meine Idee, mir das Bergwerk anzusehen, das Heinrich Heine 1824 besucht hat. Aber am Telefon hat das nicht geklappt. Deshalb habe ich mich für das in Goslar entschieden, das ist für Touristen zugänglich.» Als sie im Bett lag und darauf wartete, dass die Kopfschmerztablette ihre Wirkung tat, war ihr die Idee gekommen, Heines Harzreise nachzuvollziehen, anstatt von Göttingen in einer guten Stunde über die Autobahn nach Hannover zurückzufahren. «Und wozu diese ganze Fahrerei?» «Weil mir dabei bestimmt gute Gedanken für mein Buch kommen.» Ich wandte ein, dass der Dichter die Reise zu

Fuß unternommen hatte. «Du hast doch nicht vor …?» Ich atmete erleichtert auf, als ich hörte, dass wir mit dem Auto fahren und an relevanten, von Heinrich Heine erwähnten Orten aussteigen würden – sie mit ihrem Moleskine und ich mit dem Fotoapparat – und nur die nötige Zeit bleiben wollten, um uns einen Eindruck zu verschaffen, Notizen zu machen, zu fotografieren und es dem Schicksal überlassen, ob es uns die eine oder andere Anekdote von möglicher literarischer Relevanz beisteuerte. Nachdem sie mir dies vorgetragen hatte, drückte sie mir ihr abgegriffenes Exemplar der *Harzreise* in die Hand mit der Bitte, es möglichst bald zu lesen, da sie es in der Nacht noch einmal durchgehen wolle. Ich erinnerte sie daran, dass ich es schon einmal gelesen hatte und mich an den Inhalt mehr oder weniger erinnern konnte. «Nun, ich habe es sehr viel öfter gelesen und es vor fünf oder sechs Jahren sogar mit meinen Schülern durchgenommen; trotzdem werde ich es diese Nacht noch einmal lesen. Maus, du weißt doch, dass deine Meinung eine große Hilfe für mich ist. Versprichst du mir, das Buch vor dem Abendessen zu lesen?» «Ach, seit wann glaubst du denn an Versprechungen?» «Gib du mir dieses Versprechen, und ich halte meines, gleich morgen, du wirst sehen.» Ich nahm das Buch mit derselben Begeisterung entgegen, mit der ich die stinkenden Socken eines Lastwagenfahrers gestopft hätte, und verzog mich damit in den Stadtwald, um es zu lesen. Zum Glück hat das Büchlein weniger als achtzig Seiten.

20

Es war angenehm, um elf Uhr morgens bei blauem Himmel draußen vor dem Eiscafé Colosseum zu sitzen. Ich hatte mich kurz zuvor von Clara im Kaufhaus Karstadt verabschiedet, wo sie ein Geschenk für Irmgard, ihren Mann und deren Sohn kaufen wollte, an dessen Namen sie sich nicht erinnern konnte. Deshalb fürchtete sie, bei der Begrüßung in eine peinliche Lage zu geraten. Wir kannten den Jungen nicht einmal von einer Fotografie. Während der Fahrt auf der Autobahn verbrachten wir lange Zeit damit, männliche Vornamen aufzuzählen in der Hoffnung, der Zufall könne Clara auf den Namen bringen, den Irmgard tags zuvor am Telefon genannt hatte. Clara glaubte sich vage zu erinnern, dass der Vorname des Jungen mit K begonnen hatte. Ich schlug der Einfachheit halber vor, ihn anfangs schlicht K zu nennen, als gehöre er zu einem Roman von Kafka. Und fügte hinzu, der – meiner Meinung nach harmlose – Einfall könne vielleicht dazu beitragen, eine Atmosphäre des Vertrauens herzustellen. Und damit unsere Gastgeber sähen, dass wir in gutem Willen handelten, würden Clara und ich uns auch mit unseren Initialen ansprechen. «Ihr Schriftsteller», sagte ich, «seid ja gewissermaßen verpflichtet, euch ab und zu extravagant zu geben.» «Die einzige Verpflichtung des Schriftstellers besteht darin, gut zu schreiben.» «Gut zu schreiben und ein bisschen verrückt zu sein. Denn wenn ihr zeigt, dass ihr ganz normale Menschen seid, die genau wie alle anderen Menschen essen, kacken und pinkeln, wer soll euch dann noch bewundern? Deine Freundin hat doch mit Sicherheit von deinen Büchern gehört. Vielleicht büffelt sie jetzt gerade Grammatik, aus Angst, sich in deiner Gegenwart nicht korrekt auszudrücken. Du solltest deine Überlegenheit kompromisslos ausspielen.» «Maus.» «Was?» «Halt den Mund.»

Auf der Höhe von Hildesheim änderte Clara ihre Vermutung. Jetzt neigte sie zu der Annahme, der Vorname des Jungen begänne mit M. Später, als habe sie den Verdacht, mit diesem Buchstaben könne der Vorname des Ehemannes beginnen, den wir ebenfalls nicht kannten, wechselte sie wieder zu K; danach probierten wir das ganze Alphabet durch, und zuletzt, keine zwanzig Kilometer vor Göttingen, gelangten wir zu der Einsicht, dass zufällige Namen aufzuzählen niemals zum gewünschten Ergebnis führte. Im Karstadt hatte sie mich gefragt, womit man einen siebenjährigen Jungen beglücken könne. «Vielleicht mit einer guten Zigarre. Ich habe in diesem Alter schon mal geraucht.» Sie warf mir einen ihrer Blicke zu, die eine Bunkerwand durchbohren können. «Tja, warum fragst du mich dann? Schenke ihm was Nützliches. Einen Vornamen vielleicht, den man gut behalten kann.» Ganz in unserer Nähe, im Erdgeschoss, war eine Fußballpyramide aufgebaut. «Sollen wir ihm von denen einen kaufen? Fast alle Jungs mögen Fußball.» «Hast du dich informiert, ob der Sohn deiner Freundin vielleicht behindert ist? Stell dir vor, er sitzt im Rollstuhl, und wir kommen mit einem bunten Fußball daher.» «Ich hasse diese Pflichtgeschenke.» Sie hasst sie tatsächlich, genau wie die meisten ihrer Landsleute, die sich aber eher ein Auge ausreißen ließen, als einen Gefallen, eine Einladung, ein Geschenk nicht zu erwidern.

Es half nichts; wir mussten den Beginn unserer nostalgischen Liebesreise zurückstellen, bis die lästige Angelegenheit der Geschenke für Irmgard und Familie erledigt war. Und da Clara wie immer fürchtete, in meinem Beisein werde es für sie schwierig, wenn nicht unmöglich, dabei Ruhe zu bewahren, kamen wir überein, uns einer den anderen vom Hals zu schaffen und uns in einer Dreiviertelstunde auf dem Marktplatz zu treffen. In die Richtung schlenderte ich mit den Händen in den Hosentaschen und so sorglos wie eine unsterbliche Seele. Alle Plätze im Colosseum waren besetzt. Resigniert ging ich vorüber, und genau in dem Augenblick wurde zwei oder drei Meter vor mir, unter der gelben Markise, ein Tischchen frei, als hätte die Person, die bis dahin dort gesessen hatte, nur darauf gewartet, mir ihren Platz zu überlassen. Es war herrlich, ganz ohne Schmerzen, ohne Sorgen und ohne die biblische Strafe, sich täglich aufs Neue für den Lebensunterhalt abrackern zu müssen, auf dieser Terrasse zu sitzen und den ganzen Platz zu überblicken, in Frieden mit sich selbst seinen Cappuccino zu genießen, der mit einem Lächeln, einem Satz auf Italienisch und einem kleinen Keks serviert wurde. Um den genussvollen Moment abzurunden, wurde ich zum ersten Mal seit mehreren Tagen nicht mehr von Müdigkeit geplagt. Am Tag davor war ich so vorausschauend gewesen, meinem Neffen zwei Schlaftabletten zu gönnen. Der Junge schluckte sie mit der üblichen naiven Unbekümmertheit. Ich bin sicher, dass sogar die Helden aus dem *Dschungelbuch* mir dankbar dafür waren.

Vor mir lag der Marktplatz, an dessen einer Seite die Weender Straße beginnt (oder endet, je nachdem, wie man es sieht), Göttingens Rückgrat sozuschreiben und schon Fußgängerzone seit der Zeit, in der ich als junger, langhaariger Stipendiat in die Stadt kam, um ein halbes Jahr lang einen Sprachkurs Deutsch zu besuchen. Als der zu Ende war, konnte und wollte ich mich nicht mehr aus Claras Armen lösen, und jetzt bin ich wieder hier, nach so vielen Jahren, fern der Familie, in der es keinen Vater mehr gibt, fern der Freunde, mit denen ich außer über alte Zeiten nichts mehr zu sprechen wüsste; verheiratet, ohne Examen und berufliche Zukunft, nicht mehr jung und nicht mehr langhaarig, alles aufgegeben für meine süße literarische Ehefrau. Und das Schlimmste ist, dass ich es nicht einmal bereue.

Blöd, dass ich unbedingt die architektonischen Besonderheiten der Stadt auf diesen Seiten beschreiben will. Nichts ist mir eigentlich unerträglicher als die Beschreibung von Steinen und Hausfassaden. Gotik hier, Romanik da ... Ich will mich auf den Hinweis beschränken, dass ich Göttingens Marktplatz zu meiner großen Zufriedenheit so gut wie unverändert fand. Das einzig Neue waren die Niederlassungen einiger Kaufhausketten, deren Filialen überall die kleinen Familienbetriebe verdrängt haben, die früher jeder Stadt ihr eigenes Aussehen gaben. Neu schien mir auch eine Bronzestatue des buckligen Lichtenberg zu sein, der mit einer Kugel in der Hand an der Ecke des Alten Rathauses stand. Im ersten Moment hielt ich ihn für einen Clown, einen Gaukler, eine Karnevalsfigur; aber nein, es war Lichtenberg. Der Rest des Platzes war so, wie ich ihn in Erinnerung hatte. Ich hätte mich nicht gewundert, den dicken rothaarigen Prediger herankommen zu sehen, der sich samstagmorgens an der Einmündung der Weender Straße einzufinden pflegte, um vor der gleichgültigen Menge mit Stentorstimme Jesus Christus zu lobpreisen. Ich setzte mich dann immer gerne auf eine Bank in der Nähe und hörte mir zehn oder fünfzehn Minuten lang die dröhnende Predigt an, von der ich nur einzelne Worte verstand. So half mir der rothaarige Apostel, die deutsche Sprache zu erlernen. Das Deklinieren, die drei Geschlechter der Substantive, die komplizierten Präpositionen, das Konjugieren bestimmter Verben, diese ganze verbale Maschinerie, die zu begreifen mir ein zweites Gehirn vonnöten erschien, war bereits zu einer Besessenheit geworden, die mich Tag und Nacht beschäftigt hielt. Ich folgte den zahllosen Windungen der Grammatik, lernte Gedichte auswendig, Sätze und Wörterlisten, trat nach endlosen Stunden Deutschunterrichts auf die Straße, fest überzeugt, große Fortschritte gemacht zu haben und … bei der ersten harmlosen Plauderei mit dem Apotheker oder dem Zeitungsverkäufer oder mit Marianne beim Vorspiel zum nächsten Matratzenmatch brachte ich kein Wort über die Lippen. Manchmal trat ich auch in peinliche Fettnäpfchen. Genau auf diesem Marktplatz bestellte ich auf Drängen Claras, damit ich endlich einmal den Mund aufmachte, bei einer Marktfrau ein Pfund Kirchen. Vor mir und hinter mir und zu beiden Seiten von mir erscholl daraufhin ein anschwellendes Gelächter, das mir immer noch die Schamröte ins Gesicht treibt, wenn ich daran denke. Clara erklärte mir später, als wir allein waren, den Grund für das allgemeine Gelache, in das sie mit eingestimmt hatte. Ich erfuhr, dass ich zwei aufeinanderfolgende Worte – Kirche und Kirsche – in dem Vokabular, das ich damals lernte, verwechselt hatte, da sie ähnlich ausgesprochen wurden. Seitdem habe ich nie wieder nach alphabetisch geordneten Wörterlisten gelernt. Solche Fehler unterliefen mir öfter. Ich stand beispielsweise ganz klein vor Unsicherheit im Bäckerladen in der Goetheallee, und wenn ich meine Bestellung aufgab, passierte es mithin, dass die Bäckersfrau mein Stammeln falsch interpretierte und mir einpackte, was ich nicht bestellt hatte, oder dass sie, ohne ihre Ungeduld zu verbergen, mit dem Finger auf eines der vielen Produkte in den Körben und Regalen zeigte und ich ja sagte, um die peinliche Situation schnellstmöglich zu beenden. Das Ergebnis war, dass ich ein ums andere Mal mit Broten und Brötchen nach Hause kam, die zu kaufen mir eigentlich nie in den Sinn gekommen wäre, sowie mit einem nagenden Gefühl von Scheitern. Jedenfalls habe ich mir diese biographischen Details aus der Zeit, als ich die deutsche Sprache noch nicht beherrschte, oft genug selbst erzählt, sodass es jetzt keinen Grund mehr gibt, weiter darauf einzugehen.

Ich bestellte beim Kellner einen zweiten Cappuccino und beobachtete das Vieh, wie Heinrich Heine die einfachen Leute in seiner

Harzreise nennt. Tatsächlich gab es eine Herde älterer Damen und Herren, die vom einschlägigen Denkmaldeuter zu dem Brunnen geführt wurde, dessen herrliches schmiedeeisernes Rankengewölbe die dunkle Figur der lieblichen Gänseliesel krönt. Ich konnte auf die Entfernung nicht verstehen, was der Fremdenführer sagte; aber ich stellte es mir ähnlich vor wie das, was unsere damalige Deutschlehrerin von sich gab (während einer Unterrichtsstunde, die aus einem Spaziergang mit den Schülern durch die Göttinger Innenstadt bestand), als sie uns einige Details zu dem hübschen Bronzemädchen erklärte: dass sie das Wahrzeichen der Stadt ist; dass das Original zum Schutz vor Vandalen in einem Museum untergebracht ist; dass es, wie Sie wissen werden, gesetzlich verbotene, aber nicht mit Strafe belegte Tradition frischgebackener Doktoranden ist, auf die Statue zu klettern und ihr einen Kuss zu geben oder ihr einen Strauß Blumen zu verehren; dass infolge dieses Brauchs die kleine Gänseliesel das meistgeküsste Mädchen der Stadt ist (oder der Welt, ich erinnere mich nicht mehr); all diese Anekdotenschnipsel der lokalen Kultur eben, die Besucher gerne hören, auch wenn sie sie vielleicht schon im Reiseführer gelesen haben, den sie in der Hand halten.

Göttingens Straßen sind voller Statuen von Männern in Toga, von Gelehrten und Honoratioren, die schon seit langem in ihren Gräbern verdorren. Ihnen hinzugefügt wurden, seit Clara und ich die Stadt verlassen haben, ein paar moderne Stücke, die viel gewinnen, wenn man ihnen den Rücken kehrt. Diese ganze dumpfe Masse aus Stein und Stahl vermöchte nicht – selbst wenn man sie zu einem Haufen schichtete – den schlichten Zauber der Gänseliesel in den Schatten zu stellen. Schon beim ersten Blick weckt diese im Volkstum wurzelnde Figur beim Betrachter eine unwiderstehliche Zuneigung. Ich verstehe nicht viel von Skulpturen oder überhaupt von etwas, aber ich weiß genau, was mir gefällt und was nicht, und für mich ist sie eine der geglücktesten menschlichen Darstellungen, die jemals gemacht worden sind. In meiner Erinnerung steht sie barfuß auf dem Sockel, das Haar zu einem Knoten gebunden, den Kopf nach unten geneigt, wie um zu verhindern, dass die Vorübergehenden ihr direkt ins Gesicht sehen. Was ist der Grund für die scheue Haltung? Beschämt es sie, so jung, wie sie ist, den Blicken der auf dem Platz umhergehenden Menschen ausgesetzt zu sein? Unter der ärmlichen Kleidung zeigt der Bauch des Mädchens eine verdächtige Wölbung. Die Gänseliesel ist zweifellos unschuldig. Die Natur wird ihren Teil zu dieser Untat beigetragen haben. Alles Übrige laste ich einem dieser frischgebackenen Doktoren der Georg-August-Universität an, die sie küssen, umarmen und begrapschen wie ein Spielzeug, ohne dass sie sich dagegen wehren kann. Zum Beweis ihrer Unschuld muss man sich nur ansehen, wie natürlich und mit welch naiv heiterer Miene sie den herabgeglittenen Ärmel ihrer Bluse ignoriert, der ihre kindliche Schulter entblößt. Doch mehr als dieses oder jenes Detail ihres kleinen Körpers oder ihrer Hirtenmädchenkleidung sind es die drei Gänse, die ihr nicht nur den Namen geben, sondern ihr auch diese besondere Anmut verleihen. Zwei trägt sie in einem Korb an ihrem Arm, und eine größere hält sie kurzerhand an den Flügeln gepackt, um sie alle drei jenseits der Stadtmauern auf die Weide zu bringen. Aus dem Schnabel jeder Gans sprudelt ein Wasserstrahl, der als glänzender Tröpfchenregen ins Brunnenbecken plätschert. (Ich glaube, ich beende den Absatz hier lieber, denn ich merke, dass ich mich zu literarischen Schwächen hinreißen lasse, gegen die ich mich immun wähnte.)

Vor dem Eiscafé Colosseum erinnerte ich mich daran, dass die Lehrerin uns damals erzählte, die Gänseliesel könne sich der Küssenden nicht erwehren, weil sie keine Hand frei habe. Dabei streckte sie uns ihre Handflächen entgegen, wie um uns abzuraten, auch nur einen Versuch zu wagen. Ich dachte bei mir, dass ihr wenig attraktives Äußeres Schutz genug sein sollte. Meine Deutschkenntnisse damals nahmen zwar täglich zu, reichten aber noch nicht, um ihre Erklärungen voll und ganz zu verstehen.

Doch das mit der Wehrlosigkeit des Gänsemädchens verstand ich sehr wohl. Eines Nachts, zu fortgeschrittener Stunde, verließ ich zusammen mit einem Togolesen, mit dem ich mich im Sprachkurs angefreundet hatte, eine Studentenkneipe namens Havanna Moon, die es heute nicht mehr gibt. Sie lag in der Roten Straße, kurz vor der Einmündung zum Marktplatz. Mit heißen Köpfen und unsicheren Schritten traten wir in die Nacht hinaus. Wir waren auf dem Heimweg; er zu seiner Studentenbude jot-we-de am Ende der Groner Landstraße, noch hinter dem Friedhof, und ich zu Claras Matratze, auf der ich nächtigte und täglich mit Clara schlief, seit mein Stipendium abgelaufen war. Der Togolese sprach drei oder vier Sprachen fließend und radebrechte meine so hinreißend, dass ich mir – egal was er sagte – jedes Mal vor Lachen in die Hose machte. Er erzählte mir, er sei der Älteste von vierzehn Geschwistern und sein Vater – Minister in der Togoer Regierung – erwarte von ihm, dass er ihm eines Tages im Amt nachfolge. Dieser Gedanke gefiel dem Togolesen gar nicht. Er träumte davon, sich in Deutschland niederzulassen und jeden Tag eine Flasche Jägermeister zu trinken. Ausgelassen wie Kinder stolperten wir über die Rote Straße und bliesen mit unserem Atemdampf Figuren in die Luft. Und dann sah ich uns – genau wie mit der Lehrerin am Morgen – vor dem Gänselieselbrunnen stehen. Der Platz war leer. Das Straßenpflaster sah nass aus, obwohl ich mir sicher war, dass es nicht geregnet hatte; aber man weiß ja, dass in Göttingen gerne Feuchtigkeit herrscht. Feiner Nebel hüllte die Straßenlampen ein. Die späte Stunde, kein Licht in den Fenstern, die stillen Straßen, alles schien meinen Freund und mich zu ermuntern, uns einen letzten Spaß zu erlauben. Wir strotzten vor Gesundheit und Jugend, hatten keine beruflichen Verpflichtungen und im Havanna Moon einiges getrunken und vorher noch in anderen Lokalen, unverhältnismäßig viel Bier (ich ohne Jägermeister zwischendurch, der für meinen Geschmack zu süß ist), das zum größten Teil vom zukünftigen Minister in Togo bezahlt wurde. Kurzum, der Togolese, der gelenkig und sehnig war und schwärzer als zwei Nächte übereinander, schwang sich mit einem Satz auf die Brüstung des Brunnens. Dort oben, in der Dunkelheit kaum zu erkennen, zeigte er, dass er mit sehr viel Witz die Stimme, die Gesten und die strenge Mimik unserer Deutschlehrerin nachzuahmen wusste. Ihre Art zu sprechen imitierend, lud er sich selbst ein, Sex mit der Gänseliesel zu haben. Zuerst tat er so, als wäre er viel zu schüchtern, doch dann, von der imitierten Stimme unmissverständlich aufgefordert, bedankte er sich so, wie wir es im Deutschunterricht gelernt hatten, und fing an, alle möglichen anzüglichen Albernheiten vor und hinter der Statue aufzuführen. Ich stand unten und dachte voller Angst, dass, wenn eine Polizeistreife oder eine Gruppe zorniger Bürger einen Schwarzen dabei erwischte, wie er das Göttinger Wahrzeichen schändete, er dafür bitter bezahlen würde. Nach Beendigung der Pantomime befahl er mich nach Art unserer Lehrerin zu sich. Und da er äußerst großzügig war, zögerte er nicht, mir auf dem schmalen feuchten Brunnenrand Platz zu machen. So gut es ging, kletterte ich, mich an den Stäben und Verzierungen des schmiedeeisernen Rankengewölbes und dann am Hals der größten Gans festhaltend, auf den Brunnenrand und küsste die kalten bronzenen Lippen. Der Togolese war seltsamerweise verschwunden. Ich starrte in die Dunkelheit des Brunnenbeckens. Zuerst sah ich das Weiße seiner Augen, dann seine weißen Zähne und schließlich ihn selbst in einer mir unbekannten Sprache fluchend und sich wie ein Hund das Wasser aus den Kleidern schüttelnd.

Bei meiner Rückkehr in die Wohnung schlief Clara unter der Daunendecke. Ich flüsterte ihr eine Liebeserklärung ins Ohr, und als sie nicht reagierte, sagte ich scherzhaft, ich sei ihr mit einem sehr hübschen Mädchen untreu gewesen. Mit einem Ruck richtete sie sich von der auf dem Boden liegenden Matratze auf und befahl mir in einem Ton, der neu für mich war, die Schreibtischlampe anzumachen. Sie nahm an oder wollte annehmen, dass ich mich falsch ausgedrückt hatte. «Untreu?», versuchte sie, Gewissheit zu erlangen. «Weißt du, was du da sagst?» Ihre Erregung beunruhigte mich. Im ersten Moment schrieb ich sie möglicherweise mangelnder Vorstellungskraft zu. Noch nie hatte ich in den zwei Wochen, die wir als Paar zusammenlebten, so ein hässliches Gesicht an ihr gesehen. «Mann von Togo Idee.» «Maus, ich verstehe dich nicht; aber ich glaube, du bringst mich zum Weinen.» Die verdammten Wörter kamen mir nicht schnell genug über die Lippen. «Schwarzer Mann, verstehst du ich sage? Und ich.» «Bist du homosexuell? Bist mit einem Schwarzen ins Bett gegangen?» Jetzt war ich nicht sicher, ob ich sie verstand. In jenem Augenblick war mir auch nicht klar, wie schwer es war, in einer Sprache, die man nicht beherrscht, witzig zu sein. Überzeugt, dass Clara in Gelächter ausbrechen würde, wenn sie erfuhr, was passiert war, begann ich, ihr die Geschichte von Anfang an zu erzählen. Vermutlich lag es an meinem ausgeprägten ausländischen Akzent, meinen mehr als schweren sprachlichen Fehlern und einer gewiss ganz unpassenden Wortwahl, dass sie nichts verstand. Oder sie verstand mich und wollte nicht glauben, was sie hörte. Mittlerweile füllten sich ihre Augen mit den ersten Tränen, die ich sie vergießen sah. Ich betonte jede Silbe und lächelte dabei, um die spaßige Intention meines Berichts zu verdeutlichen, und sagte: «Ich Gänseliesel küssen, darum dir untreu.» Da endlich begriff sie. «Das ist ja eine interessante Geschichte», sagte sie halb ironisch, halb erleichtert, und wischte sich mit dem Handrücken die Tränen aus dem Gesicht. «Und was war mit dem Schwarzen aus Togo?» «Schwarzer viel Sex mit Gänseliesel.» «Der Schwarze und du, ihr beide?» «Nein, ich nur einen Kuss.» Nach diesen Worten warf sie mir einen langen forschenden Blick zu, als wollte sie durch meine Augen hindurch meine Gedanken lesen. Mehrere Sekunden lang schaute sie mich wortlos, mit gerunzelter Stirn und zusammengepressten Lippen so an, schüttelte dann warnend einen Finger und sagte streng: «Nie, merk dir das. Niemals. Nicht einmal mit einer Statue.» Das verstand ich gut. Nicht ganz so klar war mir, was sie hinterher sagte, als das Licht schon gelöscht war, obwohl ich gleich zur Toilette rannte und im Wörterbuch nachsah.

21

SICHTLICH STOLZ AUF die Geschenke, die sie gekauft hatte, kam Clara zur Terrasse des Colosseum. Sie ging so blind zufrieden über die Straße, dass sie beinahe die Lichtenbergstatue umgerannt hätte. «Was machst du, Mäuschen?» Ich glaube nicht zu übertreiben, wenn ich schreibe, dass ich ihr in tadellosem Deutsch antwortete: «In freudiger Erwartung deiner Ankunft habe ich von hier aus die Szenerie alter Zeiten betrachtet.» Clara belohnte mich mit einem nachsichtigen Lächeln. «Ich werde dir später applaudieren», sagte sie. «Jetzt muss ich dir erst etwas zeigen.» Sie hatte zwei Karstadt-Tüten dabei. Einer entnahm sie einen Fußball. «Der wird K gefallen», sagte sie wie jemand, der im ganzen Leben nicht einen Augenblick des Zweifels gekannt hat. Der anderen entnahm sie einen großen, in Papier eingewickelten Keramikteller. «Der wird M gefallen.» «Ich wusste wirklich nicht, was ich ihnen schenken sollte. Schließlich habe ich diesen Teller für dreißig Euro gekauft. Sie können ihn als Zierteller benutzen oder an die Wand hängen.» «Sicher. Wände wird es in ihrem Haus ja geben.» «Und was den Fußball angeht, habe ich mir überlegt, wenn der Junge irgendwie behindert wäre, wie du sagst, hätte Irmgard mir das am Telefon gesagt.» «Keine Sorge. Das war ja nur eine Annahme. Und außerdem, was würde das ausmachen? Wenn der kleine K im Rollstuhl sitzt, kann er den Ball im Schoß halten und streicheln oder zusehen, wie die Nachbarkinder damit spielen. Das würde ich an seiner Stelle tun.» «Es wäre ziemlich unfreundlich, uns nichts zu sagen, findest du nicht?» «Ja, unverzeihlich wäre das.» «Hör mal, Maus. Du hast mein Einverständnis, in den nächsten Stunden Tausende von Witzen und Biestigkeiten von dir zu geben. Denn das ist meine einzige Hoffnung, dass dein Repertoire erschöpft sein könnte, wenn wir vor Irmgards Haustür stehen.» Sie winkte dem Kellner, um zu bestellen. «Und jetzt erzähl. Warum bist du verärgert?» «Wie kommst du darauf, dass ich verärgert bin? Es ärgert mich überhaupt nicht, dass du zwanzig Minuten zu spät gekommen bist, unter anderem deswegen nicht, weil ich mit nichts anderem gerechnet habe. Ich habe mir unterdessen erlaubt, süchtig zu werden, nämlich nach den Keksen, die sie zum Cappuccino servieren. Ansonsten fehlt mir nichts, ich habe keine Schmerzen, niemand war unfreundlich zu mir, die Sonne scheint, und hier zu sitzen ist ein wahrer Genuss.» «Nun, ich sehe hinter deinem Sarkasmus eine gewisse Bitterkeit lauern.» Bitterkeit war nicht das richtige Wort. Enttäuschung vielleicht. Ja, Enttäuschung, das war es, was mir, als ich Clara mit den Einkaufstüten herankommen sah, so etwas wie einen Stich in die Brust versetzt hatte. Clara konnte nicht wissen, dass mir ihretwegen ein Bamm-Moment entgangen war. Wie erklärte ich ihr in wenigen verständlichen Worten ein trotz seiner flüchtigen Erscheinung so komplexes Phänomen? Wie beschrieb ich die beglückende Gefühlswärme, die mich überschwemmte, als ich bemerkte, wie die Schattenlinie der gelben Markise des Colosseum auf dem sonnenbeschienenen Platz langsam heranrückte und nur noch wenige Millimeter von meinen Schuhspitzen entfernt war? Es war nur eine Frage von Sekunden, bis sie sie erreicht haben würde. Allein die Vorstellung des langsamen Lichts im Verhältnis zu mir hielt mich gefangen. Doch hinzu kam noch das sichere Wissen um die bildhafte Harmonie beim Zusammenfluss jener Elemente (der Schatten, die hellen Steine, die glänzenden Schuhe), welches mir eine weder von rohem Verlangen noch von anderen animalisierenden Empfindungen gestörte Vorfreude bescherte. Natürlich hätte ich diese Vervollständigung forcieren können, indem ich meine Schuhspitze an die Trennlinie von Licht und Schatten vorgeschoben hätte; doch dann wäre mir der perfekte Augenblick des Zufalls verlorengegangen, und das stillbeschauliche Erwarten sowie die unvorhersehbaren Wonnen, die sich daraus noch hätten ergeben können, wären wegen meiner Ungeduld zunichtegemacht worden. Und dann zerstörte Clara – wenngleich ohne böse Absicht – mit ihrem Kommen das Glücksgefühl, das ich mit Blick auf meine Schuhspitzen anzuhalten suchte. Wie erklärte ich ihr die unseligen Folgen ihres fröhlichen Erscheinens, der knisternden Plastiktüten, des lächerlichen Anstoßes mit dem Knie an Lichtenbergs bronzenen Überrock? Also machte ich sie nur darauf aufmerksam, dass wir schon eineinhalb Stunden in Göttingen, aber noch an keinem der Orte gewesen waren, die die Anfänge unserer Liebe gekannt hatten. Letzteres sagte ich mit einem Beben von Aufrichtigkeit in der Stimme. Ich liebe Clara, was mich allerdings nicht daran hindert, sie manchmal am liebsten in Stücke schneiden zu wollen, mit einem stumpfen Messer, damit es mehr schmerzt. Sie küsste mich. Ihr Körper verströmte diesen Geruch, der die Eigenschaft besitzt, dass ich ihr das Beste wünsche, was das Leben einem Menschen bieten kann, und nebenbei noch Gefallen an Unterwürfigkeit finde. «Ganz ruhig, Mäuschen. Ich habe nur noch eine Sache zu erledigen. Eine Kleinigkeit, ich schwöre es. Und danach wird unseren romantischen Spaziergang nichts mehr aufhalten können.» «Weitere Einkäufe also.» «Ich brauche nur eine Minute. Danach haben wir bis sechs Uhr Zeit für den Tag der Liebe, wie du ihn geplant hast.» «Moment, Moment», protestierte ich. «Bis sechs, in Ordnung, aber mit einem nächtlichen Nachschlag im Bett von mindestens einer Viertelstunde. Du versuchst doch wohl nicht, um das Versprechen herumzukommen, das du mir gegeben hast?»

Wir kamen überein, dass ich ins Parkhaus gehen und die Geschenke im Auto verstauen sollte. In der Zeit würde Clara versuchen, für Irmgard ein Exemplar ihres letzten Romans aufzutreiben. Sie bat mich, ihr aus der weißen Handtasche die Liste mit den Widmungen mitzubringen. Die von den notwendigsten Dingen geleerte Tasche hatte sie im Auto gelassen, als sie hörte, dass ich sie verabscheute. Ich konnte nicht anders, ich musste es ihr sagen, als ich morgens sah, wie sie sich anschickte, das abscheuliche Teil zu unserer Liebesreise mitzunehmen. «Wenn du denkst, dass ich unmöglich damit aussehe, warum hast du mir das nicht vorgestern in der Oper schon gesagt?» Ich war unerbittlich: «Weil wir zerstritten waren und ich mich gefreut habe, dass du dich mit diesem kitschigen Machwerk am Arm lächerlich gemacht hast. Als ich dich einmal von weitem gesehen habe, dachte ich, du hieltest eine ausgestopfte weiße Katze im Arm. Ich gestehe, dass mich das mit einem zwar boshaften Glücksgefühl, aber immerhin einem Glücksgefühl erfüllt hat.» Sie stellte meine Fähigkeit in Frage, modische Accessoires zu bewerten, und brachte mit dieser Meinung sogar Schwester und Nichte auf ihre Seite. Aber es half nichts. Zu diesem Zeitpunkt war die korrodierende Wirkung des Wortes «kitschig» in ihrem Denken bereits nicht mehr aufzuhalten. Eine Stunde später haderte sie immer noch. «Maus, ich verstehe nicht, wieso sie dir nicht gefällt.» Bei unserer Ankunft in Göttingen musste sie die Handtasche wohl schon als verflucht und entehrt ansehen und war vernünftig genug, sie im Auto zu lassen. Sie rechtfertigte das mit der Bemerkung, Weiß passe nicht zu den Farben ihrer Kleidung. «Wir könnten eine elegantere kaufen», sagte ich zu ihr. «Die hast du verdient. Vergiss nicht, dass heute dein Geburtstag ist.» «Wir werden sehen.» In der Handtasche fand ich den Zettel mit den Widmungen. «Möge dieses Buch dich zum Träumen bringen» und andere Sätze in der Art. Bei einer Lesung versteckt Clara den Zettel immer hinter dem Wasserglas, dem Mikrophonständer, der Blumenvase, wenn es eine gibt, oder hinter irgendeinem anderen Gegenstand, der sich anbietet, und wenn es ans Signieren geht, schreibt sie davon ab wie schummelnde Schüler bei der Klassenarbeit. Sie nimmt regelmäßig Veränderungen und Verbesserungen an diesen Sätzen vor, und nach ich weiß nicht wie langer Zeit denkt sie sich ganz neue aus, angelehnt manchmal an jene, die Schriftstellerkollegen ihr in die Bücher schreiben, die sie ihr schenken. Außerdem führt sie ein Widmungsregister, damit sie weiß, für welche ihrer Bekannten sie welche Widmung geschrieben hat, und nicht das Risiko eingeht, sich zu wiederholen.

Wir hatten vereinbart, uns in der Buchhandlung Deuerlich zu treffen. Sie wirkte jetzt moderner als zu der Zeit, in der ich sie regelmäßig besuchte. Ich fuhr mit dem Fahrstuhl nach oben, stieg die Treppen hinunter, ging sogar in einen kleinen Kellerraum, in dem es heruntergesetzte Bücher zu kaufen gab, doch nirgends fand ich von der Frau Schriftstellerin eine Spur. Nach mehrminütiger Suche erspähte ich sie von einem der Fenster im oberen Stock. Sie saß auf der Bank, die den Sockel einer Bronzeskulptur umläuft, die als der Göttinger Nabel bekannt ist und sich auf der Ecke der Weender und der Prinzenstraße befindet. Die Skulptur stellt einen Mann und eine Frau fortgeschrittenen Alters dar (der Mann jedenfalls), die offenbar eine lebhafte Tanzbewegung vollführen; aber ich lasse mir nichts vormachen. Schon in meinen Studienzeiten habe ich erkannt, dass es sich um ein erbittert streitendes Ehepaar handelt, dessen Sohn sich an die Beine der beiden klammert in dem ängstlichen Bemühen, Schlimmes zu verhindern. Ich werde wohl nie erfahren, ob der Mann und die Frau sich gegenseitig die Maske aufsetzen wollen, die sie in der Hand halten, oder sie dem anderen vom Gesicht gerissen haben; Ersteres um das wahre und verhasste

Gesicht des Ehepartners nicht mehr sehen zu müssen, Zweiteres, um mit Gewalt das Gegenteil zu erreichen. Aus ästhetischer Sicht ist die Statue genauso attraktiv wie ein paar Blumenkohlköpfe auf einem Bügelbrett. Ich erkenne aber auch ihren Nutzen: Da man sie weithin sehen kann, ist der Nabel ein guter Ort, um sich zu verabreden. Ich erwähne ihn hier allein aus dem Grund, dass Clara im Schatten der grotesken Figuren ebenfalls aussah, als hätte man ihr den fröhlichen Ausdruck von vorhin aus dem Gesicht gerissen oder ihre Fröhlichkeit mit der kummervollen Miene überdeckt, die jetzt ihr Gesicht betrübte.

Ich konnte mir nur schwer vorstellen, dass meine kurze Abwesenheit sie in einen solchen niedergeschlagenen Zustand versetzt hatte. Ein Migräneanfall schien mir die plausiblere Hypothese zu sein. Es kam öfter vor, dass der Schmerz sich plötzlich in ihrem Kopf festsetzte. Wenn sich meine dunklen Ahnungen bestätigten, würde ich mich mit dem Gedanken anfreunden müssen, dass das Ende unserer Liebesreise deren Beginn überholt hatte. «Was ist mit dir?» «Mit mir? Nichts. Was soll mit mir sein? Ich warte hier auf dich, das ist alles.» Ich zeigte nach oben. «Von dem Fenster aus habe ich dich hier beobachtet. Neben mir standen zwei Typen, die darauf gewettet haben, aus welchem Auge deine erste Träne kullern würde.» «Ich weiß, aber ich kann mir nicht helfen. Vielleicht bin ich hysterisch. Während du die Geschenke ins Auto gebracht hast, war ich in drei Buchhandlungen. In keiner hatten sie auch nur ein einziges Buch von mir. Verstehst du, Maus? Nicht ein einziges. Sie könnten mir eines besorgen, aber erst morgen. Im Deuerlich musste ich der Verkäuferin sogar meinen Nachnamen buchstabieren. So etwas deprimiert mich, ich kann nichts dafür.» Mir fielen ein paar großartige Witze diesbezüglich ein, aber ich verkniff sie mir. Eine innere Stimme flüsterte mir zu, dies sei kein geeigneter Moment für Späße. Um Clara zu trösten, sagte ich, meiner Meinung nach stellten die innerstädtischen Buchhändler das wirtschaftliche Interesse über ihren Auftrag der Kulturvermittlung.

Ein Blick in die Schaufenster der Buchhandlung gegenüber würde das schon beweisen. Überall waren nur modische Neuerscheinungen ausgestellt, die dem Buchhändler ein gutes Geschäft sicherten. Ich schlug vor, in der Universitätsbuchhandlung nachzusehen, die zwar klein war, in der aber eher die Möglichkeit bestand, Bücher zu finden, wie sie sie schrieb. Da begannen ihre Augen zu leuchten. Und ich hatte geglaubt, sie höre mir gar nicht zu. «Gehen wir!», sagte sie und sprang auf die Füße.

Wir gingen los, und sie nahm sofort meinen Arm. «Mäuschen, hier beginnt der Tag unserer Liebeserinnerungen.» «Ich kann gar nicht erwarten, dass er zu Ende geht.» Sie blieb abrupt stehen. «Wieder einer deiner Scherze, oder?» «Ich habe dabei nur an den Beischlaf gedacht, mit dem wir den Tag in der Wohnung deiner Schwester beschließen. Im Bett, falls sie uns eines anbietet. Wenn nicht, dann auf dem Fußboden, unter dem Schrank oder wo immer. Ich kann es kaum erwarten. Das wird ein wüstes Wälzen, meinst du nicht? In dieser Nacht wird in Göttingen kein Mensch – außer den Schwerhörigen – wegen deiner Lustschreie schlafen, du wirst sehen.» Wir gingen weiter. «Männer und Sex. Habt ihr eigentlich nichts anderes in euren Köpfen?» «Du musst nicht glauben, dass wir so primitiv und so einfach gestrickt sind, wie man immer sagt. Wir haben auch noch den Fußball.» Das Thema unserer Unterhaltung hob Claras Stimmung offensichtlich. «Natürlich», sagte sie, «und das Bier und beim Autofahren in der Nase bohren.» Ich gab ihr recht. Das steigert immer ihre Zufriedenheit. Angesichts ihres seligen Lächelns begann ich mir allerdings Sorgen zu machen, denn ich war überzeugt, dass uns in der Universitätsbuchhandlung ein weiterer Reinfall erwartete.

Die Weender Straße war so belebt wie immer zu Geschäftszeiten. Die Leute befummelten die vor den Schaufenstern ausgestellten Waren. Unter den Bäumen vor der Jakobi-Kirche hielten wir an und lauschten den melancholischen Melodien der Blasinstrumente, die eine Gruppe von Straßenmusikern spielte. Ich legte eine

Fünfzig-Cent-Münze in das Trompetenfutteral und gleich darauf eine zweite, nachdem Clara mich mit leiser Stimme einen Knauser genannt hatte. Bis zum Ende der Straße hörte sie nicht mehr auf, darüber zu predigen, wie schlecht ihrer Meinung nach künstlerisches Talent auf der ganzen Welt bezahlt wurde. Ich nahm an, dass sie ihr eigenes Talent damit einschloss, und begriff, dass ich gut beraten war, ihrer Klage beizupflichten. Wir passierten den Weg, der an der alten Stadtmauer entlangführt. Der wachsende Strom junger Leute und Fahrräder in beiden Richtungen kündete von der Nähe des Universitätsgeländes, oder wenigstens des Hauptteils davon, da die Einrichtungen der Georg-August über die ganze Stadt verteilt sind. Im Hintergrund sahen wir bereits den blauen Turm aufragen; ein Hochhaus, das wegen seiner blauen Fenster so genannt wurde. Dort, in einem Raum in ich weiß nicht welchem Stockwerk, der als notdürftiges Klassenzimmer hergerichtet war, erhielt ich meine ersten Stunden Deutschunterricht. Den Togolesen lernte ich später in einem Intensivkurs kennen, an dem Schüler aus allen möglichen Ländern teilnahmen und der in einem anderen Teil des Campus stattfand. Unter ihnen befand sich auch ein Landsmann von mir, ein zarter, schüchterner Junge, aus vermögendem Hause, wie ich später erfuhr. Eines Vormittags bat er mich nach Ende des Unterrichts mit deutlichen Anzeichen beginnender Panik, ihm in eine stille Ecke zu folgen, wo wir ungestört reden konnten. Da gestand er mir, dass er sich große Sorgen mache, und sagte: «Die deutsche Sprache ist viel schwieriger, als ich gedacht habe. Wie erkläre ich meinem Vater nur, dass ich außerstande bin, sie zu lernen?» Dann bat er mich in überaus dramatischem Ton, in seinem Namen einen Brief an seinen Vater zu schreiben und ihm auf möglichst nachvollziehbare Weise darzulegen, warum er sein Studium in Deutschland unmöglich fortsetzen könne, und auch nicht zu vergessen, den kalten Wind zu erwähnen, der dieser Tage durch Göttingen pfiff. In einem zusätzlichen Absatz sollte ich auch eine Entschuldigung für die entstandenen

Kosten anbringen. Ich fragte ihn, warum er seinen Vater nicht einfach anrufe und ihm seine Lage ohne Umschweife erkläre. «Bist du wahnsinnig?», rief er mit vor Entsetzen aufgerissenen Augen. Kurze Zeit später übergab ich ihm den maschinengeschriebenen Brief. Er las ihn in meiner Gegenwart durch und umarmte mich danach sichtlich gerührt. Ich habe nur noch eine verschwommene Erinnerung an das, was ich damals schrieb. Nicht vergessen jedoch habe ich, dass ich mich dabei köstlich amüsiert habe und dass mein Landsmann den Text an seinen schrecklichen Vater schickte, ohne einen Punkt oder ein Komma zu verändern. Eine Woche später kam er, um sich zu bedanken und sich zu verabschieden. «Endlich! Ich fahre nach Hause. Bleibst du hier?» «Ich muss darüber nachdenken», antwortete ich. «Wenn du bleibst, bedauere ich dich schon jetzt», war das Letzte, was ich ihn sagen hörte, bevor ich ihn für immer aus den Augen verlor.

Hand in Hand gingen Clara und ich zwischen den Gebäuden umher, deren Äußeres sich in nichts verändert hatte und die uns so vertraut vorkamen, dass wir kaum glauben konnten, sie so viele Jahre nicht gesehen zu haben. Die einzige Ausnahme war die Bibliothek, die erst fertiggestellt wurde, als wir schon nicht mehr in Göttingen wohnten. Es schmerzte mich, dass sie an der Stelle errichtet worden war, an der ich zum ersten Mal Claras Lippen gekostet hatte. Dies war eine der schönsten Episoden meiner Jugend und ist Grund genug, sie jetzt in meinen Erinnerungen zu erwähnen. Eines Morgens begegneten wir uns zufällig auf einem der Campuswege. Zu beiden Seiten wuchsen junge Kirschbäume. Nachdem wir Grüße ausgetauscht und uns angelächelt hatten, gab sie mir zu verstehen, dass sie sich anschickte, sich mit ihren Büchern ins Gras zu setzen. Ich weiß gar nicht mehr, wie wir trotz meiner begrenzten Deutschkenntnisse eine recht flüssige Unterhaltung zustande brachten; doch um diesen Dialog nicht zu unterbrechen, begleitete ich sie ein paar Schritte bis zu der Stelle, an der sie sich niedersetzen und lesen wollte, und verabschiedete mich dann. Verabschieden? Ja, ja. Ich war weit davon entfernt, vorauszusehen, was eine Viertelstunde später mit uns passieren würde, und noch weiter davon, mir vorzustellen, dass für mich gerade eine lange Zukunft des Zusammenlebens mit diesem blonden, kurzsichtigen Mädchen begonnen hatte, das ich knapp zwei Wochen vorher auf einer kleinen Party kennengelernt hatte, die ein Mitbewohner von mir in seinem Zimmer gab. Da sprach ich mit ihr nur ein paar Worte, die man so sagt, wenn man einander vorgestellt wird. Nichts an ihr erweckte meine besondere Aufmerksamkeit. Sie gehörte auch nicht zu den Mädchen, die gerne Blicke auf sich ziehen und begehrt werden wollen. Ich hatte ihren Namen bald vergessen und sie sicher auch meinen, obwohl man das nie wissen kann. Ein Monat oder eineinhalb Monate war es her, dass Marianne und ich unsere gymnastische Beziehung auf ebenso abrupt natürliche Weise beendet hatten, wie sie begonnen hatte. Marianne war ein Mensch von schnellen Entschlüssen. Nach unserem letzten Fick schrieb sie – noch nackt – auf ein Blatt Papier: *Danke für die Orgasmen. Komm bitte nicht wieder.* Das verstand ich auf Anhieb. Wir gaben uns die Hand wie gute Partner der Lust, die wir gewesen waren, und zwei oder drei Tage später begegneten wir uns im Bahnhof, ohne ein Wort miteinander zu sprechen. Es folgte eine Zeit der Einsamkeit, die ich hauptsächlich damit verbrachte, die Tage bis zur Rückreise in mein Heimatland zu zählen. Ab und zu traf ich mich nach dem Unterricht mit dem Togolesen, doch meistens war ich allein, weshalb ich – um die Musik und die Lust aus dem Nebenzimmer nicht hören zu müssen – auf die Party meines Mitbewohners ging. In den darauffolgenden Wochen begegnete ich der Blonden mit der Brille mindestens fünf Mal: in der Mensa, in einer Kellerkneipe neben dem Jungen Theater und an ähnlichen Orten, mit einer Ausnahme, als wir uns in der Buchhandlung Deuerlich trafen und ins Gespräch kamen und ich erfuhr, dass unsere Studentenbuden nah beieinanderlagen, und sie mich, da wir weiterreden wollten, zu einem Eis einlud. An diesem Tag lächelte sie mich an und warf mir Blicke zu und solche Sachen, obwohl sie das stets abstreitet. «Du verlangst doch wohl nicht», sagt sie, wenn wir auf dieses Thema kommen, «dass ich zu Boden schaue, wenn ich mit dir spreche. Oder ist das die Art, wie Frauen und Männer sich in deinem Land zusammentun?»

An dem Morgen, an dem wir uns zufällig auf dem Campus begegneten, kam es aufgrund meiner Schwierigkeiten mit der deutschen Sprache zwischen uns zu einem Missverständnis, das für unser weiteres Leben entscheidend sein sollte. Und das kam so: Clara und ich im Gras, plaudernd, lächelnd, sie vor allem, die Jahre später behauptete, ich hätte in kurzer Zeit ein Vermögen machen können, wenn ich als öffentlicher Redner aufgetreten wäre; so amüsant müssen anscheinend die grammatikalischen Fehler gewesen sein, die ich beging. «Die habe ich mit Absicht begangen», antwortete ich ihr einmal, «weil ich meinen Blick nicht von deinen lächelnden Lippen lösen konnte.» Irgendwann versuchte ich, einen geistreichen Satz über die Liebe zu sagen; natürlich mit Hilfe meines Wörterbuchs, ohne das ich damals keinen Schritt ging. Ich muss zugeben, dass ich mich hervortun und gleichzeitig das blonde Mädchen mit der Brille zum Lachen bringen wollte. Als wir am Eingang der Bibliothek vorbeigingen, erinnerte sich Clara noch daran. «Sieh mal, Mäuschen, wo jetzt dieses Gebäude steht, hast du mir damals deine Liebe erklärt. Deine Worte waren bezaubernd, aber ich habe sie doch verstanden.» Ich habe nie die Notwendigkeit verspürt, ihr zu erzählen, dass ich gar nicht beabsichtigte, ihr das zu sagen, was sie verstanden hatte. Ich wollte nur ein Wortspiel anbringen, ahnte aber nicht, dass dies im Deutschen eine ganz andere Bedeutung hat als in meiner Sprache. Jedenfalls verstand sie das, was sie verstand, und ich, als ich sah, wie sie errötete, fürchtete schon, etwas ganz und gar Unpassendes gesagt zu haben. Ich bat sie sogar um Verzeihung dafür. Claras Pupillen weiteten sich, ihre Lider sanken mit einem Mal in süßer Ohnmacht herab, und bevor ich noch eine Entschuldigung anbringen konnte, presste sie ihre Lippen auf die meinen und legte eine so liebestolle Wildheit in ihren Kuss, dass ich einen Moment lang glaubte, es sei örtlicher Brauch, dass sich Verliebte Zähne und Zunge aus dem Mund und das Essen aus dem Magen ihres Geliebten saugten. Von dort aus begaben wir uns auf ihre Matratze, und der Rest ist Ehe.

Ein Stück hinter der Bibliothek lag linker Hand der Platz der Göttinger Sieben, der noch genauso aussah wie zu der Zeit, als wir ihn überquerten, um entweder zum Bartholomäusfriedhof auf der anderen Straßenseite zu gelangen, wo wir uns gerne vor jahrhundertealten Grabmälern fotografierten, oder er unsere Abkürzung zu einem Spielsalon war, den es damals – ob heute noch, weiß ich nicht – auf der Weender Landstraße gab, wo ein Spielautomat mit rennenden Tieren und einer mit einem Mann, der sich an Fenstersimsen klammernd einen Wolkenkratzer hinaufklettern musste, uns eine Zeitlang um den Verstand brachte. Schließlich gelangten wir zu einem Flachbau mit Büros und dem Speisesaal der Uni, der sogenannten Mensa, in der man damals für weniger als zwei Mark seinen Hunger stillen konnte. Ein verlockender Duft von gebratenem Fleisch und Gemüsesuppe lag in der Luft. Liebend gern hätte ich einen Bon gekauft und mich mit einem Tablett in die Schlange vor die Theke gestellt, hinter der mehrere weiß gekleidete Bedienstete das Essen ausgaben; aber wir hatten ja einen Tisch im Restaurant reserviert. Clara betrat die Buchhandlung. Um nicht der Szene ihrer sicheren Enttäuschung beiwohnen zu müssen, mischte ich mich unter all die schlanken jungen Menschen voller Zukunft, Träume und Erwartungen und vertrieb mir die Zeit mit dem Lesen der zahllosen Zettel am Schwarzen Brett. Jemand verkaufte ein Bett mit Matratze für achtzig und ein paar Euro. Eine Band suchte einen Schlagzeuger. Für Wohngemeinschaften wurden neue Mieter gesucht. Private Unterrichtsstunden für Japanisch, Tanz- und Yogakurse wurden angeboten. An diesem Schwarzen Brett und einem anderen, das es in der Eingangshalle des Blauen Turms gab, hatte auch ich kurz nach meiner Ankunft in Göttingen meine

Dienste als Lehrer angeboten, um meine strapazierten Finanzen aufzubessern. Die schlichte Tatsache, dass ich keinerlei Erfahrung im Unterrichten hatte, schreckte mich nicht ab. Meine Unfähigkeit würde in jedem Fall ein Problem der Schüler sein, nicht meines. Und außerdem, was konnte ein Versuch schon schaden? Jedes Mal wenn ich zum Essen in die Mensa ging, überprüfte ich, ob meine handgeschriebenen Nachrichten noch an den Schwarzen Brettern hingen. Hin und wieder platzierte ich sie an eine andere Stelle, weil es Idioten gab, die sie mit ihren Zetteln verdeckten. Nach zwei oder drei Wochen vergaß ich sie in der Überzeugung, dass der Versuch fehlgeschlagen war. Eines Tages jedoch klopfte ein schüchternes Mädchen an meine Tür, das auf seine Hände schaute, wenn es mit mir sprach. Da meiner Meinung nach das ungemachte Bett, die auf einer Leine zum Trocknen aufgehängte Unterwäsche, überhaupt der ganze Zustand und die abgestandene Luft in meinem Zimmer dem Lernen wenig förderlich waren, lud ich das Mädchen ein, auf einem Stuhl in der Küche Platz zu nehmen. Ich brachte ihr bei, sich in meiner Sprache vorzustellen, sowie ein paar Begrüßungs- und Abschiedsfloskeln. Sie ging, ohne zu bezahlen; da wir jedoch eine zweite Unterrichtsstunde verabredet hatten, machte ich mir keine Sorgen. Sie hat sich nie mehr blicken lassen.

Plötzlich tippte mir ein fröhlich verspielter, vorwitziger Finger auf die Schulter. Seit langem hatten Claras Augen in meiner Gegenwart nicht mehr einen so glücklichen Glanz ausgestrahlt. «Mäuschen, rate mal.» Um ihr eine Freude zu machen, tat ich, als bemerkte ich nicht, dass sie etwas hinter ihrem Rücken verbarg. «Dein Vorschlag, zur Uni zu gehen, war genial. Ich wäre nie darauf gekommen. Ich weiß, dass ich keine berühmte Schriftstellerin bin, aber ich existiere.» Sie näherte ihre Lippen meinem Ohr und flüsterte noch einmal: «Ich existiere.» «Ist nicht wahr.» «Doch, ich schwöre es dir.» «Das glaube ich erst, wenn ich einen Beweis sehe.» Mit der Geste eines Magiers zauberte sie mir ein Exemplar des Fotobuches vor die Nase, zu dem sie die Bildlegenden geschrieben hatte. Ich beglückwünschte sie für ihre Daseinsgewissheit, hatte aber den Eindruck, dass sie es in ihrer Begeisterung überhörte. «Und weißt du was?» Ich hatte sofort gesehen, dass dem Buch der Schutzumschlag fehlte. «Da es sich um ein Mängelexemplar handelt, haben sie es mir zum halben Preis gegeben.» Überschwänglich zog sie meinen Kopf zu sich und gab mir einen Kuss. «Spar dir deine Kräfte», sagte ich, «für den Beischlaf diese Nacht.» Taub für meine Worte, fuhr sie in ihrem euphorischen Monolog fort: «Im Restaurant werde ich für Irmgard eine Widmung hineinschreiben und bei Karstadt Geschenkpapier kaufen und das Buch darin einschlagen. Mein süßes Mäuschen, wie gut, dass du dich erinnert hast, dass es hier eine Buchhandlung gibt. Manchmal weiß ich wirklich nicht, was ich ohne dich tun würde.»

Wir schlugen den Rückweg zur Stadt ein. Anstatt zur Fußgängerzone zu gehen, nahmen wir, da wir noch viel Zeit hatten, bis wir unseren Platz im Restaurant einnehmen konnten, den Weg an der Stadtmauer entlang, der in die Obere Maschstraße führte; eine Station, die an unserem Nostalgietag unumgänglich war. Dort in der Nummer 18 hatten Clara und ich erstmals unter einem gemeinsamen Dach gewohnt. Am Vorabend der Rückreise in mein Land, mit gepacktem Koffer, der Zugfahrkarte und dem Flugticket auf dem Schreibtisch, quälte mich immer noch der Zweifel, ob ich mich von dem deutschen Mädchen, das ich so gernhatte, für immer trennen oder ihr Angebot annehmen sollte, in ihre bescheidene Studentenbude einzuziehen. Ich dachte daran, meinen Freund aus Togo um Rat zu bitten, doch dann wurde mir klar, dass ich nichts Gutes erwarten konnte von den Ratschlägen eines Jungen, dessen hauptsächliches, um nicht zu schreiben einziges Streben darin bestand, jeden Tag so viel Jägermeister wie möglich zu trinken.

Als ich Clara verließ, war es Nacht geworden. Ich schlenderte allein durch die Straßen der Göttinger Innenstadt, ergriffen von einem brennenden Gefühl nahen Abschieds. In meinem Kopf das unauslöschliche Bild von Clara nackt auf der Matratze, ihre kleinen Füße, der blonde Venushügel, der Körper hingestreckt in der genussvollen Mattigkeit nach befriedigter Lust. Im Geiste sah ich, wie sie mir zum Abschied Handküsse zuwarf in der Gewissheit, dass wir am nächsten Tag wieder wie üblich in der Mensa essen und hinterher an den Spielautomaten spielen oder uns auf dem Bartholomäusfriedhof fotografieren würden. Ich traute mich nicht, mir die tränenreiche Abschiedsszene vorzustellen, mit gegenseitigen Versprechungen, die unmöglich einzuhalten sein würden, mit den wohlmeinenden Lügen, mit denen Liebende gewöhnlich die traurige Gewissheit des endgültigen Abschieds zu leugnen suchen.

Wahrscheinlich bin ich der typische Feigling. Ich hatte sechs großartige Monate in Göttingen verbracht, wo ich nicht nur tolle Menschen kennenlernte, sondern auch eine grenzenlose Freiheit genossen und jede Menge Sperma vergossen hatte. Aber wie sollte ich dieses Lebensgeschenk ohne Aufenthaltsgenehmigung, ohne Arbeitserlaubnis und Verdienstmöglichkeit weiterführen? Grübelnd betrat ich eine Kneipe in der Prinzenstraße. Von dem Geld, das mein Vater mir für die Reise geschickt hatte, bezahlte ich mein letztes Bier, das in diesem Lokal eine besondere Geschmacksnote hatte, die mir in meinem Land noch nie untergekommen war. Ich setzte mich an einen Tisch in einer Ecke, die in goldenem Halbdunkel lag, und zerriss das Tropfpapier unter dem Glas in kleine Schnipsel, die mir helfen sollten, die unabänderliche Entscheidung über meinen weiteren Lebensweg zu treffen, der anderntags um acht Uhr morgens seinen Anfang nehmen würde, denn das war die Abfahrtszeit meines Zuges. Die Idee war einfach. Jeder Schnipsel entspräche einem Grund für mich, abzureisen oder in Deutschland zu bleiben. Erstere würde ich links von meinem Glas aufreihen, zweitere rechts davon. Ich fing an: die Familie, die für mich ein finanzielles Opfer gebracht hatte und mich erwartete; die Freunde, die ich vermisste; mein unterbrochenes Studium; sich ohne Sprachprobleme unterhalten; das angenehmere Klima; die gastronomische Vielfalt; die Berge rings um meine Stadt; das Meer in der Nähe. Nach zwei oder drei Minuten sah es so aus, dass links von meinem Glas ein kleines Häufchen Papierschnipsel lag und rechts davon nur zwei: einer für Clara und einer fürs Bier. Damit war die Entscheidung getroffen. Lebe wohl Göttingen, oder wie ein beliebter Trinkspruch lautete: Alles hat ein Ende, nur die Wurst hat zwei. Zweifellos verdiente Clara eine Erklärung. Sobald ich zu Hause war, würde ich ihr eine Postkarte schreiben; mit Absender oder ohne, das würde ich mir zu gegebener Zeit überlegen.

Ich schlief schlecht in meiner mutmaßlich letzten Nacht in Deutschland. Sowohl meine getroffene Entscheidung wie auch die verworfene schmerzte und reute mich gleichermaßen, und während ich mit schlaflosen Augen in die Dunkelheit starrte, bedauerte ich lebhaft, kein Ich mit zwei körperlichen Identitäten zu sein. Der neue Tag brach an. Ich umarmte meinen Mitbewohner in seinem lächerlichen Pyjama mit aufgedruckten Clowns und zog meinen ratternden Rollkoffer durch die Straße, in der ich seit meiner Ankunft in Göttingen gewohnt hatte. Kurz darauf bog ich in die Goethe-Allee ein, auf der zu dieser Zeit kaum ein Mensch unterwegs war. Über dem Kanal hing Nebel. Der Himmel jedoch war herrlich blau und klar, ohne jedes Wölkchen. Ich ging ein kurzes Stück, dann blieb ich stehen. Direkt vor mir, etwa vierhundert Meter entfernt, lag der Bahnhof; rechts von mir die Obere Maschstraße. Dort der Zug, hier Clara. Was für ein Jammer, keine gespaltene Persönlichkeit zu sein! Ich sog so viel von der frischen Morgenluft ein, wie meine Lungen zu fassen vermochten, und hielt sie an, bis ich fast ohnmächtig wurde. Danach, noch bevor ich mich von der selbstverordneten Atemnot ganz erholt hatte, setzte ich meinen Weg fort, und als der Zug abfuhr, pünktlich, nehme ich an, schlief ich in Claras Armen auf ihrer Matratze.

Die Obere Maschstraße 18 betrat man durch eine Tür im Eingangsbereich. Sie wurde von einem Schaufenster und dem Fenster der Fahrradwerkstatt Pedalritter flankiert. Darüber und daher auch über der schmalen Tür dazwischen war das Firmenschild der Werkstatt angebracht, wodurch der Eindruck erweckt wurde, dass jeder, der aus dem Haus kam oder hineinging, durch die Werkstatt musste, deren Tür sich seitlich des Eingangs befand. Die Haustür stand weit offen, wie das zu der Zeit, in der wir dort wohnten, oft der Fall war. Von außen sah das Haus sauber und einladend aus, innen aber war es von an Elend grenzender Bescheidenheit. Ich weiß nicht genau, wie viel Clara dem dicken rotgesichtigen Vermieter zahlte, vor dem ich mich versteckte, damit er mir nicht auch noch einen Mietanteil abknöpfte; aber ich bin sicher, dass die Monatsmiete nicht mehr als zweihundert Mark betrug. Im Flur unten hatte sich nichts verändert seit der Zeit, als wir dort ein und aus gingen: weiße abblätternde Wände; schwarz-weiß gefliester Boden, dessen Farben unter Schmutz und Staub kaum zu erkennen waren; im Hintergrund wild übereinandergestapelte Kartons; ein Fahrrad und eine Mülltonne vor der Tür, die in den Garten führte. Garten? Das Wort wäre eine beschönigende Übertreibung. Hinterhof wäre passender, wenn er nicht so klein gewesen wäre, vielleicht zwölf Quadratmeter, die an andere, besser gepflegte Parzellen grenzten. Er hatte einen rostigen Drahtzaun und war voller Sträucher und Unkraut, die kaum Licht bekamen, da ein riesiger Kirschbaum, um den sich niemand kümmerte, seine dichtbelaubten Zweige darüberbreitete. Seine Früchte wurden im Frühsommer von Amseln und Staren aufgepickt, Letztere oft in lärmenden Fressgesellschaften. Die Stare veranstalteten ein so schrilles Gezwitscher, dass wir morgens nicht schlafen konnten und es Clara unmöglich war, sich nachmittags auf ihre Studien zu konzentrieren. Eines Tages öffnete ich das Fenster und rief ihnen zu, sie sollten verschwinden. Kaum erblickten sie mich, stob die Vogelmeute auf und flog unter empörtem Flügelflattern davon. Clara verübelte mir die Tat, denn offenbar mochte sie es, dass die Vögel sie besuchten. Also bat ich die geflügelten Freunde um Verzeihung und flehte sie an zurückzukehren, was sie auch wirklich taten, und bevor eine Minute vergangen war, saßen sie schon wieder zirpend und flatternd in den Kirschbaumzweigen. Ab und zu gesellte sich die eine oder andere Taube zu ihnen.

Die Vögel waren übrigens nicht die einzigen Tiere, die uns besuchten. Ein Student aus der Nachbarschaft besaß eine sehr hübsche Katze, die gern in die umliegenden Wohnungen ging, wo sie immer jemanden fand, der sie streichelte und fütterte. Manchmal kam sie beim ersten Blau des neuen Tages auch in unser Zimmer. Bevor wir sie sahen oder hörten, wurde ihr Kommen durch einen Hauch frischer Luft von draußen angekündigt. Dann stellten wir uns schlafend, um sie dazu zu bringen, sich mit irgendeinem Geräusch – das sie nie von sich gab – bemerkbar zu machen. Sie hockte sich in irgendeine Ecke und wartete auf das Ende unseres Spiels. Nach einer Weile riefen wir sie, und dann erschien sie zögernd unter dem Stuhl, ohne uns anzusehen, als käme sie ganz zufällig vorbei, ihr wildes Streunen sehr zweckmäßig hinter der schnurrenden Sanftheit ihres Katzentums verbergend. Als Stubentiger hielt sie gerade so viel Abstand, um nicht gestreichelt werden zu können und sich selbst zu streicheln, doch dann näherte sie sich zutraulich dem Rand der Matratze, dabei dem Durcheinander auf dem Boden ausweichend, das ihr Dschungel war. Unsere warmen Hände glitten über ihr Fell, und sie ließ mit halb geschlossenen Augen in seliger Schläfrigkeit ein dankbares Schnurren hören. Es gefiel mir, zuzusehen, wie sie still und vertrauensvoll die Katzenversion von dem genoss, was ich heute einen Bamm-Moment nenne. In meiner Erinnerung hat sie ein rötliches Fell, einen großen Kopf und einen aufgerichteten Schwanz. Gerne, so dachte ich damals und denke es auch heute noch, hätte ich meine Sprache gegen das Privileg eingetauscht, das Leben einmal mit ihren Augen zu betrachten.

Durch die offenbar nur angelehnte Tür drangen aus dem dunklen Hintergrund Gesprächsfetzen zu uns. Sogleich fühlte ich eine alte Vorsicht in mir erwachen, die mich so behutsam wie möglich die steilen hölzernen Treppenstufen hinaufsteigen ließ, die an einer Seite des Flurs in den ersten Stock führten. Als ich zu Clara ins Zimmer zog, musste ich ihr versprechen, mich auf keinen Fall vom Vermieter erwischen zu lassen. Von wenigen Ausnahmen abgesehen, war das nicht schwer zu bewerkstelligen, da sich der Mann nur selten im Haus sehen ließ. Und auch, weil sich gegenüber unserem Zimmer eine sogenannte Mitfahrzentrale befand, wo Kontakte zwischen Fahrern von Privatfahrzeugen und Leuten, die gegen Bezahlung eine Mitfahrgelegenheit suchten, hergestellt wurden. Daher waren an Werktagen oft Fremde auf der Treppe anzutreffen. Sollte der Vermieter mich anhalten und misstrauische Fragen stellen, hatte Clara mir aufgetragen, mich einfach als Besucher auszugeben. Er hat mich nie zur Rede gestellt; aber trotzdem blieb ich bis zum Tag unseres Auszugs in Claras Zimmer in der Oberen Maschstraße der heimliche Besucher.

In das Zimmer gelangte man nur über einen Gang mit Fensterlöchern an den Seiten, der über dem Flur im Erdgeschoss verlief. Es war eine kuriose Konstruktion, die einen Innenhof unterteilte, in dem hinuntergeworfenes Gerümpel unter freiem Himmel moderte und rostete. Auf der rechten Seite des Stegs gab es eine Toilette, die gerade groß genug für eine Kloschüssel war. Sie konnte von innen mit einem Riegel verschlossen werden. Ein Waschbecken gab es darin nicht. Oft genug wurde sie von den Kunden der Mitfahrzentrale benutzt, Studenten hauptsächlich, und es konnte passieren, dass wir sie verschlossen fanden, wenn unser Bedürfnis am dringendsten war. Damals entdeckte ich, dass es keine Grenzen für die menschliche Fähigkeit gibt, Gestank zu produzieren. Später brachten wir an der Tür ein Vorhängeschloss an. Und eines Tages hinterließ uns ein anonymes Gesäß mitten davor das ekelhafteste Geschenk, das man sich vorstellen kann. Clara war so empört, dass sie die Polizei verständigen wollte. «Gute Idee», sagte ich. «Deutschland ist ein Land der Ordnung, da gibt es in Göttingen sicher einen für illegale Kackhaufen zuständigen Beamten.» Es war dann an mir, das Beweisstück mit Hilfe von Zeitungspapier zu entsorgen. Mehr davon gab es nicht.

Am Ende des Flurs stand ein Sack Biomüll an der abblätternden weißen Wand, und an der Wohnungstür oben hing ein Blatt Papier mit einer Kinderzeichnung darauf. Unser ehemaliges Liebesnest war also allem Anschein nach bewohnt. Ich war versucht, an die Tür zu klopfen, doch Clara war strikt dagegen. Die Sehnsucht hatte mich wohl für einen Moment vergessen lassen, dass viele Deutsche unangekündigten Besuch als Belästigung empfinden, die je nach Empfindlichkeit der unfreiwilligen Gastgeber aufdringlich wirken und im Extremfall sogar zu Aggression führen kann. Vermutlich wollen sie nicht gern in ihrer Unordnung und Unreinlichkeit überrascht werden, die für viele untrennbarer Bestandteil ihres häuslichen Lebens ist, während sie sich nach außen sauber und vornehm geben. Ich weiß noch, dass wir einmal unangemeldet bei den Ostermanns aufkreuzten, um irgendwelche belanglosen Nachbarschaftsdinge zu besprechen, und die Frau, Elisabeth, sofort ins Bad rannte, um sich zu schminken. Meine Mutter dagegen öffnete jedem die Tür mit Lockenwicklern im Haar. Doch zum Thema. Während Clara den Flur fotografierte, begnügte ich mich damit, mir mit geschlossenen Augen vorzustellen, dass die Tür geöffnet würde und ich einen Blick in die Vergangenheit werfen könnte, in die Wohnung, in der ich vier wundervolle, ausschließlich dem Lieben und Geliebtwerden hingegebene Jahre verbrachte. Hinter der Tür lag eine winzige Diele, von der aus man in die drei Zimmer gelangte. Rechts war die normal große Küche mit einem Fenster zum Innenhof, daneben das Abwaschbecken, in dem ich sowohl das Geschirr abspülte als mir (Clara pflegte im Schwimmbad zu duschen) auch die Haare und die Achseln wusch und was sonst noch zu waschen war. Die mittlere Tür führte in das Zimmer unserer wechselnden Mitbewohnerinnen; alles Mädchen unseres Alters, die wieder auszogen, sobald sie eine bessere Unterkunft fanden. Und links befand sich unser Zimmer, das über eine fensterlose Abstellkammer verfügte, mit einem breiten Brett auf zwei Böcken darin, an dem ich Deutsch lernte. Um Platz zu gewinnen, stellten wir die Matratze tagsüber an die Wand. Wir hatten nur wenige Möbel. Ich bewahrte meine Kleidung in Pappkartons auf und später in einem klapprigen Koffer, den wir für zwanzig Mark auf dem sonntäglichen Flohmarkt erstanden hatten. Mit Klebeband hier und einem Nagel dort flickte ich ihn mehr schlecht als recht zusammen; doch er blieb eine Beleidigung fürs Auge, sodass wir ihn mit einem Bettlaken abdeckten. Clara brachte ihre Sachen in einer Kommode unter, die wir immer noch haben, und ihre sowie auch einen Teil von meiner Oberbekleidung in einem mit Wachstuch bespannten Gestell von höchstens einem Meter Breite, das mit einem Reißverschluss verschlossen werden konnte. Wir lebten in unbekümmerter freudiger Bescheidenheit. Clara besaß einige Ersparnisse aus der Zeit, als sie in der Bank gearbeitet hatte. Ihre Eltern zahlten die Miete, ohne dass Gudrun davon erfuhr. Meine Eltern hatten es mir übelgenommen, dass ich nicht nach Hause gekommen war und mein Studium abgeschlossen hatte. Mit der Zeit und der versöhnlichen Einwirkung meiner Schwester besänftigten sie sich jedoch und unterstützten mich – damit ich nicht verhungerte – mit einer mitleidigen monatlichen Überweisung.

Zur vorgesehenen Zeit nahmen wir unsere Plätze im Ristorante Mamma Mia in der Groner Straße ein, wo wir an einem ähnlich windigen und regnerischen Tag wie heute die sieben Freunde (die Göttinger Sieben) zum Essen geladen hatten, die bei unserer Hochzeit im Neuen Rathaus dabei waren. Bis dahin war ich überzeugt gewesen, dass wir niemals heiraten würden; von Clara, die eine glühende Feministin war, gar nicht zu reden. Im maßgeblichen Moment des Lebens jedoch, wenn selbst der Verträumteste noch die Entscheidung trifft oder unterlässt, die ihn auf diesem und nicht auf jenem Weg zu diesem oder jenem Friedhof führt, handelt man, als würde man einem vorgefertigten Drehbuch folgen. Ich bekam keine Aufenthaltserlaubnis, weil ich keine Arbeitsgenehmigung besaß. Als ich sie beantragte, wurde sie mir verweigert, weil ich Erstere nicht hatte. Clara, die bei den Behörden für mich sprach, gelang es, bei der zweiten Sachbearbeiterin, bei der wir vorstellig wurden, eine Saite zum Klingen zu bringen, die sie unerwartet einen vertraulichen Ton anschlagen ließ und die uns in diesen oder ähnlichen Worten mitteilte: «Wenn Sie wirklich auf Dauer zusammenleben wollen, empfehle ich Ihnen zu heiraten.» Dabei schaute sie uns so mitleidig an, als wollte sie sagen: «Ich weiß, es ist hart; aber tut es oder lasst es, denn eine andere Lösung gibt es nicht.» Wir heirateten an einem verregneten Dienstag, und ich trug zur Feier des Tages einen neuen gestreiften Pullover. Clara hatte solche Kopfschmerzen, dass sie sich schon am frühen Nachmittag ins Bett legen musste.

Während wir auf das Essen warteten, schlug Clara das Buch, das sie Irmgard als Geschenk mitbringen wollte, in ein farbiges Papier ein, auf das sie vorher in schönster Schreibschrift mit reichlich Schnörkel eine Widmung geschrieben hatte, die ich ihr aus dem guten Dutzend auf ihrem Zettel auszusuchen half. Sie hatte eine Pizza *Ortolana* bestellt sowie einen halben Liter Mineralwasser San Pellegrino; dasselbe, was sie an unserem Hochzeitstag bestellt und wenig später wieder von sich gegeben hatte. Die Erfordernisse der Nostalgie ignorierend, bestellte ich, was Hunger und Durst mir empfahlen. Wir erkannten weder den Kellner, der uns bediente, noch den, der hinterm Tresen die Gläser putzte. Die Einrichtung des Lokals hingegen war unverändert. Die Anordnung der von glockenförmigen Lampen beleuchteten Tische; die weißen Tischdecken und Servietten, die Wanddekorationen, alles, sogar die Pflanzen im Gastraum schienen vom Zahn der Zeit verschont geblieben zu sein. Eine Neuerung fiel mir jedoch auf, die mir einen Stich der Enttäuschung versetzte. Und die war, dass ich, nachdem ich die Rechnung verlangt hatte, vergebens auf das Gläschen Amaretto wartete, mit dem in früheren Zeiten die Gäste beehrt wurden. Und da Clara alkoholische Getränke nicht bekamen, verleibte ich mir jedes Mal beide Liköre ein, wenn wir mal wieder Geld hatten, um uns ein Essen im *Mamma Mia* leisten zu können. Mir fehlte, als wir das Restaurant verließen, dieser liebliche Geschmack im Mund. Ich lamentierte auf der Straße darüber, doch Clara unterbrach mich brüsk: «Wenn dir so viel daran liegt, geh zurück und bestell dir ein Glas.» Ich entschädigte mich mit einem Birnenschnaps in der Bar gegenüber einem Geschäft, in dem Clara verschwand, um Schuhe anzuprobieren. Hinterher zwang sie mich, sie beim Kauf einer neuen Handtasche zu beraten. Über eine Stunde lief ich mit ihr durch die Stadt, bis sie sich schließlich für eine braune Ledertasche mit goldenen Schnallen entschied und mit zwei Lederriemen, damit man sie auch auf dem Rücken tragen konnte. Sie gefiel ihr, sie hatte Geburtstag, mir taten die Beine weh: Ich war sofort einverstanden.

Gegen vier nahmen wir an einem Tisch im ersten Stock des Cafés Cron & Lanz Platz, neben einem der Fenster, die auf die Weender Straße gehen. Das Etablissement war zu Recht für seine Kuchen bekannt. Und wer knapp bei Kasse ist, sollte lieber nicht vor den Schaufenstern verweilen, da ihm sonst unweigerlich die Tränen kommen. Meine Schwiegereltern ergingen sich stets in höchstem Lob über die Torten und Pralinen und Plätzchen und die Gläser mit Marmelade und die selbstgemachte Schokolade von Cron & Lanz. Wenn sie zu Besuch kamen, luden sie uns jedes Mal zu Kaffee und Kuchen in diesem Café ein, das für sie, die die Entbehrungen der Nachkriegszeit gekannt hatten, so etwas wie eine Zweigstelle des göttlichen Glanzes auf Erden war. Am Tag vor ihrer Anreise riefen sie an, um uns daran zu erinnern, dass wir dort auf jeden Fall reservieren müssten, als fürchteten sie, wir könnten ihre Pläne unterlaufen. Und nach dem Besuch fuhren sie glücklich wie zwei Kinder mit ihren eingepackten Leckereien nach Wilhelmshaven zurück. «Ich habe den Eindruck», sagte ich zu Clara, «deine

Eltern kommen nicht nach Göttingen, um uns zu besuchen, sondern um bei Cron & Lanz zu schlemmen.» Da gab sie mir recht.

Wir blieben eine gute Stunde im Café. Nach dem Eintreten hatten wir, wie es dort üblich ist, im Erdgeschoss jeder ein Stück Kuchen bestellt. Im ersten Stock bestellten wir die Getränke. Man fühlte sich so wohl in dem herrschaftlichen Saal, dass man nach dem Verzehr gar nicht mehr aufstehen mochte. Mit auf dem Tisch ineinander verschlungenen Händen zogen wir eine positive Bilanz unserer sechzehn Ehejahre. Weißt du noch, erinnerst du dich? «Ich glaube», sagte ich, «dass der Standesbeamte, der uns getraut hat, in einer seiner Schubladen schon unsere Scheidungspapiere liegen hatte. Versetze dich doch mal an seine Stelle. Auf der einen Seite du, eine deutsche Studentin am Anfang ihrer akademischen Laufbahn; auf der anderen Seite ich, ein Ausländer mit schulterlangen Locken und im gestreiften Pullover, der kein anderes Einkommen hat als die Mildtätigkeit seiner Familie, ohne Aufenthaltsgenehmigung, und dem man überdies noch eine Dolmetscherin an die Seite stellen musste, obwohl ich das Wesentliche schon verstanden hatte. Damals hätte kein Mensch auch nur einen Pfennig auf die Verbindung eines so ungleichen Paares gesetzt. Und hier sitzen wir nun, gutgelaunt und noch besser gesättigt. Dank unsereins gibt es noch Liebe auf der Welt, vergiss das nicht.» «Eieiei, Mäuschen, ich wusste gar nicht, dass du so romantisch sein kannst.» «Zu solchen rhetorischen Glanznummern inspiriert mich das Versprechen auf unseren nächtlichen Beischlaf. Vergiss das nicht, eh?»

22

Als erstes erinnere ich mich daran, dass wir uns beeilten, um pünktlich anzukommen, und dann über eine Viertelstunde vor dem Haus unserer Gastgeber im Auto saßen, weil Clara nicht wollte, dass wir zu früh an der Haustür klingelten und sie eventuell mitten in ihren Vorbereitungen überraschten, und nicht zu spät, was unhöflich gewesen wäre, sondern exakt zu der Uhrzeit, die beide Frauen am Vortag telefonisch vereinbart hatten. Die Straße, in der Irmgard mit ihrem Mann und ihrem siebenjährigen Sohn wohnte, lag in direkter Nähe des Neuen Rathauses, in einem Wohngebiet für wohlhabende Leute außerhalb der Altstadt, mit Bäumen auf den Bürgersteigen und reservierten Parkplätzen für Anwohner mit entsprechendem Ausweis, wie in Abständen aufgestellte Schilder anzeigten. Irmgards Mann M, der in Wirklichkeit Wolf-Dieter hieß, fuhr seinen Wagen vom laubbedeckten und von mit einem Törchen abgeschlossenen Stellplatz neben dem Hauseingang fort, damit wir unser Auto dort parken konnten. In diesem Moment konnte ich die freundliche Geste noch nicht in dem ihr gebührenden Maße würdigen, da wir zu der Zeit noch nicht wussten, wie frostig dieser Mann in seinem Umgang war. Das zeigte sich gleich, als wir die Diele betraten, wo er auf am Boden ausgebreitete Zeitungsseiten deutete und uns wissen ließ: «Hier stellen wir unsere Schuhe ab.» Auch als wir begriffen, dass er uns aufgefordert hatte, die Schuhe auszuziehen, lächelten wir tapfer weiter.

Die Begrüßung und Übergabe der Geschenke verlor ein wenig an Glanz, weil Irmgard mit ihrem Sohn in Streit geriet. K nahm den Ball mit mürrischer Miene an sich, als hätten wir ihm einen Korb voller Steine gegeben, den er auf den Dachboden tragen sollte. Zwei Stunden später war er immer noch übelgelaunt, als er zu Bett gehen sollte und wir ihn aus den Augen verloren. Von seiner Mutter gezwungen, bedankte er sich denkbar knapp für unser Geschenk. Ks Name war Pascal. Gleich als ich ihn sah, wusste ich, dass er zu der Sorte heutiger Kinder gehörte, die es früher, als Kinder zu Hause noch geohrfeigt wurden, nicht gab.

Lieber erinnere ich mich an den Vater, den grimmigen Wolf-Dieter, einen Mann in etwa meinem Alter, dem ich, wäre er mein Freund gewesen, ohne zu zögern ein paar Ratschläge gegeben hätte, wie man die Gesichtsmuskeln bewegt, um ein Lächeln zustande zu bringen. Ein komischer Typ; subqualifiziert fürs Zusammenleben, als menschliche Spezies faszinierend. Anfangs dachte ich, er würde uns verachten. Erst nach und nach wurde mir klar, dass sein harter Blick, seine strengen Augenbrauen und die herablassenden Mundwinkel sein natürlicher Gesichtsausdruck waren. Wenn er uns Geringschätzung entgegenbrachte, so verbarg er sie gut hinter seiner unerschütterlich geringschätzigen Miene, die auch noch andere Empfindungen (ich weiß nicht, Hass, Widerwille, Argwohn) ausdrücken mochte, jedoch allesamt in der Botschaft «Ihr seid bloß hier, weil meine Frau das wollte» zusammengefasst werden konnten. Um meine Zweifel zu beseitigen, hätte ich ihm gern einen Spiegel vors Gesicht gehalten. Ob er sich selbst genauso ansehen würde, wie er uns ansah? Ich war auch fasziniert von seiner sonoren Stimme, in der ein nasales, monotones, müdes Timbre schwang. Ich hätte mir keine geeignetere vorstellen können, all die Banalitäten auszusprechen, die er in entschiedenem Ton von sich gab. Er sprach wenig, doch dies so gravitätisch wie einer, der sich für einen großen Redner hält, auch wenn er eigentlich nichts zu sagen hatte. Was sagte er? Ich weiß es nicht mehr. Dabei hielten wir alle beschämt den Atem an, wenn er ein paar Worte sprach; voller Mitleid ob der Qualen, die Eleganz, Mutterwitz und Ironie im Munde dieses Mannes zu erleiden hatten. Er trug einen schütteren, ungepflegten Bart und hatte die gleiche Stupsnase wie sein Sohn, allerdings mit schwarzen Härchen darin, die diesem fehlten; glanz- und ausdruckslose Augen wie ein toter Fisch und grau meliertes, immer noch jugendlich volles Haar. In seinem Haus lief er in Wollsocken herum. Sie waren gelb mit blauen Streifen. Ich musste sie immer wieder ansehen, weil ich mich fragte, ob er irgendetwas angestellt hatte und sie zur Strafe tragen musste. Ich nehme an, dass er kein schlechter Mensch war. Förmlich, distanziert, steif, das ja, aber nicht schlecht. Clara und ich stimmten darin überein, dass er wahrscheinlich von Geburt an unsympathisch war und selbst am meisten darunter litt, weil er nicht aus seiner Haut konnte.

Ich erinnere mich an eine Episode im Wohnzimmer, zehn Minuten oder eine Viertelstunde, nachdem wir ins Haus gekommen waren. Niemand, der Clara nicht so gut kannte wie ich, hätte hinter ihrer scheinbar gleichmütigen Miene das Unbehagen gesehen, das Wolf-Dieters unfreundliche Begrüßung in ihr ausgelöst hatte. Sie bestätigte mir das mit leiser Stimme, als wir einen Moment allein waren. Wir gingen auf Strümpfen ins Wohnzimmer, das ein großes Fenster zum Garten hatte. Wir wurden gebeten, auf einem Rattansofa Platz zu nehmen, auf dem mehrere farblose Kissen lagen. Uns gegenüber an der Wand hing ein großes Poster, das Joschka Fischer zeigte, wie er jung, ohne graues Haar und noch schlank, irgendwann in den 1980er Jahren in weißen Turnschuhen und Jeans seinen Eid als Umweltminister des Bundeslandes Hessen ablegte. Mit schwarzem Filzstift hatte der ehemalige Außenminister «Meinem Freund Wolf-Dieter» draufgeschrieben. Neugierig erkundigte ich mich nach dem Bild. Wolf-Dieter reckte den Hals – selbstgefällig, wie ich fand, obwohl man bei ihm nie sicher sein konnte – und antwortete matt, als brächte er die Worte nur mit Anstrengung über die Lippen: «Ich hab Joschka 93 kennengelernt.» Mehr gab dieses Gesprächsthema nicht her, denn unser Gastgeber fügte seinen Worten nichts mehr hinzu, und mir fielen keine weiteren Fragen mehr ein. Ich sagte nur: «Interessant.» Und Clara, neben mir, nickte höflich dazu.

Die Episode, an die ich mich besonders erinnere, trug sich etwas später zu. Wolf-Dieter saß uns gegenüber in einem zum Sofa passenden Rattansessel. Zwischen uns stand ein niedriger Tisch, auf dem Irmgard ein Tablett mit Tassen, einer Teekanne und einem Schälchen Kandiszucker abgestellt hatte. Sie fragte uns nicht, ob wir etwas anderes trinken möchten. Vielleicht wussten unsere Gastgeber, dass Clara gerne Tee trank und ich alles trinke. Wolf-Dieter erklärte gleich: «Das ist biodynamisch angebauter Tee.» Ich war versucht, zu antworten, dass ich ihn am liebsten trinke, wenn das Verfallsdatum überschritten und er in der Nähe von Atomkraftwerken angebaut worden ist; doch da ich Clara versprochen hatte, während unseres Besuchs nicht mit Scherzen und dummen Bemerkungen herauszuplatzen, hielt ich den Mund. Irgendwo hinten im Haus hörte man Kindergeschrei. Irmgard sagte zu Wolf-Dieter, der Junge weigere sich, Hausaufgaben zu machen. Danach wandte sie sich an Clara und fügte hinzu: «Wir denken daran, mit ihm zu einem Psychologen zu gehen. Seine Lehrerin hat uns einen empfohlen, der sehr kompetent sein soll. Wir glauben, dass Pascal für sein Alter überdurchschnittlich intelligent ist; aber in der Schule findet er nicht die Aufmerksamkeit, die er braucht, und dann langweilt er sich, ist unruhig, prügelt sich mit Klassenkameraden.» Sie fragte ihren Mann, ob er nicht hinübergehen und dem

Jungen helfen könne. «Auf mich hört der doch nicht», antwortete er träge und schenkte sich Tee ein, bevor er die Gäste bediente. Es endete damit, dass Irmgard für lange Zeit im Zimmer ihres Sohnes verschwand und wir mit Wolf-Dieter Tee tranken. Auf Irmgards Stuhl lag jetzt Claras Buch mit der herzlichen Widmung, das Geschenkpapier war schon entfernt. «Ist das dein Buch?», fragte Wolf-Dieter und begann, darin zu blättern, ohne den Blick auf einer einzigen Seite verweilen zu lassen. Genauso gleichgültig hätte er einen Salatkopf entblättern können, musste ich unwillkürlich denken. «Nett», befand er und legte das Buch ohne weiteren Kommentar auf den Couchtisch. Sekunden später sahen wir, wie er es als Unterlage für seine Teetasse und sogar für den Teelöffel benutzte, mit dem er den Tee umgerührt und ihn dann abgeleckt hatte. Es entging mir nicht, wie Clara sich bemühte, ihre Bestürzung zu verbergen. Den Blick auf Joschka Fischer gerichtet, sagte ich zu mir: Ich bringe deinen Freund mit einem biodynamischen Messer um, wenn meine Frau seinetwegen Kopfschmerzen kriegt und ich diese Nacht nicht zu meinem Koitus komme.

Kurz vor acht wurde K im Schlafanzug zu uns gebracht, damit er uns gute Nacht sagte. Da stand er vor uns mit zu Boden gerichtetem Blick wie ein Gefangener, den nur die Gewalt seiner Henker dazu bringt, sich öffentlich demütigen zu lassen. Wegen seiner Körperhaltung mit vor dem Bauch herabhängenden Armen dachte ich einen Moment lang, er sei gefesselt. Er war barfuß. In diesem Haus wurde ganz offensichtlich an Schuhwerk gespart. Irmgard erinnerte den Jungen daran, dass wir ihm einen Fußball geschenkt hatten. Der Junge zuckte die Achseln und hielt den Blick weiterhin gesenkt. Clara intervenierte pädagogisch einfühlsam: «Du bist sicher müde, nicht wahr, Pascal? Wir wünschen dir von ganzem Herzen eine gute Nacht.» K brummelte etwas und bedachte seine Mutter mit einem aggressiven Blick. «Ich will in meinem Zimmer schlafen.» «Wir haben dir doch erklärt ...» In diesem Moment erklang von der Tür her die Stimme Gottes, denn Wolf-Dieter sagte feierlich, streng und hallend, als spräche er in einer Kirche: «Pascal, jetzt sei vernünftig.» Doch der Junge gab nicht nach, und es musste verhandelt werden. Den Bruchteil einer Sekunde lang kreuzten sich unsere Blicke, und ich sagte ihm mit den Augen: Blödmann, du weißt nicht, was für ein Glück du hast, dass du nicht mein Sohn bist. Und obwohl er mich nicht mehr ansah, fuhr ich in Gedanken gehässig fort: Wenn du morgen wieder dein Zimmer in Besitz nimmst, wird die Matratze so nach verschwitzten Körpern, Ausscheidungen und Ausdünstungen riechen, dass ich mir an deiner Stelle eine neue kaufen würde. K musste kaum den Mund aufmachen, um eine vorteilhafte Regelung zu erwirken. Wenn er jetzt sofort zu Bett ging, durfte er eine halbe Stunde länger das Licht anlassen. Seinen Sieg krönte er damit, dass er sich, ohne gute Nacht zu sagen, davonmachte. An der Tür rempelte er seinen Vater an. Hätte ich das als Kind bei meinem Vater gemacht, wäre ich jetzt bestenfalls querschnittsgelähmt.

Als es dunkel wurde, gingen wir zum Essen in die Küche. Dort nahmen unsere Gesichter im Schein einer Lampe mit zwei schwachen Birnen eine anämische Blässe an. Irmgard stellte – romantisches Detail – noch eine Kerze auf den Tisch. Im Schein der Kerzenflamme wurden unsere Gesichter gelb. Wir sahen aus wie vier an Gelbsucht Erkrankte, einer davon mit Symptomen bis in den Bart hinein. Vom besten, wahrscheinlich unmöglich zu verwirklichenden Vorsatz geleitet, unsere Gastgeber zum Lachen zu bringen, machte ich einen Scherz über unsere Gesichtsfarbe. Clara versetzte mir mit gebotener Heimlichkeit einen Fußtritt. Irmgard gab ihrer Vermutung Ausdruck, dass ich keine Kerze auf dem Tisch mochte, und bot sich an, sie abzuräumen. Ich sagte, sie gefalle mir sehr, mir sei nur die Wirkung ihres Lichts auf unsere Gesichter aufgefallen. In unbehaglichem Schweigen schauten wir einander an, als wären wir überrascht, festzustellen, dass wir vier tatsächlich eine Runde von Gelbgesichtern bildeten. Clara brachte die Unterhaltung wieder in Gang, indem sie versicherte, dass ich sehr sensibel auf ästhetische Eindrücke reagierte. Für mich hörte sich das nach einer Mutter an, die vor Fremden die Absonderlichkeiten ihres Kindes entschuldigt. «Mein Bruder ist genauso», sagte Wolf-Dieter, auf einem Stück Vollkornbrot kauend, obwohl der Beginn des Abendessens noch nicht verkündet worden war. Und mit leicht missbilligendem Unterton fügte er hinzu: «Er entwirft Möbel und so Sachen.» Clara: «Ah, ein Künstler.» Und Irmgard, mit einer Pfanne in der Hand am Herd: «Ja, aber weißt du, wie viele Bäume jeden Tag in Brasilien gefällt werden?»

Zu Beginn servierten sie uns eine Tomatensuppe mit einem Löffel Sahne und einem Basilikumblatt darauf. In der vielleicht etwas dünn geratenen Brühe war eine Spur von sauer zu schmecken, die das fehlende Salz kompensierte. Ich traute mich nicht, den Salzstreuer zu benutzen, damit unsere Gastgeber das nicht als Kritik an ihrem Essen auffassten. Es war eigentlich ganz schmackhaft, bis Wolf-Dieter es mir vergällte, als er – ohne dass es Thema war – darauf hinwies, dass auch die Tomaten der Suppe aus biodynamischem Anbau stammten. Irmgard suchte das Tütchen, in dem sich das Suppenpulver befunden hatte, aus dem Biomüllsack und legte es in der eindeutigen Absicht auf den Tisch, dass wir es andächtig betrachteten. Ich drückte meine Bewunderung mittels lobender Adjektive von makelloser Unaufrichtigkeit aus und nahm das Tütchen sogar in die Hand, damit ich meinen Freunden eines Tages nicht ohne Stolz erzählen konnte, dass ich einmal ein Tütchen Trockensuppe in der Hand gehalten hatte. «Das muss ja ein schöner Traum gewesen sein.» «Ich schwöre euch, es war in Göttingen, beim Abendessen bei Bekannten.» Ich gab den wertvollen Abfall vorsichtig an Irmgard zurück, die ihn sofort wieder im Müllsack verwahrte. Clara hatte mittlerweile einen biodynamischen roten Fleck auf ihrer Bluse.

Es folgte ein Salat mit Leimkraut, rotem Chicorée, gerösteten Brotwürfeln, Avocado und ich weiß nicht was noch mit Tsatsiki und jeder Menge Erde, weil eine der Zutaten nicht gründlich gewaschen worden war. Während wir aßen, bekamen wir detaillierte Informationen über jede einzelne. Wolf-Dieter fand ein Tierchen in seinem Essen und zeigte es auf seiner Fingerkuppe als Beweis, dass die Lebensmittel nicht mit Pestiziden behandelt waren. In diesem Moment begann ich, mir Sorgen zu machen, ob ein Übermaß an gesunder Ernährung nicht gesundheitsschädlich sein konnte. Ich versuchte, mich zu erinnern, ob wir im Auto irgendein Gegengift hatten. Eine ordentliche Dosis Konservierungs- und Färbemittel wäre mir gerade recht gewesen. Dann kam der Hauptgang des Abends, bestehend aus einer Lasagne mit goldbraun überbackenem Käse von unübertrefflichem Aussehen – auch das soll aufgeschrieben sein – und mit Garnelen im gehackten Fleisch, die ich erst bemerkte, als Clara mich mit einem sanften Stoß an den Fußknöchel um Hilfe bat. Achtung: unerwünschtes Lebensmittel. Ohne Worte, ohne überhaupt einen Blick zu wechseln, sondern als erfahrenes Ehepaar, das sich blind versteht, setzten wir den üblichen Notfallplan in Gang. Sie legte die Garnelen, die sie verabscheut, weil sie ihre Nerven reizen und ihr Übelkeit verursachen, auf den zu meiner Seite zeigenden Rand ihres Tellers, und ich beförderte sie mit zielsicherer Gabel von dort in meinen Mund, ohne dass unsere Gastgeber, die vollauf damit beschäftigt waren, das Essen zu loben, das sie selbst zubereitet hatten, nur das Geringste davon mitbekamen.

Irmgard, die mir gegenübersaß, kannte ich nur flüchtig. Als Clara und ich noch in Göttingen wohnten, begegneten wir ihr von Zeit zu Zeit auf der Straße oder in irgendeinem Geschäft und unterhielten uns eine Weile mit ihr. Die beiden Frauen erzählten sich dann Neuigkeiten aus ihrem Leben, stets in einer offenen, herzlichen Atmosphäre, die auch Mitteilungen über Probleme, Krankheiten und anderes Ungemach nicht ausschloss. Und dennoch bestand zwischen ihnen so etwas wie eine subtile, unausgesprochene, kaum wahrnehmbare Befangenheit, die vielleicht auf der stillschweigenden Erkenntnis beruhte, dass ihre Eintracht nur von Dauer sein konnte, wenn sie sich sporadisch trafen. Daher, denke ich heute, kam es bei diesen zufälligen Begegnungen auch nie dazu, dass eine von ihnen den Wunsch äußerte, sich einmal mit der anderen zu verabreden. Sie küssten sich zur Begrüßung, und sie küssten sich zum Abschied; doch dann konnten Wochen oder sogar Monate vergehen, ohne dass sie sich sahen. Bevor ich nach Göttingen kam, wohnten Clara und Irmgard eine Zeitlang in einer Wohnung zusammen mit anderen Studenten, von denen einer – das nur nebenbei – noch immer eine Gefängnisstrafe wegen Mitgliedschaft in einer terroristischen Vereinigung absitzt. Irmgard hatte einen Steckbrief von den Anführern der Rote Armee Fraktion an ihre Zimmerwand gepinnt. Das weiß ich von Clara, die einmal, als ihre Freundin nicht da war, in deren Zimmer ging, um sich einen Locher auszuleihen, und in einer Schublade eine Schachtel mit Patronen fand. Eineinhalb Wochen später wohnte Clara bereits mit einem anderen Mädchen in der Wohnung in der Oberen Maschstraße.

Ich weiß noch, dass Irmgard einen Tag vor unserer Hochzeit zu uns kam und sagte, sie könne weder an der Trauung noch an dem Essen danach teilnehmen. Sie gab irgendeinen familiären Grund an, den wir akzeptierten, ohne groß nachzufragen. Sie schenkte uns eine Pfanne mit zwei Griffen und wünschte uns Glück. Wir hatten jedoch stets den Verdacht, dass sie nicht in etwas hineingezogen werden wollte, das ihrer Denkweise nach ein Akt der Unterwerfung unter das bourgeoise System sein musste. Irmgard gehörte damals der extremen Linken an, was sie allerdings nicht daran hinderte, Jahre später den gleichen Schritt wie wir zu vollziehen, sich mit Annehmlichkeiten zu umgeben und – als wir sie besuchten – im Finanzamt zu arbeiten. Clara zufolge grüßte Irmgard sie nach unserer Heirat nur deshalb noch, weil ich nicht die deutsche Staatsangehörigkeit besaß und sie der Meinung war, einen ausländischen Studenten zu heiraten, würde zum Umsturz der gesellschaftlichen Ordnung beitragen. Eine Freundin von beiden, Ingrid

Berg (die sich später anders nannte), ebenfalls Studentin, heiratete zwei oder drei Monate nach uns in Weiß in einer katholischen Kirche in einem Ort an der holländischen Grenze einen Jungen aus wohlhabendem Hause. Sie lud uns ein, und wir fuhren hin, und während des Hochzeitsessens in einem piekfeinen Lokal erzählte sie uns, Irmgard habe ihre Einladung am Telefon mit der lapidaren Bemerkung ausgeschlagen: «Uns trennen Welten.»

Beim Abendessen verbrachte ich die meiste Zeit damit, sie zu beobachten. Was sollte sonst ich tun? Sie saß mir direkt gegenüber, angenagelt auf ihrem Stuhl wie ein Bild im Museum, obwohl sie gestikulierte, blinzelte, die Hände bewegte und alles, ich weiß schon, was ich meine. Ihr Gesicht zu erforschen war weit unterhaltsamer, als Claras altbekannten Ausführungen über die Schule, unsere Reise, ihr Buch und so weiter zu folgen. Außerdem hatte ich Angst, mich am Gespräch zu beteiligen. Wir hatten noch nicht einmal den Salat aufgegessen, da hatte mir Clara schon drei Fußtritte verpasst. Das ist ungerecht. Der letzte der drei kam mir wie ein Akt reiner Grausamkeit vor. Ich hatte das Leimkraut gelobt, ohne zu erwähnen, dass noch Erde daran war und es wegen des Übermaßes an Tsatsiki viel zu pappig war. Clara schaffte es, mit unbewegtem Oberkörper unter dem Tisch mein Bein zu finden. Dabei hatte ich es in Vorahnung weiterer Attacken ein Stück zur Seite gestellt; aber sie trat ohne jedes Feingefühl dagegen, obwohl jeder sehen konnte, dass mein Lob bei den Gastgebern gut ankam. Am nächsten Tag forderte ich Rechenschaft. Und da erfuhr ich, dass sie mir nicht auf den Spann getreten hatte, weil ich etwas Unpassendes gesagt hatte, sondern weil Frau Schriftstellerin – gewohnt, mit Schülern zu arbeiten – es für tadelnswert hielt, dass ich mit vollem Mund sprach. «Disziplinierst du auf diese Weise auch deine Schüler?» Darauf gab sie keine Antwort. Das Thema interessierte sie nicht mehr, und außerdem wollte sie sich, wie sie sagte, die Harzreise nicht dadurch vergällen, dass sie an die Ereignisse des Vortags erinnert wurde.

Irmgard hatte mit den Jahren die Spuren jener kantigen Strenge verloren, die ihr Gesicht prägten, als ich sie kennenlernte. Damals war sie ein mageres Mädchen, das nie lächelte und in ihrem ideologischen Eifer die Körperpflege vernachlässigte, immerzu alles kritisierte und in einem Zustand permanenter Empörung lebte. Später, als wir schon nicht mehr in Göttingen wohnten, tauschte sie die proletarische Revolution gegen Umweltschutz, biodynamische Ernährung und Anti-Atomkraft-Demonstrationen ein. Sie trat den Grünen bei, ich weiß nicht, ob bevor oder nachdem sie Wolf-Dieter kennenlernte, der es später zu untergeordneten Posten in der Partei brachte. Anfangs vertrat sie in Fortführung ihres jugendlichen Fanatismus die kämpferischen Thesen der Fundis. Mit der Zeit jedoch wurde sie ruhiger und wandte sich wie so viele andere, die derselben Linie folgten, der pragmatischen Strategie der Realos zu, um mit ihrem bewunderten Joschka Fischer an der Spitze aus den Grünen eine Partei der Mitte zu machen und zusammen mit den Sozialdemokraten die Bundesregierung zu bilden.

Da saß sie (Ehefrau, Mutter, Staatsbedienstete, Köchin, Wählerin einer Regierungspartei) einen Meter von mir entfernt und stopfte sich in rascher Reihenfolge Essen in den Mund, der hin und wieder zwei Reihen ungleichmäßiger Zähne sehen ließ. Ihre Gesichtszüge waren nicht schön, aber von gesunder Färbung. Die großflächigen festen Wangen rosa (im Licht der Kerze natürlich etwas weniger), volle Lippen, und die oberen Lider etwas geschwollen, sodass sie einen Teil der Augen bedeckten. Sie lächelte wenig, wohl um ihre unschönen Zähne nicht zu zeigen, jedoch etwas mehr als früher und natürlich viel mehr als ihr stocksteifer Ehemann. Der Verlust der Jugend hatte ihre Gesichtszüge weicher gemacht. Nur wenn Politik oder Umweltschutz ins Gespräch kamen, wurde ihre Miene plötzlich angespannt. Dann rückte sie unruhig auf ihrem Stuhl hin und her, sprach schneller, ihre Stimme nahm einen impulsiven, predigenden Ton an, und für ein paar Sekunden blitzte in ihren blauen Augen wieder der leidenschaftliche Glanz alter Zeiten auf. Ihre äußere Erscheinung indes war ihr nach wie vor egal. Sie trug Übersocken aus grober Wolle, die in weißen Sandalen steckten. Damit ist über ihren Kleidungsgeschmack, glaube ich, alles gesagt.

Jetzt komme ich schon zum Desaster. Nach dem Abendessen boten Clara und ich unsere Hilfe beim Abräumen und Abwaschen an. Ehrlich gesagt ging ich davon aus, dass unsere Gastgeber mit den Grundregeln der Höflichkeit vertraut waren und unser Angebot ablehnen würden. Offenbar besitze ich aber nur unzureichende Kenntnis in Bezug auf menschliches Verhalten. Aus prinzipiellen Gründen gab es keine Spülmaschine im Haus. Kollege Wolf-Dieter brummelte, er habe zu arbeiten, und stand schon im Begriff, in sein Zimmer zu verschwinden. Irmgard entschuldigte ihn sofort: «Die Arbeit im Verlag ist ganz ähnlich wie deine in der Schule, Clara. Auch zu Hause ist sie noch nicht zu Ende.» Clara zeigte sich verständnisvoll und war im Grunde geschmeichelt. Sie nahm das Thema (Stress, Klassenarbeiten, Korrekturen) dankbar auf, um sich in ihren Lieblingsklagen zu suhlen, kam jedoch gar nicht dazu, ihr Selbstmitleid zu genießen, da Wolf-Dieter sie mit erhobenem Zeigefinger unterbrach und seine Frau behäbig nasalierend erinnerte: «Vergiss nicht, dass Pascal morgen Taekwondo-Unterricht hat.» Ohne sich zu verabschieden, ließ er uns stehen. Er musste sich wohl mit den Manieren seines Sohnes angesteckt haben.

Zu dritt erledigten wir die Arbeit in guten zehn Minuten. Danach unterhielten sich die beiden Frauen am Küchentisch bei Kräutertee und einer Schale Weintrauben. Ich ging nach draußen, um die Sachen zu holen, die wir für die Nacht brauchten. Wieder zurück, begleitete mich Irmgard in das Zimmer, in dem wir übernachten sollten. Es war natürlich Ks Zimmer; ein Kinderzimmer mit bunten Postern an den Wänden, Spielzeug hier und dort und Schulsachen auf dem Tisch, aber alles sauber und ordentlich. Irmgard berichtete, sie hätten das Kinderbett herausgenommen, worauf ich versucht war, zu sagen, eine gute Idee sei auch gewesen, das Kind herauszunehmen. Das restliche Mobiliar störte nicht. Auf dem Boden lag eine bezogene Matratze, fertig zum Schlafen. Ich betrachtete sie gerührt, weil sie mich an die vielleicht etwas größere erinnerte, auf der Clara und ich uns in der Oberen Maschstraße abgearbeitet hatten. Irmgard riss mich mit der Frage aus meiner flüchtigen Träumerei, ob ich glaube, dass wir darauf schlafen könnten. Ich konnte meine Vorfreude nur mit Mühe beherrschen und bejahte ihre Frage. Um mich nicht der Sünde der Indiskretion schuldig zu machen, verschwieg ich ihr, dass Schlafen nicht direkt die Haupttätigkeit war, der meine Frau und ich uns auf der Matratze hinzugeben gedachten, obwohl natürlich die Möglichkeit nicht auszuschließen war, dass wir sie irgendwann doch zum Schlafen benutzen würden. Ich stellte meinen Rucksack und Claras Koffer an die mit Sonnenblumenbildern tapezierte Wand, die K vermutlich mit dem Parteiemblem vertraut machen sollten. Unterdessen sah ich Irmgard das Zimmer mit einem Käfig in der Hand verlassen. Darin rannten zwei erschrockene Meerschweinchen herum. «Ich bringe sie nach draußen», sagte sie. «Manchmal machen sie Geräusche, und die könnten euch stören.» In dem Moment dachte ich noch an nichts Böses. Auf die Matratze herabschauend, auf der Clara und ich ein oder zwei Stunden später mit aller Wahrscheinlichkeit den sinnlichen Abschluss unserer Liebesreise zelebrieren würden, war es ja verständlich und sogar entschuldbar, dass mein Hirn nur noch in lustvollen Erwartungen schwelgte. Sobald ich allein war, nahm ich ein Kondom aus dem Päckchen. Nachdem ich verschiedene Verstecke ausprobiert hatte, steckte ich es in seiner rosafarbenen Umhüllung in eine Seitentasche meines Rucksacks, sodass ich danach tasten konnte, ohne mich vom weiblichen Körper lösen, Licht machen oder im Dunkeln herumfuhrwerken zu müssen, was den Zauber des Augenblicks nachhaltig zerstört hätte. Nachdem die Liebesvorbereitungen abgeschlossen waren, ging ich in die Küche zurück. Auf dem dunklen Flur hörte ich so etwas wie einen gedämpften Schuss hinter einer Tür, unter der ein Lichtstreif zu sehen war. Ich legte mein Ohr an das Türblatt. Das Bruchstück einer Melodie ließ mich meine erste Annahme verwerfen, dass Wolf-Dieter mit einer Schalldämpferpistole Selbstmord begangen hatte. Ich erkannte, dass unser menschenscheuer Gastgeber sich einen Film im Fernsehen anschaute. Durch das Schlüsselloch erspähte ich zwei gelbe Socken mit blauen Streifen, hochgelegt auf etwas, das im flackernden Licht des Fernsehers sowohl ein Schemel als auch ein Couchtisch sein mochte. Aber Obacht, ich mache Wolf-Dieter keinen Vorwurf, dass er sich nicht um seine Gäste kümmerte. Es wäre ungerecht von mir, nicht anzuerkennen, dass seine Abwesenheit die schönste Art war, freundlich zu uns zu sein.

Nachfolgend werde ich ohne weitere Verzögerungen über das desaströse Ende unserer nostalgischen Liebesreise berichten, und das wird der letzte Eintrag sein, den ich heute niederschreibe. Es war noch keine zehn Uhr abends, als Clara und ich uns in das Zimmer zurückzogen, das man uns zugewiesen hatte. Auf dem Flur verabschiedeten wir uns von Irmgard, nachdem wir ihr erklärt hatten, dass wir früh zu Bett gehen wollten, damit wir morgen ausgeruht zu unserer Exkursion in den Harz aufbrechen konnten. Wir waren erst ein paar Minuten im Zimmer, da sagte Clara mit erstickter Stimme: «Ich weiß nicht, was mit mir ist, aber etwas ist mit mir.» Ich hatte mir so viele Sprüche verkniffen, dass ich nicht mehr an mich halten konnte. «Endlich ist die Stunde der Lust gekommen. Aber keine Sorge, bis ich zum Tier werde, bin ich ganz Kavalier und überlasse dir die Wahl der Stellung. Willst du oben oder unten liegen?» Clara wühlte mit gefurchter Stirn in ihrem Koffer. «Suchst du ein Kondom? Ist nicht nötig. Darum habe ich mich schon gekümmert.» Mein Scherz ging komplett an ihr vorbei. «Maus, könntest du mir mein Salbutamol-Spray aus dem Auto holen?» «Sicher, aber sieh mal, das Auto steht auf der Straße, und ich habe schon den Schlafanzug an.» «Bitte!» Ich glaubte, ein leichtes dramatisches Beben in ihrer Stimme wahrzunehmen, und protestierte nicht. Ich gehöre zu jener Sorte Mann, die fügsam wird, wenn körperliche Lust versprochen ist.

Ich fand die Haustür verschlossen vor und musste bei unseren Gastgebern klopfen. Über Irmgards Schulter sah ich Wolf-Dieter behaglich in seinem Sessel zurückgelehnt fernsehen. Ich ging zum Auto und durchsuchte es gründlich, da mich so eine Ahnung befiel, dass das Salbutamol in direkter Beziehung zu meinem ersehnten Orgasmus stehen könnte. Ich fand das Spray nicht und ging ins Haus zurück. Clara saß auf der Matratze, den Rücken an die Sonnenblumenwand gelehnt. Sie hechelte. «Du befriedigst dich doch wohl nicht selbst, oder? Konntest du nicht warten?» Das war mein letzter Scherz in dieser Nacht. Ich solle ihr Wasser bringen. Ich wollte unsere Gastgeber nicht noch einmal belästigen. Das ganze Haus war still und dunkel. In der Küche füllte ich ein Glas aus dem Wasserhahn. Besser als Wasser aus der Flasche, wie die Göttinger behaupten. Doch das beste Wasser der Welt hilft nicht bei Atemnot. Nachdem Clara getrunken hatte, bekam sie Magenkrämpfe. «Ich sehe mich schon im Krankenhaus», flüsterte sie röchelnd, als sie wieder bei Stimme war. Ich stellte es mir ziemlich schwierig vor, unter diesen Umständen zum Koitus zu kommen. Es sei denn, ich beherrschte die Technik, mit einer erstickenden Frau zu vögeln; aber das hat mir niemand beigebracht, und ich habe nie erfahren, wie und wo man das lernen kann. Ich schlug vor, das Fenster zu öffnen und Luft ins Zimmer zu lassen. Clara war einverstanden. Nie vergesse ich die Eibe, deren Zweige sich zur Fensteröffnung hinstreckten, als wollten sie mich nach draußen ziehen. Auf der Straße war kein Laut zu hören. Das ganze Viertel war ruhig. Die Nacht war so frisch, dass ich mir etwas überziehen musste. Clara bat mich, ihr zu helfen und sie ans Fenster zu bringen. Ich legte ihr eine Decke um die Schultern und stützte sie mit einer Hand unter der Achsel, damit sie nicht stürzte. Ihr Atmen hörte sich eher nach

Luftschnappen an. Wir hatten längst keine Zweifel mehr, dass die Meerschweinchen der Grund für die allergische Reaktion waren. Es wurde elf, es wurde zwölf. Ohne große Überzeugung versuchte ich, ein wenig Schlaf zu finden. Mit dem Gesicht in den Eibenzweigen versuchte Clara immer noch, ihre Atemwege frei zu bekommen. «Maus», sagte sie. Und erst, nachdem einige Minuten vergangen waren, fügte sie hinzu: «Wir müssen etwas tun.» Ich ging zu ihr. Schweigend, Ellbogen an Ellbogen versuchten wir, durch das dichte Gezweig die Nacht zu sehen. Um sie zu trösten, streichelte ich ihren Nacken. Tränen liefen ihr über die Wangen. Ich kann sie nicht weinen sehen. «Zieh dich an», sagte ich. Befahl ich? Ich machte mir Sorgen über ihr promptes Gehorchen. Auch ich zog mich an und suchte unsere Sachen zusammen. Ich bin nicht sicher, aber ich schätze, es war kurz nach halb zwölf, als ich an die Zimmertür unserer Gastgeber klopfte, zuerst zaghaft mit dem Fingerknöcheln, dann entschlossen mit der ganzen Hand. In solchen Situationen bringt mich die Langsamkeit der Leute um den Verstand. Verschlafen, benommen, angetan mit einem Schlafanzug, den ich im ersten Moment für einen Monteuroverall hielt, steckte Wolf-Dieter den Kopf aus der Tür. Ich hatte spontane Wortfindungsschwierigkeiten, und er verstand mich nicht. Gleich darauf erschien Irmgard. Ich wiederholte meine Erklärung. Irmgard war verständnisvoll und freundlich. Sie kümmerte sich um unser Gepäck, während ich Clara aus dem Haus half.

Als ich das Auto anließ, hatte ich nicht die geringste Ahnung, wohin ich fahren sollte. Clara war viel zu sehr mit ihrer Agonie beschäftigt, um auf meine Fragen zu antworten, und so entschied ich, dass es am dringendsten war, zuerst einmal von diesem Albtraumort zu verschwinden; danach würden wir weitersehen. Kaum hatten wir das Viertel, in dem Irmgard wohnte, hinter uns gelassen, bat Clara mich keuchend, den Wagen an einer verlassenen Straße anzuhalten und sie aussteigen zu lassen. Im Rückspiegel sah ich sie im Licht einer Straßenlaterne auf dem Bürgersteig hin und her gehen und die Arme bewegen, um wieder zu einer normalen Atmung zu finden. Eine gute Weile später kam sie zurück, und es ging ihr besser. Als ich sie die Autotür öffnen hörte, wachte ich auf. «Was machen wir jetzt?» Sie antwortete nicht gleich. Sie atmete beinahe wieder normal, hielt die Augen geschlossen, ihre Miene war gefasst. «Was du willst, bring mich bloß irgendwo hin, wo es keine Tiere gibt.» Ich sagte ihr, dass es meiner Meinung nach drei Möglichkeiten gäbe. Die erste, sie in ein Krankenhaus zu bringen, lehnte sie rundweg ab. Die zweite genauso: nach Hannover zurückfahren und Gudrun ein paar Stunden früher aus dem Bett holen, als sie aufstehen musste, um zur Arbeit zu gehen. Diese Möglichkeit hätte außerdem zur Folge gehabt, dass wir am nächsten Vormittag wieder nach Göttingen gefahren wären, um Heines Harzreise nachzuvollziehen, es sei denn, wir würden auf den ganzen Ausflug verzichten. «Und die dritte Möglichkeit», warf sie ein, «besteht wahrscheinlich darin, zu Irmgard zurückzufahren und in ihrem Haus an einem Asthmaanfall zu sterben. Maus, nach Späßen ist mir jetzt nicht zumute.» «Ich hatte an etwas anderes gedacht.» «Lass hören.» «Ach, vergiss es. Das würde dir auch nicht gefallen.» Sie beharrte darauf, es zu erfahren. Ich sagte, für einen Kuss würde ich es ihr verraten. Nachdem sie mich geküsst hatte, wie ich gern geküsst werde, sagte sie, dass sie mir dankbar sei für alles, was ich in dieser Nacht für sie getan habe. Ich schlug ihr vor, uns in Göttingen ein Hotel zu suchen, wo wir in gesunder Umgebung schlafen und am Morgen duschen konnten und frühstücken, so lange wir wollten, ohne dass uns jemand Vorträge über die Herkunft und Zusammensetzung der Lebensmittel hielt ... An dieser Stelle entriss sie mir das Wort und zählte begeistert alle weiteren Vorteile auf, die es mit sich bringen würde, im Hotel zu übernachten. Wenig später bog ich schon in die Weender Landstraße ein, auf der Heinrich Heines Reise begann, auf der wir zu finden hofften, was wir suchten, und falls nicht, würden wir einfach bis zum nächsten Ort weiterfahren, nötigenfalls bis nach Northeim. Wir mussten nicht lange fahren, denn am Stadtausgang entdeckten wir linker Hand die Leuchtreklame des Astoria Göttingen, eines preiswerten und komfortablen Dreisternehotels, wie wir gleich darauf feststellen konnten. Ohne zu zögern, traten wir ein und verlangten ein Zimmer. Minuten später lagen wir engumschlungen in einem gemütlichen Bett, und ich wartete im Dunkeln darauf, dass Clara mir ein Bein auf den Bauch legte. Das tat sie nicht, und dann, ich weiß nicht, wie spät, schlief ich ein.

23

Abgesehen davon, dass es nicht sehr früh am Morgen war, als wir von Göttingen aufbrachen, wage ich zu behaupten, dass die erste Minute unserer Reise, als wir mit unserem Gepäck über den Hotelparkplatz gingen, identisch war mit der Heinrich Heines von 1824. In beiden Fällen benutzte jeder seine Beine als Fortbewegungsmittel, in beiden war es September, und eine frische Morgenluft wehte. Auch an unsere Ohren drang das freudige Singen der Vögel, doch habe ich den Verdacht, dass der Verkehr der nahen Straße uns nur einen kleinen Teil des Konzerts hören ließ. Der Frühnebel hatte sich verzogen, und der Himmel war ebenfalls klar, und vor allem überkam uns, als wir Göttingen verließen, ein ungeheures Gefühl von Erleichterung. Zufrieden stellten Clara und ich diese gar nicht so kurze Reihe von Gemeinsamkeiten fest, die natürlich endete, sobald wir im Auto saßen. Sie trug sie sofort in ihr Moleskinebüchlein ein. In der Art, wie sie die Kugelschreibermine übers Papier fliegen ließ, lag ein gieriger Eifer, der mir verriet, dass uns ein literarischer Tag erwartete. Und jetzt, da ich am Küchentisch sitze und zuschaue, wie es draußen regnet, erinnere ich mich an ihn – obwohl die Literatur nicht zu den Disziplinen gehört, die mich am meisten begeistern – als einen der angenehmsten Tage unserer Reise durch Deutschland. Er begann auch schon unter günstigen Vorzeichen. Frau Schriftstellerin zeigte keine Symptome von Atemnot mehr. Wir hatten problemlos geschlafen, gut gefrühstückt und noch besser gevögelt. Bevor wir auscheckten, hatten wir zusammen geduscht und wie die Kinder dabei gelacht und mit Wasser herumgespritzt. Danach rieben wir uns gegenseitig trocken und begannen, noch nackt, Zärtlichkeiten auszutauschen, die ich hier lieber nicht wiedergebe, da es Dinge gibt, die, selbst wenn man sie ganz allein für sich selbst in Worte fasst, einen rot werden lassen; ich weiß, wovon ich rede. Kurzum, und um den ersten Absatz des heutigen Tages zu beenden, wir waren ausgeruht und guter Dinge, hatten überhaupt keine Eile und einen ganzen Reisetag vor uns, den wir nur dazu verwenden konnten, angenehme Dinge zu tun.

Unterwegs erkannten wir, dass sich die Gemeinsamkeiten zwischen unserer Reise im Auto und der von Heine – von den obengenannten dekorativen Ausnahmen einmal abgesehen – auf die Ortsnamen beschränken würden. Auf der Landstraße ging es schon los, die nach wenigen Kilometern zur Schnellstraße wurde, eingeklemmt zwischen der in kurzer Entfernung zu sehenden A7 und einer Reihe bewaldeter Hügel zur Rechten. Ich sagte zur Clara: «Wenn der ganze Weg so ist, brauchen wir schätzungsweise drei Stunden für eine Strecke, für die Heine mehrere Tage benötigte.» Sie gab zu, dass der Mangel an Erlebnissen sich zum Nachteil ihres Buches auswirken würde. Von diesem Gedanken angespornt, entschied sie, auf die breite und gut asphaltierte Landstraße zurückzukehren, die zu einem Ort namens Nörten-Hardenberg führte, den wir bereits hinter uns gelassen hatten. Von dem Ort sind mir nur noch der Bahnübergang und die Hauptstraße im Gedächtnis, mit niedrigen Häusern an beiden Seiten, bunten Fassaden, einige davon aus Fachwerk und alle oder beinahe alle recht nett anzuschauen. Als wir an eine Kirche kamen, beschloss Clara, auszusteigen und die lange Straße zu Fuß entlangzugehen in der Hoffnung, wie sie sagte, dass der Zufall es gut mit ihr meinte und ihr irgendein Vorkommnis bescherte. Damit sie nicht den ganzen Weg zurückgehen musste, entschied sie, dass ich am Ende der Straße, wo diese zur Bundesstraße wird, die nach Northeim führt, auf sie warten solle. Und das tat ich, weil mir sehr daran lag, der Frau, die mir am Morgen einen erstklassigen Orgasmus geschenkt hatte, willens und zu Gefallen zu sein.

Nach zehn, zwölf Minuten sah ich sie im Rückspiegel langsam herankommen. Sie ließ den Blick von einer Straßenseite zur anderen wandern, als wollte sie die Straßenlaternen und alle möglichen Reklameschilder zählen. Diese auffallende Art, sich städtische Einrichtungen einzuprägen, scheint mir für Fremde typisch zu sein. Von Zeit zu Zeit richtete sie den Fotoapparat auf ein Schaufenster, ein Fenster oder einen Giebel und – vielleicht meinen Anregungen folgend – auch auf Fußgänger, denn oft genug hatte ich ihr erklärt, das Interessanteste an fremden Orten, das, was ihnen eine persönliche Note gebe und sie zu einer Bühne möglicher Dramen mache, seien die Leute. Fotos waren nicht allein dazu da, unvermeidliche Erinnerungslücken zu füllen, sondern wirkten oft auch inspirierend. In ihrem Buch gibt es ganze Passagen, die Beschreibungen von und Kommentare zu Fotos sind, die sie auf der Reise gemacht hat. Eine – die sie immer vorliest, wenn sie zu Lesungen eingeladen wird; die von der alten Frau, der zwei junge Leute vor dem Haupteingang des KaDeWe aus dem Rollstuhl helfen – fiel ihr beim Betrachten eines Fotos ein, das ich auf einem meiner Spaziergänge durch Berlin geschossen hatte.

Kurz vor Erreichen des Autos sprach Clara eine Dame an, die einen weißen Hund an der Leine führte. Die Dame war gerade an mir vorbeigegangen und hatte mit dem Hund gesprochen, der ihr zwar nicht antwortete, doch den Blick zu ihr hob, als würde er alles verstehen, was sie zu ihm sagte. Clara und die Dame unterhielten sich auf dem Gehweg wie zwei voreinander stehende Statuen. Im Rückspiegel sah es aus, als würden sie ihre Gesichtszüge erkunden, ohne ein Wort zu sprechen. Ich weiß, dass Deutsche wenig gestikulieren, wenn sie sich unterhalten, da ihre Sprache wie geschaffen ist, präzise zu benennen, was ausgedrückt werden soll, und sie deswegen vielleicht weder gestischer Ergänzungen bedürfen noch eines ausdrücklichen Mienenspiels, ohne die die Benutzer anderer Sprachen nicht imstande wären, eine sinnvolle Kommunikation herzustellen. Zugegeben, ab und zu bewegt der gebürtige Deutsche ein wenig den Kopf, wenn er spricht, meistens als Bestätigung des Gesagten oder als Ablehnung, vielleicht fügt er noch sporadische Handbewegungen hinzu, ich weiß nicht, ob aufgrund des Einflusses fremder Kulturen oder weil er seinem Gesprächspartner signalisieren will, dass er keinesfalls die Absicht hat, während des Sprechens einzuschlafen. In meinem Land hingegen sind der Ton, die Mimik, das Auf und Ab der Hände für die Bedeutung des Gesagten genauso entscheidend wie das gesprochene Wort. So kann ich meinem besten Freund die ungeheuerlichsten Dinge an den Kopf werfen und von ihm dafür ein Lächeln bekommen, vielleicht sogar noch eine Umarmung, weil er natürlich weiß, der Klang meiner Stimme und meine Mimik ihm unmissverständlich klarmachen, dass meine Beschimpfungen liebevoll gemeinte Schmähungen sind, wie sie nur jemand verdient, den man wirklich liebt. Dasselbe mit entsprechenden deutschen Worten ausgedrückt, würde zum sofortigen Ende unserer Freundschaft, wenn nicht zu Schlimmerem führen.

«Warum habt ihr euch so aus der Nähe angestarrt, die mit dem Hund und du?» «Ich habe sie gefragt, was es in Nörten-Hardenberg Interessantes zu sehen gibt, und sie hat mir gesagt, dass im Frühsommer immer ein Reiterturnier stattfindet. Es ist das erste Mal, dass ich davon höre, und ehrlich gesagt habe ich wenig Lust, über Reiter und Pferde zu schreiben. Auf der Straße ist mir nichts aufgefallen, was für mein Buch von Interesse sein könnte. Allerdings habe ich mindestens zwanzig Fotos gemacht, denn wie ich mich kenne, werde ich, wenn ich anfange, über diesen Teil der Reise zu schreiben, alles Gesehene längst wieder vergessen haben.» Ich zeigte ihr die Seite in Heines *Harzreise*, auf der der Ort Erwähnung findet. «Ich nehme an», sagte ich, nachdem ich ihr zwei oder drei Sätze vorgelesen hatte, «dass du aus Treue zum Text in irgendeinem Wirtshaus ein Butterbrot gegessen hast.» «Mäuschen», entgegnete sie, «wir haben vor kurzem erst gefrühstückt. Wenn man, wie du behauptest, die Strecke, für die Heine mehrere Tage brauchte, in drei Stunden zurücklegen kann und ich in dieser kurzen Zeit genauso viel Nahrung in mich hineinstopfen soll, wie er auf seiner Reise gegessen hat, wirst du einen Kran mieten müssen, um mich fortzubewegen. Und glaubst du, ich weiß nicht, wie ein Butterbrot schmeckt? Außerdem habe ich dir bereits erklärt, dass ich nicht darauf aus bin, die Reiseerlebnisse eines Dichters aus dem 19. Jahrhundert nachzuvollziehen, unter anderem deswegen nicht, weil das gar nicht möglich ist. Ich will versuchen, die Reise als literarisches Spiel zu gestalten, leicht zu verstehen, wie ich glaubte, doch jetzt sehe ich, dass dem wohl nicht so ist. Soll heißen, wir halten zwar in denselben Orten wie Heine, wobei mich allerdings überhaupt nicht interessiert, wie diese sich in den knapp zweihundert Jahren danach verändert haben; und später versuche ich, nach dem, was wir gesehen und erlebt haben, ein gutes Kapitel darüber zu schreiben. Und jetzt kannst du losfahren und mich an unser nächstes Ziel bringen.»

Nach zehn oder zwölf Minuten erreichten wir die Tiefgarage im City Center von Northeim. Kurz darauf passierte mir das erste einer Reihe trivialer Missgeschicke, die bis weit in den Oktober hinein unangenehme Folgen für mich haben sollten. Heute will ich nur davon berichten, wie die Sache zustande kam, die ich zu gegebener Zeit ausführlicher beschreiben werde. Das war so. Wir gingen die Treppe zum Erdgeschoss des Einkaufszentrums hinauf. Ich weiß nicht, wie und wohin ich trat, dass mir der Absatz eines meiner Slipper komplett abgerissen wurde. Vielleicht war er schon lose, und es bedurfte nur noch eines letzten, gar nicht mal besonders harten Stoßes gegen die Kante einer Treppenstufe, damit er abriss. Clara meinte, es lohne nicht, Geld für die Reparatur alter Schuhe auszugeben. Ich schaute sie niedergeschlagen an, und mich durchfuhr ein bedauerndes Abschiedsgefühl. Nicht, dass ich eine emotionale oder krankhafte Beziehung zu Gegenständen habe; aber – verdammt – die Schuhe und ich hatten schon viel zusammen erlebt. Sie waren zwar bequem, aber doch recht abgetragen, und jetzt waren sie unbestreitbar von mir gegangen. «Schreibst du in deinem Buch ein Requiem für sie?» «Hör mal, Mäuschen, ich empfinde für deine Slipper mehr oder weniger die gleiche Wertschätzung wie du für meine weiße Handtasche.» Noch im Gebäude fanden wir ein Geschäft, in dem wir für einen vernünftigen Preis ein Paar Turnschuhe in verschiedenen Blautönen erwarben. Die Kassiererin kümmerte sich um die Beerdigung meiner Slipper. Neben dem City Center gab es einen Platz, in dessen Mitte ein Brunnen sprudelte. Ich erinnere mich auch an einen mit Kopfsteinen gepflasterten kleinen Hügel, auf dem Kinder herumrannten. Und hier und dort Bäume, die schon die ersten Anzeichen von Herbst zeigten. Clara hörte nicht auf, meine frisch erworbenen Turnschuhe zu loben. Ihrer Meinung nach gaben sie mir ein legeres Aussehen, das mich jünger machte. Das konnte ich weder abstreiten noch bejahen. Alles, was ich sicher wusste, war, dass meine Füße eine Weile brauchen würden, um sich an den neuen Überzug zu gewöhnen.

Von dem Platz aus gelangten wir auf eine breite Straße, an deren Rand mehrere Verkaufsstände aufgebaut waren. Vor dem Stand eines rotwangigen Imkers blieben wir stehen. Beim Anblick seiner dicken roten Wangen war ich versucht, ihn zu fragen, ob ihm ein Apfel im Mund stecken geblieben war. Nachdem wir uns seine ausschweifenden Erklärungen angehört hatten, kaufte Clara ein Glas Honig mit diesen und jenen besonderen Merkmalen. Ich benötigte keine Hilfe von Experten, um auch den besonderen Preis von sechs Euro und etwas zu bemerken. Ein paar Schritte weiter lag neben einem Blumenstand ein halbes Dutzend orangefarbener, im Morgenlicht herrlich glänzender Kürbisse auf der Erde. Wehmut. Wegen der Reise (von der ich allmählich genug hatte, wie ich jetzt, da mich sowieso niemand liest, niederschreiben kann) würden wir in diesem Jahr nicht unsere gewohnten Kürbissuppen kochen können. In passenden Portionen im Gefrierfach unseres Kühlschranks aufbewahrt, aßen wir sie in den dunklen Monaten von Herbst und Winter. Ich würde sie mit Sicherheit vermissen. «Ich schlage vor, wir unterbrechen unsere Reise für eine Weile, oder endgültig, je nachdem, fahren nach Hause und kochen zwei oder drei Töpfe voll Suppe.» Späße sind für mich ein probates Mittel gegen Trübsal. «Meinetwegen, mein Mäuschen, kannst du, wann immer du willst, nach Hause fahren, Suppe kochen, falls du das ohne meine Hilfe schaffst, und später wieder zu mir stoßen oder auch nicht. Das ist ganz deine Entscheidung. Das Auto kannst du selbstverständlich nicht nehmen.» Bezaubernd, die Frau.

Die Straße führte leicht ansteigend zu einer Fußgängerzone, deren Namen ich allein deswegen nie vergessen kann, weil ich ihn nie gekannt habe. Von einer Häuserfront zur anderen spannten sich Leinen mit bunten Fähnchen und Plakaten, auf denen Festivals und Märkte angekündigt wurden. Meiner Ansicht nach war sie eine der Hauptstraßen der Stadt. Auf jeden Fall war sie gut frequentiert. Dieselbe Sonne wie 1824 wärmte unsere Köpfe. «Sie ist das Einzige», sagte ich zu Clara, «das sich nicht verändert hat, seit die Augen Heinrich Heines sie gesehen haben.» Sie notierte den Einfall in ihrem Moleskine. Nachdem sie sich bei mir mit einem leichten Klaps auf die Wange dafür bedankt hatte, sagte sie: «Ich höre viel lieber solche poetischen Sachen von dir, als dass du mir mit deiner Leier von vorzeitiger Rückkehr auf die Nerven gehst.»

Wir stöberten in einem Laden für gebrauchte Bücher und Krimskrams aus zweiter Hand und gingen danach in eine Buchhandlung ganz in der Nähe und kauften dort eine illustrierte Abhandlung über Northeim. Clara gab sich wieder ihrer Lieblingsenttäuschung hin und vergewisserte sich, dass in dem Buchladen kein einziger Titel von ihr vorrätig war und der Verkäuferin der Name der Autorin nichts sagte. Wir schlenderten weiter über die Straße, und wenn Claras Aufmerksamkeit sich zwischen zwei Schaufenstern für einen Moment vom Glanz der ausgestellten Waren ablenken ließ, drückte sie hingebungsvoll auf den Auslöser des Fotoapparats, fasziniert offenbar davon, wie viele und verschiedene Fenster es hier gab. Vor der Terrasse eines Eiscafés drehte ein Drehorgelspieler in Frack und Zylinder die Kurbel seines Instruments. Er war ein älterer Herr mit weißem Schnauzbart und den lächelnden Augen eines gutmütigen Großvaters. Die Vorbeigehenden grüßte er mit einer förmlichen Verbeugung und zog seinen Zylinderhut, ganz gleich ob die Leute ihm eine Münze auf den Teller legten oder nicht. «Schreib das auf», sagte ich zu Clara. «Ein Leierkastenmann ist auf den Stimmungsseiten eines Reisebuches stets ein schöner Schmuck. Außerdem hat er den Vorteil, dass du ihn in jeder Stadt einsetzen kannst.» Ein Stück weiter erblickten wir am Ende einer Querstraße ein imposantes Gebäude, das wie ein Palast oder restauriertes Kloster aussah, und dahinter einen zweiten Eingang zum City Center. Wir beschlossen aber, auf dem Weg, den wir gekommen waren, zur Tiefgarage zurückzugehen und so die Chancen des Zufalls zu vergrößern, uns mit Material für eine Anekdote zu versorgen.

Über das Thema der Wirklichkeit als Vorratskammer der Literatur disputierte ich mit der Frau Schriftstellerin in einem behaglichen Lokal in derselben Straße, in der mir der Anblick der Kürbisse diesen wehmütigen Stich versetzt hatte. Das Lokal, das von Clara auch in ihrem Buch erwähnt wird (ebenso wie der harmlose Disput, in dem die Figur, die meine Meinung vertritt, als Tölpel dargestellt wird), trägt den Namen Elkes Café am Markt. Zwei oder drei große Sonnenschirme überschatteten die Terrasse.

Wir hätten es als angenehm empfunden, uns draußen hinzusetzen, doch da alle Tische besetzt waren, als wir kamen, blieb uns nichts anderes übrig, als uns drinnen einen Platz zu suchen. Wir betraten einen Raum, in dem sich die Theke befand, und rechts davon gab es einen etwas kleineren, den wir bevorzugten, weil er uns gemütlicher erschien. Wir setzten uns an ein großes Fenster, auf dessen unterer Fensterbank, beinahe auf Bodenhöhe, eine lustige Sammlung kleiner Kaffeemühlen aufgereiht war. Sofort hatte Clara die Kamera zur Hand und begann zu fotografieren, ohne die Kellnerin um Erlaubnis zu fragen. Sie verbarg sich sogar hinter einer Säule, um straflos weiterknipsen zu können. Vom Tisch aus flüsterte ich ihr eine vorwurfsvolle Bemerkung zu. Ihr selbstzufriedenes Grinsen daraufhin hätte sogar den nachsichtigsten Richter dazu gebracht, sie für schuldig zu erklären. Ich setzte eine empörte Miene auf. Mit herrisch auf die Lippen gedrücktem Finger gebot sie mir, ja den Mund zu halten. Besonders angezogen wurde sie von einer Vitrine an der Wand, die zahlreiche Keramiken enthielt; ebenso von einer bogenförmigen Nische, in der drei Reihen Teekessel und die eine oder andere Porzellanfigur untergebracht waren. Eine Kellnerin kam zu mir und fragte, ob ich schon bedient würde. Ich deutete auf die Säule, um ihr zu zeigen, dass ich nicht allein war. Hastig brachte Clara das Instrument ihrer Missetaten außer Sicht. Das Manöver half ihr nicht viel. In schwülstig gedehntem Ton und jede Silbe meines Verrats genüsslich abschmeckend, brachte ich das dringende Bedürfnis meiner Gattin zum Ausdruck, die Dekoration und das ganze Ambiente des Lokals, für das ich überdies die lobendsten Worte fand, mit dem Fotoapparat zu dokumentieren. Die Kellnerin zeigte sich, höflich gestikulierend, voller Verständnis und brachte – vielleicht angesteckt von meiner gehobenen Sprache – sogar die Möglichkeit ins Spiel, später wiederzukommen und uns zu bedienen, denn keinesfalls sollten wir uns belästigt fühlen. Claras Wangen glühten und konnten röter gar nicht werden. Mit zusammengepressten

Lippen lächelte sie der Kellnerin zu, während sie einen Blick in meine Richtung warf, der mich zu versengen drohte. Am Ende musste sie jedoch zugeben, dass meine Intervention erfolgreich gewesen war. Nachdem sie einen *Latte macchiato* bestellt hatte, ging sie gleich wieder los und fotografierte sichtlich zufrieden Möbel, Figurinen und Services. Da ich ja allein am Tisch saß, flüsterte ich der Bedienung zu, mir einen Eisbecher mit Whisky zu bringen, und bat sie mit zusammengebissenen Zähnen, mich bitte nicht zu verraten. Sie schaute mich verwundert an. «Ich muss noch Auto fahren, wissen Sie?» Mit verschwörerischer Miene flüsterte sie, ich solle mir keine Sorgen machen, sie verstehe das. Wenn das wahr ist, heirate ich Sie, sagte ich zu mir selbst.

Als wir unsere Bestellungen konsumierten, bekam Clara einen ihrer gewohnten Anfälle von Niedergeschlagenheit. Sie behauptete, nichts von dem, was wir uns im Lauf des Vormittags angesehen hatten, habe ihr irgendetwas gebracht, das es wert wäre, in ihrem Buch erwähnt zu werden. «Und was ist mit dem Leierkastenmann?» «Maus, wenn ich sage, was ich sage, hat das schon seinen Grund.» Ihrer Überzeugung nach hatten die Menschen, weil sie mit aller Gewalt Neues erfinden und fortschrittlich sein wollten, die Wirklichkeit auf ein unerträgliches Maß simplifiziert. Mir hingegen wollte es scheinen, als wären wir, die Vertreter der Spezies Mensch, die Simpel, während die wirkliche Welt ringsum so komplex wie immer war. Die Zivilisation hatte nichts anderes getan, als sie mit – zum Teil ganz nützlichen – Gegenständen zu bestücken. «Ja, so welche wie das Auto. Heine benötigte einen halben Tag, um in diese Stadt zu kommen. Wir haben eine Dreiviertelstunde gebraucht, und das auch nur, weil wir im vorigen Ort angehalten haben. Vergleiche mal, was er unterwegs gesehen hat und was wir gesehen haben; die Zeit, die er hatte, um über all das nachzudenken, was er gesehen, gerochen und gehört hat, und die wir hatten. Glaubst du wirklich, wir hätten irgendetwas aufmerksam zur Kenntnis genommen? Ich glaube nicht, dass wir heutigen Menschen dümmer oder hohlköpfiger sind als die von damals. Wir haben nur nichts mehr, wo sich unsere Talente zeigen, wir unsere Fähigkeiten entfalten können. Was haben wir heute Morgen Neues, Geheimnisvolles, Wunderbares gesehen, kannst du mir das sagen? Fallen Verkehrsschilder darunter? Also, Maus, meiner Meinung nach haben wir nichts gesehen oder erlebt, was einer intellektuellen Anstrengung würdig wäre.» Heinrich Heine, wandte ich ein, wären Verkehrsschilder gewiss nicht gleichgültig gewesen. Clara meinte, ich wiche vom Thema ab. Ihrer Ansicht nach nährt sich der Künstler von der Wirklichkeit wie der Säugling von der Mutterbrust. Sie hatte keinen Zweifel, dass zu Heines Zeiten die Brust voll und sie heute leer war, und daraus schloss sie, dass ein Schriftsteller der damaligen Zeit heute die gleichen Schwierigkeiten wie sie hätte, der Realität literarischen Saft abzupressen. «Heines Reise wäre heutzutage nichts als Trekking; ein künstliches Abenteuer, zu dem noch erschwerend hinzukäme, dass er am Ende eines jeden Tages die immer gleichen Geschäfte und Kaufhäuser, die üblichen Bankfilialen, typisch italienischen Eisdielen, Leuchtreklamen und natürlich alle gleich aussehenden Leute vorfinden würde.» Mit der gebotenen Vorsicht, um zu vermeiden, dass sie sich beleidigt fühlte, fragte ich, ob sie mir eine Bemerkung gestatte. Die gestatte sie mir nur, sagte sie, wenn mein Einwand ernst gemeint sei. Das versprach ich und erklärte ihr, dass sie sich in Bezug auf ihre Inspirationsquellen meinem Dafürhalten nach zu passiv verhalte. «Die Wirklichkeit ist da draußen», sagte ich, mit dem Kinn zum Fenster deutend, «und du sitzt hier und wartest darauf, dass dir ein Spektakel geboten wird.» «Und, was ist daran auszusetzen?» «Dass, was dein Buch angeht, es kein anderes Spektakel und keine andere Realität gibt als deine Geschicklichkeit im Umgang mit Sprache und deine Sicht der Dinge. Es liegt an dir, ein Verkehrsschild zu einem Motiv für ein paar bewegende Zeilen zu machen. Wie? Wahrscheinlich, indem du deine eigene Realität erfindest.» «Bitte, Maus, iss dein Eis und belehre mich nicht über

Dinge, von denen du weißt, dass ich mich darin besser auskenne. Hast du denn vergessen, wie der Auftrag meines Verlegers lautet? Glaubst du, es macht keinen Unterschied, einen Bericht über ein historisch relevantes Ereignis oder über ein am Straßenrand aufgestelltes Gebilde zu verfassen? Maus, das ist nicht so einfach, wie du es dir vorstellst. Du weißt nicht, was du dir alles ersparst damit, kein Schriftsteller zu sein.» «Ich verstehe aber immer noch nicht», erwiderte ich, «warum du überhaupt das Haus verlässt, wenn du, wie du behauptest, überall nur dasselbe vorfindest. Mit dem Besuch von zwei oder drei Dörfern in der Umgebung hättest du dann doch genug Material für dein Buch gehabt.» «Zerbrich dir nicht meinen Kopf, liebe Maus. Ich werde schon was schreiben, dafür werde ich ja bezahlt. Aber ich will mir nicht von den Kritikern nachsagen lassen, mein Text habe keine Substanz.» «Die Wirklichkeit wäre schuld daran.» «Natürlich. Ich könnte mir auch alle Probleme ersparen, wenn ich tödlich verunglückte, weil du unter dem Einfluss von Alkohol gegen ein Verkehrsschild gefahren bist. Oder glaubst du, ich kann nicht bis hier den Cognac von deinem Eis riechen?»

Wie immer, wenn wir Ansichten über Dinge austauschen, die nicht in meinem Kompetenzbereich liegen, war ich wenig geneigt, meine Meinung durchzusetzen. Die Unstimmigkeit hätte einen anderen Anstrich bekommen, wenn es um eine Wissenschaft gegangen wäre, in der ich Spezialist und sie Laie gewesen wäre. Im Wesentlichen meine ich damit Gartenarbeit und Sport, obwohl es auch anderes gibt. Um die eheliche Eintracht zu wahren, halten Clara und ich uns an eine stillschweigende Übereinkunft. Sie lässt mir das letzte Wort in Dingen, die in meinen Zuständigkeitsbereich fallen, und ich lasse es ihr in ihren Spezialgebieten wie Literatur, Pädagogik und den vollen oder leeren Mutterbrüsten der Realität. Um es kurz zu machen: Sobald ich bemerkte, dass ihre Pupillen sich zornig zu weiten begannen, gab ich vor, mich der überzeugenden Kraft ihrer Argumente zu beugen. Mein Motiv war natürlich der ehrenwerte Vorsatz, in ihr diesen Kitzel der Befriedigung hervorzurufen, der manchmal hilft, ihre morgendlichen Stimmungstiefs zu überwinden. Claras intellektueller Sieg über mich in Elkes Café am Markt in Northeim fand Niederschlag in ihrem Buch. Doch beging sie meiner bescheidenen Meinung nach den Fehler (auf den sie hinzuweisen ich nie für angebracht hielt), der von mir inspirierten Figur einen offenbar angeborenen Mangel an philosophischer Ausdrucksfähigkeit anzudichten, der an jenem Morgen durch einen übermäßigen Konsum von Wodka besonders deutlich zutage trat. Zuerst hatte sie übrigens «Cognac» geschrieben, der falschen Information entsprechend, die ihr Geruchssinn ihr zugetragen hatte. Doch bei den letzten Verbesserungen am Text änderte sie das Wort, als sie entdeckte, dass es einen unerwünschten Reim ergab. Künstlerische Bedenken. Was ich mich allerdings frage: Worin liegt das Verdienst, einen stammelnden Säufer dialektisch zu übertrumpfen?

Hier endet für heute der Eintrag meiner Erinnerungen, da ich in zwanzig Minuten die Rosen von Frau Kalthoff beschneiden muss (wozu ich absolut keine Lust habe). Es regnet, aber ich habe es ihr versprochen. Danach kommt Clara aus der Schule, und es ist besser, wenn sie mich nicht beim Schreiben ertappt. In Elkes Café passierte an dem Tag allerdings etwas, das ich noch festhalten will. Mir gegenüber stand ein Schreibpult an der Wand, zwischen der vorhin erwähnten Vitrine und einem mannshohen Spiegel. Auf dem Pult lag ein von einer dreiarmigen Lampe beleuchtetes Gästebuch. Ich bekam Lust, darin zu blättern, während Clara, die nach dem Bioessen bei Irmgard etwas delikat war, auf der Toilette Erleichterung suchte. Das Buch war groß, aber nicht dick, die Umschlagseiten aus einem Material, das Saffianleder ähnelte oder es war. Auf der ersten Seite war mit Klebeband ein Zettel befestigt, auf dem stand: «Hier bitte nicht schreiben», auf der zweiten war ein Gedicht zu lesen, das ich überblätterte, auf der nächsten wieder etwas und dann nichts mehr. Als die Kellnerin mich sah, kam sie geradewegs auf mich zu, und ich dachte: Die will mir bestimmt verbieten, in der wertvollen Dekoration des Lokals herumzublättern. Doch anstatt mich zu ermahnen, ermunterte sie mich, etwas hineinzuschreiben. Ich lehnte das Angebot lächelnd ab. Sie blieb beharrlich. Um mich ihrer aufdringlichen Freundlichkeit zu entziehen, kam ich auf die Idee, Clara diese Aufgabe zu überlassen, und sagte der Kellnerin, meine Frau sei Schriftstellerin, ihr Name sei so und so und sie habe diesen und jenen Titel veröffentlicht. Unfähig, meinen plötzlichen Wortschwall zu bremsen, fügte ich hinzu, meine Frau wäre bestimmt sehr dankbar, wenn man sie bäte, etwas ins Gästebuch zu schreiben, das würde gewiss auch ihre Stimmung heben, denn in letzter Zeit habe sie viel durchgemacht und so weiter. Die Zuvorkommenheit der Kellnerin ersparte es mir, noch weitere Vertraulichkeiten preiszugeben. Ohne auch nur einen Moment zu zögern, sagte sie, selbstverständlich, das fehlte noch, es sei ja ihr Beruf, die Wünsche der Gäste zu erfüllen. Sie zeigte sich auch verständnisvoll, als ich sie daraufhin bat, zum Erhalt der Wirkung ihrer freundlichen Aufforderung meiner Frau nicht zu sagen, dass die Idee von mir stammte. Kurz darauf kam Clara zurück. Wir verlangten die Rechnung. Ich schaute die Kellnerin an. Sie verstand. An Clara gewandt, fragte sie unversehens, ob sie vielleicht die Schriftstellerin so und so sei, sie habe sich mit ihrer Kollegin an der Theke unterhalten und sie hätten sie beide zu erkennen geglaubt. In Claras Gesicht erschien ein Ausdruck ungläubigen Erstaunens. Nach der ersten Überraschung fragte sie: «Haben Sie denn etwas von mir gelesen?» Daraufhin nannte ihr die Kellnerin mit einer Gelassenheit, die höherer Delikte würdig war, einen der Titel, die ich erwähnt hatte. Mir kam unwillkürlich der Gedanke, dass man genau so, mit barmherzigen Schwindeleien und falschem Lächeln, die geistig Kranken in den Psychiatrien behandeln müsste. Clara stimmte bereitwillig und errötend ein, ihr kalligraphisches Zeugnis im Gästebuch zu hinterlassen. Danach rief sie mich mit herrischem Blick an ihre

Seite. «Maus», flüsterte sie, die Worte zwischen den Zähnen hervorpressend, «hältst du mich für blöd, oder was? Du hast mich in eine furchtbare Lage gebracht.» «Wer? Ich?» «Jetzt kennen sie meinen Namen, und ich habe verdammt noch mal keine Ahnung, was ich hier hinschreiben soll.» «Bist du denn keine Schriftstellerin? Wenn du Schriftstellerin bist, schreibe etwas; so wie du, wenn du Sängerin wärst, etwas singen würdest, oder wenn du Fußballerin wärst, einen Ball treten würdest.» «Sprich leiser, man kann dich ja hören.» Ihr kam eine Idee, nachdem ich ihr geraten hatte, ihre Liste mit Widmungen zu Rate zu ziehen. Sie begann zu schreiben, was offenbar ihren Geist beflügelte, denn sie hörte erst wieder auf, als sie über eine halbe Seite vollgeschrieben hatte. Ich bemerkte, dass ihr Lächeln mit jeder geschriebenen Zeile breiter wurde. Danach schüttelte sie lächelnd, siegreich und stolz die Hände der drei Kellnerinnen, die herbeigeeilt waren, um sie zu verabschieden, und hatte mich, als sie auf die Straße ging, völlig vergessen. Ich holte sie erst an der Ecke ein. Da war jedes Frohlocken aus ihrem Gesicht gewichen. «Wenn ich einen Agenten brauche», sagte sie, «gebe ich dir Bescheid, dann kannst du ein Bewerbungsformular ausfüllen.» Hinter ihrem Rücken äffte ich ihre strenge Miene nach, und das ist alles für heute. Jetzt gehe ich Rosen beschneiden.

24

Ich glaube, von Northeim nach Osterode sind es keine fünfundzwanzig Kilometer. Anfangs verläuft die Straße durch flaches Land. Wir fuhren durch mehrere Dörfer. Deren Namen könnte ich im Straßenatlas nachsehen, der im Wohnzimmer liegt, aber ich habe keine Lust aufzustehen. Ich erinnere mich an Äcker und Felder, so weit das Auge reicht, von denen manche, da die Erntezeit vorbei war, in nackter Scholle lagen. Es folgten die Buchen- und Tannenwälder, dann die Anhöhen. Streckenweise ragten die Äste der Bäume bis über die Landstraße und bildeten dunkle Dächer. Frau Schriftstellerin betraute mich mit der Aufgabe, sie auf alles hinzuweisen, das ihrer Aufmerksamkeit vielleicht entging oder mir an Ideen käme, die für ihr Buch brauchbar sein könnten. «Sieh mal, zwei Krähen.» Und schon schrieb sie in ihr Notizbuch: «Es gibt Krähen.» «Und da, ein Traktor.» Und wieder das Gleiche. Nach einigen Kilometern bergauf, ging es plötzlich wieder bergab. Hinter einer der vielen Kurven kamen wir an einen Kreisverkehr, und danach sahen wir schon die ersten Häuser vom unteren Teil Osterodes. Es ist ein labyrinthischer Ort mit weißen Hausfassaden und roten Dächern und einer Vielzahl von Erkern und Mansarden. Wir bogen in eine ansteigende Straße ein, auf der es freie und sogar gebührenfreie Parkplätze gab. Wir stiegen aus, obwohl wir nicht genau wussten, wo wir uns befanden.

Wir gingen ein kurzes Stück und kamen an eine Kreuzung, von der aus man die grünspanbedeckte Spitze einer Kirche sehen konnte. Wir waren beide der Meinung, dass sich dort das Ortszentrum befinden musste, und so war es auch. Auf gewundenen Sträßchen kamen wir an einen Platz mit einer Skulpturengruppe, die einer Ansammlung loser Felsbrocken glich. Neben diesen Steinen von beachtlicher Größe standen Bänke im Schatten junger Eichen. Auf einer dieser Bänke hockte eine Bande von Jungs zusammen. Clara ging so entschlossen auf sie zu, dass ich dachte: «Sind das etwa Schüler von ihr, die, um nicht entdeckt zu werden, zweihundert Kilometer von Wilhelmshaven entfernt die Schule schwänzen?» Beim Näherkommen stellte ich fest, dass sie über das Schulalter schon hinaus waren. Und ich bemerkte, dass sie nicht untätig herumsaßen, wie ich auf den ersten Blick geglaubt hatte, sondern eifrig dabei waren, sich Bier aus Halbliterflaschen einzuverleiben. Der Bierkasten zu ihren Füßen war wie ein Lagerfeuer, um das sie sich geschart hatten. Nur wenige Meter weiter saßen Leute auf der Terrasse eines Bäckerei-Cafés, die uns ebenso gut Auskunft über das eigentliche Ziel unseres Besuchs hätten geben können: die Burgruine von Osterode. Clara jedoch, bei der die Intelligenz sich manchmal gern mit Blauäugigkeit verbündet, wollte die Jungs befragen. Angetrieben wurde sie vielleicht von dem Wunsch, sich für das vermisste Gefühl von Schule mit einer pädagogischen Ersatzhandlung zu belohnen, oder sie wollte, da wir nur über begrenzte Zeit verfügten, einfach die erstbesten Ortsansässigen fragen, weil sie es für ausgemacht hielt, dass jeder Einwohner Osterodes, der älter war als drei Jahre, die Örtlichkeit kannte, die wir suchten.

Nicht ohne Besorgnis sah ich ihre grazile zerbrechliche Frauengestalt in einem Kreis muskulöser Männerkörper verschwinden. Mich beruhigte jedoch die ausgelassene Freundlichkeit, die ich in den Gesichtern der Jungs sah und die sie mir sympathisch machten. Einer von ihnen zeigte entschlossen auf eine der Straßen, die vom Platz abgingen. Ein weiterer tat es ihm gleich und fügte in angenehm gelassenem Ton hinzu, wir müssten bis zum Bahnhof gehen, dann rechts abbiegen, und nach fünfhundert Metern sähen wir dann schon die Burg. «Sechshundert», korrigierte ihn ein gemütliches Dickerchen. Ich fühlte mich ein wenig beschämt, weil ich den Jungs mit Argwohn begegnet war. Clara bedankte sich bei ihnen, ich ebenfalls, und dann schlugen wir die von ihnen angegebene Richtung ein. Kurz vor Verlassen des Platzes drehte ich mich neugierig um und schaute zurück. Sofort sprangen die Jungs wieder auf und setzten ihr winkendes Abschiedsgetue fort. «Sag mal, Clara, hältst du es für normal, dass zwanzigjährige Burschen sich so darüber freuen, zwei Fremden den Weg zu einer Burgruine zu erklären?» «Mäuschen, die jungen Leute von heute lachen eben gern. Sie lachen über jeden Blödsinn. Feierliches Gehabe ist ihnen völlig fremd; aber im Grunde sind sie herzensgut. Ich arbeite mit jungen Leuten, ich weiß, wovon ich rede.» Wenig später fühlte sie sich in ihrer Gewissheit bestätigt, als wir am Ende einer Straße das Bahnhofsgebäude erblickten. «Siehst du? Sie haben über uns gelacht und sich über uns lustig gemacht; aber es ist unbestreitbar, dass sie uns geholfen haben, und das ist das Einzige, was für mich zählt. Da unten müssen wir rechts abbiegen, haben sie gesagt. Vielleicht können wir dann schon die Ruine sehen, die Heine sich angeschaut hat.» Genauso taten wir, schritten aus, bis wir ans Ortsende kamen und mit einem Mal vor einem Wald standen. «Weißt du was, Clara? Ich will mich ja nicht als Fachmann für mittelalterliche Architektur aufspielen, aber der die Osteroder Burg bauen ließ, kann nicht der Hellste gewesen sein. Wer käme schon auf die Idee, sie am unteren Teil des Ortes zu errichten, wo schon ein einzelner Mann genügt hätte, von dem Hügel dort mit Brandpfeilen eine

Feuersbrunst zu entfachen? Selbst in einem Sessel sitzend, hätte er unermesslichen Schaden anrichten können. In Zeiten von Katapult und Pfeil und Bogen steht eine Verteidigungsanlage auf einer Anhöhe, oder sie ergibt keinen Sinn. Glaub mir, jetzt bin ich es, der weiß, wovon er redet.» Clara antwortete nicht, hatte mir vielleicht nicht einmal zugehört, ließ den Blick über die einsame Bewaldung wandern und suchte rastlos nach etwas, das einer alten Mauer mit Zinnen glich. Ein älterer Herr auf dem Fahrrad näherte sich. Ich stellte mich ihm freundlich in den Weg. «Wir suchen die Osteroder Burg, man hat uns gesagt, sie sei hier zu finden.» Er runzelte die Stirn. «Wer hat Sie denn hierhergeschickt?» Ich sagte es ihm. Er stieg vom Rad. Ich fürchte, wir kamen ihm zu lächerlich vor, als dass er die Gelegenheit verstreichen lassen wollte, sich auf unsere Kosten zu amüsieren. Mir schien, als müsste er sich das Lachen verkneifen. Über beide Ohren grinsend, teilte er uns mit, dass man uns offenbar einen Streich gespielt habe. Die Burgruine befinde sich – genau wie ich vermutet hatte – im oberen Teil von Osterode. Wir müssten genau in die entgegengesetzte der von den Jungen gezeigten Richtung gehen, dann über eine Brücke bis zu einer Kapelle und zum Friedhof. Wir bedankten uns bei dem Radfahrer für die Information. Bevor er weiterfuhr, ließ er uns noch wissen, dass die Ruine in schlechtem Zustand und von Besuchen abzuraten sei, dass sie schwer zu erreichen sei und dass die Stadt im Falle eines Unfalls keinerlei Verantwortung übernehme. Kaum waren wir allein, drehte ich mich lächelnd zu Clara um. «Maus, ich warne dich. Sag lieber nichts.»

Wo die Straße auf den Platz mündete, waren in einem Schaufenster Puppen in Form von Harzhexen ausgestellt, die sofort Claras Herz eroberten. Sie kaufte eine in mittlerer Größe, mit kariertem Rock, Hut, gelbem Schal und einem einzigen Zahn im Mund, und so hängt sie immer noch in ihrem Arbeitszimmer an der Wand. Immer wenn ich sie ansehe, verspüre ich ein Brennen in der Brust. Der Gesichtsausdruck der Hexe erinnert mich an Gudrun, doch das ist nicht der Grund für den Widerwillen, den sie in mir auslöst. Der ist ein anderer. Am Ende jener Woche, als ich am Vorabend unserer Abreise aus Hannover Claras Sommersachen und sonstigen Kram ins Auto lud, vernahm ich ein Knacken im Kofferraum; ich hob einen gute zwanzig oder mehr Kilo wiegenden Koffer hoch und stellte fest, dass der Besen der Hexe durchgebrochen war. Zu Hause versuchte ich sofort, ihn zu reparieren. Der Rest Tischlerleim im Glas war eingetrocknet. Frau Kalthoff hatte welchen und lieh ihn mir. Nur mit Mühe gelang es mir, die beiden Holzstücke zusammenzubringen, die Bruchstelle sah man trotzdem noch. In meinem Kopf klang immer noch Claras Mahnung nach, die sie beim Frühstück in der Podbielskistraße, als wir uns voneinander verabschiedeten, mehrfach ausgesprochen hatte: «Pass auf, dass nichts zerbricht.» Vor Kevin, der eingewilligt hatte, mich nach Wilhelmshaven zu begleiten, verbarg ich meine Unruhe, ließ ihn, derweil ich im Gartenhäuschen versteckt den verdammten Besen reparierte, sogar fernsehen, damit er sich später zu Hause nicht verplappern konnte. Nachmittags fuhren wir mit Kleidung und Schuhwerk für kühlere Tage im Kofferraum nach Hannover zurück. Clara fragte mich, ob alles heil angekommen sei. Ich log. Erst am Ende unserer Reise durch Deutschland entdeckte sie die verunglückte Reparatur, die sie sogleich als Pfusch bezeichnete. Wie üblich beging ich den Fehler, nicht den Mund zu halten. In meinem Ehrgefühl verletzt, sagte ich, ihre Tränen seien infantil, es gebe andere Probleme auf der Welt, um die man weinen sollte, moralisch gehaltvollere als eine Puppe, die ich überdies hässlich fände. Zwei Tage lang (oder waren es drei?) sprachen wir kein Wort miteinander. Na ja, ich schon einmal, als ich ihr anbot, nach Osterode zu fahren und noch einmal die gleiche oder eine ähnliche Puppe zu kaufen. Darauf gab sie aber keine Antwort, und da zwei oder drei Stunden später im Fernsehen ein Spiel von Werder Bremen übertragen wurde, hatte ich verdammt noch mal keine Lust, mein Angebot zu wiederholen.

Doch zurück nach Osterode. Auf unserem Weg zur Burg überquerten wir noch einmal den Marktplatz. Die Hexe trug ich in einer Plastiktüte bei mir. Clara hatte mich darum gebeten, da sie die Hände weiterhin für ihr Notizbuch und den Fotoapparat frei haben wollte. Meinen Vorschlag, die Puppe in meinem Rucksack zu verstauen, hatte sie aus Furcht, sie könnte Schaden nehmen, rundweg abgelehnt. Als wir uns der Bank mit den trinkenden Jungs näherten, hielt ich zur Wahrung unseres Stolzes die Plastiktüte sichtbar vor mir, als Beweis dafür, dass unser Spaziergang in die falsche Richtung nicht ganz umsonst gewesen war. Clara drohte lächelnd mit dem Zeigefinger, um anzudeuten, dass wir nicht nachtragend waren. Die Bande lärmte und lachte, einer zeigte in eine Richtung, ein anderer in eine andere und einer sogar nach oben in den blauen Himmel, wobei alle fröhlich durcheinanderkreischten: «Dahin geht's zur Burg!» «Nein, die Burg ist da ...»

Wir nahmen eine Straße, die zum Kirchturm führte. Clara fotografierte die kahlen Mauern, die keinen anderen Schmuck aufwiesen als ein paar grob eingeschlagene Kreuze aus Eisen. In diesem Moment drang von Streichinstrumenten begleiteter Chorgesang aus der Kirche. Auf einem Plakat in einem Ständer war für den Nachmittag ein Konzert angekündigt. Die Musik war leicht und lebendig, mit barocken Anklängen, die einen harten Kontrast zur architektonischen Kargheit des Bauwerks bildeten. Ich weiß nicht mehr, obwohl es auf dem Plakat gestanden hat, wie der Komponist dieser herrlichen Musik hieß, die mit einem Mal unterbrochen wurde und nach kurzer Pause wieder einsetzte, woraus ich schloss, dass die in der Kirche Versammelten für das Konzert probten. Wir verloren die Musik aus den Ohren, als wir einen Buchladen direkt neben der Kirche betraten. Drinnen machten wir die übliche Feststellung mit dem stets gleichen Ergebnis. Darüber hinaus erfuhren wir, dass der Radfahrer uns die richtige Richtung gewiesen hatte, und Clara, bei der man manchmal den Eindruck hat, das Geld verbrenne ihr die Finger, erstand für sechzehn Euro ein Buch mit Illustrationen und den bekannten Tourismusinformationen über den Ort. Danach gingen wir auf einer gepflasterten Straße mit schönen Fachwerkhäusern und vielen seltsamen Schnitzereien und Malereien, und je weiter wir uns von der Kirche entfernten, umso leiser wurde die Musik in unserem Rücken, bis wir nichts mehr von ihr hörten. Einen Moment lang hatte ich das bedrückende Gefühl von Verlust. Ich bin sicher, dass ich aus diesem Grund, wäre ich ein kleines Kind im Kinderwagen gewesen, losgeplärrt hätte, was meine kleinen Lungen hergäben, ohne dass jemand gewusst hätte, warum, nicht einmal meine Mutter.

Wir kamen über eine Brücke, unter der ein so und so beschaffenes Bächlein rann. Es führte so wenig Wasser, dass jemand, der sich darin ertränken wollte, seinen Kopf in ein Loch stecken müsste, das er vorher ausgehoben hätte. Diese Bemerkung fand Clara nicht wert, in ihr Moleskine einzutragen. Sie suchte Poesie, keinen Lacher. Ich entgegnete, dass Heine das eine fand, ohne auf das andere zu verzichten. «Gewiss, mein Mäuschen, aber beides zusammen ist nicht zu erreichen. Entweder du bist poetisch, oder du bist lächerlich. Und wie es der Zufall will, bin ich heute mit dem poetischen Bein aufgestanden und nicht mit dem komischen, mit dem du jeden Morgen aufstehst. Man könnte meinen, du hättest kein anderes.» Ihre starren Pupillen hielten mich davon ab, ihr zu widersprechen. Warum sollte ich mich mit ihr über Offensichtliches streiten, wenn die Straße, die zum Friedhof führte, voller Beispiele war, die mir recht gaben? Gleich gegenüber an der Ecke gab es ein Etablissement für Perforationen und Tätowierungen, das Crazy Corner hieß. Die überquellende Schaufensterdekoration entsprach den internationalen Richtlinien des makabren Kolorismus. In einem der Fenster stand still und weiß und in Habachtstellung ein menschliches Skelett und starrte mit leeren Augenhöhlen auf die Straße. Falls es keinen anderen Friedhofseingang gab, was mir nicht bekannt ist, mussten die Osteroder zwangsläufig dem starren Grinsen dieses sympathischen Knochenmanns begegnen, wenn sie jemanden beerdigen wollten, was mich, und das ist mein voller Ernst, als Mitglied eines möglichen Trauerzuges und weniger noch als Sarginhalt kein bisschen gestört hätte. Selbstverständlich kann ich nur für mich sprechen.

Weiter. An der Tür eines geduckten Häuschens entdeckten wir einen Briefkasten mit verrosteten Kanten, über dessen Klappe man auf zwei Plaketten die Namen der Mieter lesen konnte: D. Pilz und A. Fuchs. Grüß Gott, Frau Pilz. Guten Tag, Herr Fuchs. Clara, die mich aufforderte, den Mund zu halten, da sie fürchtete, irgendein Nachbar könne mich hören, fand die Namen nicht lächerlicher als, beispielsweise, meinen eigenen. Auch mein dritter Versuch, ihr ein Lächeln zu entlocken, misslang. Ganz in unsere Unterhaltung vertieft, hatte keiner von uns bemerkt, dass eine halb im Gestrüpp verborgene Gittertür, an der wir vorbeigegangen waren, der Eingang zum Friedhof war. Wir bemerkten unsere Nachlässigkeit erst, als wir die vom Radfahrer erwähnte Kapelle passiert hatten und auf den Wegweiser zu einem Osterode angegliederten Ort namens Freiheit stießen. Als wir umkehrten, verleitete mich der Name dieses Ortes zu einem Wortspiel, das sicher nicht besonders originell, aber keinesfalls so abgeschmackt war, wie Clara behauptete, die es als den schlechtesten Witz bezeichnete, der mir, seit wir uns kannten, über die Lippen gekommen sei. «Tja, ich wäre schon zufrieden», antwortete ich, als wir den Friedhof betraten, und mit dem Kinn auf die erste Reihe von Grabsteinen deutend, «wenn du mich ab und zu mit einem schlechten Witz beglücken würdest, Kleine, du bist ja ernster als all diese Grabsteine zusammen.» Sie fuhr wie eine Wildkatze herum, in ihrem Blick lag ätzende Schärfe. In ihrem ganzen Leben habe sie noch nichts so Verleumderisches gehört. Im selben Moment ertönte eine männliche Stimme: «Ihr Dichter seid doch nur Profis des Trübsinns.» Ich brauchte etwa drei Sekunden, um zu begreifen, dass dieser Satz, diese Meinung, diese vertraute Stimme, die sich auf eigene Rechnung und Gefahr zu Wort gemeldet hatte, ohne mich um Erlaubnis zu bitten, meine eigene war, und mit einem Anflug von Stolz stellte ich fest, dass ich vollkommen einer Meinung mit mir war. Clara stemmte die Fäuste in die Hüften. «Für dich bin ich also ein Profi des Trübsinns? Du kennst mich nicht!» Woraufhin sie ungeachtet des Ortes, an dem wir uns befanden, in ein ebenso grundloses wie unechtes, in ein so absurdes Gelächter ausbrach, so unglaubwürdig und gekünstelt, dass ich nicht anders als mit einem Heiterkeitsausbruch darauf reagieren konnte. Dieses aufgesetzte Geglucksе sollte der Beweis dafür sein, dass ich keine Ahnung hatte? Ich konnte mich vor Lachen nicht halten. Ich sah die Gräber ringsum mit ihren in Stein gemeißelten Inschriften und Trauermotiven und musste noch mehr lachen. Clara bemühte sich, Haltung zu bewahren, schaute von einer Seite zur anderen, als fürchte sie, unser skandalöses Verhalten könne in ganz Osterode bemerkt werden. Doch in diesem abgelegenen Teil des Friedhofs gab es nicht einmal Vögel, die uns hätten hören können, und ich wusste ohne den Hauch eines Zweifels, dass sie nur deshalb meinen Blicken auswich, weil sie Angst hatte, von meinem Lachen angesteckt zu werden. Aber vergebens. Unsere Blicke trafen sich nur einen Wimpernschlag lang, da musste sie schon so loslachen, dass ihr ganzer Körper bebte und sie sich an meinem Hals festklammern musste, damit sie nicht umfiel. In dieser Haltung standen wir ein Weilchen und störten wie übermütige Kinder die Ruhe der Toten. «Maus, hör auf, ich mach mir in die Hose», japste sie lächelnd und flehend, als sie wieder etwas zu Atem kam. «Ich glaube, was wir hier machen, ist Gotteslästerung.» Ich wollte sie fragen, ob sie ernsthaft weiter der Poesie hinterherzujagen gedenke, brachte jedoch kein Wort heraus, da sie mir in Vorahnung weiterer Alberei eine Hand auf den Mund legte und sagte: «Maus, der Profi bist du. Ich weiß zwar nicht, von was; aber ein Profi, ein wahrer Profi.»

Scherzend und kichernd stiegen wir die Anhöhe hinauf, auf der die unter dem Namen Alte Burg bekannte Turmruine steht, die Heinrich Heine in seiner Harzreise nur drei Sätze wert war. Clara widmet ihr in ihrem Buch eine ganze Seite, gar nicht schlecht geschrieben, knapp und nüchtern, so wie ich es in anderen Passagen ihres langen Reiseberichts auch gern gelesen hätte. Über das, was oben geschah, verliert sie kein Wort. Da kämen Dinge zur Sprache, die in einem konventionellen Buch für Leser besser unerwähnt bleiben, will man den Anstand wahren oder, wie Clara es nennt: «die Grundregeln des guten Geschmacks»; beides Tugenden, an die ich mich in meinen privaten Aufzeichnungen nicht halten muss. Also tu, schreibende Hand, was Lust und Laune dir befehlen!

Durch das Gestrüpp, das den Zugang zur Burgruine behindert, waren wir gezwungen, den hinteren Teil zu umrunden, kamen an eine Stelle, wo die Anhöhe eine kleine Zwischenebene mit Grasbewuchs und Gräbern bildete, und bahnten uns von dort aus, einer hinter dem anderen gehend, einen Weg durch Dornengestrüpp und Dickicht. Ich teile den Eindruck, den Heine in seinem Reisebericht beschreibt. Von der Ruine stand nur noch ein wie im Lauf der Jahrhunderte von Krebsschäden angefressener Turm. Ich könnte mir vorstellen, dass die Verwendung der Trümmer für den Bau neuer Häuser in Osterode zum Verschwinden der geheimnisvollen Burg beigetragen hat. Wie dem auch sei; der Zahn der Zeit nagt weiter an dem Bauwerk, und ich würde mich nicht wundern, wenn ich eines Tages in der Zeitung läse, dass auch der letzte Rest des Turms eingestürzt wäre.

Vor uns erhob sich dieser Rest einer Rundmauer von dünnen Lagen aufeinandergeschichteten Felsgesteins. Dieser Rest war zudem noch durch einen tiefen Riss gespalten, der zwei unterschiedlich hohe stumpfe Kuppen voneinander trennte, die jeweils mit einer dicken Schutzkappe aus Zement oder ähnlichem Material bedeckt war. In der größeren Wand gab es drei oder vier Löcher, die für Schießscharten zu klein waren, obwohl, wer weiß; an der Innenseite sah man mehrere Vertiefungen unterschiedlicher Größe, von denen einige aussahen wie zugemauerte Fenster. Ich stellte fest, dass die Fugen sich leicht mit dem Fingernagel auskratzen ließen. Ich war mir sicher, dass im Mörtel Gips verarbeitet worden war, womit sich auch die in der Morgensonne leuchtende weißliche Farbe des Turms erklären ließ. Noch schöner dürfte die berühmte Ruine des Nachts im Licht der Scheinwerfer leuchten, die ringsum angebracht waren.

Der Pfad führte auf eine von Unkraut bewachsene Fläche, auf der man unbeschwert gehen konnte. Umgrenzt wurde sie von dicht belaubten Bäumen und Unterholz, durch das man in der Ferne die grünliche Kirchturmspitze sehen konnte. Ein bisschen Abfall lag herum, nicht viel: ein paar festgetretene Flaschenscherben, Reste eines Lagerfeuers, das unvermeidliche benutzte Kondom, wertvoller Fund für zukünftige Archäologen. Die ungestörte Umgebung, der friedliche Vormittag, die erregende Nähe des Weibes, das alles begann einen eindeutig wollüstigen Einfluss auf mich auszuüben. «Wie ist es um deine Libido bestellt?», fragte ich Clara. «Hier kann uns niemand sehen.» Aber Frau Schriftstellerin wurde gerade von ganz anderen körperlichen Dringlichkeiten heimgesucht, die ich nicht gleich einzuordnen vermochte. Ihr Gesicht wurde rot, verzerrte sich und ließ auf groteske Weise Schmerz und Lust erkennen. Sie hat sich doch nicht, dachte ich, einer mystischen Verzückung hingegeben, die möglicherweise ohne männliche Beteiligung auskommt? Mit ächzender Stimme, entrücktem Blick und offenem Mund wie eine visionäre Heilige flehte sie mich an, sie allein zu lassen. War sie etwa auch auf mittelalterliche Mauern allergisch? Beeindruckt von der Heftigkeit, mit der sie die Arme um sich schlang, wagte ich nicht nachzuforschen. Bekam sie durch eine hormonelle Störung, verstärkt noch durch die für sie typischen langsamen Reflexe, mit dreistündiger Verspätung jetzt den Orgasmus, der ihr bei unserem Koitus im Hotel versagt geblieben war? Ich fragte, sie antwortete, und ich erfuhr: Es waren Bauchschmerzen. «Kannst du das denn nicht sehen?» Ich schlug ihr in allerbester Absicht eine mögliche Lösung vor.

«Kacken kann oft hilfreich sein.» Mit ärgerlicher Geste schickte sie mich zum Anfang des Weges zurück, wo ich Wache halten sollte. Wer sich die Mühe macht, ihr Buch zu lesen, wird enttäuscht feststellen, dass die Autorin ihm die Episode ihrer Biodiarrhö am Fuß der alten Burg von Osterode vorenthält. Schade eigentlich, denn meiner Meinung nach hätte sie – getreulich wiedergegeben und mit entsprechenden Einzelheiten angereichert – nicht nur literarisches, sondern auch medizinisches Interesse zu wecken vermocht. Ach, wenn die Leute wüssten, welch irreparable Schäden der sogenannte gute Geschmack der Kunst zugefügt hat und immer noch zufügt! Ich jedenfalls muss mir in Museen, Gemäldegalerien und ähnlich ehrwürdigen Orten jedes Mal ein unbotmäßiges Lachen verkneifen. Damit will ich es für heute gut sein lassen. Nach einer Weile kam Clara erleichtert lächelnd aus dem Gebüsch gehüpft. «Du hast mich nicht etwa beobachtet, eh, Mäuschen? Ich kenne dich doch.» Durch ihren Argwohn beleidigt, fragte ich frostig, ob sie sich die Hände gewaschen hatte.

25

KURZ VOR CLAUSTHAL-ZELLERFELD, das zu Heines Zeiten aus zwei durch eine Senke getrennte Ortschaften bestand, hielten wir am Straßenrand, um den Brocken zu fotografieren. Von Clara weiß ich, dass er die höchste Erhebung des Harzgebirges ist. Wie hoch er ist, weiß ich nicht. Auf jeden Fall über tausend Meter. In der Ferne bildete er einen langgestreckten, rötlich violetten Horizont mit einer kleinen, von einer Antenne gekrönten Erhöhung. Das ist alles, an das ich mich erinnere. Heine war dort oben. Soviel ich weiß, führt ein leichter Weg zum Gipfel, aber weder Frau Schriftstellerin noch ich werden für gewöhnlich von dem Wunsch getrieben, Berge zu besteigen.

In einer ersten Version ihres Buches hat Clara den Brocken mit der ersten Geburtstagstorte eines Kindes verglichen. Ich musste ihr mit Bedauern gestehen, dass mir der Vergleich nicht einleuchtete. Die Antenne stelle die eine Kerze dar. Ahhh …! Ich verhehlte ihr nicht meine Verwunderung, in einem ansonsten sehr lyrischen Text eine solche humoristische Mutwilligkeit vorzufinden. «Es gefällt dir also nicht.» «Nein, das ist es nicht», log ich. «Mäuschen, du täuschst dich nämlich, wenn du glaubst, du hättest das Monopol auf humoristische Einlagen. Manchmal habe ich auch ganz lustige Ideen.» In der Nacht konnte ich vor Gewissensbissen nicht schlafen. Hatte ich Clara negativ beeinflusst? Zu einer Unzeit rüttelte ich an ihrem Fuß, bis sie aufwachte. «Ich kann nicht einschlafen, wenn ich dir nicht die Wahrheit sage, auch wenn sie schmerzt.» «Aber Maus, was ist los, wie spät ist es, wovon sprichst du?» «Den Vergleich mit der Geburtstagstorte musst du streichen. Er ist kindisch, unnötig, so abgeschmackt, dass er von mir sein könnte. Und ich darf dich erinnern, dass es auf der Welt Millionen von unterernährten Kindern gibt.» Wir beide im Dunkeln, ihr stoßweiser Atem direkt in meinem Gesicht. «Entschuldige», sagte ich, «aber ich will mich nicht zum Handlanger deiner Fehler machen.» Sie versprach, sich die Stelle am Morgen noch einmal anzusehen. Die Sonne stand schon hoch, als sie in den Garten kam. Nachdem ich sie geweckt hatte, hatte sie den Rest der Nacht wach gelegen. Sie hatte Ränder unter den Augen, und Migräne war im Anzug. Ich stellte den Motor der Heckenschere aus. «Meiner Meinung nach ist das in einem literarischen Kontext ein durchaus tauglicher Vergleich.» Ich kenne sie gut genug, um zu bemerken, dass sie ohne Überzeugung sprach. «Streiche ihn», sagte ich und setzte die Heckenschere wieder in Gang, ohne auf eine Antwort zu warten. Sie strich ihn.

Der Hunger war mein unfehlbarer Führer durch die Straßen von Clausthal-Zellerfeld. Ohne die Hilfe Fremder in Anspruch nehmen zu müssen – und schon gar nicht die einer Bande kichernder und (warmes Bier) trinkender Jugendlicher –, gelangten wir nach einmal bergab und einmal bergauf auf direktem Weg an unser Ziel. Ich bat Clara um Belobigung. Sie schüttelte mir nur die Hand, wie man es in ihrem Land so tat. Kurz vor eins stiegen wir vor einem Haus mit roter Fassade aus, in dem Robert Koch (der mit den Bazillen) seine Jugendzeit verbrachte. Diesen ebenso unvermuteten wie lehrreichen Hinweis, den Clara für ein paar kluge

Zeilen in ihrem Buch nutzte, waren in dem Sockel der Statue des berühmten Bakteriologen eingraviert und ganz in der Nähe auf einer tannenförmigen Wandtafel bestätigt, deren in drei oder vier Absätze unterteilten Text Frau Schriftstellerin in ihr Notizbuch zu übertragen begann. In meiner vom Hunger befeuerten Ungeduld beschwor ich sie, die Wandtafel zu fotografieren, und das tat sie.

Unserem Besuchsplan folgend, begaben wir uns zu einem ebenfalls roten Gebäude auf der anderen Straßenseite. Dort in der Krone (heute Hotelrestaurant Goldene Krone) hat Heinrich Heine gegessen, geschlafen und seine Unterschrift im Gästebuch hinterlassen, Jahre bevor das Haus einem Feuer zum Opfer fiel und danach in seiner jetzigen Form wieder aufgebaut wurde. Die Fassade hat uns einen lieblichen Eindruck hinterlassen. Ich erinnere mich an weiße Fensterrahmen, eine große, in Gold gemalte Krone unter einem Giebeldach und den Schriftzug, ebenfalls in Gold, über der Eingangstür. Andere Einzelheiten sind mir nicht mehr im Gedächtnis. Nachdem wir an der Rezeption um einen Hotelprospekt gebeten hatten, gingen wir ins Restaurant, das aus zwei Sälen bestand, die durch einen breiten Durchgang miteinander verbunden waren. Im ersten aßen bei unserer Ankunft ein Mann und eine Frau unbestimmten Alters, Aussehens und Standes an einem Fenstertisch. Wir gingen in den hinteren, in dem sich niemand befand. Claras Vorahnung, ohne Reservierung keinen freien Tisch zu finden, erwies sich damit als unbegründet. Ich wollte einen harmlosen Scherz diesbezüglich machen, als Clara mich mit schon geöffnetem Mund sitzen ließ und zur Toilette rannte. Allerdings fand sie noch Zeit, mich damit zu beauftragen, in Heines Büchlein nachzusehen, was dieser bei seinem Besuch hier gegessen hatte. «Wenn sich von dem, was man ihm vorgesetzt hat, noch etwas in der Speisekammer befindet, ist es möglicherweise versteinert.» Sie hatte es ausgesprochen eilig. Ich glaube nicht, dass sie mich noch hörte.

In den Minuten, die sie auf der Toilette verbrachte, hätte ich den ganzen Sportteil der *Wilhelmshavener Zeitung* lesen können. Ich machte ihr keinen Vorwurf, weil ihre Totenblässe mein Mitleid erregte. Während ihrer Abwesenheit hatte ich die Speisekarte studiert. Sie enthielt argentinische, spanische und italienische Spezialitäten sowie auch einige aus dem Harz. Zum Glück fand ich nicht die Spur eines Gerichts à la Heine. Kalbsbraten mit Rotkohl, zu vernachlässigen, trotz des Hungers, der mich quälte. Aber eine Petersilienbrühe als Vorspeise und danach einen geräucherten Hering! Ich flüsterte Clara zu, dass die Goldene Krone ihre literarischen Erwartungen ans Essen wohl kaum befriedigen dürfte. Sie antwortete, das sei bei ihrer bedauernswerten körperlichen Verfassung kaum von Bedeutung. «Was hast du denn?» «Ach komm, Maus, das weißt du doch genau.» Sie begnüge sich mit einem Tee. Doch als der Kellner uns zur Verkürzung der Wartezeit ein Töpfchen Ajoli und ein Körbchen mit geschnittenem Brot brachte, fragte sie, nachdem sie erklärt hatte, Schriftstellerin zu sein, ob man uns nicht wenigstens das 1824 von Heine bestellte Hauptgericht zubereiten könne, obwohl es nicht auf der Karte stand. Der Preis spiele keine Rolle. Woraufhin der junge Kellner antwortete, von Zeit zu Zeit kämen Gäste der schreibenden Zunft mit ähnlichen Wünschen, und hinterher habe man in einigen Fällen wenig Schmeichelhaftes und noch weniger Zutreffendes über das Restaurant lesen müssen. Als Beispiel nannte er ein Schriftstellerehepaar aus Berlin, Co-Autoren eines Buches, in dem einer der beiden die gastronomische Kompetenz des Lokals in Frage gestellt habe. Nachdem er uns dies mitgeteilt hatte, erklärte er sich bereit, unseren Wunsch an die Küche weiterzugeben, und verschwand. «Aber wenn du ohnehin nichts essen willst, warum machst du es dem Mann dann so schwer?» Daraufhin erklärte mir Frau Schriftstellerin den Plan, den sie während ihres Aufenthalts auf der Toilette ausgeknobelt hatte. Demnach würde sie, während ich aß, meine Geschmackseindrücke in ihrem Notizbuch festhalten. «Und woher willst du wissen, was meine Geschmacksnerven mir mitteilen?» «Mäuschen, weil du mir das berichten wirst. Hast du vergessen, dass du mir bei Antritt unserer Reise versprochen hast, mir hilfreich zur Seite zu stehen?» Bei alldem hatte sie schon dem Brot zugesprochen, das, so stellte sie sich vor, helfen würde, ihr Inneres auszutrocknen. Auf meine Frage, wie ich ohne Brot Ajoli essen solle, antwortete sie: «Mit dem Finger.» Ich bedankte mich für die Empfehlung, steckte den Daumen in die cremige Soße und leckte ihn ab. «Soll ich dir jetzt schon sagen, was ich schmecke?» «Nein, warte, bis das Essen kommt.»

Der Kellner kam mit der Nachricht an unseren Tisch, möglicherweise könne man uns zu Diensten sein. Da das Menü ein Kalbsschnitzel und Thunfisch mit Zwiebelringen und ich weiß nicht welch weitere Zutaten enthalte, habe sich der Koch bereit erklärt, nur das Schnitzel zu braten und den Rotkohl hinzuzufügen, der allerdings aus dem Glas sei, da sie keinen frischen vorrätig hatten. Das einzige Problem sei die Zeit, die sie bräuchten, ihn aus dem Supermarkt zu holen und zu erwärmen. Clara schaute mich fragend an. Ihre Unentschiedenheit flößte mir den nötigen Mut ein zu sagen: «Ich glaube nicht, dass Heinrich Heine jemals etwas aus dem Glas gegessen hat.» «Das glaube ich auch nicht, mein Herr», bestätigte der Kellner mit schmalem Lächeln. «Nun, da die Literatur es mir nicht verbietet, nehme ich den gebratenen Zander Nummer 380» oder sonst eine Nummer, ich erinnere mich nicht mehr. Diese übrigens sehr deutsche Sitte, das Gericht nach der Nummer zu bestellen, erleichtert in jedem Fall die Kommunikation, vor allem, wenn man die Sprache nicht beherrscht. «Und zu trinken?» Es gibt Dinge, bei denen ich nicht zögere. «Weizenbier.» Clara warf sofort ein: «Ohne Alkohol, bitte. Mein Mann muss noch fahren. Und für mich einen Pfefferminztee.» «Nichts zu essen, gnädige Frau?» So wie sie verraten hatte, dass ich noch Auto fahren musste, war ich jetzt versucht, den Kellner wissen zu lassen, dass sie schon den ganzen Tag lang Durchfall hatte, und hinzuzufügen: Sie hat in die Burgruine geschissen, ob Sie's glauben oder nicht, und ich möchte nicht wissen, wie Ihre Damentoilette jetzt aussieht. Ich rate Ihnen, gleich mal nachzusehen. In dem Bewusstsein, dass Ehen aus wesentlich geringeren Gründen zerbrechen, hielt ich mich zurück.

Als mein Essen serviert wurde, begann Frau Schriftstellerin gleich zu probieren. Erst eines, dann noch eines und schließlich alle gekochten Kartöffelchen bis auf ein letztes, das ich retten konnte, indem ich es mir schnell in den Mund steckte. Zu ihrer Rechtfertigung behauptete sie, sie täten ihrem Magen gut, genau wie zuvor das Brot, und eigentlich seien sie mehr Medizin als Nahrung. Von allem anderen probierte sie ebenfalls, den Fisch ausgenommen, weil der nicht pflanzlich war; woraus ich schließe, dass sie Fisch, würde er im Garten wachsen, mit Gusto essen würde, obwohl der Geschmack der gleiche wäre. Sie saugte die Zitronenscheiben aus und lehnte sich zufrieden zurück, weil sie, wie sie sagte, nichts zu essen bestellt hatte. Da sie von allem gekostet und jeden Geschmack selbst kennengelernt hatte, war ich glücklicherweise der Aufgabe enthoben, ihr meine Gaumengefühle zu schildern. Da sie dachte, es für ihr Buch verwerten zu können, bat sie darum, eine Speisekarte mitnehmen zu dürfen. Viel zu oft und mit aufdringlicher Freundlichkeit kam der Kellner an unseren Tisch und fragte, ob alles zu unserer Zufriedenheit sei, und wenn wir bejahten, atmete er erleichtert auf, als fürchte er, die Reputation der Goldenen Krone eines Tages von der Literatur verrissen zu sehen und sich selbst auf eine Weise beschrieben, dass sogar seine Mutter ihn aus lauter Scham verstoßen würde. Wir verlangten die Rechnung. Der Preis war angemessen, eher sogar etwas niedrig. Wir rundeten den Betrag so auf, dass er drei Euro Trinkgeld bekam. Dann verließen wir das Lokal, und um die Zeit totzuschlagen, gingen wir eine Straße, die die Hauptstraße zu sein schien, hinunter bis zu einer ungewöhnlich aussehenden Kirche; sie war grau wie die Esel meiner Heimat, sämtliche Außenwände bestanden aus horizontalen Brettern und die Dächer aus Bleiplatten oder ähnlichem Material.

Wir versuchten, einen Blick hineinzuwerfen, doch die Tür hielt sich verschlossen. Auf dem Weg zurück zum Auto machten wir auf mein Bitten hin Rast in einem Café, wo ich meinem verbliebenen Hunger mit einem himmlisch schmeckenden Kirschkuchen den Garaus machte. «Maus, es ist mir ein Rätsel, wie du so viel essen kannst. Vor nicht einmal zwanzig Minuten haben wir das Restaurant verlassen.» Ich gab ihr einen Kuss auf die Wange. Was konnte ich anderes tun?

Die Landstraße nach Goslar, kurvenreich und mit streckenweisen Steigungen, führt die meiste Zeit durch eine bewaldete Gegend. Vor Jahren las man oft in der Zeitung, der saure Regen zerfresse die Fichten des Harz. Auf unserem Ausflug sah ich sie hoch gewachsen und gesund aussehend und links und rechts der Straße dichte grüne Wände bildend, die die Landschaft verschlangen. Manchmal durchfuhren wir ein waldloses Gebiet. Dann sah man einen wiesenbedeckten Hang, hier und da Tümpel, in die früher die Abwässer der Bergwerke flossen, oder gegen den blauen Himmel sich abhebend die fernen Kammlinien der Berge. Wir passierten eine Radarkontrolle. Manchmal brüste ich mich vor Clara, noch nie geblitzt worden zu sein. «Ich kann sie schon von weitem riechen», sage ich. «Du nicht?» Es ist eine Kombination von Kleinigkeiten, die mich unvermittelt den Fuß vom Gas nehmen lässt: das Schild der Geschwindigkeitsbegrenzung, nach dem die Zuwiderhandlung beginnt; dann die Kurve, das Gebüsch oder der Brückenpfeiler, hinter dem die Falle aufgebaut ist; den Lieferwagen mit dem vertikalen Rückfenster auf dem Bürgersteig. Es gibt auch andere, genauso verräterische Merkmale. Im Auto erkannte ich einen Typen, der Zeitung las (beneidenswerter Beruf). «Radarfalle», sagte ich zu Clara, die mit der für sie typischen Verzögerung den Kopf in die falsche Richtung drehte. «Wo?», fragte sie, als wir vorbei waren. In den letzten Jahren ist sie auf dem Weg von und zur Schule drei- oder viermal geblitzt worden, vielleicht öfter. «Damit soll nur die arbeitende Bevölkerung geschröpft werden. Ich zahle nicht.» Nach einer gewissen Zeit liegt der Umschlag mit dem Strafzettel im Briefkasten. Darauf ist das Beweisfoto zu sehen; für Clara der schlimmste Teil der Strafe. Dann jammert sie, dass die schulischen Verpflichtungen ihr keine Zeit lassen, zum Friseur zu gehen. Und zahlt.

Auf der Landstraße von Clausthal-Zellerfeld kommend, waren die Anlagen des Erzbergwerks Rammelsberg leicht zu erkennen. Kaum war Goslar in Sicht, zeigte uns ein Hinweisschild den richtigen Weg und bewahrte uns vor dem Fehler, mit dem Auto in die verwinkelten Straßen der Altstadt vorzudringen, wo wir uns mit Sicherheit verfahren hätten. In einer weitläufigen Halle gesellten wir uns zu einer Gruppe von Leuten, mit denen wir dann ins Innere des Berges hinabfuhren. Während wir auf unseren Führer warteten, suchte Clara die Toilette auf. Kurz darauf kam sie mit ermutigenden Neuigkeiten zurück. Das Brot und die Kartoffeln aus der Goldenen Krone zeigten die erhoffte Wirkung. Ich beglückwünschte sie mit der gebotenen Diskretion. Wir konnten das Thema ihrer Hinterlassenschaft (für sie wichtig, für mich eher meteorologischer Art) nicht vertiefen, da uns vom Ende der Halle ein etwa siebzigjähriger Herr zu sich rief, der wie ein Bergmann gekleidet war. Wir ungefähr zwanzig Besucher versammelten uns um ihn. Er stellte sich als unser Führer vor, und nach ein paar in leutseligem Ton vorgetragenen Wortwitzen bat er uns, ihm in einen Raum zu folgen, wo sich auf seine Anweisung hin jeder einen gelben Schutzhelm aus einer Kiste nahm. Ich hielt es für angebracht, meinen innen auf Sauberkeit zu überprüfen, bevor ich ihn aufsetzte. Clara, die manchmal auch boshaft sein kann, las mir mit gestelzter, gedehnter, belehrender Stimme – ich weiß schon, was ich meine – die Gebrauchsanweisung dieser Arbeitshilfe vor, als würde ich daran herumfummeln, weil ich nicht damit umzugehen wusste. Ich bat sie, mich mit dem Helm auf dem Kopf zu fotografieren, damit ich meinen Brüdern das Foto schicken könne als Beleg dafür, was für ein Leben ich in Deutschland führte.

Der Führer zeigte uns den Raum, in dem die Bergleute sich in früherer Zeit umzogen. Sie legten ihre Habseligkeiten in eine Art Drahtkorb, der an einer sieben oder acht Meter langen Kette befestigt war; daran zogen sie ihn hoch, und so hingen ihre Sachen während der Schicht sicher unter der Decke. Wir sahen, dass die Ketten unten mit einem Vorhängeschloss gesichert waren; eine einfache Methode – wie wirksam, weiß ich nicht –, die Ehrbarkeit unter den Bergleuten zu wahren. Dann folgten wir dem Führer auf einem abschüssigen Weg zum Eingang des Schachts, der mit einer Gittertür verschlossen war. Der Mann hatte von seinem zwölften Lebensjahr bis zur Schließung des Schachts in den achtziger Jahren des letzten Jahrhunderts (Clara nennt das genaue Datum in ihrem Buch) in der dunklen Tiefe gearbeitet. Er erzählte von seinem Privatleben, der Geschichte des Bergwerks, den Arbeitsbedingungen sowie Dutzende Anekdoten in dem mechanischen Tonfall eines Mannes, der mehrmals am Tag die gleiche Litanei für Touristen herunterbetet. Fast alles, was er erzählte, behalte ich in sorgfältigem Vergessen.

Die viereinhalb Seiten, die Clara dem Bergwerk von Rammelsberg widmet, gehören meiner Meinung nach zu den gelungensten Passagen ihres Buches. In einem nüchternen Ton, dessen sie sich öfter bedienen sollte (aber sie hört ja nicht auf mich), verbindet sie exakte Beschreibungen mit anmutigen Erzählszenen. In weniger als einer halben Stunde hat sie sie niedergeschrieben; und das, nachdem sie sich einen ganzen Tag lang mit fruchtlosen Versuchen gequält hatte. Noch nachmittags saß sie vor ihrem Computer und gestand mir, als ich ihr eine Tasse Tee brachte: «Ich weiß einfach nicht, was ich schreiben soll.» Sie war den Tränen nahe. Wie schon so oft sprach sie sich mit mutloser Miene und bebender Unterlippe jedes literarische Talent ab. Sie sah sich dazu verdammt, bis zu ihrer Pensionierung unterrichten zu müssen. Vielleicht war sie als Kind nicht gut genug ernährt worden. Vielleicht hatten die unzähligen Migräneanfälle, die sie im Leben erlitten hatte, zu irreparablen Hirnschäden geführt. Ich gab ihr Zeit, sich aller Bitterkeit zu entledigen, bevor ich sie mit einer hohen Dosis Lob aufrichtete. Das tut ihr immer gut. Außerdem mag sie es, wenn ihr der Nacken gekrault wird. Danach massierte ich ihre Kopfhaut. Da stellte sie ihr Jammern ein und begann, sich auf die wohltuenden Empfindungen zu konzentrieren, bis sie mich mit Blick auf die dampfende Tasse auf ihrem Schreibtisch gewohnt argwöhnisch fragte, ob der Teebeutel auch drei Minuten im kochenden Wasser gewesen war. Sie würde mich das auch fragen, wenn wir in einem lichterloh brennenden Wohnzimmer stünden. «Mein liebes Mäuschen, würdest du, obwohl dich die Literatur einen Dreck interessiert, deiner armen Clara verraten, was du an ihrer Stelle tun würdest?» Sie musste hoffnungslos verzweifelt sein, dass sie mich in einer solchen Sache um Hilfe bat. «Ich glaube, im Namen der Vernunft wäre es angebracht ...» «Es wäre mir lieber, du würdest in deinem Namen sprechen», unterbrach sie mich. «Na gut, in meinem Namen würde ich vorschlagen, dass du bis zum Abendessen künstlerische Vorbehalte, formale Perfektion und all die sonstigen Schimären, die dir Kopfzerbrechen bereiten, vergisst und deine Erinnerungen an die Ereignisse im Erzbergwerk von Rammelsberg einfach auf ein Blatt Papier schreibst. Als würdest du einen Brief an jemanden schreiben, der mit Literatur nichts am Hut hat; jemand, mit dem du so vertraut bist, dass du auf stilistischen Glitterflitter verzichten kannst. Einen rasch hingeworfenen Brief an deinen Vater, an mich, an deine Schwester, ganz gleich. Es geht nur darum, einen flüssigen Text zu verfassen. Das würden ich und meine Cousine Vernunft an deiner Stelle tun: Spontanität, kurze Sätze, schlichte Sprache. Danach würden wir dann sehen, was man daraus machen kann.» Sie riss sich brüsk von meinen zärtlichen Fingern los. «Ich hab gewusst, dass du dich über meine Probleme lustig machst. Ich weiß nicht, warum ich dir überhaupt was erzähle.» Ich versicherte ihr, dass ich es ernst gemeint hatte. Um es ihr zu demonstrieren, stellte ich mich mit nachdenklicher Miene, umwölktem Blick und gerunzelter Stirn vor sie hin. Kann man mehr verlangen? Von meiner Aufrichtigkeit nicht im Geringsten überzeugt, teilte sie mir mit, dass sie allein sein wollte. Eine halbe Stunde später rief sie mich, und mich mit einem Blick abstrafend, als hätte ich sie beleidigt, drückte sie mir ein paar mit winziger Handschrift beschriebene Seiten in die Hand, wobei sie mir mit hochmütig gerecktem Hals diesen Spruch des heiligen Augustinus an den Kopf warf, den sie in solchen Situationen gern zitiert: *Tolle, lege.* Eine Viertelstunde später verkündete ich ihr mein Urteil: «Du brauchst nur die Anrede zu streichen. Der Rest kann ohne Abstriche in die Endfassung übernommen werden. Ich nehme an, du willst dich jetzt bei mir bedanken.» «Mich bedanken? Bei dir? Warum?» «Na ja, du wirst nicht abstreiten wollen, dass ich dir zu dem Trick mit dem Brief geraten habe. Das war meine Idee, falls dir das entfallen sein sollte.» «Entschuldige, Mäuschen, aber mich hat hauptsächlich, um nicht zu sagen ausschließlich, mein Ärger inspiriert, nicht auf dich oder auf sonst jemand. Einfach nur mein Ärger.» «Ach, wenn das so ist, könnte ich dir in Zukunft von großem Nutzen sein.» «Untersteh dich!»

Da sie mich jetzt nicht sehen kann, werde ich einen Teil der Passage (alles wäre zu viel) unseres Besuchs im Bergwerk von Rammelsberg in meine Muttersprache übersetzen. Es wäre sicher beunruhigend für sie, mich mit der Nase in ihrem Buch zu überraschen. Ihre Verlegenheit hätte gewiss eine Reihe von Fragen zur Folge, die, von mir unbedacht beantwortet, mich verleiten könnten, mein allmorgendliches heimliches Vergnügen zu verraten. Und das nun wirklich nicht. Mittwochs kommt sie früher als an den anderen Tagen nach Hause, sodass mir, da es jetzt elf ist, nicht mehr viel Zeit bleibt, mein Vorhaben in die Tat umzusetzen. Na ja, es reicht schon noch; aber ich habe mir vorgenommen, den Bericht über unseren Ausflug auf Heines Spuren heute zu beenden, da er sonst viel zu lang wird. Ich kann nicht leugnen, dass ich mich gut dabei fühle, ihn zu schreiben. Ausgesprochen gut sogar. Trotzdem wird es nun Zeit, mich um die nächsten Etappen unserer Reise zu kümmern, auf denen wir nicht minder denkwürdige Vorkommnisse erlebt haben.

Apropos Denkwürdigkeiten: Beim nochmaligen Durchlesen erwähnter Passage stelle ich fest, dass Claras Erinnerungen von meinen abweichen, vor allem, wenn es um Gedanken und Eindrücke geht. Doch wenn man die aufgebrachte Prosa einmal beiseitelässt, kann ich mich in ihren Erinnerungen ohne Schwierigkeit wiedererkennen. Ich werde einfach mal ins Unreine übersetzen, ohne Hilfe eines Wörterbuchs, schließlich muss ich niemandem Rechenschaft ablegen. Wie ich meinem Bruder schon vor Monaten geschrieben habe, als ich ihm mitteilen musste, sein Angebot von sieben Euro pro übersetzter Seite hielte ich nicht für angemessen, ist die Arbeit des Übersetzers eine heikle und mühevolle Tätigkeit, gleichsam die eines Sprachchirurgen und genauso schwierig, es sei denn, es ist einem egal, wenn der Patient auf dem Operationstisch verblutet. Als ich heute Morgen aufgestanden bin, fand ich weder die Zeit noch die Kraft, noch die Geduld, mich beschwerlichen Aufgaben zuzuwenden, die darüber hinaus noch mit Verantwortung behaftet sind. Also schweige ich und überlasse das Wort der Frau Schriftstellerin.

Silber, Kupfer, Blei, Zink, ein wenig Gold. Und schließlich, immaterielles Kulturerbe der Menschheit. Anders ausgedrückt: Refugium für Touristen.

Die Wände sind von dunklem Grau; die Stollen an manchen Stellen eng und nicht sehr hoch, was dem Besucher ein beklemmendes Gefühl gibt. Und diese blauen Stellen, die wir mehrfach gesehen haben? Da unser Führer es nicht für nötig gehalten hat, sie uns zu erklären, frage ich ihn. Mein Begleiter hat auch den Verdacht, dass der Führer sich nicht gern von seiner einstudierten Rede abbringen lässt. Aber hatte er uns nicht bei der Begrüßung gesagt, wir könnten ihn alles fragen was wir wollten?

«Kupfersulfat, meine Dame», antwortet er knapp, als sei es ihm lästig,

etwas gefragt zu werden, das jeder erwachsene Mensch eigentlich wissen müsste.

Ich halte den Bergmannsberuf für ein Unglück, sosehr sich der Führer auch damit brüstet, dass er seit seinem zwölften Lebensjahr unter Tage gearbeitet hat. Haben sich die Bergleute zum Ausgleich für die harte Arbeit, die Gefahr, das ungesunde Klima und alles auch mal Stücke des wertvollen Metalls in die eigene Tasche gesteckt? Ich hätte nicht wenig Lust, ihn das zu fragen.

Alles kann er uns nicht zeigen, und wir wollen es auch nicht sehen. Wenn wir seinen Worten glauben dürfen, begann die Ausbeutung der metallhaltigen Lagerstätten von Rammelsberg vor dreitausend Jahren. Mein Begleiter stellt mir flüsternd die Frage, ob es nicht vor zweitausendneunhundertneunundneunzig Jahren gewesen sein könnte.

Der Sinn dieser Zahl ist, denke ich, dass wir daraus schließen können, wie durchlöchert der Berg ist.

Manchmal kann man in der Nähe der Lampen an der Wand sehr feine grüne Fäden, wie Algen, erkennen. Kann Chlorophyll allein durch elektrisches Licht gebildet werden? Mich erstaunt die Zähigkeit, mit der sich das Leben seinen Weg bis in die finstersten Tiefen bahnt. «Mit etwas Glück», sagt der Bergwerksführer, «können wir weiße Faserpilze sehen, die Bergmannsbart genannt werden.»

Dann erzählt er, dass der erste Bergarbeiter von Rammelsberg ein Pferd war. Während sein Reiter auf der Jagd durchs Gebüsch schlich, scharrte das angebundene Pferd mit den Hufen den Boden auf. Dadurch kam die erste Erzader ans Tageslicht. Der Bergwerksführer schließt seinen Bericht von der Legende mit der Bemerkung, daher könne man ihn logischerweise das letzte Pferd von Rammelsberg nennen.

Zwei oder drei Touristen lachen über den Scherz. In der Gruppe ist ein asiatisches Paar. Den Asiaten scheint das Lächeln auf die Lippen geklebt zu sein. In Wirklichkeit lachen sie gar nicht. Mein Begleiter und ich lachen auch nicht. Hätte der Bergwerksführer gewiehert, als er die Geschichte von dem Pferd erzählte, hätten wir aus Höflichkeit vielleicht müde gelächelt.

Dem Letzten in der Gruppe hat der ehemalige Bergmann die Replik einer alten Öllampe, einen sogenannten Frosch, anvertraut.

Ich überspringe ein paar Absätze.

Bei einer Gelegenheit spricht mein Begleiter die Asiaten freundlich an, die, wie wir schon geahnt haben, kein Deutsch verstehen.

Ich überspringe einen weiteren Absatz.

Die Stollen sind so erweitert worden, dass auch unbeholfene dicke Städter sich bequem darin fortbewegen können. Laufbretter sorgen dafür, dass wir uns die Schuhe nicht schmutzig machen. Alle paar Schritte brennt eine Lampe, und die unterschiedlich hohen Stollen sind durch mit Handläufen gesicherte Treppen verbunden.

Mein Begleiter würde sich nicht wundern, wenn wir um eine Ecke bögen und auf einen Eisverkäufer stießen.

Wir passieren eine geheimnisvoll aussehende Holztür mit eisernen Beschlägen. Wir erfahren nicht, wohin sie führt. Sie muss uralt sein.

Mein Begleiter vermutet, dass sich dahinter der Eiswagen befindet. Ein Zitroneneis wäre ihm jetzt willkommen (falsche oder erfundene Angabe: Ich sagte Stracciatella).

Wir folgten dem Führer wie die Schafe dem Hirten zu einem riesigen Wasserrad aus Holz. Davon gibt es einige in dem Bergwerk. Sie gehören zu einem Bewässerungssystem. Der Bergwerksführer wartet, bis sich die ganze Touristengruppe um ihn geschart hat, dann drückt er einen Knopf. Das Rad beginnt, sich zu drehen, und wird immer schneller. Unheilvoll pladdert das Wasser in dem düsteren Schacht. Das Rad ist hässlich, und die Herde macht Fotos, mein Begleiter auch, weil ich ihn darum gebeten habe.

Ein etwa achtjähriger Junge hebt die Hand wie in der Schule, damit ihm der Bergwerksführer das Wort erteilt. Als dieser ihm leutselig sympathisch (ganz anders als bei mir vorhin) bedeutet, dass er sprechen kann, fragt er, ob die Bergleute im Dunkeln arbeiten mussten. Ich stehe nahe genug bei dem Kleinen, um mitbekommen zu haben, dass sein Vater (ich nehme an, dass es sein Vater ist, sie haben beide die gleiche Nase) ihm die Frage zugeflüstert hat. Also, es war des Vaters Frage, die der Sohn dann stellte.

Eine tadellose Lektion in väterlicher Feigheit.

Der Bergwerksführer bittet um Ruhe, dann schaltet er das Licht aus. Jetzt leuchtet uns nur noch das Öllämpchen des Froschs. Der Bergwerksführer bittet den Letzten der Gruppe, es auszublasen. Mit einem Mal stehen wir in völliger Finsternis. In meiner Nähe beginnt jemand, heftig zu atmen. Ich taste nach der Hand meines Begleiters. Bei dem Gedanken, ich könnte die Hand eines Fremden ergriffen haben, läuft es mir kalt über den Rücken. Allmählich bereue ich, hierhergekommen zu sein.

Unser Ausflug auf den Spuren Heines endete in Goslar, einem architektonischen Juwel zu Füßen des Rammelsberges, mehr oder weniger dort, wo das Harzgebirge in das niedersächsische Flachland übergeht. Eine Ansammlung von Türmen, Kirchen, Residenzen und hundertjährigen Häusern, viel Schiefer auf den Dächern und an den Wänden, kunstvolles Fachwerk und ungewöhnlich schmucke Fassaden, das ist Goslars Altstadt. Die UNESCO hat sie zusammen mit den Bergwerksanlagen, die wir gerade besucht haben, zum Weltkulturerbe erklärt, und das überrascht mich nicht. So ein hübsches Städtchen findet man nicht alle Tage in Deutschland, es sei denn, man wohnt darin; so anmutig, so gepflegt, so geschichtsträchtig und doch so lebendig, dass ich manchmal glaubte, mich in einer belebten Filmkulisse zu bewegen. Nicht weniger kostbar ist allem Anschein nach das, was die Stadt im Innern ihrer Häuser birgt. Und das sage ich nur aufgrund dessen, was ich selbst gesehen habe. Es hat mich in andächtiges Erstaunen versetzt, aber auch ein Gefühl von Wehmut hervorgerufen, denn die imposanten Fassaden der zum Teil noch aus dem Mittelalter stammenden Häuser brachten mir den Verlust von Kulturgütern in Erinnerung, die es von gleicher Bedeutung und Schönheit in den deutschen Städten gegeben hat, die im Zweiten Weltkrieg von Bomben zerstört worden sind, nicht zu sprechen von den schrecklichen Folgen für die wehrlosen Bewohner dieser Städte. Meinen Schwiegervater schmerzt das immer noch in der Seele, obwohl er mit mir offen darüber spricht. «Wir Deutschen haben anderswo so viel zerstört ...», sagte er mir einmal, als quäle ihn, der bei Kriegsende noch keine zwölf Jahre alt war, die Schuld an den im Namen seines Vaterlands begangenen Verbrechen; und mehr noch, als sei er überzeugt, dass die systematische Zerstörung deutscher Städte, sogar als Hitlers Armeen schon auf ganzer Linie vernichtet waren, eine verdiente Strafe war. Clara machte mir versteckt Zeichen, damit ich das Thema wechselte, und so schwieg ich. Dabei wollte ich meinem Schwiegervater nur erklären, dass es für mich ein Unterschied ist, ob im Kampf getötet wird oder mit Kriegsmaschinen Massaker an Unschuldigen verübt werden. Aber es war schon richtig, auf Clara zu hören. Was konnte ich jemandem von Bombardements erzählen, der sie nicht nur selbst erlebt, sondern auch seinen Vater im Bombenhagel verloren hatte!

Zurück zum Thema. Nach den Seiten, die sich auf unseren Bergwerksbesuch beziehen, berichtet Clara von einem abendlichen Spaziergang auf Goslars Straßen. Die Episode ist zwar gut geschrieben, für meinen Geschmack aber an einigen Stellen mit Information überladen. Wenn sie, beispielsweise, die Statuen an der Fassade des Gildehauses oder den pittoresken Marktplatz beschreibt, greift sie auf Informationen und Bilder zurück, die sie im Internet gefunden hat. Das wäre nicht weiter verwerflich, wenn sie dabei nicht in den unpersönlichen Ton eines Sachbuchschreibers verfallen würde. Die Figur, die mir am meisten gefallen hat, um nicht zu sagen, die einzige, die mir gefallen hat, das nackte Dukatenmännchen mit der Münze im Hintern, wird gar nicht erwähnt. Als ich sie darauf aufmerksam machte, antwortete sie: «Andere Kriterien, andere Vorlieben.» Dass wir keinen Fuß in die Kaiserpfalz gesetzt hatten, hinderte sie dagegen nicht, sich eine halbe Seite lang über den Sarkophag Heinrich III. auszulassen, der der Schwarze genannt wurde, in dem, wie ich für sie herausfand (manchmal, ganz oft, bin ich ihr nämlich behilflicher, als sie glaubt), keine anderen sterblichen Überreste ruhen als das Herz des Monarchen sowie andere Innereien, die hier nichts zur Sache tun.

Bevor wir nach Hannover zurückfuhren, wollten wir uns noch ein letztes Heinrich-Heine-Erlebnis gönnen und setzten uns in ein Lokal am Marktplatz, das Restaurant, Café und Kneipe gleichzeitig zu sein schien und Die Butterhanne hieß, wo ein besonderes Bier gebraut wurde, das Clara mich aus den üblichen Gründen nicht probieren ließ. Ich versprach, ihr ausführlichst meine sämtlichen Geschmacksimpressionen mitzuteilen, die sie danach für ihr Buch verwerten könne. Selbst mit diesem unschlagbaren Argument konnte ich sie nicht erweichen. Daraufhin bestellte ich halb aus Groll und halb aus Spaß bei der Kellnerin einen riesigen Windbeutel, wie drei Personen am Nebentisch sich einen teilten. Clara behauptete sofort, den könne ich unmöglich allein aufessen. Die Kellnerin versicherte lächelnd, hin und wieder gelinge es einem. Nun sah ich mich vor der Alternative, vor zwei Frauen klein beizugeben oder die Herausforderung anzunehmen. Clara winkte ab. «Maus, auf mich kannst du nicht zählen. Ich bestelle nur etwas zu trinken.» Ich wusste gar nicht, dass ich sie um Hilfe gebeten hatte. Bevor ich etwas sagen konnte, kratzte die Kellnerin weiter an meinem männlichen Stolz: «Wer es nicht schafft, wird von uns nicht an den Pranger da draußen gestellt. Soll ich Ihnen einen bringen?» «Selbstverständlich, den größten, den Sie haben.» Die Windbeutel gab es mit zwei verschiedenen Füllungen. Ich bestellte einen mit Sahne und gezuckerten Kirschen, woraufhin Frau Schriftstellerin, die mir gegenübersaß, die Augen verdrehte. «Wenn du mich weiter provozierst», sagte ich, als die Kellnerin sich entfernt hatte, «bestelle ich zwei. Ich habe keinen Durchfall. Ich kann mir das erlauben.» «Sprich bitte leiser. Von meinen Beschwerden muss nicht jeder hier wissen.» «Um was willst du wetten, dass ich den Windbeutel bis zum letzten Krümel aufesse?» «Ich brauche gar nicht zu wetten, Mäuschen, ich bin schon gut unterhalten, wenn ich dir beim Scheitern zusehe.»

Wenige Minuten später brachte die Kellnerin unsere Bestellungen. Eine Handbreit vor mir stellte sie einen Teller mit Backwerk von ähnlichen Ausmaßen wie der abgeschlagene Kopf Johannes des Täufers auf den Tisch. Ich beschloss, Clara eine Freude zu machen. «Aus der Nähe betrachtet», sagte ich, «ist er größer, als ich gedacht habe.» Der Mund der Frau Schriftstellerin verzog sich zu einem breiten Lächeln. Wären sie nicht durch die Ohren behindert worden, hätten sich die Mundwinkel möglicherweise im Nacken getroffen. «Komm, Mäuschen, jetzt lass dich nicht lumpen. Ein starker Mann wie du!» In dem ehrenwerten Bestreben, mir Mut zu machen, fügte sie hinzu, die unförmige Süßspeise sei innen hohl. Daher, nehme ich an, stammt auch der Name Windbeutel. Ich wandte ein, immerhin sei der Hohlraum mit Sahne und Kirschen gefüllt. Clara legte eine Hand an die Stirn und schüttelte den Kopf, was ein Zeichen dafür sein mochte, dass ihre Geduld mit diesem kindischen Erwachsenen bald zu Ende war oder dass sie damit den Lachdrang zu unterdrücken oder wenigstens zu überspielen suchte, der sich auf ihren bebenden Wangen bereits ankündigte. «Soll das heißen, du gibst dich geschlagen, noch bevor du überhaupt probiert hast?» So ein Satz hatte mir gefehlt, damit ich meine Kauwerkzeuge in Bewegung setzte.

Schon nach wenigen Löffeln mit Sahne und Kirschen war mir klar, dass der Windbeutel nicht die geringste Chance hatte, meinem Appetit zu widerstehen. Vielleicht würde mich so viel Süßes am Ende ekeln; aber ein kaum vorhandener Widerstand konnte mich nicht hindern, ihn mir komplett einzuverleiben. Nachdem ich ein Viertel der Füllung vertilgt hatte, ging ich – meines Sieges gewiss – zum Angriff auf das Backwerk über. Wenn ich es in meinen Milchkaffee tunkte, schrumpfte es so weit zusammen, dass ich es leicht hinunterschlucken konnte. Dies Eintunken, das oft genug zu Bekleckern führt, missfällt Clara. Ich praktiziere es von Kindesbeinen an, dem Beispiel meines verstorbenen Vaters folgend, der auch eine feuchte Aussprache hatte. Ich tue es aber nicht, weil ich eine Familientradition fortsetzen will, sondern weil ich mich an die Kleckereien gewöhnt habe und sie mir erhalten will, solange sie nicht den Ehefrieden in Gefahr bringen. In der Butterhanne gab ich mir alle Mühe, dass Frau Schriftstellerin nichts bemerkte. Besondere Vorsicht musste ich nicht walten lassen, da sie die meiste Zeit in einen Reiseführer über Goslar vertieft war, den sie kurz zuvor gekauft hatte. Ab und zu hob sie den Kopf und sah zu mir herüber. Dann fuhr ich mit dem Löffel in die Sahne; doch sobald sie wieder dem Buch ihre Aufmerksamkeit schenkte, tunkte ich ein Stück von meinem Windbeutel in den Kaffee. Da sie aber weder naiv noch blind ist, habe ich den Verdacht, dass ihre Nachlässigkeit beabsichtigt war und sie aus den Augenwinkeln sehr wohl die Reisen meiner Hand von der Tasse zum Mund verfolgte und nur deshalb davon absah, meine schlechten Manieren durch Tadel verbessern zu wollen, weil sie fürchtete, ich könnte unter dem Vorwand, von ihr beleidigt worden zu sein, aufhören, meinen Windbeutel zu essen.

Während ich damit beschäftigt war, passierte mir etwas, das zwar trivial, aber deswegen nicht weniger verstörend war als etwa meine Liebesleiden in früher Jugend. Und zwar fiel mein Blick zufällig auf Claras Hände, die weich und leicht gerötet sind, mit Fingernägeln, die weder lang noch kurz, aber sehr gepflegt sind, und das mehr aus hygienischen Gründen als aus Koketterie, so wie sie überhaupt immer für ein gepflegtes Äußeres sorgt. Diese Hände haben nie jemandem Schaden zugefügt, im Gegenteil. Soll man mich nur fragen. Und obwohl ich diese wohltätigen Hände bei unzähligen Gelegenheiten angefasst und festgehalten habe, wurde ich in der Butterhanne plötzlich von einem solchen Gefühl der Faszination, der Dankbarkeit und Zärtlichkeit für sie ergriffen, als hätte ich ihnen noch nie meine Aufmerksamkeit geschenkt. Ähnliches empfand ich, als ich daraufhin ihr über das Buch geneigte Gesicht betrachtete. Es leuchtete im Schein einer Lampe mit drei Schirmen, die neben unserem Tisch stand. Mir fehlen die sprachlichen Mittel, um voll und ganz das innere Vergnügen zu beschreiben, das ihre heitere selbstvergessene Miene in mir entfachte; doch das ist nichts, was mir Sorgen macht, da ich nicht die geringste Absicht habe, Intimes an die Öffentlichkeit zu bringen. Mir war, als sähe ich zum ersten Mal etwas ganz Wunderbares, das man im Alltag gar nicht mehr bemerkt, weil man es immer um sich hat: das goldblonde glatte Haar oder die sanfte Wölbung ihrer Stirn, die glatte Haut ihres schlanken Halses, darum die Kette mit dem herrlich schimmernden Aquamarin. Tief gerührt fragte ich mich unwillkürlich, wer diese Frau wirklich war, die ich nur zu gut kannte und dennoch gerade erst entdeckt hatte, die in Stille diesen Tisch mit mir teilte. Was hatte ich getan, dass ich ihrer Begleitung würdig war, mich ihren Ehemann nennen, nachts neben ihrem duftenden warmen Körper schlafen durfte? Wie ich sie so beobachtete, ohne dass sie etwas mitbekam, erfasste mich eine solche Woge der Zärtlichkeit, dass nicht viel fehlte und ich sie vor den Augen all der fremden Menschen im Lokal in den Arm genommen hätte. In diesem Moment schaute Clara von ihrem Buch auf. Es war, als erschauerte sie bei meinem Anblick vor Überraschung, und sie fragte: «Maus, was ist? Kannst du nicht mehr?» Ich senkte den Blick auf meinen Windbeutel. Auf dem Teller lagen noch ein gutes Stück sahneverschmiertes Backwerk und einige Kirschen. Und da erkannte ich, dass nur ein ganz und gar herzloser Mensch darauf beharren würde, den blöden Windbeutel aufzuessen. Konnte man so erbärmlich sein, der eigenen Frau nicht ein bisschen Genugtuung zu gönnen? Ohne ein Wort legte ich das Besteck auf den Rand des Tellers, bedeckte die Reste des Windbeutels mit der Papierserviette und gab mich geschlagen. Claras Lippen lächelten, ihre Augen, ihre Schläfen, alles an ihr lächelte; sogar die Stirnfalten und wer weiß, ob nicht auch einige bewegliche Teile ihres Körpers unter der Kleidung. Mütterlich, zärtlich, gab sie mir ein paar tröstende Klapse auf den Handrücken. Als Geschlagener fühlte ich mich sympathischer, umgänglicher, ihrer Zuneigung würdiger. Auch die Kellnerin bedachte mich mit einem Lächeln, als sie den Teller abräumte. Abends, auf dem Rückweg nach Hannover, sagte ich zu Clara: «Weißt du, was ich denke? Dass wir die für gestern vorgesehene Liebesreise heute nachgeholt haben.» Sie antwortete, dasselbe habe sie gerade auch gedacht.

26

Unser letztes Wochenende in Hannover war mehr oder weniger das Gegenteil von ruhmreich. Am Samstagabend feierten wir alle zusammen Claras Geburtstag, so wie sie es versprochen hatte, bevor wir zu unserem Ausflug nach Göttingen und zu den Städten im Harz aufbrachen. Ich machte in der Küche den Abwasch, derweil die beiden Schwestern im Wohnzimmer Frauenemanzipation betrieben und müßig am Tisch saßen. Gudrun schimpfte wie üblich über Ingo. Mitten in einer ihrer Tiraden kam Jennifer in die Küche und untersuchte den Kühlschrank. Sofort ließ ihre Mutter sie wissen, dass sie mit uns zum Kuchenessen in die Holländische Kakao-Stube zu gehen habe. Würde ich ungerechterweise zu einer Gefängnisstrafe verurteilt, beträte ich meine Zelle mit der gleichen Miene, wie sie meine Nichte jetzt in der Küche aufsetzte. Damals befand sich das Mädchen in einer Phase permanenter Unzufriedenheit und Wut, was dazu führte, dass sie unmäßig aß. Vermutlich regten die Wirren der Pubertät, verstärkt noch durch den abwesenden Vater und den ewigen Zank mit der Mutter, ihren Appetit an. Wenn sie nicht aß, kaute sie Kaugummi. Es ging wohl darum, den Mund beschäftigt zu halten, außer des Nachts, schätze ich; obwohl, wie ich sie kannte, würde es mich nicht wundern, wenn sie von Fressorgien träumte. Ihre Fettleibigkeit führte zu Frustration, ihre Frustration zu Fettleibigkeit. Um sich selbst zu bestrafen und nebenbei noch ihre Mutter zu ärgern, futterte sie ohne Unterlass. Eigentlich hätte sie gegen Kuchen nichts einzuwenden haben sollen; doch hatte sie, wie wir gleich darauf erfuhren, schon andere Pläne. Es bedurfte gewiss einer großen Willensanstrengung, dem gewohnten Impuls, zu widersprechen, nicht nachzugeben. Aber wie konnte sie ihrer Tante etwas abschlagen, die oft mit ihr einkaufen ging, die sie so viel taktvoller behandelte, als ihre Mutter das tat, und die ihr am Morgen noch (wobei ich bezweifle, dass man das als Wohltat werten konnte) ihre weiße Handtasche geschenkt hatte. Dem Mädchen blieb nur, eine Schnute zu ziehen. Ihre Tante versuchte zwar, sie der Kuchenpflicht zu entheben, doch Gudrun zeigte sich unnachgiebig und widersetzte sich mit oberlehrerhaften Argumenten zum Zweck des familiären Zusammenhalts. Tief in Jennifers schwarz umschatteten Augen schimmerte eine Träne. Offenbar auf der Suche nach einem Fürsprecher, fiel ihr Blick auf mich. Sie wandte ihn sogleich wieder ab. Welche Hilfe war schon von einem Tellerwäscher mit umgebundener Küchenschürze zu erwarten! Clara – Expertin in pubertierenden Mädchenherzen – vermittelte mit einem salomonischen Vorschlag, der die Geburtstagsfeier mit der Absprache in Einklang brachte, die Jennifer mittags mit einer Freundin getroffen hatte, mit der sie sich «unter dem Schwanz» verabredet hatte, wie es im Hannoveraner Volksmund heißt, wenn man sich am Reiterdenkmal König Ernst Augusts treffen will, das vor dem Bahnhof steht. Damit waren die Gemüter besänftigt, und ich setzte, da keine melodramatischen Szenen mehr zu erwarten waren, ein bisschen enttäuscht meine Tellerwäschertätigkeit fort. Um dem Mädchen entgegenzukommen, stiegen wir fünf vor der ursprünglich vereinbarten Zeit in die Straßenbahn, die uns ins Stadtzentrum brachte.

Ich füge zwar noch einen Absatz über die Holländische Kakao-Stube ein, werde die Beschreibung aber knapp halten, da ich nicht beabsichtige, mich den ganzen Vormittag mit touristischen Reiseandenken zu befassen. Als wir eintrafen, war das Lokal voll mit den üblichen Gästen. Überwiegend Veteranen des Lebens mit ihren weißen oder kahlen Köpfen, die mit zittriger Bedachtsamkeit dampfende Tassen an ihre Lippen führten und darauf bliesen, bevor sie tranken. Soweit ich weiß, ist die Holländische Kakao-Stube neben dem Alten Rathaus und ein paar anderen Gebäuden einer der wenigen Orte in Hannover, die dem Besucher noch eine architektonische Vorstellung vergangener Zeiten vermitteln. Ich glaube, von der Stadt, wie sie vor dem Krieg war, ist heute nur noch der Name geblieben. Man muss sich nur die Stadtmodelle aus den verschiedenen Epochen ansehen, die in der Eingangshalle des erwähnten Rathauses aufgebaut sind, um das bestätigt zu finden. Mir schrumpfte das Herz, als ich das der von Bomben zerstörten Stadt sah; doch dies ist eine andere Geschichte. Die Holländische Kakao-Stube ist zwar restauriert, hat sich aber das Flair (Wandspiegel, Schachbrettfliesen, vergoldete Deckenlampen) eines alten Kaffeehauses erhalten. Wir waren schon zum dritten oder vierten Mal hier. Clara gefiel die Atmosphäre, das Mobiliar, die Vielfalt der köstlichen Konditoreiwaren, während seine Attraktivität sich für mich ausschließlich dem in der Aufzählung zuletzt erwähnten Begriff verdankte. Jennifer rief mit einer Lautstärke, die ihrer Mutter missfiel, und der verächtlichen Miene, die unter der dicken Schicht Schminke zum Vorschein kam, der Laden sei nicht *cool*. Möglicherweise wurde ihre Meinung dadurch beeinflusst, dass an einem Tisch drei Nonnen im Ordenskleid saßen. Als Erstes gingen wir zu der langgestreckten Theke, hinter deren Glas Dutzende von Leckereien aller Art ausgestellt waren, Torten, Kuchen und Gebäck, alles so hell beleuchtet, dass einem das Wasser im Mund zusammenlief. Wir bekamen einen Zettel mit einer Nummer, nach der die Kellnerin uns später die Bestellung bringen würde.

Trotzdem mussten wir noch eine ganze Weile warten, bis ein Tisch frei wurde.

Während ich meinen Kaffee trank und mein Stück Bismarcktorte mit Sahne aß, fand in meinem Innern etwas statt, das ich schon bei anderen Gelegenheiten, vor allem, als ich jünger war, erlebt hatte. Eine Torheit, zweifellos; aber meine Torheit. Bevor wir Platz nahmen, hatte ich mein Gesicht kurz in einem dreiteiligen Spiegel betrachtet, der an der Wand hing. Ich halte mich nicht für was Besonderes. Eigentlich halte ich mich für gar nichts. Ich weiß von mir nur, dass ich eine begrenzte Zeit zu leben habe, in dieser Zeit versuchen werde, meine Karten im Spiel des Lebens so gut auszuspielen, wie ich kann, und danach tschüs allerseits. Mein Abbild im Spiegel betrachtete mich mit sichtlicher Sympathie. Ich behaupte nicht, dass ich ihm gefiel. Vielleicht mochte es mich, vielleicht auch nicht, vielleicht war in der Tiefe seines freundlichen Blicks auch ein Fünkchen Mitleid zu erkennen. Dieses Umstands wurde ich mir bewusst, weil ich spontanes Wohlwollen wahrzunehmen glaubte, ich könnte sogar Mitgefühl schreiben, wenn ich damit nicht zu übertreiben fürchtete. Nach diesem für die Menschheit genauso belanglosen Vorkommnis wie alle anderen, die mir bis heute begegnet sind, setzte ich mich neben meinen Neffen, der die Hand hob, damit ich ihn abklatschte, bestimmt zum dritten oder vierten Mal an diesem Tag. Clara fragte neugierig: «Warum grinst du so?» Ich bemerkte, dass Gudrun, ebenfalls in Erwartung einer Erklärung, den Hals reckte, doch im Gegensatz zu den Flamingos im Hannoveraner Zoo zeigten sich auf ihrer Stirn argwöhnische Falten. Ich antwortete mit der ersten Banalität, die mir über die Lippen kam. Der Grund dafür war, wenn mich meine Erinnerung nicht täuscht, dass ich keine Lust auf Ernsthaftigkeit hatte. Außerdem hatte ich schlecht geschlafen. *Das Dschungelbuch* und so. Die beiden Schwestern verständigten sich darauf, die Männer als seltsam abzutun. «Bist du seltsam?», fragte ich Kevin. Der Junge gab keine Antwort. Na ja, vielleicht doch, auf seine Weise, ohne den Scherz zu verstehen, doch immer noch lächelnd und mit sanftmütig verhangenen Augen die Lücke zwischen seinen Händen betrachtend. Gudrun hielt den Moment für gekommen, ihre Verbalattacken gegen Ingo wieder aufzunehmen. Seit der Fahrt in der Straßenbahn hatte sie davon abgesehen, und ich fing schon an, mir Sorgen zu machen. Jennifer rief mit mürrischer Miene, sie solle ihren Vater in Ruhe lassen. Ich betrachtete ihren Mund, der in großer Geschwindigkeit Widerspruch und bittere Vorwürfe ausspie. Da ich sie von der Seite sah, konnte ich leicht das Auf und Ab der vernickelten Kugel beobachten, die auf ihrer Zunge steckte. Ich hielt es für angebracht, meinen Kaffee und mein Stück Kuchen an den Tischrand zu schieben, damit sie nicht den bitteren Geschmack von Jennifers Vokabular annahmen. Niemand hatte gemerkt, welche Faszination inzwischen die Zuckerdose auf Kevin ausübte. Hätte Clara nicht eingegriffen, wäre deren ganzer Inhalt vermutlich in Kevins Schokomilch gelandet. Gudrun traten Tränen in die Augen. «Ich halte es nicht mehr aus», sagte sie, ganz heroische Mutter, verlassene Ehefrau, Sklavin ihrer Kinder, als ihre Schwester ihr in mitfühlender Solidarität die Hand auf den Unterarm legte. Ich tupfte mir unbemerkt ein Klümpchen Sahne auf die Nase. Über den Einfall mussten die beiden verfeindeten Frauen lachen. Die lautstarke Auseinandersetzung war damit beendet, das Quartett meiner Begleitung aß und trank schweigend, und ich betrachtete es. Und dann passierte mir das, was ich am Anfang dieses Absatzes angesprochen habe. Plötzlich durchzuckte mich ein Gefühl von Glück und Erleichterung darüber, keiner der Menschen zu sein, die mit mir am Tisch saßen. Einer meiner Verwandten zu sein, sein Schicksal zu erdulden, seine Gesichtszüge zu tragen; täglich in einem dieser Körper, in der bescheidenen Mietwohnung in der Podbielskistraße leben zu müssen, schien mir das größte Unglück. Clara zu sein, hätte auch ein paar Unbequemlichkeiten mit sich gebracht, von denen die häufigen körperlichen Beschwerden, ihre Neigung zu Schwermut, Stress im Beruf (der während unserer Reise ersetzt wurde durch die Angst vor literarischem Versagen) und vielleicht auch, nicht ganz so schlimm, hoffe ich jedenfalls, die tägliche Last, mit mir zusammenzuleben, nicht unerwähnt bleiben können. Ich musterte die Kellnerin in ihrer blau-weißen Uniform, den Herrn am Nebentisch mit einem von Schuppenflechte geröteten Ellenbogen, überhaupt die Leute in unserer näheren Umgebung, und kam zu dem Schluss, dass es im Moment keine schlechte Partie war, wohlverwahrt in meiner eigenen Haut zu stecken, auch mit all den Nachteilen, die es oft mit sich bringt, der zu sein, der ich bin. Ich weiß noch, dass ich bei diesen Gedanken eine Minute köstlicher Selbstverherrlichung erlebte.

Zu fortgeschrittener Stunde wurde zart an die Zimmertür geklopft. «Das ist nicht fair», sagte ich zu mir. «Gerade jetzt, wo der Junge mich schlafen lässt.» In der Dunkelheit vernahm ich eine flüsternde Stimme: «Maus, schläfst du schon?» Ich ließ sie noch vier- oder fünfmal klopfen, dann antwortete ich, dass ich tief und fest schlafe. Ich war versucht, Clara zu fragen, ob ein unwiderstehlicher Anfall von Lüsternheit sie zu mir trieb. Es war ungewohnt; aber obwohl Frauen allem Anschein nach nicht seltsam sind, kann man nie wissen. Der drängende Ton ihres Flüsterns sagte mir, dass dies kein Moment für Späße war. Clara bat mich, zu ihr auf den Flur zu kommen. In meiner tiefen Verschlafenheit verstand ich nur das Wort Polizei. Ich trottete hinter ihr her zur Küche, wo Licht brannte. Dort saß Gudrun in Unterwäsche am Tisch, pathetisch seufzend, barfuß. Kurz war ich versucht, sie darauf hinzuweisen, dass sie einen Hammerzeh hatte, schwieg jedoch, da ich annahm, dass sie das schon wusste. Die Uhr zeigte zwanzig Minuten nach drei. Ich wiederhole: Das war nicht fair. «Hast du das Telefon nicht gehört?» Ich hatte nichts gehört. Sobald ich wusste, was geschehen war, bot ich an, sie mit dem Auto zu fahren; allerdings nur, wenn die für den nächsten Vormittag geplante Fahrt mit Kevin nach Wilhelmshaven dafür ausfallen würde. In der heimlichen Hoffnung, dass meine Dienste nicht in Anspruch genommen würden, fügte ich hinzu, dass ich es für wenig verantwortungsvoll hielt, todmüde mit dem Jungen im Auto so viele Kilometer zu fahren. Eine derartige Zurschaustellung von Verantwortungsgefühl musste zwangsläufig zu einem positiven Ergebnis führen. Nein, sagten die beiden Frauen, sie würden schon selbst zum Krankenhaus fahren. «Seid ihr sicher? Es macht mir nichts aus, euch zu fahren.» Nein, ich solle ganz unbesorgt sein, sie hätten mich nur informieren wollen, damit Kevin und ich uns am Morgen nicht wunderten, die Wohnung leer vorzufinden. «Fahrt aber nicht los», sagte Clara, «bevor ich wieder da bin.» Gleich darauf begann meine Schwägerin, ungefähr den folgenden Monolog abzulassen: «Von dem Geld, das ihr Vater ihr ohne mein Wissen gibt, kauft sich die dumme Gans ihre Zigaretten und die ganze Kosmetik, Alkohol und den ganzen Dreck, den sie sicher schluckt. Ingo glaubt vielleicht, ich weiß nichts davon. An Kevin denkt er dabei nie. Jetzt liegt der schlechteste Vater der Welt sicher mit ruhigem Gewissen im Bett, und ich muss meinen Schlaf opfern, kann mich darum kümmern, meine Tochter abzuholen. Mich ruft die Polizei an, nicht ihn. Mich! Ich brauche doch auch meinen Schlaf, oder? Habe ich nicht auch ein ruhiges Leben verdient? Hört auf meine Worte, kriegt keine Kinder, genießt euer Leben!» Gleich darauf gingen die beiden sich anziehen und ich ins Bett. Ich muss auf der Stelle eingeschlafen sein, denn ich habe sie nicht mehr hinausgehen gehört.

Gegen acht am Morgen traf ich Clara mit verweinten Augen und Tee trinkend in der Küche an. «Wecke Kevin», sagte sie. «Es ist besser, ihr verschwindet, bevor die beiden zurückkommen.» Auf die Teekanne deutend, lud sie mich ein, mir Tee einzuschenken. «War der Beutel drei Minuten im Wasser?» Ab und zu stelle auch ich gern rituelle Fragen. «Maus, du kannst dich anstrengen, soviel du willst, heute bringst du mich nicht zum Lachen.» Mitdenkende Gattin, hatte sie daran gedacht, auf dem Rückweg vom

Krankenhaus Brötchen und Croissants einzukaufen. Während wir frühstückten, erzählte sie mir von den nächtlichen Umtrieben unserer Nichte. Nicht nur Jennifer, sondern auch ihre Freundin (den Namen habe ich vergessen) war ins Krankenhaus eingeliefert worden. Und da die andere offenbar schlank und zerbrechlich war, hatte der Alkohol bei ihr stärker gewirkt. «Alkoholvergiftung.» Clara flüsterte die Diagnose mit so geheimnisvoller Stimme, dass ich mich unwillkürlich umdrehte, um zu sehen, ob jemand an der Tür stand und uns belauschte. Ich halte gewöhnlich nichts von großen Gesten, aber ich bemühte mich: «Um Himmels willen! Und Jennifer?» Clara, die zweifellos das große Bedürfnis hatte, sich die ganze über Nacht angehäufte Anspannung von der Seele zu reden, antwortete mit mehr oder weniger diesen Worten: «Die ist ja dick und kräftig. Die hat nur alles von sich gegeben, was sie von sich geben konnte. Sicher ist sie bald wieder hier, durchsucht den Kühlschrank nach Essbarem und zankt sich mit Gudrun. Ich habe sie nicht gesehen. Wohl aber die Eltern der anderen; einen Herrn, an die zwei Meter groß, und eine vietnamesisch oder philippinisch aussehende Frau, die mir nicht mal bis zu Schulter reichte, und ich bin wirklich nicht groß. Ein Ehepaar jedenfalls, wie es früher mal Mode war, heute nicht mehr so, glaube ich. Er sprach davon, die Wirte vor Gericht zu bringen, die Schnaps für einen Euro verkaufen. So wird Alkoholismus unter Jugendlichen gefördert! Aber man kann nichts machen. Die dummen Gänse waren mit mindestens zwei Jungen über achtzehn zusammen, die an der Theke den Schnaps gekauft haben. Gudrun kann sagen, was sie will; aber der Polizist, der die Personalien aufgenommen hat, hat recht. Was haben zwei fünfzehnjährige Mädchen morgens um drei in einer Kneipe zu suchen? Der Vater der anderen hat angefangen herumzuschreien; aber der Polizist hat ihn abblitzen lassen und gesagt, vielleicht sollte das Jugendamt mal überprüfen, ob vernachlässigte Sorgfaltspflicht oder Einverständnis der Eltern im Spiel gewesen sei. Gudrun hat daraus geschlossen, dass man ihr das Sorgerecht wegnehmen will. So habe ich sie nicht mehr weinen sehen, seit wir Kinder waren.»

Um elf waren Kevin und ich schon im Dorf. Die Fahrt auf der Autobahn war ohne Zwischenfälle verlaufen, es gab kaum Verkehr, und wir hätten kein einziges Wort miteinander gewechselt, wenn ich nicht ab und zu auf Hannover 96 zu sprechen gekommen wäre. Der Junge konnte die Namen sämtlicher Spieler auswendig aufsagen, die tags zuvor im eigenen Stadion gegen Schalke 04 verloren hatten. Alle fünfzehn, zwanzig Minuten fragte ich ihn danach, dann zählte er sie mit monotoner Stimme auf, stets in der gleichen Reihenfolge, und zum Schluss die Spieler, die in der zweiten Halbzeit eingewechselt wurden. Auf diese Weise verschaffte ich mir das Gefühl, dass wir eine Unterhaltung führten. Als wir ankamen, packten wir beide das Auto aus. «Hilfst du mir?», fragte ich ihn. Er sagte weder ja noch nein, sondern packte einfach mit an. Danach trugen wir die Taschen und Koffer ins Auto, in die Clara und ich im Juli Kleidung und Schuhe für kältere Tage eingepackt hatten. Ich hätte gern ein bisschen mehr Zeit für den Garten gehabt; aber für die Erledigungen, mit denen Frau Schriftstellerin mich beauftragt hatte, und mit der Reparatur des verdammten Hexenbesens ging der ganze Vormittag drauf. Der Rasen reichte mir an einigen Stellen bis über die Knöchel. In dieser Hinsicht hätte ich aber ohnehin nichts unternehmen können, da Sonntag war und Lärm an Sonn- und Feiertagen in unserer Nachbarschaft unerwünscht war. Ich beschränkte mich darauf, die Knollen der Gladiolen auszureißen, die Gartenwege zu harken und ein bisschen Unkraut zu jäten, damit hatte es sich. Ein Jammer. Wie ich Clara in jenen heißen Sommertagen in Bremen schon sagte, hätte mir unsere Reise noch besser gefallen, wenn ich den Garten hätte mitnehmen können.

Frau Kalthoff lud uns zum Mittagessen ein. «Der Junge ist ein bisschen wortkarg, was?» Ich weiß nicht, ob sie das als Feststellung oder Frage formulierte; aber wie dem auch sein mochte, mir stand der Sinn nicht nach langen Erklärungen. «Kevin, sag Frau Kalthoff, welche Spieler von Hannover 96 gestern gespielt haben.» Und der Junge – in jeder Hand eine Krokette – leierte alle dreizehn Namen herunter. Unsere Gastgeberin erging sich in Lobesworten und warf mir dann einen verstohlenen Blick zu, der wohl bedeuten sollte, dass sie verstanden hatte, was immer es zu verstehen gab. Während sie den Tisch abräumte, ging ich ins Haus und schaute nach der Post. Wir hatten Frau Kalthoff gebeten, regelmäßig unseren Briefkasten zu leeren, doch als ich ihn öffnete, quollen mir Rechnungen und Prospekte entgegen. In dem Stoß Briefe, den sie mir übergab, befand sich einer von meinem Bruder; es war der letzte, den ich von ihm bekam, bevor wir anfingen, übers Internet zu kommunizieren. Er zeigte sich erstmals willens, mich für die Übersetzung deutscher Bücher zu bezahlen. Zwar nannte er keinen Betrag; aber ich freute mich über die Maßen, dass er eine Einigung auf Basis bezahlter Arbeit mit mir suchte. So macht Verwandtschaft Spaß!

Goethe döste dick, trübsinnig und uninteressiert auf seiner Decke. Er empfing mich, wie man keinen Freund empfängt. Er kam nicht angerannt, sprang nicht an mir hoch und legte seine Pfoten nicht auf meine Oberschenkel, als ich das Wohnzimmer betrat; er wedelte zur Begrüßung auch nicht mit dem Schwanz und machte sich nicht einmal die Mühe aufzustehen (war das denn zu viel verlangt?). Im Gegenteil; er blieb zusammengekauert liegen, wie er lag, und schaute mich genauso gefühllos an, wie er eine Spinne an der Wand hätte anschauen können. Alles, was er tat, war, ein Ohr aufzustellen und es gleich wieder sinken zu lassen, als er mich erkannte. In dem sicheren Gefühl, eine große Überraschung für ihn zu haben, hielt ich ihm das köstliche Naschwerk (so stand es auf der Packung, ich habe es nicht probiert) vor die Nase, das Clara mir für ihn mitgegeben hatte. *Goethe* beschnupperte es ohne jedes Interesse und verharrte in seiner halsstarrigen Apathie sogar noch, als ich ihm sagte, die Packung habe uns fünf Euro gekostet. In Wirklichkeit hatte sie einen Euro fünfundneunzig gekostet; aber was wusste er denn schon! Dann kam mir der Gedanke, dass er möglicherweise aus Schüchternheit oder Bescheidenheit die Leckerlis nicht annahm, und ich zwängte ihm eines zwischen die Zähne. Resigniert hielt er es fest. Kaum hatte ich mich einen Schritt entfernt, ließ er es zu Boden fallen.

Nach dem Essen nahm Kevin *Goethe* auf den Schoß. Sie bildeten ein harmonisches Paar, die beiden, bewegungslos im Sessel, ohne einen Ton von sich zu geben, beide mit halb geschlossenen Augen und mattem Blick. In derselben Haltung hockten sie nach einer halben Stunde immer noch da, als ich von meinem Nickerchen erwachte, das ich nicht hatte verhindern können. Ich fragte meinen Neffen leise, ob er mich schnarchen gehört habe. Der Junge verstand mich offensichtlich falsch, denn er fing wieder an, die Namen der Fußballspieler aufzusagen. Diesmal ließ ich ihn nur bis zu den Verteidigern kommen. Dann wiederholte ich meine Frage etwas lauter. Die einzige Antwort, die ich bekam, war ein Schulterzucken. Ich weiß nicht, was Frau Kalthoff dachte, als sie ihren Gast schlafend vorfand. Schlecht gelaunt, wie sie war, hätte ich jedenfalls nicht geglaubt, dass sie mir freundlich lächelnd eine Tasse Kaffee anbieten würde. Ich wollte wissen, ob der Tierarzt *Goethe* die gleichen Tabletten verschrieben hatte wie beim vorigen Mal. Sie zögerte kurz, bevor sie antwortete, er habe nichts verschrieben. Da war mir klar, dass sie vergessen hatte, mit dem Hund zur regelmäßigen Untersuchung zu gehen, genauso wie sie vergessen hatte, unseren Briefkasten regelmäßig zu leeren oder unseren Rasen zu schneiden. Clara hatte mir verboten, Frau Kalthoff zu verärgern, da wir auf ihre Hilfe keinesfalls verzichten konnten. Also verkniff ich mir, während wir Kaffee tranken, jeden Vorwurf. Auf ihren Wunsch hin erklärte ich ihr, ohne mich in Einzelheiten zu verlieren, unsere Reisepläne für die nächsten Wochen. Ich weiß nicht mehr, wie spät am Nachmittag ich mich für ihre Gastfreundschaft bedankte und ihr zum Abschied die Hand gab, überzeugt, dass wir uns nun längere Zeit nicht mehr sehen würden. Derselbe

Gedanke kam mir, als ich *Goethe* auf Wiedersehen sagte, der sich hinter Frau Kalthoffs Beinen verkrochen hatte. Manchmal jedoch greift das Leben mit unerwarteten Wendungen in unsere Planungen ein, und das werde ich beim nächsten Mal aufschreiben, da ich heute keine Zeit mehr habe.

Ich komme also zum Ende. In letzter Zeit habe ich nur die im City Center in Northeim gekauften Turnschuhe getragen; nicht, weil sie so bequem sind, sondern, um mich an sie zu gewöhnen, was mir zumindest bei dem linken noch nicht gelungen ist. An einer Seite der Innensohle gab es eine Naht, die manchmal ein nicht besonders schmerzhaftes, aber doch lästiges Brennen unter dem Ballen verursachte und nach ein paar Tagen eine gerötete Quaddel bildete. Anfangs maß ich ihr keine Bedeutung bei. Dann nahm die Schwellung, der Knoten oder was immer eine unbestimmte Form an, hätte sowohl eine Blase, eine Warze oder eine Hautverhärtung von der Größe etwa einer Erbse sein können. Und da sie auch immer farbloser wurde, glaubte ich, es könne nichts Ernstes sein. Nachdem wir uns von Frau Kalthoff verabschiedet hatten, ging ich mit meinem Neffen ins Haus zurück. Kevin blieb draußen und suchte im Garten nach Schnecken, die er auf dem Tisch des Gartenhäuschens in eine Reihe legte, und ich ging ins Haus, um zu duschen. So würde ich es nicht am nächsten Morgen in Gudruns Wohnung tun müssen, bevor ich meine Reise mit Clara fortsetzte, und wo man manchmal warten musste, bis das Bad frei wurde. Beim Abtrocknen drückte ich auf die Stelle am Fuß, die nach dem Duschen aufgeweicht war. Zuerst drückte ich vorsichtig, und als ich keinen Schmerz spürte, drückte ich stärker, ohne dass das Ding aufplatzen wollte. Dann nahm ich einen der Reißnägel, mit denen wir Zettel ans Schwarze Brett in der Küche hefteten. Ich weiß, ich weiß. Immer wenn ich mir diese Gedankenlosigkeit in Erinnerung rufe, höre ich auch Claras scheltende Stimme. Ich frage mich immer noch, wie es passieren konnte, dass ich nicht daran dachte, die Spitze über eine Flamme zu halten. Was ich in solchen Situationen eigentlich immer tue ... Nach drei oder vier Einstichen hatte ich aus der Quaddel noch kein Tröpfchen Eiter herausgepresst. Ich suchte nach Jodtinktur. Das heißt, inmitten all meiner Dummheit besaß ich noch einen Rest von gesundem Menschenverstand. Aber die Jodtinktur war natürlich nirgends zu finden, und ich sah weit und breit kein anderes Desinfektionsmittel als mein *after shave*, das meines Wissens Alkohol enthielt. Den Rest dieses verunglückten Einsatzes erzähle ich ein andermal. Alles, was ich heute noch zu Papier bringen will, ist mein Anruf zwischen vier und fünf Uhr nachmittags, bei dem ich Clara den Vollzug aller Aufträge meldete, die ich für sie erledigen sollte. Ich log: «Und ich habe nichts zerbrochen.» Ich sagte, in einer Viertelstunde würden wir losfahren, und fragte sie, ob ich ihr noch etwas mitbringen solle, das mir aufzutragen sie vielleicht vergessen hatte. «Es ist deine letzte Gelegenheit. Denk daran, dass wir längere Zeit nicht mehr nach Hause kommen.» Sie ermahnte mich nur, nachzusehen, ob alle elektrischen Geräte ausgeschaltet waren. Und in düsterem Ton erklärte sie mir zuletzt, ich bräuchte mich mit der Rückfahrt nicht zu beeilen. «Du kannst dir vorstellen, was für eine Stimmung hier herrscht», sagte sie. «Wenn du gegen neun in Hannover bist, reicht das völlig.» Damit verabschiedeten wir uns, ich schloss das Haus ab und fuhr mit Kevin zum Hafen, um ihm, wie versprochen, Schiffe zu zeigen.

27

Sonntagabend erfuhr ich, dass wir vor Mittwoch keine Unterkunft auf Rügen finden würden. «Und was machen wir jetzt, Mäuschen?» Zwei Tage zuvor hatte sie mir mitgeteilt und dabei ihre organisatorischen Fähigkeiten hervorgehoben, dass sie alles, was unsere weitere Reise betraf, geregelt hatte. Doch während ich mit meinem Neffen in Wilhelmshaven war, erfuhr sie bei einem Telefonat, dass sie bezüglich des Ankunftstages und der Zeit der Schlüsselübergabe die Frau, die uns die Wohnung in Bergen vermietete, falsch verstanden hatte oder diese sie falsch verstanden hatte. Da mir auf die Schnelle keine Lösung einfiel, schlug Clara vor, unseren Aufenthalt in Hannover um zwei Tage zu verlängern. Sie argumentierte, wenn wir es einen Monat in der Wohnung ihrer Schwester ausgehalten hätten, fänden wir bestimmt noch die Kraft, es ein wenig länger zu ertragen. Ich konnte mich des Verdachts nicht erwehren, dass sie sich in der Pflicht sah, die Vermittlerrolle zwischen ihrer Schwester und ihrer Nichte weiterzuspielen, und in der Hoffnung, ich möge sie aus dieser Zwangslage befreien, ihren Vorschlag so wenig überzeugend wie möglich formuliert hatte.

Ich antwortete, meine Kraft sei schon am Tag unserer Ankunft erschöpft gewesen, und wenn es keine andere Möglichkeit gäbe, als zwei weitere Tage mit der Verwandtschaft unter einem Dach zu verbringen, würde ich im Park übernachten. Zweifellos hatte Clara genau das von mir zu hören erwartet. Wir verständigten uns sofort dahingehend, früh am kommenden Morgen abzureisen. Unterwegs würden wir schon passende Übernachtungsmöglichkeiten finden. Um sie aufzuheitern, prophezeite ich ihr denkbare Abenteuer, die literarisch verwertbar wären. «Vielleicht übernachten wir in einem geheimnisvollen Schloss», sagte sie mit vor Begeisterung geweiteten Augen. «Jede Unterkunft ist besser als diese Wohnung», flüsterte ich ihr ins Ohr. Am Montag fiel es mir schwer, mich mit Kevin zum letzten Mal abzuklatschen; aber es half nichts. Von Gudrun verabschiedete ich mich mit einer schlaffen Umarmung, mit der man der Höflichkeit Genüge tut. Jennifer bekam ich gar nicht zu Gesicht.

Kaum waren wir auf der Autobahn, in Höhe des Flughafens, bat Clara mich, auf dem Standstreifen anzuhalten. Ich vermutete einen Migräneanfall, der sie zwang, sich ihres Mageninhalts zu entleeren; aber nein. Das Gesicht den Bäumen zugewandt, stand sie ungefähr zehn Minuten lang nur da und weinte. Ich beobachtete sie im Rückspiegel. In dieser Zeit sah ich ein Flugzeug über uns landen und ein anderes starten. Sie flogen so tief über uns hinweg, dass ich ohne weiteres den Namen der Fluggesellschaft lesen konnte, zu der sie gehörten. Es fing gerade an, Spaß zu machen, die startenden und landenden Maschinen zu beobachten, da kam Clara zurück, und wir setzten unsere Fahrt schweigend fort. Eine ganze Weile später, schon hinter Soltau, sagte sie: «Das arme Dummchen hat ihre Handtasche verloren oder sich klauen lassen.» «Die weiße?», fragte ich ohne jede Ironie, Ehrenwort, nur um mich zu vergewissern, ob Clara mit mir sprach oder ein halblautes Selbstgespräch angefangen hatte. «Die du, ich weiß nicht, warum, so abscheulich fandest. Darin hatte sie alle Ausweispapiere, das

Mobiltelefon, den MP3, den ich ihr in Hameln gekauft habe, und ich weiß nicht was noch alles an Wertgegenständen. Ich habe ihr gesagt, dass ich die Einladung, uns nächsten Sommer im Dorf zu besuchen, aufrechterhalte, unter der Bedingung allerdings, dass sie ihr Verhalten ändert und ihre Schulnoten besser werden. Meine Schwester ist am Boden zerstört. Sie sagt, sie geht jeden Tag an der Stelle vorbei, wo unsere Mutter unter die Straßenbahn gekommen ist, und sie sei oft versucht, über die Schienen zu gehen, ohne nach links und rechts zu gucken.» «Das hat sie zu dir gesagt?» «Ja, ganz zu schweigen von dem, was sie mir gestern erzählt hat. Dir ist sie sehr dankbar. Ihrer Meinung nach bist du wie ein Vater zu Kevin gewesen; der einzige, den der Junge bisher gehabt hat, der dieses Namens würdig ist. Und sie glaubt, dass du kalt und distanziert zu ihr bist wegen dem, was am Fenster zwischen euch war.» Ich ging sofort vom Gas. Diese Sache bedurfte einer Erklärung. In einem fremden Haushalt den Vater zu spielen, ist eine Sache; den Ehemann aber, eine ganz andere. Clara ließ mich gar nicht zu Wort kommen. «Du brauchst dich nicht zu rechtfertigen, ich weiß, dass du keine Schuld daran hast. Du kannst meine Schwester kritisieren, wie du willst; aber du wirst kaum härtere Worte für sie finden als die, die sie gestern selbst über sich gesagt hat. Maus, meine Schwester fühlt sich einsam. Das muss man doch verstehen.» «Deine Schwester braucht einen Kerl, der es ihr richtig besorgt. Das braucht deine Schwester. Verstehst du? Klar, um das hinzubekommen, bräuchte es schon einen Stromausfall in der Stadt, oder sie müsste einen Blinden verführen. Also, das musste mal gesagt werden, und ich habe es gesagt.» «In Ordnung, Mäuschen, bei mir musst du ja nicht subtil sein. Der Primat in dir hat vielleicht recht; aber im Moment wäre es mir lieber, du konzentriertest dich auf die Straße. Zufällig möchte ich nämlich noch ein bisschen leben; zumindest so lange, bis ich mit dem Buch fertig bin.»

Es war so gegen halb elf vormittags, als wir Lübeck erreichten. Blauer Himmel, angenehme Temperatur und so weiter. Ich fuhr das Auto, so nah es ging, an die Altstadt heran, die mir im Nachhinein als eine von einem stillen Fluss umgebene Anhäufung von weißen Fassaden und Backsteinhäusern erscheint, von denen trotz des Krieges noch eine ganze Reihe aus früheren Jahrhunderten da stehen, obwohl deren Erbauer von der Verwendung des Lots nicht viel gehalten haben. Hier und dort wurde das Häusergewimmel von den grünen Spitzen mehrerer Kirchtürme überragt, jeder mit seinem eigenen Namen, den wahrscheinlich jeder kennt, der nicht im Unwissen darüber ist. Ich nehme an, ein richtiger Schriftsteller würde das Bild mit einigen hübschen Metaphern ausschmücken; doch ich, der ich diese Fähigkeit weder besitze noch anstrebe, bin heute Morgen ohne große Lust auf Literatur aufgewacht. Die Lübecker Innenstadt kam uns noch einigermaßen bekannt vor, weil wir ihr vor einigen Jahren schon einmal für vier oder fünf Stunden einen Besuch abgestattet hatten. Damals hatte Clara ihre Migräne in einer Spezialklinik in Kiel behandeln lassen. An einem Sonntag im Winter besuchte ich sie auf ihren Wunsch, und wir unternahmen einen Ausflug nach Lübeck, der Königin der Hanse, Wiege des Marzipans, der Gebrüder Mann und vieler anderer Kuriositäten, denen heutzutage die Aufgabe zufällt, Touristen anzulocken. Zur Mittagszeit schlenderten wir ein Weilchen über die Breite Straße und zwei oder drei Nebenstraßen, in denen es ebenfalls Schaufenster anzuschauen gab, und nach dem unvermeidlichen Stück Torte im Café Niederegger fuhren wir wieder zurück. Der kurze Besuch reichte nicht aus, um die Stadt gründlich kennenzulernen. Wohl hingegen half er, uns bei unserem zweiten Besuch, der im Prinzip auch nicht länger als ein paar Stunden dauern sollte, zu orientieren; doch dann nahmen die Dinge – wie das ja gern passiert – einen ganz anderen Verlauf.

Auf der Puppenbrücke herrschte ziemlicher Verkehr, als wir die Straße überquerten. Ich war besonnen genug, mich nicht nach den berühmten Hinterbacken des steinernen Merkurs umzudrehen. Ich muss also zugeben, dass ich beim Eintritt in die historische Altstadt die erste Pflicht eines jeden Touristen, der etwas auf sich hält, missachtete. Zu meiner Entlastung kann ich anführen, dass es nicht mein größter Ehrgeiz ist, bei einem Verkehrsunfall ums Leben zu kommen. Ob das kennzeichnend für meinen Charakter ist? (Aber ach, habe ich etwa Charakter?) Am Ende der Brücke, schon mit Blick auf das Holstentor, bogen wir links ab und hielten ein kurzes Stück weiter auf einem Parkplatz, auf dem wir für nur fünf Euro das Auto den ganzen Tag stehen lassen konnten. Daneben erhob sich das moderne und vielleicht elegante Gebäude des Radisson Senator Hotels. Es besteht aus drei nebeneinander ausgerichteten Gebäudeteilen; wie Schiffe, die darauf warten, auf der Trave zu Wasser gelassen zu werden. Frau Schriftstellerin eilte wegen eines Bedürfnisses, auf das ich nicht näher eingehen möchte, durch die Drehtür ins Innere. Als sie zurückkam, nachdem sie sich entleert hatte (huch, jetzt ist es mir doch herausgerutscht), baten wir die Rezeptionistin um einen Prospekt. In der Zeit hatte Clara schon ein halbes Dutzend begeisterte Sätze über die riesige Hotelhalle von sich gegeben. Mit einem rührenden Bemühen – denn niemandem konnten die Blitze ihres Fotoapparats entgehen – um Unauffälligkeit, fotografierte sie das Mobiliar. Sie war entschlossen, die Protagonisten ihres Buches so viele Nächte in diesem Hotel verbringen zu lassen, wie es nötig war, was ja auch nichts kostet. Das sind die Vorteile, wenn man eine fiktive Person ist. Was uns betraf, entschieden wir uns, als wir die Preise erfuhren, unserer Natur als wirkliche Menschen gemäß, eine preisgünstigere Unterkunft zu suchen. Als ich hörte, welche Zimmerpreise gefordert wurden, dachte ich zuerst, sie würden verkauft. Nachdem ich meinen Irrtum erkannt hatte, wies ich Clara auf einen Punkt im Prospekt hin und sagte: «Sieh mal, für dreizehn Euro könnten wir in der Garage übernachten. Und wir müssten nicht einmal lügen, wenn wir vor unseren Freunden damit angäben, im Lübecker Radisson übernachtet zu haben.»

Die historische Altstadt betraten wir durch das Holstentor, das

Wahrzeichen der Stadt. Wer einmal einen Geldschein von früher in der Hand gehalten hat, erinnert sich an die zwei dicken Backsteintürme mit den spitzen Dächern und der zentralen Giebelfront auf den Fünfzigmarkscheinen. Und so gut erhalten! Glückwunsch. Beim Anblick des berühmten Bauwerks am Ende eines unbefestigten Weges, schlug ich Clara vor, den Mut zu beweisen, es nicht in ihrem Buch zu erwähnen. In bester Absicht wies ich sie auf den Gemeinplatz hin, den es darstellte, ihre Protagonisten durch dieses vorhersehbare Gebäude nach Lübeck eintreten zu lassen. Ich glaube, ich fand weder den richtigen Ton noch die richtigen Worte. Lächelnd entgegnete sie: «Bist du es nicht, der sich immer für die freie Wahl des geschriebenen Wortes starkmacht? Und jetzt willst du diese meine Freiheit beschneiden, indem du mir sagst, was ich schreiben soll und was nicht?» Eifersüchtig auf ihre Unabhängigkeit bedacht, verfertigte sie hastige Einträge in ihrem Notizbuch. Vergebens hielt ich Ausschau nach Dingen in unserer näheren Umgebung, die es wert gewesen wären, in solcher Eile festgehalten zu werden. Ich machte einen langen Hals, um mich zu vergewissern, dass sie tatsächlich schrieb, da ich den Verdacht nicht loswurde, sie mache sich über mich lustig mit ihrer provokanten Gelassenheit und der penetranten Art, mich zu ignorieren, während sie vorgeblich in ihre Arbeit versunken war oder wie immer man das nennt, was eine bestimmte Art von Schriftstellern gern in der Öffentlichkeit zelebrieren. «Stör mich jetzt nicht», sagte sie, als sie meinen Atem an ihrem Ohr spürte. Ich erkannte, dass dies eine Gelegenheit war, meine Eindrücke mit mir selbst auszutauschen. Und so, dass sie zwangsläufig zuhören musste, stellte ich mir die Frage, ob ich nicht auch glaube, dass ein Mangel an Originalität und künstlerischem Willen zwangsläufig dazu führe, einen Gebrauchstext für einen Reiseführer zu verfassen anstatt ein Werk mit literarischem Anspruch. Und ich zögerte nicht, mich mit meiner Meinung einverstanden zu erklären. Clara hörte auf, sich taub zu stellen, und sagte: «Mäuschen, ich muss ein paar Zeilen über das Holstentor schreiben. Es nicht zu tun, wäre, wie über eine Reise zum Pol zu schreiben und kein Wort über das Eis zu verlieren.» «Wenigstens wirst du notiert haben, dass es zwei Türme sind?» «Und wenn ich drei schreibe, wäre das nicht mutig, gewagt und avantgardistisch?» «Gut, aber zumindest wird dir aufgefallen sein, dass die Türme etwas schief sind, vor allem der linke?» Wir waren mittlerweile an dem Durchgang angelangt, durch den man durch das Gebäude hindurchgeht. Zwischen der Torwölbung und dem ersten Fries war eine Inschrift in goldenen Lettern angebracht: *Concordia domis foris pax.* In bester Absicht übersetzte ich es in unsere Barbarensprache. Clara ließ mich wissen, dass sie die Botschaft schon verstanden habe. Sie fügte hinzu: «Bevor wir durch diesen Tunnel (sic) gehen, schlage ich vor, dass wir uns versprechen, diese Mahnung zu beherzigen und, anstatt uns gegenseitig auf die Nerven zu gehen, uns während des ganzen Aufenthalts in dieser Stadt weder zu streiten noch zu ärgern.» Nachdem wir uns darauf geeinigt hatten, versicherte ich ihr, dass Lübecks Backsteine noch nie einen friedfertigeren Menschen gesehen hätten als mich. Und um gleich den Beweis anzutreten, drückte ich ihr einen Kuss mitten auf ihr Lächeln.

Wir kamen auf eine Brücke, von der aus man einen herrlichen Blick über den Fluss hatte. Wir blieben stehen und fotografierten ein paar Schiffe. Ohne erkennbaren Grund, vielleicht aus einer plötzlichen Gemütsbewegung heraus, schlang Clara ihre Arme um mich, pochte danach mit dem Zeigefinger gegen meine Brust und sagte: «Damit du es weißt, Mäuschen, manchmal bin ich dir für deine Provokationen und Trotzreaktionen direkt dankbar. Und du wirst sehen, was für eine makellose Seite ich über die Holstenbrücke schreiben werde.» Und es stimmt, sie hat sich dabei selbst übertroffen. Zum Teil, glaube ich, weil sie dem bekannten Monument genau die richtige Zahl von Zeilen widmet, in einem gemessenen und sogar schmucklosen Ton geschrieben, ohne jeden lyrischen Anspruch und ohne übertriebene Gelehrtheit. Und zum

Teil wohl auch wegen eines guten Einfalls, den sie hatte. An dem Tag, an dem sie diesen Absatz schrieb, erinnerte sie sich nämlich daran, dass zu beiden Seiten der Treppe vor dem Holstentor zwei lebensgroße Löwen aus Metall lagen, von denen einer schläft und der andere seinen Artgenossen fest im Blick hat. In ihrem Buch träumt Clara, dass sie auf dem Rücken des Ersteren sitzt. Und aus dieser ungewohnten Perspektive beschreibt sie, was sie sieht. Mit einem Mal erwacht der Löwe, erhebt sich, und nachdem er seine Glieder aus gegossenem Eisen gestreckt und gähnend das Maul aufgerissen hat, trägt er die Frau mit schlaftrunkenen Schritten in die Innenstadt. Als ich diese Passage gelesen hatte, beglückwünschte ich Frau Schriftstellerin, wie ich es immer tue, diesmal jedoch aus besserem Grund.

Schon auf der ersten Straße in der historischen Altstadt (Weltkulturerbe und so) traf mein Hunger auf einen McDonald's, dem eine wohlriechende Hitze entströmte, ich weiß schon, was ich meine, und obwohl längst noch nicht die Zeit war, zu der wir gewöhnlich unser Mittagessen einnahmen, wagte ich vor dem Eingang des Lokals, meinem Wunsch Ausdruck zu verleihen, dass ich mir drinnen gern eine kleine Stärkung einverleiben würde. Ich bin kein dankbarer Besucher von Kirchen und Museen, wenn ich nicht gut gegessen habe. Clara, die Fastfood und Plastikeinrichtung verabscheut, lehnte mein Ansinnen mit der Begründung ab, dass ihr dadurch wertvolle Minuten für ihre literarische Dokumentation verlorengingen. Apropos Minuten, erinnerte ich sie daran, dass wir ihretwegen einige davon im Radisson verschwendet hatten. Ja, aber das sei einem dringenden Bedürfnis geschuldet gewesen. «Wenn es darum geht», erwiderte ich, «braucht der Körper das Aufnehmen so dringend wie das Entleeren.» Ich solle bitte leiser sprechen. Mit einer beschwichtigenden Geste zog ich in Zweifel, dass ich geschrien hatte. Die ganze Stadt könne mich doch hören. «Also gut», sagte ich, «ich verzichte auf den Hamburger mit Käse, der nur einen Euro kostet und auf den man nicht einmal warten muss, weil er schon warm gehalten wird. Aber eines muss klar sein, ich ertrage den Hunger nicht freiwillig, sondern nur, weil das Friedensversprechen, das ich dir gemacht habe, mich dazu zwingt. Ab jetzt kannst du mich als Opfer der Literatur betrachten, insbesondere deiner Literatur.» Ah, nein, nein, nein, auf keinen Fall, jetzt bestand sie darauf, dass ich in den McDonald's ging und mit meinem «fetten Hamburger» glücklich wurde. Ich geh da nicht rein, du gehst da rein, und da ich von Natur aus nachgiebig bin, erklärte ich mich schließlich einverstanden hineinzugehen, nur weil sie darauf bestand, und ging hinein. Wieder auf der Straße, stibitzte sie mir fünf oder sechs Pommes frites. Aus einem Mundwinkel heraus, während sie mit dem anderen kaute, sagte sie, sie helfe nur, weil es sie nervös mache, mich essen zu sehen.

Wenig später erlebten wir etwas Ungewöhnliches. Vielleicht liegt ein Körnchen Wahrheit in der Annahme, dass nicht alles im Leben nur auf Chemie und Physik beruht. Wie auch immer; an Wunder glaube ich erst, wenn sie geschehen. Unseres geschah folgendermaßen: Clara und ich waren auf dem Weg zur Marienkirche, da Frau Schriftstellerin nicht auf das kindische Ritual verzichten wollte, die steinerne Maus dort zu streicheln. Zu diesem Zweck überquerten wir den malerischen Marktplatz, Lübecks Stolz, auf dem sich das Rathaus befindet und auch ein paar Schandflecke moderner Architektur nicht fehlen. Hinter dem Rathaus ragten die spitzen Türme der Kirche bis in schwindelnde Höhen. Die Kirche ist rot, mit Mauern aus Backstein, Strebebögen aus Backstein, allem aus Backstein. Ich frage mich, ob sie für Gläubige mit Backsteinseelen gebaut worden ist. Zur Kirche gelangt man durch eine kurze dunkle Passage, die an einer Ecke des Platzes beginnt. Drinnen, den Blicken der Vorübergehenden verborgen, es sei denn, man steht direkt davor, entdeckten wir ein Antiquariat. Clara blieb stehen, um sich die Auslagen anzusehen. Ich ging weiter bis ans Ende der Passage. Ich habe keine Vorliebe für gebrauchte Bücher. Bücher sind für mich wie Unterwäsche. Mir missfällt der

Gedanke, dass sie vor mir ein anderer in Gebrauch gehabt hat. Manchmal niese ich über den gebrauchten Seiten, manchmal fällt mir ein Tropfen ... Nun, ich will mich nicht in Vermutungen über Missgeschicke ergehen, die manche Menschen beim Lesen ereilen. Bei diesen Gedanken drehe ich mich um, und was sehe ich? Ich sehe Clara, die mich lebhaft zu sich heranwinkt. Und mehr als winken sieht es aus, als würde sie an einem unsichtbaren Seil ziehen, das mir um den Hals gebunden ist. Offenbar wollte sie mir etwas zeigen, das ich aber in einer vor der Wand angebrachten Vitrine selbst entdecken sollte. Etwa fünf Schritte vorher erkannte ich den Buchumschlag. «Mäuschen, weißt du, was?» «Hast du ein interessantes Buch gefunden?» «Ich habe nicht ein Buch gefunden, ich habe das Buch gefunden.» Ich richtete meine Aufmerksamkeit auf einen Punkt etwas neben der Stelle, auf die sie zeigte. Ich gab mich überrascht, begriffsstutzig, unbesonnen. «Du wirfst dich weg vor Begeisterung für eine *Geschichte der skandinavischen Literatur*? Ich entdecke immer neue Seiten an dir.» «Du bist gemein! Glaubst du, ich hätte nicht gemerkt, dass du es längst gesehen hast? Ich habe dich gerufen, weil du mir einen Gefallen tun musst.» «Hey, dein Buch!» Ich solle hineingehen und es kaufen. «Du willst dein eigenes Buch lesen?» Sie begann, die Geduld zu verlieren, ihre Stimme bekam einen beleidigten Klang, ich versuchte, ihre bösen Geister mit einer vor Ort gültigen Beschwörung zu besänftigen: *Concordia domi foris pax.* «Der Buchhändler», sagte sie, «könnte mich nach dem Foto auf dem Buchumschlag erkennen.» «Und was macht es aus, wenn er dich erkennt? Du solltest dich ruhig ein bisschen in Berühmtheit üben für den Fall, dass du einmal eine solche sein wirst. Sonst weißt du nicht, wie du dich verhalten sollst, wenn du eines Tages hörst, wie sich die Leute, denen du auf der Straße begegnest, deinen Namen zuflüstern.» «Maus, ist es so schwer für dich zu begreifen, dass ich nicht mein eigenes Buch kaufen will?» Ich riet ihr, sich die Sonnenbrille aufzusetzen. Sie aber wollte nichts mehr hören, wandte sich brüsk von mir ab und betrat entschlossenen Schritts die Buchhandlung. Eine halbe Minute später sah ich sie wieder herauskommen, lächelnd und mit dem Buchhändler plaudernd, einem älteren Herrn mit langen grau melierten Haaren, spärlichem Bart und hängenden Schultern. Die beiden gingen an mir vorbei, als wäre ich gar nicht da. Sie nahmen das Buch aus der Vitrine, gingen in den Laden zurück, und ich hinterher. Entschlossen, mich bemerkbar zu machen, fragte ich den Buchhändler, als er Claras Buch in eine Plastiktüte steckte, ob er es gelesen habe und was er davon halte. Darauf antwortete er sehr selbstbewusst, dass meine Frau sich ihm bereits als Autorin des Romans vorgestellt habe. Mir war, als sähen die beiden mich an und hätten schon einen Heidenspaß, mich jeden Moment erröten zu sehen; den Gefallen wollte ich ihnen aber nicht tun.

Schon das Portal der Kirche vor Augen, entdeckte Clara in ihrem Buch eine mit Kugelschreiber und in schöner Schrift geschriebene Widmung: *Für L mein kleines Herz voller Liebe.* Unterschrieben war sie nur mit einem H. Vielleicht irre ich mich bei den Initialen, aber beim Rest bin ich mir sicher. Der Gedanke, ihr Buch hätte in Form eines Geschenks dazu beigetragen, eine Liebesbeziehung zwischen zwei Menschen zu initiieren oder zu festigen, rührte Clara. Sie begann sogleich, Vermutungen über die Namen anzustellen, die sich hinter den Initialen verbargen, und dann über Alter, Geschlecht und Charakter dieser Personen nachzugrübeln. Im Verlauf ihrer romantischen Überlegungen fand sich auch der Gedanke zu einer möglichen Erzählung und sogar eines Romans, wie sie sagte und sogleich in ihrem Notizbuch festhielt. «Wäre das nicht eine reizende Geschichte?», fragte sie. In meinen Zügen zeichnete sich offenbar ein wenig zuversichtlicher Gesichtsausdruck ab, denn gleich fügte sie hinzu: «Antworte lieber nicht.» Da war mein Mund aber schon voller Wörter, und kaum hatte ich die Lippen einen Spalt geöffnet, da sprangen sie auch schon hinaus ins Freie. Ich hörte mich sagen, in Anbetracht des Ortes, an dem wir den Roman gefunden hatten, hielte ich es für sehr wahrscheinlich, dass die leidenschaftliche Liebe zwischen L und H (oder zwischen H und L) mittlerweile erloschen war. «Ich wette, er hat geschnarcht», fügte ich hinzu. Clara seufzte, verdrehte die Augen und steckte das Buch wieder in die Tüte. «Ich sehe schon», sagte sie, «wir haben einen schweren Tag vor uns.» Mir erschien es unpassend, sie mit folgender Hypothese zu konfrontieren: Der Empfängerin oder dem Empfänger des Geschenks war nichts anderes übriggeblieben, als das Liebeswerben ihres Verehrers oder seiner Verehrerin zu beenden, nachdem sie/er das ihr/ihm gewidmete Buch gelesen hatte.

Wir betraten die Marienkirche im Gefolge einer Touristengruppe und waren fest entschlossen, die versteckte Maus zu finden. Der Volksglaube besagt, dass dem, der sie berührt, das Glück hold ist. Ob das christlich ist, weiß ich nicht; aber offensichtlich fördert es die Spendenbereitschaft und die Bereitwilligkeit der Leute, Postkarten und Andenken in dem Souvenirladen zu kaufen, auf den man trifft, sobald man die Kirche betritt. Clara hatte in einem Prospekt gelesen, wer nicht die Maus in der Marienkirche gesehen habe, könne nicht behaupten, wirklich in Lübeck gewesen zu sein. Wir erwarteten eine nicht ganz einfache Suche. In den drei Kirchenschiffen gibt es reichlich Ecken und Winkel, so groß, wie sie ist. Von einem plötzlichen Spieltrieb beflügelt, schlug ich vor, jeder von uns solle ein Seitenschiff absuchen, sie das rechte und ich das linke, oder umgekehrt, und am Ende sollten wir uns im Mittelschiff treffen, um das Ergebnis unserer Suche zu besprechen, woraufhin Frau Schriftstellerin entgegnete, wir seien nicht zum Detektivspielen in die Kirche gegangen. Sie entschied, dass wir in der Nähe der Touristengruppe blieben, sie selbst mit dem Rücken zum Fremdenführer, aber so nah, dass sie seine Erklärungen hören und in ihr Notizbuch übertragen konnte, während sie scheinbar Ornamente und Details studierte. So gut wie alles Wissen, das sie später in ihrem Buch über die Marienkirche zum Besten gibt, ist auf diese Weise zustande gekommen: das von den am Boden zerschellten Glocken nach dem Bombenangriff von 1942, der einen Feuersturm über der Stadt entfachte; das von der Orgel, das von der astronomischen Uhr sowie das von mehreren anderen Dingen, die sie in dem entsprechenden Kapitel erwähnt, als hätte sie alles selbst herausgefunden.

Mir gefiel die Lübecker Marienkirche mit ihren hohen Säulen und ihren mit roten und grünen Pflanzen und Vögeln auf weißem Grund bemalten Decken, den Strömen von Licht, die durch die großen Spitzbogenfenster hereinfallen, und anderen architektonischen Ausschmückungen, die mir im Einzelnen entfallen sind, mich an jenem Tag aber beeindruckt haben, von innen viel besser als von außen. Was die Maus anging, brauchten wir bloß der Touristengruppe zu folgen, um sie in einem Chorumgang zu entdecken. Ich glaube, wenn wir aufmerksam gesucht hätten, hätten wir sie auch ohne Hilfe gefunden, denn obwohl sie klein ist und ein wenig versteckt, springt einem ihre schmutzig schwarze Oberfläche ins Auge, die daher rührt, dass sie unentwegt von Besuchern angefasst wird. Auf einem etwa in Brusthöhe in die Wand eingelassenen und in Sandstein, glaube ich, gehauenen Relief waren zwei Szenen aus dem Leben Christi abgebildet. Die linke davon stellte das letzte Abendmahl dar. Das Ganze war von einem aus demselben Stein gemeißelten Rankenwerk von unbestimmter Farbe zwischen weiß und grau eingefasst, in dessen unterer linker Ecke der dunkle Fleck zu sehen war. Man musste schon auf mindestens einen Meter herangehen, um die Maus in diesem Schmutzfleck zu erkennen. Die Maus knabberte an der Wurzel eines angeblichen Rosenstrauchs, einer Pflanze jedenfalls, die bis zur Oberkante des Reliefs rankte. Dass es sich um einen Rosenstrauch handelte, habe ich in einem Buch über Lübeck gelesen; aber ich könnte schwören, dass Eicheln davon herabhingen. «Maus, du willst mir doch nicht weismachen, dass du mehr davon verstehst als der Experte, der das Buch geschrieben hat?» Ich deutete an, dass der Rosenstrauch sich am Stamm einer Eiche emporranken könnte. «Ja, so wird es gewesen sein, Maus. Und hinter der Eiche – jetzt fällt's mir wieder ein – stand eine neun Zentner schwere Kuh, die man nicht sehen konnte, weil die Eiche davor war.» Das waren ihre Worte. Einen Moment lang wusste ich nicht, ob ich mich zu Scheidung oder Lachen entschließen sollte. Aber das Abendessen wartete, draußen regnete es, also lachte ich, und Clara – stolz auf ihren Witz – lachte mit. Das war einige Monate nach unserem Besuch in Lübeck. Damals warteten wir darauf, dass die Touristen ihren Rundgang wieder aufnahmen und wir mit der Maus allein sein konnten. Clara streichelte sie behutsam, ja zärtlich, als fürchte sie, die wohltuende Wirkung des Rituals zunichtezumachen, wenn sie die Maus erschreckte. Ich hingegen rieb mit meinen Pommes-Fettfingern schonungslos über den rauen Stein und prüfte seine Beschaffenheit und Qualität sogar mit dem Fingernagel. Frau Schriftstellerin prophezeite mir, das Mäuschen werde sich rächen. Wer weiß, ob es diese Rache nahm, indem es nachts aus der Kirche schlich und mir im nahen Hotel, während ich schlief, in die Fußsohle biss, ohne dass ich davon etwas merkte. Vielleicht sollte ich dem Arzt diese Hypothese zur Kenntnis bringen.

Draußen vor der Marienkirche stießen wir auf eine Bronzefigur. Sie stellte ein nacktes Teufelchen dar, etwas größer als ein Kind, ausgestattet mit Hörnern, einem kräftigen Schwanz und einem unbedeutenden männlichen Auswuchs zwischen den Beinen. Es saß auf einem unbehauenen Granitblock und strich sich lächelnd den Bart. Der mehrere Meter lange Felsblock befand sich an der Außenwand der Kirche und bildete eine Art Sockel. Obwohl er nicht besonders hoch war, reichten die Füße des Teufelchens nicht bis auf die Erde. Um genau zu sein, der Fuß und der Pferdehuf, den es hatte und den ich, hätte ich gewusst, was mich in den Wochen danach erwartete, leicht als böses Omen hätte sehen können. Hinter der Figur waren an der Backsteinmauer zwei Informationstafeln angebracht, die auf Deutsch und Englisch die Legende wiedergaben, von der ich nur noch weiß, dass ein gewitzter Einwohner, dem der Pferdefuß des Fremden aufgefallen war, diesen überredete, den Maurern bei der Arbeit zu helfen, die angeblich dabei waren, ein Wirtshaus zu errichten. Anscheinend merkte der Teufel erst beim Aufbau der Kirchtürme, dass ihm ein Streich gespielt worden war. In einem unter diesen Umständen verständlichen Wutanfall versuchte er daraufhin, die Kirche mit dem Granitblock, auf dem er heute sitzt, kurz und klein zu schlagen. Aus ich weiß nicht welchen Gründen gelang ihm das aber nicht. Jedenfalls musste ich mich neben das Teufelchen setzen, weil Clara ein paar Fotos mit mir an seiner Seite machen wollte. Sie sagte, es habe eine erstaunliche Ähnlichkeit mit mir. Dagegen führte ich an, ich könnte niemals ein Wirtshaus mit einer Kirche verwechseln; und in Bezug auf die Größe meiner Männlichkeit hielt ich es für unnötig, den Beweis zu erbringen, obwohl ich das natürlich gekonnt hätte. Die einzige mich mit dem Teufel verbindende Ähnlichkeit hätte das Lächeln sein können. Clara entgegnete, tatsächlich, das vereine uns; aber auch die Schlechtigkeit, die ich ihr gegenüber manchmal an den Tag legte.

An dieser Stelle sagte ich mir, Frau Schriftstellerin habe genauso ein Recht, sich auf Kosten meiner verletzten Eitelkeit zu amüsieren, wie ich es bei jeder sich bietenden Gelegenheit auf ihre Kosten tue. Folglich verzichtete ich darauf, ihre diabolischen Analogien, mit denen sie mich bedachte, während wir um die Marienkirche herumgingen, zu kontern. Im Gegenteil genoss ich eher ihr boshaftes Lächeln und die bezaubernden Verbalinjurien, die ihr Siegesbewusstsein ihr in den Mund legte. Auf der anderen Seite der Kirche liegt die Mengstraße, in der sich eine der Örtlichkeiten befindet, die Clara mit dem Vermerk «unabdingbar» in ihren Besuchsplan aufgenommen hat. Schon bald sahen wir die weiße Fassade des Buddenbrookhauses vor uns, den einzigen Gebäudeteil, der 1942 von den Bomben verschont wurde. Jahre später wurde dahinter ein dreistöckiges Bauwerk errichtet, das heute dem Gedenken und der

Vergötterung Thomas Manns und dessen zahlreicher Verwandtschaft gewidmet ist.

Wir betraten die Buchhandlung, die sich im Erdgeschoss befindet. Aus Respekt vor geheiligten Orten, der mir als Kind beigebracht wurde, wollte ich meinen Hut absetzen. Als ich mit der Hand meine Stirn berührte, fiel mir jedoch ein, dass ich eine solche Kopfbedeckung nie besessen habe. Am Treppenaufgang zur Ausstellung fragt ein Schild mit wohlwollender Ironie die Besucher, ob sie auch daran gedacht haben, eine Eintrittskarte zu kaufen. Da in der Diele weder Wärter noch Pförtner zu sehen waren, schlug ich Clara vor, so zu tun, als wären wir zerstreute Professoren. Muss man sich wundern, dass es so wenig Ehrlichkeit auf der Welt gibt, wenn meine Frau sie fast vollständig für sich beansprucht? An die Dame, die hinter dem Ladentisch der Buchhandlung die Kunden bedient, wandte sie sich in einer affektierten Sprache mit gewundener Syntax und gesuchtem Vokabular, die vermutlich ihrer Erinnerung an frühe Thomas-Mann-Lektüre entsprang. Ich hege keinen Zweifel, dass sie, wäre er ein Dichter gewesen, die gewünschten Informationen in Versform erfragt hätte, und falls Opernsänger, auf die naheliegende Art, auch wenn wir Zuhörer uns die Ohren hätten zuhalten müssen. Ich flüsterte ihr zu: «Frag sie, ob sie bestätigen kann, dass Thomas Mann Homoerotiker war.» Aus dem Augenwinkel heraus drohte sie mir mit dem Flammenschwert. *«Concordia domi»*, erinnerte ich sie. Die Frau Buchhändlerin teilte der Frau Schriftstellerin mit, dass sie für ein kleines Aufgeld eine Eintrittskarte bekomme, die auch für mehrere andere Museen und Sehenswürdigkeiten der Stadt Gültigkeit habe. Sie zählte einige auf. Es waren zehn oder zwölf, was mir den Gedanken an kulturelle Verschwörung nahelegte. Ich sah lange Stunden gepflegten Überdrusses voraus, mit der damit einhergehenden Müdigkeit in den Beinen und der geistigen Erschöpfung, die sich einstellt, wenn ich gezwungen bin, mich längere Zeit auf Gerümpel aus der Vergangenheit zu konzentrieren, weshalb ich immer wieder darüber nachdenke, einer Nichtregierungsorganisation zur Förderung des Vergessens beizutreten. Bevor sie das Angebot akzeptierte, warf Clara mir einen fragenden Blick zu. Wir verstanden uns ohne Worte. «Zwei?», fragte die Dame hinter dem Ladentisch. «Eine», sagte Clara, ohne zu zögern. Sie hatte meinen flehenden Blick als Antwort auf ihren richtig interpretiert.

Wir verabredeten uns in einer halben Stunde vor dem Buddenbrookhaus. Sobald ich wieder auf der Straße stand, nahm ich mir vor, mir etwas Gutes zu gönnen; egal was, nur intensiv sollte es sein. Entschlossen, meinen Gaumen zu erfreuen, kam ich in der nahegelegenen Breite Straße zum Niederegger Arkadencafé, gegenüber dem berühmten Konditorei-Café, dessen Filiale es wohl ist, wie man aus der Namensgleichheit schließen kann. Ich fand einen freien Platz mit großartigem Blick auf den Marktplatz. Für etwas über sechs Euro bekam ich eine Leckerei aus Marzipaneis mit Kirschen und anderen Zutaten der erlesensten Sorte, die, mit maximaler Konzentration verspeist, mit abgeschaltetem Verstand und geschlossenen Augen, die Nase dicht über dem Eisbecher, dem eine aromatische Süße entströmte, mich an den Rand eines Bamm-Moments brachte. Ich hätte mein geschmackliches Glücksgefühl nicht gegen die gesamte Literatur Thomas und Heinrich Manns eingetauscht, selbst wenn man sie mir mit Sahne auf dem sprichwörtlichen Silbertablett serviert hätte.

Zur vereinbarten Zeit setzte ich mich auf einen Bordstein am Rand des Platzes, von dem aus man den Eingang des Buddenbrookhauses im Auge hatte. Nach zehn, dreizehn, fünfzehn Minuten war Frau Schriftstellerin immer noch nicht herausgekommen, und so schaute ich – des Wartens müde – in der Eingangshalle nach, in der Buchhandlung, am Treppenaufgang, im ersten Stock, im zweiten Stock, und fand sie schließlich mit aufgesetzten Kopfhörern, mit starrem Gesicht und fasziniert aufgerissenen Augen vor einem Bildschirm sitzend. «Ich muss unbedingt einmal mit den Schülern herkommen», sagte sie, als sie meine Anwesenheit endlich bemerkte. Ich ließ sie weiter mit offenem Mund schwarzweiße Bilder ansehen und betrat in der zweifelhaften Hoffnung, es könne ganz unterhaltsam sein, den nach dem bürgerlichen Geschmack des endenden 19. Jahrhunderts eingerichteten Salon, der getreu der Beschreibung, die Thomas Mann in seinem Roman davon gibt, restauriert worden war. Das Mobiliar war mit weißen Laken abgedeckt. Auf dem Tisch stand ein Spielzeugtheater, auf dessen Bühne ein paar Pappfiguren aufgestellt waren. Ich verstellte zwei von ihnen und konnte anderntags im Internet erfreut feststellen, dass sie immer noch da standen, wo ich sie hingestellt hatte. Clara gefiel es gar nicht, mich auf einem der Stühle sitzend zu überraschen. Zuerst einmal führte ich an, dass mich niemand gesehen hatte, und fuhr dann – mir das Lachen verkneifend – fort, die Stühle seien vielleicht nur deshalb mit Laken abgedeckt, damit Besucher sich darauf niederlassen und so für kurze Zeit das Gefühl haben konnten, der dekadenten Familie der Buddenbrooks anzugehören. Sie befahl mir, sofort aufzustehen. Gleich darauf runzelte sie wieder die Stirn, als ich, ping, eine Taste des Pianos drückte. Dann kam ihr der Verdacht. «Sag mal, Maus, hast du eigentlich Eintritt bezahlt?» «Warum soll ich bezahlen? Ich bin doch nur hier, weil ich dich suche.» Nun bekam sie Angst, dass ich beim Verlassen des Gebäudes entdeckt werden könnte. Sie konnte sich keine größere Peinlichkeit vorstellen, als eines Tages mit ihren Schülern das Buddenbrookhaus zu besuchen und in deren Gegenwart als die Frau erkannt zu werden, die einmal mit einem Typen hier gewesen war, der sich um das Eintrittsgeld gedrückt hatte. Um sich diese Schande zu ersparen, wollte sie die Frau in der Buchhandlung mit irgendeinem Trick ablenken, damit ich mich ungesehen nach draußen schleichen konnte. «Jetzt, da wir Komplizen sind», sagte ich, «gefällst du mir viel besser.» Ich gab ihr rasch einen Kuss und verließ das Haus so unauffällig, wie ich hereingekommen war. «Maus, tu mir das nicht noch einmal an. Deinetwegen habe ich ein Buch kaufen müssen, das mich gar nicht interessiert.»

Auf dem Rückweg zum Holstentor gingen wir die Mengstraße in Richtung Fluss hinunter, wo sich ein Museum befindet, das Clara vor dem Mittagessen besichtigen wollte. Wir unterhielten uns gerade darüber, wie ich mir die Zeit vertreiben könnte, während sie Wissenswertes über die Vergangenheit der Stadt in Erfahrung brächte, als uns an der Ecke einer Querstraße ein kleines Hotel ins Auge fiel, dessen vergessener Name nicht mehr der ist, den es heute trägt, da es offenbar den Besitzer gewechselt hat. Doch egal. Ich begnüge mich mit der Erinnerung, dass seine Lage in der historischen Altstadt sowie sein ansprechendes Äußeres uns sofort gefielen, sodass wir hineingingen und fragten. «Es ist sicher teuer», prophezeite Clara mit dem ihr eigenen Pessimismus, von dem ich nicht weiß, ob er nur eine Strategie ist, um bevorstehende Enttäuschung zu dämpfen, oder die schlichte Weigerung, glücklich zu sein. Ein in die Jahre gekommener Herr bot uns ein Zimmer mit Blick auf die Kirchtürme und das Buddenbrookhaus an. Von seiner glühenden Beredsamkeit angesteckt, war ich versucht, zu fragen, ob man aus dem Fenster auch die Niagarafälle sehen könne. Nachdem er uns sein prachtvolles Panorama gezeichnet hatte, kamen wir auf den wesentlichen Punkt zu sprechen, von dem unsere Entscheidung abhängen würde. Und tatsächlich, der Preis für das Zimmer kam uns so erschwinglich vor, dass wir es gleich für die zwei Nächte reservierten, die bis zu unserer Weiterfahrt zur Insel Rügen noch vor uns lagen.

Während ich mich um das Gepäck kümmerte, besuchte Clara das nächste Museum auf ihrer Liste und kam nach einer guten Stunde beglückt zurück, weil sie unter anderem eine richtige Folterkammer gesehen hatte. Sie beschrieb mir das dort ausgestellte Instrumentarium mit solchem Eifer, dass ich mich unwillkürlich fragte, ob sie nicht von irgendeinem libidinösen Instinkt getrieben wurde, und da ich stets dazu neige, ihr eine Freude zu machen, weil ich der Ansicht bin und ihr das auch schon oft gesagt habe, dass ihr Glück das meine ist und umgekehrt, unterbrach ich sie und bot ihr an, sie gern ein bisschen zu foltern, wenn ihr danach sei. Ohne eine Miene zu verziehen, antwortete sie, es sei schon Folter genug, tagtäglich meine Scherze ertragen zu müssen, und fügte abschließend hinzu: «Ich soll dir doch erzählen, was ich gesehen habe, oder etwa nicht?» Es war blöd von mir, ich gab es zu. Später begriff ich, dass ich mir eine Menge Museum erspart hätte, wenn ich mit ihr gegangen wäre. Während des Essens sprach sie von nichts anderem. Auf Empfehlung des Hoteliers waren wir zum Mittagessen ins Schabbelhaus gegangen, ein altes Kaufmannshaus in der Mengstraße, das heute ein italienisches Restaurant ist. Trotz der Zeit, die seitdem verstrichen ist, weiß ich noch, was ich dort gegessen habe. Zuerst eine Tomatensuppe mit einem Schlag Sahne und einem Basilikumzweig plus Museum; dann Lammkoteletts mit Beilagen plus Museum; dazu einen Rotwein plus Museum; zum Nachtisch ein Stück Tiramisu plus Museum und zum Abschluss einen Espresso mit noch mehr Museum. Clara äste wie üblich vegetarisch. Sie war hochzufrieden, als wir das Restaurant verließen, obwohl man uns eine Rechnung gebracht hatte, die wir uns nicht alle Tage würden leisten können. Sie hinterließ sogar ein paar lobende Worte im Gästebuch. Mir hatte das Essen einen zu starken Nachgeschmack von Museum.

Danach sahen wir uns erst zum Abendessen wieder. Ich zog mich als Erstes ins Hotel zurück, um mir die Müdigkeit abzuschütteln, die ich nach all den schlaflosen Nächten im Zimmer meines Neffen mit mir herumtrug. Der Gedanke, jeden Moment von den Dialogen und der Musik aus dem *Dschungelbuch* aufgeweckt zu werden, quälte mich so, dass ich keine Ruhe fand. Beim Aufwachen hatte ich das Gefühl, eineinhalb Stunden lang von dieser Folter geträumt zu haben. In Wirklichkeit hatte ich fest geschlafen. Nach der stärkenden Siesta machte ich mich gutgelaunt an die Erledigung der Aufgaben, die Frau Schriftstellerin mir aufgetragen hatte. Ihren Anweisungen gemäß machte ich Fotos vom Kirchturm von St. Petri herab, in dem es zum Glück einen Fahrstuhl gibt; von dem Gassengewirr am Fluss; von der Fußgängerzone sowie vom Innern mehrerer bekannter Lokale, die ich ohne Schwierigkeiten fand, da Clara mir die Wege dorthin auf einem Stadtplan eingezeichnet hatte. Gegen Abend erwartete ich sie in den Räumen der Schiffergesellschaft, einem ehemaligen Zunfthaus, das jetzt Kneipe und Restaurant ist. Es ist ein merkwürdiger Ort, über und über mit seemännischen Motiven dekoriert. Holzbalken an der Decke, an denen Modelle von Schiffen früherer Jahrhunderte hingen und nostalgische Lampen unterschiedlichster Farbe und Form. Und noch viele andere Einrichtungsgegenstände gab es, die des Erinnerns würdig wären, wenn ich nur die Lust aufbringen könnte, Inventur zu machen. Die Wartezeit verkürzte ich mir, indem ich alle zehn Minuten ein neues Bier bestellte. Clara verspätete sich um etwa eine Dreiviertelstunde. Ich empfing sie nicht nur mit einem Lächeln, das es mit ihrem aufnehmen konnte, sondern ich erhob mich auch und gab ihr einen Kuss, womit ich nebenbei den mich argwöhnisch beäugenden Gästen ringsum zu verstehen gab, dass ich kein einsamer Trinker war, der seinen Kummer in Alkohol ertränkte, was gewiss mehr als einer, angefangen beim Kellner, gemutmaßt hatte. Clara entschuldigte sich für die Verspätung, mein liebes Mäuschen, aber ... es gab so viel Interessantes zu sehen in Lübeck! «Wenn du wüsstest, was du verpasst hast.» Geduldiger, verständnisvoller Kavalier, der ich bin, sagte ich, falls es noch irgendein Museum oder eine Kirche zu besichtigen gäbe, könne sie das gerne und unverzüglich tun, ich würde mich nicht von der Stelle bewegen, und wenn ich bis Mitternacht auf sie warten müsste.

In guter Eintracht aßen wir eine Kleinigkeit zu Abend, die einen starken historischen, politischen, architektonischen, kulturellen Geschmack hinterließ, und zogen uns zeitig ins Hotel zurück. Außer Andenken, Postkarten und Prospekten, die ich ihr tragen half, hatte Clara noch eine Röhre aus Karton dabei, deren Inhalt sie mir nicht verraten wollte, bevor wir im Hotel waren, da es sich offenbar um einen Gegenstand von Wert handelte, der leicht beschädigt werden konnte, wenn man ihn nicht mit Vorsicht behandelte. Sie befahl mir, die Augen zu schließen, und packte auf dem Bett eine Lithographie aus, die sie für 250 Euro im Günter-Grass-Haus erstanden hatte, vom Autor mit Bleistift signiert. Hinter Glas hängt sie noch immer an einem bevorzugten Platz in unserem Wohnzimmer. Die Zeichnung stellt einen ockerfarbenen Steinbutt dar und trägt die Nummer 139 aus einer Serie von 150. Als ich ihn zum ersten Mal sah, so wahr, so nackt, so pfannenbereit, dachte ich, er würde sich gut in einem Fischgeschäft machen. Aber ich war so überwältigt von Claras gieriger Erwartung, die mir von der anderen Seite des Bettes entgegenfunkelte, als erflehe sie ein Wort von mir, ein einziges Wort nur, Mäuschen, ein Wort der Zustimmung, dass ich mir die Bemerkung versagte. In der Schiffergesellschaft hatte sie mir mit reuevoller Stimme gestanden, dass sie den mysteriösen Inhalt der Röhre mit Geld aus Tante Hildegards Umschlag bezahlt habe. Als spontane Antwort kraulte ich ihr mit der gleichen übertriebenen und behäbigen Leutseligkeit den Nacken, wie Herrchen und Frauchen ihre Hunde kraulen und der sie sich in Anbetracht der Rechnung nicht widersetzte. Denn klar, 250 Euro rissen ein brutales Loch in unsere Reisekasse. Für ihre Sanftheit und Bescheidenheit belohnte ich sie mit den Worten, das habe sie gut gemacht, und winkte gleich darauf dem Kellner für ein neues Bier.

Ich glaube, es war in dieser unserer ersten Nacht in Lübeck, dass die Maus der Marienkirche ihrem Fries entsprang, ins nahegelegene Hotel hinübertrippelte und mir ihr rachgieriges Zähnchen in den Fuß schlug. Ich bemerkte am anderen Morgen zwar keine Bisswunde, doch ab da begann mich das Brennen unter der linken Fußsohle zu quälen. Nach dem Frühstück besuchte Frau Schriftstellerin die außerhalb der Altstadt gelegene Villa Brahms. Der Weg dorthin war weiter, als sie gedacht hatte, und sie kam deshalb zu spät zu unserer Verabredung. Darum mussten wir die geplante

Schiffsrundfahrt auf dem Fluss auf die Zeit nach dem Mittagessen verlegen. Etwas später hatten wir auf der Terrasse des Wiener Kaffeehauses allerdings ein Erlebnis, das ihr die Lust auf die Schiffsrundfahrt vergällte. Das ist die letzte Episode, die ich heute aufschreibe.

Wir hatten zu einem annehmbaren Preis in einer Zweigstelle der Restaurantkette Nordsee in der Breite Straße gegessen; Frau Schriftstellerin einen Salat und Reis mit Remouladensoße, denn Fisch isst sie ja nicht. Sie will mir gegenüber keineswegs mit ihrem guten Gedächtnis prahlen; sie bestellt einfach immer das Gleiche, wenn wir in ein Nordsee gehen. Um die Zeit bis zum Beginn der Rundfahrt totzuschlagen und auch, um das schöne Wetter zu genießen, wollten wir ein Stück die Straße hinauf, auf besagter Terrasse einen Nachtisch zu uns nehmen. Vielleicht fünf oder sechs Meter von unserem Tisch entfernt saß ein weißhaariger ich weiß nicht ob Bettler oder Stadtstreicher oder was an einer der Säulen vor dem Eingang von Karstadt. Und ich schreibe, ich weiß nicht genau, was er war, weil er zwar auf der Erde saß, aber kein Behältnis für Almosen vor sich stehen hatte, auch keinen Karton, dem irgendein Hinweis zu entnehmen war, und abgerissen gekleidet war er auch nicht. Eher war das Gegenteil der Fall; er trug eine Brille, als ob seine Augen mehr als die Seiten nur eines Buches gelesen hätten. Ich flüsterte Clara zu, meiner Meinung nach handle es sich um einen verstoßenen Ehemann. Sie bat mich, ihn zu fotografieren, vielleicht brächte er sie auf eine Idee zu ihrem Buch. Kaum hatte ich die Kamera auf ihn gerichtet, wandte er den Kopf und warf mir einen ich will nicht schreiben finsteren Blick zu; eher einen ernsten, misstrauischen und vor allem durchdringenden. Der Typ spürte instinktiv, was wir vorhatten. Gleichgültig betrachtete er die vorüberziehenden Passanten, doch sobald er merkte, dass ich Anstalten machte, ihn zu fotografieren, zack, traf mich ein Blick aus von Brillengläsern vergrößerten Augen. Das passierte zwei- oder dreimal, und kein Mal traute ich mich, mein Vorhaben zu Ende zu bringen, weil ich fürchtete, er könnte wütend werden.

Während dieses Spiels tranken wir unseren Milchkaffee und teilten uns einen Eisbecher, als am Nebentisch ein Mann und eine Frau zwischen Ende fünfzig und Anfang sechzig Platz nahmen; der Mann solariumgebräunt, die Frau mit einer Asphaltschicht Schminke im Gesicht, die Lippen in irgendeiner chirurgischen Werkstatt aufgepumpt, der Kühlergrill das Werk eines Zahnklempners, die Scheinwerfer von Wimperntusche umschattet. Mit anderen Worten: Die Dame hatte ein Auto als Gesicht. Jetzt fehlte nur noch die Luftverschmutzung, und tatsächlich zündete sie sich nach weniger als einer halben Minute eine Zigarette an. Clara, die ihr am nächsten saß, so nah, dass ihre Schultern sich beinahe berührten, bekam das meiste von dem Rauch ab. Anfangs ertrug sie ihn höflich, obwohl es vermeidbarer Rauch war, denn die Auto-Frau hielt ihre Zigarette mit schlaffer, affektierter, dummer Eleganz in Höhe ihrer Schulter. Aus Angst, versengt zu werden, rückte Clara ihren Stuhl ein paar Zentimeter näher zu mir. Gute Erziehung und ihre Furcht vor peinlichen Situationen hinderten sie noch, laut zu protestieren. Eine Weile benutzte sie meine Ohren, um ihre Klagen loszuwerden. Schließlich rang sie sich zu der als Bitte an die Auto-Frau formulierten Frage durch, ob sie wohl die Freundlichkeit hätte, ihre Zigarette etwas weiter wegzuhalten, und begründete ihre Bitte sogar. Die Auto-Frau erwiderte knapp, wir lebten in einem freien Land, und hielt die Zigarette weiter wie bisher.

Ihre Unhöflichkeit erschien mir rüpelhaft, mehr aber nicht. Auf der Welt geschehen täglich besorgniserregendere Dinge, und so betrachtete ich die Zigarettengeschichte zunächst als eine der vielen Unannehmlichkeiten des Zusammenlebens auf einem bevölkerten Planeten. Viel mehr interessierte mich der Typ auf der anderen Straßenseite, der ungeachtet dessen, was um ihn herum vorging, sich eine Banane zu schälen begann. Die Hoffnung, ihn in einem unbeobachteten Moment fotografieren zu können, hatte ich noch nicht aufgegeben. Doch so wachsam ich auch war, konnte ich nicht verhindern, dass mein lauernder Blick immer wieder auf seinen misstrauischen traf, was mein Vorhaben kontinuierlich scheitern ließ. Clara beschwerte sich immer noch nah an meinem Ohr. Ich achtete nicht auf den Inhalt ihres Raunens, da meine ganze Aufmerksamkeit dem Typen galt, der vor dem Pfeiler auf der Erde saß. Frau Schriftstellerin versuchte, den Zigarettenqualm von sich wegzuwedeln. Wir hätten uns liebend gern einen anderen Tisch gesucht, aber alle waren besetzt. Der Freiheit der Auto-Frau überdrüssig, flüsterte sie mir im Befehlston zu, ich solle die Rechnung verlangen. Ich hielt es für angebracht, ihr mitzuteilen, dass noch ein halbvoller Eisbecher vor uns stand. Sie hörte nicht hin, sondern hüstelte demonstrativ, ohrfeigte die Luft vor ihrem Gesicht und machte ihrem Unmut mit zunehmend hörbarer Stimme Luft. Dann winkte sie selbst die Kellnerin zum Kassieren herbei. Wie es deutscher Brauch ist, rundeten wir den Rechnungsbetrag nach oben auf. Bevor ich aufstand, stopfte ich mir noch schnell ein paar Löffelchen Eis in den Mund. Ich wollte mir auch noch eine Weintraube greifen, doch Claras gerunzelte Stirn ließ mich davon Abstand nehmen.

Die Kamera hatte ich im Rucksack verstaut. Ich hatte es aufgegeben, den Typen am Pfeiler fotografieren zu wollen, der auf einem Stück Banane kaute und uns mit seinen Blicken verfolgte. Frau Schriftstellerin, die ebenfalls aufgestanden war, wandte sich in vorwurfsvollem Ton an die sitzende Auto-Frau. Ich weiß nicht, was sie sagte und was die andere darauf entgegnete. Mit Sicherheit weiß ich nur, dass der geröstete Kerl meiner Frau, meiner Clara, meinem Ein und Alles (sosehr sie mir auch manchmal auf die Nerven geht) eine rüpelhafte Antwort gab. Blinder Zorn durchzuckte mich. Ich weiß nicht, was meine Zähne zerbissen, was meine Hände zerquetschten, aber angespornt von einem maßlosen Zorn, wie ich ihn seit meiner Jugend nicht mehr erlebt hatte, trat ich dem

Mistkerl entgegen und stellte mich zwischen die beiden Frauen. Hinter mir hörte ich Clara flehendlich stöhnen. Aber für mich gab es jetzt kein Zurück. Entweder er oder ich. Frauen verstehen das nicht. Sie werden es nie verstehen. Andere Hormone, andere Instinkte. Ich glaube, für sie entscheidet sich der Ausgang eines Disputs durch den geschickten Gebrauch der Worte. Ist es deswegen, dass sie reden und reden, argumentieren und gegenargumentieren, mit giftigen Bemerkungen und Anspielungen arbeiten, weil sie an die Wirksamkeit verbalen Gifts glauben? Uns hingegen vereinfacht schon von klein auf, schon im Kindergarten und vielleicht noch früher, unsere maskuline, primitive, testosterongesteuerte Natur die Dinge mit der Gewissheit, dass das Recht sich auf die Seite dessen schlägt, der den anderen auf die Matte legt. Du gibst ihm eins aufs Maul, und sofort weiß dein Gegner, dass es sinnvoll ist, sich nicht mit dir anzulegen.

Diese Gedanken kommen mir jetzt, da mein Mütchen gekühlt ist. In jenem Moment dachte ich gar nichts; nur, dass ein solariumbrauner Rüpel meine Frau beleidigt hatte. Hätte er mich beleidigt, okay, ich hätte mich taub gestellt oder ihm die Beleidigung zurückgegeben und wäre meiner Wege gegangen. Aber was er gewagt hatte, der Frau meines Lebens zu sagen, dem Objekt meiner Zuneigung, der Lieferantin meiner Orgasmen, dem lieben Menschen, dessentwegen ich mein Land und meine Leute verlassen habe! Alle rationalen Impulse in meinem Gehirn waren ausgeschaltet, und es funktionierte nur noch ein übermächtiger, unkontrollierbarer Mechanismus, ähnlich vielleicht dem, der ein Raubtier antreibt, wenn es sich auf seine Beute wirft, ihm die Zähne in die Kehle schlägt, bis es das warme Blut in seinem Rachen spürt; schon wenn ich dies hinschreibe, könnte ich brüllen. Ich zügele mich und schreibe weiter.

Der Braungebrannte kam rasch auf die Beine. Ich starrte ihm in die Augen und sagte ihm ins Gesicht: «Hast du ein Problem, oder willst du eins?», und ohne ihm Zeit für eine Antwort zu lassen, mich in den Schultern breiter machend und in die Brust werfend, ihm mit herabgezogenem Mundwinkel meine Verachtung zeigend, setzte ich hinzu: «Du Arschloch.» Mit wütend vorgestrecktem Kinn trat er einen Schritt auf mich zu. Ein Zusammenstoß schien unvermeidlich. Wir standen so nah voreinander, dass wir uns umarmen oder handgemein werden konnten. Er war etwas kleiner als ich. In seinen besten Jahren war er sicher ein kräftiger Mann gewesen, aber seitdem war viel Zeit vergangen. Deswegen sollte er mir bloß nichts vorheulen, eh? Ich hätte auch meine Unzulänglichkeit in der Kampfkunst anführen können. Seit Schulzeiten hatte ich mich mit niemandem mehr geprügelt. Mittlerweile wurden wir von den Leuten auf der Terrasse und den Vorübergehenden offen angestarrt. Furchtsam und beschämt rettete Clara sich ins Karstadt. Einen Moment lang zögerte ich, als ich sie davonlaufen sah. Ich setzte meine Gesundheit für sie aufs Spiel. Warum hatte sie, eine Sekunde bevor sie ging, in vorwurfsvollem Ton zu mir gesagt, ich solle damit aufhören?

Plötzlich hing meine Faust an mir herab wie ein schwerer Gegenstand, der nicht zu mir gehörte. Ich merkte, dass ich sie nicht benutzen wollte. «Warum, zum Teufel, habe ich mich in diese Klemme gebracht?», dachte ich. Ich wollte nur, dass der Typ klein beigab. Bitte, gib klein bei! Wie kam ich aus der Situation heraus, ohne mein Gesicht zu verlieren? Plötzlich, Halleluja, blinzelte der Gebräunte. Das war das Zeichen, auf das ich gewartet hatte. Ich hätte ihm beinahe gedankt dafür. Stattdessen knurrte ich: «Pass bloß auf, alter Mann», und kehrte ihm betont gelassen den Rücken, zeigte ihm, dass ich Herr der Lage war und mich als Sieger betrachtete. Genauso sah das wohl auch die Auto-Frau, die hastig zur Seite trat und mich vorbeiließ. Vielleicht hatte die Angst, wie bei Clara, wie ich später erfuhr, für feuchte Unterwäsche gesorgt. Ohne sie eines Blickes zu würdigen, ließ ich sie mit ihrem geschlagenen Mann zurück, dessen Mut gerade reichte, eine Frau anzugiften. Dem auf der Erde Sitzenden, der ungerührt seine Banane aß, sagte ich im Vorbeigehen: «Hat dir die Show gefallen?» Mit hängendem Kopf antwortete er: «Ist mir scheißegal, Mann.» Worte ohne poetischen Nutzen, die in meine Muttersprache zu übersetzen sich nicht lohnt.

Ich fand Clara im Erdgeschoss des Karstadt, wo sie sich mit finsterer Miene Armbanduhren anschaute. Ich hatte nicht gewusst, dass Armbanduhren ihr die Laune verdarben. Oder war sie etwa meinetwegen in Sorge? In der Gewissheit, ihr eine erfreuliche Nachricht zu überbringen, erzählte ich ihr, wie der Streit ausgegangen war: «Ich habe gewonnen.» Sie machte ein Gesicht, das mein Lächeln gefrieren ließ. Noch nie sei sie so enttäuscht von mir gewesen. In ihren Augen hatte ich mich vor zahlreichen Zeugen auf die unterste Stufe der menschlichen Natur begeben, dorthin, wo Verstand und Moral am Ende sind und das wilde Tier beginnt. Hoffentlich hatte kein Bekannter, kein Arbeitskollege, kein Schüler, oh, vor allem kein Schüler auf Besuch in Lübeck, diese Szene miterlebt. So was Peinliches! Ich hatte meine Lippen noch nicht einen winzigen Spalt weit geöffnet, um den leichten Verdacht zu formulieren, dass sie übertreibe, da schnitt sie mir schon das Wort ab. Sie hatte mir längst noch nicht alles gesagt, was sie mir zu sagen hatte. Ich bediente mich eines alten Tricks von ihr: «Schrei nicht so!» Aus mir unbekanntem Grund wirkte der Trick bei ihr nicht so, wie er wirkt, wenn sie ihn bei mir anwendet. «Bis heute», fuhr sie fort, «habe ich in dir einen kultivierten und besonnenen Mann gesehen, mit dem man recht und schlecht zusammenleben kann, pardon, konnte. Und heute muss ich feststellen, dass ich mit einem Streithahn verheiratet bin.» Sie hatte keine Lust mehr auf die Schiffsrundfahrt oder sonst einen Ausflug, sie fühlte eine Migräne nahen und wollte so schnell wie möglich ins Hotel zurück, weil ihr ein gewisses Problem zu schaffen machte; doch als sie erfuhr, dass der kaffeebraune Mann und die Auto-Frau, die sie allerdings mit anderen Namen belegte, noch auf der Terrasse saßen, zog sie es vor, die Damenabteilung aufzusuchen. Anfangs verstand ich ihre Entscheidung nicht. Clara behauptete, meinetwegen müsse sie sich eine neue Unterhose kaufen. Mir war es in jeder Hinsicht unmöglich, eine logische Verbindung zwischen dem, was uns passiert war, und dem dringenden Kauf von Unterwäsche herzustellen, und deshalb fragte ich sie. Nachdem sie mir versichert hatte, es gebe viele Dinge im Leben, die ich nie verstehen würde, erklärte sie mir ihre Notlage. Der Versuchung zu lachen widerstand ich nur mit Mühe.

Clara haderte den ganzen Nachmittag mit meinem Verhalten auf der Terrasse des Wiener Kaffeehauses, und wenn sie daran denkt, kommt sie mir heute noch mit der bis zum Überdruss zitierten Mahnung. Immer wieder wies sie mich – *Concordia domi foris pax* – auf mein gebrochenes Versprechen vom Vortag hin. Und mehrmals fragte sie mich mit anklagendem Zeigefinger, ob ich mich immer noch für den friedliebendsten Mann hielt, den Lübecks Backsteinmauern je gesehen hatten. Beim Abendessen in einem preiswerten Lokal am Fluss brachte sie das Thema noch einmal zur Sprache, wenn auch nicht mehr so verbittert und pathetisch wie zuvor. Ich beschwerte mich. Seit Stunden machte sie mir jetzt schon Vorwürfe. «Wenn du wenigstens zugeben könntest, dass ich recht habe.» «Ich streite gar nicht ab, dass du recht hast. Ich habe mich wie ein Kind benommen, wie ein Dummkopf, wie alles, was du willst. Aber ich würde es tausendmal wieder tun. Warum? Weil ich niemals, so lange wie wir zusammen sind, zulassen werde, dass dich jemand beleidigt oder dir was antut.» Lange schwiegen wir; sie nachdenklich, mit über ihren Teller mit gekochtem Gemüse gesenktem Kopf, ich ganz auf die Verkostung meiner Heringe konzentriert. «Jedenfalls», sagte sie plötzlich, «glaube ich, dass du dich nicht richtig verhalten hast.» Nachdem wir noch aufs Geratewohl durch die Lübecker Altstadt gebummelt waren, kehrten wir im Dunkeln ins Hotel zurück. Kaum lagen wir im Bett und hatten das Licht gelöscht, legte Clara mir ein Bein auf den Bauch.

28

Tage später schickte ich meinem Bruder per E-Mail zwei Kapitel meiner aufgeschriebenen Erinnerungen, ohne zu merken, welche Gedankenlosigkeit ich damit beging. Ich hatte den Eindruck, er sei gekränkt, weil ich mich geweigert hatte, deutsche Texte für seinen Verlag zu übersetzen. Viel Arbeit, wenig Geld; wer hätte schon Lust, solche Voraussetzungen zu seinem Lebensinhalt zu machen! Ich solle unbesorgt sein, er verstehe das. Zwischen den Zeilen las ich jedoch eine subtile Bitterkeit, die mir bei einem anderen Menschen vielleicht nicht aufgefallen wäre, wohl jedoch bei einem Angehörigen, mit dem ich zusammen aufgewachsen war. Da wir weit voneinander entfernt lebten und Entfernung fatalerweise dazu neigt, Uneinigkeit zu vertiefen, schickte ich ihm – um die eventuelle Kränkung wiedergutzumachen und weil er mich gefragt hatte, was ich in Deutschland so treibe (ob ich einen Beruf ausübe, ob ich immer noch den ganzen Tag im Haus herumhänge) – recht unbedacht, zugegeben, dreißig zufällig ausgewählte Seiten. Der eitle Wunsch, nicht als Faulenzer zu gelten, machte mich blind. Heute könnte ich dafür mit dem Kopf gegen die Wand rennen. Aber was, wenn ich die Wand beschädigte?

Ich bedachte nicht die Folgen, die es hatte, meinem Bruder zu verraten, dass ich, damit mir die Muttersprache nicht einrostete, die niemand in meiner näheren Umgebung spricht, seit einiger Zeit meine Erinnerungen an die Reise aufschreibe, die ich mit meiner Frau durch Norddeutschland unternommen habe und über die ich ihm beizeiten berichten würde. Das weckte seine Neugier, und ich dachte mir nichts dabei. Jedenfalls las er die ihm geschickten Kapitel mit den Augen des Verlegers und hat mich heute wissen lassen, dass sie trotz all dem haltlosen privaten Geschwätz etwas taugen. Insgesamt fand er sie ganz unterhaltsam und hat beim Lesen sogar öfter laut lachen müssen, woraus ich schließe, dass er mein Privatleben lächerlich findet. Er will mehr davon lesen. Man weiß ja, dass Lachen sich gut verkauft! Mein Bruder könnte sich sogar vorstellen, mir ein lukratives Angebot für die Verlagsrechte zu unterbreiten.

Zweifel hat sich wie Mehltau in meinen vier Wänden festgesetzt. Doch außer zu zweifeln, bin ich auch versucht, meinem Bruder zu schreiben, dass ich letzten Sonntag (oder Montag, das ist egal, es geht nur darum, durch exakte Angaben das Geschriebene wahrscheinlich klingen zu lassen) meine Papiere wegen dichten Nebels mit Brennholz verwechselt habe, was mich sehr verwundert hat, da mir das noch nie zuvor passiert ist, und sie leider, so ein Jammer und so weiter, im Kamin verbrannt sind. Weder schreibe ich auf Papier, noch haben wir einen Kamin und gewöhnlich auch keinen Nebel im Haus. Doch diese Kleinigkeiten wird er nie erfahren, es sei denn, er liest diese Seite; das wird er aber nicht, dafür sorge ich schon. Eine andere Option wäre, ihm mitzuteilen, dass ich aus diesen oder jeden Gründen das Schreiben aufgegeben habe. Zum Beweis könnte ich ihm ein Foto schicken, auf dem man mich mit erhobenen Händen am Schreibtisch sitzen sieht, und um den letzten Rest von Verdacht auszuräumen, vielleicht mit verbundenen

Händen, und ihm erzählen, ich hätte sie mir bei dem vergeblichen Versuch verbrannt, die Papiere für ihn aus dem Feuer zu retten. Auch könnte ich mir weitere Probleme ersparen, indem ich tatsächlich zu schreiben aufhöre. Doch wenn ich meine Vormittage und oft auch Nachmittage nicht mehr mit der bis gestern noch sehr angenehmen Beschäftigung ausfüllen kann, meine Erinnerungen aufzuschreiben, was soll ich dann tun? Die Wintertage sind in diesen Breiten einer wie der andere, es wird früh dunkel, es ist kalt draußen, und im Garten gibt es bis zum Frühling so gut wie nichts zu arbeiten. Wegen der zahllosen Lehrerkonferenzen, mit denen man in Deutschland ihresgleichen bestraft, sehe ich Frau Lehrerin oft erst abends (was, um der Wahrheit die Ehre zu geben, nicht immer ein Nachteil ist). Außer dem täglichen Schreiben kenne ich kein wirksames Mittel gegen grauen Himmel und langes Alleinsein. Also werde ich mich – passiere, was will – weiter auf meine bewährte Art zerstreuen und entweder alle kompromittierenden Passagen streichen, bevor ich die nächsten Kapitel an meinen Bruder schicke, oder ich greife – wenn es gar nicht anders geht – zu dem wirklich letzten Mittel, mich mit ihm zu verfeinden; was ich bei der ihm eigenen Empfindlichkeit leicht dadurch erreichen könnte, dass ich seine Fettleibigkeit erwähne.

Ich, der ich mich immer für einen freien Menschen hielt, habe auf dem Tisch eine Karte von Rügen ausgebreitet, weil ich Angst habe, die von uns besuchten Orte falsch zu benennen. Bis heute war das für mich eine zweitrangige Sorge, da ich nie das bedrückende Gefühl hatte, für eine Öffentlichkeit zu schreiben. Genau das führt jetzt dazu, dass ich mich unbehaglich fühle. Ich fürchte, etwas zu werden, was ich nie sein wollte, ein Schriftsteller, ein Sprachprofi, ein Stilistiker. Sollte ich wirklich der Literatur verfallen, so ist mein Bruder daran schuld, der außerdem noch fett ist. Sehr fett sogar. (Achtung: Letzteres streichen, falls sein Angebot, wie er mir versichert hat, es wirklich verdient, als lukrativ bezeichnet zu werden.) Mal sehen, wie ich das hinbiege.

In jenem Jahr unserer Reise gab es die Autobahn noch nicht, die heute den Weg zur Insel Rügen erleichtert und verkürzt. Wir mussten ganz Mecklenburg-Vorpommern von West nach Ost auf einer Bundesstraße durchqueren, auf der wir nicht selten längere Zeit hinter einem Lastwagen herzockelten. Konnten wir ihn endlich überholen – wobei immer die Gefahr bestand, mit entgegenkommenden Autos zusammenzustoßen –, saßen wir bald hinter dem nächsten Laster fest. Hinzu kam, dass diese Straße mitten durch einige Städte und viele Dörfer führte, mit den dazugehörigen Ampeln, Zebrastreifen, Radarfallen, Traktoren, Radfahrern und anderen Hindernissen, die uns alle Augenblicke zwangen, die Geschwindigkeit zu reduzieren oder anzuhalten. Damals gab es auch die neue Brücke über den Strelasund noch nicht, sodass für die Fahrt vom Festland zur anderen Seite nur die alte aus DDR-Zeiten zur Verfügung stand, vor der wir in einen endlosen Verkehrsstau gerieten. Autobusse voller alter Leute hielten in so großer Zahl am Straßenrand, dass ich einen Moment lang glaubte, es mit Deportation zu tun zu haben. Den größten Teil des Tages verbrachten wir auf der Straße. Die Sonne ging schon unter, als wir mit über dreistündiger Verspätung in Bergen die Dame begrüßen konnten, bei der Clara telefonisch die Wohnung gemietet hatte.

Unsere Verspätung lag zum Teil an einem Hindernis, auf das wir vor Rostock trafen, wo wir eigentlich essen wollten, es aber nicht taten, weil uns die Zeit knapp wurde. In einem kleinen Dorf, an dessen Namen ich mich nicht einmal mit Hilfe der Karte erinnern kann, hatte die Polizei die Straße gesperrt. Vor dem Ortseingang war ein großes Aufgebot an Bereitschaftspolizei zusammengezogen. Vom Auto aus schauten wir auf eine undurchdringliche Reihe von Helmen und Uniformen mit kantigen Schultern und breiten Rücken, die wie aufgeblasen aussahen. Diesen Eindruck habe ich immer, wenn ich solche Einsatzkräfte sehe. Ich würde wetten, dass sie sie mit Luft aufpumpen, damit sie einschüchternd wirken, und dass man ihnen, wenn der Einsatz beendet ist, irgendwo aus der

Uniform einen Stöpsel herauszieht, bis sie – ssssss – wieder auf ihr natürliches Körpermaß geschrumpft sind.

Auf Bitten der Frau Schriftstellerin, die, gesundheitliche Schäden befürchtend, lieber im Auto sitzen blieb, nahm ich den Fotoapparat und begab mich auf der Suche nach literarischem Material zur Hauptstraße des Dorfes. An den anderen haltenden Autos vorbeigehend, fotografierte ich eine Kuh, die hinter einem Elektrozaun weidete. Man weiß ja nie, was einem Schriftsteller nützlich sein kann. Aus demselben Grund fotografierte ich einen Heuhaufen aus der Nähe. Zwanzig Minuten später kehrte ich zurück und berichtete Clara vom Ergebnis meiner Beobachtungen. Aus verschiedenen Anzeichen hatte ich den Schluss gezogen, einen für die Gegend typischen Anblick genossen zu haben. Zumindest schien es mir, als hätte sich das darin agierende Personal rituellen Bräuchen gemäß verhalten, die in der alten DDR (vielleicht auch im ganzen Land) verbreiterter sind, als manch einer zugeben will. Ich versuche, es an einem kurzen Erlebnis zu verdeutlichen. Da die Zugangsstraße gesperrt war, ging ich an einem Gehöft vorbei in den Ort und gelangte auf eine höher gelegene Terrasse mit alten Grabsteinen, die zu einer Kapelle gehörten. Im Schatten einer Linde gesellte ich mich zu mehreren älteren Einwohnern. Die Terrasse lag etwa einen halben Meter oberhalb der Straße, und so konnte ich gut sehen, was hinter der kompakten Mauer uniformierter Rücken vor sich ging. Ungefähr fünfzig junge Männer, vielleicht mehr, aber nicht viel mehr, einige mit Kapuzen, andere mit rasierten Schädeln, drei oder vier stämmige Mädchen darunter, marschierten – von Polizisten eingekreist – durch den Ort. Ohne auf Beleidigungen und Provokationen zu reagieren, geleiteten die Uniformierten sie zu ihren Fortbewegungsmitteln, wohl um sie schnellstmöglich loszuwerden, da die Demonstration offenbar nicht angemeldet war. Bei der Fülle an Sonnenbrillen wirkten die nicht sehr geräuscharmen jungen Leute wie eine Versammlung von Blinden. Eine rotwangige Dörflerin neben mir sagte: «Sie sollen sie in Ruhe lassen. Die haben doch nichts Schlimmes getan.» Und einer neben ihr bestätigte: «Die Kommunisten sind schlimmer.» Meine langjährige Bewunderung für die philosophische Kultur der Deutschen verbot mir, mich in den spontanen Austausch kategorischer Meinungen einzumischen. Ich bin der Ansicht, dass niemand, dessen intellektuelle Vorratskammer nicht gut gefüllt ist, sich in eine Expertendebatte einmischen sollte. Weiter. Der Demonstrationszug gelangte auf unsere Höhe. Vorneweg hielt ein Mädchen – kräftige Oberarme, rasierter Kopf, Specknacken, schwarze Handschuhe – ein Plakat, auf dem zu lesen war: FREIHEIT FÜR ALLE POLITISCHEN GEFANGENEN. Was für einen Grund gab es, mit einer solchen Botschaft durch ein Zwei- oder Dreihundertseelendorf zu laufen? Gab es hier einen Hof, einen Stall oder eine Scheune, die zu einem Gefängnis für politische Gefangene umfunktioniert worden waren? Hinter dem Plakat schlurfte das lautstarke Jungvolk mit schweren Stiefeln über das Kopfsteinpflaster. Alle schienen wütend zu sein. Für die Anhänger bestimmter Ideologien ist eine böse Miene offenbar obligatorisch. Die jungen Leute skandierten Parolen, die ein mit einem Megaphon ausgerüsteter Zweimetermann vorgab. Deutschland den Deutschen, Revolution ist machbar; aggressiv hinausgebrüllte Gewissheiten, die die friedliche Dorfatmosphäre trübten, sich mit dem Gesang der Vögel und einem deutlichen Geruch von Jauche vermischten. Zwei Jungen trugen schwarz-weiß-rote Fahren, wie die des Jemen, nur umgekehrt. Am Ende des Zuges ging ein Typ, dem offenbar nicht gefiel, dass ich fotografierte. Er zeigte mir seine Faust mit ausgestrecktem Mittelfinger und rief mir zwischen den Polizeihelmen hindurch zu: «Zecke!» Die rotwangige Frau fragte mich mit gerunzelter Stirn, ob ich für die Presse arbeite. Ohne nachzudenken, antwortete ich spontan, ja, für die Zeitschrift *Emma*. (Das wird mein Bruder nicht verstehen.) Sie sagte, es gebe Journalisten, die müsse man aufhängen, und ich ging zum Auto zurück, um Clara von meinem folkloristisch-kulturellen Erlebnis zu berichten. Da wir weder ausweichen noch zurückfahren konnten, mussten wir noch lange warten, bis die Straße wieder frei war.

Am Abend erreichten wir Bergen. Die Stadt, derzeit vierzehntausend Einwohner (ich habe mir die Mühe gemacht, ins Wohnzimmer zu gehen und nachzusehen) und zur Zeit unserer Reise etwas weniger, nehme ich an, bietet keine touristischen Sehenswürdigkeiten. Deswegen hat Clara sie ausgewählt. Sie glaubte, die Unterkünfte seien dort preisgünstiger als in den malerischen Küstenorten mit ihren Stränden, Villen und Strandpromenaden, womit sie vermutlich nicht unrecht hat. Ebenso hat sie Bergen wegen seiner zentralen Lage ausgewählt, die ihr ein guter Ausgangspunkt für alle möglichen Inselausflüge zu sein schien. Vor Tagen hatte sie sich ein Exemplar des *Ostsee Anzeiger* an die Adresse ihrer Schwester schicken lassen. Auf der Anzeigenseite fand sie die Telefonnummer, unter der ihr die andere mitgeteilt wurde, unter der sie – sich auf das Wort der Vermieterin verlassend – eine möblierte Dreizimmerwohnung mietete. Uns war egal, wie die Wohnung aussah, in der wir die nächsten vierzehn Tage unterkamen, solange sie in annehmbarem Zustand und sauber war, über Heißwasser, ein Bett und ein Dach verfügte, das den Regen abhielt. Ich fügte der Liste erforderlicher Einrichtungsgegenstände noch einen Fernseher hinzu. Woraufhin Frau Schriftstellerin mich wissen ließ, dass wir nicht nach Rügen führen, um Urlaub zu machen. Alles, was ich hier schreibe, ist wahrscheinlich das, was mein Bruder abfällig «privates Geschwätz» nennt; aber genau das habe ich mir jetzt vorgenommen, auch wenn es – zwischen zwei Buchdeckel gepresst – keine Sau interessiert.

Um unsere Fahrt durch eine letzte Widrigkeit noch mehr in die Länge zu ziehen, teilte sich die Straße, auf der wir nach Bergen hineinfuhren, und wir nahmen die falsche Abzweigung. Clara hielt einen aus dem Internet heruntergeladenen Stadtplan in der Hand. Möglicherweise war unsere Kommunikation zu dieser Zeit nur suboptimal, weil wir müde waren. Hinzu kam noch, dass ich den Fehler beging, ihre Anweisungen wörtlich zu nehmen. Wir verfuhren uns. «Ich bin so gefahren, wie du es mir gesagt hast.» «Maus, wenn du vorhast, mir die Schuld an dem zu geben, ...» «Ich habe gar nichts vor, ich stelle nur fest ...» et cetera. Ein Stück weiter war die Stadt schon zu Ende. Vor uns breitete sich eine wellige Landschaft aus, die sich herbstlich zu färben begann. Die Felder waren bereits abgeerntet und wechselten sich mit dunklen Wäldchen ab, die für Clara dunkler waren als für mich, da sie sie unglücklicherweise durch tränenverhangene Augen sehen musste. Und alles nur, weil ich ihr, als wir am Straßenrand hielten, den Stadtplan etwas zu ungeduldig aus der Hand gerissen hatte. Oder war sie beleidigt, weil ich ihr gesagt hatte, sie gehöre zu den Leuten, die unter freiem Himmel schliefen, weil sie sich in ihrem Zimmer nicht zurechtfänden? Die witzige Komponente des Vorwurfs war ihr wohl entgangen, oder vielleicht auch nicht, denn sie ist ja nicht dumm; aber da sie darunter litt, für unsere Lage verantwortlich zu sein, nahm sie Zuflucht zu ein bisschen Augenwasser und gab mir damit zu verstehen, dass für ihren Jammer, ihre Tränen und ihr Herzeleid einzig ich der gewissenlos Verantwortliche war. «Du bist gewissenlos», schluchzte sie. Und bei mir gingen alle Warnlampen an bei dem Gedanken, dass sie imstande war, die geheimsten Chiffren meiner Geisteswindungen zu entziffern.

Die Erklärungen eines Vorübergehenden führten uns schließlich zu der Haustür, vor der Frau Klinkenberg, die Vermieterin der Wohnung, uns erwartete. Diese befand sich in einem Plattenbauviertel am Ortsrand. Die alle gleich aussehenden Gebäude unterschieden sich nur farblich voneinander. In der Erinnerung sehen sie für mich immer noch wie riesige Wohntürme auf freiem Feld aus. Ihr ganzes Äußeres (die geraden Kanten, die langen Fensterfluchten, die flachen Dächer) legte den Gedanken nahe, das kommunistische Regime hätte in strikter Anwendung Marx'scher Theorie, oder auf Anweisung Moskaus, den Architekten im Dienst der Arbeiterklasse jeden kapitalistischen Gebrauch von Bögen und Giebeln verboten.

Wir stiegen aus und bemühten uns mit gezwungenen Lächeln, uns unsere Missstimmung nicht anmerken zu lassen. Frau Schriftstellerin verbarg ihre geröteten Augen hinter der Sonnenbrille, als müsste sie sie vor der Strahlung des Mondes schützen. Der Mond war noch gar nicht aufgegangen, aber sie ist eben eine vorsichtige Frau; dies zu deiner Information, mein Bruder, da du sie ja nicht kennst. Wir gaben Frau Klinkenberg die Hand, und ihre fühlte sich kalt, schwammig und feucht an, dabei war weder Winter, noch regnete es. Mit der gebotenen Diskretion wischte ich meine Handfläche hinten an der Hose ab, und später, nachdem ich mich vergewissert hatte, dass niemand es sah, hielt ich sie mir vor die Nase. Ich schätzte das Alter unserer Vermieterin zwischen sechzig und siebzig. Später erfuhren wir, dass sie vierundsechzig war. Sie plapperte ohne Unterlass. Ein verbaler Wasserfall mit deutlichem Ostakzent. Dauernd klang in ihrem Sprachfluss das Wort «Euros» auf; es hallte in meinen Ohren wie Glockenschläge, die die Alltagsgeräusche in der näheren Umgebung übertönen. Bla, bla, bla, Euros. Bla, bla, bla, Euros. Frau Klinkenberg hatte rissige gelbe Fersen, wie ich gut sehen konnte, als wir hinter ihr die Treppe hinaufstiegen. Sie trug vom vielen Herumgehen im Haus ausgetretene Holzpantinen. Ich wies Clara auf sie hin, und sie gab mir lächelnd und mit auf die Lippen gelegtem Finger zu verstehen, ich solle bloß den Mund halten, obwohl ich gar nichts sagte. Im Rücken von Frau Klinkenberg, bla, bla, bla, Euros, imitierte ich ihre schwankende Art, die Treppe zu steigen. Ihr opulentes Gesäß wogte auf Höhe meiner Nase. Übertrieben grimassierend, tat ich, als müsste ich an ihren ausströmenden Körpergasen ersticken. Hinter mir schüttelte Frau Schriftstellerin tadelnd den Kopf und bat mit flehender Miene, mich zu mäßigen; doch auf dem zweiten Treppenabsatz bekam sie beim Anblick meines höchst kindischen Gebarens große Probleme, ihr Lachen zu unterdrücken. Und mit diesen Albernheiten vertrugen wir uns wieder, ohne dass wir Worte dazu brauchten.

Als die Wohnungstür im dritten Stock geöffnet wurde, schlug uns eine Dunstwolke von gekochtem Gemüse entgegen. Gleich darauf sprang ein verspielter Pudel, der ein gestreiftes Leibchen trug, um mich herum und schnüffelte an meinem Fuß. Ich streichelte ihm den Kopf, er leckte meine Hand. Mit Sicherheit hätte er mir in einem Akt hündischer Solidarität hineingebissen, wenn er gewusst hätte, dass einer wie er bei uns nackt herumlaufen musste. Doch zum Thema. Warum stank eine Wohnung, die wir gemietet hatten, nach frisch gekochtem Gemüse? Und was hatten in der Diele der Napf mit Fressen für den Hund, der Mantel am Kleiderständer und die Damenschuhe im Wandregal zu suchen? Ich sah Clara an, dass sie genauso ratlos war wie ich. «Frau Klinkenberg», sagte sie mit honigsüßer Stimme, als fürchte sie, ungebührlich zu wirken, «vielleicht habe ich mich am Telefon nicht deutlich ausgedrückt. Mein Mann und ich würden für unsere Zeit auf Rügen gern eine Wohnung für uns allein haben.» Denn dass in dieser derzeit jemand wohnte, war unverkennbar. Die *Griechischer Wein* singende Stimme von Udo Jürgens aus einem Radio bestätigte unsere Befürchtungen. Frau Klinkenberg erklärte uns, eigentlich sei das ihre Wohnung. Angesichts unserer Verspätung, sagte sie, ohne sich offenbar daran zu erinnern, dass Clara zwei Mal mit ihrem Mobiltelefon angerufen und von den Komplikationen unterwegs berichtet hatte, war sie davon ausgegangen, dass wir nicht mehr kämen, wie es ihr anscheinend mit anderen Mietern schon passiert war, und deswegen war sie noch nicht ausgezogen. Ihre Rente reichte kaum zum Leben. Dasselbe Schicksal, jammerte sie, hätten Tausende Bewohner der ehemaligen DDR zu beklagen, «wir armen Ossis sind die Verlierer der Wiedervereinigung». Wenn wir das nicht glaubten, bräuchten wir bloß auf die Straße hinunterzugehen und den Erstbesten zu fragen, der vorbeikäme. Nach diesem einleitenden Klagelied sagte sie, um ihre Rente aufzustocken, bla, bla, bla, Euros, vermiete sie ihre Wohnung wann immer es möglich sei, und ziehe für die Zeit zu einer Freundin in der Nähe, es sei denn, diese habe ihre Wohnung ebenfalls vermietet. In einem solchen Fall würde sie zu ihrem Sohn und den Enkeln nach Putbus ziehen, etwa zwölf Kilometer von Bergen entfernt, da könne sie so lange bleiben, wie es nötig sei, obwohl das Unannehmlichkeiten mit sich brächte, da zum einen sich die Kinder dann ein Zimmer teilen müssten, um Platz für die Oma zu schaffen, was zu ständigem Streit zwischen ihnen führte; und zum anderen, weil Frau Klinkenberg sich nicht mit ihrer Schwiegertochter verstand, die sie für eine kalte, egoistische Person hielt, rundum so unangenehm, dass sie gar nicht verstand, was ihr Walter einmal an der hatte finden können, bla, bla, bla, Euros. Wir sollten uns also keine Sorgen machen, denn nachdem sie uns die Wohnung, die aktuellen Zählerstände und die Funktionsweise aller Apparate gezeigt habe, werde sie mit *Honni* – so hieß der Pudel – verschwinden und uns nicht mehr zur Last fallen. Sie legte Wert auf die Feststellung, dass wir die gesamte Wohnung nutzen, essen und trinken konnten, was Speisekammer und Kühlschrank hergaben, und unbesorgt in ihrem Bett schlafen konnten, das sie frisch bezogen hatte. Für Clara war, um der Wahrheit die Ehre zu geben, Frau Klinkenberg ein richtiger Glücksfall. Jedes Jahr im Dezember schickt sie uns ein Glas mit selbstgemachtem Weißdorngelee und dazu eine Postkarte, auf der sie uns nicht nur Weihnachtsgrüße ausrichtet und einen guten Rutsch ins neue Jahr wünscht, sondern uns auch immer zu einem Besuch einlädt und als PS regelmäßig Grüße von *Honni* ausrichten lässt, der, wie sie schreibt, sich gern an uns erinnert.

29

Nach mehrtägiger Unterbrechung wegen Claras Grippe setze ich meinen Reisebericht nun fort. Heute konnte sie endlich wieder zur Arbeit gehen. In den freien Minuten zwischen Trostsitzungen, Teezubereitung und Abgabe von Streicheleinheiten habe ich mich mit meinem Bruder per E-Mail zu streiten begonnen. Es gab Momente, da fühlte ich mich, als wären wir wie früher in unserem gemeinsamen Zimmer und würden uns anschreien und schubsen. An dem Tag, an dem man die digitale Ohrfeige erfindet, werde ich einer der Ersten sein, der sie sich herunterlädt. Dem Dicken hat auch die zweite Sendung meiner aufgeschriebenen Erinnerungen gefallen, obwohl ich in seinen lobenden Äußerungen eine gewisse Zurückhaltung spüre. Er verspricht, sobald er sich eine Meinung über das Ganze gebildet hat, mir ein Angebot zu unterbreiten. Er bittet mich nicht direkt, ihm alles zu schicken, sondern gibt mir indirekt zu verstehen, dass er es annehmen würde. Nebenbei teilt er mir mit, wie um anzudeuten, dass andere und vermutlich dringendere Angelegenheiten seine Kraft und Zeit beanspruchen, dass er sich auf Reisen begibt. Mir missfällt, dass er mir gegenüber den Ton einer Person anschlägt, die sich das letzte Wort vorbehält. Plant er etwa, mich wie einen Untergebenen zu behandeln? Ich antworte ihm ganz gelassen, dass ich überhaupt keine Notwendigkeit zu publizieren verspüre. «Schluck das», denke ich bei mir. Anstatt mich anzuflehen, antwortet er, ich solle keinen Blödsinn reden, wenn ich klug wäre, könnte ich viel Geld verdienen. Ich sage ihm, mich widere der Gedanke an, meine Intimsphäre und die meiner Frau gegen Honorar der Öffentlichkeit preiszugeben. In seiner Antwort schreibt er, dass er das versteht, und wenn es mir zuwider sei, Geld zu nehmen, wäre er auch bereit, mein Buch zu veröffentlichen, ohne mir was dafür zu bezahlen. Ich solle das als brüderliche Geste werten, fügt er in seinem typischen Zynismus hinzu. Ich will ihn gerade zum Teufel schicken, da bittet mich Clara vom Bett aus mit kläglicher Stimme, ich möge die Heizung aufdrehen, Kartoffelbrei für sie machen, ihr das Fieberthermometer bringen, die Heizung tiefer stellen, und wenn ich mich nach einigen Minuten wieder an den Rechner setze, stelle ich fest, dass ich nicht den geringsten Wunsch verspüre, mich mit meinem Bruder zu überwerfen.

Wie schon beim vorigen Mal breite ich die Landkarte von Rügen auf dem Küchentisch aus. Noch unbeschwert von dem Verbot, Anmerkungen zu machen, wo es mir gefällt, überkommt mich die Lust, zu behaupten, die völlig unwahrscheinliche Küstenlinie der Insel sähe aus wie von einem Kind gezeichnet. Was noch? Ich werfe einen Blick auf die Seiten des Vortages, weil ich vergessen habe, was ich mir aufgeschrieben habe, und bitte mein Gedächtnis, mich mit Erinnerungen zu versorgen. Loyal, wie es ist, bringt es mir eine, in der ich mich am Morgen nach unserer Ankunft in Bergen in einen Supermarkt gehen sehe, den uns Frau Klinkenberg, bla, bla, bla, Euros, empfohlen hatte und der ganz in der Nähe liegt. Ich kaufte schnell Brötchen und andere Frühstückszutaten ein, in der Hoffnung, dann noch Zeit zu haben, um in der Umgebung eine Apotheke zu suchen. Ich fand keine einzige.

Ich fragte drei Jungs, Schulkinder noch. Sie machten so konfuse Angaben, redeten alle auf einmal, schickten mich so weit fort und mussten so dabei lachen, dass ich den üblichen Spaß auf Kosten des dummen Fremden schnell roch. Darauf beschloss ich, auf eine passende Gelegenheit zu warten, mein Vorhaben durchzuführen, ohne dass Clara etwas davon merkte. Im Supermarkt kaufte ich eine Schachtel mit Pflaster. Wenigstens etwas.

Glaub nicht, Bruder, dass ich nicht an den Verbandskasten im Auto gedacht hätte; aber abgesehen davon, dass die Verfallszeit des ganzen Krams darin längst abgelaufen war, bewahrten wir ihn in der Versenkung auf, in der das Reserverad lag, und der größte Teil unseres Gepäcks befand sich noch im Kofferraum. Claras Gegenwart hinderte mich, Frau Klinkenbergs Wohnung gründlich zu durchsuchen. Und so kam mir, bevor noch der Kofferraum ausgeräumt war und wir zu unserem ersten Ausflug über die Insel aufgebrochen waren, die Idee, meine Wunde am Fuß mit Rasierwasser einzureiben, in der Hoffnung, sein Alkoholanteil möge desinfizierend wirken. Dann klebte ich drei Pflaster übereinander auf die infizierte Stelle und vertraute darauf, dass dies die Unannehmlichkeiten lindern würde, die sich beim Auftreten immer stärker bemerkbar machten. Mit fingierter Gesundheit und guter Stimmung setzte ich mich ans Steuer und fuhr mit Clara über ansteigende und abfallende, von Bäumen und zahlreichen kleinen Kreuzen in Erinnerung an dort verunglückte Verkehrstote flankierte Landstraßen zum äußersten Norden der Insel an einen Ort mit drei Leuchttürmen namens Kap Arkona, von dem ich noch nie gehört hatte. Ich kannte den Namen nur als den eines Passagierdampfers (der berühmten *Cap Arcona*), der wenige Tage vor der deutschen Kapitulation von der britischen Luftwaffe versenkt worden war. Bei Google konnte ich lesen, dass zu den Opfern über sechstausend Gefangene des Naziregimes gehörten, und mehr kann und will ich dazu nicht schreiben.

Von Bergen bis Kap Arkona fährt man nicht lange. Und noch

weniger Zeit würde man brauchen, müsste die Landstraße nicht einen tief ins Land einschneidenden Fjord umrunden. Am Eingang eines Dorfes namens Putgarten mussten wir das Auto auf einem kostenpflichtigen Parkplatz stehen lassen, da die letzten zwei Kilometer für Privatautos gesperrt waren. Ich werde den Verdacht nicht los, dass die Autofahrer eine der Haupteinnahmequellen für die Ortschaften auf Rügen sind. Überall standen Parkuhren. Wir sahen sie sogar in der freien Natur auf Sandböden und Unkraut; auf Brachgrundstücken ohne andere Anzeichen von Zivilisation als ebendiese Parkuhren; und auf einsamen Waldlichtungen, bei denen wir uns unwillkürlich vorstellten, wie Strafzettelverteiler hinter den Bäumen lauerten. Clara hat in ihrem Buch eine ironische Passage darüber verfasst.

Um die Leuchttürme von Kap Arkona zu erreichen, standen uns drei Fortbewegungsmittel zur Verfügung: ein Eisenbähnchen auf luftbereiften Rädern, ein Pferdewagen, auf dem mehrere Personen Platz hatten, und unsere Füße, von denen mein einer unbrauchbar war. Beide Vorschläge, die ich machte, wurden von Frau Schriftstellerin zurückgewiesen. «Mäuschen, ehrlich, willst du, der sich immer über Touristen lustig macht, dich wirklich in diese lächerlichen Spielzeugkisten setzen?» Ich machte das erste Argument geltend, das mir über die Lippen kam. Sie verwarf es mit der sprichwörtlichen Taktlosigkeit derer, die keine Schmerzen haben. Zwei Kilometer seien doch keine Entfernung, in unserem Alter müsse man sich bewegen, seit einiger Zeit bemerke sie Anzeichen von Faulheit bei mir. Wir machten uns auf der einzigen Straße des Ortes, die diesen Namen verdiente, auf den Weg. Auf dem ersten Stück gingen wir über Kopfsteinpflaster, dessen Kanten sich unbarmherzig in meine Wunde gruben. Am Straßenrand befanden sich Verkaufsstände mit Antiquitäten, geräuchertem Fisch, Kunsthandwerk und anderem billigen Zeug, für das ich auf dem Hinweg wie auf dem Rückweg lebhaftes Interesse bekundete, obwohl mich nichts davon interessierte, nur weil ich vor jeder der Buden und

Zelte meinen Fuß entlasten konnte. Ich hegte den Verdacht, dass mein Problem sich vergrößern würde, wenn Clara davon erführe. Darum zog ich es vor, still zu leiden. Dann erreichten wir freies Feld. Vor und hinter uns gingen andere Fußgänger, deren unbekümmerte Art, sich zu bewegen, eine Mischung aus Neid und Verbitterung in mir weckte. Ich betrachtete sie unwillkürlich als Exhibitionisten ihrer guten Gesundheit. Mein einziger Trost war, dass die nun asphaltierte Straße, im Gegensatz zum Kopfsteinpflaster des Ortes, mir wie ein weicher Teppich vorkam. Hinter einer Anhöhe ragten über dichtbelaubten Baumkronen zwei nah beieinanderstehende Leuchttürme auf, einer hoch, schlank und rund, der andere niedrig, gedrungen und viereckig. Rechts davon, am Rand eines Feldes, sah man einen anderen, moderneren, der nachts vielleicht leuchtet oder auch nicht, denn Tatsache ist, dass ich viel zu sehr mit meinem Fuß beschäftigt war, um jetzt noch zu wissen, welcher von den dreien Leuchtturm oder Museum oder beides und vielleicht noch einiges mehr gewesen ist. Die Straße hatte eine erträgliche Steigung. Das blau-weiße Eisenbähnchen überholte uns mit Touristengeschwindigkeit. Ich könnte schwören, dass ich auf den Fenstern und der Karosserie seiner vier Wägelchen die in der Sonne glänzenden Zeichen von Ambulanzen sah. Eine Beschimpfung hätte mich weniger gekränkt als die glücklich lächelnden Gesichter der Passagiere und winkenden Kinderhände. Mehrmals versuchte ich, auf dem Gras zu gehen; doch Clara, die nicht verstehen konnte, dass ich mich der Unterhaltung mit ihr entzog, rief mich jedes Mal wieder an ihre Seite, so wie man einen Hund zu sich ruft. «Mäuschen, es sieht aus, als würdest du hinken.» «Wer, ich? Da lag nur ein Stein, auf den ich getreten bin.» «Warum gehst du auch nicht auf der Straße, wie jeder andere? Ich habe das Gefühl, mit mir selbst zu sprechen.»

Nicht einmal, als wir schon bei den Leuchttürmen angekommen waren, konnten wir das Meer sehen. Zum Teil verhinderte das ein dichter Baumbestand, der sich die Steilküste bis kurz vor die

Felsen hinunterzog, gegen die machtvolle Wellen brandeten. Der Hauptgrund jedoch war eine orographische Eigenart der Ost- und Nordküste von Rügen. Ich erwähne sie, Bruder, weil sie anders ist als die, die man sonst immer sieht. An jenem Inselende steigt das Gelände zum Meer hin an. Denke aber nicht, dass die Küstenlinie dort von einer Gebirgskette gebildet wird. Das ist nämlich nicht der Fall. Der höchste Punkt auf Rügen ist weniger als zweihundert Meter hoch. Wer dort also auf die Küste zuschreitet, geht bis zum Horizont eine kleine Anhöhe hinauf. Gleichzeitig kommt der Horizont auf einen zu, bis beide sich unversehens am Rand eines Abgrunds treffen, von dem aus man endlich über das weite Meer schauen kann. Der Abstieg zum Strand geht häufig über steile Treppen vonstatten. Die am Kap Arkona, aus Holz, mit zwei großen Absätzen, auf denen der erschöpfte Wanderer Luft holen oder schnellere Fußgänger vorbeilassen kann, geht über vierzig Meter in die Tiefe. Sie besteht aus 198 Stufen, wenn Frau Schriftstellerin, in deren Buch diese Zahl zu lesen ist, sich nicht verrechnet hat. Da sie einen Hochschulabschluss besitzt, sehe ich keinen Grund, dem Resultat ihrer Feldforschung zu misstrauen, wenngleich ich nach einigen Minuten bei Google festgestellt habe, dass mehrere Webseiten die Stufenzahl der Treppe von Kap Arkona, die auch Königstreppe genannt wird, mit 230 beziffern. Was soll aus der literarischen Karriere meiner Frau werden, wenn den Kritikern zeitgenössischer Literatur diese Differenz auffällt?

Hingerissen von dem schönen Anblick, schlug Clara vor, unverzüglich zum Strand hinunterzugehen. Ehrlich gesagt, zwang ich sie zu diesem Vorschlag, denn während sie wie ein stürmischer, vor Gesundheit strotzender Springinsfeld schon die ersten Treppenstufen hinunterhüpfte, stand ich bewegungslos am oberen Rand und sondierte – wie vielleicht ein gebrechlicher alter Mann die Risiken abschätzt, sich auf ein sexuelles Abenteuer einzulassen – das Für und Wider der beschwerlichen, gefährlichen, vielleicht sogar unmöglichen Aufgabe, die da vor mir lag. «Mäuschen, hast du Angst vor einer Treppe?» Eine Antwort ersparte ich mir. Mit gebotener Vorsicht begann ich den Abstieg und richtete – um meine Langsamkeit zu rechtfertigen – übertriebene Aufmerksamkeit auf das dichte Buschwerk ringsum. Wenn ich den rechten Fuß voransetzte, tat ich jedes Mal einen entschlossenen Schritt, schaute nach vorn, tat, als wäre ich ganz gesund. Kam jedoch der linke Fuß an die Reihe, trat ich vorsichtig mit der Ferse auf, was mich zum Hinken zwang; dann klammerte ich mich am Handlauf fest, fühlte mich mit einem Mal von ich erinnere mich nicht mehr welchen Details des Baumbestands angezogen. Clara, deren Abstand zu mir immer größer wurde, merkte nicht einmal, wenn sie sich umdrehte, wie mühsam mein Abstieg war, der auf den Treppenstufen zwei verschiedene Geräusche erzeugte – tock, tack, tock, tack –, je nachdem, mit welchem Fuß ich auftrat. Ich fürchtete, jeden Moment von einer neunzigjährigen Dame überholt oder unabsichtlich von einem hinunterhüpfenden Kind umgerannt zu werden. Ich flüsterte mir zu: «Wie groß, wie tief, wie rein muss meine Liebe zu dieser Frau sein! Anders kann ich mir nicht erklären, dass ich diese Tortur auf mich nehme, um einer Laune von ihr zu folgen.» Ich holte sie – tock, tack – am Ende der Treppe auf einem balkonartigen Absatz ein, von dem aus man einen weiten Blick über das Meer hatte. Von dort führte links am Fuß des Steilhangs ein etwa dreißig Meter langer Bretterweg auf den steinigen Strand, an dem die Reste ich weiß nicht was für einer militärischen Anlage standen. Der Bretterweg endete an einer weiteren Treppe. Erklärt dieser Umstand das Mysterium der zweiunddreißig Stufen, die in Frau Schriftstellerins Berechnung fehlten?

Bei meiner Ankunft auf der Aussichtsplattform atmete Clara mit sichtlichem Genuss die frische Brise ein, die ihr Haar zerzauste und mit den Falten ihrer Bluse spielte. Neben uns kamen und gingen andere Besucher mit Digitalkameras, in schreiend bunter Kleidung und mit faden Witzen über die Länge der Königstreppe, und als wir mal einen Moment allein waren, rief Clara euphorisch:

«Ich könnte vor Glück platzen! Du nicht?» Um ihren forschenden Blick von mir abzulenken, gab ich, ohne zu zögern, die Antwort, die sie erwartete; doch offenbar gelang es mir nicht, die nötige Verzückung in meine Worte zu legen. Sie gab mir den Rat, mich künftig in der Kunst der verfeinerten Betrachtung zu üben, ohne die es ihrer Meinung nach unmöglich ist, ein so knappes Gut wie «Schönheit» angemessen zu würdigen. Und im gleichen impertinenten Ton fragte sie, ob ich die Bedeutung dieses Wortes überhaupt kenne. Ich verstehe bis heute nicht, wie ich der Versuchung widerstand, ihr das Grinsen aus dem Gesicht zu reißen, als wäre es ein Pflaster, und es ins Meer zu werfen.

Die Qual des Rückwegs war erträglicher, als ich befürchtet hatte. Die Treppenstufen nur mit dem Fußballen berührend, vermied ich es, Druck auf die schmerzende Stelle auszuüben. Diese Technik des Treppensteigens, die eigentlich ganz normal ist, es sei denn, man geht rückwärts, ersparte mir zwar nicht den ganzen Schmerz, wohl aber das Hinken. Ich war sogar noch vor Clara auf dem Platz am Steilhang, wo ich mich auf eine Bank setzte und auf sie wartete. Sie kam mit heraushängender Zunge oben an. «Ich habe», sagte sie keuchend, «hundertachtundneunzig Stufen gezählt. Du auch?» «Exakt genauso viele», log ich und sagte dabei vielleicht sogar die Wahrheit. Vor dem Aufstieg hatte ich ihr versprochen, die Stufen zu zählen; doch aus Gründen, Bruder, die leicht nachzuvollziehen sind, war mir an diesem Tag nicht nach Feldmessung zumute.

Um Zeit zu sparen, einigten wir uns darauf, die Leuchttürme getrennt anzusehen. Da sie die Erschöpftere von uns war, nahm sie sich den kleinen Backsteinturm vor. Möglicherweise hinderte sie ein schamhafter Vorbehalt, ihren weiblichen Körper in den anderen hineinzubugsieren, nachdem ich diesen mit einem aufgerichteten Penis verglichen hatte. «Das Licht ist der Samen, der in der Dunkelheit verspritzt wird, weil Leuchttürme, falls du es nicht weißt, bei Nacht in Erregung geraten. Du verstehst vielleicht einiges von Schönheit; aber hiervon verstehe ich mehr als du.»

Sie befahl mir, den Mund zu halten, weil sie befürchtete, jemand könnte mich hören. Ich wusste nicht, dass ihre Landsleute sich über eine so vorhersehbare Metapher aufregen können, die ein Ausländer angesichts einiger Leuchttürme von sich gibt. Meine unschuldige Antwort löste in ihrem Organismus einen theoretisierenden Hormonschub aus. Als sie neben mir Platz nahm, wurde mir klar, dass sie mir eine längere Lektion zu erteilen beabsichtigte. Das freute mich, nicht so sehr wegen der Aussicht, neue Kenntnisse in einer mich wenig interessierenden Disziplin zu erlangen, sondern wegen der unerwarteten Verlängerung meiner Ruhepause. Sie überraschte mich mit einer ungewöhnlichen Hypothese, um mir den Unterschied zwischen einem Dichter und mir zu erklären. Zu diesem Zweck führte sie die Existenz von Sprachebenen an, auf denen die Realität als reines Neutrum erscheint.

Mit ihrem Sinn für Pädagogik brachte sie ein Beispiel: «Der Hund frisst Fleisch.» Sie stellte fest, dass der Satz auf objektive Weise eine Idee ausdrückt. Ob er von dieser oder jener Person, in dieser oder einer anderen Sprache gesprochen wird, ist für seine Bedeutung unerheblich. «Bei dieser Hundeszene jedoch», fuhr sie mit mehr oder weniger den folgenden Worten fort, «würde ein Dichter versuchen, für die Realität einen erhabeneren Ton zu finden. Er würde seine Kunst der Idealisierung einbringen, ansprechende Details einfügen, mit Sinn für Rhythmus die Wörter aussuchen, schöne, begeisternde, anregende Ausdrücke verwenden.» «Mir klingt das eher nach Kitsch oder Religion.» «Merkst du nicht, Mäuschen, dass du unentwegt die Realität herabwürdigst? Immerzu machst du dich über sie lustig, parodierst sie und machst sie lächerlich, positionierst dich auf der genauen Gegenseite der Poesie.» Alle paar Augenblicke flüsterte mir mein schmerzender Fuß ins Ohr: «Hör bloß nicht auf zu reden, stelle Fragen, widersprich. Je länger ihr euch unterhaltet, desto länger kannst du sitzen bleiben und bin ich ohne Schmerzen.» Ich sagte: «Warum soll ich die Wirklichkeit verherrlichen? Ich bezweifle, dass

Physik und Chemie mir mehr Zuneigung entgegenbringen als ich ihnen.» «Ich will nur sagen, dass du gemeinhin das Lachen dem poetischen Ton vorziehst.» «Was wohl heißen soll, dass ich unter der neutralen Ebene lebe und du über ihr. Ich wette, du hältst mich insgeheim für einen ungehobelten Bauern.» «Verdrehe mir bitte nicht das Wort im Mund!» «Aber was erwartest du dann von mir? Sag mal, du willst mich nicht etwa erziehen, oder?» «Ich wäre schon zufrieden, wenn du manchmal ein bisschen romantisch mit mir wärst.» Und so weiter und so fort.

Insgeheim hatte ich mir vorgenommen, nicht auf den Leuchtturm zu steigen, sondern auf der Hälfte umzukehren und Clara hinterher mit irgendeinem blumigen Gefasel, das sie sich so wünschte, zu berichten, was, wie ich mir leicht vorstellen konnte, von oben zu sehen gewesen war. Doch bevor wir uns trennten, übergab sie mir die Kamera mit der ausdrücklichen Bitte, in alle vier Himmelsrichtungen zu fotografieren, weshalb mir, nachdem ich an der Kasse drei Euro berappt hatte, nichts anderes übrig blieb, als meinen Füßen weitere 148, diesmal spiralförmig ansteigende Stufen zuzumuten, die ich aber Gott sei Dank nicht zählen musste, da sie auf den vertikalen Zwischenstücken durchnummeriert waren. Und ich merkte auch schnell, dass ich gut daran getan hatte, bis ganz nach oben zu steigen, denn als ich auf den geländerbewehrten Umlauf hinaustrat, sah ich Clara, die von der Plattform des anderen Leuchtturms zu mir herüberwinkte.

Der Abstieg war für mich so mühsam, dass ich mich gezwungen sah, mehrmals stehen zu bleiben. Da in meinem Zustand das Treppaufsteigen weniger schmerzhaft war als das Hinabsteigen, ging ich die letzten Spiralwindungen rückwärts, was sich als guter Trick erwies, den Fuß zu entlasten. Ich ging langsam und hielt mich mit beiden Händen am eisernen Treppengeländer fest wie ein alter Mann, wobei ich stets die Ohren spitzte, um beizeiten gewarnt zu sein, wenn sich übermütige junge Leute näherten. Clara fragte mich mit vorwurfsvollem Unterton, warum ich so lange gebraucht hätte. Ich war kurz davor, ihr die Wahrheit zu sagen, doch dann biss ich mir auf die Lippen, weil ich sicher glaubte, im Lauf des Tages doch heimlich noch ein wirksames Mittel für mein Problem zu finden. Ich sagte, ich hätte lange das blaue Wunder genossen, das man von oben betrachten konnte; eines der ergreifendsten Schauspiele zweifellos, das mir die Natur je vor Augen geführt habe. Clara unterbrach mich mit eisiger Miene und sagte, ihre dümmsten Schüler lögen besser als ich.

Wir trafen uns an einer kuriosen Attraktion am roten Leuchtturm wieder, in dem sich, wie wir erfuhren und sie in ihrem Buch ausführt, ein Standesamt befindet. Aus allen Teilen Deutschlands, sogar aus den entferntesten Gegenden, kamen junge Paare, um an diesem ungewöhnlichen Ort zu heiraten. Nach der Zeremonie war es Brauch, dass die Frischverheirateten einen Stein mit ihren eingravierten Namen und dem Datum der Eheschließung an einem extra dafür eingerichteten Platz vor dem Leuchtturm niederlegten. Die Steinplatten hatten alle dieselbe Größe und wurden in sauberen Reihen verlegt. Überwiegend in den Farben rosa und grau. Es lag zwar schon eine ganze Menge dieser Steine dort, doch es gab noch ausreichend Platz für drei, vier weitere Reihen. Für mich sahen sie – so leid es mir um die Erhabenheit der Realität tat – wie Grabsteine aus. Da ich sah, dass Clara sie aufmerksam und sogar voller Andacht betrachtete, fragte ich sie, ob sie ein Gebet für alle zu zweit Begrabenen sprach. Als einzige Antwort traf mich ihr vernichtender Blick. Dann verschwand sie in einem Andenkenladen, aus dem sie nach langer Zeit mit einer ganzen Tüte voll typischer Erzeugnisse der Insel herauskam, zuzüglich dieser zwei Leuchttürme aus Gips, die immer noch auf einem Regal in ihrem Schreibzimmer stehen. Kitschiger geht es gar nicht mehr, Bruder; aber diesen Satz sowie weitere, die ich dir noch anzeigen werde, musst du bitte streichen, wenn es eines Tages zu einem Verlagsvertrag zwischen uns kommt.

Vom Kap Arkona aus fuhren wir, nach vorherigem Fußmarsch

zurück zum Parkplatz, auf schmalen, zum Teil noch gepflasterten Landstraßen, in einen Küstenort namens Lohme, am Rand des Nationalparks Jasmund gelegen. Im Reiseführer wurde der Ort hoch gelobt und vor allem die malerische Schönheit gewürdigt, die Clara dorthin lockte. Warf man indes einen Blick auf die anderen Seiten, merkte man schnell, dass es im ganzen Reiseführer keinen Ort gab, der nicht mit ähnlich lobenden oder sogar noch überschwänglicheren Worten bedacht wurde. Wie auch immer; ich stimmte dem Besuch des Dorfes zu, nachdem ich gelesen hatte, dass man dort gut essen konnte. In diesem Wissen sagte ich zu Clara, sie brauche sich um mich nicht zu sorgen, ich fühlte mich kräftig genug, all die Schönheit zu ertragen, von der im Reiseführer die Rede war.

Gegen eins fuhren wir auf abschüssigen Straßen durch das Dorf und hielten vergebens nach Gratisparkplätzen Ausschau. Clara fasste ihre Rachegelüste in den üblichen Satz: «Heb den Parkschein für die Steuererklärung auf.» Sie bringt diese Worte mit solchem Nachdruck hervor, dass jeder, der sie hört, glauben muss, die deutsche Staatskasse stehe vor dem unmittelbaren Kollaps. Zwischen den Häusern des Dorfes mussten wir am Stand der Sonne ablesen, wo sich das Meer befand; dabei stellten wir ein paar Minuten später fest, dass es nur ein- oder zweihundert Meter Luftlinie vom Parkplatz entfernt war. Ich ahnte Treppenstufen. Richtig genug; als wir auf einer abschüssigen Straße zu einer Aussichtsplattform gelangten, auf der eine Touristengruppe beisammenstand, sahen wir sie, lang, steil, gnadenlos, Stufen, die mich an die Zähne eines riesigen Monsters denken ließen, bereit, sich in meine linke Fußsohle zu verbeißen. Eine andere Möglichkeit gab es nicht, den Steilhang hinunterzukommen, zu dessen Füßen sich ein von einem Wellenbrecher geschützter kleiner Hafen befand. Drinnen lagen mehrere Sportboote, ein paar kleinere Fischerboote und das eine oder andere Motorboot. Clara versuchte, mich mit einem Aperitif zu locken, den wir, sagte sie, mir dabei den Nacken kraulend, auf der Terrasse eines gewissen Cafés einnehmen könnten, das man an einer Ecke des Ankerplatzes erkennen konnte. Mir war eher danach, eine Apotheke aufzusuchen. Ich schlug ihr vor, allein hinunterzugehen, zu fotografieren, die Örtlichkeit auf literarische Möglichkeiten hin zu erkunden und, wann immer ihr danach sei, sich mit mir vor dem Hotel Panorama zu treffen, wo wir zu Mittag essen wollten, nachdem wir gelesen hatten, dass der Dichter Theodor Fontane auf der Veranda dieses Hotels vor hundert und einigen Jahren seinen Hunger gestillt hatte. Ich glaube, die schlaue Füchsin begann zu argwöhnen, dass mit mir etwas nicht stimmte. Sie sagte zwar nichts; aber ihr plötzlicher Verzicht, zum Hafen hinunterzugehen, ihr für mein Gefühl nachdenkliches Schweigen auf dem Weg zum Hotel und auch ihr stechender Blick schienen mir darauf hinzudeuten, dass sich ein Funken von Verdacht in ihr Denken eingenistet hatte. «Gefällt dir das Dorf?», fragte sie unerwartet, als wir an einem Geschäft mit Keramiken vorbeigingen. «Hängt davon ab, wie das Essen hier ist.» Sie zeigte keinerlei Interesse, die Unterhaltung fortzusetzen, die sie selbst begonnen hatte. Vielleicht hatte meine knappe Antwort oder einfach der nebensächliche Ton, in dem ich sie gegeben hatte, ihren Argwohn zerstreut. Mehr haben wir auf dem Weg zum Hotel nicht gesprochen, soweit ich mich erinnere.

Wir aßen, von einer brennenden Kerze getrennt, Clara ihr Übliches und ich Brathering mit Bratkartoffeln und Rosmarin. Unserer Bitte entsprechend, wies man uns einen Tisch am Fenster zu. Von dort aus konnten sich die jeweils Speisenden am Anblick eines schmalen Streifen Meeres erfreuen, der hinter einer Hecke über den Baumkronen zu sehen war. Andere Tische verfügten zweifellos über bessere Ausblicke, waren aber alle besetzt. Während wir auf das Essen warteten, stand Clara auf und reckte den Hals, so weit sie konnte, um sich an einem erweiterten Anblick der Wasserlandschaft zu erfreuen. Ich erklärte mich daraufhin sofort bereit, ihr eine detaillierte Beschreibung der hinter den Bäumen verborgenen

Wasseroberfläche zu liefern. Um ihr eine Freude zu machen, versprach ich, noch ein paar Ausschmückungen zu erfinden, die die Eintönigkeit des Meeres aufzulockern vermochten; ich weiß nicht, ein Schiff noch aus der Zeit, als die Insel dem König von Schweden gehörte, drei oder vier Delfine vielleicht, die durch die Luft sprangen und das Wasser spritzen ließen, solche Sachen. Ich sagte ihr auch, sie solle die Hoffnung nicht aufgeben, denn da wir immer noch nicht bedient wurden, könne es gut Winter werden, bis wir unser Essen bekämen, und bis dahin hätten die Bäume all ihr Laub verloren und sie könne unbehindert von lästigem Grün das ganze Meerespanorama bewundern, ohne sich dafür vom Stuhl erheben zu müssen. «Hast du was gesagt?», fragte sie, als sie wieder Platz nahm. Und wie im Selbstgespräch fügte sie hinzu: «Mit wenigen Veränderungen habe ich genau das gesehen, was auch Fontane gesehen hat, so wie an einigen Orten im Harz, was Heinrich Heine, oder in Lübeck Thomas Mann und wahrscheinlicher noch Günter Grass gesehen hat.» Jetzt brauchst du bloß noch so zu schreiben wie sie, dachte ich, sagte es ihr aber nicht, da ich dies nicht für den richtigen Zeitpunkt hielt, unsere Ehe aufs Spiel zu setzen.

Als die Bratheringe kamen, hatte ich mein alkoholfreies Bier schon lange leer getrunken. Ich bestellte ein zweites und kurz darauf, um die Folgen des versalzenen Bratfisches zu lindern, ein drittes; und ich hätte noch ein viertes bestellt, wenn Clara mir nicht ihre halb geleerte Flasche Mineralwasser zur Verfügung gestellt hätte. Keine Angst, Bruder, ich werde mich nicht über kulinarische Nebensächlichkeiten verbreiten. Wenn du dies so aufmerksam liest, wie ich es bei Verlegern vermute, wirst du bald merken, warum ich dies alles erzähle. Also weiter. Nach dem dritten Glas begab ich mich zu den Toiletten, die außerhalb des Restaurants im Eingangsbereich des Hotels lagen. Die Hoteltür stand offen, und da kam mir der Gedanke, die drei mutmaßlich für Blasenentleerung, Händewaschen usw. erforderlichen Minuten könnte ich auf die Suche nach einer nahegelegenen Apotheke verwenden.

Mit diesem Vorsatz, der mir heute absurd erscheint, verließ ich das Hotel und klapperte, so schnell mir der schmerzende Fuß es erlaubte, die umliegenden menschenleeren Straßen ab. Vergebens. Ich traf nicht einmal einen Dorfbewohner, den ich hätte fragen können. Es waren knapp acht Minuten vergangen, als ich ohne Jodtinktur oder Watte und ohne mich erleichtert zu haben, ins Restaurant zurückkehrte. «Maus, du hast aber lange gebraucht.» «Wenn du es genau wissen willst, kann ich dir gern erklären, warum ein Mensch, der täglich Nahrung zu sich nimmt, auf der Toilette so lange braucht, wie er braucht. Kurzgefasst, war es folgendermaßen.» «Hör zu, ich habe dich nicht darum gebeten, ausführlich zu werden.» «Nein, aber es war auch ein völlig emotionsloser Akt.» «Und wenn er noch so emotionsgeladen gewesen wäre. Ich weiß nicht, ob du bemerkt hast, dass ich immer noch esse.»

Frau Schriftstellerin hatte schon am frühen Morgen den Wunsch geäußert, die Insel gründlich kennenzulernen. Ich erinnerte sie daran, dass das jedes Mal so war, wenn wir an ein neues Ziel gelangten. Diesmal jedoch hatte sie sich vorgenommen, nicht nach der üblichen Arbeitsmethode vorzugehen, sondern nach einer anderen, die darin bestand, sich ausschließlich der Erfassung von Daten zu widmen und die Niederschrift der Rügen betreffenden Episoden auf Grundlage der vorangegangenen Dokumentation später vorzunehmen. Aus Gründen, auf die sie nicht näher einging (oder vielleicht doch, aber ich habe nicht zugehört), schien ihr dieses Vorgehen dem bisherigen, das nur eine kurze Zeitspanne zwischen den Besuchen und der literarischen Arbeit zuließ, vorzuziehen zu sein. Für mich bestand der wesentliche Nachteil der neuen Methode in dem Wort «Eile». Im Restaurant hatte ich keine Zeit mehr, mich für eine gemächliche Erforschung der Insel einzusetzen oder noch einen Kaffee zu trinken. Kaum hatte sie ihr letztes Stück Pflanze verzehrt, hastig mehrere Fotos geschossen und etwas in ihr Notizbuch gekritzelt, eilten wir unserem neuen Ziel im nahegelegenen Nationalpark von Jasmund entgegen.

Am Ausgang eines Dörfchens waren wir gezwungen, unser Auto auf einem selbstverständlich kostenpflichtigen Parkplatz abzustellen, da die Straße, die durch den Wald zum Steilabbruch des Königstuhls führte, zu dem wir unterwegs waren, für den Privatverkehr gesperrt war. Clara verkündete stolz, viele Seiten über den Königstuhl gelesen zu haben. Ich wusste nichts von dieser Straßensperre, und so landeten wir an einem Schlagbaum mit zwei Aufpassern vor einem Wachhäuschen, die uns zurückschickten, als wären wir Aussätzige, was mich wütend machte. «Jetzt übertreib nicht, Mäuschen.» Vom Parkplatz aus fuhr alle paar Minuten ein Bus – natürlich auch nicht gratis – zum Königstuhl. Als wir ausstiegen, stand er gerade im Begriff loszufahren. Wir rannten zum Kassenhäuschen und zwängten uns in den Bus, in dem natürlich kein Sitzplatz mehr frei war. Während der drei Kilometer bis zur Küste stand ich auf einem Fuß. Den anderen stellte ich unauffällig auf dem Rad eines Kinderwagens ab. Nach einer Weile merkte Clara das und versetzte mir einen Stoß in die Rippen, damit ich ihn unverzüglich herunternahm.

Der Zugang zum berühmten Steilufer kostete sechs Euro pro Person. Claras Miene verdüsterte sich, als sie vor dem Schild mit den Preisen stehen blieb. «Bitte, Maus, sage mir, dass meine Augen mich trügen.» «Deine kurzsichtigen Augen sehen hervorragend. Vielleicht sollten wir akzeptieren, dass diese im Kommunismus aufgewachsenen Leute ihre Leidenschaft für den Kapitalismus entdeckt haben. Das ist einfach die Pendelbewegung der Geschichte.» «Drei Euro könnte ich noch verstehen, weil die Anlage ja gepflegt und sauber gehalten werden muss; aber sechs!» «Wir könnten versuchen, als Kinder durchzugehen, dann bräuchten wir bloß die Hälfte zu bezahlen.» Sie hörte nicht hin, da sie in einen grummelnden Monolog verfallen war, von dem ab und zu ein verständliches Wort aufklang: Ungerechtigkeit, Diebstahl, Frechheit. Ich erkannte die Gelegenheit, mir Mühen zu ersparen, und schlug ihr vor, allein zu gehen. «Denk daran, dass es für deine Arbeit nützlich sein könnte.» «Sechs Euro, Maus, um von einer Kreideklippe aufs Meer zu schauen. Das muss man sich vorstellen. Selbst wenn es drei wären ...» «Bezahl doch sechs und stell dir vor, wir würden beide hinuntersehen.» Überzeugt, die Besucher würden ausgebeutet werden, schritt sie mit der Entschlossenheit einer Verfechterin der gerechten Sache auf die Frau hinter dem Schalterfenster zu. Ich hinterher. Mir war nämlich eine andere Lösung eingefallen, und zwar eine unfehlbare. Würden wir die 117 Meter (laut Führer) der beinahe senkrechten Klippe hinuntersteigen, bräuchten wir nicht einen Cent zu bezahlen. Unglücklicherweise gestattete mir der linke Fuß nicht, so schnell zu gehen, wie ich gewollt hätte. Darum erreichte ich Clara nicht rechtzeitig und konnte nicht verhindern, dass sie sich als Schriftstellerin ausgab, die den Königstuhl besuchte, um Eindrücke für ihr Buch zu gewinnen. Nach der Aufzählung von einem halben Dutzend Städte in Norddeutschland, die sie für ihr Romanprojekt besucht hatte, behauptete sie, bislang sei ihr noch nirgends Hilfe verweigert worden. Nach dieser erklärenden Einführung versicherte sie, die kleine Ausstellungshalle, die man weiter hinten sah, nicht besuchen, sondern sich nur ein paar Notizen über die Aussicht machen zu wollen, die sie später literarisch zu verarbeiten gedenke. Wenn sie sich also über einen Preisnachlass einigen könnten, gäbe sie ihr Wort, nicht länger als zehn Minuten auf dem Königstuhl zu verweilen. Die Frau an der Kasse, die endlich ein Gesicht machte, als ob sie verstanden hätte, antwortete, es tue ihr furchtbar leid, aber die Vorschriften ... und so weiter. Clara wandte sich sichtlich entrüstet zu mir um und sagte so laut, dass die Frau es hören konnte, ich hätte recht: «Zweifellos haben sie sehr schnell Kapitalismus gelernt.» Flüsternd wiederholte ich meinen Vorschlag, mich vom Besuch auszunehmen. «Außerdem», sagte ich, «kann man vom Königstuhl aus nicht den Königstuhl sehen.» Diese einfache Einsicht überzeugte sie. Sie vertraute mir die Kamera an, damit ich von irgendeinem interessanten Standort Fotos von der Klippe machte, bezahlte die sechs Euro, ohne die Kassiererin eines Blickes zu würdigen, und trat ein.

Ich kann mir unmöglich ein Lächeln verkneifen, wenn ich an einen Zwischenfall denke, den ich allein erlebte und bei dem ich hoffentlich von niemandem gesehen wurde, am wenigsten von Clara, die auf der Stelle vor Scham tot umgefallen wäre. Das sind keine, weil doch sehr intimen, Dinge, die man an die Öffentlichkeit trägt, obwohl es gewiss wenige, wenn überhaupt einen gibt, der sie nicht ein oder zwei oder noch mehr Mal im Leben selber getan hat. Aus diesem Grund beabsichtige ich, falls es mit dem Dicken zu einer Einigung über die Veröffentlichungsrechte meiner aufgezeichneten Erinnerungen kommt, auf eine vertraglich festgehaltene Klausel zu bestehen, dass auf dem Umschlag des Buches das Wort «Roman» unter dem Titel erscheint, und zwar in derselben Größe wie dieser, damit niemand auf die abseitige Idee kommt, der Autor schriebe über sich selbst. Nachdem ich mich also von Clara verabschiedet hatte, begab ich mich auf angenehm kostenlosen Wegen in den Wald, um nach einer Stelle für schöne Fotos zu suchen. Die mit Hinweisschildern versehenen Wege wurden von nicht sehr hohen groben Holzzäunen begrenzt. Es waren viel zu viele Leute unterwegs, als dass der Wald zu dieser Tageszeit seinen gewöhnlich mit Naturräumen – vor allem, wenn sie schattig und einsam sind – assoziierten Zauber entfalten konnte. Zum Glück hielten die Zäune, die auch als Geländer dienten, die Fußgänger davon ab, die Wege zu verlassen und durchs reichlich umherliegende Unterholz zu stapfen. So war es nicht ganz unmöglich, den Blick auf Stellen im Wald ruhen zu lassen, die von der buntscheckigen lärmenden Touristeninvasion verschont blieben, zu der ich – nebenbei gesagt – auch gehörte und also gar nicht weiß, worüber ich mich beklage.

Der Wald bestand aus Buchen. Die ältesten reckten ihre grauen Stämme hinauf in hohe Höhen. Das dichte Blattwerk ihrer Kronen ließ kaum einen Sonnenstrahl durch. Auf dem von trockenem

Laub bedeckten Boden gab es keine Grasdecke, nur kümmerliche Grasbüschel hier und da, dünne Schichten Moos und Flechten. Der Herbst hatte seine gilbende Arbeit bereits begonnen, obwohl dem Ärmsten noch viel zu malen blieb. Ich wäre ihm gern ein wenig zur Hand gegangen, ehrlich; aber wie der Zufall es wollte, hatte ich die nötigen Utensilien nicht dabei. Und außerdem – das darfst du nicht vergessen, Bruder – schmerzte mir mein Fuß. Je nun, ich glaube, der Herbst ist daran gewöhnt, allein klarzukommen, und kann auf Helfer wie mich gut verzichten.

Etwa fünfhundert Meter weit hinkte ich in aller Ruhe und ohne mich zu verstellen voran. Nicht selten war ich versucht, einzuhalten und meine Wunde zu untersuchen. Ich sah sogar einen Stein, auf dem ich vor neugierigen Blicken geschützt hätte sitzen können, doch genau wie vorher schon und nachher noch riet die Angst mir ab, und es liegt in meinem Wesen, dass ich – von Kindesbeinen an, fürchte ich – mehr auf die Angst als auf jeden anderen Ratgeber höre, einschließlich mich selbst. Je weiter ich mich von der Straße und vom Königstuhl entfernte, umso weniger Leute liefen durch den Buchenwald. Ich fotografierte die Steilküste und näherte mich dabei auf zwei Meter dem Abgrund, über dessen Kante ein junger Baum so schief stand, dass er abzustürzen drohte, nur noch von teilweise ausgerissenen Wurzeln gehalten. Er klammerte sich mit diesem statischen Bangen von Pflanzen, das wir Menschen – aufgeblasene Besserwisser, die wir sind – gar nicht wahrnehmen können, an dem brüchigen Boden fest, der heute vielleicht schon abgebrochen ist, denn du musst wissen, Bruder, dass diese zerklüftete Kante von Rügen das Ergebnis zahlloser Erdrutsche ist. Es gibt immer noch Leute, die vergeblich die von Caspar David Friedrich um 1818 gemalte Aussicht suchen. Vor kurzem habe ich in der *Wilhelmshavener Zeitung* gelesen, dass einige Felsen, die denen des berühmten Gemäldes glichen, nach einem Unwetter abgebrochen und im Wasser gelandet sind. Das Einzige, was sich dort nicht verändert, ist das Meer, das seit Jahrtausenden die Küste zerfrisst.

Ein Stück weiter führte mich der kurvige Weg an eine Stelle, die wie gemacht war, um Claras fotografischen Auftrag zu erledigen. Vor mir öffnete sich der Blick so weit und wundervoll, dass ich meine Zweifel habe, ob es an der ganzen Küste eine Klippe gibt, die ihn überbieten kann. Eine in einen grauen Gedenkstein gravierte Inschrift erklärte den Ursprung des Namens. Ich habe das Jahr vergessen, in dem König Wilhelm I. dort war, und beschloss, dem Aussichtspunkt den Namen seiner Frau Viktoria zu geben. Ich denke, er hätte auch nach mir benannt werden können; aber der König war nun mal schneller als ich. Die Viktoria-Sicht besteht aus einem schmalen Balkon von etwas mehr als einem Meter Länge, mit einem Bretterboden auf einer eisernen Einfassung und einem schmiedeeisernen grünen Geländer. Er ruhte auf zwei dicken, Gleisen ähnlichen Eisenschienen, die im Boden verankert waren, sodass der Balkon im Falle eines Erdrutsches daran hängen bliebe. Ein am Geländer befestigtes Schild wies darauf hin, dass man die Aussichtsplattform auf eigene Gefahr betrat. Als ich ankam, stand dort ein Mann mit einem kleinen Mädchen. Das Mädchen klopfte mit einem Stock auf die Bretter und zeigte nicht das geringste Interesse an den weitschweifigen Erklärungen des Erwachsenen. Der bemerkte meine Anwesenheit, und weil er sich vielleicht lächerlich vorkam, denn lächerlich war es, so inbrünstig und mit einer orangefarbenen Mütze auf dem Kopf zu einem Kind zu sprechen, das nicht zuhörte, überließ er mir hastig seinen Platz. Als ich die Bodenbretter der Aussichtsplattform betrat, spürte ich eine frische Brise auf meinen Wangen. Eine Andeutung von Schwindel ließ mich den doppelten Handlauf umklammern. Die vordere Hälfte des Balkons hing frei über dem Abgrund. Etwa hundert Meter unter mir markierte ein Schaumrand die Grenze des Kiesstrandes, an dem zahlreiche Spaziergänger unterwegs waren, jeder von ihnen ein farbiger Punkt. Vor meinen Augen erstreckte sich das weite stille, von Wellenkämmen gesprenkelte Meer. Sein blaues gekräuseltes Wasser wurde zur Küste hin immer trüber und verdunkelte sich an der Steilküste zu einem olivfarbenen Grün. Etwa einen halben Kilometer zu meiner Linken ragte der weiße Felsen des Königstuhls aus der baumbedeckten Steilküste hervor. Auf dessen Spitze befand sich eine Aussichtsplattform, auf der ich Clara vermutete, die dort gerade das Meerespanorama genoss. Regen, Wind und wiederkehrende Abbrüche hatten tiefe Rillen in die Steilwand gegraben. Besonders eine, die von meiner Position aus nicht zu sehen war, hat – so steht es in Claras Buch – ein Stück des Kreidefelsens in zwei Teile gespalten, von denen eines irgendwann abbrechen und in die Tiefe stürzen wird, und dann weiß ich nicht, ob es sich noch lohnt, sechs Euro zu zahlen, vielleicht nicht einmal sechs Cent dafür, sich anzusehen, was noch geblieben ist.

Mittlerweile waren die Stimmen hinter mir verstummt. Ich schaute nach links und rechts über den Weg. Sobald ich mich mit dem Meer allein wusste, fragte ich es, das von der Menschheitsindustrie niemals unterworfen wurde, ob es mich in diesem Moment als freien Menschen betrachte. Kein Widerspruch. Ich fragte mit gebührendem Respekt noch einmal nach und stellte befriedigt fest, dass die Wellen in unverändert heiterem Rhythmus an die Steilküste schlugen. Gierig sog ich die frische Brise ein, die mir voll ins Gesicht wehte. Der Sauerstoffstrom trieb mein Blut durch die Adern und riss mich für Augenblicke mit an den Rand eines intensiven, jubelnden Hochgefühls. Ich hörte meinen Fuß – von Rachelust beseelt – aufheulen: «Gib dich bloß keinen Illusionen hin!» Doch ich blieb standhaft in meinem Willen durchzuatmen, als wollte ich den ganzen Himmel in meine Lungen pressen. Durch die Nase war nicht mehr genug, ich atmete auch mit offenem Mund, trank die Luft in großen Schlucken. Je größer und hastiger sie waren, desto mehr genoss ich den damit einhergehenden Taumel. Mich überkam eine Trunkenheit, die viel vergnüglicher war als die nach gewöhnlichem Alkoholkonsum. Natürlich war mir klar, dass mein schmerzender Fuß jeden Ansatz eines Bamm-Moments zunichtemachen würde. Und dennoch bescherte mir die reine Meeresluft, die ich auf die beschriebene Art in mich hineinsog, ein paar Sekunden lang so etwas wie einen Höhepunkt körperlicher Befriedigung. Und dann, wirklich erst dann, richtete ich meinen Blick in die Tiefen des Abgrunds und gewahrte durch das feine Geflecht der Umzäunung hindurch den erleichternden Strahl. In seinem Fall beschrieb er einen schimmernden Bogen, der mit Macht aus meinem Körper kam und sich in immer kleinere Tropfen auflöste, bis er zehn oder fünfzehn Meter unter mir in einem nicht mehr erkennbaren Tröpfchenregen zerstob, den die Meeresbrise nach Lust und Laune verwehte. Bevor ich ging, verbeugte ich mich vor dem Meer. Danke, Deutschland.

30

FRAU SCHRIFTSTELLERIN HATTE fünfzig Cents für die Benutzung der Toilette im Parkhaus von Putgarten bezahlt; eine Dreiviertelstunde später weitere fünfzig Cents für die in der Getränke- und Würstchenbude an den Leuchttürmen von Kap Arkona und nach einem Gratisintermezzo im Restaurant des Hotels Panorama noch einmal fünfzig für die im nächsten Parkhaus auf dem Rückweg vom Königstuhl. Ich verstehe von Frauenblasen nicht viel, Bruder, aber ich habe den Verdacht, dass die Natur sich bei ihrer Herstellung nicht genug Mühe gibt. Und halte mich nicht für einen erbärmlichen Ehemann, der von seiner Frau urinale Rechenschaft fordert. In bester Absicht schlug ich Clara ein simples System der Geldersparnis vor, das darin bestand, die auf Rügen reichlich vorhandene Wald- und Wiesenlandschaft zu nutzen. Ich biss mir gleich auf die Zunge, denn Clara ist – vielleicht aufgrund ihrer protestantischen Erziehung – kein Mensch, der gern über Ausflüsse, Sekrete und andere Drüsentätigkeiten spricht, die sich für gewöhnlich dem direkten Einfluss des Verstandes entziehen. Die sprichwörtliche Faszination der Katholiken von Blut und Wunden und Dornen und Schweißtüchern hat in Deutschlands Norden nie so richtig Fuß gefasst. Auch in ihren Büchern vermeidet es Clara, sich explizit mit physiologischen Fragen zu befassen. In ihrem Roman *Unter dem Blauregen*, zum Beispiel, beschreibt sie gegen Ende des zweiten Teils eine erotische Szene, um sie mal so zu nennen, die – ob es ihr gefällt oder nicht (und ich würde mich nie unterstehen, es ihr zu sagen) – als harmlose Lektüre im Sexualkundeunterricht für elf- oder zwölfjährige Schüler Verwendung finden könnte.

Auf dem Rückweg vom Königstuhl eröffnete sie mir im Bus flüsternd und um sich schauend, dass sie zur Toilette müsse. «Schon wieder? Man könnte dich direkt als Springbrunnen engagieren.» Ich bezweifle, dass der Scherz – keine zehn Zentimeter von ihrem Ohr entfernt geflüstert – von irgendwem zu hören war. Sie schien nicht derselben Meinung zu sein, denn sie fragte mich mit strenger Miene, warum ich den Fahrer nicht ums Mikrophon bäte, damit auch die hinten sitzenden Fahrgäste meine Indiskretionen mithören könnten. Auf dem Parkplatz nutzte ich ihre Abwesenheit dazu, den Verbandskasten des Autos zu untersuchen. Meine Hoffnung, darin Linderung für mein Fußleiden zu finden, erfüllte sich nicht. Der Kasten enthielt zwar die gesetzlich vorgeschriebene medizinische Ausrüstung, aber kein Desinfektionsmittel. Der einzig tröstliche Gedanke dabei war, dass es, wäre ich fündig geworden, kaum oder gar nicht ratsam gewesen wäre, dies zu benutzen. Es war mehr als fünfzehn Monate her, dass wir die Erste-Hilfe-Ausrüstung erneuert hatten. Ich sagte es Clara, als sie zum Auto kam. «Lass sehen», erwiderte sie ungläubig und riss mir den Kasten aus der Hand. «Tatsächlich. Wenn uns die Polizei kontrolliert, müssen wir Strafe zahlen. Und wo kauft man so etwas?» «In einer Apotheke, nehme ich an.» «Ich glaube eher, an Tankstellen.» Mit einem Hintergedanken schlug ich vor, unsere diesbezüglichen Zweifel in der nächsten Stadt auszuräumen. Sie könnte an einer Tankstelle fragen und ich in einer Apotheke. «Maus, stell den blöden Kasten dahin zurück, wo du ihn gefunden hast. Wenn wir ihn bisher noch nie vorzeigen mussten, wäre es ein großer Zufall, wenn man uns heute danach fragte.»

Im Verlauf des Nachmittags besuchten wir zwei Örtlichkeiten von geringem Interesse für einen Mann, der hinter dem Rücken seiner Frau ein Antiseptikum zu finden und zu kaufen versucht. «Habe ich Angst vor Clara, oder was?», fragte ich mich zunehmend gereizt. Und sagte mir dann: «Schluss jetzt mit der Komödie. Hinter der nächsten Kurve sage ich es ihr.» Doch während dieser Punkt immer näher kam, stellte ich mir höchst realistisch den Aufschrei vor, den Clara von sich geben würde, wenn sie meinen Fuß sähe, ihre entsetzt aufgerissenen Augen, ihre hysterischen Ausrufe, ihre haarsträubenden Prophezeiungen, begleitet von bitteren Tränen und Vorwürfen, weil sich wegen meines Mangels an Offenheit eine anfangs geringfügige körperliche Beeinträchtigung zu einem so ernsten Problem ausgewachsen hatte, dass eine Fortsetzung unserer Reise auf jeden Fall unmöglich war. Um den sicheren Ehekrach zu vermeiden, beschloss ich, bis zu einer weiteren Kurve zu warten und dann bis zu noch einer weiteren, weil die davor zu schnell gekommen war oder ich noch nicht alles genug durchdacht hatte oder unter sonst einem Vorwand. So gewährte ich mir einen Aufschub nach dem anderen und wob mir angesichts der Angst vor einer Einlieferung ins Krankenhaus ein Netz von Begründungen, Entschuldigungen und falschen Vertröstungen, mit dem ich den Intellekt abzulenken suchte, bis ich irgendwo auf der Insel die rettende Medizin gefunden hätte. Clara brauchte auf ihrem Beifahrersitz nur ein unerwartetes «Mäuschen» auszusprechen, da verfiel ich schon für mehrere Sekunden in Angststarre. «Ich finde, du fährst heute etwas unkonzentriert. Du bist ganz oft mit zwei Rädern auf der Gegenfahrbahn.» Dann erwachte ich aus meinen Grübeleien wie einer, der aus dem Sekundenschlaf hochzuckt, schaute mich um und stellte offenen Mundes fest, dass es tatsächlich Räder und Fahrspuren gab und meine Hände einen drehbaren runden Gegenstand umklammerten, dessen falsche Handhabung schlimme Folgen für unsere Gesundheit haben konnte. «Was ist mit dir, Maus?» «Was soll schon mit mir sein an so einem schönen Tag, in einer so wunderschönen Gegend und dem herrlichen Meer in greifbarer Nähe!» «Oh! Ich wusste gar nicht, dass Poesie ansteckend für dich sein kann.» «Na und, was wäre, wenn ich mich hätte anstecken lassen?» «Ach komm, gegen diese Krankheit bist du doch immun.»

Auf einer zweispurigen Landstraße, die zwischen Bäumen verlief, gelangten wir ich weiß nicht mehr wie spät und dem Exkursionsplan der Frau Schriftstellerin gemäß an den Anfang einer langen Reihe von Gebäuden. Solche Betonburgen würde man eher in großen Satellitenstädten vermuten als in einer idyllischen Landschaft mit Kiefern und Sandwegen nur wenige Meter vom Meer. Der Anblick war so unwirklich, so monströs, so antiästhetisch, dass ich einen Moment lang fürchtete, meine unruhige Phantasie würde mir wieder einen bösen Streich spielen. Aber nein, das grauenhafte Bauwerk, Prora mit Namen, stand wahrhaftig dort. «Ah, ich verstehe», sagte ich zu Clara. «Heute Morgen haben wir uns an der Schönheit erfreut, und jetzt versuchen wir das Gleiche mit der Hässlichkeit. Du hast wirklich an alles gedacht.» Clara fotografierte die Fassaden der nächsten Gebäudeteile, ich suchte in meinen Taschen nach Münzen für die Parkuhr. Da näherte sich mir ein Mädchen aus dem einzigen Auto, das außer unserem auf dem Parkplatz stand. Drinnen saß ein Mann mit Sonnenbrille am Steuer. Die Kleine schenkte mir einen Parkschein, der fast noch eine Stunde gültig war. Außerdem schenkte sie mir noch ein Lächeln mit herrlich weißen Zähnen. Ihr junges Alter, ihr kurzes Kleidchen, ihre schlanken Beine bewirkten einen Anflug von Erregung in mir, den ich jedoch sofort überwand. Als wir allein waren, fragte ich Clara, ob ihr der Ort nicht unheimlich vorkomme. «Ich weiß nicht, was ich sagen soll, Maus; aber der Reiseführer widmet ihm dreieinhalb Seiten. Das muss doch einen Grund haben.»

Nazihirne hatten sich damals diese gewaltige Wohnanlage für Sommergäste ausgedacht, die verdiente Parteimitglieder waren oder dafür gehalten wurden und als Belohnung ihre Ferien in diesem Betonkomplex am Ostseestrand verbringen durften. Zu Beginn des 21. Jahrhunderts stehen sie immer noch da: acht Blocks, jeder sechs Stockwerke hoch. Laut Reiseführer erstrecken sie sich über eine Länge von viereinhalb Kilometern. Mit Sicherheit hätten wir bis Mitternacht gebraucht, wenn wir, so wie wir am Morgen Treppenstufen gezählt hatten, hier am Abend angefangen hätten, Fenster zu zählen. Ich habe gelesen, dass die Rote Armee nach dem Krieg versucht hat, das Bauwerk zu sprengen. Sie musste das Vorhaben aufgeben, weil es nicht durchzuführen war. Wahrscheinlich schreckten die Generäle vor den maßlosen Mengen an Dynamit und den damit verbundenen Kosten zurück, die für die Sprengungen erforderlich gewesen wären. Am Ende entschied sich das DDR-Regime für die übliche billige kommunistische Lösung und machte aus Prora eine Kaserne.

Clara eilte zum nächstgelegenen Wohnblock. Ich folgte mit Abstand und zusammengebissenen Zähnen, entschlossen, jeden Schmerz zu ertragen und nicht zu hinken. «Maus, hinter dir kommt eine Schnecke und möchte dich überholen.» Unterwegs sahen wir eine Tafel mit Hinweisschildern. Sie kündeten ein Museum an, eine Ausstellungshalle, eine Cafeteria und eine Kunstgalerie, glaube ich. Diese Müßiggangsversprechen passten so gar nicht zu der Einsamkeit des Ortes. Weder hörte man Stimmen, noch war irgendwo eine Menschenseele zu sehen. Das Gebäude vor uns, grau, abgeblättert, der untere Teil bunt bemalt und bekritzelt, sah eindeutig verlassen aus. Es dauerte nicht lange, bis wir festgestellt hatten, dass es tatsächlich leer stand. Durch eine verdreckte Fensterscheibe warfen wir einen Blick ins Innere. Nackte Wände, staubige Böden; nach hinten ein Fenster, das auf ein Kiefernwäldchen zeigte, welches wir durch eine Passage erreichten. Ich war überrascht, keine Treppenstufen zu sehen, die zum Meer hinunterführten. Mit einem Mal standen wir einfach an einem weitläufigen Strand, auf dem sich kaum Menschen befanden und auf den ungezügelt neben- und übereinander die Wellen einer breiten Bucht aufliefen. Möwen, wie ich sie noch nie gesehen hatte, mit schwarzen Köpfen und Schwänzen und roten Schnäbeln und Füßen, pickten in am Strand herumliegenden Algenhaufen. Clara ging mit den Füßen ins Wasser. Nicht gegen Bezahlung hätte sie mich dazu überreden können. «Ich dachte, wir wären zum Arbeiten hier und nicht, um Ferien zu machen.» «Diesen kleinen Genuss wirst du mir doch gönnen, sei nicht gemein.» Mit bis zu den Knien hochgerollten Hosenbeinen tappte sie so zimperlich im schaumigen Wasser herum, wie ich es gar nicht an ihr kannte. Ich wanderte ein Stück bis zu verfallenen Mauerresten mitten auf dem Strand. Sie sahen wie Grundmauern aus. Ich setzte mich und zog mir die Schuhe aus. Die Wunde zu untersuchen, traute ich mich nicht.

Bevor ich am Abend zu Bett ging, riss ich mir im Bad unserer Ferienwohnung vorsichtig die Pflaster ab. Der gerötete Kreis um die Wunde war sichtlich größer geworden. Und die Farbe war von einem dunkleren Rot, das ins Violette spielte. Nachdem ich den Eiter abgewaschen hatte, konnte ich deutlich das Loch in der Fußsohle erkennen. Es sah aus wie ein kleiner Krater, den ich spontan, ohne konkreten Anlass, nur weil es mir gerade in den Sinn kam, Tommy nannte. «Du wirst verstehen, dass dies nicht der Beginn einer wunderbaren Freundschaft sein kann», sagte ich, und er solle sich bloß nichts einbilden, nur weil ich ihn im Moment wie einen Sohn behandelte, mit dem Föhn trocknete und mit Kölnischwasser einrieb. Mir blieb nichts anderes übrig, nachdem ich im Badezimmerschränkchen unter den Kosmetiksachen von Frau Klinkenberg erfolglos nach einem Desinfektionsmittel gesucht hatte.

Auch am Nachmittag in Binz hatte ich kein Glück gehabt. Es erschien mir völlig unwahrscheinlich, dass es in einer Stadt von der Eleganz eines Badeortes, mit Villen und getünchten Herrenhäusern, einer Strandpromenade wie auf Postkarten, mit luxuriösen Geschäften und urbanem Flair keine Apotheke geben sollte. Es gebe zwei, erklärte mir während einer urinalen Abwesenheit von Frau Schriftstellerin der Kellner des italienischen Restaurants, in dem wir zu Abend aßen; eine, die nächstgelegene, in derselben Straße, der Hauptstraße des Ortes. Als Clara zurückkam, sagte ich ihr, ich hätte es mir anders überlegt und würde jetzt gerne den von ihr vor einer Viertelstunde vorgeschlagenen und von mir kategorisch abgelehnten Spaziergang unternehmen. Da es auf der Straße Schaufenster im Überfluss gab, fiel es mir nicht schwer, unsere Schritte in die von dem Kellner angegebene Richtung zu lenken. Schon nach kurzer Zeit entdeckte ich an einer der weißen Hausfassaden den Schriftzug mit dem roten A, den ich schon seit dem frühen Morgen gesucht hatte. Unglücklicherweise neigte sich der Tag bereits dem Ende zu. Die Apotheke war geschlossen.

Der nächste Tag war ganz das Gegenteil von angenehm für mich, obwohl es am Morgen hoffnungsvolle Anzeichen gegeben hatte. Während Clara duschte, fuhr ich in die Stadt und ließ das Auto auftanken. Der Junge an der Tankstelle erklärte mir mit wenigen Worten, wo ich in Bergen eine Apotheke finden konnte. Aus Dank kaufte ich ihm einen Verbandskasten ab. Die Apothekerin war genauso freundlich. Sie öffnete um acht, doch ich war zehn Minuten zu früh. Sie bekam wahrscheinlich Mitleid, als sie durch die Glastür meine sichtbare Unruhe bemerkte, und ließ mich ein. Ich versuchte, Tommy möglichst exakt zu beschreiben, ohne seinen Namen zu nennen, wohl jedoch ein paar Details, die sich in einem lyrischen Gedicht weniger gut gemacht hätten. Um ihn nicht zeigen zu müssen, verpflanzte ich ihn an den Fuß meiner Frau. Nachdem sie sich meine Erklärungen angehört hatte, entnahm die Apothekerin einem Schubladenschrank eine Schachtel mit einer Tube keimtötender Salbe. Ich war überaus erleichtert, weil sie das Medikament so schnell gewählt hatte und weil es vorrätig und nicht verschreibungspflichtig war. Konnte es einen besseren Beweis dafür geben, dass meines eines dieser trivialen Probleme war, mit denen Apotheker täglich Dutzende Male zu tun haben und die nicht schlimmer als vorübergehende Kopfschmerzen, einfache Erkältungen oder Hämorrhoiden sind? Tut mir leid, Tommy, sagte ich für mich, aber du kannst schon anfangen, deinen Koffer zu packen. Ich fragte die Apothekerin, wie ich den Verband anlegen solle, und sie riet mir zu einem Paket antiseptischer Kompressen und Heftpflaster. Ich hätte dieser selbstsicheren und zuvorkommenden Frau, deren makellose Zähne perfekt zu ihrem weißen Kittel passten und die mir zum Abschied noch ein Tütchen mit drei Hustenbonbons schenkte, den Mond abgekauft, Bruder, weil sie mich aus dieser unsäglichen Not gerettet hatte. «Sagen Sie Ihrer Frau, sie soll möglichst keine Spaziergänge unternehmen und einen Arzt aufsuchen, wenn die Entzündung nicht zurückgeht. Gleich über der Apotheke im ersten Stock befindet sich eine Praxis für Allgemeinmedizin.» «Keine Sorge, das werde ich ihr sagen.» Sie begleitete mich zur Tür. «Es ist wichtig, dass Ihre Frau den Fuß ruhig hält.» «Es wird mich einiges kosten, sie zu überzeugen, sie hat da ihren eigenen Kopf.» Draußen auf der Straße fühlte ich mich nahezu euphorisch. Vor dem Rathaus erblickte ich eine Bank, auf die ich mich, vor den Blicken der Vorübergehenden geschützt, setzen konnte. Dort schmierte ich Tommy mit Salbe ein und legte ihm einen Verband an, nachdem ich ihm mit der offenen Hand eine Ohrfeige angedroht hatte. Ich hielt mich zurück, weil ich wusste, dass es in Deutschland verboten ist, Kinder zu schlagen.

Nach dem Frühstück fuhren wir ins nahegelegene Städtchen Putbus. Für dort hatte Frau Schriftstellerin den Beginn eines gedrängten, um nicht zu sagen übertriebenen Besuchsprogramms festgelegt. Ich überspringe zahllose langweilige Begebenheiten dieses Tages, denn in diesem Kapitel möchte ich ausführlicher über Tommy schreiben. Eigentlich übergingen wir das Zentrum von Putbus und begaben uns gleich zu dem etwas ungewöhnlichen Bahnhof. Bevor wir uns auf den Weg machten, hatte ich mir in

Bergen den Stadtplan von Putbus angesehen, und als Clara zwischen Bäumen und Häusern sagte: «Da vorne musst du rechts abbiegen», fuhr ich, ohne zu zögern, nach links, woraufhin wir einen Wimpernschlag später an unserem Ziel waren. Der Bahnhof erinnerte mich an eine Kulisse aus der Stummfilmzeit. Das sagte ich zu Clara, als wir aus dem Auto ausgestiegen waren. Sie notierte sich den Einfall gleich und übernahm ihn später auch in ihr Buch. Als ich es dann las, erinnerte ich sie daran, dass es meine Idee gewesen war, für den Fall, dass sie mir dafür danken wollte. «Entschuldige, Maus, aber den Gedanken hatte ich schon, bevor du ihn ausgesprochen hast.»

Nach einer längeren Wartezeit, die Clara damit verbrachte, Lokomotiven und Waggons aus einer anderen Zeit zu fotografieren, bestiegen wir den *Rasenden Roland*, eine rollende Antiquität, eine Schmalspurbahn aus der Zeit der vorigen Jahrhundertwende. Es war eine ruckelnde unbequeme Bimmelbahn, die mit voll beheiztem Kessel eine Geschwindigkeit von 30 Stundenkilometern erreichte. Halb Spielzeug, halb Transportmittel (vielleicht mehr Ersteres als Zweites) fährt sie durch Felder und Wälder und lässt immer wieder ihre Dampfpfeife schrillen, deren Hauptaufgabe vermutlich darin besteht, mitfahrende Kinder und Nostalgiker zu erfreuen. Nach der Anzahl der Fahrgäste zu urteilen, hegte ich keinen Zweifel, dass sie zu den Haupttouristenattraktionen der Insel zählte. Die Schaffnerin verkaufte uns die Fahrscheine, als der Zug sich schon in Gang gesetzt hatte. Selbstverständlich unterstützte ich Claras Vorschlag, bis nach Göhren zu fahren, einem Ort an der Küste. Hinter uns stimmte eine lärmende Gruppe junger Rucksackreisender per Handzeichen darüber ab, wo sie aussteigen wollten. Ich nehme an, dass die meisten Fahrgäste des *Roland* – wie bei Kirmeskarussellen – am wenigsten interessiert, an welches Ziel sie gelangen. Wir entschieden uns einstimmig für Göhren. Clara wahrscheinlich aus literarischen Gründen; ich, weil es die Endstation war und meinem Bemühen entgegenkam,

Tommy möglichst lange Zeit nicht zu bewegen. Solange ich nicht gehen musste, kümmerten mich die unbequeme Sitzbank, das unablässige Rattern, das ruckende Anfahren und ab Binz wenig. Wasserdampf oder Schornsteinqualm, ich weiß es nicht genau, drang durch die auf Wunsch einiger Fahrgäste geöffneten Fenster ins Innere. Von der vom Geruch nach industrieller Revolution geschwängerten Luft bekam ich einen trockenen kratzigen Hals. «Woher hast du die Hustenbonbons, Mäuschen?» «Keine Ahnung, sie waren in meiner Jackentasche. Magst du eins?» Wir brauchten eine Stunde und zwanzig Minuten bis Göhren. Ich schätze, mit dem Auto hätten wir in gemächlichem Tempo eine Stunde weniger benötigt. Kaum stand der Zug, drängte alles zum Ausgang. Alles, außer mir; ich ließ die drängelnde Menge in aller Ruhe an mir vorbeiziehen. Clara machte mir am Ende des Waggons Zeichen, dass sie unten auf mich warte. Über die Köpfe der Leute hinweg warf ich ihr einen Kuss zu. Ich stieg als Letzter aus und setzte meinen linken Fuß so, dass ich zwar ein wenig hinkte, aber Tommy nicht aufgeweckt wurde. Diese Vorsichtsmaßnahme wurde wirkungslos, sobald ich auf den Bahnsteig trat. Der jähe, stechende, brutale Schmerz hätte mich beinahe aufschreien lassen. Clara bemerkte davon nichts. Sie war etwa zwanzig Meter entfernt voll darauf konzentriert, mit dem Notizbuch in der Hand das Abkoppeln der Lokomotive zu beobachten. Im Schutz der Menge ging ich ein paar Schritte hin und her, bis mein schmerzender Fuß warm geworden war. Ich wusste aus Erfahrung, dass, wenn dies geschah, mein Leiden etwas erträglicher wurde.

Tommy verdarb mir den Tag. Ich bin sicher, Bruder, dass sich die Leser der von dir verlegten Bücher einen Dreck für einen schmerzenden Fuß interessieren. Behaupten Kritiker nicht, dass Leute, wenn sie lesen, etwas lernen oder unterhalten werden wollen? Wenn ich über Tommy schreibe, kann ich nur wenig Unterhaltung bieten, von Lernen gar nicht zu reden. Mir ist auch bewusst, dass sich auf der Welt täglich kollektive Katastrophen ereignen, verglichen mit denen mein Loch im Fuß bloß ein winziges Fünkchen inmitten von Galaxien ist. Recht bedacht jedoch gibt es – du als Diabetiker weißt das besser als ich – keinen Schmerz auf der Welt, der weher tut als der eigene. Wenn dir meine Haltung egoistisch und aus Gründen, die ich nicht nachvollziehen kann, untolerierbar erscheint (ganz im Gegensatz zu früher im gemeinsamen Zimmer), dann streichen wir dieses Kapitel. Aber lass dir gesagt sein, lieber Bruder, außer dieser Wunde an meinem Fuß gibt es zurzeit nichts, über das ich aufrichtiger, leidenschaftlicher, lustvoller schreiben könnte. Ich hoffe, du verstehst mich; aber wenn nicht, ist es auch egal. Das Thema beschäftigt mich momentan so sehr, dass ich, wenn ich darüber schreibe, jeden Stil vernachlässige. Mir fällt nicht einmal mehr auf, dass ich mich der Sprache als Erinnerungshilfe bediene. Ich lese den Absatz noch einmal durch und stelle fest, dass ich das Wort «Fuß» mehrmals gebraucht habe, wie es unbeholfenen, einfallslosen Schreibern passiert. Doch an diesem Tag, Bruder, das musst du verstehen, gab es in meinen Gedanken und in meiner Wahrnehmung nichts, absolut nichts als besagten Fuß, den Fuß aller Füße, den Fuß schlechthin, den Einzigen, *the one and only.* In einem Wort: meinen Fuß.

In Bezug auf den Fuß muss ich gestehen, dass er nicht die ganze Zeit geschmerzt hat. Ich will das hier aus folgendem Grund herausstellen. Ich möchte nicht, dass jemand, der vielleicht doch einmal meine Erinnerungen liest, mich für einen Jammerlappen hält. Je mehr ich darüber nachdenke, desto mehr komme ich zu dem Schluss, dass Tommy in einem unlösbaren Dilemma steckte. Einerseits war er durch sein Dasein als Abszess gezwungen, eine zerstörerische Arbeit zu verrichten; andererseits brauchte er um jeden Preis das organische Gewebe meines Fußes zum Überleben. Eine ähnliche Wechselbeziehung verbindet die Menschheit mit ihrem Planeten, meinst du nicht? Ich hatte den Eindruck, dass, wenn die umweltfreundlichen Mikroben das Sagen hatten, Tommy mir eine Ruhepause gönnte, sodass ich sogar beim Gehen keine Schmerzen verspürte. Regierten jedoch die Mikroben, die der Ausbeutung des Planeten das Wort redeten, bekam ich sekundenlang stechende Schmerzen, ganz gleich, ob ich ruhte oder mich bewegte. Anfangs ertrug ich sie noch bis zu einem gewissen Grad, da ich annahm, dass sie eine Folge Tommys verzweifelter Reaktionen auf die für ihn tödliche Wirkung der Salbe waren. Doch je weiter der Tag voranschritt, umso größer wurde meine Unruhe, und zugleich verringerte sich mein Vertrauen in die Wirksamkeit des Medikaments. Im Bus, der uns nach Sellin brachte, sagte ich zu Tommy, tonlos zwar, doch in der Landessprache, da ich davon ausging, dass er nie aus Deutschland herausgekommen war und keine andere sprach: «Ich spüre den Schmerz, weil du in mir bist; aber es ist dein Schmerz und nicht meiner. Im Grunde geht es mir ja gut. Du bist der, der krank ist.» Er antwortete frech: «Und du merkst gar nicht, dass ich immer größer werde, immer tiefer in dein Fleisch eindringe, immer mehr Eiter produziere?» «Du machst mir keine Angst, Tommy. Falls du es nicht weißt: Die Medizin hat seit den Zeiten der schwarzen Pest große Fortschritte gemacht.» «Was willst du damit sagen? Dass sie dich anästhesieren, bevor sie dir mit einer ultramodernen Säge den Fuß absägen? Dass sie dir hinterher eine Prothese verpassen, mit der du bei den nächsten Paralympics herumrennen kannst? Glückwunsch, mein Junge. Du weißt gar nicht, wie gut du es hast, deinen Wundbrand in diesen modernen Zeiten zu bekommen.» «Was murmelst du da, Mäuschen? Die ganze Zeit bewegst du deine Lippen.»

In Göhren wurde es noch einmal kritisch, als wir vom Bahnhof ins Dorf hinaufgingen. Auf der Terrasse einer Eisdiele konnte ich mich eine halbe Stunde lang erholen. Clara war auf der Suche nach Material für ihr Buch in ein Museum gegangen, in das ich sie nicht begleiten wollte. Überhaupt verbrachte ich einen Gutteil unseres Ausflugs im Sitzen: während wir auf den Bus warteten, der über eine Dreiviertelstunde brauchte, bis er kam, und in der Clara die Läden auf der Hauptstraße des Ortes untersuchte, manche davon zwei Mal; im Bus, wie man sich vorstellen kann; danach auf Bänken, Mauervorsprüngen, Treppenstufen und Bordsteinen in Sellin, weil Clara mich da immer mal wieder allein ließ; und natürlich am Spätnachmittag, als wir mit dem *Rasenden Roland* zurückfuhren. So bekämpfte ich mein Leiden wie alte Leute ihre Wehwehchen, indem ich mir bei jeder Gelegenheit einen Platz zum Sitzen suchte.

Unter anderen Umständen hätte mich Sellin, die weiße Stadt am Meeresstrand, bestimmt positiv, wenn nicht sogar angenehm beeindruckt, ohne dass ich gleich, wie Frau Schriftstellerin, in Verzückung geraten wäre. Der Grund dafür war eine behäbige Trägheit, ein ungläubiges Phlegma, das sich manchmal meiner bemächtigt, wenn ich meinem Gehirn den Auftrag erteile, bewunderungswürdige Dinge und dergleichen zu beurteilen. Tommys beklagenswertes Verhalten ließ meine Bewunderungsorgane versagen. Mir war, als würde bei jedem Schritt meine Fußsohle reißen. Die von eleganten Villen gesäumte Straße zum Strand wurde für mich zum Kreuzweg. Sie führte zu einem abrupten Steilhang, den der Fußgänger über die unvermeidliche Treppe hinabsteigen kann, neben der es aber auch, Halleluja!, einen Fahrstuhl gab, der einer Bergbahn glich und überraschenderweise gratis war. Clara warf mit Lob und Bewunderung um sich, während ich mit zusammengebissenen Zähnen meine stillen Dispute mit Tommy ausfocht. Das Mittagessen nahmen wir im Kaiserpavillon ein, der sich im rechten Flügel eines auf einer Plattform im Meer erbauten architektonischen Schmuckstücks befand, von dem aus im rechten Winkel zum Strand ein Anlegesteg aufs Meer führte. Ich konnte das verschwenderische Dekor aus Holz, das Essen und die «traumhafte Aussicht» (Zitat aus Claras Buch) durch zahllose Fenster um uns herum nicht genießen. Ich tat mein Möglichstes, Glück zu heucheln, um das meiner Frau nicht zu gefährden, und das trotz der stechenden Schmerzen, die mich von Anfang bis Ende des Essens marterten. Nach einem besonders schmerzhaften Stich zog ich mich auf die Toilette zurück. Dort wusch ich in der unbequemsten Haltung, die du dir vorstellen kannst, den gelblichen Eiter aus Tommy und legte ihm einen neuen Verband an. Von da an waren die Schmerzen für mehrere Stunden erträglicher und traten auch weniger häufig auf, ohne jedoch ganz zu verschwinden. Gegen Abend aber, als wir durch einen berühmten Park in Putbus spazierten, versetzte Tommy mir plötzlich einen brutalen Stich, und ab da schmerzte mein Fuß wieder, bis wir zurück in unserer Ferienwohnung waren.

Gegen zehn Uhr nachts rief ich Clara. Auf dem Rand der Badewanne sitzend, musste ich mehrmals laut schreien, weil sie mich im Wohnzimmer bei laufendem Fernseher und geschlossener Tür nicht hörte. Es war nicht das Aussehen der Wunde, das sich seit der Schnellbehandlung in Sellin kaum verändert hatte, sondern der Geruch von faulendem Fleisch, der mich mein Geheimnis zu offenbaren bewog. Der Gestank wie von einer vier Tage alten Leiche, der mir entströmte, machte mir Angst. Von ganzem Herzen wäre ich für ein paar tröstende Worte, ein ermunterndes Schulterklopfen oder besser noch für eine barmherzige Lüge dankbar gewesen, die das Ganze weniger dramatisch gemacht hätte. Ich werde das nie vergessen. «Mein Gott!», rief Clara mit entsetzter Miene und fasste sich mit beiden Händen an den Kopf. Im Vergleich zu ihrem blanken Entsetzen kam mir meine schwärzeste Vorahnung wie törichter Optimismus vor. Ich könnte schwören, dachte ich, dass diese Frau überzeugt ist, einen Sterbenden vor sich zu sehen. Ich dachte auch, dass sie mit ihrer Überzeugung vielleicht gar nicht so falschlag, denn mit einem Mal verspürte ich einen ich weiß nicht ob tatsächlichen oder eingebildeten Druck auf der Brust, dem Rücken und den Rippen; eine sichere Vorahnung jedenfalls auf das, was mich demnächst erwartete, wenn sich der Sargdeckel über mir schlösse. Zu der Zeit schätzte ich mich bereits glücklich, wenn ich nur den Fuß verlieren würde. Als Clara innerhalb von zwei oder drei Minuten zum zweiten Mal so entschieden, dass es mir kalt den Rücken hinunterlief, das Wort «Blutvergiftung» aussprach, gelangte ich zu der Einsicht, dass ich sie unverzüglich beruhigen musste. Aus diesem Grund sagte ich: «Er heißt Tommy.» Sie begriff nicht. Dabei schreibt sie Romane! Ich musste mit dem Finger darauf zeigen. Sie bekam feuchte Augen. Ich fürchte, sie sah den Einfall, einem Abszess einen Namen zu geben, als kindischen Trick, mit dem ich versuchte, die Angst zu besiegen, indem ich sie vom Fuß auf die Sprache übertrug und damit neutralisierte. Oder aber – klar – sie interpretierte es als ein erstes Anzeichen von Demenz aufgrund der zunehmenden Vergiftung meines Blutes. Sie umarmte mich, wie man zum letzten Mal einen geliebten Menschen auf dem Totenbett umarmt. Danach bedeckte sie meine Wangen mit mütterlichen Küssen von geringer erotischer Qualität, und mein Gesicht an die weichen Rundungen ihrer Pyjamabrust drückend, versprach sie mir Hilfe in einem solchen Ton heroischer Entschlossenheit, dass ich mich – um die Wahrheit zu schreiben – geschmeichelt fühlte. Sie schaute sofort im Telefonbuch auf den Gelben Seiten nach und fand dort ein Krankenhaus in unserer Nähe. Ich bat sie dennoch, zuerst Frau Klinkenberg anzurufen, deren Rat einzuholen mir sinnvoller erschien, als gleich auf eigene Faust etwas zu unternehmen. «Sie ist von hier, sie kennt sich aus.» «Wie du willst, Mäuschen. Aber wenn sie nicht ans Telefon geht, rufen wir einen Krankenwagen. Je früher du untersucht wirst, umso besser.»

Frau Klinkenberg verlor keine Zeit, um Tommy kennenzulernen; und mit ihr kam *Honni*, der ihn in seinem Spieleifer beinahe abgeleckt hätte. Frau Klinkenberg war nicht halb so entsetzt wie Clara. Bemerkenswert ungezwungen erzählte sie mir eine Eitergeschwürgeschichte aus der Zeit, als sie ein kleines Kind war und in den Armen ihrer Mutter aus Königsberg fliehen musste, weil die Russen kamen; danach eine andere von einem rostigen Nagel in ich weiß nicht mehr, weil ich nicht aufgepasst habe, ihrem Fuß oder dem ihres Sohnes, und empfahl mir, den Fuß in kaltes Wasser mit

Kamillenblüten zu stellen. Ich zeigte mich skeptisch ob der Möglichkeit, um diese Zeit an besagte Blüten zu kommen. Nach noch nicht einmal einer Minute brachte Frau Klinkenberg ein Päckchen, das sie in irgendeinem der Schränke gefunden hatte, und streute einen Teil des Inhalts in die Badewanne. Danach wählte sie die Privatnummer von Dr. Rühlow, dem Arzt, der mich am nächsten Tag empfing und den sie seit vielen Jahren kannte und schätzte. In ihrer Abwesenheit flüsterte ich Clara zu, das Kamillenbad flöße mir nicht mehr Vertrauen ein, als wenn unsere Vermieterin einen Talisman ins Wasser geworfen hätte. Ich solle den Mund halten, wie ich mich unterstehen könne, alte Hausmittel in Frage zu stellen. Von Frau Klinkenberg erfuhren wir dann, dass der Arzt vom Fußbad abgeraten hatte, bis er eine Diagnose gestellt habe; da hatte ich den Fuß aber schon im Wasser. Dr. Rühlow begrüßte aber die Anwendung der keimtötenden Salbe und bestellte mich für den nächsten Tag, Samstag, zwischen neun und elf Uhr morgens in seine Praxis.

Wir brachen früh auf in der Hoffnung, möglichst bald aufgerufen zu werden. Bei unserer Ankunft auf dem Marktplatz erwartete uns Frau Klinkenberg mit *Honni* am Eingang der Post. Entschlossen, sich für eine Vorzugsbehandlung für mich einzusetzen, bestand sie darauf, uns in die Praxis zu begleiten, die sich im selben orangefarbenen Gebäude befand wie die Apotheke, die ich am Vortag heimlich aufgesucht hatte. Man betrat es von einer Seitenstraße neben dem Garten einer alten Kirche. Dort wurde *Honni* an einen Laternenpfahl gebunden und winselte, als wir ihn verließen. Wir stiegen in den ersten Stock. Immer wenn ich eine Arztpraxis betrete, ängstigen mich die weißen Wände. Diese Angst macht sich gewöhnlich im oberen Teil meines Enddarms bemerkbar. Ihre nur schwer zu vermeidenden Nebenwirkungen lassen es ratsam erscheinen, mich nicht zu nah zu der Person zu setzen, die mich begleitet. Am Empfangsschalter zeigte die geflüsterte Vermittlung von Frau Klinkenberg bei der Sprechstundenhilfe keine Wirkung.

Nachdem ich die vorgeschriebenen zehn Euro bezahlt hatte, wurde ich gebeten, im Wartezimmer Platz zu nehmen, das sich rasch füllte. Ich kam erst nach einer Dreiviertelstunde an die Reihe. Clara blieb im Wartezimmer, wo sie in Zeitschriften blätterte. Ich richtete Dr. Rühlow Grüße von Frau Klinkenberg aus, als würde es der Behandlung zuträglich sein, wenn ich mich freundlich gab. Dann berichtete ich ihm in knappen Worten von Tommys Werdegang und verschwieg auch nicht den verwerflichen Einsatz des Reißnagels, den ich in ihn hineingestochen hatte, als er nicht mehr als eine Blase war. Wäre ich weniger besorgt gewesen, hätte ich vielleicht noch daran gedacht, ihm von der steinernen Kirchenmaus in Lübeck zu erzählen. Wohl indes dachte ich daran, ihm von meiner Penicillin-Allergie zu berichten. Der Doktor untersuchte Tommy mit unbewegter Miene. Wir sprachen auch über mein Land, das er leider, sagte er, nicht kenne. Zum Schluss verschrieb er mir Antibiotika, wies die Sprechstundenhilfe an, die Wunde zu versorgen, verbot mir zu gehen und bestellte mich zum kommenden Montag wieder ein. Die Woche verging mit Verbandwechsel alle zwei Tage und langweiligen Stunden unbeweglich vor dem Fernseher, derweil Clara Orte besuchte, von denen sie mir Geschenke mitbrachte, die meine Stimmung heben sollten. Am Freitagmorgen schluckte ich die zweitletzte Tablette der Packung. Tommy war immer noch unverändert groß, rot und eiterte. Dr. Rühlow, gerunzelte Stirn, ernster Blick, beschloss, mir ein anderes Antibiotikum zu verschreiben. Mein Herz setzte aus, als er mich fragte, ob es in meiner Familie Fälle von Diabetes gebe. Ich musste dich und Vater angeben, Bruder. Der Doktor empfahl mir, mein Blut untersuchen zu lassen. Spritzen, weiße Wände, der Darm. Ich wandte ein, dass ich Mitte nächster Woche Rügen verlassen würde. Auf jeden Fall, fügte er hinzu, müsse ich, wenn nach dem neuen Antibiotikum die Entzündung nicht zurückginge, sofort in die Chirurgie. Ich hielt das Rezept mit zitternden Fingern, als ich zur Apotheke hinunterging. Vor dem Schaufenster blieb ich stehen, betrachtete mein Gesicht und versuchte nachzudenken. Drinnen sah ich die freundliche Apothekerin mit den perfekten weißen Zähnen. Mir war egal, ob sie mich wiedererkannte. Ich stellte mir vor, wie ich zu ihr sagte: «Ich habe mir für die Wunde meine Frau ausgeliehen. Sie schreibt nämlich ein Buch, müssen Sie wissen, und hat keine Zeit für solche Sachen, wir sind ein gut aufeinander eingespieltes Ehepaar und teilen uns die Arbeit.» Clara war am frühen Morgen nach Hiddensee gefahren, wo sie das Grab von Gerhard Hauptmann fotografieren wollte, und würde erst gegen Abend wieder zurück sein. Ich weiß nicht, Bruder, was du an meiner Stelle getan hättest. Ich fühlte mich lästig. Ich war lästig. Wenn Clara von ihren Ausflügen zurückkam, war sie müde. Sie kümmerte sich um mich, tröstete mich voller Geduld über meine Mutlosigkeit hinweg, fand meinetwegen kaum noch Gelegenheit zu arbeiten, machte mir aber niemals Vorwürfe deswegen. Ich jedoch wurde bei jeder Kleinigkeit ausfällig. Einmal brachte ich sie sogar zum Weinen, als sie noch die Tüte mit den Sanddornweingummis in Händen hielt, die sie mir als Geschenk mitgebracht hatte. Ich bat sie um Verzeihung, und wir weinten gemeinsam. Sie verzieh mir alles, weil sie wusste, wie schlecht es ihrer süßen Maus wegen Tommy ging, und so versöhnten wir uns wieder; doch später hörte ich ihr Schluchzen durch die geschlossene Tür, und in meiner Brust brannte das Wissen, für sie zu einem Ungeheuer geworden zu sein. Ich war lästig, und ich war ein Ungeheuer. Mein Bild im Fenster der Apotheke bestätigte es mir. Der typische undankbare, mürrische Dummbeutel. Und mit einem Mal schwanden alle meine Zweifel. Mit kalter Gelassenheit zerriss ich das Rezept und bat Frau Klinkenberg, meine Fahrerin an diesem Vormittag, mich zur Wohnung zu fahren und unten auf mich zu warten. Eine Viertelstunde später war ich wieder bei ihr. Länger brauchte ich nicht, um Clara eine Notiz zu hinterlassen und meine notwendigsten Sachen einzupacken. Im Bahnhof verabschiedete ich mich von Frau Klinkenberg, bla, bla, bla, Euros, mit einer Umarmung. Hinkend bestieg ich den ersten Zug, der von Bergen nach Bremen abfuhr. In Oldenburg musste ich umsteigen, und am späten Nachmittag schloss ich unsere Wohnungstür auf. Nach dem Telefonat mit Clara, in dem sie mir anbot, ihre Reise abzubrechen und mich zu pflegen, was ich rundweg ablehnte, konnte ich die ganze Nacht kaum ein Auge zutun. Schuldgefühle und die Angst vor weißen Wänden ließen mich keine Ruhe finden. Früh am nächsten Morgen wurde ich bei meinem Hausarzt vorstellig, der, sobald er Tommy gesehen hatte, mir eine Überweisung für die Chirurgie in Wilhelmshaven gab.

31

DER DICKE WAR immer gleich beleidigt, wenn meine Freunde im Viertel und ich ihn Dicker nannten. Er war ein kluger Bursche, leicht reizbar; aber wir waren eine Bande. Klar, dass er mir oft hinter der Tür auflauerte, wenn ich nach Hause kam. Seine Rache konnte mir jedoch nicht viel anhaben, da seine fleischigen Hände mit den Wurstfingern kaum imstande waren, Schmerzen zuzufügen. Irgendwann merkte ich dann, dass älter sein nicht gleichbedeutend war mit stärker sein. Von da an verlor der Dicke die Lust, mir hinter der Tür aufzulauern. Jetzt, all die Jahre später, versichert er mir per E-Mail, dass es ihm nichts ausmacht, diese Stichelei gegen ihn in meinen Erinnerungen wiederzufinden, solange sein Name nicht erwähnt wird. Außerdem hält er meine Arbeit für ein fiktionales Werk und will es auf die Liste der Romane seines Verlages setzen. Er hält es auch für einen gelungenen Trick, dass sich der Erzähler seit einigen Kapiteln in der zweiten Person an einen imaginären Ansprechpartner wendet. Ich habe ihm geantwortet, dass es sich weder um einen Trick noch um einen imaginären Ansprechpartner handelt, ich nichts von literarischen Techniken verstehe und verstehen will und in den erwähnten Passagen wirklich ihn gemeint habe. Da ich nicht für ein Publikum schriebe, müsse ich mich auch nicht schämen oder falsche Brüder erfinden, und falls ich einmal meiner Phantasie freien Lauf gelassen hätte, wie beim Biss der Maus von Lübeck und ähnlichen Stellen, dann wäre mir das während der Reise mit Clara einfach so in den Sinn gekommen und nicht am Küchentisch, wo ich mir überlegt hätte, mich literarisch zu betätigen. Der Dicke erklärt mir daraufhin, dass es eine Sache ist, was der Autor meint, beabsichtigt oder vermutet, und eine ganz andere, was die Leser aus dem Text herauslesen, denn die seien es schließlich, die die Bücher interpretierten. Ich schreibe ihm, dass ich nicht erst vorige Woche geboren bin und er mir daher nicht wie einem i-Männchen den Unterschied zwischen einem Kaninchen und einer Spielzeugeisenbahn erklären muss, und ob er sich vielleicht daran erinnert, dass ich es war, der die Idee hatte, meine Aufzeichnungen Roman zu nennen, aus Gründen allerdings, die weder mit dem Verlagsgeschäft noch mit der Wortkunst zu tun haben. Woraufhin er mir antwortet, wenn wir uns in den wesentlichen Punkten einig sind, warum dann noch streiten. Ich sage ihm, unser Streit sei zweitranging, wenn er mir endlich das großzügige Angebot mache, das er mir versprochen habe. Ja, antwortet er, seine Sekretärin (will er mich beeindrucken, oder hat er tatsächlich eine Sekretärin?) werde mir noch vor nächstem Freitag auf elektronischem Weg einen Vertragsentwurf zukommen lassen. Ich wiederhole meinen unbedingten Wunsch, dass er den unterschriftsreifen Vertrag als privaten Brief an mich schickt, damit meine Frau nicht auf den Verdacht kommt, dass ich in einem Buch eheliche Intimitäten an die große Glocke hängen will, von denen einige nicht unbedingt der Kategorie «glorreiche Episoden» zuzuschlagen wären. Nur die Ruhe; er wisse, was Diskretion sei. Vielen Dank, Bruder, aber würde es dir was ausmachen, mir verdammt noch mal zu sagen, wie viel du mir als Vorschuss zu zahlen gedenkst? Schließlich nennt er einen Betrag.

Ich betrachte die Zahlen auf dem Bildschirm. Alles Nullen außer der ersten. Ich fange an zu glauben, dass der Dicke eine Sekretärin hat, sogar eine, die bereit ist, Überstunden zu schieben, weil sie auch dick ist und eine Gehaltszulage braucht, um was zu essen kaufen zu können. Wieder fällt mein Blick auf die vier Zahlen. Ehrlich, so viel hatte ich gar nicht erwartet. Für einen anerkannten Schriftsteller sind das vielleicht ein paar Krümel, die man den Tauben hinwirft, aber nicht für mich. Trotzdem, wir sind Familie, daher kann ich den Dicken vertrauensvoll Knauser nennen. Mehr schreibe ich nicht. Nicht einmal die Abschiedsfloskel. Auch keine Unterschrift. Nur dies eine Wort: «Knauser». Er antwortet mir eine Viertelstunde später und hat den Betrag beträchtlich erhöht. Und fügt in weinerlichem Ton hinzu: «Ich schwöre dir, das ist das Maximum, das ich dir anbieten kann.» Es folgt eine Liste von Wehklagen: die Inflation, die zurückgehenden Verkäufe im letzten Halbjahr, die Unersättlichkeit der großen Verlagsketten. Ich schreibe zurück, ich akzeptiere das Angebot, weil du mein Bruder bist. Und schon habe ich eine Sorge mehr. Wie rechtfertige ich vor Clara die Geldüberweisung? Mir wird wohl nichts anderes übrig bleiben, als die typische Geschichte vom reichen Onkel zu erfinden, den ich als Kind zum letzten Mal gesehen habe. Ein großer Mann, mit weißem Haar, habe ich dir nie von ihm erzählt? Er war in zweiter Ehe mit einer österreichischen Gräfin verheiratet und so weiter.

Der Dicke möchte wissen, wann ich mit dem Buch fertig werde. Ich frage ihn, ob er mich unter Druck setzen will. So wie ich das sehe, werde ich damit fertig, wenn ich das Ende geschrieben habe. Und ich füge hinzu, wenn du, wie du behauptest, die bisherigen Kapitel mit Vergnügen gelesen hast, würdest du gut daran tun, mich zu ermuntern, die restlichen ebenso unbekümmert und ohne Zeitdruck zu schreiben. Es hätte nämlich gut sein können, Bruder, dass die Ader meiner Erinnerungen mit dem, was ich gestern geschrieben habe, schon versiegt wäre, weil nicht viel gefehlt hat, dass unsere Reise durch Deutschland wegen Tommy ein abruptes Ende gefunden hätte. Am Tag meiner überstürzten Rückkehr ins Dorf brachte Clara die Möglichkeit ins Spiel, den letzten Teil ihres literarischen Projekts zu opfern und nach Hause zu kommen, um mich zu pflegen, was ich aber nicht zugelassen habe. Ich führte dafür eine Reihe von Gründen an, die sie anscheinend überzeugten. Am nächsten Tag rief sie mich gegen Abend noch einmal an. Sie hielt sich ganz tapfer, bis ich ihr erzählte, am Montag müsse ich in die Chirurgie. Zuerst glaubte ich, statt Chirurgie hätte sie Schafott verstanden. Anders kann ich mir ihre Reaktion nicht erklären. Nachdem sie in tragischem Ton das übliche «Mein Gott!» ausgestoßen hatte, teilte sie mir ihren festen Entschluss mit, unverzüglich zu mir zu kommen. Sie würde, verriet sie mir, gleich nach Beendigung unseres Gesprächs die Koffer packen, dann Frau Klinkenberg anrufen und die Wohnungsmiete bezahlen und sich um zehn oder elf Uhr nachts auf den Weg machen. In der Gewissheit, dass ihr heroischer Beistand für mich nur neue und möglicherweise noch größere Probleme zur Folge haben würde, sagte ich, als sie eine Atempause einlegen musste, dass dies vielleicht keine gute Gelegenheit für überstürzte Aktionen sei. Sie hörte gar nicht zu. Es tue ihr so leid, mir nicht gleich gestern gefolgt zu sein. Außerdem sei an Arbeiten gar nicht zu denken. Die Sorge um meinen Gesundheitszustand mache ihr das unmöglich. «So kann ich mich doch nicht konzentrieren! Ich habe immer das eiternde Loch in deinem Fuß vor Augen.» «Drücke dich bitte korrekt aus. Es heißt Tommy.» Sie beschleunigte ihren ohnehin schon rasanten Wortschwall, wahrscheinlich in der Absicht, sich nicht noch einmal von mir unterbrechen zu lassen. Mein Gehirn kam gar nicht nach, diesem Springbrunnen von Wörtern Bedeutungen zuzuordnen. Überzeugt, dass Frau Schriftstellerin mich in den nächsten Minuten nicht mehr zu Wort kommen lassen würde, machte ich es mir im Sofa bequem und drückte die Lautsprechertaste, damit mir am Ende – wie schon bei früheren Gelegenheiten – nicht die

Ohrmuschel kochte. Ich kann ihre lange Rede nicht wie ein normaler Schriftsteller wortgetreu und auch nicht ungetreu wiedergeben; aber das, was zu erinnern mir wichtig ist, kann man im Großen und Ganzen in folgende Worte fassen: «Glaubst du, es macht mir Spaß, mir Strände und Museen anzusehen, wenn ich weiß, dass mein armes Mäuschen allein zu Hause sitzt und keinen Schritt gehen kann? Ich vermisse dich so. Es ist ein ganz schöner Unterschied, irgendwas mit dir oder ohne dich zu besichtigen. Heute habe ich von Sassnitz aus» (an der Korrektheit der Angabe habe ich meine Zweifel) «eine Bootsfahrt an der ganzen Kreideküste entlang und wieder zurück unternommen. Dauernd habe ich mich gefragt, welche bissige Bemerkung meinem Mäuschen wohl eingefallen wäre, wenn er dies dort gesehen hätte, und welchen Witz er gemacht hätte, wenn jenes? Die Erklärungen des Reiseführers habe ich kaum zur Kenntnis genommen, weil ich immer an deinen Fuß denken musste. Den ganzen Tag habe ich zwei oder drei uninteressante Fotos gemacht und mir nichts aufgeschrieben, weil ich vor lauter Nervosität heute Morgen vergessen habe, mein Notizbuch in die Handtasche zu stecken. Als ich am Abend die Wohnungstür aufschloss, schlug mir eine grauenvolle Stille entgegen. Was glaubst du wohl, was ich getan habe? Ohne abzulegen, habe ich sämtliche Lampen in der Wohnung angemacht und den Fernseher eingeschaltet, obwohl ich hinterher nicht geschaut habe. Ich höre Stimmen, Musik, Applaus, und damit mache ich mir die Illusion, nicht allein zu sein. Die vergangene Nacht war schrecklich, Mäuschen, da hatte ich einen furchtbaren Albtraum. Hörst du mich? Warum sagst du nichts?» «Was soll ich sagen? Regnet es auf Rügen?» «Kannst du mich verstehen? Ich bin erschöpfter, als wenn ich früh aufstehen und unterrichten muss.» «Ohne mein Schnarchen und Gefummel unter dem Schlafanzug kannst du nicht einschlafen, was? Das verstehe ich, mir geht's genauso.» «Du glaubst nicht, wie sehr ich deine unpassenden Späße, deine unerträglichen Sticheleien und geschmacklosen Witze vermisse. Mein

Entschluss steht fest, liebste Maus. Heute Nacht komme ich nach Hause.» Im grimmigen Kampf darum, mich meine Sätze zu Ende bringen zu lassen, versuchte ich, sie davon abzuhalten, diese Reise voller Gefahren, so viele Kilometer allein im Auto, im Dunkeln und vollgepackt mit unseren Koffern und Sachen zu unternehmen. Da sie nicht nachgeben wollte, sah ich mich gezwungen, an ihre Ängste zu appellieren: «Du kennst doch die Kurven. Nachts! Du wirst mit einem Lastwagen zusammenstoßen, noch bevor du in Rostock bist. Doch wenn du darauf bestehst, Dummheiten zu begehen, darf ich dich daran erinnern, dass es mir in meinem jetzigen Zustand sehr schwerfallen wird, dich im Rollstuhl herumzuschieben.» Sie schwieg. Ich schwieg. War sie vor Übermüdung eingeschlafen? Acht, neun Sekunden telefonischer Stille vergingen, bevor ich sie fragte, ob sie immer noch in der Leitung sei. Ein kurzes Schluchzen wie von einem strangulierten Lamm bestätigte mir ihre Anwesenheit. Ich bat sie, mich eine Dreiviertelminute lang nicht zu unterbrechen. Natürlich war das eine maßlose Bitte; aber ein Versuch konnte nicht schaden. Als Erstes sagte ich ihr, ich hätte keine Schmerzen mehr, was gelogen war. In der Chirurgie werde mir nur mit einer Art Löffel der Abszess ausgeschabt, was vermutlich auch nicht die ganze Wahrheit war. Dann ging ich zum Angriff über. «Du suchst doch wohl keinen Vorwand, um dein Projekt abzubrechen, weil du nicht mehr davon überzeugt bist? Vorsicht; irgendwo habe ich gelesen, dass Schriftsteller unzuverlässige Zeitgenossen sind.» Ich beendete meine verklausulierte Rüge mit der Bitte, mich nicht mit ihren Ängsten, Zweifeln und düsteren Vorahnungen zu deprimieren. Und um ihr die Überflüssigkeit ihrer Pflege zu verdeutlichen, sagte ich ihr, ich käme gut allein zurecht, das Gehen falle mir immer leichter (totale Lüge), ich hielte mich damit aber zurück, um nicht gegen die Anweisungen des Arztes zu verstoßen, und für tägliche Besorgungen wie einkaufen, kochen oder nach Wilhelmshaven fahren habe mir Frau Kalthoff ihre Hilfe angeboten.

Unser Gespräch endete mit dem Kompromiss, dass Clara die Entscheidung, ob sie ihre literarische Reise unterbrach oder nicht, so lange verschob, bis wir wussten, wie sich Tommy nach dem chirurgischen Eingriff entwickelte. Am Montag wartete sie nicht wie gewöhnlich bis zum Abend, um mich anzurufen. Auch am Dienstag nicht, als mir morgens zum ersten Mal nach der Verätzung des Abszesses der Verband gewechselt wurde. Beide Male versuchte ich, Clara beruhigend zuzureden, machte Scherze und bemühte mich, mit lockeren Sprüchen gute Laune zu verbreiten. Am Tag bevor sie Frau Klinkenberg die Hausschlüssel zurückgeben sollte, hatte sie immer noch keine Entscheidung getroffen. Da entschieden wir gemeinsam, dass sie am alten Plan festhalten und ihr Projekt fortführen sollte. Was mich betraf, so würde ich mich, sobald der Arzt seine Zustimmung erteilte, in den Zug setzen und mich mit Frau Schriftstellerin treffen, wo immer sie sich gerade aufhielt. Sie erzählte mir, sie habe zwar reichlich Material über Rügen gesammelt, aber wegen der Sorgen der letzten Tage nicht die Kraft gehabt, sich hinzusetzen und zu schreiben. Da sie außerdem davon überzeugt war, dass es gut für sie wäre, sich einige Gegebenheiten noch einmal anzusehen und andere aufzusuchen, die sie noch nicht angeschaut hatte, fragte sie mich, ob ich es für eine gute Idee halte, ihren Aufenthalt auf der Insel zu verlängern. Am Nachmittag habe sie verschiedene Prospekte von Hotels und Pensionen zusammengestellt. In einem Haus in ich weiß nicht welchem Ort hatte man ihr eine Wohnung mit Meerblick gezeigt. Märchenhaft! Sie war sicher, im luxuriösen Ambiente dieses Hauses Menschen zu begegnen, wie sie Thomas Manns Romane von Bädern und Sanatorien bevölkern, auf jeden Fall aber extravagante, distinguierte, mysteriöse Personen, deren bloße Anwesenheit sie schon zu einer Szene in ihrem Buch inspirieren würde, wenn nicht sogar zu einem ganzen künftigen Roman. Und als wäre das noch nicht genug, schien ihr dieser Ort zum Schreiben wie geschaffen, denn nichts und niemand würde sie dort ablenken, da er über alle nur denkbaren Annehmlichkeiten verfügte und mitten auf einer bewaldeten Anhöhe stand, die den Lärm der Straße von ihr fernhielt. Sie sah sich schon in einem bestimmten Erker des Hauses arbeiten, dessen Fenster auf eine romantische Bucht zeigten. Sie würde beim Licht eines Kerzenleuchters schreiben, mit einem Strauß Rosen und einer Teekanne aus Porzellan auf dem Tisch. Zur Entscheidung fehlte ihr nur noch meine Zustimmung. Ich erteilte sie ihr umgehend. «Es ist ein bisschen teuer. Macht das nichts?» «Deine Literatur ist es wert», antwortete ich, glücklich, keinen Spiegel vor mir zu haben, der meine Heuchelei reflektierte und dann meine schreckgeweiteten Augen und gerunzelte Stirn, als ich den Preis erfuhr.

Beim nächsten Anruf (wir telefonierten täglich) fragte ich sofort, ob sie sich in ihrem neuen Domizil wohlfühle. «Nun, es ist so ... Maus, du rätst nie, wo ich jetzt bin.» Sie versprach mir ein Geschenk meiner Wahl, wenn ich richtig riet. «Kenne ich den Ort?» «Du kennst ihn.» «Wenn ich richtig rate, schenkst du mir dann einen Feigenbaum? Ich sag's dir gleich, billig ist der nicht.» Ich durfte drei Mal raten, danach weitere drei Male. Sie hatte recht. Der ersehnte Feigenbaum würde nie unseren Garten verschönern, denn nicht einmal im Traum wäre ich darauf gekommen, dass Clara Frau Klinkenbergs Ferienwohnung gar nicht verlassen hatte und jetzt mietfrei darin wohnte. «Und der Erker und die Bucht und der Kerzenleuchter?» «Die sind wohl immer noch da, wo ich sie gesehen habe.» Sie erzählte mir, dass sie der Vermieterin bei der Schlüsselübergabe von meiner vielversprechenden Genesung berichtet hatte sowie von den überwundenen Zweifeln bezüglich der Fortführung ihrer Reise durch Deutschland oder der Rückkehr nach Hause, um den Ehemann zu pflegen, und schließlich von ihrem Vorhaben, sich zum Schreiben in einem Haus an der Küste niederzulassen. Frau Klinkenberg, der es leidtat, dass Clara abreiste, schlug ihr in einem für die Bewohner dieser Breiten ungewöhnlichen Anflug von Spontaneität vor, mietfrei mit ihr und *Honni* in der Wohnung zu bleiben, bis mein Fuß ausgeheilt und ich zu ihr zurückgekehrt sei. Sie würde ganz nach Geschmack und Essgewohnheit ihrer neuen Mitbewohnerin die Mahlzeiten zubereiten, würde sauber machen und alles tun, damit ihre Freundin, die Schriftstellerin, an ihrem Lieblingsplatz in der Wohnung ungestört arbeiten könne. Clara akzeptierte das Angebot unter der Bedingung, sich an den durch ihren Aufenthalt entstehenden Kosten zu beteiligen. Zur Feier ihrer Abmachung füllte Frau Klinkenberg zwei Gläschen mit Schnaps. Nachdem sie Brüderschaft getrunken hatten, duzten sich die beiden. Clara packte die Koffer wieder aus, die schon abgeschlossen im Flur standen. Und da sie keinen Alkohol verträgt, nicht einmal in sehr bescheidenen Mengen, ging sie nachts mit Kopfschmerzen zu Bett.

Die Tage vergingen. Der Oktober endete. Wolken kamen mit Regen, die dort chronischen Herbststürme setzten ein, und ich war immer noch in ärztlicher Behandlung. Unverändert optimistisch versicherte ich Clara am Telefon, dass ich meinen endgültigen Sieg über Tommy nahe vor mir sah. Die Abstände zwischen den Arztbesuchen wurden immer größer, ich brauchte keinen Verband und keine Antibiotika mehr. In letzter Zeit warf der Arzt nur noch einen flüchtigen Blick auf Tommy, während die diensthabende Schwester mir ein Wundpflaster auflegte. Oft schaute er nicht einmal in das kleine Behandlungszimmer, um mich zu begrüßen, weil das Wartezimmer voller Patienten war, die behandelt werden wollten, oder er gab mir nur kurz die Hand, wenn wir uns auf dem Flur begegneten, und fragte, manchmal ohne auf eine Antwort zu warten, wie es mir gehe. Sowohl er als auch die verschiedenen Schwestern waren der Ansicht, dass die Wunde gut verheilte. Da der Arzt jedoch kein Risiko eingehen wollte, gestand er mir erst einen Monat nach Vernarbung der Wunde zu, wieder verreisen zu dürfen. In dieser Zeit schloss Clara ihre Kapitel über Rügen ab. Da sie keinen Grund mehr fand, noch auf der Insel zu bleiben, nachdem ihre Arbeit dort beendet war, und zudem das Gefühl hatte, die Gutherzigkeit Frau Klinkenbergs auszunutzen, beschloss sie, da war schon November, sich auf den Weg nach Berlin zu machen, wo die nächste Etappe ihres literarischen Abenteuers stattfinden sollte. Der Abschied der beiden Frauen war anscheinend ein recht feuchter, und das lag wohl nicht an dem Regen, der zu der Zeit in Bergen fiel. Frau Klinkenberg war zu Tränen gerührt, als sie die Geschenke sah, die Clara für sie und *Honni* gekauft hatte. Und Frau Schriftstellerin hatte, wie sie mir später am Telefon gestand, immer noch feuchte Augen, als sie hinter der Stralsundbrücke am Straßenrand hielt, um einen letzten Blick zurück auf die Insel zu werfen.

Die Fahrt nach Berlin wollte sie nicht in einem Stück zurücklegen, sondern entschied sich – schon in Brandenburg – zu einem auf der Straßenkarte ausgesuchten Umweg über Neuruppin, wo sie zu moderatem Preis die Nacht in einem Hotel verbrachte. Am nächsten Tag erfüllte sie sich den langgehegten Wunsch, Theodor Fontanes Geburtshaus zu besuchen. Über dieses Erlebnis schrieb sie zwei Seiten, die so sentimental wie informativ waren, jedoch keinerlei Beziehung zu den vorhergehenden und nachfolgenden Episoden aufwiesen, sodass Clara sie auf Druck des Verlegers streichen musste. Der Eingriff ins Buch schmerzte sie, als hätte man ihr ein Stück eigenen Fleisches herausgeschnitten. Als ich den Eindruck gewann, dass sich ihr Ärger legte und man wieder mit ihr sprechen konnte, schlug ich ihr vor, die zwei Seiten an irgendeine Zeitung zu schicken, als Entschädigung gewissermaßen. Das tat sie, wurde dafür bezahlt und ich zum Dank für den guten Rat zu einem Abendessen in unserem Lieblingsrestaurant eingeladen.

In Berlin kam Clara für eine Woche im Etap Hotel in der Anhalter Straße unter, keine fünf Gehminuten vom Potsdamer Platz. Sie bekam ein Zimmer im siebten Stock, mit einem Fenster, das auf einen hässlichen Innenhof ging. Der hässliche Ausblick wurde vervollständigt durch den hässlichen Eingang eines Parkhauses, das nicht die Tiefgarage war, in der sie für ein paar Euro am Tag unser Auto abgestellt hatte, sowie durch einen hässlichen Nebenflügel des Hotels, in einem von dessen Fenstern sich öfter ein nicht nur hässlicher, sondern auch nackter Mann zeigte, der sich mit starrem, in sich gekehrtem Blick die haarigen Genitalien rieb. Das Zimmer hatte eine Wandleiste mit Haken, die als Kleiderschrank diente, und ein Bett an der Seite, das beinahe den ganzen Raum einnahm, eine schmale Tischplatte an der Wand, auf der gerade der Laptop Platz fand, und auf einem Wandbord einen kleinen Fernsehapparat. Auf den Fotos, die Clara mir schickte, sah es eher nach Gefängniszelle aus. Clara beschwerte sich über Stimmen und Geräusche, die Tag und Nacht aus den Nebenzimmern zu hören waren. So weit wie möglich mied sie den Blick aus dem Fenster, um nicht den nackten Kerl sehen zu müssen. Was ihr an dem Hotel gefiel, waren die Sauberkeit, die Lage und der günstige Preis für das Zimmer. Wenn sie also Bilanz zwischen den Vor- und Nachteilen zog, war sie zufrieden mit der Wahl ihrer provisorischen Bleibe in Berlin, während der sie in einem nahen Internetcafé täglich nach einer sauberen und billigen Ferienwohnung suchte.

Der letzte Teil meiner heutigen Aufzeichnungen ist für mich selbst reserviert. Nach einer durchwachten Nacht wurde ich frühmorgens und zitternd vor Angst mit der Überweisung meines Hausarztes in der Chirurgie vorstellig. Ich betrachtete es als glückliches Zeichen, dass ich die Schrift nicht lesen konnte. Nicht zu wissen, welchen Qualen ich in Kürze unterworfen sein würde, enthob mich einem vorgezogenen Martyrium. Frau Kalthoff, die mich in ihrem Auto nach Wilhelmshaven fuhr, war so freundlich, die zwei Stunden, bis ich wieder herauskam, auf dem Parkplatz auf mich zu warten. Bei meinem Eintreten war das Wartezimmer voll, und ich erwischte noch einen der letzten freien Stühle. Fünf Minuten später warteten Leute stehend, und es kamen immer noch welche nach. Ich saß neben einem korpulenten Herrn fortgeschrittenen Alters, der ein geschwollenes und violett unterlaufenes Auge hatte sowie eine verschorfte Wunde am Kopf, die

die Umrisse von Madagaskar aufwies, des Weiteren eine zweite, weniger leicht geographisch zu verortende, aber genauso unerfreulich anzusehende an einer Seite seiner klobigen Nase. Manchmal richtete der Alte sein einzig verfügbares Auge auf mich; ein hartes, wildes Auge, das mir zu sagen schien: Sieh mich an. Glaub nur nicht, dass du besser aussehen wirst, wenn der Doktor mit dir fertig ist. Aus Rache hielt ich seinem Blick einige Momente stand und antwortete ihm in Gedanken: Das haben Sie nun davon, die Frau geheiratet zu haben, die Sie geheiratet haben. Eine Dreiviertelstunde lang hatte ich keine andere Wahl, als in einem abgegriffenen Exemplar der Zeitschrift *Stern* vom Vormonat zu blättern, da alle übrigen Illustrierten sich in anderen Händen befanden. Danach verdrängte ich meine Angst vor weißen Wänden mehr schlecht als recht mit einer Frauenzeitschrift, in der ich nichts fand, was mein Interesse geweckt hätte, mit Ausnahme einer Seite über Gartenpflege und in etwas geringerem Maße einen Artikel über die aktuelle und offenbar sehr verbreitete Mode nicht nur unter Mädchen, sich das Schambein zu rasieren. Als ich endlich die *Sport Bild* in die Hand bekam, indem ich einem Typen mit eingegipstem Bein, der gerade nach ihr greifen wollte, zuvorkam, wurde mein Name aufgerufen und wie stets falsch ausgesprochen. Der ungewöhnliche Nachname sorgte in meiner Umgebung für sich drehende Hälse. Mir war, als würden sich sogar die Köpfe auf den Bildern zu mir umdrehen. Und als ich das Wartezimmer verließ, spürte ich im Nacken ein eigenartiges Vibrieren in der Luft, das ich gut kenne und das hervorgerufen wird durch die Anstrengung von zwei Dutzend Hirnen, die gleichzeitig meine Herkunft zu erraten suchen. Auf dem Flur war einiges los: Patienten, die kamen, Patienten (die Glücklichen), die gingen, dazu zahllose Helfer in weißen Kitteln, passend zu den Wänden und zu meinen Ängsten. Die Schwester, die meinen Namen falsch ausgesprochen hatte, zeigte mir das Zimmer, in das ich gehen sollte. Es machte ihr anscheinend nichts aus, dass eventuell ihr Ruf Schaden nehmen konnte, als sie mich mit lauter Stimme anwies, mich von der Hüfte abwärts «frei zu machen». Ich war viel zu nervös, um eine Erklärung zu fordern. Weiße Wände, bis zu halber Höhe gefliest. Schlachthofästhetik. Der Arzt trat ein. «Legen Sie sich dort hin.» Meine Willfährigkeit führte nicht zum gewünschten Resultat. Daraufhin zerrte er mich mit wenig Zartgefühl in eine Richtung, dann in eine andere und danach wieder eine andere, bis er mich in passender Position auf einem mit Wachstuch bezogenen Tisch liegen hatte, auf dem ein breiter Streifen Einwegpapier ausgerollt war. «Woher sind Sie?» Ich sagte es ihm. Er gab darauf keine Antwort und stellte keine weiteren Fragen. Ich kann verstehen, dass angesichts der Unzahl von Patienten, die er behandeln musste, drei Wörter für ihn einer Konversation gleichkamen. Sobald ich fühlte, dass seine in einem Latexhandschuh steckende Hand meinen Knöchel umfasste, schloss ich die Augen, um nichts mehr sehen zu müssen, um nichts mehr mitzukriegen, um mich aus der Gegenwart zu verabschieden und mich mit Phantasiebildern, mit stummen Selbstgesprächen, mathematischen Gleichungen und dergleichen abzulenken. Machen Sie mit mir, was Sie wollen, sagte ich im Geiste zu ihm. Nehmen Sie mir ein Bein ab, bringen Sie mich um; aber bitte lassen Sie mich in Ruhe. Das Letzte, was ich sah, war der Arzt auf seinem Drehstuhl mit Rädern, der Tommy wortlos in Augenschein nahm. Er stieß mir eine Nadel in die Fußsohle und gab der Schwester einen anderen Patienten betreffende Anweisungen. Dann verschwanden beide. Ich blieb ungefähr eine Viertelstunde allein auf dem unbequemen Tisch liegen und betrachtete ein Plakat an der Wand, auf dem die verschiedenen Entwicklungsstufen einer Hämorrhoide dargestellt waren. Der Arzt und die Schwester kamen zurück. «Wie lange leben Sie schon in Deutschland?» Ich antwortete. Der Arzt bescheinigte mir in professoralem Ton, dass ich so gut wie keinen Akzent habe. Absurderweise dankte ich ihm, als sei meine Fertigkeit in der Handhabung der deutschen Sprache sein Verdienst. Dann stieg mir der

Geruch von verbranntem Fleisch in die Nase. «Diese Leute gedenken doch wohl nicht, meinen Fuß zu verspeisen?» Die Betäubung ersparte es mir, Schreie auszustoßen, die die Leute im Wartezimmer entsetzt hätten davonstieben lassen. Armer Tommy. Durch das Ausbleiben von Schmerzen ermutigt, reckte ich den Hals, so weit ich konnte, um mein Blickfeld zu erweitern. Über meinen Beinen sah ich eine Wolke weißen Rauchs schweben. Die Krankenschwester versuchte, sie behutsam pustend aufzulösen. Den Arzt sah ich ebenfalls pusten; aber ich zog es vor, meinen Blick wieder der Krankenschwester zuzuwenden und das Tun ihrer schönen weiblichen Lippen zu betrachten. Am nächsten Tag gelang es mir wieder nicht, die *Sport Bild* zu lesen. Ich war so versessen darauf, einen Blick auf den Bericht über den 5:3-Sieg von Werder Bremen über Wolfsburg zu werfen, dass ich gleich nach der Behandlung wieder ins Wartezimmer zurückgekehrt wäre, wenn Frau Kalthoff nicht im Auto auf mich gewartet hätte. An diesem Morgen verzog der Arzt das Gesicht, weil Tommy immer noch blutete. «Sie werden Geduld brauchen», sagte er zu mir. Es vergingen vier lange langweilige Wochen, bis Tommy zu dem wurde, was er heute ist, eine friedliche rosafarbene Narbe. Auf Anraten des Arztes ging ich so wenig wie möglich zu Fuß. Abgesehen von den Fahrten nach Wilhelmshaven, wo ich mir den Verband wechseln ließ, oder kleinen Gängen in unserem Garten, blieb ich im Haus, schaute mir jeden Tag drei oder vier Filme an oder chattete über blödsinnige Themen in meiner Muttersprache mit Leuten, die sich lächerlichster Pseudonyme bedienten. Nachmittags brachte mir Frau Kalthoff *Goethe* vorbei, damit er mir Gesellschaft leistete. Der tat jedoch nichts anderes, als in seiner Schlafecke herumzuliegen und vor sich hin zu dösen. Hin und wieder ließ ich einen Pfiff hören, damit er zu mir aufschaute. Schläfrig, apathisch, gelangweilt hob er die Augenlider ein wenig an, und nach ein paar Sekunden klappte er sie wieder zu. Manchmal hustete er. Wenn Frau Kalthoff ihm aus dem Supermarkt ein Leckerli mitbrachte, schnüffelte er ohne Begeisterung daran und nahm es pflichtbewusst zwischen die Zähne, doch sobald er unsere Blicke nicht mehr auf sich gerichtet fühlte, ließ er es lustlos auf den Teppich fallen. Ihm seine Medizin zu verabreichen war auch nicht leicht.

32

Ich erreichte Berlin mit dem Zug, an einem Donnerstag im November. Entsprechend sah der Himmel aus. Die Temperatur war auch entsprechend. Und es regnete. Zu der Zeit war der Hauptbahnhof noch nicht eröffnet, sodass ich Claras Instruktionen folgend am Bahnhof Zoo ausstieg, wo sie mich mit leidender Miene erwartete. Sobald ich sie etwa dreißig Meter entfernt erblickte, stampfte ich zwei Mal jubelnd mit dem Fuß auf zum Zeichen, dass ich genesen war. Sie hält nichts von solchen Aktionen, vor allem nicht, wenn sie an öffentlichen Orten ausgeführt werden. Und ihr Missfallen wechselt zu Beschämung und Ärger, wenn der Ausführende ihr Ehemann ist. Mit strengem Lächeln sagte sie, die Tatsache, dass ich mich in unmittelbarer Nähe des Zoos aufhalte, verpflichte mich nicht, mich wie ein Känguru zu benehmen. Was würde mir es helfen, ihr zu erklären, dass es nicht zu meinen wenigen und bescheidenen Ansprüchen ans Leben gehört, ein normaler Mensch zu sein! Die Frau, die mir täglich am Telefon versichert hatte, wie sehr sie mich vermisste, hielt mir zögernd eine kalte Wange hin. Ich fürchtete, meine Lippen könnten am eisigen

Metall haften bleiben. Auf meine stürmische Umarmung reagierte sie mit der Lebendigkeit einer Schaufensterpuppe. Um mir meine Begeisterung, meine Aufregung, meine Lust, zu lachen und zu spaßen, zu erhalten, begann ich, ihr einen Witz zu erzählen. Clara unterbrach mich und berichtete von ihrer Migräne. Ein Monat der Chirurgie, der Behandlungen, der Angst vor weißen Wänden hatte mich gelehrt, dass fremdes Glück unerträglich sein kann, wenn der eigene Gesundheitszustand schlecht ist. Entschlossen, mich mit meiner leidenden Gemahlin solidarisch zu zeigen, legte ich jedes Anzeichen von Freude ab und begann in dem Versuch, mich ihrer Niedergeschlagenheit anzupassen, hart mit den unbequemen deutschen Zügen ins Gericht zu gehen. Und ich wusste, wovon ich sprach. Ich war in einem überfüllten Zug ohne Sitzplatzreservierung gereist. In Hannover, meinem letzten Umsteigebahnhof, geriet ich gegen meinen Willen in einen Klub von hinten im Gang zusammengedrängten Artgenossen. Von dort bis Berlin bekam ich – zum Teil stehend, zum Teil auf meinem Koffer hockend – ernste Zweifel hinsichtlich der Vorteile, die den Menschen ihre soziale Natur bringen soll. Leider fand ich zu keinem Schluss, da meine Gedanken durch das ständige Kommen und Gehen von die Toilette aufsuchenden Fahrgästen unterbrochen wurden. Solltest du, mein Bruder, es also für nützlich halten, das Thema weiblicher Harnblasen, mit dem ich dich vor nicht allzu langer Zeit offensichtlich zum Lachen bringen konnte, wie du mir schriebst, in meinem Buch zu vertiefen, muss ich dir zu deiner mutmaßlichen Enttäuschung leider mitteilen, dass ich in dieser Hinsicht nichts Neues zu berichten habe. Da der Winter und das Schreiben mich kaum einen Schritt vor die Tür setzen lassen, habe ich meine Feldforschungen nicht mit der notwendigen Hingabe fortführen können. Ich hoffe, du verstehst mich.

Weiter. Clara und ich nahmen die U-Bahn nach Kreuzberg. «Ist das nicht da, wo die Linksradikalen immer mal wieder Autos abfackeln?» Wir saßen mit dem Rücken zum Fenster, das wie alle anderen im Waggon mit spitzen Gegenständen über und über zerkratzt worden war. Frau Schriftstellerin hatte ihren Kopf auf meine Schulter gelegt. Den ganzen Weg über flüsterte ich ihr Nettigkeiten ins Ohr und küsste sie mehrmals aufs Haar. Ein warmer Geruch ging davon aus, nicht gerade lieblich, aber auch nicht unangenehm, der vielleicht der Geruch ihrer Migräne war, der durch die Kopfhaut nach außen drang. Zufrieden schlummerte sie ein, und um ein Haar hätten wir die Haltestelle verpasst, an der wir umsteigen mussten. Am Platz der Luftbrücke, nur etwa sechshundert Meter von unserem Ziel entfernt, stiegen wir schließlich aus. Wir standen an der Kreuzung zweier stark befahrener Straßen und warteten, dass die Ampel ein Einsehen mit uns hatte. Hinter kahlen Baumkronen war die Hungerharke zu sehen, wie das Monument im Volksmund genannt wird, das zu Ehren der Flieger gebaut wurde, die in den vierziger Jahren ihre Leben riskierten (und oft genug verloren), um die Stadt während der sowjetischen Blockade mit Lebensmitteln zu versorgen. Es war noch keine vier Uhr nachmittags, doch die meisten Autos hatten schon ihre Scheinwerfer eingeschaltet. Ihre Lichter spiegelten sich auf dem nassen Asphalt. Der Himmel war eintönig grau. Es war kalt, es war windig, es regnete in Strömen, und wir hatten keine Schirme. Alles war grau. So weit die Beschreibung.

Clara beschrieb mir mit geschlossenen Augen und vor Schmerzen gerunzelter Stirn den Weg zu unserer Unterkunft. Sie könne mich nicht hinführen, sagte sie. Es gehe ihr schlecht, so schlecht, dass sie sich jeden Moment übergeben könnte. Es schien mir eine löbliche Geste, mich darauf aufmerksam zu machen, denn sie ging an mich gelehnt, den Mund nur Zentimeter von meinem Mantel entfernt. Auf der anderen Körperseite schleppte ich den Koffer. «Geh immer geradeaus, Maus, bis zu einem blauen Haus. Es ist gar nicht zu verfehlen.» Mit den genannten Behinderungen machte ich mich auf den Weg durch die Dudenstraße. Nach einem kurzen Stück, auf Höhe eines Ladens für Schachcomputer und sonstigem Bedarf für das Spiel der Könige, spürte ich ein jähes Zucken unter meinem Arm. Ich sprang sofort zurück, damit Frau Schriftstellerin in einem Hauseingang neben dem Laden geräuschvoll ihren Magen entleeren konnte. Während sie den Bürgersteig beschmutzte, erinnerte ich mich an die erste Schachpartie, die ich im jugendlichen Alter gegen den Dicken gewonnen hatte. Wütend, weil ich ihm einen Turm genommen hatte, warf er (warfst du) das Schachbrett um und wollte (wolltest) tagelang nicht mehr mit mir spielen. Ein paar Schritte weiter, unter dem Dach einer Bushaltestelle, erlitt Clara einen weiteren Würgekrampf. Als ich sie faserigen Schleim ausspucken sah, hatte ich so ein Vorgefühl, dass es in der Nacht mit dem erhofften Sex wohl nichts würde. Ich reichte ihr ein Papiertaschentuch, damit sie sich den Mund, und ein anderes, damit sie sich die Tränen abwischen konnte. Dabei bemerkte ich am Ende der Haltestelle eine Frau, die uns mit kritischen Augen beobachtete.

Ganz in der Nähe, an der Ecke Duden- und Katzbachstraße, stand tatsächlich ein Haus mit einer blauen Fassade. Gleich darauf entdeckte ich neben einem Schaufenster der Drogerie Schlecker den Hauseingang, nach dem ich in Claras Auftrag Ausschau halten sollte, während sie auf mich gestützt ging und keine Kraft hatte, die Augen zu öffnen. Später erfuhr ich, dass es um die Straßenecke noch einen zweiten Eingang gab. Beide gingen auf einen Hinterhof, von dem aus ein weiterer Eingang zu unserer Unterkunft führte. In der Mitte des Hinterhofs standen die Mülleimer der ganzen Nachbarschaft, umgeben von einem Lattenzaun ganz ähnlich dem, der vor dem schrecklichen Unwetter vor zwei Jahren unseren Garten zur Straße hin abtrennte. Der vorteilhafte Eindruck, den das Gebäude beim ersten Blick auf mich gemacht hatte, verflog, sobald wir einen Fuß ins Innere setzten. Wir durchquerten einen verdreckten Flur in Richtung Innenhof. An den Wänden zogen sich Leitungsrohre und lose Kabel entlang. Ich habe auch die Reihe rostiger Briefkästen nicht vergessen, von denen einige aufgebogen waren, und die schwarzen Feuchtigkeitsflecken auf dem Putz. Clara warnte mich vor einer zerbrochenen Flasche auf dem Boden. «Seit ich hier eingezogen bin, hat niemand die Scherben weggeräumt. Aber tu mir einen Gefallen, mein Mäuschen. Halte dich mit deinem Urteil zurück, bis du die Wohnung gesehen hast.» Über den Innenhof gelangten wir zu dem anderen Eingang und stiegen auf einer schmuddeligen Treppe, deren Handlauf ich nicht zu berühren wagte, zum dritten Stock hinauf. Auf jedem Treppenabsatz gab es ein großes Kassettenfenster. Schon am Tag meiner Ankunft konnte ich feststellen, dass dadurch nicht nur das Licht aus dem Hinterhof hereinkam. Das eine oder andere der einzelnen Fensterchen war geöffnet, bei einigen fehlten die Scheiben; jedenfalls konnten auch Tauben ins Treppenhaus kommen, wie ein halbes Dutzend auf den Stufen verteilte Exkremente bezeugten.

Auf Claras Bitte hin durchsuchte ich ihre Handtasche nach dem Wohnungsschlüssel. U-Bahn-Fahrscheine, eine erst kürzlich ausgestellte Eintrittskarte für das Pergamonmuseum, Prospekte. «Maus, beeil dich.» Die Tür ging auf, und ich stand am Anfang eines langen aufgeräumten Flurs. Rechter Hand sah ich eine nicht sehr große Küche und drinnen ein hübsches Mädchen, das auf mich zukam und mir lächelnd die Hand gab. Mit großer Zufriedenheit sah ich alles Weitere und begriff, warum Clara mich wenige Minuten zuvor gebeten hatte, mir keine voreilige Meinung zu bilden. Die Wohnung, in der ich mit meiner Frau zwei Wochen lang unterkommen würde, hatte meine Zustimmung verdient. Wir bekamen darin ein großes Zimmer mit Bad- und Küchenbenutzung. Clara hatte es bis zum 5. Dezember von einer Studentin für Bildende Kunst gemietet, die die Mieterin der ganzen Wohnung war. Diese Studentin, Ruth Elitz, die ich nie persönlich kennenlernte (was wohl aus ihr geworden ist?), hielt sich zurzeit in Süddeutschland auf, wo sie, glaube ich mich zu erinnern, auch herstammte. Im Internet hatte Clara herausgefunden, dass die Studentin ihr möbliertes Zimmer für einen lachhaften Betrag untervermietete.

Frau Schriftstellerin hatte mir in den Tagen meiner Genesung am Telefon davon berichtet; wenn nicht genau mit den folgenden Worten, so doch mit ähnlichen: «Anfangs, als ich sah, wie wenig Miete sie forderte, war ich skeptisch. Das kann nicht sein, dachte ich. Und als ich den vermüllten Hauseingang sah, die halbverrosteten Briefkästen und den Dreck im Innenhof, war mir klar, dass die Fotografie im Internet nie und nimmer dem Loch entsprechen konnte, das ich vorzufinden erwartete. Ich schwöre dir, Maus, ich war kurz davor umzukehren, doch dann siegte meine Neugier. Ich ging nach oben und hatte mir schon einen Satz zurechtgelegt, um höflich kundzutun, dass das Angebot für mich nicht in Frage kam. Doch als ich dann die Wohnung sah, fielen alle meine Vorurteile in sich zusammen. Das Mädchen ist großartig. Stell dir vor, ich wohne in ihrem Zimmer, umgeben von allen ihren Sachen, ihren Büchern, ihren Stofftieren.» «Und ihrem Vibrator?» «Wenn du wieder mit deinen blöden Witzen anfängst, erzähle ich gar nichts mehr.» «Entschuldige.» «Sie war so natürlich. Sie hat mich sofort zu einer Tasse Tee eingeladen und mir Sachen aus ihrem Leben erzählt, dabei kannten wir uns gar nicht. Aber weißt du, was mich schließlich am meisten überzeugt hat?» «Der Vibrator vielleicht? Schon gut, war nur eine Frage.» «Mein liebes Mäuschen, mir ist klar, dass du mich nach so langer Zeit der Trennung vermisst. Und ich denke auch, dass du einige Körperteile von mir mehr vermisst als andere. Aber sei unbesorgt, tröste dich mit einem bisschen Masturbation und ertrage die Abstinenz mit Heldenmut. Darf ich meinen Bericht jetzt fortsetzen? Nachdem ich mich also von Ruth verabschiedet und ihr versprochen hatte, sie anzurufen, habe ich mich draußen umgeschaut, um zu sehen, was für Leute in dem Viertel wohnen. Ich ging in den Viktoriapark, der nur ein paar Schritte entfernt liegt. Da kommt mir eine Frau in mehr oder weniger meinem Alter mit Turnschuhen und Trainingsanzug entgegen. Ich dachte: Wenn hier Frauen allein durch den Park joggen, dann kann dies keine schlechte Gegend sein. Also habe ich mich mit meinem Mobiltelefon auf die nächste Parkbank gesetzt und der Studentin zugesagt.»

Über dem Kopfende des Bettes hing mitten an der Wand ein ungerahmtes Foto unter Glas von Ruth Elitz. Es zeigte eine junge Frau mit melancholischer Miene (Clara war da anderer Meinung) und gefälligem Gesicht neben dem eines dümmlich dreinschauenden Hundes, dem die Zunge seitlich aus dem Maul hing. Clara, die sich ein paarmal mit ihrer Vermieterin unterhalten hatte, wurde nicht müde, deren persönliche Qualitäten hervorzuheben. Sie mag sagen, was sie will, aber die ihr im Buch gewidmete Passage grenzt an Vergötterung. Außerdem sei das Mädchen strebsam, begabt, und von ihrem guten Geschmack zeuge ja wohl die Einrichtung ihres Zimmers. Sie hatte es ich weiß nicht wann eigenhändig renoviert. Ohne jede Hilfe hatte sie den Linoleumfußboden verlegt, die Wände in verschiedenen Blautönen gestrichen und von ihr signierte Bilder und Zeichnungen aufgehängt. Am auffälligsten war das zwei mal drei Meter große Gemälde eines gigantischen Klatschmohns in zinnoberfarbenem Acryl. Besonders in der Früh, wenn durch die Gardinen das Morgenlicht darauf fiel, erstrahlte er in leuchtendem Rot. Auf einem Brett ihres Bücherregals, in dem zahlreiche Kunstbände standen, reihten sich kleine, von ihr behauene Granitskulpturen. Es waren abstrakte Stücke, jedenfalls sahen sie so aus, willkürlich geformt und mit gerundeten Rändern. Manche erinnerten mich an die Tabas, mit denen in meiner Heimatstadt die Mädchen früher spielten. Eine Vorstellung von den weiteren Interessen der Ruth Elitz gaben eine Nähmaschine, die im Zimmer stand, eine Klarinette im Futteral, ein Heimtrainer und jede Menge Fotoalben, in denen zu blättern mir Clara verbot, bis ich sie selbst dabei erwischte. «Gut, dann schau sie dir eben an», sagte sie grollend, «aber wasch dir vorher die Hände und vergiss nicht, sie hinterher zurückzustellen.» Ich erinnere mich auch an ein Poster aus bemalten Gipsbuchstaben an der Außenseite ihrer Zimmertür: «Willkommen in meiner Welt» hieß es da. Hatte sie das extra für uns gemacht oder gekauft? Mir war bei all der nur mit Mühe sauber und in harmonischer Ordnung zu haltenden Ansammlung von Gegenständen etwas mulmig zumute; ich weiß nicht, ob ich mich verständlich ausdrücke, es verursachte mir ein unbehagliches Kribbeln, ein unbestimmtes Unwohlsein, das nicht allein darauf beruhte, ständig auf der Hut sein zu müssen, um nicht aus Versehen etwas zu beschädigen oder zu zerbrechen. Ich habe immer noch Claras Warnungen im Ohr: «Maus, fass dies nicht an; lass die Finger von dem.» Gern hätte ich etwas gefunden, das mich ein wenig entlastet hätte, aber ich wusste nicht, was. Vielleicht einen Kratzer auf der Klarinette. Vielleicht einen Silberfisch unter dem Bett. Vielleicht ein Gespenst, das mir nachts, wenn ich schlief, eine Socke, einen Pantoffel oder einen Slip der Frau Schriftstellerin unter die Nase hielt. Als Kind machte der Dicke so etwas Ähnliches bei mir und meiner Schwester. Wenn ein Leser diese Zeilen liest, muss er sich also nicht wundern. Wo war ich? Ich wusste nicht, wonach ich suchte. Dennoch forschte ich hinter Claras Rücken eifrig weiter, weil ich mein hartnäckiges Unbehagen endlich loswerden wollte. Mir war klar, dass ich mich mit einem Defekt würde begnügen müssen, mit einem Fleck, einem kleinen Riss in all der Vollkommenheit, all der Glückseligkeit und all den Kuscheltieren. Nach mehreren Tagen vergeblicher Suche fand mein Bemühen endlich seine Belohnung in einer Schublade des Nachtschränkchens. In einem Durcheinander von Krimskram entdeckte ich eine Schachtel, in der sich eine angebrochene Tube mit Salbe befand. Gleichfalls darin lag ein Beipackzettel, in dem die verschiedenen Arten von Dermatitis aufgeführt wurden, gegen die das Präparat eingesetzt werden konnte. Von dem Foto an der Wand schenkte mir Ruth Elitz ihr melancholisches Lächeln, als wollte sie sagen: «Na gut, jetzt weißt du es.» Sogleich empfand ich eine tiefe Zuneigung zu diesem talentierten und attraktiven Mädchen, das ich nicht kannte, obwohl ich in ihrem Bett schlief. Fortan war ich der unumstößlichen Überzeugung, dass Ruth Elitz' Zimmer mit seinen zahllosen Kuriositäten nicht nur ein besonders ansprechendes und bezauberndes, was ja schon was heißen will, sondern auch ein sehr menschliches Paradies war.

Es gab noch ein zweites Zimmer in der Wohnung. Es war das des Mädchens, das mich am Tag meiner Ankunft in der Küche begrüßt hatte. Das Mädchen hieß Lea. Sie war hübsch, sie war blond, und sie kam aus der Nähe von Leipzig. Nach einem langen Aufenthalt in den Vereinigten Staaten war sie vor kurzem nach Berlin gekommen in der Hoffnung, an der Kunstakademie aufgenommen zu werden, wo sie Film oder Regie oder etwas in der Art, ich weiß es nicht mehr genau, studieren wollte. Sie war reserviert, aber nicht schüchtern und auch nicht spröde oder arrogant. Ich hatte das Gefühl, sie lebte in einer Dimension, die weder für Clara noch für mich zugänglich war. In was für einer? Ich nehme an, wenn ich das wüsste, wäre diese mutmaßliche Dimension nicht mehr unzugänglich. Wir hatten nur sporadischen Umgang mit unserer Mitbewohnerin, was zum Teil daran lag, dass wir tagsüber zusammen oder getrennt die Stadt erkundeten, zum Teil aber auch daran, dass sie, wenn wir zusammen in der Wohnung waren, die meiste Zeit in ihrem Zimmer verbrachte, was nicht heißt, dass sie uns aus dem Weg ging. Eher war das Gegenteil der Fall; manchmal klopfte sie an unsere Tür und bot uns ein Stück Kuchen, ein paar Mandeln oder sonst eine Süßigkeit an, die sie aus dem Supermarkt mitgebracht hatte, oder sie fragte, ob wir etwas mitessen wollten, sie koche gerade. Ihren Lebensunterhalt verdiente sie mit Gelegenheitsarbeiten. Verkäuferin, Kellnerin, was gerade so anfiel. Clara wusste das, da sie manchmal in der Küche mit ihr ein Schwätzchen hielt. Lea hatte eine Angewohnheit, wegen der mir manchmal die Hormone durchgingen. Immer wenn sie geduscht hatte, ging sie zum Anziehen in ihr Zimmer, das sich neben dem Bad befand, und zeigte dabei ganz ungeniert die herrlichen Gaben, mit denen die Natur sie ausgestattet hatte. Muss ich wirklich erwähnen, dass mich, sobald ich das Rauschen des Wassers vernahm, eine überwältigende Schwäche erfasste, was bei Männern nicht selten ist, wie ich mir habe sagen lassen, die meinen Verstand trübte, meinen Willen lähmte, mich mit einem Wort so weit infantilisierte, dass ich jeden Rest von Charakter verlor? Sobald die typischen Duschgeräusche an mein Ohr drangen, spannte ich mich an; wenn die Luft rein war (und nur wenn sie rein war), steckte ich den Kopf durch die Tür und versuchte, aus den Geräuschen im Bad zu schließen, in welcher Phase der Körperpflege sich Lea befand. Nachdem ich es zweimal so eingerichtet hatte, dass ich ihr nach dem Duschen zufällig über den Weg lief, schien mir diese Option ausgereizt. Aber ich entdeckte etwas Besseres. Kaum verriet mir das Zuschlagen ihrer Tür, dass Lea in ihrem Zimmer war, schlich ich auf Zehenspitzen heran und spähte durchs Schlüsselloch. Da sah ich dann die ganze Pracht in ihrer sorglosen nackten Jugend, während sie sich das Haar kämmte, die Fußnägel mit einer kleinen Schere schnitt, deren Spitzen gebogen waren, oder sich gefühlvoll und mit sinnlicher Anmut eincremte, zuerst ein Bein, dann das zweite, danach weiter oben; aber warum mich mit den Gedanken an die so nahe, doch unerreichbare Frucht weiter quälen!

Die Küchenuhr schlägt gleich zwölf, und ich muss dieses Kapitel zu Ende bringen; nicht, weil es meiner Erinnerung an Erlebnissen in der Kreuzberger Wohnung fehlt, sondern weil Frau Schriftstellerin und Lehrerin, die in diesem Schuljahr schon viele Überstunden angesammelt und, da heute in Niedersachsen die Weihnachtsferien beginnen, beschlossen hat, früher nach Hause zu kommen, ohne dass ich ihr heute Morgen die genaue Uhrzeit entlocken konnte. Aus einer Vielzahl von Gründen wäre es mir lieber, wenn sie nie von der Existenz meines Reiseberichts erführe, weder in seiner aktuellen unvollendeten Version noch später in der gedruckten. Deswegen habe ich gestern auch die Sekretärin des Dicken gebeten, in meinen Verlagsvertrag eine Klausel einzufügen, die ausschließt, dass mein Buch in deutschsprachigen Ländern vertrieben wird. Die Angelegenheit beunruhigt mich so, dass ich schon mit dem Gedanken gespielt habe, mir ein Pseudonym zuzulegen, damit Clara, sollte sie zufällig einmal in Google herumstöbern, nicht doch noch dahinterkommt. Ein Argument des Dicken hat mich jedoch davon Abstand nehmen lassen. Seiner Meinung nach dürfte es ziemlich schwer sein, uns im Internet aufgrund unserer Familiennamen zu identifizieren, da sie unter unseren Landsleuten viel zu alltäglich sind. Ich gebe ihm zwar nicht gerne recht, aber in diesem Fall muss ich zugeben, dass es stimmt. Wir sind in unserem Land, was in Deutschland ein Müller, ein Meier oder ein Schmidt ist. Wenn ich meinen Namen in der Google-Zeile eingebe, erscheint jedes Mal eine endlose Liste von Namensvettern.

Der Dicke bezweifelt und beruft sich dabei auf seine Erfahrung (sicher reine Angeberei), dass ein Werk wie das meine bei deutschen Verlegern auf Interesse stößt. Er berichtet mir von seinem letzten Besuch auf der Frankfurter Buchmesse. Er kennt diese Leute. Mit anderthalb Augen, sagt er, schielen sie immerzu auf die englischsprachige Literatur und haben ein halbes Auge auf die Masse der Autoren sonstiger sprachlicher Provenienz. Bis auf wenige Ausnahmen kommen, selbst wenn ihnen die Bücher gefallen, keine Abschlüsse mit ihnen zustande. Na, das freut mich aber, habe ich ihm geantwortet, denn dann dürfte es ja keine Schwierigkeit bereiten, meinem Wunsch bezüglich der Vertragsklausel nachzukommen. Denn wenn ich mir einer Sache sicher bin, dann der, dass ich lieber ein hungriges Krokodil umarme, als mich der vorhersehbaren Reaktion meiner deutschen Verwandtschaft, mit Clara an der Spitze der Meute, oder anderer Bekannter zu stellen, wenn sie erfahren, welch zweifelhafte Rolle sie in meinen schriftlichen Erinnerungen spielen. Vielleicht sollte ich heute schon damit anfangen, mir in den Bergen eine Höhle zu graben, in der ich mich verstecken kann. Das Einzige, was mich daran hindert, ist, dass es hier auf dem platten Land keine Berge gibt.

Noch ein Problem. Ich halte es für schwierig, mich während

der Weihnachtsferien meiner Frau mit der gebührenden Intensität und Ausdauer meiner Reiseerzählung zu widmen, obwohl man ja tut, was man kann. Ich wäre daher auch dankbar, wenn mir niemand mit E-Mail-Anfragen des Typs «Kommst du voran?, Wie lange brauchst du noch?, Wirst du bis Februar fertig?» und so weiter auf die Nerven ginge. Vom 28.12. bis zum 3.1. werden wir in Kopenhagen sein. Eine Laune Claras. Sie verbringt jedes neue Jahr gerne mit der Korrektur von Prüfungs- oder Hausarbeiten in einer anderen Stadt. Letztes Jahr in Budapest, davor in München, wo wir beide zur selben Zeit die Grippe bekamen. Ich könnte mich zum Schreiben nachts auf die Toilette setzen, glaube aber, dass diese Strategie weder der Qualität noch der Quantität zugutekäme. Bis also in siebzehn Tagen die Schule wieder beginnt, werde ich mich ohne Schreiben, ohne Bundesligaspiele und ohne Garten zu Tode langweilen.

Jetzt muss ich wirklich Schluss machen, da in der Luft der Geruch von Schulheften immer stärker wird. Verzichten muss ich in meinem Bericht, da hilft alles nichts, auf einige Erlebnisse, über die zu schreiben ich mir heute Vormittag vorgenommen hatte. Hätte die Zeit gereicht, hätte ich darüber geschrieben, zu welchen unmöglichen Zeiten Lea nachts nach Hause kam, begleitet von wir haben nie herausgefunden wem, da dieser geheimnisvolle Besuch nach einer halben oder Dreiviertelstunde wieder zu verschwinden pflegte, nicht ohne uns mit Flüstern und mehr oder weniger unterdrücktem Lachen, das wir durch die Wand hören konnten, wach gehalten zu haben. Vielleicht hätte es sich auch gelohnt, die beiden grünen Leguane näher zu beschreiben, die Lea in einem großen Terrarium bei sich im Zimmer hielt. Sie sprach übrigens Englisch mit ihnen. «Woher weißt du das?», fragte Clara mich. Um ein Haar hätte ich ihr geantwortet, weil ich das Mädchen mit ihren Reptilien sprechen hörte, wenn ich sie durchs Schlüsselloch beobachtete; doch dann entzog ich mich der dialektischen Falle lieber durch irgendwelche Ausflüchte. Ich hätte auch gern ein paar Zeilen über unseren Balkon geschrieben, den wir trotz des schlechten Wetters häufig betraten, um von dort aus nachzusehen, ob unser Auto noch unversehrt am Bordstein stand. Und ein paar weitere über das Getrappel, das Geschrei und das Schluchzen, das manchmal aus der Wohnung unter uns zu hören war und das, wie wir von Lea erfuhren, daher rührte, dass der Nachbar seine Frau verprügelte. Beim dritten oder vierten Mal war Clara dafür, die Polizei zu rufen. Ich riet ihr, keinen Schritt in diese heroische Richtung zu tun, bevor sie nicht so viele Informationen wie möglich über die physische Konstitution dieses Nachbarn gesammelt hatte. Eines Nachmittags sahen wir ihn, hinter unserer Jalousie verborgen, über den Hinterhof gehen. Er war ein mickriges Männchen, eine halbe Portion. Clara stürzte sofort ans Telefon. «Meiner bescheidenen Meinung nach», sagte ich, «solltest du abwarten, bis er wieder zur Tat schreitet, bevor du die Polizei alarmierst. Was willst du dem Beamten, der den Anruf entgegennimmt, sonst sagen?» «Gut, aber beim ersten Geräusch von Schlägen rufe ich an.» «Und wenn der Typ hinterher mit einem Messer in der Hand an unsere Tür klopft?» Lea, die wir um Rat fragten, hielt diese Gefahr keinesfalls für illusorisch.

33

HALLELUJA, BRUDER. CLARA ist zu Besuch bei ihrem Vater. Gestern hat der arme Mann angerufen und sich über sein Alleinsein beschwert. Er fühlt sich von seinen Töchtern vernachlässigt. Clara trifft der größte Teil des Vorwurfs, da sie sich im Gegensatz zu ihrer Schwester nicht damit herausreden kann, dass sie Mutter ist, weit entfernt wohnt und wegen ihrer Arbeit nicht fortkann. In der Nacht hat sie kein Auge zugetan, weil sie vom schlechten Gewissen und, wie ich annehme, von meinem Schnarchen gequält wurde. Vielleicht isst sie mit ihm zu Mittag, ganz sicher sagen konnte sie es mir nicht. Wie üblich hat sie mir beim Abschied verschiedene Hausarbeiten aufgetragen. Das ist eine alte Taktik von ihr, um mich an der kurzen Leine zu halten, wenn sie fort ist. Die Arbeiten hatte ich auf meine Weise erledigt, noch bevor sie am letzten Haus des Dorfes vorbeigefahren ist. Nach einer Woche erzwungener Tatenlosigkeit und einen Tag vor unserer Fahrt nach Kopenhagen verfüge ich jetzt also über ein paar Stunden Zeit, mich meinen heimlichen Aufzeichnungen zu widmen. Ich wäre schön dumm, das nicht auszunutzen.

Ich kehre kurz zu den Tagen zurück, als ich, von Tommy genesend, zu Hause bleiben musste. Die Frau Schriftstellerin bat ich, als sie in Berlin untergekommen war, so viele Ausstellungen, Kunstgalerien und sonstige Lagerstätten für historisches Gerümpel und berühmte Felsbrocken inner- und außerhalb der Museumsinsel zu besuchen wie eben möglich, damit ich bei unserer Wiederbegegnung von diesen kulturellen Rundgängen befreit wäre, die mich so ermüden und so langweilen. «Denk doch nur», sagte ich ihr bei einem unserer Telefonate, «welche Qual es für mich bedeuten würde, auf den meist sehr harten Museumsböden zu gehen.» «Mäuschen, willst du mich denn nirgendwohin begleiten?» «Aber natürlich werde ich dich begleiten. Doch sollte das Besuchen in Bars, Restaurants und Amüsierbetrieben vorbehalten bleiben. Du weißt schon, Quatsch Comedy Club, Theater und dergleichen, wo die Zuschauer der Vorstellung im Sitzen beiwohnen.» Verständnisvoll, wie sie ist, verstand Clara meine Bitte. Sie rief mich abends zwischen acht und neun an, ohne daran zu denken, dass sie damit mein Fußballspiel im Fernsehen, irgendeinen Film oder sonst eine interessante Sendung unterbrach, und erzählte mir: «Maus, heute war ich in der Alten Nationalgalerie und im Berliner Dom, wo ich mir in der Krypta die Sarkophage der Hohenzollern angesehen habe.» «Sehr gut, Clara. Weiter so.» Am nächsten Tag, mitten in einer faszinierenden Reportage über das Sexualleben der Spinnen: «Endlich, Maus.» «Endlich, was?» «Endlich habe ich die leibhaftige Nofretete gesehen.» «Sie hat nach mir gefragt, nehme ich an.» «Sie wollte wissen, ob du demnächst mal vorbeikommst und ihr das Auge zurückgibst. Ich habe ihr gesagt, dass du an Ausstellungen nicht so interessiert bist.» «Gut gesprochen, Clara. Das Auge der Nofretete habe ich als Kind verschluckt, weil ich es in meiner Linsensuppe für eine Knoblauchzehe gehalten habe. Du machst das sehr gut. Nur weiter so.» Als ich zu ihr stieß, hatte Frau Schriftstellerin die wichtigsten Museen und Gebäude von historischem Interesse in Berlin schon besichtigt; mit zwei bemerkenswerten

Ausnahmen: das Jüdische Museum, dessen schmale Zickzacksäle wir getrennt durchwanderten, weil Clara fürchtete, ich könne mich daneben benehmen an einem Ort, der ihrer Meinung nach für geistige Sammlung und nicht für respektlose Bemerkungen gedacht war, eine Anschuldigung, die mich dazu brachte, am Ausgang einen historischen Ehekrach vom Zaun zu brechen; und die Gemäldegalerie, an deren Besuch wir uns wegen eines Zwischenfalls öfter erinnern, von dem ich heute Morgen berichten will. Also:

Es war ein Montag. Beachte dieses Detail, Bruder, da es dir eine Vorstellung davon gibt, wie gründlich wir unsere Besichtigungsabenteuer vorzubereiten pflegten. Ich wiederhole, es war Montag. Wir hatten wie die Könige im Drehrestaurant des Fernsehturms gefrühstückt. Frau Schriftstellerin behauptet in ihrem Buch, dass die Berliner ihn «Telespargel» nennen. Ein Berliner Kritiker hat das in einer Buchbesprechung kategorisch zurückgewiesen, und seitdem wartet sie darauf, dass es eine zweite Auflage gibt, damit sie die Stelle streichen kann. Mit seinen ich weiß nicht wie vielen Metern ist der Fernsehturm das höchste Bauwerk Berlins, und man muss nicht bis nach oben fahren, um das festzustellen; an diesem Morgen aber wohl, da die Restaurantkugel oben vollständig von dichtem Nebel verhüllt wurde. Kein Reiseführer vergisst den großartigen Ausblick zu loben, der sich in dieser eindrucksvollen Höhe vor einem auftut. Es heißt, man kann ganz Berlin überblicken bis weit in die brandenburgische Ebene hinein. Was wir während der einen Stunde sahen, die wir dort oben verbrachten, war nicht viel anders als das, was jeder Fluggast aus seinem Fensterchen sieht, wenn das Flugzeug durch eine Wolke fliegt. Kurz gesagt, wir sahen nichts.

Am Alexanderplatz stiegen wir aus. Es war immer noch Montag. Clara war so enttäuscht, dass sie auch das gute Frühstück nicht zu trösten vermochte, das wir oben genossen hatten. Als wir über den Alex – einen Platz von makelloser Hässlichkeit – spazierten, versuchte ich, ihre Stimmung zu heben, und versicherte ihr, mit zwei Spiegeleiern, zwei Streifen gebratenen Specks, zwei halben Brötchen mit Marmelade und zwei Tassen Milchkaffee im Bauch sei ich bereit, diesem Tag das Beste abzugewinnen. Die Pinakothek war an der Reihe. «Und ich sage dir noch etwas», sagte ich. «Du wirst es nicht glauben, aber ich nehme diesen Besuch sehr ernst.» In der Karl-Liebknecht-Straße winkten wir ein Taxi heran. «Fahren Sie uns bitte zur Gemäldegalerie.» Mir war, als hätte der Taxifahrer (Aufkleber von Galatasaray am Armaturenbrett) uns einen kurzen zögernden Blick zugeworfen, er sagte aber nichts. Er verrichtete seine Arbeit tadellos, mischte sich nicht in unser Schweigen ein und ließ uns den ganzen Weg ein Radioprogramm in der am zweithäufigsten gesprochenen Sprache der Stadt mithören. Zum Dank für seine Diskretion und Tüchtigkeit gab ich ihm ein Trinkgeld. «Maus, wie viel hast du ihm gegeben?» «Einen Euro fünfzig.» «So viel?» «Ich habe mir gedacht, dass er mit Frau und zwei oder drei Töchtern hohe Ausgaben für Kopftücher hat.» Wir begaben uns zum Eingang der Gemäldegalerie, die, weil Montag, geschlossen war. «Der Taxifahrer hat das gewusst und nichts gesagt. Und du, Maus, gibst ihm noch Trinkgeld.»

Am nächsten Tag kamen wir wieder, aber es war nicht mehr dasselbe. Ohne Eier und gebratenen Speck fehlte mir die fröhliche Bereitwilligkeit, meine Augen über Tausende von Werken europäischer Malerei aus soundso vielen Jahrhunderten gleiten zu lassen, und das bei einer mittleren Dauer von vierzehn Sekunden pro Bild während der ersten zehn Minuten unseres Besuchs, neun am Ende der ersten Viertelstunde, mit der Tendenz, rapide abzunehmen bis am Ende zu der Zeit, die man braucht, um an jedem Gemälde vorbeizugehen. Der Himmel über Berlin war mit dicken konfliktbeladenen Wolken bedeckt. In der rüttelnden Wärme der U-Bahn versuchte ich, ein Nickerchen zu halten; doch kaum hatte ich die Augen geschlossen, riss mich Frau Schriftstellerin aus meinem gemütlichen Schlummer, nur um an meinem Äußeren herumzumäkeln. Am äußeren Rand meiner Schläfrigkeit hörte ich sie es mit den Sitzbezügen vergleichen. Mehr als die Kombination von drei Farben erträgt sie nicht. Es gibt Leute, die sterben für ihr Vaterland. Sie stirbt für ihre ästhetische Überzeugung. Ihrer Meinung nach passten meine Schuhe nicht zur Hose, meine Hose nicht zum Pullover, und die schwarze Lederjacke, gegen die sie von Anfang an eine unüberwindliche Aversion hatte, passte nicht zu ihr. Ich ziehe sie nur selten an, weil sie den schmutzigen üblen Geruch von Claras Kritik in sich trägt; aber manchmal doch, und zwar aus dem einfachen Grund, dass ich einmal einen Rabatt genutzt und zweihundertvierzig Euro für sie bezahlt habe. Ich schwieg, ich ertrug, denn wenn man nicht schweigt und nicht erträgt, ist man als Ehemann untauglich. In Stadtmitte stiegen wir um, und im nächsten Zug, in dem wir mangels freier Sitzplätze stehen mussten, machte sie sich wieder über meine Lederjacke her. Ich schwieg nicht mehr, ich ertrug nicht mehr, meine Qualitäten als Ehemann schwanden dahin. «Sie missfällt dir», sagte ich, «weil sie meine Männlichkeit betont und weil es dir unangenehm ist, dass jeder sehen kann, dass es dir nach sechzehn Ehejahren immer noch nicht gelungen ist, mich zu domestizieren.» «Maus, unangenehm ist mir, dass, wenn du deine Lederjacke trägst, die Leute dich für meinen Zuhälter halten. Du solltest lieber auf mich hören.» «Sag es doch klar heraus. Was du von mir willst, ist blinder Gehorsam, Unterwerfung und dass ich dir die Füße lecke wie *Goethe.*» «Sprich leiser. Die Leute gucken schon.»

Vom Potsdamer Platz gingen wir zu Fuß zur Pinakothek, stritten unterwegs über alle möglichen Nichtigkeiten, einer Meinung darüber, dass wir in nichts einer Meinung waren. Vor der Treppe, die zum Eingang führt, bemerkte Clara, ich weiß nicht, ob in informativer Absicht, dass ihr der Weg sehr kurz vorgekommen sei, ich war der gegenteiligen Meinung, und da sie auf ihrer Ansicht beharrte, beendete ich das Thema mit der unheilvollen Verkündung, ich betrachte mich als glücklichen Mann, wenn Tommy im Lauf des

Vormittags nicht wieder zum Leben erwache. Sie hatte ganz entschieden einen ihrer kämpferischen Tage. Ihre Tage? Sie fuhr mich an, wenn ich von der Reise genug hätte, könne ich ja nach Hause fahren, für schlechte Laune könne sie allein besser sorgen. Ich applaudierte. Nicht viel, aber ich applaudierte. Was sollte ich nach so einer Aussage sonst tun? Ich glaube, sobald uns die Angestellte, die die Eintrittskarten verkaufte, die Eingangshalle betreten sah, erriet sie an der Art, wie Clara und ich uns näherten, ohne ein Wort miteinander zu sprechen und ohne uns anzusehen, dass wir zu der häufig anzutreffenden Sorte Menschen unterschiedlichen Geschlechts gehörten, die einmal vor Zeugen geschworen hatten, sich zu lieben, bis dass der Tod sie scheide. Mit einem professionellen Lächeln zeigte sie uns, welchen Weg wir zur permanenten Ausstellung nehmen mussten. Clara ging demonstrativ voran, ohne auf mich zu warten. Um sie zu provozieren, sagte ich von hinten: «Die Frau hat über dich gelacht.» «Oder über dich», gab sie zurück, ohne sich umzudrehen.

Der Zugang zu den Sälen der Dauerausstellung lag am Ende eines längeren Korridors. Zwei Wärter in Anzügen kontrollierten die Eintrittskarten. Frau Schriftstellerin, die drei oder vier Meter vor mir ging, stürzte sich sofort auf den Jüngeren, der auch der Kräftigere und Elegantere war. Sie ging ihn so direkt an, dass ich mich fragte, ob sie sich in der Absicht, mich zu demütigen, ihm in die Arme werfen würde. «Wenn sie das tut», sagte ich mir, «werfe ich mich dem anderen in die Arme.» Der Wärter ging seinerseits einen Schritt auf die mutmaßliche Ehebrecherin zu. Er schaute ihr nicht ins Gesicht, sondern auf die Beine oder noch höher, auf einen Bereich langer sexueller Tradition, was meinen Verdacht erhärtete, dass wenige Schritte vor mir etwas total Obszönes zu geschehen im Gange war, etwas von einer rasenden elementaren Laszivität, mit meiner Frau in der Starrolle der völlig haltlosen Frau. Als beruhigend empfand ich, dass Clara keine Anstalten machte, ihre fleischlichen Gelüste dadurch zu erkennen zu geben, dass sie dem

Wärter ein Bein über den Bauch legte. Anderes erotisches Repertoire ist mir bei Clara nicht bekannt. Als ich mich ihnen näherte, stellte ich überrascht fest, dass sie dabei waren, ein semantisches Duell auszufechten. Man durfte die Ausstellung mit Handtaschen, aber nicht mit Rucksäcken betreten. Clara versicherte, sie habe eine Handtasche; der Wärter, nein, einen Rucksack. «Was für eine komische Art zu flirten», dachte ich. Ich bin zwar kein Experte in diesen Dingen, aber mir war gleich klar, dass jeder der beiden auf seine Weise recht hatte. Claras Handtasche – Nachfolgerin der weißen, die mir vor Wochen als der Gipfel des Kitsches erschienen war – verfügte über einen Tragegriff, aber auch über zwei schmale Riemen an der Seite, die sie ohne den Schatten eines Zweifels in einen kleinen Rucksack verwandeln konnten. Clara klemmte sich die Rucktasche demonstrativ unter den Arm und versicherte, sie während ihres Besuchs der Ausstellung so tragen zu wollen, worin sie nicht die geringste Gefahr erkennen könne, damit aus Versehen ein Bild zu streifen. Der Wärter berief sich auf die Vorschriften sämtlicher Berliner Museen, die er nicht gemacht habe, an die er sich aber halten müsse. Die eisernen Tugenden des alten Preußen strafften den Hals des jungen Mannes, der, bewusst oder nicht, in reinster Manier die obrigkeitshörige Mentalität seiner Vorfahren zur Schau stellte. Sein Kollege hielt derweil eine komfortable Distanz zu dem widerstreitenden Disput. Einen winzigen Augenblick lang kreuzten sich unsere Blicke. In den Pupillen des friedfertigen, schon in die Jahre gekommenen Mannes erkannte ich das unverwechselbare Aufblitzen von Männersolidarität, als wolle er mir sagen: «Da sind Sie aber an die Richtige geraten. Meine Frau ist genauso», oder etwas in der Art. Mit ausgestrecktem Arm, der einem heruntergelassenen Schlagbaum glich, bedeutete uns der Preuße, uns ins Untergeschoss zu begeben, wo die Besucher ihre Habseligkeiten in abschließbaren Schrankfächern unterbringen konnten. Clara, rot, angespannt, weigerte sich. Sie gab an, in ihrer Handtasche befänden sich wertvolle Gegenstände, von denen sie sich keinesfalls trennen wolle. «Wer garantiert mir, dass die Schließfächer sicher sind?» «Von Diebstählen im Museum ist uns nichts bekannt.» «Unter anderem befindet sich mein Spray gegen Asthma in der Handtasche. Sie glauben doch wohl nicht, dass ich bei einem Anfall zurücklaufe, um es zu holen!» «Für einen solchen Fall, meine Dame, rate ich Ihnen, das Spray in der Hand zu halten.» «Sie haben mir überhaupt keine Ratschläge zu erteilen. Sind Sie etwa Arzt?»

Per Mienenspielbefehl von Frau Schriftstellerin entschlossen wir uns zu einem strategischen Rückzug. Besagter Befehl – falls das einen mutmaßlichen Leser interessiert – bestand in einem so heftig, so schnell, so gebieterisch vorgestoßenen Kinn, dass eine breite Strähne feinen blonden Haars über das Gesicht der erhitzten Frau schwang. Diese Geste gab mir Gelegenheit, unter den Augen der beiden Wärter und anderer Personen, die sich auf dem Flur näherten, meine Gehorsamsqualitäten vorzuführen. Wie glücklich wäre ich gewesen, Clara in diesem Augenblick einen Tennisball, den sie geworfen hatte, zurückbringen zu können. Stattdessen musste ich mich damit begnügen, ihr in einigen Schritten Abstand die Treppe hinunter zu den Schließfächern und Toiletten zu folgen. Mit geschlossenen Augen wäre ich ans selbe Ziel gekommen wie sie, wenn ich mich nur an dem Murren und Grummeln orientiert hätte, mit dem sie mir voranging. An der Wand standen Stühle, und wir setzten uns so, dass wir vor fremden Augen und Ohren geschützt waren. Clara war entschlossen, das Museum zu verlassen. Ich erinnerte sie an das Geld, das wir für die Eintrittskarten bezahlt hatten. Sie brachte mit zusammengebissenen Zähnen noch einmal jedes Argument vor, das sie schon vor dem Preußen ins Feld geführt hatte, mit dem einzigen Unterschied, dass sie mir, weil wir vertrauter miteinander waren, in allen Details den Inhalt ihrer Rucktasche enthüllte. «Meine Ausweise, der Wohnungsschlüssel, das Mobiltelefon, die Kreditkarte, Bargeld, das Spray ... Wer, der nicht völlig hirnlos ist, kann sich Kunstwerke ansehen in dem Wissen, dass er solch wertgeschätztes Eigentum in einem einfachen Blechkasten zurückgelassen hat? Sag mir, Maus, wie lange, glaubst du, braucht ein Einbrecherlehrling, um so ein Schloss aufzubrechen? Still. Ich sage es dir. Fünf Sekunden, vielleicht sogar weniger.» Dann suchte sie nach ihrer Fingernagelschere. Ihr zitterten die Hände, so aufgeregt war sie. «Ich schneide die Riemchen ab, dann soll noch jemand behaupten, meine Handtasche sei ein Rucksack.» Gleich darauf änderte sie ihre Meinung. Jetzt war sie entschlossen, um jeden Preis ins Museum zu kommen, auch wenn sie das Interesse an den Gemälden gänzlich verloren hatte. Anstatt die Riemchen abzuschneiden, stopfte sie sie, so tief es ging, in die Handtasche, sprang auf die Füße und rief: «Geh'n wir!»

«Zweite Angriffswelle», dachte ich. Und tatsächlich wies der Preuße die Eintrittskarte, die Clara ihm schon entgegenstreckte, bevor sie ihn erreicht hatte, auch dieses Mal zurück. Dann brachte er mit den gleichen oder ähnlichen Worten wie zuvor die Vorschriften zur Sprache, die Besuchern mit Rucksäcken den Zugang zur Ausstellung untersagten. Clara zeigte ihm die zum größten Teil in die Handtasche gestopften Riemen. Den Schwall von Erklärungen ließ der Preuße ungerührt über sich ergehen und entgegnete dann, er sehe immer noch einen Rucksack. Clara bezichtigte ihn, sich aus unerklärlicher Absicht zu weigern, etwas Offensichtliches anzuerkennen. Worauf der Preuße immer noch ganz selbstbewusst antwortete, um seine Arbeit zu machen, müsse er sich an die Museumsrichtlinien halten. Ein Utensil dieses Aussehens, fügte er hinzu, ob Handtasche oder nicht, könne man sich auf den Rücken schnallen, also sei es ein Rucksack. «Mein Gott! Ich habe Ihnen doch gesagt, dass ich sie unter dem Arm tragen werde.» «Ich glaube Ihnen, meine Dame, aber es steht nicht in meiner Befugnis, die ganze Zeit hinter Ihnen herzulaufen und mich dessen zu vergewissern.» Clara, sichtlich außer sich, versuchte, einen der Riemen mit Gewalt abzureißen. Sie versuchte es bei dem anderen und scheiterte ebenfalls. Der Preuße hatte sich einer Gruppe neu angekommener Besucher zugewandt und schenkte ihr keine Beachtung mehr. Überzeugt sicherlich, sich so lächerlich wie nie gemacht zu haben, trat Clara den Rückzug an, ohne ein Wort an mich zu verlieren oder auf mich zu warten. Wir kamen nicht weit. Nach wenigen Schritten blieb sie abrupt stehen, als sie eine Frau mit einer viel größeren Handtasche als ihre herankommen sah. «Mal sehen», flüsterte sie mir zu, «ob er die hereinlässt.» Die Frau und der Mann in ihrer Begleitung zeigten ihre Eintrittskarten vor, und der Preuße, nachdem er sie mit höflichem Ernst begrüßt hatte, trat zur Seite, um sie vorbeizulassen. «Dritte Angriffswelle», dachte ich und stieß einen resignierten Seufzer aus. Diesmal war Claras Protest von einer akustischen Größenordnung, dass die Dame mit der Handtasche, ihr Begleiter und zwei oder drei Besucher in der Nähe nicht anders konnten, als stehen zu bleiben und ungläubig auf die Szene zu starren. Unfähig, ihren Ärger zurückzuhalten, und den Tränen nahe, zeigte Clara mit empörtem Finger auf die Handtasche der Frau, die etwa fünf Meter entfernt stand und mit erschrockenem Gesicht auf sich gedeutet sah, ohne sich den Grund erklären zu können. In diesem Moment, Bruder, war mir meine Frau so peinlich und mein Widerwille gegen den Preußen, hinter dessen Sturheit ich schlichte Arroganz vermutete, so groß, dass ich Folgendes tat. Ich sprang sozuschreiben über meinen Schatten, als ich einen Fuß hinter die Absperrung setzte, diesen spätberufenen Preußen ins Visier nahm und mit von einem mimischen Gewitter verzerrten Gesicht, wie man es in diesen Breiten nicht oft zu sehen bekommt, sagte: «Seien Sie doch nicht so streng!» Glaub mir, Bruder, ich war drauf und dran, ihm eine Reihe von Flüchen in unserer Sprache an den Kopf zu werfen, aber ich habe mich zurückgehalten. Stattdessen umfasste ich liebevoll die Schultern meiner Frau, meiner Clara, meiner Lieblingsnervensäge, und zog sie langsam mit mir ins Innere des Museums. «Aber auf Ihre eigene Verantwortung», hörte ich den Preußen sagen, als wir ihm schon den Rücken gekehrt hatten. Er hatte uns nicht einmal die Eintrittskarten abgerissen, wie es Vorschrift ist. Ich hatte nicht übel Lust, zurückzugehen und ihm ins Gesicht zu sagen, dass er, nachdem er uns mit seiner nervigen Vorschriftenhuberei geärgert, jetzt eine seiner grundlegendsten Aufgaben vernachlässigt hatte. «Seien Sie sicher, Freundchen, dass ich Friedrich Wilhelm I. von Ihrer Nachlässigkeit unterrichten werde. Mit dem bin ich nämlich heute Nachmittag zu einer Currywurst mit Pommes in der Leipziger Straße verabredet.» «Nein, bitte, tun Sie mir das nicht an.» Am Ausgang flehte er mich noch einmal an. Na ja; Phantasien, die man hat.

34

Gestern sind wir mit vor Kälte geröteten Gesichtern aus Kopenhagen zurückgekommen. Heute fängt die Schule wieder an, und kaum hat Frau Schriftstellerin-Lehrerin (beladen mit einem Stapel Hefte, die sie im Hotelzimmer korrigiert hat) die Haustür hinter sich zugemacht, habe ich mich an den Küchentisch gesetzt, um mein Gehirn nach Erinnerungen an Berlin auszuwringen. Der Dicke fragt mich in einer unserer regelmäßigen Korrespondenzen, ob es nicht angezeigt wäre, ein paar Zeilen über die Mauer zu schreiben. Ich vermute, dass er eine Vorliebe für Analogien des Typs Fisch-Wasser, Arschloch-Scheiße, Berlin-Mauer hat. Allerdings ist er taktvoll genug, hinzuzufügen, dass es nicht in seiner Absicht liege, mir bezüglich meines Buches Vorschriften zu machen. Dennoch ist er der Meinung, dass ein paar Informationen in dieser Sache mögliche Leser interessieren könnten. Ein Absatz vielleicht? Ich antworte ihm, dass die Mauer vierzehn Jahre vor unserem Besuch in der Stadt abgerissen worden ist, obwohl immer noch gerne behauptet wird, dass sie in den Köpfen vieler Deutscher weiterbesteht. Nachdem er sich für die Geschichtslektion bedankt hat, schreibt er, dass er weiß, wann die Mauer gefallen ist. Zum Beweis erwähnt er danach ein paar Daten, die zwar nicht ganz exakt sind, aber was soll's. Ich teile ihm mit, dass Clara und ich in der Niederkirchner Straße (Vorsicht mit dem Gebiss, Bruder, wenn du das auszusprechen versuchst) einen gut hundert Meter langen in Trümmern liegenden Rest der Mauer gesehen haben. Wenn er es für den Verkaufserfolg des Buches für unerlässlich hielt, würde ich mich dazu hergeben, die schmutzig graue, löchrige Zementkonstruktion zu beschreiben, wenngleich ich meine Zweifel habe, dass das beschriebene Objekt zu großen (oder kleinen) stilistischen Ausschmückungen Anlass gibt. Sie sähe aus wie ein Skelett, schreibe ich ihm, da die Leute mit Meißeln und Hämmern ganze Stücke herausgebrochen und an Touristen verkauft hätten. Wir selbst hatten einen an einen Magneten befestigten Brocken an unserer Kühlschranktür haften. Ob er echt war, hat uns nie wirklich interessiert. Der Dicke schreibt zurück, ich solle machen, was ich für richtig hielte. Genau das hat er von Anfang an schon geschrieben.

Ich habe zahlreiche Spaziergänge durch Berlin gemacht, auf denen es zu Vorkommnissen kam, die schon erinnerungswürdig sind. Meistens schlenderte ich allein durch die Straßen und erledigte die Aufgaben, die Frau Schriftstellerin mir zugeteilt hatte. Und während ich hier unterwegs war, war sie es dort oder blieb in der Wohnung und schrieb. «Mäuschen, geh doch mal ins Nikolaiviertel und fotografiere da Straßen, Schilder, Schaufenster und den Fluss. Den Fluss aber nur in Verbindung mit Hausfassaden und anderen Bauten. Verstehst du? Das Wasser allein nützt mir nichts.» «Mäuschen, mach doch mal einen Spaziergang Unter den Linden.» «Schon wieder?» «Sieh dich ein wenig um, welche Leute da herumlaufen, mach unauffällig ein paar Fotos im Café Einstein. Und wenn du zurück bist, erzählst du mir, was es an Kuriositäten gegeben hat und ob du etwas gesehen hast, was für mich interessant sein könnte.» «Liebstes Mäuschen, könntest du mit der U-Bahn ...» Beinahe täglich machte ich mich auf den Weg, um Frau Schriftstellerin mit Fotos, Geschichten und Begebenheiten für ihr Buch zu versorgen. Und ich muss hinzufügen, dass ich meine Aufträge gerne ausführte, zum Teil, weil sie nicht anstrengend waren, da sie es mir erlaubten, mich nach Lust und Laune in der Stadt zu bewegen; zum Teil auch, weil die Gefälligkeiten, die ich ihr tat, Clara so zufriedenstellten und dankbar machten, dass sie oft genug, kaum waren wir nachts zu Bett gegangen, ihr Bein auf meinen Bauch legte, in dem sich all die Leckereien und Getränke befanden, die ich im Laufe meiner Erkundungen zu mir genommen hatte. Und weder dir, Bruder, noch den Kunden deines Verlages will ich verhehlen, dass ich mich in den zwei Wochen, die ich mit Clara in Berlin verbrachte, für den schrecklichen Monat, den Tommy mir bereitet hatte, zu entschädigen gedachte und mit ununterbrochenem Fleiß daranging, mir jeden nur denkbaren Genuss und alle möglichen kleinen Glücksmomente zu gönnen.

Als Beispiel will ich heute Morgen eines meiner Erlebnisse in der Stadt beschreiben. An einem Tag besuchten Frau Schriftstellerin und ich die Kuppel des Reichstagsgebäudes, ließen den Plenarsaal aber aus, weil wir im Dachgartenrestaurant essen wollten. Bevor wir unsere Reise antraten, hatte Clara von einer Kollegin erfahren, die schnellste Art, in den Reichstag zu gelangen, sei, in besagtem Restaurant einen Tisch zu reservieren, und das taten wir. Nachdem unsere Namen in einer Besucherliste eingetragen waren, konnten wir mit diesem Trick durch eine Nebentür ins Gebäude gelangen, ohne uns in die riesige Schlange vor dem Haupteingang einreihen zu müssen. Wir aßen hervorragend und hatten von unserem Tisch aus einen großartigen Blick über die Stadt. Nach dem Essen schlenderten wir noch etwa zwanzig Minuten mit anderen Touristen auf der Dachterrasse und in der gläsernen Kuppel umher. Dort teilte Clara mir mit, dass sie noch ich weiß nicht mehr wo hingehen wollte, um sich vor Ort Notizen zu machen (und zu shoppen, nehme ich an), und bat mich, bitte, Mäuschen, mit dem

Fotoapparat den Dorotheenstädtischen Friedhof in der Chausseestraße zu besuchen, auf dem sie am Vortag gewesen war, und meinen Spaziergang dann bis zur Neuen Synagoge, zu den Hackeschen Höfen und bis da und dort noch auszudehnen. «Falls du am Ende deines Buches Danksagungen anfügst», sagte ich, «vertraue ich darauf, dass du mich nicht vergisst.» «Keine Sorge, mein liebes Mäuschen, dein Name wird an erster Stelle stehen.» Sie hielt ihr Versprechen und ehrte mich mit einer kurzen Widmung in Großbuchstaben am Anfang des Buches. Sie ist mir in ihrer Schlichtheit lieber als jene andere in *Unter dem Blauregen*, deren schwülstige Sentimentalität mir immer noch die Röte ins Gesicht treibt.

Nachmittags stieg ich am Oranienburger Tor aus, da mir dies nach meinem Stadtplan die dem Friedhof nächstgelegene U-Bahn-Station zu sein schien. Damals pflegte ich die Technik, nur das Nötigste zu gehen. Ich besaß eine sogenannte 7-Tage-Karte, mit der ich für etwas über zwanzig Euro eine Woche lang mit allen öffentlichen Verkehrsmitteln in der ganzen Stadt herumfahren konnte, sodass ich oft, um meine Kräfte zu sparen, mit der Straßenbahn, dem Bus oder der U-Bahn bis zur nächsten Straßenecke fuhr. Wenn es keine andere Wahl als zu Fuß gehen gab, suchte ich mir vorher die kürzesten Wege aus und machte unterwegs in Cafés und Bars so viele Pausen, wie mir nötig erschienen, da ich fest entschlossen war, mir das Leben vom morgendlichen Aufstehen bis zum abendlichen Zubettgehen so angenehm wie möglich zu gestalten. Wer mich kennt, weiß, dass ich das schon immer so mache. Insgesamt führte die Erinnerung an die schmerzlichen Zeiten, die Tommy mir bereitet hatte, dazu, dass ich dieses Leben so weit perfektionierte, bis ich gar nicht so selten optimale Ergebnisse erzielte.

Ich verließ die U-Bahn in der Nähe einer Kreuzung, an der die Friedrichstraße endet (oder beginnt, je nach Sichtweise), deren Asphalt vom letzten Regen immer noch glänzte. Es wehte nicht mehr dieser unangenehme Wind wie an den vorigen Tagen. Aber die Temperatur war spürbar gefallen. Die in dicke Wintermäntel gehüllten Fußgänger auf den Gehwegen hatten dichte Atemwolken vor den Gesichtern. Ende des Wetterberichts. Ich stand am U-Bahn-Ausgang zwischen zwei Fahrspuren und hatte nicht die geringste Schwierigkeit, mich zu orientieren. Trotzdem hielt ich es für eine gute Idee, mich von innen aufzuwärmen, bevor ich mich an die wenig aufregende Arbeit machte, die Gräber berühmter Toter zu fotografieren. Und da sich niemand in meiner Umgebung aufhielt, der die Autorität gehabt hätte, mich von meinem Vorhaben abzubringen, und da ich außerdem nach einer geflüsterten Zwiesprache mit mir selbst eindeutig dazu neigte, meiner eigenen Entscheidung nachzukommen, steuerte ich unverzüglich eine nahegelegene Pizzeria an, in der ich mich zuerst mit einem Espresso und einem Gläschen Amaretto in Stimmung brachte, dann mit noch einem Gläschen und schließlich mit einem dritten, und dabei die Zeitung durchblätterte. Dass ich mich länger als nötig im Lokal aufhielt, lag an den Annehmlichkeiten dort, zu denen auch meine Freude an den Sportseiten der Zeitungen in letzter Zeit gehörte. Werder Bremen sammelte Punkte ohne Ende. Der Verein war schon zum zweiten Tabellenplatz aufgestiegen und würde den VfB Stuttgart sicher bald eingeholt haben. Kurzum, die Ruhepause vor der Ermüdung tat mir gut. Der Espresso und die drei Amarettos mit ihrer feinen Harmonie von süß und bitter beförderten mich in einen Zustand, den ich – umstandslos gesagt – als wärmende Euphorie bezeichnen möchte. Ohne diesen Zustand bezweifle ich, dass mein Besuch auf dem Dorotheenstädtischen Friedhof auch nur halb so großartig gewesen wäre, wie er war. Lass dir gesagt sein, Bruder, und ich will dir wirklich nur Kummer und Albträume ersparen, wenn du bis jetzt noch nicht gegen Neidgefühle immun bist, solltest du dieses Kapitel lieber überspringen.

Clara hatte mich darauf hingewiesen, dass der Friedhof eigentlich aus zwei Friedhöfen bestand, nur getrennt durch eine Mauer, die hinter Grabsteinen, Mausoleen und Efeu kaum zu erkennen war: der Französische, auf dem ich nichts verloren hatte, und der Dorotheenstädtische, auf dem ich auch nichts verloren hatte, den ich aber aus Gründen, die ich nicht noch einmal erklären muss, aufsuchen sollte. Am Vortag hatte sich Frau Schriftstellerin – wie bei ihr üblich – hier nämlich verlaufen. Und da es so aussah, als würde in diesen kalten und feuchten Herbsttagen der Besucherstrom auf den Berliner Friedhöfen ziemlich versiegen, gab es niemanden zwischen all den mit Namen versehenen Steinen, der ihr hätte weiterhelfen können. Dazu noch regnete es in Strömen. Die weiße Luther-Statue, die ihr als Orientierung hätte dienen sollen, stand nicht da, wo sie hätte stehen sollen. Und dann stimmte die Anordnung der Gräber, Hecken und Wege überhaupt nicht mit der Skizze im Reiseführer überein. Ich kann mir vorstellen, dass meine Frau das beunruhigte Verhalten einer Person an den Tag legte, die beispielsweise mit einem Stadtplan von London in Lissabon oder Straßburg zurechtzukommen versucht. Was noch? Der unbarmherzige Wind (dieses Adjektiv habe ich schon lange nicht mehr gebraucht) zauste in den Haaren der über den Totenacker irrenden Vagabundin, half ihr aber nicht, einen klaren Gedanken zu fassen. Trotzdem war es, als würde sie von den heftigen Böen in die richtige Richtung geschubst und geschoben, bis sie auf der Straße stand, wo sie den glücklichen Einfall hatte, einen Passanten zu fragen. Und mit Fußgängerhilfe fand sie dann die ersehnten Gräber auf dem richtigen Friedhof, worüber sich ihre Freude, wie sie mir gestand, als wir über die Dachterrasse des Reichstags spazierten, jedoch in Grenzen hielt, da der Himmel mittlerweile die Unfreundlichkeit besessen hatte, sich so weit zu verdunkeln, dass gute Fotos unmöglich geworden waren; was indes ein kaum erwähnenswertes Problem darstellt, wenn man einen ergebenen Ehemann zur Hand hat, der mit dieser Aufgabe betraut werden kann. Das ist leicht zu verstehen, nicht wahr, liebe Leser?

Ich muss Clara allerdings zugutehalten, dass sie mir im Gegensatz zu anderen Malen diesmal präzise und nachvollziehbare

Anweisungen gab. Der Auftrag bestand darin, acht von ihr gegoogelte Gräber zu fotografieren, die ihr für ihr Buch nützlich sein konnten und von denen die Hälfte samt den dazugehörigen Namen in der Skizze im Reiseführer eingezeichnet war. Die anderen vier fügte Clara mit Kugelschreiber ein. Entsprechende Informationen hatte sie einem Schild am Eingang des Friedhofs entnehmen können. Darunter fanden sich aber weder der Architekt Schinkel, der Komponist Eisler, noch andere dort begrabene Berühmtheiten, was ich ihr auch sagte. Wenn ich jetzt darüber nachdenke, war auch Bundespräsident Johannes Rau nicht darunter; aber in diesem Fall kann man Frau Schriftstellerin keine Nachlässigkeit oder Interesselosigkeit vorwerfen, da Rau, der zwar auf dem Dorotheenstädtischen Friedhof begraben ist, zu der Zeit noch nicht gestorben war. «Meine angebetete liebe Nervensäge, ich bitte dich und flehe dich an, nur die von mir ausgesuchten Gräber von Schriftstellern und Philosophen zu fotografieren. Und ich wiederhole es gern zum vierten oder fünften Mal. Mich interessieren keine Grabsteine von Architekten, Schauspielerinnen, Richtern, Hausfrauen und so weiter. Bitte bestätige mir, dass dein Gehirn die Botschaft aufgenommen hat.» «Welche Botschaft?» «Welches Gehirn?» «Wenn ich dir gute Fotos bringen, schenkst du mir dann zum Geburtstag einen Feigenbaum?»

Ich betrat den Friedhof und begrüßte die Toten. «Hallo, wie geht's? Ich bin der Ehemann von der, die gestern hier herumgelaufen ist.» Ein bisschen sprach ich mit Flüsterstimme, weil ich keine Gefühle verletzen wollte, ein bisschen aus Schüchternheit und den Rest, weil ich den Mund möglichst geschlossen halten wollte, da ich fürchtete, wenn ich ihn zu weit öffne, könne mir der angenehme Amarettogeschmack verlorengehen. Dem Weg vom Eingang folgend, traf ich direkt auf die Martin-Luther-Statue. Ich weiß noch, dass ich ihn wegen seiner Frisur auf den ersten Blick für einen der Beatles hielt. Auf den zweiten natürlich nicht mehr. Wir sprachen nicht viel, ich mehr als er. Luther zeigte mir eine Seite des

Buches aus Stein, das er in Händen hielt. Ich sagte, nein danke, ich hätte selbst eine Skizze. Ich merkte, dass er mich streng ansah. War etwa, seit sich mein Freund aus Togo an der Gänseliesel vergangen hatte, auch mein Ruf unter den Statuen ruiniert? Um Luther nicht unnötig zu erzürnen, trat ich näher und las, was auf der Buchseite stand. Bibelreklame. Ich will keinen beleidigen, aber der Reformator kam mir übergewichtig vor. So, wie er da oben stumm auf seinem Sockel stand und ich unten mit ebenfalls geschlossenem Mund, damit mir der Amarettogeschmack nicht flöten ging, kam ich mir langsam ein wenig lächerlich vor. Ich weiß nicht, Bruder, was du an meiner Stelle getan hättest. Ihr hättet euch, da ihr beide dick seid, wahrscheinlich prima verstanden. Was also tun? Auf keinen Fall mit Blitzlicht fotografieren. Stell dir vor, Luther hält mich daraufhin für den Teufel und wirft mir, da er kein Tintenfass zur Hand hat, das steinerne Buch an den Kopf. Da unser Gespräch nicht richtig in Gang kommen wollte, wurde ich vertraulich und sagte: «Okay, Martin, ich kaufe mir eine Bibel, obwohl wir schon einige im Haus haben. Aber du hast recht, ein gewisser Vorrat kann nicht schaden. Ich gehe jetzt mal Bertolt begrüßen. Da geht's lang, nicht?» Ich machte kehrt und ging davon. Hätte ich das alles vorher gewusst, wäre ich einfach vorbeigegangen. Ehrlich.

Ich ging ein kurzes Stück zurück und bog auf den Weg ein, der zu Bertolt Brechts Grab führt. Etwa zwanzig Meter vor mir sah ich zwei Personen, Mann und Frau mittleren Alters, beide mit Fahrrädern und in den Leuchtfarben von Radfahrern gekleidet. Sonst war keine Menschenseele auf dem Friedhof zu sehen. Die Frau fotografierte neben dem dicken Stamm eines Ahornbaums, der seine herbstliche Arbeit tat und so gut wie alle seine Blätter schon abgeworfen hatte, und ich sagte mir: «Da muss es sein.» Ich irrte mich nicht. Man konnte sehen, dass Brechts Grab eine Menge Totentourismus anzieht. Rote Rosen, noch frisch, zeugten vom Kommen und Gehen der Besucher. Als ich ankam, verließ das Radfahrerpärchen das Grab, als hätte es ungeduldig auf Ablösung gewartet. Sie fragten mich nicht einmal nach der Parole. Mit einem Mal trug ich die ganze Verantwortung, am Grab des angesehenen Toten und seiner Frau zu wachen. Das Grab sah aus wie ein kleines Stück Garten, umfriedet mit einer Ziegelsteinmauer und der Boden ein grüner Pflanzenteppich. Ich konnte nicht erkennen, um was für Pflanzen es sich handelte, da sie ganz und gar von herabgefallenem Laub bedeckt waren. Am Kopfende des Grabes lagen zwei große Granitsteine. Auf einem war als einziger Schmuck Bertolts vollständiger Name eingraviert und später ausgemalt worden; auf dem anderen, etwas niedriger und rundlicher, der der Schauspielerin Helene Weigel-Brecht, von der ich gelesen hatte, dass sie vor ihrem Tod den Wunsch geäußert hatte, zu Füßen ihres schon lange begrabenen Gatten beerdigt zu werden. Eine noble Geste der Verehrung eines Mannes, dem, wie jeder wusste, und sie wohl an erster Stelle, das Schreiben besser lag als die eheliche Treue. Ich sprach einmal mit Clara darüber, und sie antwortete mir, wobei sie mir einen Klaps auf die Schulter gab, ich brauche mir keine Illusionen zu machen.

In der friedlichen Stille des herbstlichen Friedhofs mit seinen kahlen Bäumen und einsamen Wegen, die Stadtgeräusche auf ein dumpfes Hintergrundsummen abgeschwächt, kam mir wieder ein Bild in den Sinn, an das ich seit unserem turbulenten Besuch in der Gemäldegalerie öfter denken musste. Ich meine ein bestimmtes Gemälde von Hans Baldung, genannt Grien, dessen Titel, falls es überhaupt einen hatte, mir entfallen war. Dennoch erinnere ich mich genau an einige Einzelheiten des Bildes, konkret an eine, die mich – gewissermaßen aus persönlichen Gründen – tief beeindruckte, als ich ihrer ansichtig wurde. Das Bild zeigte den verwundeten Leib Christi. Maria und andere biblische Gestalten hatten ihn gerade vom Kreuz abgenommen. Abgesehen von einem Zipfel des Gewandes von Josef von Arimathäa war seine Blöße unbedeckt. Unter den vielen blutenden Wunden auf seinem bleichen Körper gab es eine unter seinem linken Fuß, die ein genaues

Abbild von Tommy war, im Ernst, vom Aussehen, von der Größe, von der Stelle sogar, an die der Maler sie, der Heiligen Schrift getreu, platziert hatte. Clara, die neben mir ging, hatte keinen Blick für die Bilder. Sie führte ganz selbstvergessen, aber doch vernehmlich, immer noch ihren Disput mit dem Preußen am Eingang. Sie hörte mich nicht, als ich mich zum rechten unteren Rand des Bildes vorbeugte und voller Besorgnis fragte: «Tommy, was machst du da am Fuß des Messias? Du bringst dich nur in Schwierigkeiten, Junge. Ich rate dir, sofort zu verschwinden.» Und er antwortete mir, diskret flüsternd: «Nur mit der Ruhe; dem Besitzer dieses Fußes tut niemand mehr weh. Es steht aber geschrieben, dass er von den Toten auferstehen wird, so wie er früher Leute von den Toten hat auferstehen lassen. Und ich werde meinen Job verlieren, so viel steht fest.» «Hör mal, Tommy, du hast mich ja nun wirklich gut kennengelernt; weißt du zufällig, ob ich auch die Gabe besitze, Menschen wieder zum Leben zu erwecken?» «Probieren kannst du's ja.» Clara unterbrach unser Zwiegespräch. «Sag ehrlich, Maus, sehe ich aus, als könnte ich eine Handtasche nicht von einem Rucksack unterscheiden?»

Seitdem gehe ich mit wachsamen Augen durch Berlin, für den Fall, dass mir ein Toter über den Weg läuft. Die zahllosen Radfahrer weckten große Hoffnungen in mir, gefolgt von den Fußgängern, die über die Straßen rannten, um ihren Bus oder die Bahn zu erwischen. An einem der letzten Nachmittage im November, ich hatte mich gerade vor dem Eingang des KaDeWe von Clara verabschiedet, gelangte ich einen Moment lang zu der Überzeugung, dass genau dies der Zeitpunkt war, das Experiment – möglichst unauffällig natürlich – durchzuführen; doch dann wurde der Hund, der neben den schwärenden Beinen seines bettelnden Herrn auf dem Bürgersteig lag, plötzlich wach, ohne dass ich Zeit gehabt hätte, auch nur ein einziges Wort zu sprechen. Hatte ich ihn nur dadurch zum Leben erweckt, obwohl er gar nicht tot gewesen war, dass ich ihn auf eine besondere Art, der ich mir nicht bewusst gewesen war, angeschaut hatte? Ich habe es nie herausbekommen. Auf dem Dorotheenstädtischen Friedhof hingegen erkannte ich vom ersten Augenblick an, dass die Situation eine völlig andere war. Dort gab es ausreichend Gelegenheit bei fünfzehn oder zwanzig Kandidaten, wenn nicht mehr. Natürlich wollte ich bei keinem falsche Hoffnungen wecken, und darum erklärte ich den Verstorbenen (nachdem ich auf die Stufen eines Mausoleums gestiegen war, damit sie mich besser hören konnten), es tue mir wirklich leid, aber ich könne nicht den ganzen Friedhof leeren; wie sie sehen oder hören oder dem Geräusch meiner Schritte entnehmen könnten, sei ich ohne Helfer gekommen; da ich in Sachen Wunder gänzlich unerfahren sei, würde ich mich an die Liste halten, die meine Frau angefertigt hatte; den einen oder anderen könne ich unterwegs vielleicht noch mit aufnehmen, aber nicht viele, denn neben den angeführten Beschränkungen hätte ich auch nur wenig Zeit, mein Vorhaben in die Tat umzusetzen, da im Winter der Friedhof schon um vier Uhr nachmittags geschlossen würde.

Nachdem ich Bertolts Grab fotografiert hatte, trat ich an den Grabstein mit seinem Namen heran, und nachdem ich mich vergewissert hatte, dass keine Lebenden in der Nähe waren, richtete ich ungefähr folgende Worte an ihn: «Hör zu, Bertolt, ich kann dir nichts versprechen, da ich neu in dem Geschäft bin. Aber ich habe vor, dich, wenn möglich, wieder ins Leben zurückzuholen. Danach kannst du machen, was du willst.» Dann fiel mir ein, dass es wegen des Sargs Schwierigkeiten geben könnte. Bertolt starb 1956 in der Charité. Das Herz. Als er den Tod nahen fühlte, gab er Anweisung, ihn in einem Zinksarg zu begraben, da er um nichts auf der Welt ein Festmahl für die Würmer werden wollte. Ich weiß nicht, wie der Dicke darüber denkt, der als Junge ein Poster von Marx an seine Zimmerwand gepinnt hatte; aber mir erscheinen solche Mätzchen – vor allem bei einem Mann mit ideologischen Überzeugungen wie Bertolt Brecht –, wie soll ich es ausdrücken, konterrevolutionär ?, elitär ?, kleinbürgerlich? Auf jeden Fall ist es

– und das nicht, weil ich es jetzt schreibe – eine Missachtung der Natur. Die armen Würmer ... «Das war nicht klug, Bertolt. Jetzt hast du nämlich ein Problem. Ein großes Problem. Würdest du mir erklären, wie du aus der Kiste herauskommen willst? Du könntest die Schlösser mit der Stalin-Medaille aufkratzen, die man dir verliehen hat, falls du sie bei dir hast. Glaub bloß nicht, dass ich anfange, mit den Händen in der Erde herumzuwühlen. Das fehlte noch!» Ich stand schon im Begriff, ihn ins Leben zurückzuholen, als mir der Gedanke kam, seine Frau könne unser Gespräch mitgehört haben und ihm die Hölle heißmachen, falls er herauskäme. Um da unten keine Missstimmung aufkommen zu lassen und da es mir auch leid getan hätte, sie allein unter der Erde zurückzulassen, erweckte ich in einem Anfall von Mitleid und Sentimentalität beide zum Leben. Man könnte platzen vor Glück, wenn man so eine gute Tat vollbracht hat.

Der Zweite auf der Liste war Heinrich Mann, der nur wenige Schritte von Bertolt entfernt begraben lag. Tatsächlich war der alte Heini 1950 als Exilant unter der warmen Sonne des Kapitalismus in Kalifornien gestorben und 1961 in einer Urne in die DDR gebracht worden. Im real existierenden Sozialismus war er zum Präsidenten der Deutschen Akademie der Künste gewählt worden, was für Heini die Erfüllung seiner Träume gewesen wäre, da er dann nicht mehr von den Almosen seines Bruders hätte leben müssen, die stets an seinem Selbstwertgefühl kratzten; aber er kam zu spät und war schon Asche. Ich habe eine Fotografie gesehen mit der Urne auf einer Art Bahre, die von Offizieren der Volksarmee in Helm und Uniform getragen wurde; dahinter sein zukünftiger Grabnachbar, der Schriftsteller Arnold Zweig, dessen Name auch auf Claras Liste stand. Heinis zweites Begräbnis fand mit Musik – Bumm-täterä! – und Ehrenbezeugungen statt. So lässt sich's sterben. Ich war nicht dabei; aber solche Sachen weiß man. Auf eine Stele hatte man seinen großen Kopf aus Bronze gesetzt, dem die Schultern fehlten, sodass er nicht als Büste durchgehen konnte.

Eigentlich ist es nur eine grünliche, melancholische Melone mit großer Nase und leeren Augen. Vor der efeubewachsenen Mauer sah er ein bisschen wie ein Kopf in einer Kirmesbude aus, auf den man gegen ein paar Münzen Stoffbälle werfen kann. Ich sagte zu ihm: «Heini, ich will versuchen, dich von den Toten auferstehen zu lassen, aber welche Gestalt du annimmst und wie du dich fortbewegst, musst du selbst entscheiden. Ich schlage vor, du nimmst den Bronzekopf mit. Der wird zwar einiges wiegen, aber dafür wirst du nicht gleich davongeweht. Außerdem verleiht er dir einen gewissen Charakter. Vielleicht hast du Glück, und er ist hohl.» Um seine Stimmung zu heben, versicherte ich ihm, dass der Schatten seines wohlhabenden und berühmten Bruders ihn nicht mehr auf Schritt und Tritt verfolgen würde. Wie, was aus ihm geworden ist? «Nun ja», antwortete ich ihm und schoss ein paar Fotos vom Grab, «Thomas ist in Zürich gestorben und dort in einem kleinen Dorf am See begraben worden. Aber keine Sorge, ich habe nicht die Absicht, dort hinzufahren und meine neu entdeckten Fähigkeiten einzusetzen.» Ich könnte wetten, dass der alte Heini meine Worte mit großer Erleichterung aufgenommen hat. Und dann habe ich ihn von den Toten auferstehen lassen.

Im Nachbargrab ruhte in Begleitung seiner Ehefrau der Dichter Johannes R. Becher (1891–1958), der dritte Name auf Claras Liste. Ein unsichtbarer Glanz, ein unhörbares Echo, ein Geruch, den man nicht riechen konnte, vermittelten dem Besucher einen Eindruck von unterirdischem Kommunismus, zugedeckt mit einer dicken Decke immergrüner Pflanzen. Die Gräber liegen in einem Eck. Im Frühling, kann ich mir vorstellen, sind sie ein erfreulicher Anblick; im Dezember jedoch sieht das Ganze traurig und düster aus. Aus dem dichten Grün ragt eine vertikale Stele hervor, auf der ein Epitaph eingraviert ist, das ich als bombastisch empfand. Ich habe von Becher nur wenig gelesen. Besagtes Epitaph sowie ein paar Gedichte in irgendeiner Anthologie, die ich während meines Deutschunterrichts mal durchgeblättert habe. Becher war das, Bruder, was wir bei uns einen Parteidichter nennen. Er war Kultusminister, hat den Text der Nationalhymne der DDR verfasst und für das Jahr 2000 wortmächtig den Sieg des Sozialismus in der ganzen Welt vorausgesagt. Irgendwie fiel es mir schwer, ihn zu duzen. «Herr Becher, Herr Becher, hören Sie mich? Ich möchte Sie nicht entmutigen, aber ich habe das Gefühl, dass Ihre Prophezeiung noch ein bisschen überarbeitet werden muss, wenn sie in Erfüllung gehen soll. Aber bitte, nicht ärgerlich werden. Was sagen Sie? Nein, ich arbeite nicht für die Propaganda von irgendwem. Mein Atem riecht nach Amaretto? Klar, aber das heißt noch lange nicht, dass ich betrunken bin. Stehen Sie von den Toten auf und sehen Sie mit eigenen Augen, was aus der DDR, der Sowjetunion und all den Idealen geworden ist, zu denen Sie und Ihre Gattin sich bekannt haben. Ich kann doch nichts dafür, welchen Lauf die Geschichte nimmt!» Ich hatte keine Lust mehr, mich weiter mit ihm zu unterhalten. Soll er doch auferstehen, wenn er will. Und wenn nicht, auch gut. Ich komme, um ihm einen Gefallen zu tun, und er regt sich auf. Nein, nein; ich machte ein Foto vom Grabstein mit seinem hochtrabenden Gedicht und ging meiner Wege.

Ganz in der Nähe fand ich auf einem parallel verlaufenden Weg die zwei nächsten Gräber der Liste, die nur durch eines der wenigen Gräber mit einem Kreuz voneinander getrennt waren. Hier war der ganze Boden mit Efeu bedeckt. Rechts erhob sich der mittelhohe Monolith, der mit seinem ganzen Gewicht auf Hegel lastet. Er war so blank poliert, dass er nicht alt aussah und es wahrscheinlich auch nicht war. Auf der Vorderseite konnte man die Daten lesen, zwischen denen das Leben des Philosophen verlaufen war. Sie waren in römischen Lettern geschrieben, als sollte es besonders alt aussehen, und im unteren Bereich entdeckte ich eine kürzlich vorgenommene Ausbesserung. Die Zerstörung Berlins im Zweiten Weltkrieg hat bekanntlich auch den Dorotheenstädtischen Friedhof nicht verschont, sodass mehr als einem berühmten Toten das Grabmal restauriert werden musste. Ich weiß nicht, ob

Hegels Grab dieses Schicksal ebenfalls beschieden war; jedenfalls hätte der Grabstein glänzender nicht sein können, wenn er am Tag vor meinem Besuch frisch poliert worden wäre. Soviel ich weiß, sind er, sein Kollege Fichte und andere im 19. Jahrhundert, als die umliegenden Straßen verbreitert wurden, dahin umgebettet worden, wo sie jetzt liegen, falls sie da liegen. «Georg Wilhelm Friedrich, dir werfe ich hier den Fehdehandschuh hin», sagte ich, spöttisch seinen schwäbischen Akzent imitierend. «Wegen dir und deiner verdammten Philosophie des Geistes, die ich natürlich immer noch nicht verstehe, habe ich das Philosophie-Examen im Vorbereitungskurs der Universität nicht bestanden. Mein einziger Trost ist, dass nur acht Prozent aller Prüflinge bestanden haben. Bei der Wiederholung stellte man mir ein nicht ganz so verworrenes Thema von einem gewissen Nietzsche, den du nicht mehr gekannt hast, und ich bestand. Seitdem sind einige Jahre vergangen. Genug, um keinen Groll mehr auf dich zu hegeln. Ich werde mich für immer als entschädigt betrachten, wenn die Wiederauferstehung, die ich dir besorge, dich in Schwierigkeiten bringt, dein philosophisches System an die Wirklichkeit anzupassen.» Während ich sein Grab fotografierte, bat ich ihn, den Friedhof nicht zu verlassen, ohne mir bestätigt zu haben, dass er im November 1813 an der Cholera gestorben sei, wie einige behaupten, oder ob es eine andere Todesursache gab, wie manche vermuten. Hiermit war unsere Unterhaltung für mich beendet, und ich gab ihm seinen Geist zurück; das heißt, ich erweckte ihn von den Toten.

Links vom Kreuz ruht angeblich das absolute Ich Johann Gottlieb Fichtes unter einem grau angelaufenen Obelisken, der einen angeblich größeren ersetzt, der im Krieg zerstört worden sein soll. «Als du die Bomben gehört hast, musst du geglaubt haben, es wäre Napoleons Artillerie», sagte ich zu ihm. «Opa Fichte, hast du etwa das Alter deines Gerippes vergessen? Zu deiner Information, in etwas über einem Jahrzehnt liegst du seit zweihundert Jahren unter der Erde. Wundert dich das? Tja, die Zeit vergeht wie im

Fluge, aber das braucht dich nicht zu stören. Wie gesagt, fast zweihundert Jahre ist es her, dass deine Frau Gemahlin die tödliche Krankheit ins Haus gebracht hat, und adieu. Das Jahrhundert war noch nicht zu Ende, da gab es schon die von dir so ersehnte deutsche Nation. Von Anfang an unterlag sie der Wirkung einer expansiven Trägheit, die zu neuen Kriegen geführt hat. Das ist ein Weg, den manche Länder schon früher gegangen sind und den andere heute gehen, der aber früher oder später in die totale Vernichtung führt. Die deutsche Nation hat diese beispiellose Vernichtung kennengelernt. Ihre Grenzen wurden beschnitten, ihr Gebiet wurde besetzt, ihre Ruinen in zwei unversöhnliche Länder aufgeteilt. Aber du kannst beruhigt sein, Fichte. Nachdem das nationalistische Fieber, das ja auch dich ergriffen hatte, überwunden war, lebt Deutschland heute friedlich vereint und zum ersten Mal in seiner Geschichte in Frieden mit seinen Nachbarn. Du weinst?» Es ist kein schönes Gefühl, einen Toten unter der Erde weinen zu hören. Damit er sich schnell wieder beruhigte, teilte ich ihm meinen Entschluss mit, ihn von den Toten auferstehen zu lassen. Unter einer Bedingung, gab ich ihm zu verstehen. «Kommst du aus dem Friedhof heraus, gehst du nach rechts bis zur Kreuzung, wo die Oranienburger Straße beginnt. Tu mir den Gefallen und unterbrich mich nicht. Die Straßen haben Schilder mit ihren Namen darauf. Also, auf der Oranienburger Straße gehst du auf dem linken Bürgersteig immer geradeaus. Da kommst du bald an eine Synagoge. Ja, du hast richtig gehört: eine Sy-na-go-ge. Du erkennst sie an der prächtig verzierten goldenen Kuppel. Der Eingang ist durch einen Gitterzaun geschützt. Zwei Polizisten halten davor Wache. Sie lassen dich da nicht rein. Du gehst ein paar Schritte weiter zum Centrum Judaicum. Wenn sie dir Eintritt abverlangen, erklärst du ihnen, dass du gerade auferstanden bist. Ich glaube nicht, dass sie dein Bekenntnis in Frage stellen. Allerdings wirst du durch eine Sicherheitsschleuse gehen müssen, so wie an Flughäfen. Ja, Flughäfen. Hör mal, Fichte, wenn du mich dauernd unterbrichst, werde ich hier niemals fertig, bis die den Friedhof zumachen. Du kannst ganz unbesorgt sein, du hast ja keine Waffen oder sonstigen metallischen Gegenstände bei dir. Wenn du drinnen bist, sprichst du das erstbeste Mitglied der jüdischen Gemeinde von Berlin an. Hallo, ich bin dings, herausragender Vertreter des deutschen Idealismus, erster gewählter Rektor der Berliner Universität und so weiter. Deine Mitgliedschaft bei den Freimaurern? Ja, auch. Du bestimmst, wie weit du dich erklären willst. Wichtig ist nur, dass du, nachdem du dich identifiziert hast, für deine antisemitischen Schriften um Verzeihung bittest. Was meinst du? Nein, ich bin zufällig kein Jude. Ob ich für dich da hingehen kann? Auf keinen Fall. Du bist es, der sein Gesicht zeigen muss, Opa Fichte.» Er schwieg, vielleicht aus Scham; aber da er sich nicht weigerte, meine Bedingungen anzunehmen, erweckte ich ihn zum Leben. Als ich den Obelisken fotografierte, sah ich, dass neben Fichte seine Ehefrau begraben lag. Mir kam der Gedanke, zu zweit könnte es ihnen leichter fallen, das Centrum Judaicum zu finden. Ich zögerte keine Sekunde, sie ebenfalls zu erwecken.

Danach ging ich in Richtung eines modernen Gebäudes, das an den Friedhof anschloss. Ich kam an eine Tür mit horizontalen Eisenstäben, hinter deren Fenster ich in einem langen Flur Jungen und Mädchen, die wie Studenten aussahen, rauchen sah, und fand das Grab von Herbert Marcuse, dem nächsten Toten auf meiner Liste. Ich begrüßte ihn und sagte: «Herbert, du bist phänomenal. Nicht einmal im Tod kannst du von der studentischen Jugend lassen.» Auf einem schlichten Grabstein aus Zement stand in roter Handschrift der Name, darunter in derselben Farbe das Geburts- und das Sterbejahr, und auf einer schrägen Fläche darüber die Aufforderung: weitermachen ! Auf der oberen Kante lagen – jüdischem Brauch entsprechend – ein paar Kieselsteine von anderen Besuchern. Ich schaute mich um. Ich sah nur Erde, Pflanzen, Laub. Da ich mir nicht anders zu helfen wusste, nahm ich einen Stein von einem benachbarten Grab und legte ihn auf Herberts. Und da ich der Meinung war, mein verwerfliches Tun wiedergutmachen zu müssen, erweckte ich den Unbekannten kurzerhand zum Leben. Danach – ich gebe es zu – war ich so eingebildet, Herbert ausgedachte Grüße von Hegel zu übermitteln. «Ich war gerade bei ihm, und er hat mir gesagt, dass ihm deine Schrift über ihn sehr gut gefallen hat. Was? Nein, nein, selbstverständlich hat er die unter der Erde nicht lesen können. Aber ich», befleißigte ich mich eines ernsten Tons, um mein Süßholzraspeln glaubhaft klingen zu lassen, «habe die wichtigsten Punkte für ihn zusammengefasst. Wenn du's nicht glaubst, frag Fichte, der liegt nur knapp drei Meter daneben.» Wir unterhielten uns noch ein Weilchen über verschiedene Dinge, die mir heute Morgen ins Gedächtnis zu rufen sich nicht lohnt. Lieber verwende ich ein paar Absätze darauf, Bruder, dir und den Leuten, die die Bücher deines Verlages kaufen, die ungewöhnliche Geschichte von Herbert Marcuses Asche zu erzählen. Das war nämlich so. Herbert lebte schon seit vielen Jahren in den Vereinigten Staaten. 1979 begab er sich – zwar alt, aber immer noch geistig auf der Höhe – auf eine Vortragsreise nach Deutschland und verstarb dort. Seine Witwe erinnerte sich an die zahllosen Juden, die Jahre zuvor in Deutschland verbrannt worden waren, und verfügte daher, dass ihr Mann anderswo, ich weiß nicht mehr, ob in Österreich oder der Schweiz, eingeäschert werden sollte. Die Urne mit der Asche des Philosophen steckte sie in einen Pappkarton und schickte ihn mit gewöhnlicher Post in die Vereinigten Staaten zu einem Bestattungsunternehmen in Connectitut, wo das Paket liegen blieb und in Vergessenheit geriet, bis im Jahr zweitausend und noch etwas ein Philosophieprofessor Herberts Enkel fragte, was eigentlich aus dessen Großvater geworden war. Die Großmutter lebte da schon nicht mehr. Da er keine Antwort darauf wusste, gab der Enkel die Frage an den Vater weiter, der nach langem Suchen, heißt es, die sterblichen Überreste Marcuses in Form einer grießigen Substanz wiederfand. Was tun damit? Eine Enkelin schlug vor, besagte körnige Substanz den

Nilpferden eines Zoos in San Diego vorzuwerfen. Dem Großvater hätte die Idee sicher gefallen. Klar, wer würde nicht gerne in einem weichen warmen Sarg zur letzten Ruhe gebettet? Ich selbst würde den Bauch eines Delfins vorziehen; aber ich kann verstehen, wenn Herberts Familie einen anderen Geschmack hatte. Am Ende entschied man sich für die Geburtsstadt des Großvaters, und letzten Sommer – so konnte man in der Zeitung lesen – brachte der Enkel die Urne in seinem Handgepäck nach Berlin. Dort wurde er, wie es sich für einen guten Marxisten gehört, in einem schwarzen Cadillac, dessen letzte Dienstfahrt dies war, zum Dorotheenstädtischen Friedhof gefahren. «Also, jetzt liegst du erst sei fünf Monaten hier, und da komme ich und will dich schon wieder woanders hinschaffen. Aber keiner zwingt dich aufzuerstehen.» Ich sagte ihm, er solle es sich überlegen. Ich erlaubte mir sogar, die Empfehlung auszusprechen, dass, wenn er sich für die Auferstehung entschied, er es sich in Heinrich Manns Bronzekopf gemütlich machen könne, es sei denn, es bestünden zwischen ihnen Unstimmigkeiten, die ein Zusammensein auf so engem Raum weniger ratsam erscheinen ließen. Zu zweit trüge sich das Teil viel leichter, das zwar einiges an Gewicht mit sich brächte, sie aber auch vor Wind und Regen schützen würde. Ich machte Schluss, da ich plötzlich bemerkte, dass einige der jungen Leute hinter der Tür neugierig grinsend zu mir herüberschauten, weil sie vielleicht dachten, ich würde Selbstgespräche führen. Hastig machte ich noch zwei oder drei Fotos vom Grabstein, dann verzog ich mich.

Mir wurde die Zeit knapp. Der Geschmack des Amaretto war fast ganz aus meinem Mund verflogen. Das, mein Bruder, war ein großer Jammer, denn der Verlust des euphorisierenden Likörearomas verminderte meine Fähigkeit, die Toten ihres leblosen Daseins zu entheben. Zum Glück dauerte es nicht lange, bis ich das Grab des Nächsten auf der Liste, des Schriftstellers Arnold Zweig (1887–1968), gefunden hatte, dessen Namen auf einem unförmigen Stein beträchtlichen Ausmaßes geschrieben stand, der von einem Gitterzaun umgeben war. Ich erweckte ihn – und will das gar nicht verheimlichen – recht unsanft zum Leben. Ich hoffe, er hat das nicht persönlich genommen. «Los geht's, Arnold, erhebe dich von den Toten. Wir sprechen später.» Und mit ähnlichen Worten wandte ich mich auch an die im selben Grab Ruhende, von der ich später erfuhr, dass sie seine Cousine war, die er geheiratet hatte. In der ganzen Hast hätte ich beinahe vergessen, das Grab zu fotografieren. Danach suchte ich eiligen Schritts das der Schriftstellerin Anna Seghers, die genau wie Arnold jüdischen Glaubens, kommunistischer Gesinnung und im Exil gewesen war, sich dem DDR-Regime an den Hals geworfen hatte wie wer, Bruder?, genau, wie Arnold Zweig. Preise, Posten, Ehrungen, du weißt, was ich meine. Anna wurde 1983 neben ihrem Ehemann beerdigt, jeder mit seinem eigenen Grabstein, wie zwei Kissen auf einem Ehebett; ihres allerdings, als ich es sah, mit drei Kieselsteinen darauf, seines mit nur einem. Da ich ein Gegner von Begünstigung jeder Art bin, beendete ich die Ungleichheit auf meine Weise. Nachdem ich dem fotografischen Auftrag von Frau Schriftstellerin entsprochen hatte, erweckte ich die beiden mit beinahe der letzten Geschmacksspur von Amaretto im Mund zum Leben; zu einem Gespräch mit ihnen kam es nicht. Ich begnügte mich mit ein paar Grußworten und empfahl ihnen, falls sie Näheres über mein Tun erfahren wollten, sich mit anderen Auferstandenen in Verbindung zu setzen, die sich ganz in der Nähe herumtreiben müssten. Dann lief ich zum Ausgang. Ich hatte noch nicht einmal das weiße Luther-Denkmal erreicht, als aus dem Schatten einiger Sträucher vier oder fünf Katzen hervorstoben und erschrocken in alle Richtungen davonrannten. Vergebens lief ich hinter ihnen her und rief: «He, wartet auf mich! So wartet doch! Keiner kann euch erkennen!» Bertolt Brechts Frau hätte ich beinahe erreicht. Dann verlor ich sie leider aus den Augen. Ich nehme an, dass sie die Nacht abgewartet haben und jetzt durch Berlins Straßen streunen.

35

Tschüs, Berlin. Wie geplant haben wir am Tag, bevor Ruth Elitz zurückkam, die Stadt verlassen. Morgens haben wir unser Gepäck ins Auto gebracht, die Wohnung gründlich geputzt und dann einen Abschiedsspaziergang durch die Bergmannstraße gemacht, wo wir ein Frühstück einnahmen, das sehr nostalgisch schmeckte, durch den Viktoriapark und an anderen Stellen vorbei, die uns mittlerweile angenehm vertraut waren. Trotz des schlechten Wetters war unser Aufenthalt in Berlin für mich der interessanteste und weitaus angenehmste Teil dieser literarischen Reise, der ich mich – ich leugne es nicht – nur lustlos und um des Ehefriedens willen angeschlossen hatte. Jetzt sehe ich mich als das unfreiwillige Subjekt eines doppelten Paradoxons. Ich bin viel gereist, obwohl ich lieber zu Hause geblieben wäre. Und ohne ein Schriftsteller zu sein, ja, dies nicht einmal zu beanspruchen, habe ich ein Buch geschrieben, das sogar – und dies verstehe ich noch weniger – veröffentlicht werden soll.

Auch beim Schreiben verlasse ich Berlin nur ungern. Clara hat da mehr Glück als ich; im vergangenen Jahr hat sie mit ihren

Schülern eine Exkursion dahin unternommen und für Mai schon die nächste geplant. Ich hingegen habe seit unserer gemeinsamen Reise keine Gelegenheit mehr gehabt, die Stadt zu besuchen. Ich weiß auch immer noch nicht, warum wir nicht auf die Idee gekommen sind, Neujahr in Berlin anstatt in Kopenhagen zu verbringen; wir beide am Brandenburger Tor mit einer Flasche Sekt, mit Tröten und Raketen inmitten der Menschenmenge bei der Silvesterfeier, die dort jedes Jahr seit 1989 stattfindet, als die Mauer eingerissen wurde und Berlin nicht mehr zweigeteilt war.

Also tschüs, Berlin. Ich lasse meinen Blick über unsere umfangreiche Fotosammlung gleiten. Es sind Hunderte von nicht immer gelungenen Fotos, viele von mittelmäßiger Qualität, obwohl einige dabei sind, die einen Rahmen und eine Wand verdient haben. Auf alle Fälle halten sie unsere Erinnerung an Erlebnisse, Geschichten und alle möglichen Begebenheiten wach, die zufällig auf ihnen festgehalten sind. Vor mir liegt ein ziemlich unscharfes Foto von der Weidendammer Brücke über die Spree, die von dort betrachtet aussieht wie ein stehendes Gewässer. Diese Eigenart hat mich zwei Euro gekostet, die ich bei einer Wette mit Clara verloren habe. Wir standen am Brückengeländer, schauten auf das schwarze Wasser hinunter, und sie äußerte die Meinung, es flösse nach rechts. Um ihr zu widersprechen, und da ich von unserer Position aus den Eindruck hatte, das Wasser stände unbeweglich, sagte ich, meiner Meinung nach fließe die Spree gar nicht. «Komm schon, Maus.» «Also gut, nach links.» Wir schlossen unsere Wette ab und warfen dann ein Papierschnipsel ins Wasser, das langsam, zögernd, davontrieb und uns die Fließrichtung verriet.

Eine Fotografie vom Bertolt-Brecht-Platz, wo ich mich mit Clara für eine Theateraufführung im Berliner Ensemble verabredet hatte, bringt mir einen Vorfall in Erinnerung, der mir auf fast identische Weise ein Jahr zuvor vor dem Parkhaus eines Supermarktes in Wilhelmshaven passiert war. Beim ersten Mal brauchte ich zwei, drei Minuten, bis ich realisierte, dass es sich um eine zwielichtige Angelegenheit handelte; beim zweiten Mal, in Berlin, war mir, durch Erfahrung gewitzt, von vornherein klar, dass es sich um einen Trick handelte, wenngleich ich immer noch nicht erklären kann, worin genau dieser besteht, da ich die Sache in beiden Fällen nicht bis zum Ende kommen ließ. Ich ging auf dem Schiffbauerdamm entlang und betrachtete den Fluss. Als ich die Straße überqueren wollte, hielt ein blitzend neues Auto mit breiten Reifen neben mir an. Der Fahrer winkte mich heran. Ich nahm an, dass er mich etwas fragen wollte, und so war es auch. Der Fahrer, vielleicht zwischen dreißig und fünfunddreißig und allein im Auto, war herausgeputzt wie ein Model: Krawatte und Weste, goldene Manschettenknöpfe, teure Armbanduhr, zwei Ringe, schwarz gelocktes, brillantineglänzendes Haar. Eine Parfümwolke ließ mir auf einen Meter Entfernung den Atem stocken. «Der Typ riecht nach Geld», dachte ich. Mit italienischem Akzent und mit makellosem Elfenbein bestücktem Lächeln fragte er, wo es nach Italien ginge. Dieselbe Frage hatte mir auch dieser andere geschniegelte und parfümierte Italiener vor dem Supermarkt in Wilhelmshaven gestellt, ebenfalls aus einem Luxusschlitten heraus und mit der gleichen Rechtfertigung: Er müsse so schnell wie möglich nach, ich erinnere mich nicht mehr, welche italienische Stadt er nannte. Wir befanden uns mitten in Berlin. Es hätte einer langen, detaillierten Erklärung bedurft, um ihn kilometerweit durch die Berliner Innenstadt zur richtigen Autobahnabfahrt zu dirigieren. Ich brachte meine Verwunderung darüber zum Ausdruck, dass ein so teures Auto über kein Navigationssystem verfügte. «Haben Sie einen Stadtplan?» Auch nicht. Ich gab ihm ein paar grobe Hinweise, wie er wenigstens über die nächsten Straßen kam. Dankbar reichte er mir seine Visitenkarte. Gennaro sowieso, Modedesigner. Ohne dass ich ihn danach gefragt habe, erzählt er mir, dass er auf Geschäftsreise und seit vier Tagen in Berlin ist. Manchmal ist seine Grammatik fehlerhaft, aber man versteht ihn ohne Probleme. Er fragt mich, wie *pubblicità* auf Deutsch heißt.

Wenn ich das Wort in seiner Sprache verstehe, warum muss man es dann übersetzen? Er will meine Hemdengröße wissen. Wie der andere auch, will er sich für meine Freundlichkeit dankbar zeigen. Ich kenne das Spiel. Kaum habe ich ihm geantwortet, beugt er sich nach hinten und zieht zwei Schachteln zwischen vielen anderen hervor, die sich auf dem Rücksitz stapeln. Er macht sie auf. Drinnen sehe ich sehr schöne, liebevoll verpackte Hemden. Der Italiener fordert mich auf, die Qualität des Gewebes mit eigenen Händen zu prüfen. Ich weiß, was passiert, wenn sich auf meinem Gesicht ein Hauch von Wohlgefallen zeigt. Und tatsächlich, der Typ drückt mir beide Schachteln in die Hände. Sie gehören mir, er schenkt sie mir. Ich weiß noch, dass der in Wilhelmshaven mich zum Besitzer eines modernen Sakkos machen wollte. Der in Berlin schlägt – ohne mir Zeit zu geben, die Hemden zurückzuweisen – einen vertraulichen Ton an, als er mir gesteht, ein kleines Problem zu haben. Genau wie der andere hat er kein Geld dabei. Ob ich ihm nicht etwas Benzingeld geben kann. Ich trete ein paar Zentimeter zurück, weil ich voraussehe, dass er, wütend über den weiteren Verlauf, den unser Gespräch jetzt nimmt, Gas gibt und mir über die Füße fährt. Mir will nicht in den Kopf, sage ich ihm, dass ein Designer auf Geschäftsreise keine Kreditkarte bei sich hat. Seine Ausrede hört sich genauso an wie die des Italieners in Wilhelmshaven. Nehmen sie an einem Trainingsprogramm zum Umgang mit argwöhnischen Opfern teil? Als er hört, dass er nicht der erste Italiener ist, der mich nach dem Weg nach Italien fragt und darauf besteht, mir Kleidung seiner Firma zu schenken, reißt er mir die beiden Hemdenschachteln aus der Hand. Sein Gesichtsausdruck ist jetzt ein anderer. Er fordert auch die Visitenkarte zurück. Ich gebe sie ihm, und mein schräges Grinsen lässt ihn wissen, dass er sich im Ton vergriffen hat. Nachdem ich mich auf dem Bürgersteig in Sicherheit gebracht habe, setze ich meinen Weg fort. Der Typ hält auf meiner Höhe wieder an. Er will wissen, wo ich diese Geschichte schon einmal erlebt habe. Ich zögere nicht: «In Baden-

Baden.» Mit ärgerlich quietschenden Reifen braust er davon, biegt an der Ständigen Vertretung um die Ecke und ward nicht mehr gesehen.

Jetzt betrachte ich ein Foto, das ich im Eingang eines Wohnblocks am Kottbusser Tor gemacht habe. Es zeigt zwei Reihen kleiner Schilder mit den Namen der Mieter, einige davon einfach über die alten geklebt. Zu jedem Namen gehört ein Klingelknopf. Ich dachte, das Foto könnte für Clara von Interesse sein, die mich zur Suche nach türkischen Szenen, Typen und Schaufenstern ins Istanbul Berlins geschickt hatte. Von den zwölf Namen auf den Schildern sind nur drei deutsch, einer davon doppelt mit polnischem Anteil. Die anderen (Soyaslan, Ünlü, El-Abdallah und weitere dieser Art) sind die für dieses Viertel typischen. Das Foto gab Anlass zu einer Szene, über die ich immer noch lächeln muss. Ich hockte auf meinen Fersen und suchte nach dem idealen Bildausschnitt, der es Frau Schriftstellerin ermöglichen sollte, alle Namensschildchen zu lesen. Plötzlich geht die Tür auf. Auf Höhe meines Knies schiebt sich das Vorderrad eines Fahrrads in den Sucher. Ich bin noch nicht ganz auf den Beinen, da sehe ich über dem Rad einen Lenker, der von einem Mann festgehalten wird, der eine Wollmütze trägt, einen langen schwarzen Bart, der ihm bis auf die Brust reicht, und dessen argwöhnischem Blick nicht einmal eine Metalltür standhalten könnte. «Du Polizei?», stößt er in einem ebenso aggressiven wie schlecht gesprochenen Deutsch hervor. «Ich Künstler», antworte ich lächelnd und drücke mich mit überfreundlicher Zuvorkommenheit an den Türrahmen, um ihn vorbeizulassen. Er schiebt sein rostiges Fahrrad auf den Gehweg. Misstrauisch schaut er sich auf der Straße um, als suche er meine Kumpane, und dann die Fensterfront hinauf, als suche er dort nach seinen. Unterlippe und Schnauzbart beben in grummelndem Selbstgespräch. Um seinen offensichtlichen Argwohn zu zerstreuen, zeige ich ihm auf dem Display meines Fotoapparates ein paar Bilder, die ich vor zwanzig Minuten am Kanal gemacht habe.

Auf einem ist eine Ente im stillen Wasser zu sehen. Schließlich scheint er zu begreifen, was ich vorhabe. «Du fragen», sagt er mit mahnendem Finger und stechenden Augen. «Darf ich?» Mit kurzem Nicken gibt er sein Einverständnis. Während ich die Straße in Richtung U-Bahn hinuntergehe, spüre ich die ganze Zeit seinen brennenden Blick im Rücken. Als ich um die Ecke biege, gewinnt meine Neugier die Oberhand, und ich drehe mich um. Da steht er mit seinem rostigen Rad immer noch vor dem Hauseingang und starrt hinter mir her.

Auf einem anderen Foto erkennt man die Umrisse einer Ratte, die unter einem Papierkorb auf dem Platz vor dem Roten Rathaus im Abfall wühlt. Ich habe damals einige gesehen, die meisten auf den Schienen der U-Bahn, auf denen sie den schmutzigen Boden beschnüffelnd herumliefen, ohne sich um ein- oder ausfahrende Züge zu kümmern. Clara behauptet, in Berlin gebe es doppelt so viele Ratten wie Einwohner. «Woher weißt du das? Hast du sie gezählt?» «Die Zahl ist allgemein bekannt, Maus. Manche behaupten sogar, dass dies knapp geschätzt ist.»

Eine ganze Serie von Fotografien ist im Einkaufszentrum Potsdamer Platz Arkaden entstanden, wo ich mir immer gern die Esskastanien schmecken ließ, die ein Herr am Eingang röstete. Da ich so oft zu ihm kam, pflegten wir bald vertraulichen Umgang und führten kurze Unterhaltungen, in denen er mitteilsam, leutselig und mit gerötetem Gesicht einen speziellen Humor erkennen ließ. Während er mit seiner langen Holzzange die Kastanien auf dem heißen Blech durcheinanderrührte, bat er mich zum Beispiel, dass ich für andere Kunden noch ein paar übrig lassen solle. Und einmal, laut, sodass jeder es hören konnte: «Kastanien sind das beste Mittel gegen Hämorrhoiden. Damit dürften Sie also keine Probleme haben.» Ich beging den Fehler, ihn an Witzigkeit übertreffen zu wollen. Betont harmlos entgegnete ich, das könne schon so sein, ich aber kaufte die Kastanien nur, um sie zu essen. Daraufhin brach er in schallendes Gelächter aus, das die Aufmerksamkeit von mehr Passanten auf uns lenkte, als mir in meiner Verlegenheit lieb war. Und natürlich verging ab da kein Tag mehr, an dem er, wenn ich zu ihm kam, mich nicht mit einem anzüglichen Lächeln begrüßte. Ich schätze, dass ich in kurzer Zeit neun- oder zehnmal sein Kunde war, einmal sogar morgens und abends. Ob er in mir eine krankhafte Kastaniensucht vermutete? Oder einen schweren Fall von Hämorrhoiden? Ich weiß nur, dass ich diese gerösteten Früchte, die meinen Mund mit köstlicher Wärme füllten, zum Fressen gern mochte. Ich kaufte sie sogar, wenn Frau Schriftstellerin mich ganz woanders hingeschickt hatte. Ich kaufte mir eine Tüte voll, mit der ich mir draußen die Hände wärmte, und auf dem Weg zur U-Bahn schälte und verkostete ich sie heiter und mit großer Zufriedenheit. Ich weiß noch, dass mir der gute Mann, vielleicht aus Mitleid, in den letzten Tagen eine oder zwei Kastanien extra in die Tüte gab.

Wenn ich in Berlin unterwegs war, überkam mich oft eine große Müdigkeit, vor allem zur Verdauungszeit am frühen Nachmittag. Eines Tages machten Frau Schriftstellerin und ich eine Stadtrundfahrt mit dem berühmten Autobus der Linie 100. Wir fanden einen Platz im oberen Stockwerk, allerdings nicht auf der Sitzbank in der ersten Reihe vor dem großen Fenster, auf die es alle Fahrgäste – mit Ausnahme vielleicht der Berliner – abgesehen haben. Die Bank hielten Personen besetzt, von denen ich vermute, dass sie entweder tot oder auf den Sitzen festgenagelt waren. Ich habe von der Fahrt nicht viel mitbekommen. Kaum hatte sich der Bus in Bewegung gesetzt, schlummerte ich ein, auch wenn ich zwischendurch immer mal wieder die Augenlider hob, um mich zu vergewissern, dass wir nach wie vor in der gemütlichen rollenden Wiege saßen, und kam erst wieder zu mir, als Clara mir mit einem Rippenstoß zu verstehen gab, dass wir aussteigen mussten. «Wenn du wüsstest, was du alles verpasst hast, Maus.» «Da irrst du dich», antwortete ich. «Wenn es nach mir ginge, würde ich dieselbe Fahrt jeden Tag zur selben Zeit machen. Diese Stadtrundfahrt war für mich das erholsamste Ereignis des ganzen Tages.»

Wenn ich allein durch Berlin spazierte, suchte ich mir beim ersten Anflug von Müdigkeit ein warmes Plätzchen, um dort ein Nickerchen zu halten. Ein Viertelstündchen mit auf die Brust gesenktem Kinn im Trockenen und Warmen sitzen, und ich war wieder wie neu. Mehr brauchte ich nicht; allerdings setzte ich mir auch kein Zeitlimit, da ich recht großzügig mit mir bin. An meine Berliner Siestas habe ich mich beim Anschauen eines Fotos vom Kulturkaufhaus Dussmann, in der Friedrichstraße, erinnert, einem Geschäft mit mehreren Stockwerken voller Bücher, Schallplatten und Filme, wie ich in dieser Art noch nie ein größeres gesehen habe. Auf einem der Treppenabsätze standen damals – heute weiß ich nicht – vier Sessel für Kunden, die dort in einem Buch blättern oder sich den Freuden eines erholsamen Schläfchens hingeben konnten. Von ihrer Bequemlichkeit und einzigartigen Platzierung kann ich persönliches Zeugnis ablegen. Als ich zum zweiten Mal zu Dussmann kam, um Siesta zu halten, waren die Sessel besetzt. Ich musste mich mit einem harten Stuhl in der Abteilung Biographien begnügen, die sich in einem glücklicherweise wenig frequentierten Gang im Erdgeschoss befand. Ich weiß nicht, wie viele Minuten ich schon schlief, als mich der Zeigefinger einer Verkäuferin in die Schulter pikte. «Kann ich Ihnen helfen?» Ich versuchte, an ihrem Gesichtsausdruck abzulesen, ob sie mich beim Schnarchen überrascht hatte. Am liebsten hätte ich ihr geantwortet: «Würden Sie den Leuten hier wohl sagen, dass sie leiser sein sollen?»

Von diesen Berliner Siestas nimmt eine in meiner Erinnerung einen bevorzugten Platz ein. Es ist die letzte, von der ich heute Morgen erzählen will, Bruder, also nicht ungeduldig werden. Soweit ich weiß, gibt es im Verlagsvertrag (den ich dir ordnungsgemäß unterschrieben diese Woche zusenden werde) keine Klausel, die besagt, dass langweilige Passagen, falls es in dieser Erinnerungensammlung überhaupt eine gibt, die es nicht ist, verboten sind. Ende des Einschubs. Ich hatte mich von Clara vor dem Eingang des KaDeWe verabschiedet, dem Kaufhaus, für das sie eine ebenso dauerhafte wie kostspielige Vorliebe entwickelt hatte. Es war zwei oder halb drei Uhr am Nachmittag unseres letzten Tages in der Stadt. Wir kamen aus dem obersten Stock, wo ich einem dicken Stück Torte mit knackigem Biskuitboden, einer Apfel-Zimt-Füllung sowie einer Decke aus Nüssen, Mandeln und anderen Trockenfrüchten zugesprochen hatte, die mit einer süßen Karamellcreme zusammengehalten wurden. Zum Hinunterspülen des Leckerbissens wählte ich, wie Frau Schriftstellerin, ein tropisches Fruchtsaftgetränk, das fünf Euro und etwas kostete. Zur Feier unserer angenehm verbrachten Tage in Berlin hatte Clara vorgeschlagen, uns etwas kulinarischen Luxus zu gönnen, und mir wäre es, ehrlich gesagt, als große Dummheit vorgekommen, ihr in einem Punkt zu widersprechen, in dem wir vollkommen einer Meinung waren. Ganz ruhig, Bruder, ich habe nicht vor, Einzelheiten über die bedeutungsschweren Vorgänge in meinem Gaumen zu referieren. Aber sowohl du als auch die Leser deines Verlages sollten mir in dieser Hinsicht eine kurze Erwähnung zugestehen, damit Nachfolgendes besser zu verstehen ist. Kaum nämlich war Clara meinen Blicken entschwunden (ich hatte keine Lust, sie zu einer Lesung mit anschließendem Gespräch ins Literaturhaus zu begleiten), begann ich, mich nach einem Plätzchen für ein Nickerchen umzusehen, wozu ich von der bekömmlichen Angewohnheit mindestens ebenso getrieben wurde wie von dem Sättigungsgefühl in meinem Magen. Zum Schutz vor dem Regen drückte ich mich an den Schaufenstern entlang. Am Ende der Tauentzienstraße zeichnete sich gegen den grauen Himmel der abgebrochene Turm der Kaiser-Wilhelm-Gedächtniskirche ab, den die Berliner mit dem ihnen eigenen Humor «der hohle Zahn» nennen. In seinem Schatten erhebt sich ein sechseckiger Glockenturm, der wie ein Stützstab aus Zement an der Stelle errichtet wurde, an der sich früher das Mittelschiff der zerstörten Kirche befand. Dieser zweite Turm ist hässlich hoch zwei. Die Rechtfertigung, modern wirken zu müssen, hat ihm der Lauf der Jahre schon seit langem genommen. Ich zweifle stark, dass irgendein Betrachter dieses Turms sich ästhetischen Illusionen hinzugeben vermöchte. Anfangs dachte ich, man hätte ihn zum Ende des Luftangriffs im November 43 schon fertig gebaut aus dem Flugzeug abgeworfen, als Schändung dessen, was die Bomben von der alten Kirche noch übrig gelassen hatten, und er wäre dort gelandet, wo er sich jetzt befindet. Seit ich jedoch weiß, wann er eingeweiht wurde, neige ich zu der Annahme, dass seine Errichtung und sein Aussehen als Vergeltung für den einige Monate zuvor erfolgten Bau der Mauer gedacht war.

Aufgrund seiner geringeren Höhe ist das achteckige Kirchengebäude auf der anderen Seite der Gedächtniskirchenruine keine ganz so große Beleidigung fürs Auge. Aber ich muss gestehen, dass ich mein negatives Urteil vorschnell gefällt habe. Denn bald stellte ich fest, dass ich mich geirrt hatte. Nie hätte ich es für möglich gehalten, dass seine grauen Mauern nur die äußere Hülle eines Raums von erhabener Schönheit waren. Ich erwähne diese Schönheit und habe zugleich das Gefühl, dass ich sie nicht erklären kann, da sie nicht so sehr auf Harmonie, Anmut oder dem Gleichgewicht erkennbarer Formen beruhte als auf etwas weniger Greifbarem und Sichtbarem, das sich der Sprache verweigerte, aus dem einzigartigen Licht im Kirchenraum zu kommen schien und mir (darüber hege ich nun gar keinen Zweifel) ein tiefes Wohlbehagen bereitete. Vielleicht mache ich mich besser verständlich, wenn ich das Gebäude mit einem dieser von außen ganz gewöhnlich aussehenden rundlich ovalen Steine vergleiche, in deren Innern sich eine wunderbare Amethyststruktur verbirgt. Als ich hereinkam, befanden sich vielleicht zwanzig Personen verteilt in der ganzen Kirche. Ich suchte mir hinten am Rand einen Stuhl, um möglichst wenig Blicke auf mich zu ziehen. Vor mir sah ich den Altar mit dem Kreuz und den zwölf brennenden Kerzen, darüber hing der goldene Christus mit ausgebreiteten Armen, hinter mir stand still eine Orgel, und um mich herum die acht Wände mit den zahllosen streng symmetrisch angeordneten quadratischen Fensterscheiben, durch die das Tageslicht ins Innere fiel. Die meisten von ihnen changierten zwischen blau und violett. Umhüllt von dieser sanften Helligkeit, sank ich bald in Schlaf. Wenn ich etwas träumte, erinnere ich mich nicht mehr daran. Zehn Minuten oder eine Viertelstunde verharrte ich so in sorgloser Muße, befreit von allen Gedanken und Gefühlen, den Geist völlig losgelöst in der friedlichen Wärme dieses Ortes, der mich umfing wie ein riesiger Mutterschoß. Nichts und niemand weckte mich, vielmehr wurde mir, als ich, die Augen noch geschlossen, mit träger Seelenruhe mein Gehirn wieder in Betrieb nahm, nach und nach klar, wo ich mich befand und was mich hierhergeführt hatte. Still saß ich mit über dem Bauch verschränkten Armen da und hob schläfrig die Lider, als öffnete ich sie zum ersten Mal in meinem Leben, bis sich zwischen den Wimpern ein Spalt auftat und Licht an meine Augen drang. Dieses Licht war bläulich getönt und so sanft, dass es auf mich wirkte, als würden meine Pupillen zärtlich gestreichelt. Es bereitete mir großes Behagen, diesen Zustand in die Länge zu ziehen. Ich konnte den Lichtblick nach Lust und Laune verkleinern oder vergrößern, derweil ich ohne Zwischenfall vom Schlaf ins Wachsein gelangte. Doch dann passte ich nicht auf, und meine Lider schlossen sich. Vollkommene Dunkelheit umfing mich. Wenn ich sie wieder öffnete, fürchtete ich, könnte sich der Zauber des Lichts verflüchtigt haben. Vorsichtig hob ich sie an. Und wieder erschien das Licht in seinem sanften blassen Aquamarin. Es brach sich im Spalt zwischen meinen Wimpern und wich einem hellen Kreis, in dem sich dunklere Schlieren bewegten. Ich weiß nicht, in welchem meiner Augen sich der helle Kreis befand oder ob er ein optisches Phänomen beider Augen war. Als ich bemerkte, dass die im Kreis eingeschlossenen Schlieren mit kurzen abrupten Sprüngen ihre Position veränderten, versuchte ich, ihre Bewegungen zu lenken; doch selbst wenn es mir gelang, sie in die gewünschte Richtung zu dirigieren, kehrten sie immer an ihren Ausgangspunkt zurück oder glitten in eine unvermutete Richtung davon. Als ich meine Lider noch ein winziges Stückchen weiter öffnete, wurde das Gleißen spürbar heller, und der Kreis veränderte sich zu einem Oval mit verschwimmenden Rändern. Dieses Oval, das spürte ich, würde bei der geringsten Erweiterung des Spalts wie eine Seifenblase platzen; es sei denn, mir gelänge es, das in meine Augen eindringende Licht so geschickt zu dosieren, dass die Schlieren sich auflösten und in der hellen Wirklichkeit verschwanden. Das zu schaffen, wäre für mich die Krönung eines grandiosen Erwachens. Die blaue Besinnlichkeit, die das Kircheninnere verströmte, erreichte auch mein Inneres. Zwischen dem Licht und mir war ein vollkommenes Einverständnis im Zeichen von Hingabe, gegenseitiger Annahme und Freude entstanden. Mir wurde deutlich bewusst, dass ich frei war von allen Schmerzen, Problemen und dringenden Bedürfnissen, auch von diesen maßlosen Gelüsten und Begierden, die der Mensch oft mit Enttäuschung, Überdruss und Erschöpfung bezahlt. Nicht einmal, wenn ich es mir vornähme, würde ich es schaffen, mich von meinem Sitz zu erheben. Ich war aufs angenehmste gelähmt von der Gewissheit des vollkommenen Augenblicks, der ich weiß nicht wie viele Sekunden anhielt, länger jedenfalls als die meisten anderen, die ich bislang erleben durfte. Sei meiner Jugend kann ich mich nicht mehr erinnern, einen so langen Bamm-Moment erlebt zu haben, so intensiv auf seinem Höhepunkt und so lustvoll schmelzend im Ausklang. Ich ging nach draußen. Es regnete in Strömen, doch ich war so von Frieden erfüllt, dass es mir nichts ausmachte, nass zu werden. Auf der Straße und später in der U-Bahn bemerkte ich, dass Fremde mich freundlich musterten. Ich schloss daraus, dass auf meinen Lippen noch immer ein ansteckendes Lächeln zu sehen war. Bester Stimmung machte ich mich auf den Weg zu meinen nachmittäglichen Esskastanien. Ich fand sogar noch Zeit, mir zwei oder drei weitere Annehmlichkeiten zu gönnen, bevor ich in die Wohnung zurückkehrte. In der Nacht liebte ich meine Frau. Kurz gesagt, ich glaube, an diesem Tag bin ich ein glücklicher Mensch gewesen.

Tschüs, Berlin. Vormittags gegen elf machten wir uns auf den Weg zur nächsten Etappe unserer Reise durch Deutschland. Wir verließen die Stadt in der Überzeugung, dort eine angenehme und erlebnisreiche Zeit verbracht zu haben. Wir hatten viel Neues gesehen und interessante Dinge erlebt, keiner von uns war krank geworden, Frau Schriftstellerin hatte hart gearbeitet, genau wie mein Verdauungsapparat, und um die Serie unserer zahlreichen Glücksfälle komplett zu machen, war unser Auto nicht abgefackelt worden. Das einzige kritikwürdige Ereignis ereilte uns in Form einer schmierig nassen Aggression, kurz nachdem wir losgefahren waren. Auf dem Weg zur Autobahn mussten wir auf der langen Straße entlang dem Tempelhofer Flugfeld vor einer roten Ampel warten, als sich uns ein vierzehn- oder fünfzehnjähriger Junge in der offenkundigen Absicht näherte, unsere Windschutzscheibe zu säubern, obwohl es nicht regnete und ich ihm Zeichen machte, dass ich seine Dienste nicht brauchte und nicht wollte. Sich selbst genehmigend, was ich ihm abgeschlagen hatte, kippte er einen Schwall Seifenlauge über das vordere Fenster. Ich stellte sofort den Scheibenwischer auf höchste Stufe, drehte das Seitenfenster ein Stück nach unten und sagte ihm in einem Ton, der kaum Hoffnung auf eine dauerhafte Freundschaft aufkommen lassen konnte, er solle sich von meinem Auto entfernen. Dann ließ ich noch eine Drohung folgen, für den Fall, dass er es nicht kapieren wollte. Clara machte mir das später streng pädagogisch zum Vorwurf. Ich drehte intuitiv die Seitenscheibe hoch und vermied so, dass mich seine Spucke mitten zwischen die Augen traf. Der junge Aggressor versetzte der Autotür einen saftigen Fußtritt und brachte sich mit einem Sprung auf dem Grünstreifen in Sicherheit, von wo aus er und ein ebenfalls mit Eimer und Wischer bewaffneter Kumpan etwa gleichen Alters uns mit beleidigenden Handzeichen bedachten. «Warte einen Moment», sagte ich zu Clara. «Mich überkommt plötzlich große Lust, eine Straftat zu begehen.» «Maus, siehst du nicht, dass die Ampel grün geworden ist? Du hältst doch nur den Verkehr auf.» Um der Wahrheit die Ehre zu geben, hatte ich mir einen befriedigenderen Abgang aus Berlin vorgestellt. Nun übertreib mal nicht! «Berlin, Berlin, warum tust du uns das an?»

Tschüs, Buch. Wir nahmen die A13 nach Dresden, dem Ziel unserer nächsten Etappe. Wir hatten für vier Nächte ein Zimmer im Ibis Hotel gebucht und über das Internet schon vor Wochen Karten für ein Konzert in der Semperoper gekauft. Auf jeden Fall wollten wir vor Ort den Neubau der Frauenkirche in Augenschein nehmen, für den wir vor Jahren im Rahmen einer Solidaritätskampagne gespendet hatten, die im ganzen Land mit großem Zuspruch bedacht worden war. «Weißt du noch, wie viel wir gegeben haben?» «Hundert Mark, Mäuschen.» Nach dem Besuch in Dresden stand ein ebenso langer Aufenthalt in Leipzig auf unserem Reiseplan, gefolgt von Jena, Weimar, Kassel und was sonst noch in Frage kam auf unserem Weg nach Hause, wo wir Weihnachten zu feiern gedachten. Aber wie der Leser, der bis hierher durchgehalten hat, wegen der wenigen Zeilen, die bis zum Ende noch fehlen, schon gerochen haben wird, kamen wir nicht sehr weit. Was war passiert? Wir hatten ungefähr hundert Kilometer ohne Zwischenfall zurückgelegt, bei schlechtem Wetter allerdings, als in Frau Schriftstellerins Rucktasche das Mobiltelefon klingelte. Frau Schriftstellerin meldete sich: «Ja?» Dann, mit kläglicher Stimme: «Wann?» Und zuletzt, unter Schluchzen: «Ja, natürlich will ich dabei sein.» Nachdem das Gespräch mit diesen Worten geendet hatte, wandte sie sich mit traurigem Gesicht und sich mit dem Fingerknöchel eine erste Träne abwischend zu mir und ordnete an, die nächste Abfahrt zu nehmen und umzukehren. «Wir fahren nach Hause, Maus. Frau Kalthoff war mit *Goethe* heute Morgen beim Tierarzt. Der Gute kann sich nicht einmal mehr auf den Beinen halten. Er muss eingeschläfert werden.» «Und die Reise? Und dein Buch?» «Meinst du nicht, wir sind schon genug gereist? Ich habe reichlich

Material, um dreihundert Seiten zu schreiben.» Abends kamen wir in unserem Dorf an. Es war noch hell. Statt nach Hause fuhren wir direkt zu Frau Kalthoff und dann, mit dem ganzen Gepäck noch im Auto, zum Tierarzt. Clara hielt *Goethe* die ganze Zeit in den Armen. Ab und zu gab sie ihm einen Kuss auf den Kopf.